KB253142

평화의 얼굴

평화의 얼굴

총을 들지 않을 자유와 양심의 명령

김두식 지음

교양인
GYOYANGIN

국가와 교회, 그리고 평화는 청년 시절부터 저를 붙잡은 고통스런 화두였습니다. 국가권력의 이름 아래 수백만 때로는 수천만의 무고한 생명이 희생당하고 있는 동안 하나님은 도대체 어디에서 무엇을 하고 계셨는가? 국가권력이 그런 범죄를 행하는 동안 교회는 왜 언제나 침묵의 수준을 넘어 적극적 동조자의 역할을 하게 되었을까? 외 예수의 가르침과 우리 교회의 현실은 이렇게 다른가? 나이 들어서도 이런 고민은 줄어들지 않았습니다. 줄어들기는커녕, 제 삶의 이중성 때문에 날이 갈수록 고민은 오히려 깊어져만 갔습니다.

학교에서는 법학 교수 노릇을 하며 주로 '의심'을 가르쳤습니다. 눈에 보이는 것을 그대로 믿는 사람은 어리석은 법률가가 될 수밖에 없으므로, 남들이 모두 진리라고 믿어 온 것도 반드시 자기 머리로 한번 의심해봐야 한다는 것이었지요. 교회에서는 선생 노릇을 하며 '믿음'을 가르쳤습니다. 일부 중대형 교회들의 샤머니즘과 물신숭버 행태에 몸서리를 치면서도, 몸은 중대형 교회를 떠나본 적이 없었습니다. 법조계의 특권의식을 비판하면서도 변호사 자격을 가진 덕분에 어디 가나 좋은 대접을 받았습니다. 현장으로 나가 고통받는 사람들과 함께해야 한다는 생각과는 달리, 몸은 언제나 세상에서 가장 안락한 연구실과 가정을 떠나지 못했습니다. 답답하지만 거기까지가 늘 저의 한계였습니다.

1

이 책의 모태가 된 《칼을 쳐서 보습을》은 그 오랜 답답함을 놓고 제가 다른 사람들과 대화를 시작한 출발점이었지요. 뒤이어 나온 《헌법의 풍경》이 괴물로 변하기 쉬운 국가와 그 국가를 통제해야 하는 법의 사명을 설명했다면, 《칼을 쳐서 보습을》은 국가와 교회가 직접 충돌하는 '양심에 따른 병역거부' 문제를 통해 한국 사회의 오늘을 진단해보려는 소박한 시도였습니다. 앞으로 출판될 저의 다음 책에서는 기독교의 본질에 해당하는 '샬롬(총체적 평화)'의 메시지를 버리고 국가권력과 결탁하여 기득권 옹호의 첨병으로 전락한 교회의 현실과 함께 그 회복 방안을 고민할 것입니다. 이 세 권의 책을 통해 국가는 국가의 본질을 회복하고, 교회는 교회의 본질을 회복하여 함께 평화를 누리는 세상을 꿈꿔보고자 하는 것인데요, 신학이나 법철학 전공이 아닌, 변호사 출신의 법대 교수에게는 처음부터 무리한 시도인지도 모르겠습니다.

저의 능력 부족 때문에 《칼을 쳐서 보습을》이 처음 나왔을 때에는 제대로 된 책이라고 말하기에 부끄러운 점이 한두 가지가 아니었습니다. 학술 교양서라기보다는 운동가를 위한 팸플릿에 가까운 책이었지요. 양심에 따른 병역거부가 처음 이슈화되고 있는데 자신들의 뿌리를 망각한 보수적인 기독교 지도자들은 무조건 반대만 외치고 있었습니다. 여러 가지 오해를 바로잡아야겠는데, 시간은 부족하고 마음은 급했습니다. 정신없이 컴퓨터 자판을 두드려 원고의 모양을 갖추자마자, 대표적인 기독교 개혁 언론사인 〈뉴스앤조이〉가 서둘러 책을 찍어 세상에 내보내주었지요. 그때가 2002년 3월이었습니다. 그런데 의외로 팸플릿에 가까운 그 책을 읽고 기독교와 양심에 따른 병역거부에 대해 완전히 다시 생각하게 되었다는 사람들을 많이 만나게 되었습니다. 미국 유학 중 저의 책을 읽은 후 무기 제조와 관련된 전공을 그만두고 새로운 진로를 찾았다는 기독 청년을 만나고 나서는 쥐구멍으로 숨고 싶었습니다.

그런 부끄러움 때문에 개정 작업을 시작했지만, 원고를 새로 쓰는 과정에서 여러 가지 개인적인 소득이 있었습니다. 우선 '의심'과 '믿음'을 함께 가르치는 삶이 반드시 나쁜 것만은 아님을 깨닫게 되었습니다. 기독교 신앙을 맹목으로 오인한 사람들이 있어서 세상에 일어나는 끔찍한 악행의 상당 부분이 기독교인들의 몫이 되어버렸습니다. 의심을 경험하지 못한 사람은 남의 의심을 이해할 수 없기 때문에 자기 믿음을 다른 사람에게 납득시키기 위해 폭력을 동원하는 것도 불사합니다. '의심 없는 믿음'이 자신에게는 행복을 가져다줄지 몰라도, 이웃에게는 불행이 되고 마는 것입니다. 의심과 믿음을 가르치는 저의 이중적인 삶에 애정을 가지게 되자, 책을 쓰는 연구실이 어쩌면 저에게 일종의 '현장'일지 모른다는 신선한 깨달음도 얻게 되었습니다. 또한 어느덧 '하고 싶은 일'과 '해야 할 일' 사이의 고민을 넘어, 이제는 '할 수 있는 일'을 세어봐야 할 나이가 되어버린 것도 깨닫게 되었지요.

그런 깨달음들은 이 책에 많은 변화를 가져왔습니다. 주로 기독교인들을 염두에 두고 썼던 기존의 내용을 갈아엎어 일반인을 위한 책을 만들려 했으므로, 무엇보다 누구나 쉽게 읽을 수 있는 재미있는 책을 만드는 데 중점을 두었습니다. 저자가 제대로 이해하고 쓰는 책은 쉬운 책이 될 수밖에 없고, 쉬운 책은 공감을 이끌어내어 세상을 바꾸게 됩니다. 이야기하는 투로 글을 쓰는 제 방식은 독자들이 제 책을 편하게 읽으라는 의미도 있지만, 실상은 저 자신을 위한 것이랍니다. 그렇게 말을 건네다 보면, 말을 건네는 제 태도도 달라지고, 무엇이 말이 되고 어떤 부분이 무리한 논리 전개인지 성실하게 돌아보게 되더군요.

'이단 옹호자'로 찍히는 것이 두려워서 제대로 나누지 못했던 이야기들도 대폭 보완했습니다. 여호와의 증인이 양심에 따른 병역거부를 통해 나치 정권에 저항한 이야기나, 일본과 조선에서 병역거부에 나선 이야기 등은 《칼을 쳐서 보습을》에서 충분히 나누지 못했던 것입니다. 건국 이후 안식교와 여호와의 증인 신자들이 양심에 따른 병역거부를 하면서 겪었던 고초도 새로 추가한 내용입니다. '이단 옹호자' 소리를 듣는 게 여전히 부담스럽기는 하지만, 그 소리에 신경 쓰지 않을 정도로 지난 5년간 제 신앙을 성장시켜주신 하나님께 감사드릴 뿐입니다.

2

평화 이야기는 더 추상적이고 고상할수록 더 안전합니다. 많은 정치학자, 철학자, 신학자들이 평화를 이야기하고, 그들이 쓴 책은 사람들의 사랑을 받습니다. 수염을 기르고 평화에 관한 우화들을 들려주는 '도사'들 역시 누구에게도 위협이 되지 않습니다. 그러나 평화를 실천하는 것은 언제나 위험한 일입니다. 입영 통지서를 받은 젊은이가 평화를 위해 살인 병기를 잡지 않겠다고 선언하는 순간, 그는 감옥으로 끌려가야 합니다. 그들을 옹호하려는 사람들 역시 자신이 쌓아 온 모든 명예를 포기할 각오를 해야 합니다. 평화를 단순히 말로만 떠드는 것과 그 실천 사이에는 넘을 수 없는 강이 있기 때문입니다. 평화를 실천하려 했던 사람들에게는 언제나 고난으로 가는 차표가 보장되어 있었습니다. 그 현실이 두려운 사람은 평화에 대해 이야기할 수 없습니다.

이 책은 그런 위험을 무릅쓰고 다양한 방법으로 평화를 실천한 용기 있는 사람들의 이야기입니다. 이 책의 흐름을 따라 그들이 왜 그런 행동에 나설 수밖에 없었는지를 생각해보고, 그들에게 쏟아지는 온갖 비난들을 차근차근 따져보다 보면, 독자들도 그들에게 마음을 열게 될 것입니다.

이 책의 제1장은 보수적인 기독교 가정에서 성장하여 평범한 법조인의 길을 걷던 제가 어떤 계기로 전쟁과 평화, 양심에 따른 병역거부의 문제에 관심을 갖게 되었는지 개인적인 경험을 나누고 있습니다.

제2장은 양심에 따른 병역거부에 관한 토론이 벌어질 때마다 반드시 나오는 "그럼 군 복무한 사람은 비양심적이란 말입니까?"라는 질문을 다룹니다. 양심이 본래 어떤 의미를 지니고 있는지, 양심이 따른 병역거부의 어원은 무엇인지, 양심에 따른 거부권이라는 표현디 얼마나 폭넓게 사용되는지를 이해하고 나면, 독자들도 '양심적 병역거부'에 대칭되는 말이 '비양심적 병역이행'이 아님을 알 수 있을 겁니다.

제3장은 평화주의자들에게 함정처럼 던져지는 "만약 누가 네 여동생을 강간하고 죽이려 한다면 그래도 가만히 있겠느냐?"라는 질문을 검토합니다. 평화주의자이기 때문에 그런 상황에서도 가만히 있겠다고 하면 '위선자' 소리를 듣게 되고, 정당방위에 나서겠다고 하면 '엉터리 평화주의자' 소리를 듣게 되는 난처한 질문이지요. 그 질문이 얼마나 잘못된 전제에 기반을 두고 있는지, 엉터리 질문으로 평화주의자를 사냥하려는 사람들의 실체를 알게 된다면 독자들도 그 난처한 질문에서 빠져나올 길을 찾게 될 것입니다.

제4장은 우리나라에서 자주 제기되고 있는 "병역거부란 이단들이나

하는 것 아니냐?"라는 질문을 다루고 있습니다. 잘 알려진 세계적인 기독교 지도자들 중에 어떤 분들이 젊은 시절에 양심에 따른 병역거부를 했는지 알고 나면 깜짝 놀라는 분들이 많이 있을 겁니다.

제5장은 평화주의자들 중에 왜 그렇게 많은 사람들이 예수님을 자기 신념의 뿌리로 생각하고 있는지를 검토하고, 제7장은 남을 죽이는 데 열심이었던 잘못된 기독교 역사 속에서 남을 살리고 자기를 죽이는 길을 걸었던 기독교 소수종파들의 역사를 소개합니다. 제가 평화의 모든 면을 이야기할 수는 없으므로, 그 한 얼굴인 기독교 평화주의를 간략하게나마 설명하고자 두 개의 장을 할애한 것이지요.

제6장은 평화주의의 중요한 적수라 할 '정당한 전쟁론'을 살펴봅니다. 정당한 전쟁론은 사실 평화주의의 적수라기보다는 친구에 가깝습니다. 문제는 정당한 전쟁론의 탈을 쓴 '가짜' 정당한 전쟁론들인데요, 이 장에서 그 가짜들의 실체를 밝혀보도록 하겠습니다.

제8장은 우리나라가 휴전 상태에 놓인, 사실상 전시 국가이기 때문에 양심에 따른 병역거부를 인정할 수 없다는 주장을 검토합니다. 제1차 세계대전과 제2차 세계대전 중에 양심에 따른 병역거부자들에게 어떤 일이 일어났는지, 특히 독일 여호와의 증인들이 어떤 고통을 겪었는지, 이스라엘처럼 항상 전쟁 중인 나라에서는 양심에 따른 병역거부를 어떻게 다루고 있는지 살펴보면 양심에 따른 병역거부는 오히려 전쟁 중인 국가들에서 인정받아 왔음을 알 수 있습니다. 독일 헌법의 양심에 따른 병역거부 인정 조항이 하늘에서 떨어진 것이 아니라 여호와의 증인들의 피 위에 쓰인 것임을 알고, 비슷한 역사를 지닌 우리나라가 어떤 태도를 취해야 할지도 생각해보았으면 합니다.

제9장은 베트남 전쟁 중에 평화를 실천하다 고난당한 사람들의 이야

기를 다루고 있습니다. 마틴 루서 킹 목사, 벤저민 스포크 박사, 권투선수 무하마드 알리 등은 각 분야를 대표하며 사람들의 존경과 사랑을 받았지만, 평화의 실천에 나서는 순간 온 세상이 차갑게 등을 돌리는 무서운 현실에 맞닥뜨려야 했습니다. 그들의 고뇌에 공감하고 나면 독자들도 양심에 따른 병역거부자들을 향해 따뜻한 손을 내밀 수 있을 것입니다.

제10장은 우리나라 양심에 따른 병역거부자들의 역사를 소개합니다. 우치무라 간조, 야나이하라 다다오 등 일본의 평화주의자들과 교류했던 한국 지식인들, 양심에 따른 병역거부를 계기로 체포되어 고초를 겪었던 한국과 일본 여호와의 증인들, 해방 후 양심에 따른 병역거부에 나섰던 안식교인과 여호와의 증인 이야기는 양심에 따른 병역거부가 단순히 '오늘 이 자리'의 문제일 뿐만 아니라 오랜 역사적 뿌리가 있음을 보여줍니다. 2001년 이후 대법원과 헌법재판소, 국회에서 진행되고 있는 변화의 조짐도 설명했습니다.(이 부분은 이미 발표한 〈양심에 따른 병역거부 70년의 회고와 전망〉이라는 논문과 《탈영자들의 기념비》에 실었던 글 일부를 수정 보완한 것입니다.)

제11장은 외국에서 양심에 따른 병역거부를 어떻게 처리하고 있는지 간략히 소개합니다. 하루가 다르게 징병제를 폐지하거나 대체복무를 인정하는 나라가 늘고 있어서, 도대체 언제까지 우리나라만 북한, 중국, 싱가포르, 캄보디아, 필리핀, 베트남, 터키, 수단 등의 나라와 어깨를 나란히 하고 병역거부자들을 탄압해야 하는지 생각해보는 기회가 되었으면 합니다.

원래 이 책의 제목이었던 《칼을 쳐서 보습을》은 "그가 결방 사이에 판단하시며 많은 백성을 판결하시리니, 무리가 그들의 칼을 쳐서 보습을 만들고 그들의 창을 쳐서 낫을 만들 것이며 이 나라와 저 나라가 다시는 칼을 들고 서로 치지 아니하며 다시는 전쟁을 연습하지 아니하리라.”라는 이사야 선지자의 예언에서 따온 것이었습니다.

그런데 그 말씀이 기독교인이 아닌 분들에게 워낙 생소했던 데다가, ‘보습’이 땅을 갈아 흙덩이를 일으키는 데 쓰는 농기구라는 사실조차 모르는 분이 많았습니다. 그래서인지 저에게 이 책 이야기를 꺼내면서 “그 칼을 어쩐다는 책 있잖아요?”라고 묻는 분이 한둘이 아니었답니다. 마침 교양인 출판사의 한예원 대표께서 《평화의 얼굴》이라는 새 제목을 제시해주어 이번 개정판에서는 제목을 바꾸었습니다. 새 제목은 이 책을 완전히 새롭게 만들어 전혀 다른 책으로 세상에 내놓겠다는 출판사의 의지가 반영된 것이기도 합니다. 제가 평화의 모든 측면을 다 소개하고 있는 것은 아니고 그동안 무시되어 온 평화의 실천적 측면을 주로 살펴본 데 불과하므로 정확히 제목을 붙인다면 ‘평화의 한 얼굴’이 옳겠지만, 《평화의 얼굴》 정도면 이 책의 메시지를 전하는 데는 무리가 없으리라 믿습니다. 제목이 바뀌고 전체 원고의 절반 이상이 새로운 내용으로 바뀌었어도, ‘칼을 쳐서 보습을’ 만든다는 이 책 발간의 꿈과 이상에는 변함이 없음을 말씀드립니다.

3

한 권의 책이 나오기 위해서 얼마나 많은 사람의 도움이 필요한지 모릅니다. ‘해 아래 새로운 것이 없다’는 말처럼, 책을 쓰다 보면 이 세상에 제가 처음 만들어낸 지식은 아무 것도 없다는 사실을 절감하게 됩니다. 어딘가에는 반드시 저보다 먼저 걸어간 선각자들의 발자국이 남아 있었습니다. 그들을 이름을 다 적을 수는 없겠지만, 고인이 되신 노트르담 대학의 존 하워드 요더(John Howard Yoder) 교수에게는 특별한 감사를 표하고 싶습니다. 20세기 기독교 평화주의에 요더 교수가 끼친 영향은 말로 표현할 수 없습니다.

풀러신학교의 제임스 윌리엄 맥클렌던(James William McClendon Jr.) 같은 저명한 신학자는 그의 필생의 역작인《윤리학》서론에 "존 하워드 요더의 저작들은 내 인생을 바꾸어놓았고, 1970년대 내가 겪은 두 번째 회심을 촉발했으며, 신학적 작업을 가능하게 해준 관점을 제시해주었다."라고 적었습니다. 그가 1974년을 "존 요더의《예수의 정치학》을 읽은 해"로 기억하고 있듯이, 저는 1999년을 그렇게 기억하고 있습니다. 존 하워드 요더가 없었더라면 저는 어려서부터 제가 본능적으로 지니고 있던 저 혼자만의 믿음이 과연 무엇이었는지 이름 붙일 수 없었을 것입니다. 제가 평화주의를 이해하고 받아들이는 데 가장 중요한 길잡이였던 요더 교수의 흔적이 이 책 곳곳에 묻어 있지만, 특히 제3장의 논증 부분은 대부분 요더 교수의 생각에서 비롯된 것임을 밝힙니다. 해당되는 부분에 일일이 각주를 붙였으므로 관심 있는 분들은 요더 교수의 원저작을 찾아보는 것도 도움이 될 것입니다.

《칼을 쳐서 보습을》을 쓴 이후 여러 분들의 고마운 비판과 격려를 받았습니다. 책이 나오자마자 메일을 통해 잘못된 부분들을 지적해주셨던 이석태 변호사님, 따뜻한 격려 전화와 함께 좋은 자료를 보내주셨던 고려대 김정환 명예교수님, 부족한 이 책의 가치를 인정하고 평화 교육에 활용해주신 성공회대 고병헌 교수님, 책과 메일을 통해 좋은 가르침

을 나누어주셨던 성공회대 한홍구, 오슬로대 박노자 교수님, 양심에 따
른 병역거부자들의 현실을 알려주신 양지운, 홍영일 선생님, 한일공동
연구회에서 저의 글을 읽고 적절한 비판을 해주셨던 리츠메이칸대 서
승, 서울대 한인섭, 한양대 박찬운 교수님, 이 책의 초판이 세상에 나올
수 있도록 도와주셨던 〈뉴스앤조이〉 김종희 기자, 개정판을 준비하는
동안 토론에 참여해 주었던 양희송 선생님을 비롯한 청어람 아카데미
식구들, 제가 힘을 잃을 때마다 뜨거운 사랑으로 저를 격려해주셨던 기
독변호사회 경수근, 전재중, 박종운 변호사님, 한동대학교 지승원, 신
은주, 이국운, 김대인, 원재천, 김준형, 윤상헌, 이문원 교수님, 대학 시
절부터 변함없는 사랑으로 보살펴주신 고려대 김일수 교수님, 이 책이
일반인을 위한 책으로 거듭날 수 있도록 땀 흘려주신 교양인의 한예원,
이승희 선생님께 감사드립니다.

제가 책을 쓸 때마다 "폐인 되겠다"고 걱정하면서도 원고를 읽고 조
언을 아끼지 않은 아내에게 사랑을 전합니다. 이 책이 딸 희수에게도
재미있는 읽을거리가 되었으면 좋겠습니다.

2007년 5월

김두식

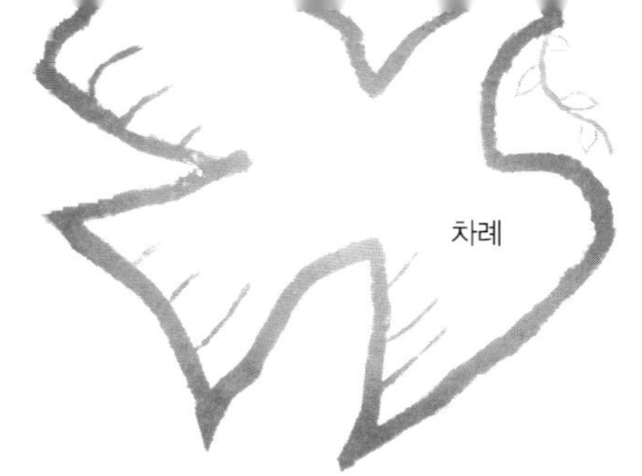

차례

1장
들어가는 이야기

_나의 양심 재판 체험기

휴가를 받아 오랜만에 집에서 편안한 휴식을 취하려 할 때면 가끔 초인종을 울리는 불청객들이 있습니다. 하루 종일 집에 있는 분이라면 한 달에도 몇 번씩 그들의 방문을 받을 수 있겠지요. 인터폰 화면으로 밖을 살펴보면 대개 중년 아주머니 두 분이 서 있습니다. "누구세요?"라고 물어보면, "이웃에 사는 사람들인데요, 좋은 소식을 전해드리러 왔습니다." 같은 석연치 않은 대답이 돌아옵니다. 그분들의 정중한 태도에도 불구하고 누구라도 좀 이상하다는 생각이 들게 마련이지요. 그럴 때마다 저는 "여호와의 증인이시지요?"라고 먼저 물어봅니다. 백이면 백, 그렇다는 대답이 돌아옵니다. 그러면 최대한 친절하게 "저도 기독교인인데, 그쪽 교리에 관심이 없네요."라고 이야기하고 그분들을 돌려보냅니다. 딱히 해를 끼치는 것도 아닌데, 이유 없이 '비호감'으로 느껴지는 '여호와의 증인'들에 대한 이런 경험을 대부분의 평범한 사람들이 한두 번쯤은 해봤을 겁니다.

물론 '이단' 종파와의 투쟁에 많은 시간과 노력을 기울이는 열혈 기독교인의 머리 속에는 이보다 더 구체적인 이미지가 떠오르겠지요.

삼위일체 교리를 믿지 않고, 예수 그리스도나 성령의 신성을 부인하며, 병역의무 기피, 수혈 거부, 가정윤리 파괴, 직업 포기, 의무교육 거부, 학업 포기, 국가체제 부정, 애국가와 국기에 대한 경례 거부 등 반사회적 요소

도 가진 이단 종파.[1]

인터넷에서 아주 심한 욕설로 여호와의 증인을 비난하면서 "죽은 다음에 너희들이 어디로 가는지 두고 보자."는 식의 살벌하고 자신만만한 댓글을 적는 기독교인들은 아마도 이런 확신 속에서 이 땅의 악을 박멸하고자 싸우는 열혈 투사형에 속할 것입니다.

대부분의 기독교인들은 직접 이런 싸움에 나서기보다는, '이단들은 피하고 보자'는 생각을 하며 살아갑니다. 저도 역시 그런 기독교인 중의 하나였습니다. 피와 살을 가진 인격체로서 여호와의 증인들을 직접 만나기 전까지는 말이지요.

1

1994년 2월 사법연수원을 수료한 저는 군법무관으로서 의무 복무 연한을 채우기 위해 입대했습니다. 경북 영천의 제3사관학교에서 훈련을 받고 임관하여 강원도 홍천에 있는 기갑여단의 법무장교로 일하다가 1995년 2월부터 후방 군 사령부의 검찰관 보직을 받았습니다. 군검찰관으로 일하게 된 저에게 주어진 기본 임무는 세 가지였습니다. 첫 번째는 검찰관으로서 관할 내 형사 사건들을 처리하고, 두 번째는 예하부대 장병들을 교육하며, 세 번째는 이웃 부대 재판에 국선변호인으로 참여하는 것이었습니다. 첫 번째 업무를 통해 영내 폭행의 가해자·피해자들과 군무 이탈자들을, 두 번째 업무를 통해 일반 사병들을, 세 번째 업무를 통해 집총[2]을 거부한 여호와의 증인 신자들을 만날 수 있었지요.[3]

첫 번째 검찰 업무를 처리하는 과정에서는 군대에서 빈발하는 영내 폭행과 탈영이 밀접한 관계가 있다는 사실을 알게 되었습니다. 일반인들의 예상과는 달리 애인이나 가족 문제, 또는 군 생활 자체가 힘들어서 탈영하는 경우는 그리 많지 않았습니다. 지금은 많이 달라졌겠지만 그 당시만 해도, 대부분의 탈영자들은 부대 상급자들의 폭행을 견디다 못해 담을 넘었습니다. 담을 넘어봐야 별로 갈 곳도 없기 때문에 상당수는 그저 자기 집에 가서 며칠 머물다가 헌병에게 순순히 붙잡혀 들어왔습니다. 붙잡혀 들어올 때부터 이미 자기가 원대 복귀하게 될 것을 알고 있기 때문에 이들은 탈영 이전에 폭행을 당한 사실을 쉽게 이야기하지 않습니다. 따라서 영내 폭행 때문에 탈영했으리라는 심증이 있어도 이를 입증할 방법이 없어, 많은 경우 이들의 탈영 이유는 '군 생활 부적응'으로 간단히 정리되곤 했지요. 주먹이 말을 대신하는 폭력적 남성 문화에 적응하지 못했던 탈영병들은 이런 식으로 군사 문화에 길들여졌습니다.

두 번째 교육 업무에서 가장 중요한 것은 탈영 및 영내 폭행 예방이었습니다. 탈영 방지 교육에서는 '군무이탈에 공소시효가 없으므로 일단 탈영을 하고 나면 평생 쫓겨 다녀야 한다'는 사실을 강조했습니다. 그러나 쉽게 가르치느라 군무이탈에 공소시효가 없다는 식으로 요약했을 뿐, 실제로 군무이탈에는 공소시효가 있습니다. 평시의 군무이탈은 군형법 제30조에 의해 2년 이상 10년 이하의 징역에 해당합니다. 형사소송법에 따르면 이 경우의 공소시효는 7년입니다. 군무이탈의 경우에도 부대에서 도망쳐 7년이 지나면 더는 공소를 제기할 수 없게 되는 것입니다.

문제는 이와 별도로 군형법 제47조가 '정당한 명령 또는 규칙을 준수할 의무가 있는 자가 이를 위반하거나 준수하지 아니한 때에는 2년 이상의 징역 또는 금고에 처하도록' 규정하고 있다는 데 있습니다. 이 명령위반죄의 공소시효는 3년입니다. 각 군 참모총장은 군무이탈자가 공소시효 만료로 처벌을 벗어나지 못하도록, 신문 광고나 정부 공고를 통해 매년 '군무이탈자 복귀명령'을 내립니다. "군무이탈자들은 언제부터 언제까지 부대로 자진 복귀하여 신고하라."는 명령이 그것입니다. 이 명령은 진짜로 탈영병들이 그걸 읽고 복귀하기를 기대해서 내리는 명령이라기보다는 공소시효의 문제를 해결하려는 편법이라 할 수 있습니다. 군무이탈을 한 후 공소시효가 만료되었다 하더라도, 탈영병은 여전히 군인 신분이기 때문에 명령에 복종할 의무를 지며 이러한 상태에서 군무이탈자 복귀명령에 응하지 않을 경우 계속해서 명령위반죄를 범하게 되는 것입니다. 설사 군무이탈자가 그러한 복귀명령의 존재를 몰랐다 하더라도 명령위반죄 적용에는 아무런 문제가 없습니다. 이 논리를 그대로 적용하면 나이 20세에 탈영한 사람은 70세, 아니 100세가 되어도 여전히 처벌을 받아야 하는 범죄자로 남게 됩니다. 탈영자에게 자수를 권하는 명령을 위반했다고 해서 죽을 때까지 계속 숨어 다녀야 한다는 것은 (누구 머리에서 나온 것인지 모르겠지만) 참으로 희한하기 이를 데 없는 논리입니다.

그동안 이와 같은 명령위반죄의 적용이 위헌이라는 도전도 없지 않았으나, 위의 이상한 논리는 1968년 이래 대법원 판결에 의해 여러 차례 확인되었고[4] 헌법재판소가 문을 연 이후에도 별다른 변화 없이 유지되고 있지요.[5] 이런 식의 끝없는 처벌이 위헌이라며 헌법재판소에 문제를 제기한 탈영병은 1979년에 탈영했다가 1991년에 붙잡힌 경우였습니다. 그의 범죄 사실을 살펴보면 이렇습니다.

　"1990년 5월 31일 육군참모총장이 발한 '1961년 5월 16일 이후 군무이탈자는 1990년 6월 1일부터 30일까지 자진 복귀하여 신고하라'는 내용의 군무이탈자 복귀명령을 위반했다."

　재미있지 않습니까? 그가 1979년에 군무이탈을 했으니 1986년으로 군무이탈의 공소시효는 만료되었지만, 1990년에 발령한 군무이탈자 복귀명령을 위반한 것이 되어 법망을 피할 수 없게 된 것입니다. 대략 30대 초반에 붙잡힌 이 사람 정도면 양호한 편이고, 50대가 되어 뒤늦게 명령위반죄로 구속되는 경우도 없지 않았습니다. 군무이탈자 복귀명령의 기준 시점이 1961년 5·16 군사 쿠데타인 것도 의미심장합니다. 정리하자면, 5·16 군사 쿠데타 이후 한번 군인이 된 사람은 의무복무 기간을 마치지 않는 한 죽을 때까지 군인의 신분을 벗어나지 못하는 것입니다. 이런 늙은 군인들의 슬픈 이야기는 군법 교재에도 빠짐없이 들어 있었습니다. 그만큼 효과적인 예화였으므로 저 역시 이런 예화를 들면서 "괜히 잠깐을 참지 못해 인생 조지지 말고, 꾹 참았다가 3년만 채우고 나가라."는 식의 이야기를 많이 했습니다.

　세 번째 국선변호 업무를 통해 만난 여호와의 증인 신자들과 저의 관계는 참 미묘한 것이었습니다. 20세를 전후한 그들은 대개 여호와의 증인 가정에서 태어난 젊은이들이었습니다. 부모가 여호와의 증인이어서 자신도 자동적으로 여호와의 증인이 된 것이지요. 제가 만약 여호와의 증인 집안에서 태어났고, 그들이 우리 집에서 태어났더라면 입장이 바뀔 수도 있었으니 그들을 단죄하게 된 제 상황을 즐길 처지는 아니었습니다. 그나마 군 사령부급 부대는 신병들을 직접 훈련시키지 않아서 병역을 거부하는 여호와의 증인 신자들을 기소하기보다는 변론하는 입장에 설 일이 많았던 것을 다행으로 생각해야 했지요. 여호와의 증인과의 만남으로 저는 새로운 세계에 눈을 뜰 수 있었습니다.

2

제가 국선변호를 담당했던 여호와의 증인들을 생각할 때마다 가장 먼저 떠오르는 것은 그들의 차가운 손입니다. 분명히 여름에 그들을 변론한 경우도 있었을 텐데 이상하게도 저는 파랗게 얼어붙은 손만 기억납니다. 군대 영창은 겨울에 정말 춥습니다. 분명히 며칠 전까지만 해도 남들과 똑같이 사회 생활을 했을 그들이, 이제는 영창에서 지급되는 낡아빠진 군복을 입고 얼어붙은 두 손을 비비며 떨고 있었습니다. 이렇게 된다는 것을 뻔히 알고 이 길을 선택한 사람들이지만, 그래도 그들의 눈에는 얼마쯤 공포와 희망이 교차하고 있었습니다. 아무리 어려서부터 교육을 받고 마음을 굳게 먹었다 해도, 오히려 소년이라 불리는 것이 더 어울릴 그 청년들에게 군대에서 맞닥뜨린 시련은 결코 만만한 것이 아니었겠지요. 그들의 손을 잡았을 때 전해 오던 냉기가 여전히 제 가슴 한구석을 찌르는 듯합니다. 이제 그들의 삶은 과거로 돌아갈 수 없게 되었습니다. 모든 것이 달라질 테니까요.

그들의 인생을 완전히 갈라놓을 사건이 실제로 그 당시 군법무관들에게는 처리하기 가장 편한 사건이었다는 사실도 아이러니였습니다. 다른 사건 하나에 들이는 노력이면 여호와의 증인 사건 열 건을 처리할 수 있었던 것입니다. 법정형이 3년 이하의 징역으로 규정되어 있는 무거운 범죄인데도 실무적으로는 그보다 더 간단한 사건이 없었습니다.

널리 알려진 대로 여호와의 증인들은 국기에 대한 경례를 우상숭배로 여길 뿐만 아니라, 군대에 입대하여 총을 잡는 것도 거부합니다. 그래서 당시 군대에 입대하고 며칠 후 총기 수여식이 있는 날이면, 신병 교육을 담당하는 부대마다 한 차례씩 시비가 벌어지곤 했습니다. 총을 주려고 하는 구대장(교육생 훈련, 내무 생활 지휘 감독을 책임지는 직위)들과 총을 안 받겠다고 하는 여호와의 증인 출신 사병들 사이의 실랑이였지요. 이런 실랑이는 오래 계속되지 않았습니다. 워낙 자주 있는 일이어서 신병이 총 받기를 거부하면 "여호와의 증인이냐?"고 물어보고 바로 헌병을 부르는 장교들이 대부분이었기 때문입니다.

아주 오래 전에는 간혹 사명감에 불타는 장교들이 이런 상황에서 여호와의 증인들을 사람 한번 만들어보겠다고 '개 패듯이'(이게 별로 좋은 표현이 아닌 줄은 압니다만, 때로는 이런 표현이 정말 적절하게 느껴질 때도 있습니다) 팬 일도 있었다고 합니다. 그러나 제가 군법무관으로 일할 때만 해도 더는 그런 일이 없었습니다. 어차피 설득해봐야 소용이 없으니, 골칫거리는 곧바로 넘겨버리는 것이 편하다는 쪽으로 정리된 것이었지요. 신병교육대 지휘관의 연락을 받은 헌병들도 별다른 질문 없이 바로 달려와 여호와의 증인들을 데리고 가서 영창에 집어넣었습니다. 끌고 가는 사람이나, 끌려가는 사람이나 앞으로 일어날 일을 훤하게 알고 있기 때문에 길게 물어볼 필요도 없었습니다.

기본적인 조사를 마친 헌병은 이들을 곧바로 군 검찰부로 넘겼습니다. 군검찰관들도 더 조사할 것도 없이 간단한 공소장을 작성했습니다. 공소 사실도 짧아서 언제 어디서 총기 수여를 거부했다는 짧은 내용이 전부였지요. 별것 아닌 폭력 사건의 공소장 길이도 대개 30줄 내외인데 여호와의 증인 공소장은 5~6줄을 넘지 않았습니다.

뒤이어 벌어지는 군사재판도 간단하기는 마찬가지였습니다. 먼저 피고인들의 인적 사항을 확인한 다음, 범죄 사실을 확인하면 기본적인 일은 모두 끝났습니다. 그 뒤에는 군 판사 또는 심판관들과 여호와의 증인들 사이에 간단한 설전이 벌어지곤 했지요. 피고인들에게 질문을 던지는 군 판사들의 논지는 대체로 이런 것이었습니다. "만약 너희 집에 강도가 들어와서 네 여동생을 강간하려 한다고 하자. 그러면 너는 어떻게 하겠느냐? 그때도 가만히 있을 거냐? 군대도 이와 같다. 적의 공격으로부터 우리나라를 지키기 위해 군대가 필요한 것이다. 그런데도 신앙을 이유로 병역을 거부하면 되겠는가?" 이 질문에 여호와의 증인들이 내놓는 대답도 거의 한결같았습니다. "우리도 대한민국을 사랑합니다. 국가를 부인하려고 하는 것이 절대 아닙니다. 다만 총을 잡고 사람을 살상하는 것은 여호와의 명령에 반하는 일이기에 거부할 뿐입니다."

어차피 결과가 정해져 있는 재판이고, 논쟁을 통해 상대방이 설복당할 리 없다는 사실을 피차 잘 알고 있기 때문에, 설전은 그리 오래 가지 않았습니다. 이런 논쟁 자체가 일종의 형식일 때도 많았습니다. 그냥 넘어가기 뭐하니까 한마디 하고 지나가는 수준이었지요. 당시 여호와의 증인들은 법정 최고형인 징역 3년형을 구형 받고, 뒤이어 같은 형량을 선고 받았습니다. 법정 최고형이 그대로 선고되는 범죄는 아마 이 경우밖에 없었을 겁니다. 법정 최고형은 문자 그대로 법정 '최고'형이기 때문에 그보다 약한 형을 선고하는 것이 보통입니다. 참모총장을 비롯한 군 수뇌부의 의지에 따라서, 한동안은 현역 복무 기간과 동일한 형을 선고하기도 했고, 지역에 따라 형량이 달라진 일도 있었다고 들었지만, 제가 일할 때는 그런 일이 전혀 없었습니다. 형평을 맞추려고 일률적으로 법정 최고형을 부과했던 까닭입니다. 설사 1심 재판에서 다소 약한 형을 선고받는다고 해도 2심 재판에 가면 여지없이 3년형이 선고되기 때문에 여호와의 증인이라면 거의 100퍼센트 3년형을 선고 받던 시절이었습니다.

일반적인 통념과 달리 군사재판은 민간 재판보다 관용적인 태도를 취할 때가 많습니다. 그걸 고려한다면 징역 3년은 정말 가혹한 형량이었습니다. 그런데도 재판은 마치 연극의 한 장면처럼 순조롭게 진행되었습니다. 진짜 연극과 다른 점이 있었다면, 이 연극이 끝난 뒤 젊은이들이 실제로 교도소에 수감된다는 것 정도였지요.

재판 중에 국선변호인으로서 제가 할 수 있는 일도 거의 없었습니다. 피고인이 재판정에 나가서 집총 거부 의사를 마지막으로 분명히 하고 나면 뒤이어 어떤 일이 전개되고, 3년 징역형을 살게 된 후에는 사회적으로 어떤 불이익이 있는지 자세히 설명해주는 것이 고작이었습니다. 부모님이 아프다거나 부양해야 할 가족이 있는 경우, 그런 이야기들이 재판에 반영될 수 있도록 노력해보기도 했습니다. 어차피 무의미한 일인 줄 알고 있었지만 말입니다. 제가 시간 나는 대로 그들과 이야기를 많이 나누려고 노력했던 것은 기독교인으로서 의무감이 작용했던 까닭이었을 겁니다. 저와 이야기를 나눈 여호와의 증인 피고인들은 고등학교를 졸업한 후 기능공 등 여러 직업에 종사한 경력이 있는 20대 초반의 젊은이들이 대부분이었습니다. 절도, 강도, 강간 피고인들과 달리 아주 얌전하고 순종적인 사람들이었지요. 소리칠 일도, 인상을 구길 일도 전혀 없었습니다.

재판 전에 변호인 접견을 가서 제가 그들에게 주로 물어보았던 것은 "만약 군대 이외의 대안, 예컨대 군대에서 받는 월급만 받고 원양어선을 5년쯤 탄다든지, 탄광에서 5년쯤 일하라면 하겠느냐?"는 것이었습니다. 당시 제 머리 속에서 상상할 수 있는 힘든 일은 그 정도였기 때문에 그런 질문이 나왔던 것입니다. 피고인들은 한결같이 그럴 수 있다고 대답했습니다. 재판에서 그들의 긍정적인 면을 부각하는 것은 변호인의 당연한 의무였으므로, 법정에서도 그런 종류의 질문을 많이 던졌습니다. 그래도 결과는 늘 같았지요.

재판이 끝나고 나면, 제가 기독교 신자인 것을 아는 동료 검찰관들이 "쟤네들 도대체 왜 저래?" 하고 물어 오는 일도 있었습니다. 처음에는 저도 기독교와 여호와의 증인의 차이를 열심히 설명해주려고 했지만, 나중에는 "설명해봐야, 너희들이 알아듣겠니?" 하는 정도로 끝내버렸습니다. 군대 생활을 하는 기간 내내 그들에 대한 안타까운 다음을 버릴 수 없었지만, 막상 그들을 위해 할 수 있는 일은 아무것도 없었습니다.

모든 예비역들이 다 그렇듯이, 군법무관들도 제대와 동시에 군대에서 겪은 일을 잊어버립니다. 군대에 있을 때는 군 사법 개력도 이야기하고, 양심에 따른 병역거부자 문제도 이야기하지만, 제대 후 판사·검사·변호사로 나서면 군대 시절의 일은 까맣게 잊어버리게 마련입니다. 그저 가끔 군대 시절 동료들을 만날 때마다, 훈련 때 힘들었던 이야기들을 다소 과장해서 나누는 게 고작이지요. 저도 그랬습니다. 제대를 앞두고 공직 진출을 준비하는 동안, 여호와의 증인 문제도 자연스럽게 제 머리 속에서 사라졌습니다. 서울대 한인섭 교수는 저 같은 법조인에 대해 다음과 같이 적고 있습니다.[6]

많은 법조인들은 사법연수원을 마친 후 군검찰관 및 군법무관으로 임용되며, 또 일부는 처음부터 군법무관 시험에 응시하여 군법무관으로 복무한다. 그러한 경력을 거친 법조인의 숫자는 전체 법조인 중 상당 비율을 점할 것이다. 군법무관 직무의 일부로서 '종교적 이유의 집총거부자'를 수사하고 재판했을 것이다. 그에 대해 앞서 말한 한심한 판례들을 그대로 답

습하면서, 아무런 양심의 고민 없이, 구형하고 선고하는 행태를 반복해 왔
고, 제대한 후에는 그것을 잊어버리고 자기의 생업에 매달렸다. (중략) 우
리 법률가들은 양심의 자유 앞에 편치 못한 과거를 갖고 있다고 하면 지나
친 말일까?

3

제대 후 짧은 검사 생활을 거쳐 미국으로 떠나게 되었습니다. 유학
중인 아내를 도와 집안일을 하고 아기를 키우는 틈틈이 도서관의 많은
책들을 섭렵할 수 있었고, 예루살렘의 야드 바셈(Yad Vashem, 세계 최
대 규모의 홀로코스트 박물관이자 연구소)에 머물며 홀로코스트를 공부할
기회도 얻었지요. 그 과정에서 600만 명의 무죄한 죽음과 나 자신을 동
일시하는 경험을 했고, 내가 기독교인이라는 사실에 처음으로 부끄러
움을 느꼈습니다. 나치 독일이라고 하는 절대적 폭력 앞에서 침묵하고
굴종했을 뿐 아니라, 적극적인 살인자의 위치에 서기도 했던 기독교의
역사는 충격적이었습니다. 히틀러를 암살하려 했던 기독교인들의 저항
운동에 안타깝게 매달려보기도 하고, 유대인을 구조하는 데 생명을 바
친 기독교인들의 이야기를 열심히 찾아 읽기도 했지만, 성경 속 기독교
와 역사 속 기독교의 차이를 쉽게 합리화할 방법을 찾지 못했습니다.
그때 다시금 제 머리에 떠오른 것이 군대에서 만났던 여호와의 증인들
이었고, 1999년 7월 기독교 월간지인 〈복음과 상황〉에 그들의 이야기
를 기고하게 되었지요.[7]

그저 몇천 명 정도가 읽는 조그만 기독교 잡지에 쓴 글이라 큰 반향
을 기대하지 않았지만, 마음 한구석에는 '이 정도로 여호와의 증인들에

게 진 빚을 충분히 갚았다'는 안도감이 들었던 것도 사실이었습니다. 신앙 좋다는 평가를 받아 온 보수적 기독교인으로서 이단을 옹호한다는 비난을 받는 것도 그리 속 편한 일은 아니었기 때문에 빨리 손을 떼고 싶기도 했지요. 그러나 일이 그렇게 쉽게 끝나지 않더군요. 미국에 머무는 동안 여호와의 증인이라는 분들로부터 전화나 이메일도 여러 차례 받았고, 저도 모르는 사이 제 글이 여기저기 인용되고 있다는 소식도 들었습니다.

2001년 2월 〈한겨레21〉의 신윤동욱 기자가 양심에 따른 병역거부를 이슈로 삼았고,[8] 그와 함께 제 글이 인터넷을 돌아다니는 것도 확인할 수 있었습니다. 그 기사 이후 양심에 따른 병역거부 문제는 사회적인 관심사가 되었고, 인권 단체들도 이 문제에 주목했습니다. 뛰어난 변호사들도 여럿 이 문제에 뛰어들어 여호와의 증인들을 변호하기 시작했지요. 이쯤 해서 저는 제 역할을 다했다고 생각했습니다. 여러 인권 문제 가운데 저의 주된 관심은 늘 장애인 문제에 있었기 때문에, 여호와의 증인 같은 불편한 문제에 더는 매달리고 싶지 않았습니다. 양심에 따른 병역거부 문제는 다른 분들이 알아서 잘 처리해줄 거라는 믿음도 있었습니다.

그런데 그해 여름 한국기독교총연합 이단사이비대책위원회에서 "대체복무는 이단 종교에 대한 특혜일 뿐 아니라 안보를 위협하는 요인"이라며 대체복무에 반대하는 성명을 발표했습니다. 정연택 한기총 사무총장은 〈한겨레21〉과의 인터뷰에서 "대체복무는 단순히 인권 문제가 아니다. 이단 종파의 문제, 국방의 문제가 복잡하게 얽혀 있다. 더구나 대체복무제 도입이 국민에게 이단 종파를 인정하는 것처럼 보일 수 있다. 이런 상황을 우리로서는 도저히 받아들일 수 없다. 군대를 안 가는 것은 그 사람들 사정이다. 대체복무는 인권 보호가 아니라 특혜"라고 밝혔습니다. 그의 결론은 "이단 종교에 특혜를 주는 것은 기독교인으로서 용납하기 어렵다."는 것이었지요.[9] 보수 기독교계가 양심에 따른 병역거부는 인권의 문제가 아니라 이단 대처의 문제라고 선언하자, 가장 먼저 흔들린 것은 기독교계라는 막강한 표밭을 의식할 수밖에 없었던 국회의원들이었습니다. 대체복무 입법을 추진 중이던 의원들은 곧 기독교계가 입장을 정리할 때까지 입법 추진을 유보하기로 결정했습니다.[10]

갑자기 튀어나온 기독교의 대체복무 반대 입장은 제겐 매우 당혹스러운 일이었습니다. 양식 있는 기독교인이라면, 대체복무 마련에 찬성하지는 않더라도 굳이 반대하지는 않을 거라는 예상을 완전히 벗어나는 반응이었기 때문입니다. 때마침 미국에 머물며 병역거부 관련 서적들을 읽고 있던 저는, 그저 내가 아는 범위 내에서라도 기독교 평화주의 이야기를 알려야겠다는 생각을 뿌리칠 수 없었습니다. 그 결과물이 〈한겨레21〉에 실린 '기독교도 양심적 병역거부했다'는 엉성한 글이었습니다.[11] 그리고 좀 더 제대로 공부를 해야겠다고 마음먹고 기독교 평화주의와 양심에 따른 병역거부를 다룬 책들을 본격적으로 읽기 시작했습니다.

그해 9월 11일, 끔찍한 테러 사건이 터졌습니다. 테러 직후 미국은 테러의 배후로 지목된 오사마 빈 라덴뿐 아니라, 그에게 거점을 제공한 아프가니스탄까지 공격의 대상으로 삼아 대규모 전쟁을 시작했지요. 9월 16일 조지 W. 부시 미국 대통령은 테러와의 전쟁을 '십자군 전쟁'에 비유했고, 보복 전쟁의 정당성을 강조하는 이러한 표현은 즉시 이슬람권의 반발을 불러일으켰습니다. 이슬람권에서 사용하는 '지하드

(Jihad, 성전)'가 서방 세계에서 매우 부정적인 이미지로 받아들여지듯이, '십자군'이 이슬람권에서 서방 세계의 종교적 침공을 의미한다는 사실을 무시한 부적절한 언어 사용이었습니다. 부시의 실수를 깨달은 백악관은 9월 18일 즉각 이러한 용어 사용에 대한 사과의 뜻을 밝혔습니다.[12] 부시의 용어 선택이 실수든 고의든 간에 그가 '테러와의 전쟁'을 거룩한 전쟁 또는 정당한 전쟁으로 파악하고 있다는 사실까지 부인하기는 어렵습니다. 미국 교회의 주류도 언제나 그랬듯이 대통령이 주도하는 전쟁을 불가피한 것으로 받아들였습니다.

비슷한 시기에 미국에서 관광 명소로 각광을 받아 왔던 아미시 교회들에 갑작스런 위기가 닥쳐왔다는 소식을 접했습니다.[13] 평화시에 별다른 어려움 없이 미국 사회의 일원으로 인정받아 온 이들이었지만, 전쟁이 시작되면서 자신들이 결코 주류 사회의 일원이 될 수 없음을 다시 확인하게 된 것이었습니다. 미국 전역이 보복 열풍에 휩싸인 가운데 아미시 교회는 어떤 종류의 전쟁에도 반대한다는 자신들의 신조를 다시 한 번 분명히 밝혔고, 그것이 위기를 불러 온 것이지요. 9 · 11 이후 미국 사회가 보인 획일적 경향을 생각한다면, 평화주의 교회의 입장 표명은 큰 용기가 필요한 일이었습니다. 그런데도 아미시 지도자들은 그 위기를 오히려 긍정적으로 받아들였습니다. 평화시에 잊고 지냈던 자신들의 정체성을 되찾는 기회로 생각한 것입니다.

미국은 현재 징병제를 실시하지 않고 있으나, 전쟁이 확산될 경우 언제든지 징병제를 전면적으로 실시할 수 있는 나라입니다. 하지만 징병제가 실시된다 하더라도 메노나이트, 아미시, 퀘이커 등 전통적 평화주의 교파들은 양심에 따른 병역거부자 등록을 통해 강제 징집을 피할 수 있습니다. 미국은 이미 1864년부터 공식적으로 이들을 예외로 인정했기 때문이지요. 전쟁이 일어날 때마다 이들 평화주의 교파들은 사회 전체로부터 따돌림을 당하는 적지 않은 고통을 겪었지만, 적어도 전쟁에 강제로 끌려가지는 않았습니다.

미국에서 아미시에 대한 이런 보도가 나오고 며칠 후 우리 국방부는 "현재의 안보 환경과 징병제 병역제도 하에서 대체복무를 수용할 수 없다."라고 공식 입장을 밝혔습니다. 병역거부 행위는 남북으로 분단된 우리의 특수한 안보 환경에서 자유와 평화를 수호하는 데 필요한 기본적인 의무 이행을 거부하는 것이며, 이들에게 대체복무를 허용하는 것은 형평성 차원에서도 수용할 수 없지만 병역거부 확산은 물론, 특정 집단에 대한 특혜 시비로 국민 통합을 저해할 것이기에 수용할 수 없다는 내용이었습니다.[14] 이미 140년 전 양심에 따른 병역거부를 인정한 미국과는 판이한 상황이 아닐 수 없었습니다.

4

그런 상황을 바라보면서 서둘러 준비한 것이 바로 이 책의 전신인 《칼을 쳐서 보습을―양심에 따른 병역거부와 기독교 평화주의》였습니다. 이단 종파 척결에 인생을 건 동료 기독교인들이 엉뚱한 소리를 계속해 더 망신당하는 것만은 막아야겠다는 소박한 동기로 시작한 작업이었지요. 책의 완성도보다는 최대한 빨리 써서 논의 진행에 도움을 주어야 한다는 현실적 요구가 우선이었으므로 지금 다시 읽어보면 고개를 들 수 없을 정도로 부족한 책이었습니다.

부끄러운 점이 한두 가지가 아니지만, 《칼을 쳐서 보습을》은 무엇보다 국내 자료를 전혀 참고하지 않았다는 근본적인 한계가 있는 책이었습니다. 이에 대해 '주로 미국에 있으면서 책을 썼기 때문'이라는 변명을 서문에 적었습니다만, 이제 와서 고백하자면 어차피 우리나라 병역 거부자 대부분이 여호와의 증인이므로 그쪽 자료를 별로 참조하고 싶지 않은 속마음이 있었던 것도 사실이었습니다. 이른바 '이단'들에 대한 뿌리 깊은 거부감을 저 스스로도 넘어설 수 없었던 것입니다. 아마도 어려서부터 받아 온 교회 교육 때문이었겠지요. '이단' 쪽 사람들 말이라면 콩으로 메주를 쑨다 해도 믿지 않을 기본 자세를 갖추었으므로, 영국이나 미국 쪽 자료를 짧게 인용할 때도 신중에 신중을 기했습니다. 대개의 경우 어떤 자료가 믿을 만한 저자, 출판사, 각주의 요건을 충족하고 있다면, 별다른 의심 없이 그 내용을 인용할 수 있습니다. 그러나 《칼을 쳐서 보습을》을 쓸 때 저는 여호와의 증인들 문제에서만은 최소한 둘 이상의 자료가 명확하게 증언하지 않는 한 그 내용을 전혀 반영하지 않았습니다. 나치 치하에서 여호와의 증인들이 심한 탁해를 받으며 병역을 거부한 이야기는 따로 책이 나와 있을 정도였지만, 그 부분도 홀로코스트 전공 학자가 확인한 적이 없는 내용이라면 모두 제외했습니다.

주로 미국 쪽 자료만 이용하다 보니 부작용도 적지 않았습니다. 예컨대 저는 책에서 "여호와의 증인들이 이른바 아마겟돈 전쟁에의 참전을 인정한다는 점에서 전통적인 기독교 평화주의와 구분되며 어떤 형태의 대체복무도 거부한다는 특징을 지니고 있다."라고 썼는데, 이 부분을 두고 여호와의 증인들로부터 거센 항의를 받기도 했습니다. 아마겟돈 전쟁이나 대체복무 거부 이야기가 모두 근거 없는 내용이라는 것이었습니다. 물론 근거가 정말 없었던 것은 아니지요. 관련 분야의 전문서적들을 읽고 각주까지 달았을 뿐 아니라, 미국 여호와의 증인에서 나온 공식 책자들까지 참고했으니까요. 그러나 같은 여호와의 증인이라 해도 한국과 미국 사이에 입장 차이가 있을 수 있음을 고려하지 않고 한국 쪽 자료들을 살펴보지 않은 것은 분명 저의 잘못이었습니다. 미국 쪽 여호와의 증인이 기독교 평화주의 입장이 아니라고 해서 우리나라도 그러란 법은 없는데도 너무 속단한 셈이었지요.

그들을 옹호하는 책을 쓰면서도 끝까지 일정한 거리를 유지하려 했던 저의 태도는 '어려서부터 지녀 온 이단에 대한 생래적 거부감'과 '주류에서 밀려나는 순간 기독교 내에서 발언권을 완전히 상실할 수 있다는 두려움'의 산물이었던 것 같습니다. 흥미롭게도 우리나라 진보 언론들조차 그동안 여호와의 증인인 병역거부자들보다는 그렇지 않은 병역거부자들을 훨씬 선호했습니다. 그래서 오태양, 나동혁의 이름은 많은 사람들이 기억하지만, 여호와의 증인 출신 병역거부자들의 이름은 알려진 경우가 거의 없습니다. 이단에 대한 극단적 거부감과 주류 콤플렉스로부터 누구도 자유롭지 못함을 보여주고 있는 것입니다.

처음 책을 냈던 때에 비해서 지금은 기독교 소수 종파들에 대한 제 이해도 훨씬 깊어졌고 우리 사회도 많이 변했습니다. 현재 여호와의 증인 병역거부자들은 군사재판을 통해 3년형을 받지 않고, 민간 법정에서 병역법 위반으로 1년 6월형을 선고받습니다. 대법원과 헌법재판소가 병역거부자 처벌이 위헌이 아니라고 판단한 까닭에 앞으로도 당분간은 이런 상태가 지속될 겁니다. 뭔가 금세 바뀔 것만 같았던 처음 출발을 생각해보면 막상 이뤄낸 것이 너무 적지요. 그래도 지난 6년은 우리 사회가 민주주의를 이해하고 받아들인 무시할 수 없는 성장의 시기였습니다. 앞으로 이웃을 배려하는 더 합리적인 사회가 될 거라 믿습니다.

별로 나아질 것 같지 않은 현실에서 어떻게 희망을 말할 수 있느냐고요? 제 기대는 병역거부가 더는 '그들'만의 문제가 아님을 깨닫게 된 저의 경험에 뿌리를 두고 있습니다. 여러분과 저, 우리 모두는 폭력이 일상화된 사회, 전쟁이 분쟁 해결의 중요한 수단으로 받아들여지는 세계 안에서 살고 있습니다. 이 사실은 앞으로도 변함이 없을 겁니다. 이런 세계에 살면서 평화를 모색하는 사람은 누구라도 양심에 따른 병역거부를 고민할 수밖에 없습니다. 말뿐이 아닌 평화의 실천을 고민하다 보면, 어느새 병역거부자의 입장에서 문제를 바라보기 시작한 자신의 모습을 발견하게 될 것입니다. 제가 변한 것처럼 여러분도 이 변화를 피할 수 없을 겁니다. 그런 고민을 하는 사람들의 숫자가 계속 늘다 보면 언젠가 '칼을 쳐서 보습을 만들고 창을 쳐서 낫을 만드는' 그런 날도 오겠지요. 이 책은 '그들'의 문제에서 시작하여 '나'의 문제를 고민하게 된 저의 지적 여행을 기록하고 있습니다. 처음 책을 낼 때보다 5년의 고민이 더해졌으므로 여러분이 동행해야 할 여정도 더 길어진 셈입니다. 자, 그럼 여행을 떠나볼까요.

2장
그럼 군 복무한 우리는 비양심적이란 말입니까?

_평화주의는 실천의 문제다

　　　　양심에 따른 병역거부 논란이 시작된 이후 자주 듣는 질문이 있습니다. "종교 교리를 빙자한 병역 회피 기도를 양심적 병역거부라 표현한다면 조국의 부름을 받아 조국을 지키다 장렬히 산화한 이들은 '비양심적 병역이행자'로 불러야 합니까?" 술자리에서 그냥 지나가는 이야기로 나오는 질문이 아닙니다. 한나라당 송영선 의원이나 여춘욱 전 서울지방병무청장 같은 '국방 전문가'들도 이런 표현을 자주 씁니다.[1] 특히 송영선 의원은 병역과 관련한 토론회에 나올 때마다 똑같은 질문을 던져서 저를 놀라게 합니다. 일반인이 '양심적 병역거부'에 반대되는 개념으로 '비양심적 병역이행'을 상상하는 것은 충분히 있을 수 있는 일이지만, 미국에서 정치학 박사 학위를 취득한 국방 전문가가 공적인 토론의 장에 이런 논리를 들고 나오는 것은 곤란합니다. '양심에 따른 병역거부'란 용어의 출발점을 몰라서 그런다면 전문가 호칭이 어울리지 않는 것이고, 알면서도 대중을 선동하려고 그런 어법을 애용한다면 그것은 정말 위험한 행동이기 때문이지요.

1

　　　　양심에 따른 병역거부를 둘러싼 이런 오해는 용어의 번역 과정에서 파생된 문제입니다. 서양에서 매우 개인적이고 주관적인 의미로 쓰이

는 '양심' 개념이 번역되어 우리 일상에서 쓰일 때 '다른 사람의 평가'
와 관련된 객관적인 의미로 확장되었고, 거기에 '적(的)'이라는 일본식
표현까지 덧붙어 그 의미가 매우 불분명해졌습니다. 물론 우리말에서
도 '양심'은 '자기의 행위에 대하여 옳고 그름을 판단하고 바른 말과 행
동을 하려는 마음'을 뜻합니다. 적어도 사전적으로는 그렇습니다. 국어
사전이 알려주는 의미에 따르면, 다른 사람이 어떻게 생각하느냐와 관
계없이 자기가 옳다고 믿는 대로 행동하는 것이 '양심적'인 것입니다.
그런데 우리가 흔히 사용하는 "그 사람 참 양심적이야."라는 표현은 대
부분의 경우에 "그 사람은 자기가 믿는 대로 행동하는 사람이야."가 아
니라 "그 사람은 참 좋은 사람, 믿을 만한 사람이야."라는 뜻으로 쓰입
니다. 아주 틀린 것은 아니지만 그 뉘앙스에 차이가 있다는 말입니다.
많은 오해가 여기에서 시작됩니다.

　　양심에 따른 병역거부는 'conscientious objection'(지금부터는 주로
CO라는 약칭을 사용하겠습니다)이란 영어 표현의 번역입니다. 양심의
형용사형을 번역하다 보니 '양심적'이 되었고 그 뒤에 '거부'라는 명사
가 덧붙은 것이지요. '양심'으로 번역하는 conscience는 라틴어
conscientia에 어원을 두고 있는데, 원래 이 말은 '내면의 생각 또는 지
식'을 의미할 뿐입니다.

　　conscience의 뜻을 정확히 이해하기 위해서 'a bad conscience'나
'a good conscience'라는 표현을 한번 생각해봅시다. 중학교 정도의
영어 실력이면 쉽게 번역할 수 있겠지요. 앞의 것은 '나쁜 양심', 뒤의
것은 '좋은 양심' 정도가 되지 않을까요? 하지만 영어사전을 찾아보면
이 쉬운 표현들은 그렇게 번역되어 있지 않답니다. 앞의 것은 '떳떳치
못한 마음'으로, 뒤의 것은 '떳떳한 마음'으로 풀이하고 있지요. 이상하

지 않습니까? 갑자기 등장한 '떳떳함'은 도대체 뭘까요? 양심이 철저하게 개인에 속한 문제임을 받아들이기 전에는 이 해석을 이해하기 어렵습니다. 즉 'a good conscience'란 자기 마음에 비추어보았을 때 떳떳함을 의미하는 것이지, 객관적으로 '좋은 양심'이냐 아니냐의 문제와는 상관이 없다는 뜻입니다. 양심은 누구나 자기 내면에 지니고 있는 거울입니다. 옳고 그름을 판단하는 윤리적 감각과 관련 있기는 하지만, 보편적인 윤리나 도덕을 말하는 것이 아니라 어디까지나 각자 나름의 판단과 행동의 기준을 의미하는 것입니다. 따라서 남들이 보기에는 아무리 이상해 보여도 스스로 자신을 그 거울에 비추어 보았을 때 떳떳하다면 그것은 'a good conscience'입니다.

헌법이 보장하는 양심의 자유도 이런 관점에서 이해할 수 있습니다. 우리 헌법 제19조가 이야기하는 양심의 자유는 모든 사람의 내면에 혼자 생각하고 판단하고 행동할 수 있는 자기만의 세계가 있음을 인정한 것입니다. 헌법학자들이 흔히 쓰는 표현을 빌리자면 양심이란 "어떤 일의 옳고 그름을 판단함에 있어서 그렇게 행동하지 않고는 자신의 인격적인 존재 가치가 파멸하고 말 것이라는 강력하고 진지한 마음의 소리"입니다.[2] 우리가 일상에서 쓰는 "그 사람 참 양심적인 사람이야."라든지, "그 사람은 정말 비양심적이야."라는 평가와는 아무런 상관도 없는, 지극히 개인적이고 주관적인 마음의 소리를 의미하는 것입니다.

양심의 의미를 이해하고 나면 "양심에 따른 병역거부라면, 군대 간 사람은 다 비양심적이라는 말이냐?"라는 식의 질문은 처음부터 성립할 수 없다는 것을 알 수 있습니다. 누군가 자기 양심에 따라 군대에 못 가겠다고 하는 것과, 또 다른 누군가가 자기 양심에 따라 군대에 가겠다고 하는 것은 둘 다 모순이 아닙니다. 헌법이 보장하는 양심의 자유가 진지하고 절박하고 구체적인 마음의 소리를 뜻한다면, 병역을 거부하는 사람들의 행동에는 충분히 '양심적'이라는 수식어를 붙일 수 있습니다. 한편 어떤 사람들이 그저 남들이 다 가는 군대이기 때문에 별 생각 없이 징병에 응한다면 그것은 굳이 양심의 자유와 연결시킬 필요가 없는 문제입니다. '내가 군대에 들어가지 않는다면 내 인격적인 존재 가치가 파멸하고 말 것이라는 강력하고 진지한 마음의 소리' 대문에 견딜 수 없어 군대에 들어가는 사람은 그리 많지 않을 테니까요. 따라서 대부분의 사람들의 입영 행위는 '비양심적'인 것이 아니라, '양심과 크게 상관없는 문제'로 볼 수 있습니다.[3]

그런데도 '알 만한 사람들'이 일반인들로 하여금 '양심적 병역거부'에서 '비양심적 병역이행'을 연상하도록 유도했고, 그 결과 이 문제를 이성적으로 논의하기가 더욱 어려워졌습니다. 이미 그런 연상 작용에 빠져든 사람들을 붙잡고 제가 좋지도 않은 영어 발음으로 "그게 아니구요. 원래는 칸시엔셔스 오브젝션이 어원인데요, 거기서 말하는 컨션스는요, 우리가 이해하는 양심하고는 달라서요." 어쩌구저쩌구 한참 떠들어봐야 아무 소용이 없습니다. 만약 이 문제를 제기한 분들이 처음부터 전략적인 관점에서 용어 선택을 할 수 있었다면 결코 '양심적 병역거부' 같은 표현을 쓰지는 않았을 겁니다. 그러나 법조계와 학계에서 일반적으로 쓰는 용어를 지금 와서 모두 뜯어고칠 방법은 없지요. 그래서 이 문제에 관심 있는 사람들이 임시방편으로 사용하기 시작한 것이 '양심에 따른 병역거부'란 표현입니다. 우선 일본식 표현인 '양심적'을 버림으로써 불필요한 오해를 불식하고, 최소한 '비양심적 병역거부'를 떠올리는 연상 작용에서 벗어날 계기를 마련하자는 것입니다.

저도 이 책에서 계속 '양심에 따른 병역거부'라는 표현을 사용할 겁니다. 그러나 그렇다고 해서 영어 번역에서 비롯된 문제들이 모두 해결되는 것은 아니랍니다.

2

conscientious objection이란 표현을 이제 다른 각도에서 한번 더 검토해보겠습니다. 이 두 단어 어디에도 '병역'이란 뜻은 들어 있지 않습니다. 정확히 번역하자면 '양심에 따른 병역거부'가 아니라 '양심에 따른 거부'가 옳습니다. 물론 미국에서도 CO를 반전 및 병역거부와 관련해 이해하는 것이 보통이지만, 그것이 결코 본래 의미는 아니라는 말씀입니다.

'양심에 따른 거부'는 개인과 국가의 관계에서 개인이 행사하는 광범위한 거부권을 의미합니다. 자기 양심에 따라 국가의 요구를 거부하는 모든 행동을 포괄하는 표현이지요. 여기에는 자기가 동의할 수 없는 이념이나 정책을 펴는 국가에 반대해 세금을 내지 않는다든지, 독재 정권에 대항해 투표를 거부한다든지 하는 다양한 형태의 저항이 포함됩니다.

예를 하나 들어볼까요. 지금은 미국 땅이 된 텍사스, 뉴멕시코, 유타, 네바다, 애리조나, 캘리포니아 등은 모두 원래 멕시코 땅이었습니다. 1821년 멕시코가 스페인에 대항해 일으킨 독립전쟁에서 승리한 때부터 그랬지요. 그런데 그중 텍사스 지역에 이주해 살던 미국인들이 1836년 미국의 지원을 받아 덜컥 독립 국가 수립을 선언했습니다. 이들의 행위는 미국 시각에서 보면 영웅적 투쟁일지 모르지만 멕시코 입장에서는 자기네 땅에 마구 이주해 들어온 외국인들이 독립 국가를 선언한 불법 행위였습니다. 사실 텍사스의 미국 이주민들은 처음부터 미국의 한 주로 편입되기를 바랐지만, 북부 주들의 반대로 뜻을 이루지 못했습니다. 텍사스가 남부 주들과 마찬가지로 노예제도를 지지했기 때문에 남부 쪽 노예제도 지지 세력의 세 확장을 우려한 북부가 텍사스의 편입을 반대했던 것입니다. 어쨌든 그때 텍사스 미국인들이 내세운 이름이 '론스타 리퍼블릭(Lone Star Republic)'이었습니다. 그때부터 텍사스는 외톨이별을 상징으로 택했습니다. 지금도 어떤 미국 회사나 조직, 친목회 등의 모임이 '론스타'라는 이름을 쓴다면 99퍼센트 텍사스와 관련되어 있다고 보면 되지요. 그러다 1845년에 이르러 미국이 텍사스를 연방의 한 주로 받아들이면서 멕시코 영토에 대한 야욕을 드러냈고, 결국 1846년부터 1848년까지 멕시코와 전쟁을 벌인 끝에 승전의 대가로 캘리포니아와 뉴멕시코 등 멕시코 땅 3분의 1을 '양도' 받았습니다. 구입 대금은 1500만 달러였습니다. 당시 미국의 팽창주의자들은 '멕시코 땅 전부'를 원했습니다. 그나마 노예제 반대 진영에서 그런 팽창주의자들의 요구를 노예제 확산 음모라고 강력히 비난하며 저항한 덕분에 그 정도 수준에서 멈출 수 있었던 것이지요.[4]

멕시코전쟁은 미국이란 나라가 어떻게 영토를 넓히고 부를 축적해 왔는지 잘 보여줍니다. 이 전쟁이 시작되던 초기에 인두서(人頭稅) 납부를 거부하여 투옥된 사람이 바로 매사추세츠 주 콩코드의 젊은 작가 헨리 데이비드 소로(Henry David Thoreau, 1817~1862)였습니다. 텍사스를 연방에 받아들이는 것이 곧 노예제도의 확산을 의미한다는 믿음에서 나온 행동이었습니다. 사실 그는 이미 3년 전부터 매사추세츠 주에 인두세를 납부하지 않고 있었습니다. 노예제 폐지 운동의 중심지였던 매사추세츠 주에서까지 탈주 노예들을 붙잡아 남부로 돌려보내려

하는 주 정부에 항의하는 표시였지요. 무려 3년 동안이나 세금을 내지 않고도 그가 무사했던 이유는 그 당시 가난해서 세금을 못 내는 사람들이 워낙 많았던 데다가, 소로의 저항이 개인적인 항의 수준을 넘지 않았기 때문에 콩코드의 세금 징수원이었던 샘 스테이플스가 이웃인 소로를 굳이 처벌하려 들지 않았기 때문이었던 것 같습니다.

그럭저럭 세금을 안 내고 살 수 있는 상황이었지만 1846년 멕시코전쟁이 발발하자 소로는 침묵할 수 없었습니다. 그는 신문 논설에서 "국가의 법이 내 양심이 금지하는 것을 명한다면, 내 양심이 우선해야 하는 것 아닌가?"라는 주장을 펼친 다음, 세금 징수원 친구에게 인두세를 내지 않겠다고 선언합니다. 친구는 세금을 깎아주고 대신 내주겠다고까지 제안했지만 소로는 거절했습니다. 그러면 감옥으로 보낼 수밖에 없다는 친구의 말에, 소로는 "감옥 가기에 지금만큼 좋은 때도 없다."라고 대답하고 감옥에 들어갔습니다.[5] 그날 밤 친구인 작가 에머슨(Ralph Waldo Emerson, 1803~1882)이 감옥을 방문하여 "그 안에서 뭐 하고 있나?"라고 묻자, 소로가 "당신이야말로 그 밖에서 뭘 하고 있소?"라고 반문했다는 이야기는 유명하지요.[6]

그의 세금 거부 이야기는 다른 친지가 소로의 동의 없이 인두세를 대신 납부해주면서 막을 내렸지만, 세금 거부로 나타났던 그의 생각은 '시민 불복종'의 정신으로 결실을 맺었습니다. 소로가 실천했던 세금 거부도 물론 양심에 따른 거부에 속합니다.

또 다른 예를 하나 들어보겠습니다. 지금도 이스라엘에 가면 19세기 스타일의 검은 코트에 검은 모자를 쓰고 긴 머리와 수염을 기른 정통 유대교 신자들을 만날 수 있습니다. 그들 가운데 적지 않은 수가 이스라엘이라는 나라 자체를 인정하지 않습니다. 이스라엘 건국의 토대가 된 시오니즘 운동은 정통 유대교 신자들의 눈으로 볼 때는 일종의 신성모독이었습니다. 왜냐하면 유대인들이 시온으로 귀환하는 것은 온 인류를 위해 하나님이 세우신 거대한 계획의 일부이므로 결코 정치적인 수단이나 세속 국가의 건설로 이루어질 일이 아니라고 믿기 때문이었습니다. 그래서 정통 유대교인들은 수천 년 동안 자신들을 괴롭혀 온 기독교인들보다 오히려 시온주의자들이 더 나쁘다고 생각했습니다.[7] 이런 정통 유대교인 가운데 종교적 열정이 가장 강한 사람들이 일찍이 팔레스타인으로 이주하여 주로 예루살렘에 거주하면서 성경 연구와 기도에 힘썼습니다. 이들과 달리 러시아와 동유럽 출신이며 사회주의의 세례를 받은 시온주의자들이 나중에 팔레스타인에 이주하여 아랍 사람들의 희생 위에 세운 나라가 바로 지금의 이스라엘입니다.

사정이 이렇다 보니 정통 유대교 신자들과 이스라엘 건국의 주역들은 늘 갈등하고 경쟁했습니다. 건국 후 일부 정통 유대교 종파들은 선거를 통해 의회에 진출하여 연립내각에서 상당한 지분을 차지하기도 했습니다만, 이스라엘에는 지금도 자신들의 나라를 인정하지 않는 유대교 신자들이 많습니다. 이들은 각종 선거를 거부하고 세금을 내지 않습니다. 심지어 이스라엘이라는 나라를 거부하는 자신의 의지를 보이려고 아예 이스라엘 화폐를 사용하지 않는 사람들도 있습니다. 이런 모든 행동이 양심에 따른 거부입니다.

이런 이야기를 들으면 누구나 의문이 생길 겁니다. 늘 이웃나라들과 분쟁 속에서 살아가는 나라, 항상 전쟁 중이라 할 수 있는 나라에서 어떻게 이런 일이 가능할까? 화폐, 선거, 세금을 거부하는 사람들은 어떤 처벌을 받을까? 화폐를 거부하는 사람들은 도대체 뭘 먹고 살까? 결론부터 이야기하면 간단합니다. 그런 정통 유대교 신자들은 나라의 도움을 받아 그냥 잘 살고 있습니다. 이상하지요? 그런데 사실입니다. 공식적으로 이스라엘은 양심에 따른 병역거부를 인정하지 않지만, 이스라엘을 거부하는 정통 유대교 신자들은 건국 초부터 군대에 가지 않았고 지금도 가지 않습니다. 세금도 안 냅니다. 물론 처벌도 없습니다. 게다가 실제로 이들을 먹여 살리는 것은 국가입니다. 이들의 흥미로운 삶과 이스라엘 정부의 대응은 양심에 따른 거부의 넓은 스펙트럼을 잘 보여주지요.

양심에 따른 병역거부의 긴 역사와 달리 'conscientious objection'이라는 용어가 병역과 관련하여 사용된 것이 비교적 최근 일이라는 사실도 기억해둘 필요가 있습니다. 사람들은 흔히 군대가 인류만큼이나 역사가 길다고 생각합니다. 이런 생각은 부분적으로 옳고 부분적으로 틀립니다. 군대의 역사가 그만큼 오래된 것은 사실이지만, 우리가 머리속으로 그리는 '그런 군대'의 역사는 그리 길지 않은 까닭입니다. 국가가 일정 연령에 이른 전체 남성을 대상으로 범국가적인 징집 명령을 내리고, 그렇게 징집된 남성들로 군대를 구성한 것은 1789년 프랑스혁명 이후의 일입니다. 양심에 따른 병역거부가 수천 년의 역사를 지닌 데 비해, 그런 행동에 이름이 붙은 것이 한참 늦은 이유도 여기에 있을 겁니다. 우리가 생각하는 군대다운 군대의 역사가 그만큼 짧다는 이야기지요.

CO가 병역거부와 관련하여 처음 쓰인 것은 영국에서 벌어진 차티스트 운동 때의 일이었다고 합니다. 차티즘(Chartism)은 흔히 노동자들의 참정권 확대 운동으로만 알려져 있지만, 실제로는 시민의 권리를 증진하려는 여러 가지 급진적인 주장을 담은 운동이었습니다. 이런 시대적 흐름 속에서 평화주의자들도 자기 목소리를 내기 시작했고, 수많은 반전 단체가 조직되었지요. 이런 분위기를 타고 아일랜드 출신의 차티스트 지도자였던 퍼거스 오코너(Feargus O'Connor, 1796~1855)가 1846년 2월 4일 '전국 반(反) 민병대 연합'을 조직했는데, 이 조직이 자신들의 목표 중 하나로 '양심에 따른 병역거부자 보호'를 명시했던 것입니다. 1846년 11월 플리머스 형제단(영국국교회에 반대해 초기 교회로 복귀를 주장하며 벌인 교회 쇄신 운동. 간소한 성찬식, 차별 없는 예배 등을 주장하며 세속의 쾌락과 소유, 명예를 포기한 채 전도에 힘썼다)에 소속된 평화주의자였던 찰스 브렌튼 경(Sir Charles L. Brenton)도 아버지에게 쓴 편지에서 "어떤 상황에서도 양심에 따라 전쟁을 거부"하겠다고 밝혔습니다. 대체로 이 시기를 전후하여 병역거부와 관련해 '양심에 따른 거부'라는 표현이 일반화되기 시작했음을 보여주는 사례들입니다.[8] 이렇게 소박하게 시작된 '양심에 따른 거부'란 용어는 1890년대와 제1차 세계대전을 거치면서 보편화되어 지금처럼 쓰이게 되었지요.

우리나라에서 CO를 양심에 따른 '병역'거부로 번역해서 생겨난 다른 문제도 하나 짚고 넘어가겠습니다. '병역'거부라는 말은 자칫하면 군대 가는 것을 완전히 거부하는 행위만 가리키는 것으로 이해하기 쉽습니다. 실제로 지금까지 우리나라의 병역거부 논쟁은 바로 이런 이해를 바탕으로 진행되었습니다. 그러나 역사적으로 병역거부자의 상당수는 군 복무 자체에는 아무런 이의가 없는 사람들이었습니다. 군대에 입대하여 남들과 똑같이 병역의 의무를 이행하고 싶지만 종교적인 이유로 살인은 할 수 없기 때문에 그걸 배려해 달라는 사람들이 존재했다는 사실입니다.

살인 또는 살인 훈련을 제외하고 군 복무가 어떻게 가능할까 의문이 있을지 모르지만, 군대라는 거대한 조직에서 사람을 직접 죽이는 업무가 차지하는 비중은 그리 크지 않습니다. 군의관이나 위생병처럼 사람을 살리는 업무가 있는가 하면, 물자를 나르고 군인들을 먹여 살리며 부대를 운영하는 다양한 업무가 존재합니다. 따라서 CO를 인정하는 나라에서는 병역을 거부하지는 않고 오직 '총 들고 싸우는 것(집총)'만을 거부하겠다는 사람들도 당연히 CO에 포함됩니다. 이들은 위생병과를 비롯한 비전투병과에 배치되어 남들과 똑같이 군 복무를 하지요. 미국에서는 이렇게 집총 거부를 하고 비전투임무에 종사한 사람 중에서 부상병을 여럿 구하여 훈장을 받은 사람들도 있습니다.

그런데 우리처럼 '양심에 따른 병역거부'라는 용어를 사용하다 보면 양심에 따른 '집총' 거부를 CO에 포함시킬 것인지 여부가 불분명해집니다. 병역 자체를 거부하는 것과 집총만 거부하는 것이 무엇이 다르냐고 생각할 수도 있지만, '군 복무를 할 의지'가 있느냐 없느냐의 측면에서 보면 양자는 근본적으로 다른 문제입니다. 병역 자체를 거부하는 사람들에게는 민간 대체복무의 길을 열어주어야 하지만, 집총만을 거부하는 사람들에게는 군대 안에서 비전투임무를 부여하는 것으로 충분하다는 차이도 있습니다. 우리나라에서 그동안 비전투복무에 관한 논의가 거의 진행되지 못한 것은 집총만을 거부하던 안식교 신자들이 1970년대 중반 자신들의 입장을 포기한 데서 주된 원인을 찾을 수 있습니다. 원래 '병역' 자체를 거부하던 여호와의 증인들이 비슷한 시기에 강제로 군대 안으로 붙잡혀 들어와 '집총' 거부를 하는 방법으로 '병역' 거부를 하게 됨에 따라 용어가 더 뒤섞이게 된 면도 있지요. '집총 거부'만을 해도 무조건 '병역' 거부로 처리해버리니 양자 사이에 차이가 없어진 것입니다. 하지만 2002년 이후의 논의에서 비전투복무가 거의 고려되지 못한 데에는 이런 용어의 혼란도 적지 않은 원인 저공을 했습니다.

지금까지 살펴본 것처럼 '양심에 따른 거부'란 매우 광범위한 시민 불복종과 관련하여 이해해야 합니다. 요컨대 우리나라에서 양심적 병역거부로 번역해 쓰는 CO는 정확히 번역하자면 '양심에 따른 거부'가 맞고, 거기에는 병역거부뿐만 아니라 세금 거부, 투표 거부, 화폐 사용 거부, 집총 거부 등 국가를 상대로 하는 다양한 형태의 거부가 포함됩니다. 이 목록은 얼마든지 더 길어질 수 있습니다. 양심에 따른 거부의 여러 수단 가운데 하나가 병역거부라는 걸 이해하고 나면 '비양심적 병역이행' 같은 기괴한 반대 논리가 자리 잡을 여지는 전혀 없지요.

3

이쯤 해서 우리는 평화주의라는 말도 한번 생각해보아야 합니다. 양심에 따른 병역거부를 이야기하면서 평화주의를 거론하지 않을 방법이 없기 때문입니다. 평화주의는 'pacifism'을 번역한 말입니다. 그런데 pacifism이란 단어는 상대적으로 새로운 것이어서 영어권 사람들에게도 그다지 친숙한 단어가 아니랍니다. 예컨대 1904년에 출판된 《완성판 옥스퍼드 사전(The Complete Oxford Dictionary)》에는 아예 이 단어가 들어 있지 않습니다. 《완성판 옥스퍼드 사전》의 증보판에 평화주의가 포함된 것은 1982년의 일입니다. 이 증보판도 pacifism의 어원에 대해서는 1902년 어느 국제 평화 회의에 참석한 프랑스인이 이 새로운 표현을 처음으로 사용했으며,[9] 프랑스어 pacifisme에서 유래했다고 기록하고 있을 뿐입니다. 사용한 지 100년이 갓 넘은 신조어인 셈입니다.

pacifism은 처음 쓰일 때부터 반전주의(anti-war-ism)를 의미했습니다. 지금도 대개의 영어 사전들은 "전쟁은 잘못된 것이며, 전쟁에 나가 싸우는 것도 잘못이라는 믿음",[10] "분쟁 해결 수단으로서의 전쟁 또는 폭력에 반대함. 윤리적 또는 종교적 이유에서 무기 사용을 거부함"[11] 등으로 평화주의를 정의하고 있지요.

그러나 평화주의는 전쟁과 평화를 바라보는 오직 한 가지 생각만을 의미하지는 않습니다. 평화주의에는 워낙 많은 의미와 사상이 혼재하고 있어서 이를 한마디로 정의하기란 불가능합니다. 케임브리지대학의 철학자 제니 티크만은 pacifism의 뒤에 붙은 '-ism'의 다양한 용례를 통해 그 어려움을 설명합니다.[12]

영어에는 단어 뒤에 -ism이 붙는 경우가 많습니다. 대표적으로 Marxism을 생각할 수 있지요. 카를 마르크스의 이름 뒤에 -ism이 붙어 만들어졌고 우리말로는 마르크스주의로 번역되지요. 이때의 -ism은 사상이나 주의를 뜻합니다. 칼뱅주의(Calvin-ism), 실증주의(positiv-ism)도 비슷하게 쓰인 경우지요. 그런데 -ism이 붙는 모든 단어를 그렇게 쉽게 해결할 수는 없습니다. '세례(bapt-ism)'나 '야만(barbar-ism)'이라는 단어에 들어 있는 -ism은 무슨 주의로 번역할 수 없습니다. 앞의 것은 세례라고 하는 '특별한 행동 유형'을 가리키고, 뒤의 것은 '야만'이라는 '상태'를 나타냅니다. 그밖에도 알코올중독(alcohol-ism)에 들어 있는 -ism은 습관을 가리키고, 채식주의(vegetarian-ism) 또는 수도 생활(monastic-ism)의 -ism은 조직적인 행위 체계를 의미합니다. 이보다 더 복잡한 경우도 있습니다. 예컨대 일신교(monothe-ism)라는 말에서처럼 유대교, 기독교, 이슬람교, 시크교 등 하나의 신을 믿는 종교들을 포괄하는 의미로 쓰이기도 하지요.

비교적 역사가 짧은 단어인 pacifism에 들어 있는 -ism이 이중 어떤 의미인지는 명확하지 않습니다. 전쟁에 반대하는 사상을 의미하기도 하고, 그런 행동양식을 의미하기도 하며, 그런 이론들의 집합이라고도 할 수 있기 때문이지요. 앞서 말한 모든 용례가 다 해당될 수도 있고, 사용하는 사람에 따라 조금씩 달라지기도 하므로 pacifism의 정확한 의미는 한마디로 정리하기가 어렵습니다. 이 단어를 '평화주의'로 번역하는 순간, 다른 의미들을 모두 놓치는 셈이니, 번역에 따른 오해는 필연적인지도 모르겠습니다.

'평화주의'라는 단어를 들을 때 퀘이커나 메노나이트, 아미시 같은 특정 기독교 교파를 떠올리는 경우가 많습니다. 그러나 무정부주의자나 사회주의자 중에도 국가에 의한 징집을 인정하지 않는 사람들이 존재하므로 평화주의가 기독교의 전유물은 아닙니다. 살생을 금하는 불교 교리에 충실한 사람도 역시 평화주의에 속함을 잊어서는 안 됩니다. 이런 복잡성을 고려할 때, 우리가 평화주의를 이해하기 위해 할 수 있는 일이란 이렇게 정의하기 어려운 여러 평화주의에서 공통분모를 찾아내는 것뿐입니다. 다행히 그 공통분모를 찾는 일은 비교적 쉽습니다. 그것은 바로 '전쟁을 거부한다'는 점이지요. 일단 이 책은 그 공통분모에 기초하여 평화주의를 이해하려고 합니다. 평화주의를 '전쟁에 반대하는 일련의 사상적 흐름 또는 종교적 믿음'이라고 정의하는 것입니다.

평화주의를 이렇게 정의하면 티크만이 적절히 지적한 것처럼 평화주의는 '단순히 평화를 사랑하는 것'과는 다른 의미를 지니게 됩니다. 전쟁을 종식하려는 현실적인 노력이나 비폭력주의와도 차이가 있습니다. 평화를 사랑한다고 해서 그런 사람들 모두를 평화주의자로 부를 수는 없습니다. 스스로 평화를 사랑한다고 생각하는 사람들 대부분은 막상 전쟁이 일어나면 그 전쟁에 반대하지 않습니다. 평화를 사랑하기는 하지만 이 전쟁만은 '필요악' 또는 '정당한 전쟁'이라 어쩔 수 없다고 변명하며 찬성표를 던집니다. 심지어 전쟁터에 나가 사람을 죽이는 동안에도 얼마든지 평화를 사랑하는 사람이 있을 수 있지요. 그러나 이런 사람들을 평화주의자 범주에 넣을 수는 없습니다. 평화주의자가 되려면 단순히 평화를 사랑하는 것 이상의 강한 확신이 필요합니다.

　누군가 전쟁을 끝내려는 현실적인 노력을 기울인다고 해서 그를 무조건 평화주의자라 부를 수도 없습니다. 전쟁을 끝내려고 노력하는 이유가 반드시 '전쟁에 반대하는 일련의 사상적 흐름이나 종교적 믿음'과 관련되는 것은 아니기 때문입니다. 그런 사람 중에는 그저 전쟁을 자원 낭비라고 생각하거나 전쟁이 경제에 도움이 안 된다고 생각해서, 또는 단순히 국익을 위해서 그렇게 행동하는 이도 많습니다. 이런 사람들을 평화주의자라 부르지는 않는다는 것이지요. 이렇게 정리하고 나면 대부분의 평화 애호가들이 평화주의자의 범주에서 탈락합니다.

　평화주의와 구별해야 하는 개념으로 '비폭력주의'가 있습니다. 비폭력주의는 평화주의보다 훨씬 넓은 개념입니다. 평화주의가 '전쟁'을 반대하는 입장이라면, 비폭력주의는 '폭력'을 거부하는 입장입니다. 전쟁에 반대하면서도 부모나 교사가 드는 회초리에는 찬성하는 사람이 있습니다. 이 사람은 평화주의자이기는 하지만 비폭력주의자는 아닙니다. 기독교 교파 중에는 전쟁에 절대 반대하면서도 가정교육에서 일반인들보다 더 엄격한 태도를 취하는 경우도 있습니다. 물론 비폭력주의자는 대부분 평화주의자입니다만, 평화주의자가 되려고 비폭력주의자가 될 필요는 없다는 뜻입니다. 우리가 보통 평화주의자라고 부르는 사람들 중에는 동물에 대한 폭력까지 반대해서 채식주의자가 된 사람이 있는가 하면, 국가권력이 행사하는 폭력에만 반대하는 사람도 있고, 이보다 훨씬 범위가 넓은 모든 종류의 폭력에 반대하는 사람도 있습니다. 이들을 묶는 유일한 공통점은 이들이 전쟁에 반대하는 사람들이라는 점입니다. 반전주의자가 되려고 반드시 채식주의자가 될 필요는 없는 것처럼, 반전주의자가 되려고 반드시 비폭력주의자가 되어야 하는 것은 아닙니다.

그런데도 세상에는 평화주의와 비폭력주의를 자꾸만 동의어로 몰아붙이려는 사람들이 있습니다. 이런 사람들에게는 숨은 의드가 있습니다. 두 입장을 같다고 몰아붙여야만 평화주의자를 향해 "너는 전쟁을 반대한다면서 왜 네 아들을 때리는가?", "너는 전쟁을 반대한다면서, 왜 너의 집에 들어온 강도에게 폭력으로 저항했는가?", "너는 전쟁을 반대한다면서, 왜 고기를 먹는가?"라고 비난할 수 있기 때문입니다. 이 문제는 나중에 좀 더 자세히 이야기하겠습니다. 여기에서는 일단 '비폭력주의자는 대개 평화주의자이지만, 그 역의 명제는 성립하지 않음'을 기억해둡시다. 그런 까닭에 저도 예수님, 톨스토이, 간디처럼 비폭력주의의 상징이라 할 수 있는 분들을 인용할 때에 평화주의자로 지칭하는 경우가 많은데, 이 점은 미리 독자 여러분의 양해를 구합니다.

4

양심에 따른 병역거부가 평화주의와 밀접하게 관련 있는 것은 사실이지만, 평화주의자라고 해서 반드시 병역거부를 해야 한다든지, 양심에 따른 병역거부자는 모두 평화주의자라는 도식이 성립하지는 않습니다. 두 개념에서 일치되는 부분이 많다 하더라도 정확히 같은 개념은 아니기 때문이지요.

"만약 근대적 징병제도가 없었다면, 평화주의는 그저 개인적인 의견에 불과하다."라고 말하는 사람도 있습니다. 징병제도가 없다면 양심에 따른 병역거부도 없을 것이고, 그렇게 행동으로 나타나지 않는 평화주의는 '내적 양심'에 불과하여 큰 의미가 없다는 것입니다. 일면 타당하지만, 불완전한 의견입니다. 왜냐하면 징병제도가 생겨나기 훨씬 전부터 평화주의는 존재했기 때문입니다. 양심에 따른 병역거부는 징병제도를 전제로 하지만, 평화주의는 징병제도와 상관없이 존재할 수 있습니다. 18세기에 생겨난 근대적 징병제도와 19세기에 나타난 양심에 따른 병역거부 개념과 달리, 평화주의는 최소한 2,000년 이상의 역사를 가지고 있습니다.

다른 한편, 양심에 따른 병역거부와 평화주의가 아무런 관계가 없을 수도 있습니다. 베트남전쟁 이후 급증하고 있는 선택적 병역거부자의 경우가 그 예입니다. 선택적 병역거부자들은 모든 종류의 전쟁을 거부하지 않으며, 단지 자신의 양심에 배치되는 특정한 전쟁만을 거부합니다. 1980년대 이후 이스라엘에서는 선택적 병역거부자가 속출했습니다. 이스라엘의 방어를 위한 전쟁에는 얼마든지 목숨 걸고 참여하지만, 팔레스타인 난민들을 추적하거나 이웃나라를 공격하는 전쟁에는 참여할 수 없다는 것이 이들의 병역거부 이유입니다. 이런 입장을 전통적 의미의 평화주의에 넣기는 어렵습니다. 그러나 평화주의를 '모든 전쟁에 대한 거부'로 제한하지 않는다면, 이런 선택적 병역거부도 평화주의에 넣을 수 있겠지요.

평화주의자의 행동 양식이 병역거부에만 제한되는 것은 아닙니다.

이미 살펴본 것처럼 평화주의 입장에서 납세를 거부할 수도 있고, 각종 시위로 자기 뜻을 알릴 수도 있습니다. 신문, 잡지, 책에 글을 실어 대중을 설득하는 것도 가능합니다. 그러나 여전히 현대 사회에서 평화주의자들이 자신의 신념을 관철하는 가장 강력한 수단으로 택할 수 있는 것이 병역거부인 것만은 분명합니다.

양심에 따른 병역거부와 평화주의의 뜻을 공부하다 보면 자연스럽게 깨닫는 것이 있습니다. 평화로울 때 말로만 평화를 사랑한다고 이야기하는 것은 아무 의미가 없다는 사실입니다. 우리 모두는 평화를 사랑하는 사람들입니다. 하지만 말로만 평화를 이야기하고, 평화를 위해 실질적인 노력을 조금도 기울이지 않는 사람을 진정한 평화주의자로 볼 수는 없습니다. 그런 태도로는 어떤 전쟁도 막을 수 없기 때문입니다. 조지 W. 부시 같은 사람이 나서서 "이 전쟁은 정당하다."라고 외치는 순간 아무 의심 없이 그를 따라가는 사람이 평소에 아무리 "나는 평화를 사랑해."라고 이야기한들, 그 말에 진심이 담겨 있다고 인정할 수 있겠습니까? 마치 술에 취해 아내와 아이들을 실컷 두들겨 패고 나서, 다음 날 아침이면 "난 정말 당신을 사랑해."라며 용서를 구하는 남편의 행동과 전혀 다를 바 없는 무의미한 독백일 뿐입니다.

양심에 따른 병역거부가 평화주의를 실천하는 매우 강력한 수단임에도 불구하고, 우리는 오랜 세월 동안 그 사실을 애써 부인했습니다. 평화를 말하는 것은 허락하면서도, 평화를 위한 작은 실천은 늘 가혹하게 응징했던 것입니다. 말과 실천에 대한 평가가 이렇게 다르기도 어렵습니다.

3장
만약 누가 네 여동생을 강간하고 죽이려 한다면?

_죽거나 죽이지 않는 제3의 길

질문자 좋습니다. 당신이 평화주의자란 말이지요. 그런데 만약 누군가가 당신의 할머니를 공격한다면 당신은 어떻게 하겠습니까?

평화주의자 누가 저의 가엾은 늙은 할머니를 공격한다고요?

질문자 예. 당신은 지금 할머니와 함께 방에서 쉬고 있습니다. 그런데 어떤 남자가 방에 침입해서 당신의 할머니를 막 공격하려고 합니다. 당신은 바로 그 옆에 서 있습니다. 그렇다면 당신은 어떻게 하겠습니까?

평화주의자 나는 아마 '할머니 만세'를 세 번 외치고 방을 떠날 겁니다(말도 안 되는 질문 하지 말라는 뜻).

질문자 그렇게 대답하지 마시고요. 이건 정말 진지한 질문입니다. 좋습니다. 그렇다면 이번에는 그놈이 총까지 가지고 있다고 가정합시다. 당신도 총이 있고요. 그렇다면 당신은 당연히 그놈을 쏘아버리지 않겠습니까?

평화주의자 제가 총을 가지고 있다고요?

질문자 예, 그렇습니다.

평화주의자 저는 폭력에 반대하기 때문에 총을 가지고 있지 않은데요.

질문자 그러니까 가정이라는 것 아닙니까? 당신이 총을 가지고 있다고 치자 이겁니다.

평화주의자 그렇다면 이러면 되겠네요. 저는 그 사람이 쥐고 있는 총을 쏘아 떨어뜨리겠습니다.

질문자 어허…… 그렇게 대답하면 안 되지요. 그럼 이렇게 합시다. 당신은 총 솜씨가 그리 좋지 못합니다. 정확히 침입자의 총을 맞힐 수준이 안 된다고 치자는 이야기입니다.

평화주의자 그럼 제가 총을 쏘면 안 되겠네요. 제가 총을 쏘다가 잘못해서 우리 할머니라도 맞히면 큰일 아닙니까?

질문자 허허. 참 말귀를 못 알아들으시네요. 그럼 질문을 바꿔보겠습니다. 당신이 트럭을 몰고 있다고 칩시다. 당신이 차를 모는 길의 한쪽은 벼랑이고 다른 한쪽은 절벽입니다. 그런데 그 길 한가운데에 아주 어린 여자아이가 서 있습니다. 지금 차를 세운다 해도 속도가 너무 빨라서 도저히 사고를 막을 수 없습니다. 이런 경우, 당신이라면 어떻게 하겠습니까?

평화주의자 그런 경우라면 나도 모르겠네요. 당신이라면 어떻게 하겠습니까?

질문자 질문은 제가 하는 겁니다. 당신은 모든 살인을 거부하는 평화주의자라면서요. 이런 경우 어떻게 하겠습니까?

평화주의자 평화주의에 대해 잘 모르시는 것 같군요. 어쨌든, 알겠습니다. 지금 제가 트럭을 잘 통제할 수 있는 상황입니까?

질문자 그렇다고 칩시다.

평화주의자 그렇다면, 열심히 경적을 울리면 어떨까요? 그러면 아이가 길에서 피하지 않겠습니까?

질문자 아이는 스스로 걷기에는 너무 어린 나이입니다. 겨우 10개월밖에 안 되었습니다. 그리고 지금 경적은 고장 났습니다.

평화주의자 아이가 너무 어려서 걸을 수가 없다? 그러면 잘 되었네요. 저라면 차를 잘 몰아서 그 아이를 살짝 피해 가겠습니다. 아가 움직이지 못한다니, 제가 그렇게 해도 아이를 칠 염려는 없을 것 같은데요?

질문자 그건 안 됩니다. 그 길은 당신이 피하지 못할 만큼 아주 좁습니다. 한쪽은 절벽이고요. 당신은 아이를 피할 수가 없다니까요.

평화주의자 그렇다면 좋습니다. 그런 경우라면, 저는 절벽 쪽으로 차를 몰고 나가 제가 죽음으로써 아이를 구하겠습니다.

질문자 (잠시 침묵) 그렇다면 한 가지를 덧붙이겠습니다. 당신 차에는 지금 당신 친구도 타고 있습니다. 그래도 그렇게 하겠습니까? 당신에게 친구까지 죽일 권리는 없는 것 아닙니까?

평화주의자 혹시 이 질문이 제가 평화주의자라는 사실과 어떤 관련이 있는 겁니까?

질문자 당신 차에는 두 명의 생명이 타고 있고, 상대방은 한 명뿐이라는 겁니다. 그럴 때 평화주의자로서 당신은 어떤 선택을 하겠느냐는 것이지요. 두 사람의 생명을 구하려면 한 생명을 포기해야 하지 않겠습니까?

평화주의자 누군가가 이런 말을 했습니다. '만약 당신이 가정 속의 악과 진짜 악 중 하나를 선택해야 한다면 언제든지 가정 속의 악을 택하라'고요.

질문자 그게 무슨 뜻입니까?

평화주의자 도대체 당신은 왜 그렇게 평화주의자를 모두 없애버리지 못해 안달이냐는 이야기입니다.

질문자 결코 그렇지 않습니다. 나는 그저 당신의 생각을 듣고 싶을 뿐입니다.

평화주의자 좋습니다. 그럼 질문을 다시 정리해보지요. 나는 지금 내 친구와 함께 한쪽은 벼랑이고 한쪽은 절벽인 길을 엄청 빠른 속도로 달리고 있고, 제 앞에는 10개월 된 제대로 걷지도 못하는 아이가 있는 것이지요?

질문자 바로 그겁니다.

평화주의자 그렇다면 나는 아마도 브레이크를 세게 밟아서 친구를 창문 밖으로 나가떨어지게 한 뒤 절벽 쪽에 가서 부딪히고, 아이를 한 번 친 다음, 죽음을 향해 절벽으로 질주하겠지요. 그리고 보나마나 그 절벽의 한쪽 끝 어딘가에는 우리 할머니 집이 있지 않겠습니까? 그래서 내가 모는 트럭이 할머니 집 지붕을 덮친 다음 할머니 집 안방을 완전히 날려버리겠지요. 우리 할머니는 아까 나쁜 사람의 공격까지 받은 후 아닙니까? 그쯤 되어야 끝이 나겠지요?

질문자 당신은 아직도 내 질문에 답을 안 했어요. 자꾸 피하려고만 할 뿐이지요.

평화주의자 제가 이야기하려는 것은 이겁니다. 막상 그런 상황에 닥쳐서 어떻게 행동할지는 누구도 알 수 없습니다. 가정으로 만들어진 질문은 가정으로 답할 수밖에 없습니다. 거기다가 당신은 계속 끝없는 조건을 붙여서 나를 그 상황에서 빠져 나오지 못하도록 하고 있습니다. 내가 당신의 가정 속에서 누군가를 죽이지 않는 이상, 당신의 질문은 절대로 끝이 안 나게 되어 있어요. 결국 그 대답을 얻어낸 다음에야 당신은 이야기하겠지요. "평화주의는 좋은 생각이기는 하지만 실현 불가능한 이야기야."라고 말입니다.

재미있는 대화이지요? 이 대화를 소개한 것은 반전 평화 운동가였던 포크 가수 조안 바에즈(Joan Baez)입니다.[1] 마치 세상에 단 한 사람의 평화주의자도 남겨두지 않겠다는 듯이, 사람들은 끝없이 조건을 덧붙이며 평화주의자를 추궁합니다. 지금 이 순간에도 세상 어딘가에서 누군가가 전쟁으로 죽어가고 있는데, 사람들은 '진짜 악'인 그 전쟁을 멈추려고 하지 않습니다. 그럴 시간에 끝없는 가정을 만들어 가며 평화주의자와 싸우려고만 들지요. 조안 바에즈는 위의 예화를 통해서 그런 사람들을 조롱하고 있습니다.

1

이 대화의 첫 번째 질문은 바로 양심에 따른 병역거부자들이 재판정에서 늘 받던 질문입니다. 실제로 군사재판에서는 극적인 효과를 노려 "강도가 네 여동생을 강간하고 죽이려 해도 가만히 있겠느냐?"는 식의 변형된 질문을 더 자주 던졌습니다.

이 질문을 던지는 사람들의 얼굴에는 득의만만한 미소가 떠오릅니다. '네가 잘난 척해봐야 이 질문에 쉽게 대답할 수는 없을걸.' 친한 친구들끼리 모인 술자리에서든, 점잖은 국회의원들이 나온 텔레비전 토론회에서든 이 유치한 질문은 언제나 강력한 힘을 발휘합니다. 그래서 평화의 실천을 고민하는 사람이라면 누구라도 이 질문을 피할 수 없습니다.

이 질문은 사실 제대로 된 질문이라기보다는 일종의 '덫'입니다. 만약 응답자가 정당방위에 나서 강도를 죽이고 여동생을 구하겠다고 하면 질문자는 당장 이렇게 공격합니다. "그렇게 이야기하면서 네가 무슨 평화주의자냐? 너하고 나하고 뭐가 다르냐? 그런 상황에서는 방위 행위에 나서 강도를 죽이겠다면서 국가를 지키는 일에 나서지 못하겠다는 것이 말이 되냐? 양심은 무슨 양심, 결국 군대 가기 싫다는 것 아니냐?"

만약 응답자가 "평화주의 신념을 지키기 위해서, 설사 여동생이 강도에게 강간을 당하고 죽더라도 저는 아무런 저항도 하지 않을 것입니다."라고 대답한다면 어떻게 될까요? 보나마나 지키지도 못할 말을 내뱉는 무책임한 사람으로 몰리겠지요. 여자 친구가 이 이야기를 듣는다면 그 자리에서 절교를 선언할지도 모릅니다. 아무리 진지한 얼굴로 내 입장을 호소해봐야, '대책 없는 이상주의자' 또는 '위선자'로 낙인 찍힐 뿐이지요. 청중들은 곤혹스럽게 변하는 평화주의자의 얼굴을 보면서, 비현실적인 그 태도에 고개를 돌릴 것입니다.

이 질문은 단순히 평화주의자를 외적으로 공격하는 데만 효과적인 것이 아닙니다. 때로는 평화주의자를 내면 깊은 곳에서부터 흔들어놓기도 합니다. 정당방위에 나서겠다고 한 평화주의자는 자기 자신에게 회의를 품게 됩니다. '그런 상황에서는 여동생을 지키겠다는 내가 전쟁에는 안 나가겠다는 것이 말이 되는가, 나는 가짜 평화주의자 아닌가.' 정당방위에 나서지 않겠다고 대답한 평화주의자도 마찬가지 의심을 품게 됩니다. '내가 과연 그런 상황에서 내 말처럼 끝까지 원칙을 지킬 수 있을까.' 그래서 이 질문을 두고 고민을 거듭한 끝에 '나는 이제 더는 평화주의자가 아니다.'라고 결론 내리는 사람도 나올 수 있습니다. 그렇게 입장을 선회한 사람은 다시 똑같은 질문을 들고 다른 평화주의자를 사냥하러 나섭니다. 오늘도 내심 평화주의에 동조하는 갏은 사람들이 이 질문의 사냥감이 되어 자기 소신을 버리고 있습니다.

저 역시 오랜 세월 동안 이 질문에 어떻게 대응해야 할지 고민하면서도 해답을 찾지 못했습니다. 이 질문이 지닌, 무식하다 싶을 정도의 단순함을 어떻게 극복할지 고민하던 저에게 이 질문의 허구성을 깨우쳐준 사람은 바로 메노나이트 출신인 세계적인 평화주의 신학자 존 하워드 요더(John Howard Yoder, 1927~1997) 교수였습니다. 그의 안내를 따라서 한 번만 깊이 생각해보면 누구도 굳이 이 질문에 대답할 필요가 없다는 사실을 알 수 있습니다. 자, 그럼 지금부터 이 질문을 검토해보기로 할까요.

2

먼저 생각해보아야 하는 것은 이 질문의 전제들이 과연 올바른가 하는 점입니다. 한번 생각해보십시오. 사는 동안에 여러분은 단 한 번이라도 이 질문이 상정하고 있는 상황에 맞닥뜨려본 적이 있습니까? 여러분의 가족 중에 그런 일을 겪은 분이 있습니까? 누군가가 여러분의 여동생을 '여러분의 눈앞에서' 강간하고 죽이려는 상황은 우리가 흔히 겪을 수 있는 일이 아닙니다. 이런 흔치 않은 상황을 억지로 만들어 질문을 던지는 사람들의 머리 속에는 몇 가지 흥미로운 전제들이 자리 잡고 있습니다.

요더 교수가 가장 먼저 지적하는 이 질문의 그릇된 전제는 지금 상황에서 무엇이라도 결정을 내릴 수 있는 사람은 오직 '나' 한 사람뿐이라는 것입니다.[2] 이 이야기에 등장하는 사람은 최소한 세 사람입니다. 강도, 여동생, 그리고 나. 그런데 최소한 세 사람이 살아 숨 쉬는 이 상황에서, 세 사람 모두의 운명과 관련된 최종 결정을 내릴 사람은 오직 나 하나뿐입니다. 이상하지 않습니까? 이 질문에서 강도와 여동생은 독자적으로 생각하고 행동하는 인간이 아닙니다. 특히 강도는 처음부터 내 여동생을 강간한 다음 살해하도록 프로그램된 로봇과 같습니다. 변화의 가능성은 전혀 없으며, 강도는 늘 최악의 행동만을 하도록 예정되어 있는 것입니다. 이처럼 모든 것이 철저하게 계획된 이야기에서, 예정된 결과를 바꿀 수 있는 유일한 요소는 오직 나의 결단과 행동뿐입니다.

그러나 여러 사람이 개입된 이야기 속에서 오직 나 한 사람만이 결과에 영향을 줄 수 있다는 것처럼 비논리적인 상상도 없습니다. 이렇게 제한된 전제를 깔고 행동할 때에 나타날 수 있는 결과란 더욱 제한적일 수밖에 없습니다. 나 자신이 이미 '선택의 여지가 전혀 없다'고 생각하며 행동할 때, 선택의 여지는 정말로 없어지는 까닭입니다. 이처럼 내가 모든 가능성의 문을 닫아 둔 상황에서 제3의 결과가 나타날 가능성은 전혀 없습니다. 좀 이상하게 들릴지 모르지만, 정말 선택의 여지가 없기 때문이 아니라, 선택의 여지가 없다는 생각 때문에 실제로 선택의 여지가 없어지는 경우가 많다는 이야기입니다. 강도와 여동생 모두 독립된 결정권을 지닌 인간이라는 사실을 인정하고 나면 생각지도 못한 선택의 길이 열리게 마련이지요.

다음으로 요더 교수는 과연 내 눈앞에서 벌어지는 상황을 내 힘으로 통제할 수 있느냐는 의문을 제기합니다.[3] 처음 질문은 강도가 내 여동생을 강간하고 죽이려 하는데 내가 막으려고 하면 얼마든지 막을 수 있다는 것을 당연한 전제로 깔고 있습니다. 그러나 대개의 경우 현실은 그렇게 단순하지 않지요. 강도의 힘과 공격 의지가 강하면 강할수록, 내가 방어 행위에 성공할 가능성은 낮아집니다. 강도가 여동생을 내 눈앞에서 강간하려는 상황도 흔치 않지만, 그런 상황에서 나를 묶어놓지 않은 채 그 일을 시작할 멍청한 강도를 찾기란 더욱 힘들 것입니다.

나아가 이 상황에서 강도와 여동생, 그리고 나 세 사람 모두 극한의 심리적 압박을 받고 있음을 고려해야 합니다. 모든 것이 불확실합니다.

그런데도 위의 질문은 내가 이 상황에 대해 완벽한 정보를 가지고 있다고 전제하고 있습니다.[4] 여기서 내 눈앞의 강도가 내 여동생을 강간한 후 죽이려 한다는 정보는 불변의 진리지요. 그러나 한번 다시 생각해봅시다. 내가 지금 강도를 죽이지 않는다면 그가 내 여동생을 강간한 후 살해하리라는 이 정보는 도대체 어디에서 얻은 것일까요? 강도가 나를 옆에 세워놓고 "나는 지금 네 여동생을 강간하고 죽이려 한다."라고 선언하는 일은 조폭 영화에나 나올 일이지, 일상 세계에서는 쉽게 볼 수 없는 일입니다. 실상 우리는 그 강도에 대해 아는 것이 거의 없습니다. 험상궂게 생긴 그 강도가 사실은 일주일 동안 밥을 굶은 가족들에게 빵 한 조각을 주려고 부득이 담을 넘은 사람일 수 있습니다. 그의 유일한 목적은 빵을 훔쳐 가는 것뿐이며, 우리를 해칠 의도는 아예 없을지도 모릅니다. 추측에 기초한 불충분한 정보를 근거로 내리는 결정은 오류를 낳게 마련입니다. 인간은 개인적 수준에서도 완벽한 정보를 갖기 힘듭니다. 수많은 이해 관계가 충돌하는 국제적인 분쟁 상황에서는 제대로 된 정보를 얻기가 더욱 어렵습니다.

이쯤 되면 오히려 우리가 질문자에게 되물어야 합니다. 그 강도가 여동생을 강간하고 죽이려 한다는 것을 어떻게 알 수 있습니까? 제가 방어에 나선다면 강도를 완전히 제압할 가능성이 조금이라도 있기는 한 겁니까? 물론 질문자는 이 정보는 완벽한 것이고, 나에게는 상대방을 제압할 힘이 있다고 답변하겠지요. 왜냐하면 질문자는 나에게서 "폭력을 사용하겠다."라는 선언을 받아내기 위해서라면 어떤 이상한 전제라도 계속 덧붙이기로 마음먹은 사람이니까요.

또한 위의 질문은 공격받고 있는 여동생의 결정권을 완전히 무시하고 있습니다.[5] 내가 강도에게 덤벼들어 강도를 죽이거나 제압하는 행위에 여동생이 당연히 동의하리라는 전제가 깔려 있습니다. 물론 대부분의 경우 이러한 전제가 맞을지 모릅니다. 그러나 만약 여동생도 평화주의의 신념을 지니고 있다면 어떻겠습니까? 여동생의 의사를 무시하고 내가 강도를 죽이고 여동생을 구하는 것이 올바른 결정일 수 있을까요? 분명히 평화주의자인 여성 가운데는 이런 경우 오빠가 자기를 구하려고 치명적인 방어 수단을 사용하기를 원치 않는 사람이 있을 수 있습니다. 질문자는 처음부터 그런 가능성은 전혀 고려하지 않고 문제를 만들어낸 것입니다.

질문을 받은 사람이 만약 "저는 여동생이 없는데요."라거나, "제 여동생도 저와 같은 신념을 지니고 있어서 강도를 해치기를 바라지 않을 텐데요."라고 대답한다면, 질문자가 뭐라고 할 것 같습니까? 질문자는 보나마나 "강도가 네 아버지를 죽이려 한다면" 따위로 질문을 바꾸려 할 것입니다. 끝도 없이 이런 가상 질문을 만들어내는 사람이야말로 분명히 이상한 사람인데, 우리는 그렇게 생각하지 못합니다.

사실 "강도가 네 여동생을 강간하고 죽이려 한다면"이라는 질문도 여러 차례의 변형을 거쳐서 나온 것입니다. 질문자들은 왜 "강도가 너를 죽이려 한다면"이라거나, "강도가 너를 강간하고 죽이려 한다면" 같은 질문을 들고 나오지 않았을까요? 이미 그 질문의 답을 예상하고 있기 때문입니다. 재판정에서 그런 질문을 던지고, "저는 강도를 죽이고 자신을 구하기보다는, 차라리 제 생명을 포기하겠습니다." 같은 대답을 듣는 것은 질문자에게 곤혹스러운 일입니다. 신념을 위해 자기 생명도 포기할 수 있다고 결단한 사람에게는 누구라도 경의를 표할 수밖에 없으니까요. 평화주의자들이 그런 존경을 받는 것을 참을 수 없는 사람들이 고안해낸 질문이 바로 이것입니다. 사랑하는 사람의 생명에 무관심한 사람이라는 굴레를 씌우려고 말이지요.

이 질문은 그런 악의에 찬 의도로 고안되었기 때문에 이성적이고 논리적인 토론을 지향하기보다는 청중의 감정을 자극하는 데만 목표를 두고 있습니다.[6] 무엇이 옳고 그르냐는 논의 대신에 '강간' 같은 자극적인 단어를 써서 이 문제를 남성성의 문제로 전환해 논의가 엉뚱한 방향으로 흐르도록 유도하는 것입니다. "네 여자가 강간을 당할 상황인데, 가만히 있다면 너는 사나이가 아니다." 전쟁으로 가장 큰 피해를 입는 것은 여성과 아이들입니다. 그런데 전쟁터로 남성들을 유혹해내기 위해 가장 많이 쓰이는 단어가 바로 '강간'입니다. 세상에 이런 아이러니가 어디 있습니까? 또 위의 질문이 끊임없이 강조하는 것은 '네 여동생', '네 아내', '네 여자 친구' 등 모두 '너의 ○○'입니다. 그들이 나의 소유이기 때문에 소유권 침해를 막아야 한다는 남성 중심적 사고가 깔려 있는 것입니다.

이상의 전제들을 살펴보면 위의 질문 자체가 매우 부적절한 것입니다. 함께 이야기를 나누는 과정에서 자연스럽게 나올 수 있는 질문이 아니라, 처음부터 '덫'을 놓으려고 만든 질문인 것입니다. 그래서 이 질문에 어울리는 적절한 답은 "그건 질문이 아니라, 덫입니다. 그걸 꼭 대답해야 하나요?"가 맞습니다.

만약 질문자가 판사라면, 그에게 이런 질문을 던져보는 것도 좋을 것입니다. "만약 판사님이 여자 친구하고 술집에서 술을 마시고 있는데, 어떤 취객이 판사님을 붙잡고 '얼굴도 못생긴 것이 이렇게 예쁜 여자하고 놀면 되나' 하고 시비를 걸면서 주먹을 날렸습니다. 판사님은 어떻게 하시겠습니까?" 앞서 살펴본 질문과 달리 일상생활에서 흔히 있을 법한 상황이지요. 판사는 아마도 "그럼 맞서서 나도 주먹을 날려야지요."라고 답변할 겁니다. 그러면 또 물어보십시오. "그랬더니 상대방이 또 주먹을 날리고, 판사님도 주먹을 날리고, 서로 정신없이 치고받는 상황이 되었습니다. 이게 정당방위가 됩니까?" 판사들은 금방 얼굴이 빨개질 겁니다. 왜냐하면 서로 치고받는 싸움에서는 정당방위를 인정하지 않는다는 것이 우리 대법원의 일관된 입장이기 때문입니다. 그렇게 시비가 붙어서 싸움을 벌인 피고인들에게 판사들은 흔히 "그렇다고 무조건 주먹을 날리면 됩니까? 문명인들이 말로 해결해야지요. 이미 싸움이 된 이상 정당방위를 인정할 수는 없습니다."라고 훈계하며 벌금형을 선고합니다. 이런 훈계야말로 덫을 놓고 즐기는 질문자에게 적당한 이야기가 아닐까요. 그리고 한마디 덧붙여줍시다. "왜 이렇게 싸움을 못 붙여서 안달이세요?"라고 말이지요.

3

"만약 누가 네 여동생을 강간하고 살해하려 한다면……"이란 질문은 처음부터 병역거부자들을 위해 고안한 것입니다. 질문자들은 이 질문을 던지고 나서 오직 "예", "아니오"라는 답변만 원합니다. 그러나 이때 적절한 답변은 예, 아니오가 아니라, "전쟁은 당신이 물어보는 그런 상황과 근본적으로 다릅니다."이지요. 비슷해 보이지만 차원이 다른 문제가 그만큼 많다는 것입니다. 이제 그 이유를 한번 살펴볼까요?

우선 전쟁은 '무죄한 사람의 죽음'을 초래한다는 점에서 개인적 차원의 방위와 구별됩니다.[7] 개인적으로 공격을 받는 상황에서 내 방위행위의 대상은 분명합니다. 바로 강도 그 사람이 나의 상대입니다. 이런 경우에는 아무 상관 없는 제3자가 피해를 입을 일이 거의 없습니다. 그러나 전쟁은 다릅니다. 전쟁으로 피해를 입는 사람은 '언제나' 무고한 양민들입니다. 역사상 모든 전쟁이 그랬습니다. 비행기를 납치하여 세계무역센터 빌딩으로 돌진한 테러범들은 (적어도 지금까지 알려진 바로는) 빈 라덴이 주축인 알 카에다라는 테러 조직원이었습니다. 그러나 이후에 미국이 아프가니스탄과 이라크에서 벌인 전쟁은 알 카에다만을 대상으로 하지 않았습니다. 명분은 테러범 응징을 내세웠지만 결국 고통받은 것은 아프가니스탄과 이라크의 민중들이었습니다. 강도에게 개인적으로 공격을 받는 상황과 전쟁을 같은 차원에 놓고 비교하려는 시도는 매우 위험한 발상입니다.

또 강도가 나와 여동생을 위협하는 상황에서는 누가 가해자인지가 비교적 분명하지만 전쟁은 그렇게 간단하지 않습니다. 아프가니스탄 전쟁에서 가해자는 누구입니까? 테러를 당한 후에 벌인 전쟁이므로 미국은 단순히 피해자일 뿐일까요? 그렇다면 그 테러의 원인을 제공한 것은 누구입니까? 테러를 벌인 이들도 자신들의 행동이 정당방위라고 주장하지 않았습니까? 1948년 이스라엘의 건국 이후, 자기 땅에서 쫓겨나 비참한 난민 생활을 하면서 옛 땅의 회복을 꿈꾸는 팔레스타인 운동가들 중에는 테러리스트가 많습니다. 이들은 오로지 가해자이기만 한 걸까요?

물론 이런 모든 고민을 쉽게 해결해버리는 사람들도 있습니다. '나는 언제나 옳다'라는 기준에서 보면 문제가 간단해지지요. 상대방이 먼저 공격했을 때는 이유가 어찌 되었든 상대방이 가해자이고, 내가 먼저 공격했을 때에도 상대방의 공격 가능성 때문에 어쩔 수 없이 선제공격을 했다고 하면 역시 상대방이 가해자가 됩니다. '나는 언제나 옳다'고 믿는 사람들은 자신이 판사와 검사, 심지어 사형 집행관 노릇까지 동시에 수행할 수 있는 정당성을 지닌다고 생각합니다. 우리나라에는 '미국은 언제나 옳다'라는 전 세계에서도 보기 드문 특별한 기준을 가지고 사는 분들도 있습니다만, 이런 경우에도 문제를 단순화한다는 면에서는 다를 게 없지요.

위의 질문이 이야기하는 상황과 전쟁의 차이는 그밖에도 많습니다. 전쟁은 끝없는 군비 확장이라는, 개인 차원에서는 존재하지 않는 문제점을 안고 있습니다.[8] 전 세계에 무기를 공급하는 미국 같은 나라의 의사 결정 구조가 그런 문제를 잘 보여주는데, 만들어놓은 무기는 언젠가 사용해야 하고, 여기에 군산복합체의 거대한 힘이 작용합니다. 전쟁이 무기를 만들고, 무기가 전쟁을 만드는 악순환이 계속되는 것입니다. 한 나라가 전쟁에 참전하기까지 의사 결정의 구조도 위의 질문의 상황과 전혀 다릅니다. 대통령은 흔히 사람들이 생각하는 것만큼 폭 넓은 재량권을 지니지 못합니다. 다음 선거도 의식해야 하고, 의회 지도자들의 의견도 참고해야 하며, 무기를 제조하는 거대 기업의 이익도 당연히 고려해야 합니다. 이런 여러 요소가 영향을 끼치면서, 전쟁에서 정당성이나 윤리의 문제는 계속 희석될 수밖에 없고, 결국 중시되는 것은 전쟁 당사자들의 이익뿐입니다.

이렇게 하나씩 따지다 보면, 위의 질문은 그 자체로도 한계가 있을 뿐 아니라, 국제사회에서 종종 분쟁의 해결책으로 등장하는 전쟁과는 완전히 차원이 다른 문제라는 것을 알 수 있습니다. 전쟁이 위 질문의 상황과 근본적으로 다르다는 것을 이해하면 설사 제가 그 질문에 "예, 저는 강도를 죽이고 여동생을 살리겠습니다."라고 대답하면서 병역을 거부할지라도 저의 두 태도에는 아무런 모순이 없는 것입니다.

개인 차원의 정당방위와 전쟁 참여에 대해서는 어떤 입장을 취할지는 여러 다른 의견이 있을 수 있습니다. 예컨대 마하트마 간디나 가톨릭 사상가 토머스 머튼(Thomas Merton, 1915~1968)이라면 아무런 주저함 없이 위의 질문에는 "예, 정당방위에 나서겠습니다."라고 답변하면서도, 전쟁을 비롯한 사회적 · 국가적 폭력에는 저항할 것입니다. 톨스토이도 비슷한 입장입니다. 미국의 정치가 윌리엄 제닝스 브라이언(William Jennings Bryan, 1860~1925)이 던진 똑같은 질문에 톨스토이는 이렇게 답했습니다. "지난 75년을 살아오는 동안 나는 이 가정이 이야기하는 것처럼 상상 속의 강도가 아이를 죽이려고 하는 장면을 단 한 번도 직접 목격하지 못했습니다. 그러나 반대로 완벽한 살인 면허를 가진 수백만 명의 강도들이 전쟁 속에서 살인하는 것은 수도 없이 보아왔습니다."[9] 오직 가정에 불과한 이야기를 이용해, 눈앞에서 벌어지는 전쟁을 정당화하려는 시도는 옳지 못하다는 지적이지요.

4

질문자는 상대를 자꾸만 "예"와 "아니오"라는 두 개의 답변 가능성에 가두고 코너로 밀어붙이려 합니다. '죽거나, 죽이거나' 답은 오직 둘 중 하나뿐이라고 강요합니다. 그런데 꼭 누가 억지로 밀어붙이지 않아도 우리 스스로 이미 "어떤 다른 선택이 있을 수 있나." 하고 자포자기할 때도 많습니다. 우리가 '죽거나, 죽이거나' 이외의 다른 가능성을 쉽게 떠올리지 못하는 이유는 무엇 때문일까요? 이유는 간단합니다. 우리 모두는 그 밖에 다른 선택이 있을 수 있다는 것을 배울 기회조차 얻지 못했습니다. 매일 보는 영화나 드라마를 한번 생각해보세요. 정도의 차이가 있을 뿐, 대부분의 영화와 드라마를 관통하는 핵심 줄기는 바로 신학자 월터 윙크가 말하는 '구원하는 폭력'의 신화입니다.[10] '평화를 되찾아주는 것은 언제나 정당한 폭력뿐이다'라는 거짓된 신화가 우리의 눈을 가리고 있는 것이지요.

영화에는 곧잘 '어디서 저런 인간이 나왔나' 싶을 정도의 절대 악이 등장합니다. 처음부터 끝까지 거짓과 위선, 이기심으로 똘똘 뭉친 폭력적인 인물이지요. 서부영화에서는 그 악당이 평화로운 마을 하나를 차지한 채 황제처럼 군림하며 온갖 패악을 저지르고, 홍콩 무협영화에서는 악당이 주인공의 아버지 또는 사부를 죽이고 무림을 장악합니다. 전쟁영화에서는 무고한 양민을 학살하는 적군이 그런 악당 역할을 맡고, 공상과학영화에서는 정보를 통제하고 시민들의 눈과 귀를 가려 사회를 지배하는 빅 브라더가 그 자리를 차지합니다. 심지어 애정영화에서도 남자를 유혹하여 파멸에 이르게 하는 사악한 여자가 나오지요. 본래부터 착하기만 한 주인공이 살아남을 수 있는 방법은 폭력으로 그 절대 악을 제거하는 길뿐입니다. 절대 악에게 선한 요소란 조금도 없으므로 그 악당의 인권 같은 것은 굳이 걱정할 필요가 없습니다.

영화가 중반에 이르도록 당하기만 하던 주인공은 어떤 계기로 놀라운 힘을 얻고, 그 힘으로 절대 악을 무찌르기 시작합니다. 영화의 장르는 달라도 언제나 폭력을 통해서만 구원이 이루어진다는 기본 틀에는 변함이 없지요. 서부영화에서는 홀연히 나타난 총잡이가 장전하지 않고도 한 번에 30~40발이 발사되는 비현실적인 권총으로 적을 한 번에 쓸어버리고, 무협영화에서는 아버지의 원수를 갚으려는 소년이 우연히 무림고수로부터 배운 무술로 악의 세력을 괴멸합니다. 남편을 빼앗은 여자에게 복수하는 방법도 마찬가지입니다. 우연히 주인공이 엄청난 돈을 벌고 그 돈으로 남편과 그 여자를 파멸에 빠뜨리는 것이지요. 상대방은 언제나 절대 악, 나는 언제나 절대 선, 그리고 악을 물리치는 방법은 상대방이 사용한 것과 똑같은 폭력입니다.

'구원하는 폭력' 신화는 절대 악이 있기에 가능합니다. 악당들은 하나같이 인간의 탈을 쓰고 나타난 악마 같은 존재들이고, 그가 왜 그런 악당이 되었는지 설명해주는 경우는 거의 없습니다. 악당의 험악한 얼굴과 야비한 표정이 모든 설명을 대신합니다. 그런데 한번 이런 상상을 해보면 어떨까요? 악당이 악의 길로 들어선 것이 주인공의 아버지가 20년 전 그 악당의 아버지를 죽였기 때문은 아닐까요? 주인공에게는 너무나 멋진 아버지였지만, 20년 전에는 매우 끔찍한 살인자였을 수 있습니다. 주인공의 복수가 끝난 후도 마찬가지입니다. 주인공이 피비린내 나는 복수극을 벌이는 동안, 악당의 아들이 다락에 숨어 있었다고 칩시다. 꼭 악당의 아들이 아니라도 좋습니다. 대개 주인공이 적진으로 돌진할 때는 최소한 100대 1의 싸움이 되게 마련이고 악당의 부하들은 남김없이 다 죽게 되어 있으므로, 그런 부하의 아들 하나가 살아남았다고 해도 좋습니다. 영화의 속편에서 이번에는 악당의 아들 또는 그 부하의 아들이 주인공에게 복수하러 나타납니다. 보복의 사슬은 끝이 없습니다.

현실의 전쟁도 폭력의 악순환으로 이어지는 경우가 많습니다. 미군을 상대로 자살 폭탄 테러를 감행한 아랍 청년이 사실은 20년 전 미국이나 이스라엘의 공격에 아버지를 잃은 사람이라면 어떻습니까? 코소보에서 벌어진 대학살을 이야기할 때, 세르비아 사람들은 그 복수심의 뿌리를 1389년 오스만 투르크와 세르비아 사이에 벌어진 코소보 전투에서 찾습니다. 이 전투에서 오스만 투르크에 포로로 붙잡혀 처형당한 라자르 왕자는 전설 속의 영웅, 세르비아의 성자로 추앙받습니다. 라자르 왕자의 복수를 하겠다고 600년 후의 세르비아인들이 이슬람 교도들을 학살하고 있다면 그게 도대체 말이나 될 법한 일입니까? 하지만 중요한 것은 세르비아 사람들이 자신들의 행동을 그렇게 믿고 있다는 사실입니다.[11]

폭력은 또 다른 폭력을 부를 뿐이라는 것을 현실에서 분명히 보면서도 우리는 '구원하는 폭력'의 신화에서 쉽게 벗어나지 못합니다. 우리 일상에 너무 깊이 들어와버려서, 이제는 그게 왜 문제인지 알 수 없을 지경에 이르렀습니다. '구원하는 폭력'의 신화가 지배하는 사회에서는 '사랑을 통한 구원' 이야기가 숨을 쉴 수 없습니다. 사람들은 '사랑을 통한 구원'을 약자들의 자기정당화일 뿐이라고 평가 절하하거나, 현실에서 있을 수 없는 기적으로 평가 절상함으로써 가능성을 우리 상상 속에서 몰아내는 데 성공했습니다.

5

'죽거나, 죽이거나' 이외에 다른 선택이 없다고 느끼는 일종의 착시 현상에서 벗어나는 출발점은 다른 길의 존재를 인식하는 것입니다. 위의 질문이 내포한 비논리성은 생각하지 말고, 일단 그 상황에 완전히 몸을 맡겨봅시다. 강도가 내 여동생을 강간하고 죽이려 하는 상황이 내 눈앞에서 벌어진다고 가정할 때, 우리가 그려볼 수 있는 삶과 죽음의 모습은 과연 몇 가지나 될까요?

첫째, 손 한번 써볼 겨를도 없이 여동생이 강간당한 후 살해당하고, 나까지 죽임을 당하는 경우가 있지요. 어떻게 해서든 막아야 할 끔찍한 상황입니다. 이것은 '죽거나'에 해당하는 경우이지요.

둘째, 평화주의자인 여동생이 자기 신념에 따라 목숨을 내놓는 경우입니다. 겉보기에는 동생이 죽는다는 점에서 첫 번째 경우와 별로 다를 바 없는 비극적 결과이지만, 내면적으로는 뚜렷이 구별되는 다른 경우입니다. 인간은 어차피 다 죽습니다. 시간이 조금 빠르고 늦는 정도의 차이가 있을 뿐 결국 하나님 앞에 갈 사람들이라는 점에서는 차이가 없는 것입니다. 지난 2천 년의 역사 동안 꽤 많은 기독교인들이 자발적으로 '조금 빨리' 하나님 앞으로 가는 길을 선택했습니다. 악을 행하는 사람들과의 싸움에서 가장 기독교 정신에 충실한 방법으로 대처한 것이지요. 이들이 비논리적으로 보이는 선택을 한 이유는 한 가지였습니다. 예수님께서 그렇게 가르치시고 그렇게 행동하셨기 때문입니다.

셋째, 여동생 대신 내가 죽음을 택하는 것도 가능합니다. 강도에게 "여동생은 그냥 보내주고, 나를 죽여 달라."고 이야기하는 것이지요. 나치 강제수용소에서 다른 죄수를 대신해 죽음을 택한 막시밀리안 콜베(Maximilian Kolbe, 1894~1941) 신부 같은 분이 오래 전에 이미 걸어간 길입니다. 물론 그 강도가 나의 이야기를 진지하게 받아들일 때 가능한 일이기는 합니다만, 이것 역시 첫 번째 경우 같은 단순한 '죽거나'로 보기 어려운 독자적 선택인 것은 분명합니다.

넷째, 정당방위로 강도에 대항하려다가 내가 죽는 경우도 가능합니다. 질문자가 이 가능성을 언급하지 않는 것은 재미있는 일이지요. 조안 바에즈가 소개한 대화에서 볼 수 있는 것처럼, 우리가 만약 질문자에게 "제가 상대방을 제압할 힘이 있기는 한가요?"라고 반문한다면 질문자는 여러 가지 새로운 조건을 붙이며 이상한 방향으로 논의의 흐름을 돌리려 할 겁니다. 가능성이 매우 큰 경우인데도, 질문자는 마치 이런 경우가 아예 존재할 수 없는 것처럼 슬쩍 넘어가려 합니다.

이상의 네 가지 경우는 모두 슬픈 죽음으로 이야기가 마무리됩니다.

그러나 앞뒤 없이 그냥 죽는 것과, 강도에 대항하다 죽는 것, 종교적 믿음을 품고 순교하는 것이 똑같을 수는 없습니다. 그런데도 질문자는 이 모든 죽음을 '무가치한 것'으로 함께 묶어 매도하려 합니다. 물론 사람에 따라서는 정당방위 과정에서 의롭게 죽는 것을 최상의 선택으로 생각할 수도 있겠지요. 하지만 자기가 그런 믿음을 지녔다고 해서, 자신과 다른 종교적 신념에 기초하여 순교의 길을 택한 사람들에게 함부로 돌을 던질 수는 없습니다.

자, 이제 나도 살고 여동생도 살 수 있는 경우를 살펴보아야겠지요.

전체적으로 다섯 번째에 해당하는 경우는 바로 질문자가 그토록 간절하게 듣고 싶어하는 대답입니다. 여동생을 구하기 위해 강도를 죽이는 것이지요. 상황에 따라서는 굳이 죽이지 않고 가벼운 폭력을 써서 강도를 제압하는 경우도 있을 수 있겠지만, 이건 질문자의 의도와 전혀 상관없는 것이므로 고려할 필요가 없습니다. 혹시 잊어버리셨는지 모르지만, 이 질문은 평화주의자에게서 "필요하다면 전쟁에서 사람을 죽일 수 있다."는 대답을 들으려고 고안된 것이기 때문이지요. 종교적인 동기를 제외하고 생각한다면 그런 대로 좋은 결과를 낳을 수 있는 경우입니다. 그러나 다시 한 번 강조하자면, 이것이 유일하게 좋은 경우는 아닙니다.

여섯 번째로 생각할 수 있는 것이 바로 강도를 설득해 무장을 해제시키는 경우입니다. 질문자가 처음부터 배제한 대답이기도 하고, 우리 머리 속에서 좀처럼 떠올리기 힘든 해결책이기도 하지요. 그 강도가 사람을 강간하고 죽이도록 프로그램된 로봇이 아니라 우리와 똑같은 인간임을 인정할 때에만 비로소 가능한 선택입니다. 지금 한 손에 칼을 들고 서 있는 저 악마 같은 강도도 어쩌면 사랑하는 사람의 수술비를 구하려고 친구 따라 강도질에 나선 사람일 수 있습니다. 저 악마가 다시 인간으로 돌아갈 수 있도록 대화를 시도할 기회가 아직 있습니다. 두말할 나위 없이 어려운 일이고, 저 자신도 그런 상황에서 과연 그런 용기를 낼 수 있을지 의심스럽습니다. 그러나 신의 존재를 믿는 사람이라면, 충분히 시도해볼 만한 일입니다. 예수님이라면, 부처님이라면 분명히 그렇게 했을 것이기 때문입니다.

강도와 대화를 시작하기에 앞서 우리가 꼭 생각해야 할 것은 강도와 맞닥뜨린 나도 떨고 있지만, 그 강도는 나보다 훨씬 더 떨고 있으리라는 사실입니다. 내가 공포에 떨고 있듯이 그도 공포에 떨고 있습니다. 내가 제 정신이 아니듯이, 그도 제 정신이 아닙니다. 가위에 눌린 것처럼 입이 떨어지지 않겠지만, 그래도 입을 열어야 합니다.

저는 바로 그런 상황에서 용기를 내어 입을 연 한 의사 선생님 이야기를 알고 있습니다. 그는 독실한 기독교인으로서 평생 동안 여러 봉사 활동에 참여한 60대 중반의 병원 원장이었습니다. 그분이 어느 날 밤 부스럭거리는 소리에 잠에서 깨어보니 칼을 든 강도가 거실에 들어와 있더랍니다. 그분도 처음에는 '죽었구나' 생각했겠지요. 그런데 그 순간 이상하게도 강도를 불쌍히 여기는 마음이 생기더랍니다. 그래서 차분한 목소리로 강도에게 "거기서 그러지 말고 앉아서 이야기나 하자."고 하니 그 강도가 정말로 자리에 앉더랍니다. 그래서 물었습니다. "어쩌다가 이런 일까지 하게 되었는지 모르지만, 다 사정이 있었을 걸로 생각합니다. 이번 일을 해서 얼마나 벌 걸로 생각하셨는지요?" 강도는 머뭇거리며 얼마의 돈이 필요하다고 이야기했습니다. 그도 이런 강도질은 처음이라고 했습니다. 의사 선생님은 "지금 당장은 제가 현금이 없어서 돈을 못 드립니다만, 댁의 사정이 딱하니 통장번호를 알려주면 필요한 액수에 이를 때까지 제가 매달 20만 원씩 그 통장으로 넣어드리도록 하겠습니다."라고 제안했습니다. 그러자 정말 놀랍게도 다음 순간 강도가 조용히 문을 열고 나갔고 나중에 진짜로 통장번호를 알려주었답니다. 의사 선생님은 약속대로 그 돈을 부쳐주었다고 합니다. 그 상황에서 그런 제안을 한 사람이나 자기 통장번호를 알려준 강도나 보통 사람은 아닌 것 같습니다. 그러나 그런 일이 가능하며 실제로 일어나고 있다는 사실만은 기억해둘 필요가 있습니다. 아무리 험악한 상황이라도 일단 사람과 사람이 솔직하게 이야기를 시작하면 많은 것이 바뀌게 마련입니다.

이 정도의 특별한 이야기는 아닐지라도 비슷한 사례는 많습니다. 어떤 할머니는 어두운 밤길을 걷다가 뒤를 따라오던 두 청년이 자신을 덮치려는 기척을 느끼셨답니다. 그 순간 할머니는 바로 뒤돌아서서 그 두 청년에게 자신의 무거운 보따리를 넘기며 이렇게 이야기했답니다. "요즘 같은 때는 밤길을 혼자 다니는 것이 정말 무서운데 젊은이들이 함께 걸어주어 다행이네요. 우리 집까지 이 짐 좀 들어주겠수?" 만면에 웃음을 띤 할머니의 이야기에 얼어붙었던 분위기가 갑자기 부드러워졌고, 험상궂게 생긴 두 젊은이는 군말 없이 짐을 들어주었다고 합니다.

너무 이상적인 이야기 아니냐고 묻고 싶으시지요? 맞습니다. 너무 이상적인 이야기지요. 세상의 모든 강력범죄가 이렇게 부드럽게 해결되지는 않습니다. 아무리 온화한 표정으로 대화를 시도해도 "개소리 하지 말라."는 한마디로 상황을 악화시킬 흉악한 강도가 세상에는 훨씬 많을지도 모릅니다. 강도와 거래를 하고 그 통장에 돈을 넣어주면 정의는 어디로 사라졌느냐는 반론도 있을 수 있습니다. 그러나 용서와 화해의 가능성 자체를 부인하는 순간, 세상에는 오직 폭력에 의한 정의만

남게 됩니다. 이 가능성을 믿는 사람들을 모두 없애버린 세상이 과연 아름다울 수 있을까요?

단순히 '죽거나 죽이거나' 이외에 다른 선택 가능성을 생각하는 순간, 우리 앞에는 이전에는 상상하지 못했던 새로운 세계가 펼쳐지기 시작합니다.

6

그런데 이 간단한 질문 하나를 해결하느라 길게 설명을 하다 보면 마음 속에 자연스럽게 떠오르는 의문이 있습니다. 이런 이야기가 나올 때마다 사람들을 전쟁으로 내몰려는 사람들은 왜 늘 질문자의 입장에 서고, 평화를 지키겠다는 사람들은 왜 늘 억지로 답변을 해야 하는 위치에 서는 걸까요? 참 이상한 일이지요. 이와 관련하여 반드시 짚고 넘어가야 하는 것이 바로 논증부담의 문제입니다. 논증부담이란 법정에서 쓰이는 입증책임의 문제가 논리학의 세계로 확장된 것입니다. 입증책임이란 법정에서 어떤 일방 당사자에게 사실 또는 법률 관계의 존재를 입증할 책임을 지운 다음, 그 사람이 그 존재 사실을 입증하지 못하면 그에 대한 모든 손해를 그 사람이 부담하도록 하는 것입니다.

사법연수원에서 제가 배운 얘기 하나를 들려드리겠습니다. 순박한 시골 농부인 갑돌이가 어느 날 소를 판 돈 150만 원을 가지고 장미장 여관에 들어가 하룻밤을 묵습니다. 그는 장미장 여관으로 들어가다가 입구에 쓰인 "귀중품은 주인에게 맡겨주십시오. 그러지 않을 경우 분실해도 여관 측은 절대 책임지지 않습니다."라는 문구를 발견하지요. 갑돌이는 그 말을 그대로 믿고 소 판 돈 150만 원을 입구에서 여관 주인에게 맡깁니다. 이튿날 아침 여관을 나서던 갑돌이는 주인에게 맡긴 돈 150만 원을 돌려 달라고 요구합니다. 그러자 주인은 "돈은 무슨 돈? 당신이 언제 돈을 맡겼다고 그래?"라며 오리발을 내밉니다. 갑돌이는 이 사건을 들고 법정으로 달려갑니다. 갑돌이 사건을 맡은 판사가 먼저 갑돌이에게 묻습니다. "갑돌 씨, 당신이 장미장 여관 주인에게 150만 원을 맡겼다는 증거가 어디 있소?" 갑돌이가 자신 있게 대답합니다. "그건 하늘이 알고 땅이 알고 여관 주인이 알고 제가 압니다." 판결이 어떻게 났을까요? 당연히 갑돌이의 패소입니다. 여관 주인에게 돈을 맡긴 사실을 입증할 책임은 원고인 갑돌이에게 있습니다. 이를 입증하지 못한 부담이 고스란히 갑돌이에게 돌아가기 때문에 갑돌이가 패소하는 것입니다.

이것이 바로 입증책임입니다. 갑돌이가 억울하기는 하지만, 그렇다고 갑돌이가 장미장 여관 주인에게 돈을 맡기지 않았다는 입증책임을 장미장 여관 주인이 지게 할 수 있을까요? 그럴 수는 없습니다. 어떤 일이 있었다는 사실을 입증할 수는 있어도 어떤 일이 없었다는 사실을 입증할 방법은 없기 때문입니다. 물론 일상 세계에서는 이런 기본 원칙이 지켜지지 않는 경우가 많습니다. "청와대에 북한 간첩이 침투해 있다, 남한 전체에 고정간첩만 5만 명쯤 된다."는 식의 황당한 주장을 펴는 사람들에게 "증거를 대라."고 하면, 그 사람들은 적반하장으로 "청와대에 간첩이 없다는 증거를 대라, 남한 전체에 고정간첩 5만 명이 없다는 증거를 대라."고 나옵니다. 이런 걸 우리는 '반칙'이라고 불러야 합니다. 워낙 반칙이 난무하다 보니 뭐가 원칙인지 헷갈리는 세상이 되기는 했지만 말이지요.

자, 그렇다고 불쌍한 갑돌이 이야기를 이렇게 끝낼 수는 없겠지요.

며칠 후 갑돌이는 지혜로운 여자 친구 갑순이가 가르쳐준 대로 다시 돈 300만 원을 장만하여 장미장 여관을 찾아갑니다. 이번에는 그 돈을 맡기며 주인에게 보관증을 하나 써 달라고 부탁합니다. 지난번에 한 번 사기를 친 적이 있으므로 주인도 이번에는 포기하고 그냥 순순히 보관증을 써줍니다. 다음날 아침 허겁지겁 여관을 나서며 갑돌이는 장미장 여관 주인에게 돈을 돌려달라고 요구합니다. 여관 주인은 '보관증도 써 주었으니 이번에는 할 수 없지.'라고 생각하며 300만 원을 돌려주지요. 그러자 갑돌이는 300만 원을 갑순이에게 맡겨두고는 법정으로 향합니다. 장미장 여관 주인에게 맡겨 둔 300만 원을 돌려받지 못했다며 다시 소송을 제기하기 위해서이지요. 이번에도 판사는 갑돌이에게 300만 원을 맡겼다는 증거의 제출을 요구합니다. 갑돌이는 당당하게 보관증을 제시합니다. 판사는 여관 주인에게 묻습니다. "당신 300만 원을 돌려주었소?" 여관 주인이 그렇다고 대답하자, 판사는 "당신이 300만 원을 돌려주었다는 증거가 있습니까?"라고 다시 묻습니다. 이번에 억울하게 된 것은 여관 주인입니다. 아차. 그때서야 보관증을 돌려받거나 영수증을 받지 않은 것을 후회하지만 이미 늦었습니다. 결국 갑돌이가 승소하고 여관 주인은 300만 원을 날리게 됩니다. 이번에는 입증책임이 여관 주인에게 넘어갔기 때문에 이를 입증하지 못한 손해를 고스란히 여관 주인이 부담하게 된 것이지요.

법에 익숙하지 않은 사람들은 이런 입증책임의 문제를 잘 이해하지 못합니다. 판사가 솔로몬같이 지혜롭게 재판으로 시비를 가려주기만 기대하지요. 그러나 판사는 신이 아닙니다. 엄격하게 증거에 따라 재판할 수밖에 없으며, 갑돌이 대 여관 주인의 첫 사건의 경우 갑돌이가 억울한 일을 당했다는 심증은 있어도 증거가 없으니 그의 손을 들어주지 못하는 것입니다.

다소 장황하게 입증책임 문제를 설명한 이유는, 토론에서 어느 쪽이 논증부담을 지느냐의 문제가 상당히 중요하기 때문입니다. 예컨대 장애인의 대학 입학을 거절한 사건이 있다고 합시다. 이 경우, 장애인은 헌법과 법률에 따라 다른 사람들과 똑같이 평등한 권리를 지닌다는 것이 잠정적으로 추정됩니다. 헌법과 법률에 의해 평등하다고 추정되는 사람을 불평등하게 처우하려 할 경우에는 그런 불평등한 처우가 옳다고 주장하는 사람이 논증부담을 져야 합니다. 따라서 이 경우에는 장애인에게 차별대우를 하는 데 정당한 이유가 있음을 주장하는 사람이 그 이유를 입증해야 합니다. 결국 장애인을 비장애인과 다르게 대우하려는 대학 측에서 그와 같은 '다른 대우'에 정당한 이유가 있음을 입증해야 하고, 그것을 입증하지 못할 경우에는 논쟁이나 재판에서 지게 되는 것이지요. 이 경우 장애인 당사자에게 "차별이 있었음을 입증하라."고 요구하는 것은 역시 게임의 법칙을 어기는 반칙입니다.

사람들은 흔히 누가 정의의 편이고, 누가 올바른 논리를 펼치는지를 토론으로 판별하기 쉽다고 착각합니다. 그러나 사람은 누구나 나름의 논리를 펼치기 때문에 그만큼 논증부담이 중요한 의미를 지니게 됩니다.

그렇다면 공론의 장에서 전쟁과 평화의 문제를 놓고 팽팽한 논쟁이 벌어져 어느 한쪽의 손을 들어줄 수 없게 되었을 경우, 누가 논증부담을 져야 할까요? 사람들은 보통 평화주의자들이 논증부담을 져야 한다고 생각합니다. 그래서 토론이 벌어지면 사람들은 전쟁의 정당성 또는 불가피성을 전제한 가운데, "그럼에도 불구하고 평화주의가 옳다고 주장하는 이유를 네 쪽에서 밝혀보라."고 요구합니다. 그러나 여기에 제대로 대답하지 못했다고 해서, 토론 패배를 인정하고 평화주의를 포기해야 할까요? 그렇지 않습니다. 전쟁과 평화의 문제에 관한 한, 잠정적 추정은 평화주의 쪽의 손을 들어주게 되어 있습니다. 전쟁이 가져오는 엄청난 인명 손실과 인권 침해는 다른 무엇과도 비교할 수 없는 '악'이어서, 전쟁을 옹호하는 어느 누구도 감히 전쟁 그 자체를 '선'이나 '정의'라고 이야기할 수는 없기 때문입니다.

기독교 쪽은 어떨까요? 먼저 예수님의 가르침 또는 성경의 입장이 과연 평화주의 쪽이었나를 살펴보아야 합니다. 더 정확히 말하자면, 예수님의 가르침을 따르다 보면 평화주의적 입장에 설 가능성이 있는지를 살펴봐야 합니다. 예수님의 가르침을 통해 보았을 때, 예수님의 가르침을 따르는 사람들이 평화주의 쪽에 서 있을 수밖에 없음을 잠정적으로 추정할 수 있다면, 전쟁과 평화에 관한 기독교 내부의 논증부담은 어떤 형태로든 전쟁 참여의 정당성을 인정하는 사람들이 부담해야 합니다.

기독교인이 아닌 경우는 어떨까요? 이 경우도 그리 어렵지 않습니다. 적어도 제대로 정신이 박힌 사람이라면 전쟁이 매우 비윤리적이고 비합리적인 폭력이라는 데 동의할 겁니다. 아무리 전쟁을 옹호하는 사람이더라도 전쟁이 윤리적이라고 주장할 사람은 없겠지요. 전쟁이 비윤리적이라는 잠정적 추정을 하고 나면, 이 추정을 깨뜨려야 할 논증부담은 전쟁을 정당화하려는 사람이 지게 됩니다.

비윤리적인 전쟁의 정당성을 입증하는 것은 단순히 "현실적으로 필요한 걸 어쩌겠느냐?"라는 주장만으로 부족합니다. 필요성이 정당성을 입증하는 세상은 끔찍한 무법천지가 될 뿐입니다. 내가 돈이 필요해서 강도질을 하고, 내가 돈이 필요해서 사람을 죽이는데 그게 어쨌다는 거냐는 논리와 다르지 않은 까닭입니다.

4장

병역거부는 이단들이나 하는 짓 아닙니까?

_길고 오랜 기독교 병역거부의 역사

2006년 3월 (사)한국기독교군선교연합회(이사장 곽
선희 목사)는 여야 국회의원 모두에게 "기독교 종단은 국가 안보와 국
군의 정신 전력 보호 차원에서 병역대체법 도입에 절대로 반대한다."라
는 내용의 편지를 보냈습니다. 이 편지는 양심에 따른 병역거부를 국가
정책에 반영하도록 권고한 국가인권위원회의 결정을 강력히 비판한 다
음, 이렇게 반대 이유를 밝혔지요. "병역대체법이 도입되면 국내 140여
종의 이단 종파가 신앙적 양심을 내세우며 병역을 거부하고 특히 국가
의 모든 제도에 대해 양심적 거부를 불사하는 극도의 국기 문란이 예상
된다."[1] 이에 앞서 한국기독교총연합회 이단사이비문제상담소 최삼경
소장은 "병역을 거부하는 특정 종교인들이 감옥에 간 것은 기독교와 상
관없이 국법을 어겼기 때문"이라면서 "이들을 평화주의자나 다수의 힘
에 의해 억울하게 고난과 핍박을 당하는 사람들처럼 만들어 가는 것은
무지와 악함의 극치"라고 주장하기도 했습니다.[2] 이미 살펴본 한기총
정연택 사무총장의 2001년도 인터뷰에서 크게 변하지 않은 입장들이
지요.

한국 교회의 주류를 형성하는 단체와 그 지도자들은 처음부터 일관
되게 대체복무제를 반대해 왔습니다. 반대 이유로는 주로 이단 종파가
특혜 받는 것을 용인할 수 없다는 점을 내세웁니다. 때로는 종교와 상
관없이 국법을 어겼기 때문에 처벌받을 뿐이라는 식의 논리를 제시하

기도 합니다만, 그게 사실이라면 이 문제에 기독교가 나설 이유가 전혀 없지요. 지금은 범죄인 어떤 행위를 앞으로 처벌 대상에서 제외하여 비범죄화하자는 논의가 벌어질 때마다 기독교 종단에서 나서서 "계속 처벌해야 한다."고 떠들지는 않으니까요. 양심에 따른 병역거부가 평화주의와 상관없다는 주장도 역시 "평화주의란 존경받을 만한 기독교적 태도이지만, 병역거부는 그렇지 못하다."라는 생각을 바탕에 깔고 있습니다.

앞의 성명을 내놓은 단체가 '군 선교'를 위해 조직된 기독교 단체라는 사실도 재미있지요. 신앙의 힘으로 군사력을 강화한다는 이른바 '신앙전력화'는 군대에 다녀온 남성이라면 누구나 익숙한 표현입니다. 군 생활 중 일요일마다 교회에 나가 받아먹던 초코파이나 집단으로 받는 세례의식도 모두 '신앙전력화'의 결과물이지요. 물론 사회로부터 격리되어 심한 고독에 시달리는 청년들에게 기독교 복음을 전하는 것은 효과적인 전도 방법일 수 있습니다. 그러나 신앙이 전투력 향상에 어떤 도움을 줄 수 있는지, 그것이 과연 기독교의 가르침에 합당한 것인지는 매우 의심스럽습니다. 강한 종교적 믿음을 바탕으로 죽음을 두려워하지 않고 적진으로 돌격하는 군인의 모습을 염두에 둔 개념이겠지만, 사람 죽이러 나서면서 자기 이름을 부르는 사람들을 예수님께서 어떻게 받아들이실지는 한번 생각해볼 문제입니다. "그래, 네가 내 이름을 부르며 목숨 걸고 돌격하니 내가 너를 지켜주겠다. 네가 누구를 죽이든 나는 너와 함께하겠다. 혹시 네가 죽는다 해도 너에게는 천국이 보장된다." 이렇게 말씀하실까요? 글쎄요. 이건 제가 믿는 기독교의 가르침은 아닙니다.

어쨌거나 우리나라 기독교 지도자들이 병역거부란 이단들이나 하는 짓이라는 생각을 지니고 대체복무 입법에 반대하고 있는 것만은 분명합니다. 대체복무 입법이 이단 확산에 기여한다거나 국기를 문란케 한다는 것도, 그 제도의 혜택을 입을 사람은 이단들밖에 없다는 확신 없이는 나올 수 없는 이야기지요. 그러나 대체복무는 정말 기독교인과 아무 상관 없는 제도일까요? 대체복무로 혜택을 보는 것은 이른바 '이단'들뿐일까요?

1

제2차 세계대전이 발발하고 1년이 지난 1940년 10월, '존'이라는 이름을 가진 청년이 영국 최고의 명문 사립 중등학교인 럭비스쿨을 졸업하고 케임브리지대학에 입학합니다. 우리가 '럭비'라고 부르는 영국식 축구의 이름이 바로 이 학교의 이름을 딴 것이지요. 역시 럭비와 케임브리지 졸업생인 존의 아버지 '아널드'는 저명한 의사이자 병리학자였습니다. 과학적 세속주의자였던 아버지와 달리 존은 럭비스쿨에 재학 중이던 1938년 예수 그리스도를 개인적인 구주로 영접하고 그가 이후 평생 동안 지속한 매일 아침의 성경 '말씀 묵상'을 시작합니다. 케임브리지의 트리니티칼리지에 들어간 뒤에도 럭비 시절의 경험을 기초로 기독인 연합에서 열심히 활동하며 신앙심을 키웠습니다. 그동안 제1차 세계대전의 참전 영웅이었던 존의 아버지는 제2차 세계대전의 발발과 함께 영국 육군 의무단에 소환되어 현역 대령으로 복귀했습니다. 나이 든 아버지는 전쟁터에, 젊은 아들은 대학에 있는 특이한 상황이었지요.

성경을 처음 공부하는 과정에서 존은 "악에 저항하지 말고 대신 다른 쪽 뺨을 돌려대며 원수를 사랑하라."는 예수님 말씀에 큰 충격을 받았고, 그런 가르침을 전쟁 참여와 조화시키기란 불가능하다는 것을 깨달았습니다. 누구의 가르침이 있었던 것도 아니고 신학적 연구를 한 것도 아니었습니다. 그야말로 '본능적 평화주의자'가 된 것입니다. 그리고 그는 하나님께서 자신을 목사로 부르고 계신다고 느꼈고 그 부르심에 순종하여 성직자가 되기로 결심합니다.

당시 영국은 이미 양심에 따른 병역거부자들에게 대체복무를 인정해 주고 있었고, 특히 성직 수임을 받을 예정인 신학생들에게는 아예 군복무를 면제하고 있었습니다. 존에게도 양심에 따른 병역거부자 등록을 하고 심사를 받아 민간 대체복무를 하거나, 비전투임무에 버치되거나, 성직을 통해 아예 면제받을 수 있는 길이 열려 있었지요.

그런데 일이 그렇게 쉽게 풀리지 않았습니다. 아직 전쟁 초기 단계여서 양심에 따른 병역거부자 처리 규정이 명확하지 않았던 데다가, 존이 럭비스쿨 재학 시절인 1939년 10월에 남들이 다 하는 대로 미리 '신병 서약'을 했던 것이 걸림돌이 되었습니다. 존이 신앙 초기 단계에서 평화주의의 확신을 갖기 전에 한 서약이었고, 서약 당시에는 그것이 곧 징집에 응하겠다는 의사 표시라는 사실조차 알지 못했습니다. 그러나 이미 서약을 한 사람들은 양심에 따른 병역거부에 지원할 수 없다는 것이 당국의 해석이었습니다. 어찌 보면 당연한 일이었지요. 전쟁 발발과 동시에 신병 서약을 했던 청년이 나중에 군대 가기가 무섭다고 양심에 따른 병역거부 지원을 한다면 전쟁터로 나갈 사람이 어디 있겠습니까?

이제 남은 길은 신학생에 대한 군 복무 면제 절차를 밟는 것이었는데 이것도 문제가 있었습니다. 당국이 그 규정을 원칙적으로 '전쟁 발발 당시'에 이미 성직 수임 훈련 과정을 밟고 있던 사람에게만 적용된다고 해석했던 것입니다. 이 역시 전쟁 발발 이후 너도 나도 성직자가 되겠다고 밀려드는 사람들을 막기 위한 최소한의 조치였습니다. 이후 이 규정의 해석과 존에 대한 예외 인정 여부를 놓고 육군성과 케임브리지대학, 그리고 가족들 사이에 많은 편지가 오고 갔습니다. 최종 결정이 내려지기까지는 약 1년 반 이상 피 말리는 시간이 흘렀지요.

히틀러의 군대가 유럽 전역을 장악해 가고 있었고, 영국군은 프랑스에서 철수하는 등 수세에 몰린 시기였습니다. 병역을 거부한다는 것은 비겁한 행동으로 받아들여졌고, 특히 영국군 의무병과의 최고위직에 있었던 아버지에게 아들의 이런 결정은 참을 수 없을 정도로 수치스러운 것이었습니다. 아버지와 아들의 관계는 완전히 금이 갔고, 아널드는 아들의 학비를 대지 않겠다고 통보했습니다. 어머니의 입장도 크게 다르지 않았습니다. 어머니는 존에게 "모든 사람이 국방의 의무를 다하는 것이 옳다."는 내용의 편지를 보내 아들을 설득하려 했지요. 이 편지를 받은 존은 그 여백에 이렇게 적었습니다. "나라가 첫 번째, 예수님이 두 번째가 아니라, 예수님이 첫 번째, 나라가 두 번째다. 사람보다 하나님께 순종(《사도행전》 5 : 29)해야 한다."

많은 목사들이 존을 설득하러 나섰지만 존은 흔들리지 않았습니다. 그가 생각할 때 최종적으로 자신에게 내려질 명령은 세 가지 중의 하나였습니다. ① 싸우라 ② 비전투복무를 하라 ③ 케임브리지에서 신학 공부를 계속하라. 그러나 존이 동의할 수 있는 것은 오직 세 번째 명령뿐이었습니다. ①번과 ②번 명령을 받는다면 "모두에게 유쾌하지 않은 일이 되겠지만" 그는 감옥에 가야 했습니다. 이 상황을 그는 간단하게 요약합니다. "병역이나 케임브리지냐가 아니라, 케임브리지냐 감옥이냐입니다."

1941년 4월 존은 마침내 성직 수임 후보자로 인정받아 병역을 면제받을 수 있었습니다. 육군성이 그의 선택을 진지한 결단으로 받아들였고, 신병 서약을 무효화하는 데 동의했던 것이지요. 일단 같옥행은 피할 수 있었지만 학비를 대주지 않겠다는 아버지의 결심을 바꾸는 데는 시간이 더 필요했습니다. 나중에 아버지로부터 "(학비를 내주는 데) 동의하긴 하지만 영 내키지 않고 기쁘지 않은 심정"이라는 전보를 받았고, 아버지와 아들의 관계는 완전히 회복되지 않았습니다. 아들이 양심에 따른 병역거부를 한 것 못지않게 신학을 전공한다는 것도 불쾌했던 아버지는 아들의 사고방식이 '터무니없이 편협하다'는 안타까움을 숨기지 않았습니다.[3]

케임브리지에서 우수한 성적으로 신학 과정을 마친 존은 뛰어난 설교와 활발한 저술 활동으로 세계적인 기독교 지도자로 성장합니다. 영국국교회(성공회) 평화주의자 모임 회원으로 열심히 활동하며 평화주의에 대한 고민도 계속했지요. 그러나 1960년대에 이르러 그는 평화주의가 기독교인의 유일한 선택이어야 한다는 신념을 포기하고 때로는 정당한 전쟁도 있을 수 있다는 쪽으로 입장을 선회했습니다. 나중에는 핵무기 반대를 표명하며 스스로 '핵 평화주의자'라 밝히기도 하지요. 평생 동안 고민을 거듭한 끝에 존은 이렇게 밝혔습니다.

그리스도가 재림하실 때까지는 칼을 쳐서 보습을, 창을 쳐서 낫을 만들지 못할 것이다. 하지만 이 사실이 칼과 창을 제조하는 공장을 늘리는 것에 정당한 근거를 제공해주지는 않는다. 기근이 닥치리라는 그리스도의 예언이 우리로 하여금 식량을 더 공정하게 분배하도록 애쓰는 일을 막는가? 전쟁에 대한 그분의 예언이 평화를 위한 우리의 노력을 닥지 않는 것도 마찬가지이다. 하나님은 화평케 하시는 분이다. 예수 그리스도는 화평케 하시는 분이다. 그러므로 우리가 하나님의 자녀요 그리스도의 제자가 되려면, 우리 역시 화평케 하는 자가 되어야 한다."[4]

'존'이라는 청년의 삶을 이렇게 길게 설명한 이유가 무엇이냐고요? 그것은 그의 성이 '스토트'이기 때문입니다. 한국 교회의 이른바 복음주의 진영에 누구보다도 큰 영향을 끼쳤고 로잔 언약(1974년 7월 스위스 로잔에서 세계 150여 나라에서 온 세계복음화국제대회 대표 3,700여 명이 합의하고 서명한 언약. 15개항에 걸쳐 기독교인의 사회적 책임에 대한 합의를 담고 있다)을 입안했으며 기독학생회(IVF) 운동의 선구자가 된 바로 그 존 스토트(John Stott, 1921~)입니다. 우리나라의 목사님들이 가장 자주 인용하는 목사라 할 수 있는 바로 그분입니다. 세계적인 목회자인 존 스토트가 젊은 시절에 양심에 따른 병역거부를 하고 대체복무보다 더 전향적인 군 면제 혜택을 받았다는 사실, 이 모든 일이 전쟁 중에 일어났다는 사실, 그리고 한국 기독교인 대부분이 그런 그의 전력을 전혀 모르고 있다는 사실 등등 모두 신기한 일이지요.

존 스토트로 부족하다면 대천덕(Reuben Archer Torrey III, 1918~2004) 신부 이야기도 들려드릴 수 있습니다. 중국 선교사였던 부모님 덕분에 1918년 중국 산둥성에서 태어난 대천덕 신부는 평양에서 외국인 학교를 다니며 처음 한국과 인연을 맺었고, 1957년 성공회 사제로 한국에 들어와 죽을 때까지 이 땅의 복음화를 위해 일했습니다. 1965년 그가 강원도 태백 산골짜기에 설립한 '예수원' 공동체는 성령 운동, 공동체 운동의 산실이며, 지금까지도 한국 교회에 큰 영향을 끼치고 있지요. 성령이나 공동체에 관심 있는 한국 교회 지도자치고 대천덕 신부님을 만나보지 않은 사람은 아마 한 명도 없을 겁니다. 심지어 요즘 시청 앞 광장에서 보수 기독교 집회를 이끄는 분들 가운데 상당수도 대천덕 신부로부터 성령론을 배운 분들입니다. 그뿐만이 아닙니다. 신부님은 한국에 헨리 조지(Henry George, 1839~1897, 토지 단일 세제를 역설한 미국의 사회개혁 운동가)를 소개하면서 토지 공개념 도입을 주장했고, 한국 교회 지도자들에게 돈, 여자, 거짓말 문제를 회개하라고 정면으로 촉구함으로써 선지자적 사명도 게을리 하지 않았습니다. 저도 청년 시절, 삶에 지치고 힘들 때면 강원도 태백의 산골짜기로 올라가 신부님을 한 번씩 뵙고 내려오곤 했습니다. 탁월한 한국어 실력, 이웃에 대한 따뜻한 배려, 검소하고 정직한 생활, 보수적인 신앙 등 여러모로 존경받을 만한 분이셨지만, 무엇보다 끊임없는 도전과 개척 정신을 지닌 분이셨습니다.

그런데 그분의 인생을 살펴보면 흥미로운 기록이 하나 나옵니다. 데이비슨대학, 옌징대학, 프린스턴대학, 하버드대학 등에서 수학하던 그의 젊은 날 한복판에 엉뚱하게도 선원으로 일한 기간이 존재하는 것입니다. 제2차 세계대전이 한창이던 1942년 그는 대서양을 오가는 선단의 선원으로 일했습니다. 멀쩡한 신학생이던 그가 왜 느닷없이 선원이 되었을까요? 대답은 간단합니다. 대천덕 신부도 양심에 따른 병역거부를 했던 것입니다. 선원 일은 병역거부에 따른 민간 대체복무로 주어진 것이었습니다. 민간 대체복무이기는 했지만 위험하기는 군인과 다를 바 없었습니다. 당시 대서양에서는 독일 잠수함들이 연합국 선박들을 격침하는 데 혈안이 되어 있었습니다. 미국이 참전을 결정하면서 독일은 미국 해역까지 U보트의 작전 지역에 포함시켰고, 1942년 1월부터 약 7개월 동안 격침된 함정 수만 500여 척이 넘을 정도였지요. 대천덕 신부는 이런 시기에 대서양을 오가며 군 복무를 대신했습니다.[5] 양심에 따른 병역거부자들을 위한 대체복무제도가 있었기 때문에 가능한 일이었지, 만약 그런 제도가 없었다면 그도 역시 감옥에서 몇 년의 세월을 허송해야 했을 겁니다.

그는 1990년 《산골짜기에서 온 편지》라는 책에서 평화주의에 대한 자신의 고민을 이렇게 토로했습니다.[6]

우리 딸인 명숙이는 현재 미국에서 메노나이트들이 운영하는 대학에 다니고 있는데, 그들의 공식적인 가르침은 기독교인이 전쟁이나 폭력 또는 인간의 삶을 유린하는 행위를 인정해서는 안 된다는 것입니다. 그 교파의 신도들은 언제나 재앙의 희생양으로서 제일 먼저 앞장서는 사람들입니다. 그들은 전시에는 언제나 일선에서 구급대로서 봉사하지만 좀처럼 군대에 입대하려 하지 않습니다. 그들은 군사 행동에 가담하기보다는 차라리 감옥에 가는 길을 택합니다. 내가 대학에 재학 중이고 신학생이었을 때에 나도 같은 생각에 사로잡혀 있었습니다. 내가 해군이 아니라 상선 부대에 들어간 것도 바로 그런 이유 때문이었습니다. 그곳은 민간 조직이었는데 매우 위험했습니다. 그러나 그것(평화주의)에 대해 생각하면 할수록 간단명료한 답변을 발견할 수 있을 것이라는 확신은 줄어들었습니다.

2

신앙에 따라 병역을 거부한 기독교인이 이 두 사람뿐일까요? 물론 아닙니다. 기독교는 그 역사만큼이나 오랜 병역거부의 전통을 가지고 있습니다. 이제 그 출발점을 살펴볼 시간입니다.

우선 예수님 시대부터 313년 로마제국의 기독교 공인까지 초기 기독교 시대를 생각해봅시다. 구약 성경은 분쟁 해결을 위해 무력 사용이 가능하다는 입장을 도처에서 명백히 하고 있는 데 반해, 신약 성경에는 전쟁을 언급하는 부분이 거의 없습니다. 그러나 초기 기독교인들이 군대에 가지 않았다는 증거는 아주 분명합니다.

기원후 170년까지는 기독교인이 로마제국 군대에 복무했다는 기록을 어디에서도 찾아볼 수 없습니다. 기독교인들과 로마제국이 이 문제로 충돌했다는 이야기도 찾아볼 수 없습니다. 이는 당시 로마의 군사제도와 관련이 있지요. 로마에서 군인의 신분은 원칙적으로 세습되었기 때문입니다. 따라서 팔레스타인에서 등장한 이 새로운 종교의 신자들 대부분은 징병 문제를 걱정할 필요가 없었습니다. 아버지가 군인이 아닌 한, 군대에 끌려갈 일은 없었으니까요. 일부러 자원하여 군대에 갈 수는 있었겠지만, 여기에는 심각한 걸림돌이 있었습니다. 바로 우상숭배의 문제였지요.

당시 생활상을 철저히 고증했다고 평가받는 2006년 미국 드라마 〈로마〉에는 카이사르 시대의 군대 모습이 잘 묘사되어 있습니다. 전쟁에 나갈 때나 중대한 결정을 할 때마다 로마 군대는 신들에게 제사를 올리고 점을 쳤습니다. 군기(軍旗)도 모두 신과 관련된 상징을 담은 일종의 우상이었으며, 군복에 붙이는 여러 가지 장식이나 무기도 모두 우상과 관련이 있었습니다. 군대에선 어느 것 하나 우상과 관련되지 않은 것이 없었습니다. 전쟁에 승리하고 나면 패배한 적과 그 가족들을 노예로 삼을 수 있었고, 노예를 팔아 돈을 벌 수 있었습니다. 전쟁 중에 사람을 죽이는 거야 당연한 일이었지요. 그런데 2세기의 교회는 지금보다 훨씬 기준이 엄격해서 우상숭배에 참여하거나 배교하거나 살인에 가담한 그런데 170~180년 사이에 변화가 일어났습니다. 제국 군대에 복무하는 기독교인이 나타나고, 군인들 가운데 기독교로 개종하는 사람들의 숫자도 증가하기 시작한 것입니다. 전 세계로 흩어진 유대인들의 소수 종파에 불과했던 기독교가 갈수록 교세를 확장한 데 따른 당연한 결과였지요. 동시에 제국 군대에 복무하는 모든 군인들에게 요구했던 황제에 대한 충성 서약을 우상숭배로 보아 이를 거부하는 기독교인들이 생겨납니다. 예수 그리스도가 가르친 이웃 사랑의 정신과 적을 죽여야 하는 군인의 의무가 결코 조화를 이룰 수 없다는 점에 주목한 기독교인들도 나타났습니다. 학자들 사이에서는 이들이 병역을 거부한 이유를 두고 지금도 논란이 있습니다. 전통적으로 '정당한 전쟁' 이론을 지지해 온 가톨릭 신학자들은 자신들의 이론을 정당화하려고 초기 기독교인들의 병역거부가 순전히 우상숭배 때문이었을 뿐 평화주의와는 관계가 없다고 주장합니다.[8] 반대로 초기 기독교인들의 병역거부에 우상숭배 반대뿐 아니라 산상수훈(《마태복음》에 기록된 예수의 산상 설교. 윤리적 행위에 대한 예수의 가르침을 집약해 보여준다)에 기초한 평화주의가 지대한 영향을 끼쳤다는 평화주의 학자들의 주장도 유력합니다. 우상숭배를 피하려는 것이었든 피 흘림을 피하려는 것이었든 기독교인들이 병역거부를 했다는 사실 자체가 우리에게는 매우 신선한 충격입니다.

초기 기독교의 병역에 대한 입장을 잘 보여주는 것은 무엇보다도 '교부'들이 남긴 글입니다. 예일대학에서 평생을 가르쳤던 롤랜드 베인튼(Roland Bainton, 1894~1984) 같은 기독교 역사학자는 "콘스탄티누스 이전 시대에 살았던 기독교 저술가들은 모두 전쟁에서 사람을 죽이

는 것을 만장일치로 비난하고 있다."고 단언합니다.[9]

예를 들어 테르툴리아누스(Tertullianus, 160~225)는 2세기 말 북아프리카의 카르타고에서 집필에 몰두한 기독교인으로서 '마지막 그리스 변증가'이자 '최초의 라틴 교부'로 평가받는 사람입니다. 그는 군대 내에 있던 많은 수의 개종자들이 개종 이후 군 복무로부터 물러났음을 증언하면서, 기독교인들은 남을 죽이기보다는 오히려 죽임을 당하는 편을 선택해야 한다고 선언했습니다. 테르툴리아누스의 표현을 직접 인용하자면 이렇습니다. "어떻게 기독교인이 전쟁을 일으킬 수 있습니까? 그럴 수 없습니다. 비록 평화적인 때라 하더라도, 우리 주님께서 우리에게서 이미 칼을 빼앗으신 이상, 어떻게 기독교인이 칼 없이 군인이 될 수 있습니까?"[10] 이 표현이 의미하는 바는 명백합니다. 예수님께서 베드로에게서 칼을 빼앗으신 이상(《마태복음》 26 : 52, 《요한복음》 18 : 11), 기독교인들이 칼로 남의 목숨을 빼앗는 직업에 종사할 수 없다는 것입니다.

178년에는 반(反) 기독교 철학자인 켈수스(Publius Juventius Celsus, 67?~130?)가 《참된 강론》이라는 제목으로 기독교를 비판하는 저술을 내놓았습니다. 신랄한 어조로 기독교인들의 행동과 교리, 성경 등을 공격하는 이 책의 마지막 부분에서 켈수스는 기독교인들이 군 복무를 기피한다고 비판했습니다. "만약 모든 사람들이 당신들(기독고인)처럼 행동한다면, 황제는 절대 고독 속에 홀로 버려지고 제국의 지배력은 가장 난폭하고 무법적인 야만인들의 손으로 넘어갈 것이다."[11]

어디서 많이 듣던 이야기 아닙니까? 표현만 조금 바꾸면 오늘날 양심에 따른 병역거부자들에게 쏟아지는 비난과 전혀 다를 바 없지요. 분명한 것은 켈수스가 보았을 때 기독교인들은 군 복무를 하지 않는 사람들이었다는 사실입니다. 켈수스가 쓴 책은 지금 남아 있지 않습니다. 다만 켈수스에게 반박한 초대 기독교 교부 오리게네스(Origenes, 185~254)의 저술《켈수스를 반박함》을 통해서 그 내용을 알 수 있을 뿐이지요. 켈수스의 영향력이 어느 정도였는지는《참된 강론》이 쓰이고 무려 70년이나 지난 후에 오리게네스가 암브로시우스(Ambrosius, 340~397, 초대 기독교 교부이자 교회학자)의 권유를 받아 반박문을 써야 했던 것으로 충분히 짐작할 수 있습니다.

오리게네스는 "비록 황제가 요구한다 해도 우리는 황제 휘하에서 싸우지 않는다."라고 밝혀 켈수스의 지적이 사실임을 일단 인정합니다. 다시 한 번 초기 기독교인의 군 복무에 대한 태도를 확인해준 것입니다. 다만 그는 그런 기독교인의 태도가 켈수스가 예상한 결과로 연결되지 않는다는 점을 논증합니다. 만약 모든 사람들이 기독교인이 된다면 야만인들도 하나님의 말씀에 순종하는 온유한 백성으로 변할 것이므로 제국이 망할 일은 없다는 논리였지요.[12] 오리게네스는 덧붙여 기독교인들은 기도와 국가 윤리 강화를 통해 국가를 위한 대체복무를 하고 있다고 주장하기도 했습니다. 기도만으로도 폭력과 투쟁을 야기하는 악의 세력과 영적 전쟁을 치를 수 있다고 본 것입니다. 그는 기독교인들을 다른 종교의 사제들과 비교하면서, 기독교인들은 반드시 병역 의무를 면제받아야 한다고 주장했습니다.[13] 이때 벌써 대체복무의 개념이 등장한 것입니다. 테르툴리아누스나 오리게네스뿐만 아니라 키프리아누스(Cypriannus, 200~258), 미누키우스 펠릭스(Minucius Felix), 아르노비우스(Arnobius, ?~327), 락탄티우스(Lactantius, 240~320), 비트리키우스(Vitricius) 등의 교부들 역시 어떤 경우에도 피 흘림이 허용되지 않는다는 입장을 명백히 했습니다.

그러나 3세기 로마 주교인 히폴리투스(Hippolytus, 170?~235?)가 작성했다는 기독교 지침서에 따르면, 실제로 살인을 행하지 않는다면 기독교인도 군인이 될 수 있었습니다. 로마 군대는 전투만을 위해 존재한 것이 아니라, 경찰 업무 및 소방 업무까지 담당했기 때문에, 군대에 있다 하더라도 살인을 피하는 것이 가능했던 것입니다.[14] 그러나 이 역시 전투 업무를 기피하는 숫자가 증가함에 따라 어느새 로마제국이 더는 용인할 수 없는 수준에 이르렀지요.

병역거부로 순교한 최초의 기독교인은 북아프리카 누미디아 출신인 막시밀리아누스로 기록되어 있습니다. 그가 징집을 거부했다가 총독의 명으로 즉각 처형당한 것은 295년의 일이었습니다.[15] 이때에도 로마제국이 전 국민을 대상으로 징병제를 실시한 것은 아니었습니다. 다만 막시밀리아누스는 아버지가 군인이었기 때문에 로마군대에 입영하라는 요구를 받았을 뿐이지요. 막시밀리아누스가 병역을 거부하자, 총독은 이미 로마 군대 내에 적지 않은 기독교인이 있다고 지적하며 "이들이 무엇을 잘못했다는 말이냐?"라고 묻습니다. 이 질문에 대허 막시밀리아누스는 "나는 기독교인이므로 군인으로 복무할 수 없습니다. 복무하지 않겠습니다. 당신이 내 머리를 자를 수는 있겠지만 나는 이 세상에 복무하지 않고 오직 하나님께만 복무합니다."라고 선언한 두, 형장으로 향합니다.

막시밀리아누스가 병역거부 이유를 말하며 어디에서도 으상숭배 문제를 거론하지 않았다는 점에서 초기 기독교의 병역거부 이유가 오직 우상숭배 거부 때문이라는 주장은 설득력을 잃습니다. 그의 병역거부는 예수님의 산상수훈에 따른 기독교 평화주의의 발현이었다는 점에서 당시 로마에서 유대교 신자들이 일반적으로 병역을 면제받았던 것과

분명히 달랐습니다. 이런 점을 인정받아 막시밀리아누스는 훗날 가톨릭 성인 칭호를 받았습니다.[16]

병역거부로 순교한 사람이 막시밀리아누스뿐이었던 것은 아닙니다. 298년 황제 생일을 맞아 열린 축제 도중, 백부장이던 마르켈루스는 군단의 상징물 앞에 모든 군장을 벗어 내던지며 "나는 영원한 왕이신 예수 그리스도께 복무한다. 너희 황제에게 더는 복무하지 않겠다. 나무와 돌로 만들어진, 귀머거리이자 바보인 우상을 경배하는 것도 거부한다."라고 선언합니다. 그도 역시 재판을 거쳐 처형당했지요.[17] 기독교에 매우 비판적인 입장을 지녔던 영국의 역사가 에드워드 기번(Edward Gibbon, 1737~1794)은 이런 식의 무분별한 광신적 태도가 지속적인 박해의 구실을 제공했다고 평가했습니다.[18]

막시밀리아누스 사건에서 나타나는 총독의 질문에서 유추해볼 수 있듯이, 초기 기독교인들이 모두 다 병역을 거부했다고 보이지는 않습니다. 테르툴리아누스도 이미 로마 군대 안에 많은 기독교인이 있다고 지적했고, 히폴리투스 교회법도 그 가능성을 시사하고 있습니다. 그러나 중요한 것은 기독교 지도자들 대부분은 평화주의 입장에 서 있었으며, 막시밀리아누스나 마르켈루스와 같이 병역을 거부한 사람이 성인 칭호까지 받았다는 점입니다. 굳이 비틀어서 한 번 더 이야기한다면, 이 시대에는 최소한 '국가에 충성을 다하다 장렬하게 전사한 기독교인'이 교회 안에서 칭송받는 예는 찾아볼 수 없었습니다.

평화주의 역사 연구에 정통한 피터 브록 교수는 1, 2세기 기독교 공동체의 규례들을 연구한 후, 당시 군인들은 세례를 받는 즉시 군대를 떠났다는 결론을 내렸습니다. 심지어 기독교가 공인되기 직전에 불어닥쳤던 심각한 박해는, 인접한 종족(당시에는 보통 야만인이라고 불렀지요)들과의 싸움에 나서야 하는 상황에서 병역을 거부하는 기독교인들을 그냥 놓아둘 수 없었기 때문에 취해졌다는 의견을 제시하기도 합니다.[19] 오늘날 대표적인 정당한 전쟁론자인 프린스턴대학의 폴 램지 교수 같은 사람도 초기 기독교가 평화주의적 태도를 취하고 있었음을 솔직하게 인정한 후 이야기를 시작하고 있습니다.[20] 이후의 변화에도 불구하고 초기 기독교의 평화주의 및 병역거부 태도는 그만큼 분명한 역사적 사실이라고 할 수 있겠지요.

3

콘스탄티누스(Constantinus, 274~337) 대제의 기독교 공인은 세상을 완전히 바꾸어놓았습니다. 교회도 완전히 바뀌었습니다. 콘스탄티누스 이전의 기독교는 박해의 두려움에 시달려야 했던 대신, 지배 계층이 부담해야 했던 국가 방위의 책임으로부터는 완전히 자유로울 수 있었습니다. 로마의 주변 종족이 변방을 침공하든 말든 기독교인들과는 직접 상관이 없었던 것입니다. 그러나 콘스탄티누스 대제의 기독교 공인 이후 4세기와 5세기를 거치면서 표면적으로는 로마제국 전체가 기독교화되었고, 교회도 더는 평화주의 입장을 고수할 수 없게 되었습니다. 교회가 국가 권력의 위치에 오르면서 국가 방위 또는 통치의 책임을 상당 부분 공유하게 된 것입니다. 문제는 명백하게 평화주의적이었던 예수의 가르침과 초기 기독교의 정신을 어떻게 바꾸느냐 하는 것이었습니다.

모든 전쟁이 악한 것은 아니며 정당한 전쟁도 있을 수 있다는 주장을 통해 이 딜레마를 해결한 사람이 바로 초기 기독교 철학의 지도자 아우구스티누스(Aurelius Augustinus, 354~430)였습니다. 모든 사람이 다 기독교인이 된 나라에서, 정당한 전쟁론은 국가를 수호할 명분을 부여했습니다. 야만족으로부터 로마제국을 수호하는 것은 동시에 기독교 세계의 수호도 의미하게 된 것입니다. 이를 조금 돌려서 말한다면, '기독교인들이 목숨을 걸고 지켜야 할 새로운 어떤 것'이 생겨났다는 의미도 됩니다. 이전 시대에 기독교인들이 지켜야 했던 것은 신앙뿐이었습니다. 지켜야 하는 것이 신앙뿐이었을 때는, 자신들을 지배하는 통치자가 로마든 인접한 야만족이든 기독교인들에게는 별 상관이 없습니다. 어차피 로마제국 아래에서도 박해를 받고 있었으므로, 통치자가 바뀐다 한들 크게 달라질 것이 없었던 것입니다. 그렇다면 무력을 동원해서라도 지켜야 할 새로운 어떤 것이 무엇이었을까요? 그것은 권력이었을 수도 있고, 새롭게 늘어나기 시작한 교회 재산이었을 수도 있습니다.

어쨌든 교회가 '정당한 전쟁' 이론을 기본 입장으로 삼고 나서 중세를 지나는 동안 별다른 이의 제기가 없었을 뿐 아니라, 정치권력과 결탁한 교회는 '거룩한 전쟁'이라는 새로운 개념까지 별다른 저항 없이 받아들였습니다.[21] 11세기쯤 '기사도 정신'이 유럽 사회에 자리 잡으면서 전쟁에 관해서도 새로운 관점이 도입된 것이었지요. 1095년 교황 우르바누스 2세(Urbanus II, 1035~1099)가 이방인들의 손아귀에 놓여 있는 성지를 탈환하자고 목소리를 높인 것을 시발점으로 유럽의 기독교도들은 십자군전쟁에 나섰습니다. 십자군은 초기에 기세를 높여 한때 예루살렘을 탈환하기도 했으나(1099년) 곧 다시 빼앗겼고, 아무런 열매를 거둘 수 없었던 이 전쟁은 1291년까지 계속되었지요.

십자군은 예루살렘을 점령한 뒤 남자, 여자, 어린아이 할 것 없이 도시 안에서 만나는 모든 사람을 학살하는 참극을 저질렀습니다. 최소한 1만 명의 사람들이 이슬람의 성지인 알 아크사 사원에서 목이 잘렸고,

유대인들은 회당 안에 갇혀 산 채로 불에 타 죽었습니다. 시체들에서 흘러내린 피가 발목까지 찰 지경이었습니다.[22] 십자군 지휘관으로서 현장을 목격한 프랑스 툴루즈 백작 레이몽 드 생-질(Raymond de Saint-Gilles)은 이날의 일을 이렇게 기록했습니다.[23]

잘린 머리, 팔, 다리가 거리에 산더미처럼 쌓여 있는 것을 볼 수 있었다. 그러나 이것도 솔로몬 성전 안에서 벌어진 일에 비하면 약과였다. 성전에서 벌어진 일은 여러분의 상상을 초월하는 것이었다. 이 책에서는, 적들이 흘린 피가 기마병의 무릎과 말 고삐에 이를 정도로 솔로몬 성전 안과 입구에 흘러 넘쳤다고 기록하는 정도로 만족하자……. 주께서 이날을 주셨으니 우리는 기뻐하고 또 기뻐했다. 이날 주께서 자기 백성에게 스스로 드러내시고 그들을 축복하셨다.

십자군전쟁은 '폭력'과 '성스러움'이 공존하는 중세 교회의 실상을 보여주는 좋은 예입니다. '거룩한 전쟁' 개념은 체계화된 신학 이론이라기보다는 오히려 정치권력과 교회의 결탁으로 만들어진 현실적 전통으로 파악할 수 있지요. 이 시기 교회의 전례는 군기(軍旗)와 무기들을 축복하는 데까지 이르렀고, 기사들은 비기독교적인 기원을 가진 의식에 따라 성례식에서 축성을 받았습니다.

성전 기사단을 비롯한 종교 기사단들이 출현한 것도 이 무렵의 일이었습니다. 성전 기사단은 1118년 9명의 프랑스 기사들이 모여 성지(예루살렘) 순례자들을 보호하겠다는 목적으로 만든 단체였습니다. 이들은 타 종교 신봉자들을 '하나님의 적'으로 규정했고, 적들에게는 개종 또는 죽음이 있을 뿐이라는 신념 속에서 어떠한 자비도 거부했습니다.

'정당한 전쟁'론에서 요구하는 엄격한 원칙들은 '하나님의 적'과 싸우는 동안에는 잠시 접어두고, 적을 죽이는 것이 곧 예수 그리스도를 복되게 한다는 것이 이들의 주장이었습니다. 재난으로 끝나버린 제2차 십자군전쟁을 적극적으로 지원했던 프랑스의 대수도원장 성 베르나르두스(St. Bernardus, 1090~1153)의 말은 이러한 신앙 태도를 잘 대변하는 것이었습니다. "너 기사들이여, 사망이나 생명도 우리를 우리 주 그리스도 예수 안에 있는 하나님의 사랑에서 끊을 수 없다는 확신 안에서, 자신감과 용기를 가지고 그리스도의 적을 공격하라."[24]

그러나 막강한 권력을 지녔던 성전 기사단도 십자군전쟁이 마무리되면서 이단으로 몰려 몰락합니다. 1314년 당시 성전 기사단 최고 지도자였던 자크 드 몰레이(Jacques de Molay)는 심한 고문 끝에 그리스도 부인, 십자가 모독, 음란한 키스, 동성애, 우상숭배 등 자신에게 씌워진 혐의를 모두 인정한 후 처형당했답니다.[25] 성지 순례자를 보호하고자 결성했던 가난한 기사단은 그 명성과 달리 귀족들의 기부금과 고리대금업 등으로 부를 축적하고 어느새 유럽 전역의 경제권을 틀어쥔 은행가 노릇까지 했습니다. 성전 기사단의 역사는 중세에 기독교와 관련해 벌어진 많은 일들이 따지고 보면 종교의 탈을 쓴 세속 권력의 욕심 채우기에 불과한 것이었음을 보여줍니다. '거룩한 전쟁' 역시 그런 여러 탈 중의 하나였지요.

4

콘스탄티누스가 기독교를 공인하고 기독교가 통치 권력의 일부가 되었다고 해서 모든 기독교인들이 평화주의를 포기한 것은 아니었습니다. 투르의 마르틴(Martin, ?~397) 같은 사람은 기독교 공인 후 한참이 지난 336년에 병역을 거부했습니다. 그는 전투를 하루 앞두고서야 병역거부 의사를 밝혔습니다. 그의 행위는 우리 법으로 치면 군형법 제30조 적전 군무이탈죄(敵前 軍務離脫罪)로 사형, 무기, 10년 이상의 중형에 해당하는 범죄였지요. 마르틴은 병역을 거부하기 2년 전 이미 기독교로 개종했으나 계속 군대에 남아 있다가, 전투를 눈앞에 둔 상황에서 "지금까지 저는 군인으로 복무해 왔습니다. 이제 제가 그리스도의 병사가 될 수 있도록 허락해주십시오. 저는 그리스도의 군사입니다. 제가 싸움에 나서는 것은 이제 옳지 않습니다."라고 선언했습니다. 당연히 "너, 죽음이 두려워서 병역을 기피하는 거지?"라는 힐난이 뒤따랐겠지요. 마르틴은 자신의 진심을 증명하려고, "내일 싸움에서 무장을 하지 않은 채 부대의 맨 앞에 서서 십자가를 지키겠습니다."라고 게안했습니다. 다행히 적군이 전투를 벌이지 않고 항복함으로써 마르틴은 비무장한 채 죽는 시련을 겪지 않았지요. 로마 군대는 곧 그의 제대를 허용했습니다.[26] 마르틴은 제대 후 전도자와 치료자로서 기독교 역사에 중요한 발자취를 남겼고, 가톨릭 교회로부터 성인 칭호를 받았습니다. 병역거부에 대해 오랫동안 부정적인 입장을 견지한 나라인 프랑스의 수호 성인이 마르틴인 것은 참 아이러니한 일이지요.[27]

중세에 '거룩한 전쟁' 전통이 일반 민중의 삶과 의식까지 뿌리 깊게 지배한 것 같지는 않습니다. 우선 중세의 국가 형태가 중앙집권화된 지금의 국가와 다를 뿐 아니라, 군대도 국민개병주의 또는 병역의무 개념에 기초한 현대의 군과는 전혀 다르기 때문입니다. 중세에는 기사 계급에 속한 사람들의 수가 매우 적었고, 기사보다는 많았지만 그래도 소수인 용병들이 존재했습니다. 돈을 받고 싸우는 용병들뿐 아니라, 기사들도 자신이 섬길 영주를 선택할 수 있었습니다. 평민들의 경우, 전투에 나설 기술도 무기도 없었으며, 병역의 의무라는 것도 존재하지 않았습니다. 국가에 대한 시민의 의무로서 병역 개념이 아직 존재하지 않았던 까닭입니다. 영주들은 자기 장원(莊園)의 농노들을 전쟁터로 내보낼 권리가 있었지만, 대개의 경우 농노들을 농업에 종사하게 하고 그들에게 세금을 걷어 전쟁 비용을 충당하려고 했습니다. 기사단 소속인 극소수의 수도사들을 제외하고는 순례자들이나 성직자들의 전투 참여도 여전히 금지되었습니다. 요더 교수 등 일부 학자들은, 대다수 기독교인들이 중세 시대에도 콘스탄티누스 이전과 마찬가지로 살인을 거부하고 기독교적 전통에서 인내하는 길을 택했다고 주장합니다.[28]

중세에 평화주의 전통을 지킨 기독교 소수 종파들로는 발도파(Waldenses), 제3차 프란체스코 수도회(Franciscan Tertiaries), 롤라드파(Lollards), 카타르파(Cathari) 등이 있었습니다. 이 종파들은 대부분 이단 취급을 받았지만, 이들을 이단으로 규정하는 것은 그렇게 간단하지 않습니다. 중세에는 로마 교회의 공식적인 입장에 반대하는 모든 의견을 이단으로 취급했습니다. 마르틴 루터(Martin Luther, 1483~1546)를 비롯한 종교 개혁가들도 그 당시에는 대부분 이단이었습니다. 따라서 중세 소수 종파들을 이단으로 판단하려면, 교리에 기초해 결론을 내려야지, 로마 가톨릭 교황청의 입장을 그대로 받아들여서는 곤란합니다. '이단' 소리만 들으면 사실 확인 없이 바로 거부 반응부터 일으키는 우리의 조건반사는 좀 지나친 면이 없지 않습니다.

발도파는 프랑스 리옹의 부유한 상인이었던 피에르 발도(Pierre Valdo, 1140~1218)를 따르는 사람들이 만든 종파입니다. 발도는 1173년 회심과 동시에, 예수님이 부자 청년에게 하신 말씀 "네가 온전하고

자 할진대 가서 네 소유를 팔아 가난한 자들에게 주라. 그리하면 하늘에서 보화가 네게 있으리라. 그리고 와서 나를 따르라."(《마태복음》 19 : 21)에 따라 자기 재산을 모두 빈민에게 나누어준 뒤 가족을 떠나 가난한 전도자의 삶을 살았습니다. 발도파는 일체의 서약을 금지하고, 군 복무를 거부할 뿐만 아니라, 레퀴엠, 연옥, 면죄부 같은 교회의 예식과 교리들에 반대했습니다.[29] 1211년 한 해 동안 스트라스부르에서는 약 80명의 발도파들이 화형을 당했지요. 이들은 1532년 독일과 스위스의 개신교도들을 만나면서 잔존하던 로마 교회 의식을 완전히 버리고 개신교단에 합류했습니다.

프란체스코파의 경우엔 모든 사람들이 군 복무를 거부했던 것은 아니며, 아시시의 프란체스코(Francesco d'Assisi, 1182~1226) 역시 끊임없이 평화를 역설하기는 했지만 십자군 자체를 비난하지는 않았습니다. 다만 프란체스코파를 보면 알 수 있는 것처럼, 중세에는 전쟁에 참여하기를 원하지 않는 사람에게 분명한 탈출구가 있었습니다. 바로 수도사가 되는 길이었지요. 수도사까지는 아니더라도 상당히 세속적인 성직자 생활을 하면서도 무기로부터 자유로울 수 있었습니다. 양심에 따른 병역거부도 필요 없었지요. 그 당시에는 수도사나 성직자가 속한 '교회의 양심' 자체가 이미 그로 하여금 무기를 들고 사람 죽이는 것을 금지하고 있었기 때문입니다. 프란체스코파의 규례에 따르면 그 구성원들은 상대방이 누구든지 간에 그를 대적해 살인 병기를 쥐거나 휴대하는 것이 금지되었습니다.[30]

존 위클리프(John Wycliffe, 1320~1384)를 따르던 롤라드파의 경우, 하나님이 직접 명령한 경우 이외에는 전쟁을 거부해야 한다는 조건부 평화주의 입장이었다는 점에서 특기할 만합니다.

5

이 정도면 '이단'들만 양심에 따른 병역거부를 하는 것이 아니라는 것쯤은 충분히 설명되었으리라 믿습니다. 존 스토트 목사나 대천덕 신부처럼 한국 교회에서 멀쩡하게 존경받는 지도자들도 양심에 따른 병역거부를 했다는 것, 초기 기독교인들에게 군 복무는 당연히 피해야 할 것으로 받아들여졌다는 것, 중세에도 그 전통이 이어졌다는 것 정도를 기억할 수 있겠지요.

그렇다면 "병역 기피 풍조가 만연한 상황에서 여호와의 증인의 집중적인 전도 대상이 되는 기독교인들 중 일부가 대체복무제에 귀가 솔깃해 넘어갈 수 있다."는 한기총 정연택 사무총장의 이야기는 어떻습니까? 물론 대체복무제 같은 그럴듯한 미끼가 있다면 기독교인들 중에 여호와의 증인으로 개종하는 사람이 나오지 말라는 보장은 없지요. 그러나 한번 생각해봅시다. 대체복무제가 전통적인 기독교 신자들에게도 허용된다면 이런 걱정은 아무 의미가 없는 것이 됩니다. 설사 그렇게 되지 못한다 하더라도, 개신교 신자가 여호와의 증인으로 개종하는 걸 막으려고 여호와의 증인들을 감옥에 보내야 할까요? 기독교인들이 여호와의 증인으로 넘어가는 걸 막는 일은 목사님들이 할 일이지 국가가 할 일이 아닙니다. 올바른 기독교 교육을 통해 막아야 할 일을 국가 형벌을 통해 해결하려는 태도가 과연 기독교 정신에 맞는지 의문입니다.

5장

예수님이 병역거부라도 했다는 말인가요?

_평화주의자 예수의 목소리

교회를 오래 다닌 독자라면 이쯤 해서 저에게 이런 질문을 던지고 싶을 겁니다. "당신 자꾸 예수님이 평화주의자였던 것처럼 이야기하는데, 예수님이 병역거부라도 했다는 말이오?" 성경을 들고 와서 예수님이 평화주의자가 아니었다는 구절을 줄줄이 제시하고픈 분도 있겠지요. 실제로 기독교 대학에서 가르치던 시절, 양심에 따른 병역거부에 대해 짤막하게라도 언급하고 나면 수업이 끝난 후 반발하는 학생들이 강단으로 몰려와 줄을 서곤 했습니다. 그만큼 예수님과 평화주의는 병역거부를 논하면서 피해 갈 수 없는 주제라 할 수 있지요.

물론 예수님이 과연 평화주의자였는가를 두고는 여러 가지 다른 견해가 있을 수 있습니다. 어쩌면 세상을 구원하러 온 하나님의 아들에게 무슨무슨 주의자라고 호칭을 붙이는 것 자체가 신성모독일지 모릅니다. 예수님은 무슨 주의의 틀 안에 갇힐 분이 아니기 때문입니다. 오히려 예수님이 가르치신 것들 중 지극히 일부가 평화주의에 관한 것이었다고 말하는 편이 옳겠지요. 그러나 이름을 뭐라 붙이든 간에 예수님이 평화를 사랑하고 가르치신 분이라는 점에는 이의가 있을 수 없습니다.

존 스토트 목사의 경우처럼, 앞서 언급한 평화주의자들 대부분은 복음서를 혼자 읽는 과정에서 평화주의 신념을 지니게 되었습니다. 누구의 가르침도 필요 없었습니다. 성경 그 자체로 충분했습니다. 기독교

평화주의의 기초는 복음서에 나타난 예수 그리스도의 가르침과 자신의
가르침을 온몸으로 실천한 그의 삶 자체입니다. 그런 의미에서 저는 기
독 청년들에게 제발 잘 나가는 목사님 설교만 듣지 말고, 성경을 읽으
라고 권합니다. 온갖 예화로 치장되어 듣기에는 쉽고 재밌지만 예수님
의 가르침과는 거의 아무 상관 없는 설교에 익숙해지면, 정작 성경에서
가르치는 기독교의 본질에서 한참 멀어진 이상한 기독교인이 되어버리
기 쉽습니다.

대화하는 마음으로 성경을 열심히 읽다 보면 의외로 처음 들어보는
신선한 말씀들을 많이 발견할 수 있지요. 어쩌면 여러분이 익숙한 기독
교와 전혀 다른 기독교를 만날지도 모릅니다. 이 책에서 그 많은 말씀
들을 모두 언급할 수는 없으므로 저는 주로 평화주의와 관련하여 학생
들이 많이 질문하는 몇 가지만 검토해보려고 합니다. 기독교에 별 관심
이 없는 분이더라도, 역사적으로 도대체 왜 그렇게 많은 기독교인들이
평화를 위해 목숨을 버렸는지 알고 싶으시다면 앞으로 전개되는 이야
기에서 조금이나마 도움을 받으실 수 있을 겁니다.

1

먼저 예수 그리스도의 가르침 몇 가지를 살펴볼까요. 예수님의 가르
침은 "네 마음을 다하고 목숨을 다하고 뜻을 다하여 주님이신 너희 하
나님을 사랑하여라."는 것과 "네 이웃을 네 몸같이 사랑하라."로 요약
할 수 있습니다(《마태복음》 22 : 37~39, 《마가복음》 12 : 30~31, 《누가복
음》 10 : 27). 그분이 가르치신 이웃 사랑의 형태는 우리가 상상할 수 있
는 것보다 훨씬 더 극단적이었습니다. 세상의 다른 사랑과는 달리, 전

혀 대가를 바라지 않는 사랑을 가르치신 것입니다.

구약 성경이 가르치고 있는 '눈에는 눈, 이에는 이'의 보복 원칙을 완성한 예수님의 가르침은 그 당시 사람들의 상상을 뛰어넘는 매우 충격적인 내용이었습니다(《마태복음》 5 : 17~20). 예수님은 이렇게 말씀하십니다.

'눈은 눈으로 이는 이로.' 하신 말씀을 너희는 들었다. 그러나 나는 이렇게 말한다. 앙갚음하지 마라. 누가 오른뺨을 치거든 왼뺨마저 돌려대고 또 재판을 걸어 속옷을 가지려고 하거든 겉옷까지도 내주어라. 누가 억지로 오 리를 가자고 하거든 십 리를 같이 가주어라. 달라는 사람에게 주고 꾸려는 사람의 청을 물리치지 마라.(《마태복음》 5 : 38~42, 비교《누가복음》 6 : 29)

'눈에는 눈, 이에는 이'라는 탈리오 법칙과 예수님의 가르침은 큰 차이가 있어 보이지요? 어떻게 이렇게 완전히 다른 법이 옛 법을 완성했다고 볼 수 있는가 하는 의문도 생길 겁니다. 사실 탈리오 법칙은 우리가 생각하듯 그렇게 끔찍한 법이 아닙니다. 구약 시대는 누가 자신의 가족 한 명을 죽이면, 상대방뿐만 아니라 그 가족 전체를 몰살하는 끔찍한 보복이 자행되던 시절이었습니다. 그런 시대에 한 개의 눈에는 한 개의 눈만, 한 개의 이에는 한 개의 이만 뽑으면 된다는 탈리오 법칙은 끔찍한 보복을 위한 것이 아니라 오히려 보복을 제한하는 관용의 법이었습니다. 예수님이 이런 관용의 법을 한 걸음 더 적극적인 사랑의 법으로 발전시켰다는 점에서 보면, 율법의 완성이라는 표현도 어색하지 않지요.

앞의 말씀 뒤에는 더 놀라운 말도 나옵니다. "'네 이웃을 사랑하고 네 원수를 미워하여라.' 하신 말씀을 너희는 들었다. 그러나 나는 이렇게 말한다. 원수를 사랑하고 너희를 박해하는 사람들을 위하여 기도하여라(《마태복음》5 : 43∼44)." 누구에게나 익숙하지만, 아무도 실천하지는 않는 바로 그 구절이지요.

예수님이 산에서 가르친 말씀이라고 해서 산상수훈이라 불리는 앞의 가르침은 여덟 종류의 복 있는 사람들을 선포하는 것으로 시작됩니다. 팔복 중에는 이런 구절이 나오지요. "평화를 위하여 일하는 사람들(the peacemakers)은 행복하다. 그들은 하나님의 아들들이라 불릴 것이다.(《마태복음》5 : 9)" 교회에 오래 다닌 사람들은 습관적으로 이 구절을 내면 생활 또는 개인적 생활 영역으로 축소해 받아들입니다. 우리 성경들이 똑같은 'peace'를 앞뒤 문맥에 따라 화평, 평화, 평강, 평안 등으로 달리 번역함으로써 이런 오해를 증폭한 면도 있습니다.

원래 성경에 나오는 peace는 히브리어 '샬롬(shalom)'을 번역한 말입니다. 샬롬은 내적인 평안이나, 이웃과의 화평만을 의미하는 것도 아니며, 전쟁이 없는 상태만 의미하는 것도 아닙니다. 샬롬은 이 모든 것을 포괄하는 온전한 상태를 의미합니다. 학자에 따라서는 이를 '건강하고 풍요롭고 안전하고 영적으로 언약을 온전하게 지키는 개인이나 공동체가 소유하고 있는 완전함', '온전함 혹은 완전함, 손상되지 않음' 등으로 표현하기도 합니다.[1] 육체적, 경제적, 사회적 안녕 모두를 포괄하는 뜻이지요. 내면의 평안, 이웃과의 화평, 전쟁이 없는 평화뿐만 아니라 더 넓게는 가난한 사람을 구제하는 사회복지까지 포함한, 굉장히 정치적이고 사회적인 개념이기도 합니다. 신약 성경은 히브리어가 아니라 그리스어로 기록되었기 때문에 '샬롬' 대신에 '에이레네(eirene)'

라는 그리스어가 쓰였습니다. 전체적으로 샬롬과 같은 뜻이지만, 신약 성경의 에이레네는 그 평화가 오직 예수 그리스도에 의해서만 가능하다는 특징을 지니고 있습니다.[2]

예수님이 '평화를 위하여 일하는 사람들'이라는 표현을 쓰셨을 때에는 이처럼 넓은 의미의 평화를 염두에 두신 것입니다. 예수님이 가르치고 실천한 '그리스도의 평화(Pax Christus)'는 '원수에 대한 사랑'에서 출발하는 것이므로, 제국의 폭력에 의해 유지되는 '로마의 평화(Pax Romana)'와는 차원을 달리하는 것입니다. 기독교인들이 '평화를 위하여 일하는 사람'이 되어야 한다는 것은 먼 미래에 하나님 나라에서나 실천할 수 있는 윤리가 아닙니다. 바로 우리가 살고 있는 삶의 현장에서 평화를 만드는 사람으로 살라고 요구하는 것입니다.

예수님의 이런 가르침이 제 인생에 가장 절실하게 다가온 때는 중·고등학교 시절이었습니다. 말씀을 읽을 때는 보통 복음서부터 펼쳐 들었고, 거기에 쓰인 말씀들이 강렬한 만큼 제 인생은 더욱 초라해 보이기만 했지요. 뭔가를 찾아보겠다고 혼자 몸부림친 시기였습니다. 그후 교회 생활에 익숙해지면서 이 말씀들에서 받았던 처음의 강렬한 인상은 사라졌습니다. 목사님들의 설교를 듣다 보면 도전 의식보다는 오히려 위안을 느낄 수 있었습니다. 예수님이 던진 어떤 강렬한 메시지도 목사님들의 설교에서는 따뜻한 말씀으로 바뀌었습니다.

예나 지금이나 예수님의 가르침을 제대로 실천해보려는 사람들이 가장 많이 듣는 비판은 '비현실적인 이상주의'라는 것입니다. 악한 자를 대적하지 않고, 누가 오른뺨을 칠 때 왼뺨도 돌려대며, 속옷을 빼앗으려는 자에게 겉옷까지 주다 보면 이 땅의 정의는 어떻게 되냐는 것이지요. 저는 기독교 내부에서 '비현실적'이라는 비판을 들을 때마다 마치

우주 공간의 미아가 된 것 같은 좌절감에 빠집니다. 특히 "결혼하려고 모은 돈을 모두 건축헌금으로 바치니 새 예루살렘에 영원히 살 집이 보장되었다."거나 "심장에 구멍 난 사람을 위해 기도했더니 수술 없이 그냥 나았다."는 식의 설교를 하는 목사님들이 평화를 외치는 사람들에게 '비현실적' 운운하는 것을 보면 기가 막힙니다. 수련회 갈 때 좋은 날씨를 달라고 기도하고, 질병을 낫게 해 달라고 기도하는 것이 '적어도' 기독교인에게는 비현실적인 행동이 아닌 것처럼, 예수님의 가르침을 실천하려는 사람들을 '적어도' 기독교인 입장에서는 비현실적이라고 비난해선 안 됩니다. 하나님으로부터 뭘 받으려고 할 때는 온갖 비현실적인 것을 다 요구하고 기도 응답에 감사하면서, 예수님께서 우리에게 명하신 행동을 하려 할 때는 비현실적인 일이라고 쉽게 포기하고 심지어 그걸 실천하려는 사람까지 비판하는 것은 결코 기독교인다운 태도라 할 수 없지요.

2

평화를 사랑하신 예수님의 모습이 더욱 뚜렷하게 드러나는 것은 그의 가르침보다 죽음 앞에서 보인 그분의 실천이었습니다. 예수님이 유대인들과 로마인들에게 고난당하고 죽임을 당하신 과정은 처음부터 끝까지 '왼뺨도 돌려대는' 가르침의 실천이었습니다.

마태(마태오)가 그린 예수님께서 붙잡히던 순간을 한번 재연해보겠습니다. 먼저 예수님의 제자인 가룟 유다가 유대 지도자들이 보낸 무리와 함께 겟세마네 동산에 나타납니다. 그 무리는 칼과 몽둥이를 들고 있었습니다. 유다는 "내가 입 맞추는 사람이 예수이니 그를 잡으라."고 미리 신호를 맞춥니다. 그리고 예수님께 다가가 "랍비여, 안녕하십니까?"라고 인사하며 입을 맞추지요. 예수님께서 "친구여, 네가 무엇을 하러 왔는지 그대로 행하게."라고 말씀하시자 유다와 함께 온 사람들이 예수님을 잡으려고 그의 몸에 손을 댑니다. 바로 그 순간 예수님의 제자들 중 한 사람이 칼을 빼들고 대제사장의 하인 중 한 사람의 얼굴을 내리쳐 그의 귀가 떨어졌지요. 요한의 증언에 따르면 당시 칼을 빼든 사람은 베드로였고 칼에 맞은 사람은 대제사장의 하인이었던 '말고'라는 사람이었습니다. 이때 예수님께서는 "네 칼을 도로 칼집에 꽂으라. 칼을 가지는 자는 다 칼로 망한다.(《마태복음》26 : 52)'라고 말씀하십니다. 칼을 가지는 자, 칼을 쓰는 자는 '모두' 망한다고 말씀하고 계시는 것입니다.

누가(루가)는 같은 상황을 약간 다른 분위기로 묘사했습니다. 먼저 예수님 주위에 있던 사람들이 일이 진행되는 것을 보고 '우리가 칼로 칠까요?'라고 예수님께 여쭤보면서 바로 대제사장의 하인을 칼로 쳐 오른쪽 귀를 떨어뜨립니다. 이걸 본 예수님은 제자들에게 "이것까지 참으라."고 하며 다시 한 번 칼을 사용하지 말라고 명령하십니다(《누가복음》 22 : 51). 그리고 그 자리에서 불쌍한 말고의 귀를 만져 바로 낫게 해주시지요.

그후의 진행 과정은 우리가 아는 바와 같습니다. 붙잡힌 예수님은 대제사장과 빌라도(필라테) 총독을 거쳐 헤롯(헤로데) 왕 앞까지 갔다가 다시 빌라도에게 보내진 다음, 로마 군병들에게 온갖 가혹 행위를 당하신 후에 결국 십자가에서 돌아가시게 됩니다. 세상의 어떤 종교 지도자도 자기가 한 말을 예수님만큼 완벽하게 실천하지는 못했습니다.

예수님을 평화주의자였다고 주장하며 우리도 뒤를 따라야 한다고 이야기하는 사람들은 종종 '도덕 감화론자'로 비판받습니다. 제가 앞에서 이야기한 식의 설명을 하고 나면, 누군가는 곧장 "당신은 지금 예수 그리스도의 십자가를 도덕적 모범 수준으로 격하하고 있다."고 비난할 수 있습니다. 그래서 기독교 안에서 논쟁이 쉽지 않은 것입니다. 저는 예수 그리스도의 죽음이 우리 개인의 죄를 대속하기 위한 것이었음을 분명히 믿는 사람입니다. 그러나 동시에 예수님의 삶이 우리에게 도덕적 모범이 되는 면도 있다고 믿습니다.

예수님의 본을 따르는 것은 결코 쉬운 일이 아닙니다. 니체(Friedrich Nietzsche, 1844~1900)가 "근본적으로는 오직 한 사람의 기독교인이 존재했고, 그는 십자가에서 죽었다."[3]라고 선언한 것도 어떤 점에선 진실입니다. 니체가 이야기하는 기독교인은 바로 예수 그리스도를 가리킵니다. 그 이후에는 도대체 제대로 된 기독교인이 한 명도 없었다는 의미지요. 니체가 쓴 다음 글을 읽고 나면 예수에 대한 그의 가볍지 않은 애정을 알 수 있습니다. "이 기쁜 소식을 가져온 자는 그가 살아온 대로, 그가 가르쳤던 대로 죽었다. '인간을 구원하기 위해서'가 아니라, 어떻게 살아야 하는가를 보여주기 위해 죽었다. 그가 인류에게 남겨놓은 것은 바로 실천이었다."[4]

니체는 이런 입장에서 어차피 아무도 그렇게 살 수 없다면, 기독교 자체를 부정하는 것이 옳다는 방향으로 나아갔습니다. 현실 세계의 기독교와 예수 그리스도 사이의 괴리가 너무나 크다는 사실을 통감한 까닭이었습니다. 그러나 저는 지난 2000년간 인간이 지닌 본질적 죄성에도 불구하고 예수 그리스도를 닮고자 끊임없이 기도해 온 사람들이 있었음을 무시해서는 안 된다고 생각합니다. 평화주의자들의 태도도 그런 측면에서 이해해야겠지요.

예수님의 가르침을 실천하려는 사람들이 교회 안에서 받는 선물은 박수가 아니라 질문입니다. 이미 말씀드린 것처럼, 기독교 모임에서 양심에 따른 병역거부와 기독교 평화주의를 잠깐이라도 언급하고 나면 예외 없이 다음과 같은 질문들이 나옵니다.

"교수님, 《로마서》 13장을 보면 국가권력에 무조건 복종하라고 나오지 않습니까? 교수님은 왜 그 구절의 가르침을 무시하십니까?"

하도 자주 질문을 받아서 이제는 아예 그 답을 따로 인쇄해서 가지고 다녀야 하나 싶을 정도랍니다. 질문자가 인용한 성경 말씀은 이렇게 시작됩니다. "누구나 자기를 지배하는 권위(권세)에 복종해야 합니다. 하나님께서 주시지 않은 권위는 하나도 없고 세상의 모든 권위는 다 하나님께서 세워주신 것이기 때문입니다.(《로마서》13 : 1)"

제가 대학에 다니던 시절, 전두환 정권의 폭력적인 권력 행사에 항거해 시위가 벌어질 때면, 교회는 마치 전가의 보도처럼 이 구절을 꺼내 휘둘렀습니다. 그만큼 《로마서》 13장 1절에서 7절의 영향력은 강력합니다. 우리나라뿐만 아니라 서구 사회에서도 나치즘의 공포를 체험하기 전까지는, 《로마서》 13장이 기독교 국가관의 핵심이라는 데 누구도 별다른 의심을 품지 않았습니다. 뒤이은 구절들도 마찬가지입니다.

그러므로 권위를 거역하면 하나님께서 세워주신 것을 거스르는 자가 되고 거스르는 사람들은 심판을 받게 됩니다. 통치자들은 악을 행하는 자에게나 두려운 존재이지 선을 행하는 사람들에게는 두려울 것이 없습니다. 통치자를 두려워하지 않으려거든 선을 행하십시오. 그러면 그에게서 칭찬을 받을 것입니다. 통치자는 결국 여러분의 이익을 위해 일하는 하나님의 심부름꾼입니다. 그러나 여러분이 잘못을 저지를 때에는 두려워해야 합니다. 그는 공연히 칼을 차고 있는 것이 아닙니다. 그는 하나님의 심부름꾼으로서 악을 행하는 자들에게 하나님의 벌을 대신 주는 사람입니다. 그러므로 하나님의 벌이 무서워서뿐만 아니라 자기 양심을 따르기 위해서도 이 권위에 복종해야 합니다. 여러분이 여러 가지 세금을 내는 것도 이 때문입니다. 통치자들은 그와 같은 직무들을 수행하도록 하나님의 임명을 받은 일꾼들입니다. 그러므로 여러분은 그들에게 해야 할 의무를 다하십시오. 국세를 바쳐야 할 사람에게는 국세를 바치고 관세를 바쳐야 할 사람에게는 관세를 바치고 두려워해야 할 사람을 두려워하고 존경해야 할 사람은 존경하십시오.(《로마서》13 : 2~7)

이 구절을 읽고 나면, 왜 이 부분이 군사독재 체제에서 만병통치약처럼 쓰였는지 곧 이해하실 겁니다. 권력은 모두 하나님으로부터 온 것이다, 그러니 거기에 무조건 복종하는 것이 기독교인들의 의무다, 대충 이런 식의 논리가 강단을 지배했던 것이지요. 이 구절을 이렇게 해석하고 나면, 병역 문제도 당연히 "병역은 우리를 지배하는 통치자가 시킨 것 아니냐? 그 통치자의 권위는 하나님에게서 온 것이다. 따라서 그 권위를 거스르면 하나님의 뜻을 거스르는 것이 된다. 결국 국가가 병역의무를 명한다면 그에 따르는 것이 기독교인의 의무다."라는 결론이 나옵니다.

이 구절들에 대해서는 워낙 다양한 관점에서 다양한 해석이 나오고 있기 때문에 한두 장으로 이를 다 소개할 수는 없습니다. 다만, 이 구절이 모든 상황에서 모든 권력에게 복종하라는 의미가 아닌 것만은 분명합니다. 초대 교회(33~150년 무렵의 초기 기독교 시대에 성립된 교회를 통틀어 이르는 말)도 로마의 모든 명령에 복종하기만 했던 것은 아닙니다. 우상숭배 명령을 거부했기 때문에 교회가 박해를 당했다는 것은 모두가 동의하는 바입니다. 우상숭배의 경우에서 알 수 있듯이, 권력의 명령이 하나님의 명령과 충돌할 때 기독교인이 선택해야 하는 길은 자명합니다. 심지어 예수님도 권력의 명령에 복종하지 않으셨습니다. 그는 유대교의 율법과 매우 자주 충돌했고, 결국 로마제국에 희생되었습니다.

또한 이 구절은 섬세하게 번역해야 합니다. "그러므로 권위를 거역하면 하나님께서 세워주신 것을 거스르는 자가 되고 거스르는 사람들은 심판을 받게 됩니다."라는 구절에는 '거역'과 '거스르는'이라는 표현이 나옵니다. 그런데 여기서 말하는 '거역'은 그리스어 '안티타소(antitasso)'를 번역한 것인데 원래 군사 용어인 이 말은 '전투 태세를 갖추다' 또는 '무기를 들고 대항할 준비를 하다'는 뜻입니다. 뒤이어 나오는 두 번의 '거스르다'는 그리스어 '안티스테미(anthistemi)'를 번역한 것인데 이것도 무장반란이나 폭력적 저항을 의미합니다. 즉 위의 성경 구절에 나오는 '권위를 거역'한다는 의미는 국가권력에 폭력으로 저항하는 것을 의미할 뿐, 국가권력에 대한 '모든' 저항을 금지하는 것은 아니지요. 따라서 위의 구절의 정확한 번역은 "국가권력에 맞서서 무장반란을 일으키면 하나님께서 세워주신 것에 대해서 반란을 일으키는 자가 되고 그 사람들은 심판을 받게 됩니다."가 되는 것입니다.[5]

뿐만 아니라 이 구절을 좋아하는 분들은 흔히 이 구절 앞에도 관련된 말씀들이 있다는 사실을 간과합니다. 좀 길지만 인용해보겠습니다.

여러분을 박해하는 사람들을 축복하십시오. 저주하지 말고 복을 빌어주

십시오. 기뻐하는 사람이 있으면 함께 기뻐해주고 우는 사람이 있으면 함
께 울어주십시오. 서로 한마음이 되십시오. 오만한 생각을 버리고 천한 사
람들과 사귀십시오. 그리고 잘난 체하지 마십시오. 아무에게도 악을 악으
로 갚지 말고 모든 사람들이 다 좋게 여기는 일을 하도록 하십시오. 여러
분의 힘으로 되는 일이라면 모든 사람들과 평화롭게 지내십시오. 친애하
는 여러분, 여러분 자신이 복수할 생각을 하지 말고 하나님의 진노에 맡기
십시오. 성경에도 '원수 갚는 일은 내가 할 일이니 내가 갚아주겠다' 하신
주님의 말씀이 있습니다. 그러니 '원수가 배고파하면 먹을 것을 주고 목말
라하면 마실 것을 주십시오. 그렇게 하면 그의 머리에 숯불을 쌓아놓는 셈
이 될 것입니다. 악에게 굴복하지 말고 오직 선으로써 악을 이겨내십시
오.(《로마서》 12 : 14~21)

이 구절을 살피기 전에 기억해야 할 것은, 12장과 13장의 구분을 의
식하지 말아야 한다는 것입니다. 성경에 장과 절이 생긴 것은 성경이
쓰인 것보다 한참 뒤의 일입니다. 처음 바울(바울로)이 이 편지를 썼을
때에는 12장과 13장의 구별 없이 그저 계속 이어지는 편지였습니다.
이것을 알고 나면, '권세들에게 복종하라'는 말씀이 어떤 먹락에서 나
왔는지 알 수 있습니다. 즉, 누가 너를 해하더라도 그에게 정당방위니
뭐니 하며 똑같이 악한 수단으로 대항하지 말고 오히려 그를 사랑하라
는 맥락에서 나온 말씀입니다. 왜냐하면 원수 갚음은 하나님의 일이기
때문입니다. 어떻습니까? 사도 바울이 과연 《로마서》 13장 1절을 "통
치자가 명령하면 군대에 가라."는 뜻으로 적었을까요? 결코 아닙니다.
뿐만 아니라 바울이 이 구절을 쓸 즈음은 대부분의 기독교인들이 로마
시민이 아니었으며 병역의 의무도 지지 않았음을 기억해야 합니다.

결론적으로 사도 바울의 이 권유는 비록 로마 정부가 너희에게 아무리 악을 행하더라도 남들이 하는 것처럼 반란이나 폭동으로 대적하지 말고 선을 행하는 방법으로 대적하라는 뜻임을 알 수 있습니다. 명시적으로 밝히지는 않았지만 교회를 지속적으로 박해하던 거대한 악(로마 제국)에게 굴복하지 말고 선으로써 악을 이기라는 하나의 방법으로 '복종'의 윤리를 제시했던 것입니다. 그런 의미에서 보면, 이 구절은 국가와 기독교인의 관계를 가르치는 핵심 성구라기보다는 오히려 평화주의를 옹호하는 성구로 이해할 수 있습니다.[6]

같은 맥락에서 "카이사르의 것은 카이사르에게 돌리라.(《마태복음》 22 : 21, 《마가복음》 12 : 17, 《누가복음》 20 : 25)"라는 예수님의 말씀도 이해할 수 있습니다. 이 구절도 국가권력에 순종하라는 의미로 많은 사람들이 이해합니다만, 역시 다음에 나오는 "하나님의 것은 하나님께 바치라."라는 말씀을 생각하면 문제가 그리 간단하지 않음을 알 수 있습니다. 신앙 양심에 따른 평화주의의 선택과 같은 문제는 과연 카이사르의 영역에 속하는 것일까요, 아니면 하나님의 영역에 속하는 것일까요? 그리고 이 세상에 과연 하나님의 것이 아닌 것이 하나라도 존재할까요? 믿음에 기초해서 살인을 거부하는 것이 과연 카이사르의 영역에 속하는 일일까요? 그렇지 않습니다. 사람의 생명과 관련된 일을 '카이사르'의 영역에 넘겨주고, 나머지 부분만 하나님의 것이라고 생각하는 기독교인들은 예수님께서 이 말씀을 하신 이유 자체를 완전히 오해하고 있는 것이 분명합니다.

재미있는 것은 "카이사르의 것은 카이사르에게"라는 이 말씀이 나온 배경입니다. 율법의 형식적 준수를 강조하고 민족주의 성향이 강했던 바리사이파 사람들은 어떻게 하면 예수님의 말씀을 트집 잡아 올가미를 씌울까 늘 고민했습니다. 그러다가 기막힌 질문 하나를 만들어내는데 그것이 바로 "카이사르에게 세금을 바치는 것이 옳습니까, 옳지 않습니까?"라는 것이었습니다. 카이사르에게 세금을 바치는 것이 옳다고 하면 카이사르의 압제하에 있던 유대 민족에 대한 반역자가 됩니다. 반대로 세금을 바치는 것이 옳지 않다고 하면 로마제국의 반역자가 됩니다. 뭐라고 대답해도 예수님은 궁지에 몰릴 수밖에 없습니다. 예수님은 그들의 악한 동기를 알고 이렇게 답변하십니다. "이 위선자들아, 어찌하여 나의 속을 떠보느냐? 세금으로 바치는 돈을 나에게 보여라." 사람들이 예수님께 은화 한 닢을 보여드리자 예수님은 거기 새겨진 그림을 가리키시며 "여기 있는 초상과 글자는 누구의 것이냐?"라고 반문하시지요. 사람들이 "카이사르의 것"이라고 대답하자, 예수님은 간결하게 선언하십니다. "카이사르의 것은 카이사르에게 돌리고, 하나님의 것은 하나님께 돌려라."

신앙과 국가에 대한 충성의 딜레마를 통해 덫을 놓으려는 악한 사람들의 시도는 지금도 계속되고 있습니다. 예수님의 답변은 그 덫을 피해 가면서도, 실제로는 "모든 것이 하나님의 것'임을 강조하는 멋진 답변이었습니다. 그러나 이제 사람들은 예수님의 그 답변까지도 왜곡하여 카이사르(국가)의 명령에는 무조건 복종해야 한다는 근거로 활용하기 시작했습니다. 참으로 끈질긴 덫이며, 간교한 왜곡이 아닐 수 없습니다. "카이사르의 것은 카이사르에게"라는 말씀은 국가권력에 대한 무조건적 복종과는 아무 상관이 없는 이야기입니다. 오히려 국가에 대한 무조건적인 충성이 국가 그 자체를 절대적인 존재로 올려놓고 하나님을 대체하는 위험한 결과를 낳을 수 있음을 잊어서는 안 됩니다.

4

이쯤 하면 또 다음 질문이 나오지요. 이번에는 예수님의 성전 개혁 이야기입니다. 성전 개혁 이야기를 통해 예수님이 평화주의자가 아니었음을 입증하려는 시도도 어느 정도 그럴듯해 보입니다. 예수님도 성전을 개혁할 때 폭력을 사용하시지 않았느냐, 그러니 예수님을 폭력으로부터 완전히 자유로운 분으로 볼 수 없다는 논리입니다.

성전 개혁이라고 하면 교회에 다니는 분들은 흔히 이런 이미지를 떠올립니다. 예수님이 성전으로 들어가십니다. 성전 안은 돈 바꾸는 사람들, 비둘기 파는 사람들로 아수라장입니다. 예수님의 얼굴이 서서히 일그러지기 시작합니다. 눈에는 분노의 불꽃이 이글거립니다. "성경에 '내 집은 기도하는 집이다'라고 기록되어 있지 않느냐? 그런데 너희는 성전을 강도들의 소굴로 만들었다."라고 소리치며 장사하는 사람들을 향해 채찍을 휘두르기 시작하십니다. 그 채찍은 가죽으로 만들어 뱀처럼 사람의 몸을 휘감는 무서운 것입니다. 장사하던 간사한 무리들은 혼비백산, 그 채찍을 피해 달아나기 시작합니다. 대충 이 정도 그림이 되겠지요?

이제 성경을 살펴볼까요? 누가는 매우 간결하게 이 사건을 기록했습니다. "예수께서 성전 뜰 안으로 들어가 상인들을 쫓아내시며 성경에 내 집은 기도하는 집이다라고 기록되어 있지 않느냐? 그런데 너희는 성전을 강도들의 소굴로 만들었다 하고 나무라셨다." 분노의 눈동자나 채찍 이야기는 전혀 나오지 않지요.

《마태복음》 21장의 기록은 좀 더 구체적입니다. "예수께서 성전 뜰 안으로 들어가 거기에서 팔고 사고 하는 사람들을 다 쫓아내시고 환금상들의 탁자와 비둘기 장수들의 의자를 둘러엎으셨다." 여기 나오는 예수님의 행동은 ① 사람들을 내쫓고 ② 탁자와 의자를 둘러엎으신 것뿐입니다. 역시 어디에도 소리를 지르셨다는 이야기는 나오지 않습니다. 《마가복음》의 묘사는 《마태복음》과 크게 다르지 않습니다. 사실 예수님이 굳이 눈에서 불꽃을 튀며 소리를 지르실 이유는 없었을 겁니다. 이미 기적을 행하는 이 사나이는 예루살렘 전체에 충분히 소문이 나 있었을 테고, 그걸 아는 사람들에게는 그저 말만으로도 충분했을 테니까요. 예수님이 사람들에게 폭력을 썼다는 이야기는 어디에서도 찾아볼 수 없습니다. 기껏 탁자와 의자를 엎는 수준입니다.

그럼 도대체 채찍은 어디에서 나온 것일까요? 기독교인의 머리에 너무나 선명하게 남아 있는 채찍의 이미지는 요한이 전한 복음에 유일하게 등장합니다. 이 내용도 자세히 살펴볼 필요가 있습니다. "성전 뜰에서 소와 양과 비둘기를 파는 장사꾼들과 환금상들이 앉아 있는 것을 보시고 밧줄로 채찍을 만들어 양과 소를 모두 쫓아내시고 환금상들의 돈을 쏟아버리며 그 상을 둘러엎으셨다. 그리고 비둘기 장수들에게 "이것들을 거두어가라. 다시는 내 아버지의 집을 장사하는 집으로 만들지 마라." 하고 꾸짖으셨다.(요한복음 2 : 14~16)"

본문 말씀에 집중해보면, 예수님께서 사용하셨던 채찍은 즉석에서 밧줄(이라기보다는 오히려 노끈)로 만드신 것일 뿐, 형벌 도구인 가죽 채찍이 아니라는 것을 알 수 있습니다. 그나마 그 채찍질의 대상은 사람이 아니라 양과 소입니다! 양과 소를 쫓으셨다는 내용에서 미루어보면, 이 채찍이 중동 지방에서 양과 소를 몰 때 사용하는 회초리 비슷한 것임을 짐작할 수 있습니다. 사람에게 폭력을 휘두르는 예수님의 모습은 성경 어디에도 나타나지 않습니다.

선입견을 지우고 나면 예수님께서 의외로 차분하게 행동하셨을 수도 있다는 추론이 가능합니다. 같은 이야기라도 "모두들 성전에서 나가!"라고 신경질적으로 소리를 지르는 것과, "모두들 성전에서 나가시오."라고 나직한 목소리로 이야기하는 것에는 큰 차이가 있습니다. 예수님의 행동을 전자로 이해하는 것은 아무런 근거가 없는 상상일 뿐입니다. 《요한복음》의 내용을 찬찬히 살펴보면 채찍으로 쫓아낸 대상도 역시 사람이 아닌 양과 소였음을 분명히 알 수 있습니다. 사람들은 여전히 성전 안에 남아 있었기 때문에 남아 있던 비둘기 파는 사람에게 위와 같이 말씀하실 수 있었던 것입니다.

그렇다면 많은 기독교인들이 이와 같이 폭력적인 성전 개혁 이미지를 지니게 된 이유는 어디에 있을까요? 시애틀대학 철학과의 대니얼 돔브로스키 교수는 이를 두고 매우 재미있는 이야기를 했습니다.[7] 바로 성전 개혁 사건에 대한 우리 머리 속의 이미지야말로 예술이 기독교 평화주의에 가장 심각한 장애물임을 보여주는 좋은 예라는 것입니다.

중세와 르네상스 시대에 그려진 그림 중에는 성전 개혁을 소재로 한 것들이 굉장히 많습니다. 13~14세기 이탈리아의 화가인 조토(Giotto di Bondone, 1266?~1337)가 그린 성전 개혁 그림은 예수님이 돈 바꾸는 사람들의 상을 뒤엎는 장면들이 사라진 대신, 놀란 동물들과 사람들의 모습만 남아 있습니다. 이 프레스코 벽화가 그려진 아레나 성당의 유력한 후원자였던 엔리코 스크로베니가 악명 높은 고리대금업자의 아들이었기 때문이라는 게 돔브로스키 교수의 추측이지요. 이 그림에서 예수님은 거의 격투기 선수 같은 모습으로 사람들을 내려칠 듯한 자세를 취하고 있습니다.

16세기 이탈리아 베네치아의 화가 자코보 바사노(Jacobo Bassano,

1517~1592)의 그림에는 예수님의 채찍에 여자가 맞는 모습이 담겨 있습니다. 16~17세기경 스페인의 엘 그레코(El Greco, 1541~1614)가 그린 그림에서는 예수님의 채찍을 피하려고 온몸을 비틀고 있는 사람들의 벗은 어깨와 다리, 그리고 그 밑에 쓰러져 있는 사람의 고통스러운 얼굴을 볼 수 있습니다. 17세기 네덜란드 화가 렘브란트(Rembrandt Harmenszoon van Rijn, 1606~1669)가 그린 그림도 크게 다르지 않습니다. 그의 성전 개혁 그림에서는 분노한 예수님과 그 채찍 앞에서 두려움에 떠는 네 사람이 그려져 있습니다. 렘브란트의 그림에 나오는 사람들은 누가 보더라도 이미 채찍에 맞은 상태입니다. 모두 다 성경 구절을 많이 과장한 것들이지요.

이처럼 이미지가 신앙 생활에 상당히 방해가 될 수 있다는 점에 대해서는 저도 돔브로스키 교수의 견해에 동감하는 편입니다. 사실 우리 머리에 있는 예수님 이미지는 상당 부분 어려서 보았던 기독교 영화들에서 많은 영향을 받았습니다. 그러나 어떤 훌륭한 영화도, 어떤 멋진 그림도, 실제와 일치할 수는 없습니다. 반드시 오해가 빚어지게 마련입니다. 바로 이런 이유로 하나님을 이미지로 형상화하는 것을 유대교에서 엄격히 금지하고 있는지도 모릅니다.

"그러나 지금은 돈주머니가 있는 사람들은 그것을 가지고 가거라. 또 칼이 없는 사람은 겉옷을 팔아서라도 칼을 사 가지고 가거라."라는 《누가복음》 22장 36절 말씀도 가끔 예수님이 평화주의자가 결코 아니었다는 근거로 제시됩니다. "예수님께서 제자들에게 칼을 사라고 말씀하시지 않았느냐, 그러니, 예수님이 평화주의자일 리가 없다."는 것입니다.

그러나 이 말씀은 두 가지 측면에서 이해해야 합니다. 첫째, 이 말씀은 예언의 성취와 관련이 있습니다. 바로 뒤이어 나오는 구절이 이를 명백히 해줍니다. "그래서 '그는 악인들 중의 하나로 몰렸다.' 하신 말씀이 나에게서 이루어져야 한다. 과연 나에 관한 기록은 다 이루어지고 있다." 즉 메시아가 악인들을 몰고 다닌다는 오해를 받으리라는 구약의 예언을 이루려고 이 말씀을 하신 것입니다.

이 구절의 평행 구절은 바로 예수님의 수난을 예고한 이사야 선지자의 예언입니다. "이는 그가 자기 목숨을 내던져 죽었기 때문이다. 반역자의 하나처럼 그 속에 끼여 많은 사람들의 죄를 짊어지고 그 반역자들을 용서해 달라고 기도했기 때문이다.(《이사야서》 53 : 12)" 결국 이 구절은 반역자나 악인들로 몰리기로 작정을 하고 예수님이 하신 말씀일 뿐, 당장 칼을 사서 혁명에 나서자는 뜻이 결코 아닙니다. 이는 제자들이 "주님, 여기에 칼 두 자루가 있습니다."라고 하자 예수님은 "그만 하면 되었다."라고 말씀하신 데에서도 명확해집니다. 누구라도 열두 명 제자들에게 달랑 칼 두 자루만 들려서 전쟁이나 혁명을 하지는 않을 겁니다. 남들이 '악인들 중의 하나'로 오해할 정도의 무기면 충분했을 뿐, 예수님이 폭력을 통해 목적을 이루려 하신 것이 아님은 분명합니다.[8]

둘째, 이 말씀은 예수님께서 붙잡히기 직전에 하신 말씀입니다. 즉 베드로에게 칼을 집어넣으라고 하신 것보다 이전에 하신 말씀인 것입니다. 이 말씀은 쇠로 만든 칼에 의존하라는 것이 아니라, 예수님의 죽음에 앞서 강한 믿음을 가지라는 의미로 해석해야 합니다. 이 말씀을 잘못 해석한 첫 번째 사람이 바로 베드로였습니다. 이 말씀을 문자 그대로 해석하고 칼을 빼들었던 베드로에게 예수님께서 뭐라고 하셨는지는 이미 자세히 설명했습니다.

사실 이런 설명을 자주 하다 보면 기독교인으로서 정말 자괴감이 듭니다. 왜 기독교인들은 이런 질문만 하는 걸까, 왜 나는 이런 대답을 생각하는 데 시간을 쏟아야 하나 생각할 때마다 그저 답답할 뿐입니다. 솔직히 저는 교회가 뭔가 크게 잘못되었다고 느낍니다. 뭐가 잘못되었는지, 어디서부터 잘못되었는지는 다른 책을 통해 독자 여러분께 말씀드리고자 합니다.

5장을 마치면서도 저는 여전히 예수님을 평화주의자라고 부르는 것이 무척 망설여집니다. 예수님이 평화주의자였다기보다는 오히려 예수님같이 생각하고 가르치신 분을 후세에 평화주의자라고 불렀다고 하는 편이 옳을 것 같습니다. 어쨌든 일단 이 정도면 기독교인들이 평화주의 입장에 서는 것이 그리 이상한 일은 아니라는 잠정적 추정이 가능하다고 생각합니다. 누구라도 예수님께서 평화를 말씀과 실천으로 가르치려 하셨다는 이야기에 동의할 수 있을 겁니다. 예수님 시대에 뒤이은 초대 교회의 태도도 예수님이 폭력에 반대하는 분이었다는 것을 여러 면에서 입증하고 있습니다. 초대 교회가 보여준 평화주의 입장은 이미 앞에서 말씀드렸습니다.

예수님 같은 분을 평화주의자로 부른다는 잠정적 추정이 가능해지면, 적어도 기독교 내부에서는 전쟁 참여의 정당성을 주장하는 사람들이 '자신들의 입장과 기독교 신앙이 어떻게 공존할 수 있는지' 입증해야 하는 논증 부담을 지게 됩니다. 이러한 논증 부담의 결과로 탄생한 것이 '정당한 전쟁' 이론입니다.

6장

'정당한 전쟁론'은
정말 억울하다

_전쟁에 나서는 것은 언제나 잘못인가?

2003년 미국이 이라크를 침공했을 때, 모든 기독교인들이 일치단결하여 반전 평화를 위한 궐기에 나서리라는 순진한 기대를 잠시나마 했던 적이 있습니다. 기대라기보다는, 그렇게 믿고 싶었다는 편이 정직한 표현이겠지요. 어쨌든 그 정도로 당시의 상황은 모든 것이 너무나 명확해 보였습니다. 다른 전쟁은 몰라도 이라크 전쟁에 관한 한 기독교인의 입장은 오직 하나, 즉 '전쟁 반대'일 수밖에 없었기 때문이었습니다.

전쟁을 바라보는 대표적인 두 입장인 '정당한 전쟁' 전통과 '평화주의' 전통은 모두 기독교에 뿌리를 둔 것입니다. 아우구스티누스와 토마스 아퀴나스에 의해 정립된 정당한 전쟁론은 '특정한 상황에서 부득이하게' 전쟁이 정당할 수 있다는 입장이고, 퀘이커, 메노나이트, 아미시 등 비주류에 속하는 기독교 교파들이 따르는 평화주의는 '언제 어떤 상황에서도' 전쟁과 폭력을 용인해서는 안 된다는 입장입니다. 전쟁이 일어나면 기독교인들은 늘 이 두 가지 전통 가운데 한 편에 서서 자기 입장을 정하게 마련입니다. 서양 역사가 기독교를 중심으로 진행되어 왔기 때문에 이러한 두 입장은 전쟁을 이해하는 기본 틀로 일반 학문에도 그대로 수용되었습니다.

이라크 전쟁 역시 이 기준을 근거로 해서 옳고 그름을 검토해야 하는 것이었지요. 그러나 언제나 그랬듯이 미국과 한국의 시민들 상당수는 이런 검토 과정을 생략한 채 조지 W. 부시의 전쟁을 전폭적으로 지지하기 시작했습니다. 기독교인들은 오히려 더 적극적으로 전쟁을 지지했습니다. 물론 그들 대부분은 자신들이 '정당한 전쟁' 이론의 입장에서 전쟁을 지지한다고 믿었을 것입니다. 그러나 막상 당신들이 말하는 정당한 전쟁 이론이 정확히 무엇을 말하는 것이냐고 설명을 요구한다면 제대로 답변할 수 있는 사람들은 거의 없지요. 그저 "중요한 지도자들이 다 알아서 검토하고 정당한 전쟁이라고 했으니 정당한 전쟁 아니겠는가." 또는 "부시 대통령께서 얼마나 훌륭한 기독교인인 줄 몰라서 묻는 것이냐? 어련히 알아서 다 검토했겠지." 따위의 설명만 들을 수 있을 뿐입니다. 한국에서는 '미국과의 동맹 때문에 어쩔 수 없다'는 논거가 제시됩니다.

이 장면에서 가장 억울한 존재는 바로 '정당한 전쟁' 이른 자신입니다. 제가 만약 '정당한 전쟁' 이론이라면, 저는 세상을 향해 이렇게 외치고 싶을 겁니다. '제발 저를 쓰레기로 만들지 말아주세요. 저는 아무 전쟁이나 정당화하는 그런 엉터리 이론이 아니랍니다!'

1

'정당한 전쟁(Just War)' 전통의 뿌리는 그리스 철학까지 거슬러 올라갑니다. 정당한 전쟁이라는 표현을 직접 사용하지는 않았지만 이미 플라톤에서부터 정당한 전쟁의 원칙이 나타나지요. 그의 척 《국가 · 정체》에서 (비록 헬라스의 사이의 분쟁으로 그 적용 범위를 제한하고 있기는 하지만) 전쟁의 목적은 "그야말로 선의를 가지고 상대방이 제 정신이 들도록 하는 데 있어야만 하며 결코 예속이나 파멸을 의도하여 벌 주는 것이 되어서는 안 된다."라고 주장하고 있는 것입니다. 대립 관계에 있는 나라의 시민들에 대할 때 "헬라스를 유린하지도 않고, 가옥들을 불태우지도 않으며, 각 나라의 모든 사람을 자신들의 적이라고 인정하는 일은 없어야" 한다는 일정한 조건도 제시하고 있습니다.[1] 아리스토텔레스도 그의 책《정치학》에서 "전쟁의 기술은 자연에 의해서 지배를 받도록 되어 있음에도 불구하고 복종치 않는 자에게 사용되어야 할 기술이며 이러한 종류의 전쟁은 본래 정당하다."라고 말하면서, 전쟁의 목적은 평화를 되찾기 위한 것에만 한정된다고 주장했습니다.[2]

아우구스티누스가 죄가 없는 자를 방어하기 위한 전쟁과 잘못 빼앗긴 것을 되찾기 위한 전쟁을 정당한 전쟁의 이름으로 합리화했던 것도 따지고 보면 이런 역사적 전통에 따른 것입니다.[3] 전쟁과 평화에 대해 공부하는 대부분의 학자들은 전쟁의 정당성을 이야기할 때 반드시 정당한 전쟁 이론을 그 뿌리로 거론합니다. 20세기의 철학자, 정치학자, 법학자들이 이야기하는 전쟁에 관한 정당성 논의도 대부분의 경우 아우구스티누스가 정리한 정당한 전쟁 이론의 변종에 지나지 않습니다.

아우구스티누스의 정당한 전쟁 이론은 그의 스승 암브로시우스의 영향을 받은 것이며, 암브로시우스는 로마의 정치철학자인 키케로(Cicero, 기원전 106~43)의《의무론(de officiis)》에서 그 중심 개념을 차용했습니다.[4]

암브로시우스는 로마의 귀족 가문에서 태어나 트리어 지방의 집정관으로 명성을 얻은 인물입니다. 정치가로서 충분한 이력을 쌓은 후인 374년, 밀라노 시가 주교 선출 문제로 극심한 혼란에 빠진 상태에서 민중의 갈채를 받으며 주교로 선출되었지요. 흥미로운 그의 이력은 정치와 종교의 통합을 상징합니다. 주교가 된 이후 암브로시우스는 아리우스파(4세기에 그리스도의 신성神性을 부인한 아리우스의 주장을 교의로 삼은 일파)와의 논쟁에 적극적으로 개입했고, 정치적으로 아리우스파를 절멸하는 데에도 앞장섭니다. 테오도시우스 황제(379~395)가 데살로니키에서 양민들을 무차별 학살하자 공개적인 회개를 요구하며 그를 파문했던 것도 암브로시우스였습니다. 그가 밀라노 주교로 일하는 동안, 칼리니쿰에서 주교의 사주를 받은 수사들이 유대교 회당에 불을 지르는 사건이 일어납니다. 테오도시우스 황제는 주교를 처벌하고 불타버린 유대교 회당을 재건해주기를 원했지요. 이때 암브로시우스가 들고 나온 것이 바로 '정당 행위'론이었습니다. 유대인들은 기독교 신자가 아니므로 수사들이 유대교 회당을 불사른 것은 정당한 행위라는 논리였습니다. 예배에 참석한 황제를 앞에 놓고 암브로시우스는 "황제가 내 가르침에 순종하지 않는 한 더는 성찬식을 진행하지 않겠노라."라고 위협했고, 결국 테우도시우스 황제는 이 협박에 무릎을 꿇었습니다. 유대교 회당은 재건되지 않았으며 방화자들은 처벌을 면했지요.[5] 앞의 사건은 교회의 힘을 보여준 것이었고, 뒤의 사건은 반유대주의의 출발을 알리는 것이었습니다. 세속에서 교회 권력을 강화하는 데 놀라운 힘을 보여준 암브로시우스가 정당한 전쟁 이론의 씨앗을 뿌린 것은 어쩌면 당연하다고 볼 수도 있습니다. 아우구스티누스의 《고백록》은 이런 스승을 향한 존경과 애정을 절절하게 담고 있습니다.[6]

그렇다고 아우구스티누스가 정립한 정당한 전쟁 이론이 전쟁이 언제나 의롭거나 선하다고 주장하는 것은 아닙니다. 정당한 전쟁을 주장하는 이들도 전쟁 그 자체는 여전히 악하다고 생각합니다. 다만 특정한 상황에서 부득이하게 전쟁이 정당화될 수 있을 뿐입니다. 악의 세력이 창궐하는 것을 막기 위해서라면 그저 좀 덜 악한 수단으로 전쟁이 허용될 수 있다는 것이지요. 아우구스티누스가 기초한 정당한 전쟁 이론은 초기 기독교의 평화주의 전통을 완전히 포기한 것이 아니라, 불의한 현실 국가에 대한 비탄과 체념에 근거한 '불가피한 차선책'이었습니다. 이 성격을 제대로 이해하고 나면 정당한 전쟁론이나 평화주의가 완전히 상반된 입장이 아니라는 것을 쉽게 알 수 있습니다.

아우구스티누스가 주장한 정당한 전쟁 이론의 핵심은, 언제 어떤 상황에서 전쟁이 정당화될 수 있는지 그 기준을 제시한 데 있습니다. 아우구스티누스에 따르면 전쟁은 정의(justice)를 보장하고, 평화를 되찾는 수단으로만 허용될 수 있습니다. 또한 그 전쟁은 반드시 정당성을 지닌 통치자의 지도 아래 이루어져야 하며, 적에 대한 사랑이 그 동기가 되어야 합니다. 따라서 적과 한 약속은 반드시 지켜야 하고, 비전투요원들은 보호받아야 하며, 학살·약탈·방화 등은 절대 금지됩니다. 수도사나 성직자들처럼 하나님 앞에 봉사하는 사람들이 전쟁에 참여하는 것은 당연히 허용되지 않았습니다.[7] 아우구스티누스는 집합적으로 또는 법적 권위자에 의해 실현되는 '전쟁'과 개인 차원에서 일어나는 '폭력(또는 살인)'을 엄격히 구분하였습니다. 앞의 것은 예외적으로 인정될 수 있지만, 후자는 정당화될 수 없다는 것이 그의 생각이었습니다.

아우구스티누스가 정당한 전쟁의 근거로 제시한 것은 주로 구약 성경의 말씀들이었습니다. 정당한 전쟁을 인정하는 대부분의 현대 기독교 지도자들도 비슷한 논거들을 제시하지요. 구약 성경을 끌고 온 아우구스티누스는 당연히 신약 성경에 나오는 예수의 가르침이라는 엄청난 난관에 부딪히게 됩니다. 구약 성경에서 어떤 말씀을 끌어오든 예수의 산상수훈과는 앞뒤가 안 맞게 되는 까닭이었습니다. 그 모순을 해결하기 위해서 아우구스티누스는 산상수훈 속의 규범들이 적용되는 사람의 범위를 축소하는 방법을 취합니다. 즉 신약에 나오는 규범들은 모든 인간에게 적용되는 것이 아니며, 모든 기독교인들에 적용되는 것도 아니라는 식의 논리적 탈출구를 찾은 것입니다. 복음서의 가르침들은 오직 '완전하고자 하는 사람들'에게만 적용되는데, 여기에는 성직자와 수도사만이 포함될 뿐 평신도는 해당되지 않는다는 것이 아우구스티누스의 주장이었습니다. 예수님의 가르침이 평화주의에 가깝다는 사실은 인정하되, 그 가르침이 모두에게 적용되는 것은 아니라는 것이지요. 규범의 적용 범위를 좁힌 대신, 성직자들은 어떤 경우에도 피 흘리는 일에 관여해서는 안 된다는 원칙을 분명히 했습니다.

물론 아우구스티누스의 이런 주장에는 아무런 근거가 없습니다. 특히 만인제사장주의를 내세우는 개신교 신학에서는 아우구스티누스의 이러한 주장을 정당화할 근거를 도저히 찾을 수 없습니다. "하늘에 계신 아버지의 온전하심같이 온전해야 할 사람들(《마태복음》 5 : 48)"은 성직자들뿐만 아니라 모든 기독교인들이기 때문입니다. 이런 관점에서 볼 때 정당한 전쟁 이론은 성경을 치밀하게 연구한 결과라기보다는 변방 이민족들의 침범이라는 현실 상황에서 미리 결론을 내린 뒤 거기에 논거를 끼워 맞춘 것이라고 볼 수 있습니다.

불행히도 산상수훈의 가르침을 제한하는 아우구스티누스의 이론은 루터 교회에 의해 좀 색다른 이원론으로 발전하게 됩니다. 루터로서는 평신도와 성직자에 대해 가톨릭과 같은 구분을 인정할 수 없었던 까닭이었지요. 그래서 그는 각 개인의 내면에 일종의 수도원 같은 삶을 설정해놓고, 산상수훈은 그런 내면의 영역에만 적용되는 것이라고 한정하는 길을 택합니다. 이로써 루터 교회에서 산상수훈은 더는 사회적 관계, 정치, 경제의 영역에서 작동되는 원리가 아니라 그저 개인적인 자아 성숙을 위한 교훈으로만 받아들여졌습니다. 방법은 조금 달랐지만, 산상수훈이라는 귀찮고 피곤한 요구를 적당히 수준에서 타협하고자 했다는 점에서 개신교도 가톨릭과 크게 다르지 않았던 셈입니다.[8]

2

아우구스티누스를 계승하여 정당한 전쟁 이론을 완성한 사람은 토마스 아퀴나스(Thomas Aquinas, 1225~1274)입니다. 토마스 아퀴나스는 스콜라 철학 신학자 중 가장 탁월한 인물이며, 당시에 재발견한 그리스 철학자 아리스토텔레스의 사상을 해석하는 데 크게 기여한 사람입니다. 토마스 아퀴나스는 전쟁을 다룬 항목에서 대부분 아우구스티누스의 저작을 인용하고 있기 때문에 토마스 아퀴나스 비판은 곧 아우구스티누스 비판도 될 수 있습니다.

토마스 아퀴나스는 자신의 저서 《신학대전(Summa Theologiae)》에서 "전쟁에 나서는 것은 언제나 죄인가?"라는 질문으로 전쟁과 평화에 관한 이야기 제1장을 시작합니다.[9] 여기서 주목해야 할 것은 '언제나'라는 단어입니다. "전쟁에 나서는 것은 죄인가?"라는 질문과 "전쟁에 나서는 것은 언제나 죄인가?"라는 질문은 외견상 비슷해 보이지만, 사실 전혀 다른 질문입니다. '언제나'가 들어 있는 토마스 아퀴나스의 질문은 처음부터 전쟁의 부도덕성을 전제하고 있는 까닭입니다. 전쟁에 나서는 것은 죄이지만, 언제나 그런 것은 아니라는 답이 이미 질문 속에 담겨 있는 것입니다. 논증 부담 면에서 토마스 아퀴나스의 태도는 타당합니다. 전쟁에 대한 논증 부담이 정당한 전쟁을 주장하는 사람들에게 있음을 처음부터 인정하고 들어갔기 때문입니다. 토마스 아퀴나스의 정답은 이미 정해져 있습니다. 즉 전쟁에 나서는 것이 '언제나' 죄는 아니라는 것입니다. 언제나 무죄라는 의미가 아니라, 가끔 무죄인 경우도 있다는 의미입니다.[10]

토마스 아퀴나스는 전쟁이 정당화될 수 있는 몇 가지 요건을 제시합니다. 우선 전쟁은 정통성 있는 정부의 권위에 의해서 수행될 때에만 정당할 수 있습니다. 개인이나 소수 집단이 주도하는 전쟁은 정당한 전쟁이 될 수 없습니다. 예컨대 오사마 빈 라덴이 벌인 테러는 그가 정통성 있는 정부의 권위를 지니고 있지 않다는 점에서 정당한 전쟁이 될 수 없지요. 백범 김구 선생이나 항일 무장 독립군의 활동도 모두 정당한 전쟁의 범주에 포함되기 어렵습니다.

토마스 아퀴나스는 그 근거로 성경 두 구절을 인용하고 있습니다. 첫 번째 구절은 이미 살펴본 《로마서》 13장의 "그는 공연히 칼을 차고 있는 것이 아닙니다. 그는 하나님의 심부름꾼으로서 악을 행하는 자들에게 하나님의 벌을 대신 주는 사람입니다."라는 신약 말씀이고, 두 번째 것은 《시편》 82편에 나오는 "가난한 자와 약자들을 풀어주어라. 악인의 손에서 구해주어라."라는 구약 말씀입니다. 앞의 구절이 말하는 그는 '권위를 가진 사람' 또는 '통치자'를 의미하므로 칼의 사용은 정통성 있는 정부로 한정된다는 논리였지요. 또한 정당한 전쟁은 악에 대한 보응이라는 '정당한 이유'와 선을 장려하고 악을 회피하는 '올바른 의도'를 지니고 있어야 합니다. 따라서 아무리 정당한 권위에 의해, 정당한 동기를 가지고 시작한 전쟁이라 하더라도 자기 욕심을 채우기 위한 것이라면 정당한 전쟁이 될 수 없습니다. 잔혹하게 수행되는 전쟁도 같은 의미에서 정당한 전쟁이 될 수 없습니다.

토마스 아퀴나스가 제시한 요건들은 여러 측면에서 비판을 받습니다. 먼저 정당한 권위의 문제입니다. 지금은 상황이 많이 나아지기는 했지만 1970년대까지만 해도 남미와 아시아에 있는 대부분 나라의 집권자들은 군사 쿠데타로 집권한 사람들이었습니다. 이들이 전쟁을 일으킨다면 그건 정당한 것일까요? 도대체 정당한 권위란 무엇을 의미하는 걸까요? 토마스 아퀴나스 식으로 적용하면, 지금 현재 '정당해 보이는' 권력을 쥐고 있는 자들에 의해 수행되는 전쟁은 모두 다 정당한 전쟁이 될 수 있습니다. 이와 반대로 현재 권력을 쥐고 있지 못한 사람들이 일으키는 전쟁은 모두 정당하지 않은 전쟁으로 규정됩니다.

그럼 한번 이런 경우를 생각해볼까요? 왕권을 탈취하려는 자가 일으킨 전쟁은 정당한 전쟁이 될 수 없습니다. 그렇다면 그런 식의 부정한 전쟁을 통해 왕권을 탈취한 자의 후계자가 일으킨 전쟁은 정당한 전쟁이 될 수 있을까요? 논리적으로 왕권 탈취자의 후계자는 여전히 불법에 속하기 때문에 왕권 탈취자의 후계자가 일으키는 전쟁도 정당성을 인정받기는 어렵습니다. 그런데 그렇게 생각하면 세상에 정당한 전쟁이란 존재할 수 없게 됩니다. 유럽이든, 아시아든, 세계 어디를 둘러봐도 왕조의 출발은 어떤 형태로든 기존 왕권의 탈취일 수밖에 없는 까닭입니다. 이성계도 왕건도 처음 출발은 왕권 탈취 또는 역성혁명에 의한 것이었고, 이 점에서는 중국이나 유럽의 어떤 왕가도 '출발의 불법성'으로부터 자유로울 수 없습니다. 왕권을 놓고 벌인 전쟁은 원래 현재의 집권자(다시 말하자면 불법한 왕권 탈취를 자행한 사람의 후손)와 새롭게 왕권 탈취를 목표로 하는 자 사이에 일어나는 것입니다. 결국 이렇게 보면 세상에 정당한 전쟁이란 존재할 수 없다는 결론밖에 안 나옵니다. 적어도 왕이 다스리던 시절에는 말입니다.

정당한 이유도 불확정적인 개념이기는 마찬가지입니다. 어떤 이유가 정당하고, 어떤 이유가 불의한 것일까요? 수천 년간 자행되어 온 전쟁 가운데 전쟁 당사자들이 (스스로 생각할 때) 정당한 이유가 없다고 생각한 경우가 한 번이라도 있었을까요? 정당한 전쟁을 주장하는 사람들의 머리 속을 들여다보면 "우리는 언제든지 옳다. 따라서 우리가 벌이는 전쟁도 옳다."는 생각이 자리 잡고 있음을 알 수 있습니다.

올바른 의도라는 요건은 어떻습니까? 정당한 권위와 정당한 이유에 의해 전쟁이 시작되었다 하더라도 전쟁 참가자들이 자기 욕심을 채우기 위해 전쟁을 수행할 때에는 정당성을 상실하게 됩니다. 이 요건을 엄격하게 적용하면, 중세에 일어난 어떤 전쟁도 정당하지 않습니다. 로마법에 따르면 전쟁의 승자는 포로들을 노예로 만들고, 그 가족에게 몸값을 요구할 수 있었습니다. 중세에는 기독교인들을 노예로 삼는 것이 금지되었지만, 비기독교인 포로들에 대해서는 여전히 몸값을 요구할 수 있었습니다. 전쟁이 끝난 후 패자들의 모든 재산은 다 승자의 것이 됩니다. 심지어 앞서 살펴본 십자군전쟁이나 성전 기사단 박해처럼 거룩한 동기를 앞세운 전쟁들도 실제로는 재물을 향한 벌거벗은 탐욕이 그 바탕에 자리 잡고 있었습니다. 그렇다면 현대의 전쟁은 다른 점이 있을까요? '평화를 위한 전쟁'은 '착한 살인자', '민주주의를 수호하는 독재자'만큼이나 모순된 표현입니다. 존재할 수 없는 일이 존재하고 있다고 믿는 우리의 믿음이 오히려 경이로울 정도지요.

미국의 지미 카터 전 대통령은 이라크 전쟁 직전 네덜란드의 국제법 학자인 후고 그로티우스(Hugo Grotius, 1583~1645)가 제시한 정당한 전쟁 요건을 근거로 조지 W. 부시 대통령을 비판하는 글을 〈뉴욕타임스〉에 기고하였습니다.[11] 그로티우스의 요건은 토마스 아퀴나스가 제시한 요건에 몇 가지를 더 추가한 것이었지요. 전쟁은 다른 모든 수단이 소진된 후 최후의 수단으로만 사용하여야 하고, 피해자가 입은 피해 정도를 넘는 가해가 있어서는 안 되며, 국제사회의 정당성을 획득해야 하고, 전쟁 이후 테러가 사라지는 것을 포함하여 더 나은 미래를 보장할 수 있어야 한다는 것 등이 토마스 아퀴나스의 요건에 추가된 내용입니다.

이라크 전쟁은 국제연합(UN)을 통해서 충분히 설득할 수 있는 기회가 남아 있는 상태에서 시작되었고, 석유의 안정적 확보라는 미국의 욕심이 전쟁의 주된 동기였으며, 민간인의 엄청난 희생이 계속되고 있는데다가, 전쟁 이후 세계는 오히려 더 많은 테러에 시달리고 있으며, 처음부터 이런 결과가 예견되었다는 점에서 정당한 전쟁에 해당될 수 없습니다. 미국이 일으킨 이 불의한 전쟁에 군대를 보내 미국을 돕고 있는 한국의 정당성에 대해서는 아예 논할 필요조차 없지요. 독실한 기독교 신자인 카터는 이 글을 통해서 역시 독실한 기독교 신자인 (혹은 스스로 그렇게 믿고 있는) 조지 W. 부시를 설득하고자 했지만 소용없는 일이었습니다. 이라크 전쟁만 그런 것은 아니지요. 이런 식으로 잘 정리된 요건들을 전쟁에 엄격하게 적용한다면, 사실 이 세상 어디에서도 정당한 전쟁이라고 할 만한 것을 찾기는 불가능합니다.

3

토마스 아퀴나스도 전쟁을 정당화하는 과정에서 곤란한 난관에 부딪혔습니다. 역시 문제는 예수 그리스도였습니다. 토마스 아퀴나스는 평화주의의 기초가 되는 성경 구절들을 과감하게 자신의 이론적 기반으로 활용했습니다. 자신의 가장 큰 약점이 될 수 있는 구절을 오히려 정당화의 근거로 사용한 그의 용기는 놀라울 정도입니다. 그의 저술은 전쟁을 옹호하려는 기독교인들에게 일종의 새로운 복음이라 할 수 있습니다. 발상의 전환이 놀라운 데다가, 예수의 복음에서 너무나 멀리 떨어져 있다는 점에서 '새로운' 복음인 것입니다.

토마스 아퀴나스는 정당한 전쟁의 근거 구절로 먼저 《마태복음》 26장 52절을 인용합니다. "칼을 가진 자는 다 칼로 망한다." 놀랍게도 바로 평화주의자들이 가장 자주 인용하는 성구이지요. 토마스 아퀴나스에 의하면 여기서 '칼을 가진 자'는 '명령이나 법적 권한 없이 무장을 하고 피를 흘리게 하는 자'를 의미합니다. 즉 예수님께서 이 구절을 통해 금지하려고 한 것은 모든 사람의 모든 무기 사용이 아니라, 단지 '개인적인' 사용이라는 주장입니다. 결국 베드로가 법적인 권한 없이 칼을 휘둘렀기 때문에 이를 꾸짖은 것일 뿐, 정당한 권위를 지닌 자의 무기 사용까지 금지한 것은 아니라는 것입니다.

그러나 이 말씀에 대한 토마스 아퀴나스의 해석은 전혀 근거 없는 것입니다.[12] 성경은 칼을 가진 자는 모두 '다' 칼로 망한다고 적고 있습니다. '정당한 권위 없이 칼을 가진 자' 또는 '개인적인' 무기 사용을 하는 자들만 칼로 망한다고 적혀 있지 않습니다. 이런 식으로 성경을 함부로 제한하거나, 구절을 덧붙이는 행위는 근본주의자들이 가장 미워하는 것입니다. 그런데 아이러니하게도 기독교 근본주의자들 대부분은 정당한 전쟁론자들입니다. 자기들이 얼마나 허약한 성경적 기반 위에 서 있는지도 모르고, 무슨 일만 터지면 '성경을 보라'고 말하는 것이 그분들의 공통점이지요.

토마스 아퀴나스는 "악한 자를 대적하지 말라."는 《마태복음》 5장 39절도 자신 있게 인용합니다. 이 성구 역시 평화를 외치는 기독교인들이 가장 좋아하는 구절입니다. 토마스 아퀴나스는 이 구절에서 엉뚱한 결론을 이끌어냅니다. 우리는 공동선(common good)을 위해서 또는 공동선의 적대자들을 위해서 일종의 '자비로운 엄중함(benign severity)'을 가지고 전쟁에 나가야 하는 경우도 있다는 것입니다.[13] 그러나 악한 자에게 대적하지 말라는 성경 말씀과 자비로운 엄중함으로 전쟁에 나갈 수 있다는 해석 사이에는 어떠한 논리적 연결점도 찾을 수 없습니다. 상대방을 악에서 구하기 위해 상대방을 죽일 수 있다는 논리가 가능할까요? 그것도 그냥 죽이는 것이 아니라 자비로운 엄중함으로 죽일 수 있다는 것은 끔찍한 이론이 아닐 수 없습니다. '사랑하기 때문에 너를 떠나는' 경우야 살다 보면 생길 수도 있는 일이지만, '사랑하기 때문에 너를 죽이는' 경우는 사이코패스에게나 가능한 일입니다.

세 번째로 토마스 아퀴나스는 성경에 군인들에게 무기를 버리거나 병역을 포기하라는 가르침이 없음을 지적합니다. 성경에는 그저 "협박하거나 속임수를 써서 남의 물건을 착취하지 말고 자기가 받는 봉급으로 만족하여라."라는 가르침만 있다는 것입니다. 군인들이 지켜야 할 기독교 윤리는 무기를 버리는 것이 아니라, 사람들에게 강탈하지 말고 급료에 만족하는 삶이라는 것입니다. 토마스 아퀴나스는 이와 같은 논리를 전개하면서 선배인 아우구스티누스의 인용 성구들을 많이 차용하고 있습니다. 그런데 기독교인들 중에 토마스 아퀴나스가 인용한 위의 구절이 어디에 나오는 말씀인지 알고 계신 분이 얼마나 될까요? 그다지 익숙하지 않은 구절이지요? 사실 이것은 예수님의 말씀이 아니라 세례 요한의 말(《누가복음》3 : 14)입니다. 예수님이 하신 말씀 중에서 정당한 전쟁의 근거가 될 만한 것을 찾아 헤매다가 적절한 구절을 찾지 못하자 결국 세례 요한에게까지 호소하게 된 것이지요.

세례 요한이 요단 강 부근에서 사람들에게 세례를 주며 회개를 촉구하자, 많은 사람들이 세례를 받으려고 요한 앞으로 나옵니다. 그러자 요한은 그들을 향해 이렇게 외칩니다. "이 독사 새끼들아, 닥쳐올 징벌을 피하라고 누가 일러주더냐? 너희는 회개했다는 증거를 행실로 보여라. 그리고 아브라함이 우리 조상이라고 잘난 척하지 말라. 사실 하나님은 이 돌들로도 아브라함의 자녀를 만드실 수 있다." 그리고 무시무시한 말을 덧붙이지요. "도끼가 이미 나무 뿌리에 닿았으니 좋은 열매를 맺지 않는 나무는 다 찍혀 불 속에 던져질 것이다." 요한의 이런 경고를 들은 사람들은 너도 나도 몰려와서 그럼 어떻게 해야 살 수 있는지를 묻습니다. 그렇게 질문을 던진 사람들 중의 하나가 바로 군인이었습니다. 그는 이렇게 묻습니다. "선생님, 우리는 또 어떻게 해야 합니까?" 이 질문에 대한 대답이 바로 위에 나온 구절입니다. 협박하거나 속임수를 써서 남의 물건을 갈취하지 말고 자기가 받는 봉급으로 만족하라는 이야기였지요.

여기에서 기독 군인의 윤리를 찾아낸다는 것은 좀 황당한 논리 전개입니다만, 토마스 아퀴나스 이후에도 여러 사람이 비슷한 방법을 활용했습니다. 영국의 가톨릭 철학자인 엘리자베스 앤스컴(G. E. M. Anscombe, 1919~2001)이 대표적이지요. 앤스컴은 예수님께서 백부장의 하인의 병을 고치실 때, 백부장을 가리켜 "정말 어떤 이스라엘 사람에게서도 이런 믿음을 본 일이 없다.(《마태복음》8 : 10)"라고 하신 말씀을 인용합니다. 예수님께서 로마 군대의 백부장이라는 그의 직업을 비난하지 않았음을 근거로 들어 예수님은 평화주의자가 아니었다고 주장하는 것이지요.[14]

그러나 예수님께서 특정한 직업을 가진 사람과 알고 지냈다는 사실 자체가 그 직업의 정당성을 입증해주는 것은 아닙니다. 예수님께서 성매매 여성과 이야기를 나누셨다고 해서, 곧 예수님께서 성매매라는 직업의 정당성을 인정하셨다고 볼 수는 없습니다. 이런 논리는 말도 안되는 것일 뿐만 아니라, 정당한 전쟁론자들이 성경 구절을 찾다 못해 나중에는 이런 구절까지 끌고 오나 하는 허탈감까지 들게 합니다. 대부분의 정당한 전쟁론자들은 그 근거 구절의 대부분을 구약 성경에서 끌어옵니다. 그러면서 예수님 말씀 가운데서도 그럴듯한 근거를 하나쯤 대려고 하다 보니 이런 무리수를 두게 되는 것입니다.

더 나아가 토마스 아퀴나스는, 예수님께서 "내가 세상에 평화를 주러 온 줄로 생각하지 마라. 평화가 아니라 칼을 주러 왔다.(《마태복음》 10 : 34)"라는 말씀도 정당한 전쟁을 옹호하는 근거로 인용합니다. 이 구절 역시 정당한 전쟁론자들이 자주 써먹는 구절입니다. 예수님도 세상에 칼을 주러 왔다고 하지 않느냐, 그러니 전쟁을 하는 것도 정당하지 않냐? 이야기를 들어보면 일단 그럴듯하지요. 그러나 바로 뒤에 나오는 몇 구절을 잘 읽어보면 예수님께서 이 말씀을 하신 이유가 복음의 급진성을 말씀하려는 것이지, 결코 전쟁을 정당화하려는 것이 아님을 알 수 있습니다. 위의 구절을 따라오는 내용은 다음과 같습니다.

"나는 아들은 아버지와 맞서고 딸은 어머니와, 며느리는 시어머니와 서로 맞서게 하려고 왔다. 집안 식구가 바로 자기 원수다. 아버지나 어머니를 나보다 더 사랑하는 사람은 내 사람이 될 자격이 없고 아들이나 딸을 나보다 더 사랑하는 사람도 내 사람이 될 자격이 없다. 또 자기 십자가를 지고 나를 따라오지 않는 사람도 내 사람이 될 자격이 없다. 자기 목숨을 얻으려 하는 사람은 잃을 것이며 나를 위하여 자기 목숨을 잃는 사람은 얻을 것이다.(《마태복음》 10 : 35~39)" 예수님께서 검이라는 단어를 사용해서 잘라내려고 하신 것은 지나치게 집착하는 인간 관계이지, 결코 남의 목이 아님을 알 수 있습니다.

일반인의 전쟁 참여를 정당화하는 토마스 아퀴나스도 성직자들의 전쟁 참여는 엄격히 금지합니다.[15] 그 근거로 그는 다시 《마태복음》 26장 52절 전반부를 인용합니다. "칼을 도로 칼집에 꽂으라." 토마스 아퀴나스는 이 구절을 들어 모든 주교들과 성직자들의 전쟁 관여를 금지하고 있습니다. 즉 이 구절에서 베드로를 폭넓은 범위의 성직자들의 대표자라고 해석한 것입니다. 그러나 토마스 아퀴나스도 《마태복음》 26장 52절의 똑같은 성경 구절이 전후반부로 나뉘어 전반부는 성직자들의 전쟁 참여를 금지하는 근거로, 후반부는 평신도들의 전쟁 참여를 옹호하는 근거로 사용되어야 하는 이유를 제대로 설명하지 못합니다. 베드로는 과연 모든 성직자들의 대표만 될 뿐일까요? 그렇지 않습니다. 이 경우 베드로는 모든 기독교인들의 대표로서 이 말씀을 받았다고 봄이 타당합니다.

만약 이 구절이 베드로 또는 성직자들에게만 주어진 것이라고 해석한다면, 비슷한 맥락에서 베드로에게 "천국의 열쇠를 주겠다(《마태복음》 16 : 19)"는 말씀도 제한적으로 해석해야 합니다. 천국의 열쇠가 베드로에게만 주어졌다고 한다면, 개신교가 그토록 반대하는 교황권을 그대로 인정하는 결과가 됩니다. 천국의 열쇠를 받은 베드로가 모든 기독교인들의 대표가 된다면, 칼을 도로 칼집에 꽂으라는 말씀 역시 모든 기독교인들에게 적용해야 합니다. 토마스 아퀴나스가 주장하는 성직자-평신도 분리는 아무런 근거가 없는 것이므로 받아들이기 어렵습니다.

4

토마스 아퀴나스와 관련하여 따로 짚고 넘어가야 할 것은 '무죄한 사람의 생명을 빼앗는 것'의 문제입니다. 토마스 아퀴나스가 이야기하는 '정당한 이유' 요건은, 무엇인가를 잘못해서 벌을 받아야 하는 사람에 대한 징벌의 의미로 살인을 허용하는 것입니다. 이를 조금 돌려 말하면, 정당한 전쟁에서는 벌 받을 짓을 하지 않은 사람이 죽는 일이 있어서는 절대로 안 됩니다.

토마스 아퀴나스는 "무죄한 사람의 생명을 빼앗는 것은 정당화할 수 없다."라고 분명히 선언하고 있습니다.[16] 무죄한 사람을 죽이는 것이 정당화될 수 있는 유일한 경우는 하나님으로부터 내려온 직접적인 명령에 복종해야 하는 때뿐입니다. 아브라함이 자기 아들 이삭을 바치려고 한 것이나, 하나님께서 성읍 하나를 완전히 파괴하라고 명령한 경우가 그 예입니다. 그외에는 죄 없는 자를 죽이는 것이 허용되지 않습니다. 토마스 아퀴나스는 모세의 율법—"무죄한 사람과 의로운 자를 죽이지 말라(《출애굽기》 23 : 7)"—을 근거로 인용하고 있습니다.

무죄한 죽음의 금지 문제는 현대의 정당한 전쟁론자들이 자꾸만 간과하려고 하는 것입니다. "죄 없는 자의 생명을 빼앗는 것은 정당화할 수 없다."는 아퀴나스의 말을 그대로 받아들인다면, 무죄한 사람의 죽음을 만들어내는 전쟁은 어떤 경우에도 정당화될 수 없습니다. 바로 이런 점 때문에 정당한 전쟁 이론의 허구성을 깨뜨리는 가장 강력한 무기는 정당한 전쟁 이론 그 자체가 되는 것입니다.

정당한 전쟁론자들은 자꾸만 '전쟁의 정당성'과 '전쟁에서의 정당성'을 구분해야 한다고 주장합니다. 비록 전쟁에서 어느 정도 비윤리적 행위가 일어났다 하더라도 그건 어디까지나 '전쟁에서의 정당성' 문제이지 '전쟁의 정당성' 문제는 아니라는 것이지요. 예를 들어 베트남의 밀라이 같은 곳에서 미군들이 무죄한 양민 567명을 학살하는 일이 일어났다고 해서 곧바로 미군의 베트남전 참전 행위 자체가 부당한 것이 되는 것은 아니라는 뜻입니다.

이처럼 전쟁의 정당성 문제를 전쟁에서의 정당성 문제와 분리함으로써, 전쟁 참여를 정당화하려는 시도는 논리적으로도 문제가 많지만, 현실에서는 더 큰 문제를 남깁니다. 제2차 세계대전을 일으킨 독일의 경우를 예로 들어볼까요. 유대인 대학살로 그 정당성의 기초를 완전히 잃어버린 나치조차도 전쟁 발발에 있어서만은 '유대인이 중심이 된 공산혁명의 불길로부터 서구 문명을 구한다'는 거창한 명분을 내세우고 있었습니다. 그렇다고 해서 나치 독일의 전쟁 개전 행위가 정당화될 수 있나요? 그렇지 않습니다. 토마스 아퀴나스의 이론도 전쟁에 관한 항목만 살펴보면 마치 '전쟁에서의 정당성'과는 상관없이 '전쟁의 정당성'이 성립할 수 있다고 주장하는 것처럼 보입니다. 그러나 살인에 관한 그의 가르침을 연결지어 생각하면 이러한 논리가 성립할 수 없음을 쉽게 알 수 있습니다. 즉 정당한 전쟁의 두 번째 요건 '정당한 이유' 부분을 생각해보면, 전쟁을 벌이더라도 그것은 악한 일을 행한 사람만을 향한 보응이어야 합니다. 만약 그 과정에서 무죄한 죽음이 발생한다면 그것은 이미 정당한 이유를 상실하게 되는 것입니다.

이 문제를 설명하기 위해서 대니얼 돔브로스키 교수는 다음과 같은 예를 들고 있습니다.[17] 제가 벤츠 승용차를 새로 뽑았습니다. 그런데 앞집에 사는 남자는 저를 몹시 미워합니다. 그는 늘 낡은 자기 트럭을 내 벤츠 승용차 옆에다 세워놓습니다. 그리고 그 트럭을 주차장에서 빼낼 때마다 내 차를 꼭 한 번씩 긁고 지나갑니다. 한두 번 참다가 더 참지 못하게 된 나는, 결국 앞집 남자의 아내를 납치해서 내 벤츠 승용차 옆에다 묶어놓습니다. 이번에도 어디 한번 긁고 지나가봐라 하는 마음으로 말이지요. 설사 나의 이런 행동으로 인해 그가 더는 나의 차를 긁지 않는다 해도 나의 행동이 정당화될 수 있는 것은 아닙니다. 최초의 동기가 아무리 정당하더라도 그 방법이 정당하지 않을 때는 나의 행동 자체가 정당성을 상실하게 된다는 의미입니다. 전쟁의 정당성과 전쟁에서의 정당성을 구분하려는 입장은 양자 사이에 존재하는 이와 같은 불가분성을 무시하는 것입니다. 전쟁에서의 정당성과 전쟁의 정당성은 결코 분리할 수 없습니다.

더 나아가 무죄한 죽음의 문제를 생각하면, 정당한 전쟁 이론은 현대에는 절대 살아남을 수 없는 이론임을 알 수 있습니다. 우리가 살고 있는 21세기는 아우구스티누스나 토마스 아퀴나스의 시대와 전혀 다른 시대입니다. 그 시대에는 칼이나 창을 이용한 일대일 싸움이 주를 이루었습니다. 칼이나 창을 사용한 싸움에서도 여전히 무죄한 죽음이 있을 수 있지만, 현대전과는 비교가 안 되는 수준입니다. 그들의 시대라면 무죄한 죽음을 배제한 정당한 전쟁이 혹시 있을 수 있었는지 모릅니다 (실제로 그런 전쟁은 전혀 없었다는 것이 제 생각입니다). 그러나 무죄한 죽음이 없는 현대전이란 상상할 수조차 없습니다.[18]

대량살상무기는 이미 무죄한 죽음을 전제하고 있는 것입니다. 1945년 미국이 히로시마와 나가사키에 투하한 원자폭탄은 약 24만 명을 살상했습니다. 화상과 방사능에 의한 끔찍한 고통 속에서 죽어 간 이들 대부분은 민간인들이었습니다. 히로시마나 나가사키만큼 끔찍하지는 않았지만, 독일 엘베 강 유역의 드레스덴 폭격도 무고한 죽음을 양산해 낸 전형적인 예입니다. 드레스덴은 군사적 요충지도 아니었고 오히려 음악과 예술의 도시로 사랑받던 곳이었습니다. 전략적으로도 굳이 이 도시를 폭격할 이유가 없었습니다. 드레스덴 폭격의 유일한 명분은 독일인들의 사기를 떨어뜨리는 것이었습니다. 폭격의 공포에 질린 독일인들이 피난 행렬에 나서면, 독일군의 이동에 방해가 되리라는 계산도 있었습니다. 영국 총리 윈스턴 처칠은 기회가 날 때마다 이런 폭격의 정당성을 강변했습니다. 1945년 초반에 이루어진 연합군의 폭격으로 약 100만 명의 드레스덴 시민 중 최소한 3만 5천 명이 사망했지요.[19] 최근 아프가니스탄과 이라크에서 벌어진 수많은 오폭 사건도 이 범주에 포함됩니다. 폭격으로 민간인들이 엄청난 희생을 치렀는데도 아무도 처벌받지 않았다는 사실도 특별히 기억해둘 필요가 있습니다. 드레스덴의 경우 모든 면에서 '전쟁 범죄'의 요건을 충족시키고 있지만, 범죄자들이 승자였으므로 처벌할 방법이 없었던 것입니다.

핵무기를 비롯한 대량살상무기의 발명과 동시에 정당한 전쟁 이론에 사망 선고가 내려졌다고 보는 것이 타당한 이유가 바로 여기 있습니다. 무죄한 사람들의 죽음을 양산해내는 전쟁은 더는 정당할 수 없기 때문입니다. 그러나 이 이론이 죽지 않았다고 주장하는 사람들의 처절한 정당화는 여전히 계속됩니다.

현대전에서 수없이 양산되는 무죄한 사람의 죽음에도 불구하고, 아직 정당한 전쟁 이론이 살아 있다고 외치는 사람들의 대표적인 주장이 이른바 '이중 효과(double effect)' 원리입니다. 이중 효과 원리에 따르면 한 가지 행동은 언제나 두 가지 효과를 가져옵니다. 이를 전쟁에 적용한다면 비록 정당한 목적을 위해 전쟁을 수행한다 하더라도, 그에 따

른 어느 정도의 희생은 불가피하다는 것입니다. '이중 효과'라고 하니
거창하게 들리지만, 실제로는 우리 일상에서 무척이나 자주 들을 수 있
는 논리랍니다. 한국전쟁 때 자행된 양민 학살이나 군사독재정권 체제
에서 일상적으로 행해진 고문 피해자들에 대해 논의하다 보면 누군가
꼭 이런 논리를 들고 나오지요.

양민 학살이나 고문 등은 모두 불행한 일이다. 그러나 여러분 세대는 그
걸 이해할 수 없다. 그때는 어쩔 수가 없었다. 공산주의는 암과 같은 것이
었다. 암을 제거하지 않으면 사람이 죽는 것처럼, 나라를 살리기 위해서는
반드시 악성 종양과 같은 공산주의를 물리쳐야 했다. 그런데 생각해봐라.
암을 제거하다 보면 그 옆의 건강한 세포 또는 생살도 어쩔 수 없이 베어
내야 할 때가 있다. 똑같은 일이 공산주의를 제거하는 과정에서 일어난 것
이다. 좋은 일을 위해서는 어쩔 수 없이 나쁜 일을 해야 할 때가 있다. 그걸
우리 세대가 해냈을 뿐이다. 자신의 치료 행위가 환자에게 고통을 줄 것을
충분히 예상하면서도 의사라면 어쩔 수 없이 치료 행위에 나서야 할 때가
있다. 이런 의미에서 발생하는 고통은 나치 강제수용소의 간수가 자기 욕
심을 채우려고 고의로 유대인의 이를 빼는 것과는 분명히 다르다. 우리가
범죄자들을 감옥에 집어넣는 것도 이중 효과를 가져 온다. 사회 방위나 범
죄자 교화라는 선한 결과를 낳는 대신, 범죄자의 가족에게는 심한 고통을
주는 것이다. 세상 모든 일이 그렇다. 이런 측면을 무시하고 무조건 우리
를 비난해서는 안 된다.

이것이 바로 '이중 효과'입니다. 이를 기초로 정당한 전쟁론자들은
평화주의자들을 가리켜 '필연적인 고통을 피하기 위해서 치료를 하지

말자고 하는 사람들' 또는 '범죄자들을 모두 그대로 내버려두자고 하는 사람들'이라고 비난합니다. 같은 맥락에서 엘리자베스 앤스컴은 적어도 기독교 윤리를 이야기함에 있어서는 '처음부터 의도한 결과'와 '단순히 예측 가능한 결과'를 구별해야 한다고 주장합니다.[20] 위에서 이야기한 드레스덴 폭격이나 히로시마, 나가사키의 예들은 비록 예측 가능한 결과였을지는 몰라도 처음부터 의도했던 것은 아니라는 것입니다.

그러나 이중 효과를 주장하는 사람들의 논리에는 치명적인 결함이 있습니다. 우선 이런 비유들에는 본질적인 한계가 있습니다. 수술로 베어낸 세포와 전쟁 중에 학살된 양민은 결코 동일 선상에 놓일 수 없는, 전혀 다른 존재입니다. 모든 세포들은 인간을 구성하는 요소들이며, 그들의 존재 목적은 어디까지나 인간이 건강하게 생존할 수 있도록 돕는 것입니다. 따라서 각 세포 하나하나는 '세포의 존엄성' 따위를 지니지 못합니다. 세포들은 오직 인간에게 붙어 있음으로써만 그 존재 의의가 있기 때문입니다. 그러나 인간과 사회의 관계는 그렇지 않습니다. 개개 인간은 결코 한국 사회의 건강과 생존만을 위해 존재하는 '한국 사회의 일개 구성 요소'가 아닙니다. 개개 인간은 언제나 그 자체로 목적이며 결코 다른 어떤 것을 위한 수단이 될 수 없습니다. 모든 인간은 한국 사회와 아무런 상관 없이 그 자체로 충분히 존엄한 존재입니다.[21]

그뿐입니까? 의사는 암 수술에 앞서 환자의 동의를 받습니다. 분명한 환자의 동의가 없다면, 어떤 의사도 환자의 몸을 마음대로 다루지 못합니다. 범죄자의 경우도 그렇습니다. 범죄자의 가족이 겪는 고통에 대해서 미안해해야 할 사람은 우리가 아니라 범죄자 자신입니다. 또한 이중 효과 원리에 따르면, 히로시마, 나가사키, 드레스덴에서 죽어 간 사람들은 일종의 사고나 우연에 의해 죽었다는 결론에 이를 수밖에 없습니다. 이에 따라 우리는 폭격기 조종사에게 "너는 그저 시키는 대로 폭탄을 떨어뜨리면 된다. 그 과정에서 설사 무고한 인명 피해가 좀 나더라도 그건 그야말로 사고에 지나지 않는다. 네가 윤리적으로 책임져야 할 문제는 아니다."라는 참으로 편안한 충고를 해줄 수 있는 것입니다.[22]

이러한 논리 전개는 우선 토마스 아퀴나스의 대원칙―"죄 없는 자를 죽이는 것은 정당화할 수 없다."―을 위배하는 것입니다. 죄 없는 자를 죽이는 것을 정당화하려는 발버둥에 지나지 않는다는 이야기입니다. 정당한 전쟁론자 대부분은 말도 안 되는 자기 합리화를 위해 자신들의 출발점을 잃어버리고 있습니다. 뿐만 아니라 이러한 논리 전개는 이른바 '사고'로 죽은 사람들도 폭탄을 떨어뜨리는 사람들과 똑같이 '고귀한 생명'임을 무시하고 있습니다. 폭격기 조종사들이 폭탄을 떨어뜨리면서까지 보호하려고 하는 인명(예컨대 유대인들)이나, 폭격으로 인해 죽어 가는 인명이나 모두 하나님의 형상대로 창조된 고귀한 인간들임에는 변함이 없습니다. 이중 효과에 의해 보호되는 생명과 침해되는 생명 사이의 경중을 비교할 방법이 없다는 말씀입니다. 생명이 다른 어떤 가치와도 비교될 수 없는 것이고 심지어 같은 생명 간의 우월도 가릴 수 없는 것임을 인식하고 나면, 이와 같은 이중 효과 원리는 자연스럽게 그 정당성을 잃게 됩니다.

5

상당히 여러 사람의 이야기를 했습니다만, 아직도 정당한 전쟁 이론 또는 전쟁 불가피론자들과 해야 할 이야기는 끝도 없이 남아 있습니다.

죽었다 싶으면 살아나고, 죽은 줄 알면 또 살아나는 것이 바로 정당한 전쟁 이론이기 때문입니다. 이들의 논리와 싸우다 보면 옛날에 하던 두더지 잡는 게임이 생각납니다. 두더지가 머리를 들고 올라와서 망치로 치면 저쪽에서 튀어 오르고, 또 잡으면 다른 두더지가 또 튀어 오르고……. 앞으로도 정당한 전쟁 이론을 살려내려는 노력은 끝없이 계속될 겁니다. 예수님이 평화에 별 관심이 없으셨다고 주장하는 사람들의 노력과 함께 말이지요. 이유는 간단합니다. 전쟁을 정당화하야 할 현실적인 필요성 때문입니다. 힘을 통해 문제를 해결하려는 유혹은 인류 역사가 시작된 이래 늘 권력자와 동행해 왔습니다. 앞으로도 변함이 없을 거고요. 이런 필요를 충족시키기 위해 전쟁을 정당화하려는 학자들의 노력도 계속될 것입니다.

이런 학자들의 노력은 언제나 전쟁을 '윤리'와 분리하려는 형태로 나타날 것입니다. '전쟁에서의 정당성'과 '전쟁의 정당성'을 구별하려는 시도나 이른바 '필요악' 이론도 모두 그런 노력의 산물입니다. 정당한 전쟁 이론이 스스로 설정한 요건을 만족시키지 못해 일종의 자살을 하게 되자, 필요성이라는 개념으로 정당성을 대체하려고 나선 것이지요.

이처럼 많은 모순을 지닌 이론이 전쟁이 터질 때마다 전가의 보도처럼 휘둘러진 것은 재미있는 일이지요. 그러나 그보다 더 재미있는 것은 그나마 이 이론이 '제대로' 적용된 적이 거의 한 번도 없다는 사실입니다. 제대로 적용되기만 한다면, 그 많은 한계에도 불구하그 충분히 설득력 있는 입장일 수 있는 것이 바로 정당한 전쟁론입니다.

처음 설명했던 것처럼 정당한 전쟁 이론은, 원칙적으로 전쟁을 악한 것으로 보고 다만 그런 전쟁이 허용되는 경우도 있을 수 있으므로 그 요건을 엄격하게 규정해놓자는 이론입니다. 역사적 배경을 무시하고 이론 자체를 검토해보면, 전쟁의 범위를 축소하려고 만들어진 이론이지 '모든' 전쟁을 정당화하자는 이론이 아니란 것이지요. 따라서 토마스 아퀴나스의 기본 요건에다가 '다른 모든 수단을 사용한 후에야 비로소 전쟁이 허용된다' 등의 새로운 요건 몇 가지만 추가하면 이 세상에서 정당한 전쟁의 범주에 들어올 전쟁이란 거의 없게 됩니다. 대부분의 경우 참전국들은 전쟁 방지를 위해 필요한 모든 수단을 사용하지 않습니다. 그저 전쟁의 명분을 쌓기에 충분한 정도의 시늉만 하게 마련이지요. 최근 벌어진 아프가니스탄이나 이라크 전쟁도 모두 그랬습니다. 미국은 이라크에 무조건 항복만을 요구했을 뿐 협상에 나설 자세를 전혀 갖추고 있지 않았고, 대량살상무기의 존재나 테러와의 연관성 등에 대한 증거도 제시하지 못했습니다. 오히려 '이라크가 우리 요구를 진짜로 수용하면 어쩌나' 걱정하듯 성급하게 전쟁을 시작했습니다. 다른 많은 전쟁들도 그렇게 시작되었습니다. 만약 어떤 나라가 진심으로 정당한 전쟁 요건을 충족시키려 한다면, 실제로 일어날 전쟁은 거의 없을 것입니다.

이것까지 고려하면 의외로 '진짜' 정당한 전쟁 전통과 평화주의 전통은 싸울 일이 없습니다. 둘 중 어느 입장을 취하든 대부분의 전쟁은 '정당하지 못한 전쟁'의 범주에 포함되기 때문입니다. 문제는 '가짜' 정당한 전쟁론입니다. '가짜' 정당한 전쟁론자들은 전쟁이 일어나기 전에 그 전쟁이 정당한 것인지 전혀 검토하지 않습니다. 엄격한 요건을 적용해보기는커녕, 도대체 정당한 전쟁이 무엇인지 생각조차 해보지 않고 무조건 '우리가 수행하는 전쟁은 정당하다'고 주장합니다.

'가짜' 정당한 전쟁론 덕분에 버림받은 '진짜' 정당한 전쟁론은 오히려 언제든지 평화주의와 친구가 될 수 있습니다. 이라크 전쟁을 놓고도 다툴 일이 전혀 없습니다. '진짜' 정당한 전쟁론자와 평화주의자는 이라크 전쟁에 대해 똑같이 반대할 수밖에 없고, 조지 W. 부시를 똑같이 비판할 수밖에 없기 때문입니다.[23] 다른 길은 없습니다. 그러나 '진짜' 정당한 전쟁론자가 되기 위해서는 평화주의자가 되는 것보다 더 큰 용기가 필요합니다. 전쟁이 막 터지려고 할 때, 이게 정당한 전쟁인지 제대로 검토해보자고 이야기하는 것조차 쉽지 않은 세상이기 때문입니다. '진짜' 정당한 전쟁론자는 아마도 양심에 따른 병역거부 같은 것은 하지 않겠지요. 그러나 군대에 가서도 막상 전쟁이 일어나면 '진짜'는 '이것이 과연 정당한 전쟁인가'를 고민해야 합니다. 아니라는 결론에 이르면 어떻게 해야 할까요. 그가 '진짜'에 속하는 사람이라면 그의 선택도 평화주의자와 다르지 않을 것입니다. 그 장면에서 일은 한층 더 꼬이겠지요. 누구도 그의 판단에 귀를 기울이지 않을 것이고, "도대체 누가 너보고 그런 판단을 내리라고 했나? 판단은 국가가 내리는 것이고 너는 군인으로서 복종하면 된다."는 질책만 받게 될 테니까요.

이 정도면 분명해지지 않습니까? '진짜' 정당한 전쟁론자가 싸워야 할 상대는 평화주의자가 아니라 '가짜' 정당한 전쟁론자입니다. 평화주의자를 욕하기 전에 스스로 물어보십시오. 나는 '진짜' 정당한 전쟁론자인가, 아니면 가짜인가?

7장
살리는 기독교, 죽이는 기독교

_재세례파, 평화의 가시밭길

병역거부 논쟁이 시작되고 나서 인터넷에서 기독교인을 자처하는 분들의 공격적인 댓글들을 자주 볼 수 있었습니다. "나도 기독교인이지만 전방에서 ×뱅이 쳤다. 기독교인이라면서 군대 안 가겠다는 너희들은 도대체 뭐냐." "군대에서 훌륭한 군목들과 기독교인들을 많이 보았다. 국가나 사회 같은 중요한 가치들을 전혀 생각하지 않는 병역거부자들은 비겁자에 불과하다." 교회 지도자들이 공격적인 만큼, 그들에게 배운 젊은 평신도들의 태도도 무섭게 공격적이지요.

한국 기독교인들의 이런 태도는 정치·사회적으로 늘 적극적인 장로교가 우리나라 기독교인의 다수를 차지하고 있는 것과 관련이 깊습니다. 장로교와 감리교 이외의 다른 종파는 별로 본 적도 없고, 장로교의 기준에서 벗어나면 이단으로 정죄당하기 십상인 교계 분위기도 상당히 큰 영향을 끼쳤겠지요. 저 자신도 40년 가까운 교회 생활을 모두 장로교회에서 보냈습니다. 그중 20년 정도는 칼뱅(Jean Calvin, 1509~1564)의 예정설(하나님은 영원으로부터 인간을 구원할 자와 멸할 자로 구분하고 있다는 주장)이 구원을 설명하는 유일한 교리라고 알고 지냈습니다. 함석헌 선생님 덕분에 퀘이커교는 진작부터 알고 있었지만, 퀘이커보다 훨씬 긴 역사를 지닌 다른 평화주의 교단이 있다는 사실을 안 지는 채 10년도 되지 않습니다.

사회적 책임을 중요하게 생각하고 그 책임을 다하는 방법은 정치, 경제, 사회, 문화 각 분야에서 남들과 똑같이 경쟁하고 싸우는 것뿐이라고 배운 한국 기독교인들에게 양심에 따른 병역거부란 당연히 생소할 수밖에 없습니다. 교회다운 교회를 만들고 그 교회가 제 역할을 다하는 것이 사회적 책임을 이행하는 최선의 방법이라는 것, 교회의 교회됨의 핵심은 샬롬의 실천과 공동체의 회복이라는 것 등 평화주의 교파의 입장은 최근 들어 조금씩 알려지고 있지요. 이들을 이해하는 데 도움이 될 만한 이야기부터 들려드리겠습니다.

1

1569년 네덜란드의 아스페렌에서 일어난 일입니다. 추운 날씨를 뚫고 두 사람이 숨 가쁘게 달리고 있었습니다. 앞서 뛰는 사람은 디르크 빌렘스(Dirk Willems)라는 범죄자였고, 뒤에서 쫓는 사람은 오랫동안 그를 추적한 관리였습니다. 빌렘스의 죄는 재세례파라고 하는 '이단'을 신봉했다는 것이었습니다. 일단 잡히면 자기 신앙을 포기하지 않는 이상 100퍼센트 화형당하거나 산 채로 수장당할 운명이었지요.

목숨을 걸고 달리던 디르크 빌렘스는 눈앞에 얇게 언 빙판을 발견했지만 돌아갈 방법이 없었으므로 그저 계속 달릴 수밖에 없었습니다. 다행히 그가 빙판을 다 건너도록 얼음이 깨지는 사고는 일어나지 않았습니다. 그런데 그가 위험천만한 빙판을 겨우 벗어나는 순간, 등 뒤에서 우지끈 하며 얼음 깨지는 소리가 들렸습니다. 돌아보니 자기를 쫓던 관리가 깨진 얼음 밑으로 가라앉으며 허우적거리고 있었습니다. 가만히 놓아두면 그냥 물에 빠져 죽을 것이 분명했습니다. 빌렘스는 주저 없이 그 자리에서 몸을 돌려 물에 빠진 관리를 향해 손을 내밀었습니다.

빌렘스의 손을 잡고 겨우 물에서 빠져나온 관리는 어떻게 행동했을까요? 이 이야기가 감동적이려면, 그 관리가 빌렘스에게 감사를 표하고 "이제 나도 당신의 종교로 개종하겠다."라고 말한 다음 두 사람이 함께 도망쳐 행복한 종교 생활을 하며 오래 오래 살았어야 마땅합니다. 그러나 역시 세상 일은 그렇게 단순하지 않습니다. 물론 그 관리도 처음에는 생명의 은인을 체포할 수 없었던지, 빌렘스를 그냥 보내주려고 했습니다. 그러나 멀리서 이 추격전을 처음부터 지켜보고 있던 아스페렌 시장의 외침이 들려왔습니다. "공무원이 될 때 네가 한 맹세를 잊지 마라!" 그때나 지금이나 공직자가 될 때에는 자기 의무를 저버리지 않겠다고 맹세하고 그 의무를 저버리면 처벌을 받게 마련입니다. 생명의 은인을 구할 것인가, 아니면 관리로서 의무를 다할 것인가? 관리는 결국 쉬운 길을 선택합니다. 이런 급박한 상황에서 빌렘스를 놓아주었다가는 자기도 용서받기 힘들겠다고 생각하고 빌렘스를 체포하여 감옥에 집어넣은 것이지요. 가혹한 감옥 생활과 재판 끝에 빌렘스는 1569년 5월 16일 화형으로 생을 마감합니다. 아스페렌 시에 남아 있던 그의 재판 기록을 보면, 그의 범죄 사실은 "15세 즈음에 로테르담에서 재세례를 받은 후 고향인 아스페렌으로 돌아와 비밀집회를 주도하고 금지된 신조를 신봉하며 자기 집에서 몇 사람에게 재세례까지 베풀어, 정통 기독교 신앙과 황제의 금지령에 대항하는 범죄를 저질렀다."는 것이었습니다.[1]

물에 빠진 사람 구해놓았더니 옷 보따리 내놓으라고 한다는 우리 속담처럼, 디르크 빌렘스의 이야기는 물에 빠진 사람 구해놓았더니 생명을 내놓으라고 하더라는 서글픈 실화입니다. 빌렘스는 범죄라고 보기도 어려운 혐의를 뒤집어쓰고 도망가는 중이었습니다. 잡히면 죽을 것이 뻔했습니다. 그런 위기 상황에서 기적이 일어났습니다. 못 본 척 계속 달리기만 하면 살 수 있었습니다. 무죄한 자신을 쫓는 관리 하나가 죽는다고 해서 누구도 빌렘스를 비난할 수 없었습니다. 빌렘스가 그를 물에 빠뜨린 것도 아니니까요.

과연 무엇이 그를 돌아오게 했을까요? 그가 기독교인이었기 때문에 그럴 수 있었을까요? 저는 그렇게 생각하지 않습니다. 한국 교회에서 설교 예화는 주체할 수 없을 정도로 과잉 상태가 되었지만 디르크 빌렘스의 이야기를 예화로 쓰는 목사님은 없습니다. 빌렘스 같은 사람을 모범으로 칭송하지도 않습니다. 아마도 우리나라에서 제대로 교육받은 기독교인이라면 빌렘스와 같은 상황에 놓였을 때 하나님께 감사 기도를 올릴 것입니다. "하나님, 저를 돕기 위해 이런 기적을 일으켜주셔서 감사합니다. 목숨을 살려주셔서 감사합니다. 저 악한이 하나님의 저주를 받아 죽게 도와주셔서 감사합니다."

빌렘스가 언뜻 무모해 보이는 행동에 나선 이유를 평화주의 역사학자인 알렌 크라이더 박사는 '반사행동'으로 설명합니다.[2] 얼음이 깨지고 사람이 물속으로 빠지는 데 걸리는 시간은 몇 초도 안 됩니다. 앞서 가던 빌렘스가 되돌아와서 그 관리의 손을 잡는 데도 그 정도의 시간은 소요됩니다. 따라서 빌렘스는 물에 빠진 사람을 살릴 것인지를 놓고 거의 1초도 고민하지 않았다는 이야기가 됩니다. 빌렘스의 행동은 그런 상황에서 자동적으로 그렇게 행동하도록 훈련받은 사람의 반사적인 움직임이었지, 결코 깊은 사색이나 고민에 따른 결단이 아니었다는 것입니다. 아예 신앙적 결단은 없었다고 보는 편이 옳습니다. 평화주의 교파들이 평화를 끊임없이 가르치고 묵상하고 훈련하는 목적은 바로 이런 결정적인 순간에 빌렘스처럼 반사적으로 행동할 수 있는 기독교인을 만들어내는 데 있습니다.

디르크 빌렘스의 이야기는 그가 살았던 시대나 지금이나 기독교인들 사이에서도 흔히 찾아볼 수 없는 예외적인 경우입니다. 만약 그의 이야기가 앞서 말씀드린 대로 감동적으로, 폼 나게, 근사하게 마무리되었다면 자주 설교 예화로 인용되었겠지요. 하지만 그런 착한 일을 하고도 이 세상에서 아무 보상을 받지 못하고 그냥 처형당하는 이야기는 교회에서 크게 환영받는 예화가 아니랍니다. 해피엔딩만 선호하는 분위기에서 '자신을 남에게 내어준' 이런 사람의 이야기는 사랑받기 어렵습니다.

이 이야기에서 우리가 놓치지 말아야 할 것은 그를 잡아 감옥에 보낸 이름 없는 관리도, 맹세를 잊지 말라고 외쳤던 시장도, 그를 재판해서 화형을 선고한 재판관과 집행관들도 모두 기독교인들이었다는 사실입니다. 16세기는 '하나님의 이름으로 다른 사람을 죽일 의지'와 '하나님의 이름을 위해 기꺼이 죽을 의지'로 충만한 시대였습니다. 한 세력이 다른 세력을 일방적으로 박해한 시대가 아니었습니다. 유럽의 어느 한쪽에서 가톨릭교도들이 개신교도들을 죽이고 있을 때, 다른 한쪽에서는 개신교도들이 가톨릭교도들을 죽이고 있었습니다. 또 동일한 시기에 다른 곳에서는 가톨릭교도와 개신교도들이 재세례파를 죽였고, 단기간에 그치기는 했지만 초기 재세례파 중 일부도 반란과 학살에 참여하여 손에 피를 묻혔습니다. 모두 하나님의 이름을 팔았지만, 누구도 하나님의 진정한 뜻에는 관심이 없던 시대였습니다. 죽고 죽이는 데에는 종교적 열정 못지않게 정치적, 경제적 야욕이 강하게 작용했고, 어차피 신앙에 별 관심 없었던 군주들은 어느 편에 붙는 것이 자신에게 유리한지만 끊임없이 계산했습니다.

16세기 네덜란드는 이런 불안이 다른 어느 곳보다 심한 나라였습니다. 스페인의 지배를 받고 있었기 때문에 독립운동의 성격과 종교개혁 운동의 성격이 혼재되어 있었기 때문입니다. 빌렘스 사건 3년 전인 1566년 8월에는 칼뱅의 영향을 받은 개신교도들 사이에 우상 파괴 열풍이 불었습니다. 그들은 플랑드르, 겐트, 안트베르펜을 비롯한 북부 지역에 있는 가톨릭 수도원과 성당들을 습격해 파괴했지요. 스페인의 강력한 가톨릭 군주였던 펠리페 2세(Felipe II, 1527~1598)는 네덜란드에서 칼뱅파를 몰아내고 질서를 회복하기 원했습니다. 1567년 8월 22일 필리페 2세의 명을 받은 알바 공(Fernando Alvarez de Toledo, 1507~1582)이 네덜란드와 벨기에에 도착하여 칼뱅파 목사들, 성상 파괴주의자들, 무력 봉기자들을 탄압하기 시작하지요. 알바 공이 설치한 폭동 재판소는 단기간에 1,100명을 붙잡아 사형에 처했고, 도망친 9,000명에 대해서는 궐석재판을 통해 사형을 선고했습니다.[3] 디르크 빌렘스는 이 같은 종교적 탄압과 저항의 시대 분위기 속에서 평화를 실천하다 희생된 것입니다.

2

빌렘스는 초기 기독교의 평화주의 전통을 이어받은 재세례파 소속이었고, 바로 그런 이유 때문에 사형을 당했습니다.[4] 재세례파는 우리에게 낯선 사람들이지만, 교회사를 상세히 살펴보면 골목 골목에서 재세례파의 흔적을 만날 수 있습니다.

그 대표적인 예로 1703년 보수적인 목사의 아들로 태어난 옥스퍼드

대학 출신인 한 청년의 이야기를 들 수 있습니다. 이 청년의 이름도 '존'입니다. 존은 이미 대학 시절부터 '거룩한 클럽'이라고 불린 친구들과 함께 주 1회씩 성찬식을 하던 독실한 기독교인이었지요. 얼마나 믿음이 깊은 기독교인이었던지 존은 대학을 졸업한 후 아예 신대륙의 식민지로 선교 여행을 떠났습니다. 당시 영국에서 신대륙으로 가려면 무려 넉 달이나 배를 타야 했는데 배는 언제든지 침몰할 가능성이 있었지요. 독실한 기독교인답게 그는 배 안에서도 설교를 했고, 성찬식을 인도했습니다. 그러나 이렇게 열심인 이 청년의 마음 속에는 영원한 생명에 대한 확신이 없었답니다.

1735년 11월 23일, 출항한 지 한 달쯤 지났을 때 존은 배가 심하게 흔들리는 바람에 잠에서 깨어났습니다. 마음 속으로 죽음의 공포가 밀려왔습니다. 그는 부끄럽다고 느꼈고, 선원들은 그의 두려움을 조롱했습니다. 다음해 1월 25일에는 최악의 폭풍이 배를 덮쳤고, 어쩌면 배가 완전히 부서질지도 모르는 위험한 상황이 되었습니다. 그는 두려웠습니다. 영국인들은 공포에 휩싸여 소리를 지르기 시작했습니다. 바로 그 순간 어딘가에서 찬송가 소리가 들려왔습니다. 너무도 평화로운 노랫소리였습니다. 자신도 모르게 그 소리를 따라간 존은 출항 때부터 같은 배에 타고 있었지만 별로 눈에 띄지 않았던 한 무리의 가난한 사람들을 발견했습니다. 모라비아교회(Moravian Church, 18세기에 지금의 체코 동부에 있는 모라비아 지방에서 나타난 개신교의 한 종파) 사람들이었습니다. 그들은 배가 난파할지도 모르는 폭풍우 속에서 평화롭게 예배를 드리고 있었습니다. 예배가 끝날 때까지 기다린 존은 그들 중의 한 남자를 만나 이렇게 물었습니다. "당신들은 두렵지 않나요?" 남자는 담담하게 대답했습니다. "하나님 때문에, 저는 두렵지 않습니다." 청년은 다시 물었습니다. "그래도 당신들 중에 여자들하고 애들은 무서워했겠지요?" 남자는 차분하게 대답했습니다. "아닙니다. 여자들과 아들도 죽음을 두려워하지는 않습니다."

선교 사업을 위해 신대륙으로 가던 이 젊은 지성인은 그 순간 큰 충격을 받았습니다. 나는 누구이고, 이들은 또 누구인가? 청년은 자신의 신앙을 처음부터 다시 생각하게 되었습니다. 그래서 며칠 후 슈판겐베르크라는 독일 출신의 모라비아교인과 이야기를 나누기 시작했지요. 슈판겐베르크는 존에게 "당신은 예수 그리스도를 아십니까?"라고 질문했습니다. 약간의 망설임 끝에 존은 "나는 그분이 세상의 구주인 것을 압니다."라고 대답했습니다. 그러자 슈판겐베르크는 "맞습니다. 하지만 당신은 그분이 당신을 구원하신 것을 압니까?"라고 되물었습니다. 존은 자신 없는 태도로 "나는 그분이 나를 구원하려고 사망하셨기를 소망합니다."라고 답했습니다. 슈판겐베르크는 멈추지 않고 "당신 자신이 그분을 압니까?"라고 물었지요. 존은 그렇다고 대답하면서도, 자신이 헛된 말을 하고 있는 것이 아닌지 두려웠습니다. 뛰어난 지성과 종교적 열성에도 불구하고, 존은 아직 개인적인 구원의 체험을 하지 못했던 것입니다.[5]

2년 뒤 영국에 돌아와서도 계속 모라비아교인들의 영향을 받던 존은 1738년 5월 24일에 엘더스게이트의 모임에서 결정적으로 회심할 수 있었습니다. 누군가가 루터의 《로마서 주석》 서문을 읽는 것을 듣는 동안 그는 자신의 마음이 이상하게 뜨거워지는 것을 느꼈습니다. 자신이 그리스도를 신뢰하고 있으며 그리스도 한 분만이 구원자라고 느낀 것입니다. 예수께서 자신의 죄를 없애주셨다는 확신도 생겼습니다. 모라비아교인들로부터 크게 감명을 받은 존은 아예 이들의 모국인 독일을 방문하여 가르침을 받기로 마음먹었습니다. 그래서 모라비아교회를 창시한 친첸도르프(Nicolaus Zinzendorf, 1700~1760)를 만나고 그들의 신앙 공동체 마을인 헤른후트도 방문했습니다. 이전 어느 때보다 그의 감동은 더 컸습니다. 그러나 자신이 모라비아교인이 될지는 선뜻 결정할 수 없었습니다. 지나치게 조용하고 신비주의적인 그들의 성향이 자신과 잘 맞지 않았던 것입니다.[6] 그는 나중에 새로운 교단을 만들었는데 그 교단의 이름이 바로 '감리교'입니다.

감리교를 창시한 존 웨슬리(John Wesley, 1703~1791)는 이렇게 젊은 시절 모라비아교인들로부터 큰 영향을 받았습니다. 모라비아교회는 재세례파의 한 분파입니다. 저는 평화주의에 관심을 갖기 전에도 웨슬리를 회심으로 이끈 모라비아교인들에 대해 수도 없이 들었지만 이들의 정체는 제대로 알지 못했습니다. 모라비아교인들은 비교적 종교적 관용의 폭이 넓었던 모라비아 지방에 정착한 재세례파들이었습니다. 모라비아교회는 일반적으로 보헤미아 형제회(Bohemian Brethren)를 의미합니다만, 모라비아에 정착한 재세례파들 중 일부는 야코프 후터(Jacob Hutter, ?~1536)의 영향을 많이 받았기 때문에 이들을 따로 후터파라고 부르기도 합니다.[7] 웨슬리의 경우처럼 재세례파는 알게 모르게 개신교 전통에 큰 영향을 끼쳤습니다.

3

재세례파를 설명할 때가 된 것 같군요. 이들의 출발을 두고 여러 가지 논란이 있습니다. 루터 이후 20세기 중반까지 교회사에서는 하나님의 직접적인 계시가 성경에 우선한다고 주장한 츠비카우 선지자들

(Zwickau Prophets)이나 토마스 뮌처(Thomas Muentzer, 1489~1525, 내적 체험을 중시하고 성경의 권위를 무시했던 급진적인 기독교 사회운동가)로부터 재세례파의 뿌리를 찾았습니다. 그러나 이 같은 전통적 입장은 16세기 자료들을 기초로 삼아 재세례파의 기원을 새롭게 연구한 해럴드 벤더(Harold S. Bender, 1897~1962)의 1944년 연구로 도전을 받게 되지요. 벤더는 메노나이트 계열의 고센대학에서 존 하워드 요더 같은 쟁쟁한 제자들을 길러낸 사람입니다. 그는 재세례파를 뮌처 같은 급진적 혁명파와 명확하게 구분하면서, 츠빙글리(Ulrich Zwingli, 1484~1531)의 종교개혁에서 이탈한 콘라트 그레벨(Konrad Grebel, 1498~1526) 그룹에서 재세례파의 기원을 찾았습니다. 마르틴 루터와 츠빙글리가 당시의 정치적 상황과 타협하는 바람에 제대로 완성하지 못했던 개혁 운동을 그레벨이 이끄는 스위스 재세례파가 계승하려 했다는 것입니다.

그레벨이 중심이었던 이 그룹의 입장을 한두 마디로 요약하기는 매우 어렵습니다. 그래도 최대한 쉽게 설명해보겠습니다. 종교개혁 시대에는 두 갈래의 개혁 운동이 존재했습니다. 양자의 차이는 콘스탄티누스 대제 이후에 형성된 '기독교 세계'를 어떻게 바라보는가에서 비롯했습니다. 콘스탄티누스 대제의 기독교 공인 이후 교회와 국가가 결합하여 누구나 태어나면서 바로 기독교인이 되는 사회가 만들어졌습니다. 기독교인이 되려고 목숨을 걸 필요도 없었고 신앙을 갖겠다는 개인적 차원의 결단도 필요 없었습니다. 국가의 시민이 되는 것과 기독교인이 되는 것은 언제나 동의어였습니다. 그렇게 시민인 동시에 기독교인이 되는 중요한 절차가 유아세례였지요. 마르틴 루터를 중심으로 한 종교개혁 그룹은 이런 기독교 세계를 그대로 인정했습니다. 사회 구조는 올바르므로 다만 교황권이 타락해 부패한 부분만 '개혁'하면 된다고 믿었습니다. '정당한 전쟁' 이론을 그대로 받아들였고, 폭력 사용을 용인했으며, 정치권력과 결탁해 세력을 확장했습니다. 거의 대부분의 사람들은 이들이 종교개혁의 전부였다고 생각합니다.

그러나 다른 한쪽에 잘 알려지지 않은 또 하나의 종교개혁 그룹이 있었습니다. 이 급진적인 종교개혁 그룹은 엄밀하게 말하자면 종교개혁(Reformation)이 아니라 종교회복(Restoration) 그룹이라고 부르는 것이 옳습니다. 왜냐하면 이들은 기본적으로 국가권력과 결탁해 만들어진 '기독교 세계' 자체를 부정했고, 부패한 기독교 세계를 개혁하는 대신, 신약 성경에 나오는 초대 교회를 회복하는 것이 중요하다고 믿었기 때문입니다.

이들이 볼 때 교회가 길을 잘못 든 시점은 교황권이 타락한 때가 아니라 기독교가 권력에 의해 공인을 받고 아예 국교로 올라가기까지 한 때였습니다. 이들은 태어나자마자 마치 시민권을 획득하듯 당연하게 받는 유아세례는 세례가 아니라고 생각했기 때문에 성인이 된 후 스스로 신앙고백을 하고 다시 세례를 받았습니다. 이렇게 세례를 받은 사람들이 모여 만든 교회가 진짜 교회라고 믿었고 교회는 국가권력과 분리되어야 한다고 생각했습니다. 이런 믿음을 바탕으로 1521년 1월 21일 그레벨과 그의 동료들은 서로에게 세례를 베풀었습니다.[8] 유아세례는 의미가 없다고 믿었으므로 이들에게 이 새로운 세례는 '첫 번째' 세례였지 결코 '재'세례가 아니었지만, 이들은 곧 재세례파로 불렸고 그 이름이 지금까지 이어지고 있습니다.

급진 종교회복주의자들인 재세례파의 중심 교리는 예수님을 따르는 제자의 삶을 강조하고, 교회 관습보다 성경을 우선하며, 평화를 강조하는 것이었습니다. 이들의 입장을 잘 요약한 1527년의 〈슐라이트하임 고백(Schleitheim Confession)〉은 기독교인이 정당방위로도 폭력을 쓸 수 없을 뿐 아니라, 재판관이나 행정관처럼 어느 정도 폭력을 사용할 수밖에 없는 직업도 가질 수 없다는 급진적인 태도를 보입니다. 예수님이 세상을 지배하는 통치자가 아니라 '섬기는 종'으로서 세상을 구원하는 방법을 택한 이상, 기독교인도 마땅히 그러해야 한다는 것이었습니다.

〈슐라이트하임 고백〉을 만든 미하엘 자틀러(Michael Sattler, 1495~1527)의 삶은 무척이나 인상적입니다. 1490년 독일 남서부에서 태어난 자틀러는 베네딕트파 수도사가 되었다가 종교개혁 운동이 일어나자 1525년에 재세례파로 개종했습니다. 당시 종교적으로 가장 관용적이었던 슈트라스부르크에서 마르틴 부처(Martin Buccer, 1491~1551) 등 다른 종교개혁가들과 논쟁하는 과정에서 재세례파 신앙을 더욱 확신하게 된 그는 순회 설교자로 활동하다가 1527년에 〈슐라이트하임 고백〉을 만든 직후 아내와 함께 체포되어 재판을 받았습니다.

재판 과정에서 자틀러가 과거에 했던 다음과 같은 발언이 문제가 되었습니다. "만약 투르크족이 우리 땅을 침범한다면 우리는 그들에게 대항해서는 안 된다. 나는 그들과 싸우느니 차라리 기독교인들과 전쟁을 하겠다." 사실 이 말의 의미는, 살인하지 말라는 계명을 어기고 굳이 전쟁에 나서야 한다면 비기독교인인 투르크족이 아니라, 전쟁을 강요하는 가짜 기독교인들에 맞서 싸우겠다는 것이었습니다. 철저하게 평화주의적인 신념을 표현한 것이었지요. 그러나 그는 결국 이 말 때문에 사형선고를 받았고, 1527년 5월 20일 혀를 뽑히고 온몸이 잘린 다음 화형되는 끔찍한 최후를 맞았습니다. 원래 베긴파(Beguines, 중세에 이단으로 정죄된 가톨릭 여성 종파) 출신이었던 그의 아내도 8일 후 역시 산 채로 수장당했습니다.[9] 언제나 그랬듯이 죽인 사람도, 죽은 사람도 기독교인이었습니다.

이처럼 재세례파는 출발부터 엄청난 박해에 직면했습니다. 전염병으로 사망한 콘라트 그레벨을 제외하고는 대부분의 초기 지도자들이 산 채로 화형을 당하거나 수장되었습니다. 가톨릭교회 뿐 아니라 종교개혁 운동 진영에서도 이들을 박해했습니다. 종교개혁 시대를 이야기하면서, 가톨릭을 일방적인 가해자 위치에 놓고 개신교를 일방적인 피해자 위치에 놓는 분들이 많습니다만, 이것은 완전히 오해입니다. 어느 쪽이 더 많은 사람을 죽였는지 정확히 비교할 수는 없으나, 개신교 역시 재세례파나 가톨릭을 죽이는 데 다른 어느 종파에 뒤지지 않았다는 것을 기억해야 합니다. 예컨대, 1525년에 최초의 재세례를 주도했던 펠릭스 만츠(Felix Mantz, 1498~1527)는 1527년 1월 5일 취리히 시에서 산 채로 수장당했습니다. 만츠의 죽음을 주도한 것은 불행히도 츠빙글리를 비롯한 취리히의 개신교도들이었고, 만츠는 개신교도의 손에 죽임을 당한 최초의 재세례파 순교자로 기록되었습니다.[10] 문제는 그가 마지막이 아니었다는 데 있지요.

이런 기독교 역사를 생각하면, 가슴이 답답해질 때가 많습니다. 기독교가 공인될 때까지 비기독교인들이 기독교인들을 죽이며 흘린 피가 작은 시냇물을 이루고 있다면, 기독교인들이 기독교인들을 죽이며 흘린 피는 아마 큰 강을 이루고도 남을 겁니다. 4세기부터 21세기까지 벌어진 대부분의 전쟁은 양쪽 당사자가 모두 이른바 기독교 국가들이었습니다. 이 피흘림의 역사에서 기독교인들은 결코 자유롭지 못합니다. 종교적 색깔이 다르다는 이유로 같은 기독교인의 혀를 뽑거나 산 채로 불태워 죽이거나 몸을 조각내 죽이거나 물속에 빠뜨려 죽이는 것은 또 어떻습니까? 이러한 행태는 예수님의 모습보다, 오히려 예수님을 잡아 죽인 로마 군병들의 행동을 연상케 합니다. 저는 가끔 이단 사냥에 나서는 선배 기독교인들의 모습에서 이런 살기를 느끼곤 합니다.

4

가혹한 박해로 유럽 전역으로 흩어진 데다가 각지에서 자생적인 재세례파들까지 생겨나면서 재세례파는 여러 교파로 나뉘었습니다. 모라비아교회, 후터파, 메노나이트, 아미시 등의 교파들은 세부 교리에서 다소 차이가 있었지만 모든 폭력을 거부한다는 공통점이 있었지요.

메노나이트는 네덜란드에서 메노 시몬스(Menno Simmons, 1496~1561)를 따르는 사람들이 만든 교파입니다. 메노 시몬스는 평화주의에서 매우 중요한 인물이지요. 아미시는 메노나이트의 한 분파인데, 양자는 큰 차이가 없어서 지금까지도 양 교단 사이에 이합집산이 계속되고 있습니다.[11] 가톨릭 사제였던 시몬스는 1536년 재세례파로 개종했습니다. 폭력적인 방법으로 천년왕국의 이상을 실현하려 했던 극단적 재세례파들이 뮌스터에서 반란을 일으키고 나서 1년이 지난 후의 일이었습니다.

뮌스터 반란은 이상주의와 폭력이 결합했을 때 어떤 일이 벌어지는지를 보여주는 좋은 예입니다.[12] 반란의 지도자였던 얀 보이켈스(Jan Beuckels, 1509~1536)는 스스로 왕으로 선포하고 강력한 독재 체제를 구축한 뒤 일부다처제를 시행하면서 메시아를 자처했습니다. 1534년부터 1535년까지 뮌스터에서 일어난 황당무계한 일들은 이후 오랫동안 재세례파를 공격할 논리를 제공했습니다. 뮌스터 반란은 가톨릭 연합군에게 진압되었고, 도시에 남아 있던 모든 사람들이 살해당했지요. 여자들만 해도 1,500명 가량이 즉결 처형되었으니 그야말로 엄청난 학살이 일어났던 것입니다. 지도자였던 얀 보이켈스는 공개된 장소에서 역시 시뻘겋게 달군 인두로 죽을 때까지 고문을 당한 후, 교회 탑에 매단 커다란 새장에 전시되었습니다. 루터의 동료였던 종교개혁가 필리프 멜란히톤(Philipp Melanchthon, 1497~1560)이 모든 재세례파를 멸종(extermination, 이 표현은 나치 대학살에서 쓰인 것입니다)시켜야 한다고 주장한 것도 이 무렵의 일이었습니다.[13]

뮌스터 반란으로 평화주의의 포기가 얼마나 무서운 결과를 불러올 수 있는지 처절하게 경험한 재세례파에게 다시 평화주의 원칙으로 돌아갈 것을 호소한 사람이 바로 메노 시몬스입니다. 일부가 폭력적인 방법을 택했다가 처참한 종말까지 맛본 후라서 재세례파의 평화주의 신념은 더욱 깊어졌습니다. 그리고 이들의 평화주의적 입장은 양심에 따른 병역거부로 이어졌지요. 당시는 아직 국민개병주의에 입각한 근대적 국가 개념이 등장하기 전이었으므로 지금과 똑같은 형태의 양심에 따른 병역거부는 아니었습니다만, 이들에 대해 국가별로 비공식적인 승인이 많이 이루어졌지요.

예컨대 메노나이트들은 네덜란드에서 큰 세력을 형성했는데, 네덜란드 총독인 오라녜 공 빌렘(Willem van Oranje, 1533~1584)은 이들로부터 일정한 돈을 받는 대신 공식적으로 병역을 면제해주었습니다.[14] 메노나이트들이 네덜란드에서 인정받기까지의 과정도 그리 순탄한 것은 아니었습니다. 네덜란드에 이주한 스페인계 지배자들의 통치기에만 약 1,000명의 메노나이트가 순교했습니다. 앞서 이야기한 디르크 빌렘스도 바로 이런 희생자들 중의 한 명이었습니다. 따라서 스페인의 지배에 반발한 네덜란드 귀족들과 칼뱅주의자들이 독립전쟁(1572~1609)을 일으켰을 때, 메노나이트들도 온전히 중립을 지킬 수는 없었습니다. 물론 폭력을 사용하거나 반란에 직접 가담하지는 않았지만, 대신 네덜란드 독립전쟁의 지도자였던 오라녜 공 빌렘에게 재정 지원을 하는 우회적 방법을 택했지요. 빌렘은 그 대가로 1570년대 메노나이트들에게 관용을 선물했습니다.[15] 무려 430여 년 전의 일입니다.

5

17세기 말부터 메노나이트 일부가 아메리카대륙으로 이주하기 시작하여 펜실베이니아를 비롯한 13개 주 전체에 광범위하게 자리 잡았습니다. 모라비아를 비롯한 평화주의 입장을 지닌 독일 경건주의자들이 미국으로 이주한 것도 비슷한 시기였습니다. 유럽 대륙에서 받은 끊임없는 박해와 차별이 이들로 하여금 신대륙 이주를 결심하게 했던 것이지요.[16]

이들이 미국에 도착했을 때 펜실베이니아에는 평화주의 입장에서 병역을 거부하는 다른 기독교인들이 이미 정착한 상태였습니다. 영국에서 온 퀘이커 교도들이었지요. 17세기 중반 영국인 조지 폭스(George Fox, 1624~1691)가 창설한 퀘이커교의 신도들 일부는 1681년 윌리엄 펜(William Penn, 1644~1718)의 지도로 펜실베이니아에 도착했습니다. 그리고 이후 약 1세기 동안 정치, 사회적으로 펜실베이니아를 지배했지요.

펜실베이니아는 이름 자체가 '펜의 숲'을 의미할 정도로 윌리엄 펜의 영향을 많이 받은 곳입니다. 해군 제독으로서 전쟁 영웅이었던 아버지 덕분에 많은 특권을 누리고 살았던 윌리엄 펜은 1661년부터 퀘이커교도들과 친분을 맺어 1666년 그 일원이 되었습니다. 그러나 1668년 런던에서 영국국교회를 비판하는 소책자를 썼다가 체포되어 감옥에 다녀오면서 퀘이커 운동이 영국에 머물러서는 미래가 없다는 생각을 하게 되었지요. 그때 마침 영국의 찰스 1세가 펜의 아버지에게 진 빚을 그 아들에게 갚아야겠다고 마음먹고 윌리엄 펜에게 신대륙의 넓은 땅을 정착지로 양도해주었습니다. 뉴욕과 메릴랜드의 중간에 위치한 윌리엄 펜의 땅은 그때부터 전 세계에서 가장 안전한 종교 자유의 보금자리가 되었지요.[17] 퀘이커교의 무저항 비폭력 평화주의가 노예 해방, 사형 폐지 운동의 정신적 뿌리가 되어 미국 역사에 큰 영향을 끼쳤음은 널리 알려진 사실입니다.

윌리엄 펜의 초청을 받아 펜실베이니아에 도착한 메노나이트들은 초기에 예배당을 공유할 정도로 퀘이커와 가까운 관계를 유지했습니다. 이들 두 교파는 노예제 폐지에도 처음부터 뜻을 같이 하여 1688년에 이미 공동으로 노예제도의 부당성을 지적하기 시작했지요. 지역을 다스리는 업무도 메노나이트들과 퀘이커들이 공동으로 담당했으나, 정치에 별 관심이 없던 메노나이트들은 얼마 지나지 않아 그런 업무에서 손을 떼었고, 펜실베이니아에서 권력의 중심은 점차 퀘이커로부터 장로교와 성공회 쪽으로 넘어갔습니다. 장로교인들의 정치 지향성이 워낙 강했던 데다가, 유럽에서 오랫동안 박해를 당한 메노나이트들이 자신들의 문화를 지키려고 점차 주류 사회로부터 고립되는 길을 택했기 때문이었습니다.[18]

유럽에서 이주한 평화주의 교파들에게 식민지 정부가 관용을 베풀었다고는 하지만 처음부터 모든 일이 순탄했던 것은 아닙니다. 펜실베이니아를 관할하는 영국 식민지 정부는 당연히 각 지역을 지킬 민병대가 필요했습니다. 그래서 총독이 민병대 설립 법안을 제출하면 퀘이커를 중심으로 한 펜실베이니아 의회가 이를 거부하는 일이 수없이 반복되지요. 1756년 7년전쟁(1756~1763, 유럽의 열강이 모두 참전한 전쟁. 특히 영국과 프랑스는 북아메리카 및 인도를 둘러싸고 패권 경쟁을 벌였다)이 일어나자, 마침내 영국 총독은 "양심에 따른 병역거부자에게 여외를 인정하는" 법안을 제출하기에 이릅니다. 더는 당국의 압력에 저항할 수 없었던 의회도 이 정도에서 타협하기로 결정하고 법안을 받아들였습니다.[19] 식민지가 아무리 위험한 상황에 놓이더라도 양심에 따라 병역을 거부하는 이들에게 병역을 강요할 수 없다는 원칙은 이때 처음 수립된 것입니다. 이 법안을 수용하면서 펜실베이니아 의회의 한 의원은 "잠깐 동안의 안전을 위해 본질적 자유를 포기하는 자들은 자유도 안전도 얻을 자격이 없다."고 말했습니다.[20] 눈앞의 안전을 위해 양심의 자유를 포기하는 것은 오히려 자유 민주주의의 기본을 파괴하는 행위라는 의미입니다. 기억해둘 만한 말이지요.

미국 독립전쟁(1775~1783) 기간 중에도 매사추세츠, 뉴햄프셔, 노스캐롤라이나, 사우스캐롤라이나, 버지니아, 뉴욕 주가 민병대 구성에서 양심적 병역거부를 인정하는 입법을 했고, 1775년 대륙의회(미국 독립전쟁 시기에 아메리카 13개 주의 군사·외교·재정적인 문제를 지도한 기관)가 최초로 통과시킨 법안들 중에도 양심에 따른 병역거브자들의 병역 면제를 인정하는 내용이 들어 있었습니다.[21]

남북전쟁(1861~1865)은 노예제 폐지를 주장하던 퀘이커 등 평화주의자들에게 새로운 고민을 안겨주었습니다. 노예제 폐지는 링컨 대통령의 선언 이후 전쟁의 공식적인 명분으로 인정받았습니다. 누구보다 먼저 노예제 폐지 운동에 앞장섰던 퀘이커들은 이 전쟁의 승리를 기원해야 했습니다. 그러나 그들은 모든 전쟁에 반대하는 평화주의자들이었습니다. 이런 딜레마 앞에서 사람들은 다양한 선택을 하게 됩니다. 어떤 사람들은 이 전쟁의 특수한 정당성을 인정하여 참전했고, 어떤 사람들은 양심에 따른 병역거부를 했으며, 어떤 사람들은 비전투임무에 종사했습니다. 갈등과 고민은 있었지만 이들에게는 적어도 다양한 선택의 길이 열려 있었던 것입니다.

그러나 남북전쟁 중의 병역거부 인정도 거저 얻은 것은 아니었습니다. 남북전쟁 중이던 1863년 북부에서 징병이 시작되면서 양심에 따른 병역거부자들이 속출합니다. 비록 링컨 대통령은 퀘이커나 메노나이트 출신인 다수의 병역거부자들을 사면하기는 했지만, 북부군 전체에서 병역거부자들은 개인적으로 심각한 수준의 박해를 받았습니다.

이런 상황에서 등장한 것이 바로 제칠일예수재림안식교회(이하 안식교)였습니다. 신흥종교였던 안식교 지도자들은 자신들 앞에 닥친 첫 번째 전쟁에 대한 입장을 분명히 해야 했습니다. 안식교는 1840년대 미국 북부를 휩쓸었던 윌리엄 밀러(William Miller, 1782~1849)의 천년왕국 운동에 뿌리를 두고 있습니다. 밀러는 1844년 예수가 재림할 것이라고 예언하면서 많은 신자들을 끌어들였지만 결국 그해에 예수는 재림하지 않았고 교세는 급격히 약해졌지요. 하지만 그의 교리를 신봉하는 사람들은 소규모로 조직을 유지했고 엘런 화이트(Ellen White, 1827~1915)와 제임스 화이트(James White, 1821~1881) 부부의 지도로 1850년대 중반부터 점차 평화주의 입장을 표명했습니다.

안식교 신자들은 유대교 신자들처럼 토요일을 안식과 기도의 날로 지켰기 때문에 군 복무에 어려움을 느낄 수밖에 없었습니다만, 안식교회 지도자들 중에는 여전히 전쟁을 지지하는 사람들이 있었기 때문에 양심에 따른 병역거부 논쟁은 남북전쟁 발발 후에도 몇 년이나 계속되었습니다. 교파 내에서 예언자로 존경받고 있던 엘런 화이트는 노예제도 폐지를 강하게 주장했으므로 남북전쟁이 일어나자 누구보다도 강력하게 북부를 지지했습니다. 하지만 적어도 하나님의 백성은 무력 충돌에 직접 개입하지 말고 조용히 예수의 재림을 기다려야 한다고 믿었습니다.

여성이기 때문에 이 논쟁에 직접 개입하는 것을 조심스럽게 생각했던 엘런 화이트가 1863년 자신의 입장을 분명히 밝히면서 안식교의 내부 논란은 정리되었고, 이제 필요한 것은 정부의 인정을 받는 일뿐이었지요. 마침내 1864년 2월 24일의 병역법 개정으로 평화주의 교단에 속한 교인들은 폭넓은 예외를 인정받았고, 이때 안식교도 기존 교파들과 같은 지위를 부여받았습니다.[22] 물론 완전히 면제를 받으려면 돈을 내야 했고, 돈이 없으면 의료부대나 새로 자유를 얻은 흑인 노예들을 도와주는 비전투 부대에 복무해야 했지만, 그래도 상당히 광범위한 병역거부권이 인정된 것이었습니다.

남부 쪽에서도 양심에 따른 병역거부를 인정하는 법안이 통과되었지만, 사정은 북부보다 나빴습니다. 엄연히 법안이 있는데도 다른 사병들과 초급 장교들의 학대가 매우 심했기 때문이지요.[23] 불런 전투에서 보여준 철벽 수비 덕분에 '돌벽(Stonewall)'이라는 별명으로 불린 남부군의 명장 토머스 잭슨(Thomas Jackson, 1824~1863) 장군이 남긴 한마디는 기록해둘 만합니다. "평화주의 농부들은 농작물 생산을 유지함으로써 전쟁 수행을 돕고 있으며, 이들 병역거부자들은 군대에 있거나 감옥에 죄수로 있는 것보다 농부로 일하는 것이 정부에 훨씬 더 가치 있는 일입니다."[24]

이처럼 남북전쟁 중에도 북부와 남부 지도부는 모두 전통적인 평화주의 교회와 타협을 시도했고, 병역거부자들에게 일정한 과징금을 부과하거나, 대리 복무(돈을 내고 대신 복무할 사람을 찾는 것)를 인정함으로써 이들과 직접 충돌을 피했습니다. 이러한 타협에 대해서는 아미시 내부에서도 돈으로 자기 대신 죽을 사람을 구하는 너무나 위선적인 신념이라는 비판과 자성이 뒤따랐습니다.[25]

다만 남부와 북부에서 이루어진 병역거부 인정이 매우 제한적이었음은 기억해두어야 합니다. 전통적인 평화주의 교파에 속하지 않은 개인적 차원의 병역거부는 인정받지 못했기 때문입니다.[26]

6

그렇다면 유럽의 평화주의 교파들은 어떤 일을 겪었을까요? 유럽의 상황은 미국과 많이 달랐습니다. 프랑스혁명과 나폴레옹 전쟁을 거친 후 근대적 국민국가가 등장하고, 전면적인 징병제도가 도입되기 시작했으며, 동시에 이전 세기에 폭넓게 인정되었던 평화주의 교파들에 대한 관용도 막을 내렸습니다. 평화주의 교파들에 불리한 이와 같은 여러 조건들 때문에 이들 중 상당수가 유럽을 버리고 신대륙으로 떠났던 것입니다.

프랑스는 시민의 자유와 권리 신장에서 보여준 선구적 역할에도 불구하고, 양심에 따른 병역거부에 대해서만은 20세기에 이르러서도 매우 엄격한 입장을 유지했습니다. 앙시앵 레짐이라 불리는 프랑스혁명

이전의 구체제에서는 두 종류의 군대가 있었습니다. 정규군이라 할 수 있는 보병은 루이 15세 시대에 20명당 1명꼴로 차출된 남자들로 처음 구성되었고, 친위군은 40명당 1명꼴로 추첨으로 차출된 남자들로 구성되었습니다. 이러한 기본 틀은 프랑스혁명과 함께 완전히 무너졌고, 1798년에 세계 최초로 전국적인 강제 징병제도를 도입했습니다. 오스트리아와 프로이센을 비롯한 이웃나라의 침략(프랑스 혁명전쟁)에 대응하기 위해 1792년부터 시행된 국민총동원령이 점차 제도화 과정을 거쳐 강제 징병제도로 정착되었던 것입니다.[27] 여기서 우리가 기억해야 할 것은 '언제 어떻게 전국적인 강제 징병제도가 정착되었는가'의 문제가 아니라, '그전에는 전 세계 어디에도 이와 같은 국가 차원의 강제 징병제도가 없었다'는 사실입니다. 인류가 존재한 이래로 징병제도가 존재했다는 근거 없는 믿음을 깰 필요가 있다는 이야기입니다.

혁명 초기에는 프랑스 전체를 뒤흔든 애국주의 분위기 덕분에 병사를 모집하는 데 별다른 어려움이 없었으나, 혁명전쟁과 뒤이은 나폴레옹 전쟁으로 복무 기간이 지나치게 길어지자, 징병을 기피하거나 군무를 이탈하는 비율이 급격히 증가했습니다. 그러나 이 시기의 병역 기피 이유는 종교 때문이라기보다 가족의 생계 유지 등 개인적인 동기가 대부분이었습니다.

프랑스에서 징병제 실시 후에 양심에 따른 병역거부가 그리 심각한 문제로 떠오르지 않은 데에는 문화적인 영향이 컸습니다. '정당한 전쟁' 전통에 기초한 가톨릭 문화의 영향이 워낙 강했기 때문에 전쟁을 비윤리적으로 보는 경향이 거의 없었던 것입니다. 양심에 따른 병역거부는 주로 독일과 인접한 동부 지역에서 소수의 재세례파들에 의해서만 이루어졌습니다. 프랑스 혁명 정부는 이들에 대해 "종교적, 윤리적 이유로 집총을 거부하는 사람들이 박해받는 것을 막고, 그들이 군대 내에서 원하는 업무를 하도록 하거나, 돈으로 병역을 면제받을 수 있도록 허용하는" 결정을 내립니다. 나폴레옹 전쟁이 끝나고 평화가 찾아오면서부터는 징병이 제한적으로만 이루어졌고, 이에 따라 1818년 이후에는 양심에 따른 병역거부가 거의 문제되지 않지요.

그러나 1870년 비스마르크가 이끄는 프로이센과 벌인 전쟁에서 패배하면서 프랑스는 민족주의 열풍에 휩싸였고, 다시 징병제도가 전면적으로 시행되었습니다. 양심에 따른 병역거부를 인정하지 않았을 뿐만 아니라, 이들에게 매우 무거운 형벌을 내리기 시작했습니다. 양심에 따른 병역거부자들은 군무 이탈자와 같은 취급을 받았고, 첫 번째 병역을 거부했을 때 징역 1년이 부과된 뒤, 그후 징병 통지를 거부할 때마다 2년씩의 징역을 받았습니다. 해당자가 50세에 이를 때까지 처벌이 계속되었으니, 상당히 가혹한 처분이었지요. 이러한 처분은 1950년대까지 그 기본 틀을 유지하다가, 1963년 드골 대통령의 결단으로 양심에 따른 병역거부를 인정하는 제도를 도입하게 됩니다.[28]

프랑스에서 시작되어 프로이센으로 이어진 징병제도는 제1차 세계대전이 일어나기 직전까지 대부분의 서구 열강이 도입했고, 제1차 세계대전이 진행 중이던 1916년에는 영국도 징병제를 도입했습니다.

유럽에서 메노나이트들은 관용적인 개신교 군주가 지배하는 지역에서 주로 생존할 수 있었는데, 독일이 그 예입니다. 통치자들은 메노나이트들이 매우 극단적인 신앙을 지녔음을 알고 있었지만, 그들의 성실함과 그에 따른 생산성 때문에 최대한 그들을 이용하고 싶어했습니다. 재정적으로 상당한 수준의 지원을 받을 수 있었으므로 굳이 그들을 군대로 몰아넣거나 박해를 가하면서까지 쫓아낼 이유가 없었지요. 그래서 대개의 경우, 메노나이트 공동체는 지역 통치자에게 재정적인 지원을 약속하는 조건으로 종교의 자유를 허락받았습니다.

그러나 통치자들은 한편으로 로마 가톨릭이나 교회 지도자들의 압력에도 시달렸기 때문에, 언제나 관용을 베풀었던 것은 아닙니다. 재정적 이익을 선택한 통치자들은 메노나이트들을 관용했고, 교회의 종교적 지원을 바란 통치자들은 메노나이트들을 박해할 수밖에 없었지요. 따라서 메노나이트들은 자신들을 박해하지 않을 통치자를 찾아 이리저리 옮겨 다녀야 했고, 설사 한 지역에서 종교적 관용의 혜택을 받았다 해도, 그 지역의 통치자가 바뀌면 언제든지 쫓겨날 수 있었습니다. 미리 박해를 피해 스스로 다른 지역으로 이주한 경우도 많았지요. 이는 고리대금업 등으로 부를 축적한 유대인들이 유럽 지역에서 통치자들의 관용 속에 근근이 살아간 것과 매우 비슷합니다.[29] 기독교가 고리대금업을 죄악시했기 때문에, 서구 사회는 그런 업무를 대신 맡아줄 유대인들이 필요했습니다. 다른 지역과의 원활한 경제활동을 이어가는 데도 유대인들은 큰 도움이 되었지요. 메노나이트를 비롯한 평화주의 교파들도 특유의 성실성으로 유대인 공동체와 비슷한 지위를 얻어 유럽 사회에서 생존할 수 있었던 것입니다. 유대인들 중 상당수가 박해를 피해 신대륙으로 떠난 것처럼 평화주의 교파들이 같은 이유로 신대륙을 선택한 것도 자연스런 일이었지요.

대부분의 독일 군주들이 메노나이트들의 권리와 의무를 세밀하게 규정한 포고령을 내린 후 이들을 받아들였습니다. 상세한 조건은 지역마다 달라서, 일부 지역에서는 메노나이트 공동체 자체에 병역 면제권을 부여했고 일부 지역에서는 메노나이트들이 개인 자격으로 돈을 내고 병역을 면제받았습니다. 지역에 따라서는 자신을 대신할 대리 복무자를 돈으로 사서 병역을 마치기도 했습니다. 그러나 1815년 이들 지역이 하노버 왕가에 복속되면서 징병제가 도입되어 이러한 관용의 시대는 문을 닫게 되었지요. 그리고 독일 메노나이트들은 비스마르크의 프로이센이 주도하는 독일 통일 과정에서 무력 사용을 점차 수용하면서 평화주의 교파의 정체성을 잃기 시작합니다. 일부 교파에서는 병역 문제를 공동체의 결정이 아닌 개인의 문제로 돌려 직접적인 충돌을 피했습니다. 상당수의 독일 메노나이트들이 이때부터 군 복무를 하게 되었고,[30] 1934년에는 공식적으로 평화주의 입장을 포기했습니다. 이러한 결정을 내린 이유가 종교적 박해 때문에 아니라 히틀러를 지원하기 위해서였다는 사실이 매우 충격적이지요. 독일 메노나이트 교회는 이런 식으로 평화주의에서 국가주의로 입장을 서서히 바꾸었습니다.

7

19세기 유럽 사회에 가장 큰 영향을 끼친 평화주의자를 꼽는다면, 톨스토이(Lev Tolstoy, 1828~1910)를 들 수 있습니다. 《전쟁과 평화》를 비롯한 여러 걸출한 문학 작품을 통해 그가 얻은 세계적 명성은 그의 사상을 유럽 전역에 전파하는 데 큰 도움이 되었습니다. 톨스토이는 양심에 따른 병역거부가 반드시 종교적 신념에 기초해야 한다고 생각하지 않았습니다. 가톨릭이든, 이슬람이든, 불교도든 또는 어떤 나라 출신이든지 간에 전쟁을 거부하는 입장은 우주적이고 보편적인 것이라고 믿었습니다. 1899년 징병을 앞둔 젊은이에게 보낸 편지에서 그는 이와 같은 입장을 명백히 하고 있습니다.[31] "군인이 되기를 거부하는 것은 기독교인뿐만 아니라 모든 정당한 사람들의 의무입니다. 만약 당신이 우리 시대를 사는 윤리적 인간이 되기를 원한다면 병역을 거부해야만 합니다." 톨스토이의 평화주의는 이론적으로 매우 단순한 형태였지만 전 세계에 엄청난 영향을 끼쳤습니다.

러시아는 1874년부터 모든 성인 남자들을 대상으로 하는 징병제를 실시했습니다. 알렉산드르 2세(Alexandr II, 1818~1881)가 실시한 전면적인 사회 개혁의 일환이었습니다. 알렉산드르 2세 집권 초기까지 남아 있던 전근대적 징병제도는 하층 계급 출신들에게 무려 25년이나 군 복무를 하게 하는 가혹한 것이었습니다. 알렉산드르 2세는 이런 제도를 개혁하면서 복무 기간을 6년으로 줄이는 대신 징병 대상을 모든 러시아 남성에게로 확대합니다. 역사가들은 일반적으로 이러한 개혁이 러시아의 근대화와 민주화에 크게 기여했다고 평가합니다.[32]

그러나 당시의 개혁은 평화주의자들에게 치명적이었습니다. 일찍이 예외를 인정받았던 독일계 메노나이트들을 제외하고는, 러시아 전역에서 양심에 따른 병역거부자들에 대한 매우 심한 박해가 일어났습니다.[33] 그런데도 몰로칸(Molokans)이나 두호보르파(Dukhobcrs, 18세기 중엽에 성립된 러시아정교회의 한 분파)처럼 러시아 농민들 사이에 오랜 전통을 지닌 평화주의 교파들이 병역을 거부했고, 이들 교파에 속하지 않은 사람들 중에서도 많은 병역거부자들이 나왔습니다.

톨스토이의 영향을 받은 비종파적 병역거부자들은 대개 교육을 많이 받은 계층에서 나왔습니다. 초기 병역거부자 중에는 정예 근위기병대의 장교였다가 평화주의로 전향한 블라디미르 체르트코프와 성 페테르부르크 해군사관학교 출신의 엘리트 장교 파벨 비류코프 등이 포함되어 있었습니다. 체르트코프는 1881년 복음서를 읽다가 평화주의의 확신을 얻은 후 톨스토이에게 가르침을 받았고, 1936년 사망할 때까지 '또 한 명의 톨스토이'로 불릴 정도로 평화주의를 열심히 전파했습니다. 비류코프 역시 해군에서 제대한 후 평화주의를 가르치고 실천하는 데 헌신했습니다. 두 사람은 평화주의를 선택하기 이전에 이미 장교로서 의무 복무 기간을 다 채웠기 때문에 굳이 감옥에 갈 필요는 없었습니다. 두 사람의 제대 이후 병역거부자는 더욱 증가했습니다.

예브도킴 드로즈진은 원래 민중 교육에 일생을 바치기로 결심한 시골 학교 교사였습니다. 그는 1889년 톨스토이의 작품을 접하고 나서 기독교 평화주의자가 되었습니다. 1891년 25세의 비교적 늦은 나이에 징병 통보를 받은 드로즈진은 즉각 병역을 거부했고 경찰에 체포된 후 1894년까지 민간 교도소, 군 교도소, 징벌 대대를 전전했습니다. 그러다 징벌 대대에서 보낸 마지막 15개월 동안 추위와 배고픔, 그리고 독방 감금 등의 가혹 행위를 받은 끝에 결국 사망했습니다.[34] 약 4년에 걸친 가혹한 처우에도 불구하고 그는 "몸은 갇혀 있으나, 양심은 자유를 얻었다."라고 고백합니다. 드로즈진의 죽음은 톨스토이에게 깊은 감명을 주었지요.[35]

1895년 징병 통보를 받은 페트르 올호비크의 경우도 기록할 만합니다. 남부 우크라이나 출신 농부였던 그는 소수 종파 출신도 아니고, 톨스토이주의자도 아닌 그리스정교회 교인이었습니다. 시골 학교에서 겨우 글자를 익힌 후 혼자 복음서를 읽으면서 평화주의자가 된 그는, 병역을 거부한 뒤 징벌 대대를 거쳐 18년의 유배형을 선고받습니다. 시베리아로 향하는 유형길에서 올호비크는 호송 병사 중 한 명이었던 키릴 세레다에게 자기 믿음을 전했고, 올호비크에게 감명을 받은 세레다까지 병역을 거부하게 됩니다. 결국 세레다는 호송 병사에서 죄수로 전락했지요. 올호비크와 세레다가 아직 징벌 대대에 있을 때, 톨스토이는 그 지휘관에게 관용을 호소하는 편지를 썼습니다. 이미 드로즈진의 예에서 본 것같이 징벌 대대에서 받는 처우에 따라 죽을 수도 있었고, 지휘관에 따라 상대적으로 덜 고통스러울 수도 있었습니다. 지휘관의 양심에 호소한 톨스토이의 편지는 지금까지도 남아 있습니다.

비슷한 시기에 표토르 베리긴이 이끈 두호보르파는, 사냥을 위해 가지고 있던 무기들까지 불태우는 상징적 행위와 함께 병역을 거부했다가 약 300명이 투옥되었습니다. 이들 중 상당수는 톨스토이의 도움을 받아 1899년 캐나다의 핼리팩스로 이주할 수 있었지요.[36] 물론 이주 자체가 쉬운 일은 아니었습니다. 국가에 대한 충성 맹세, 병역뿐만 아니라 공립학교에 자녀들을 보내는 것까지 거부하는 두호보르파를 받아줄 나라를 찾기 어려웠던 데다가 이주 비용도 한 푼 없었기 때문입니다. 톨스토이는 그들의 이주 비용을 마련하려고 모스크바와 유럽, 미국에서 대대적인 모금 운동을 벌이고 자기 사재까지 털었습니다. 나중에는 1887년 처음 구상한 이래 오랫동안 미뤄두었던 소설을 서둘러 마무리함으로써 겨우 필요한 돈을 마련합니다. 이때 서둘러 쓴 책이 바로 《부활》입니다.[37] 이제는 누구도 그 사실을 기억하지 않지만 《부활》의 배경에는 양심에 따른 병역거부자들이 자리 잡고 있는 셈입니다.[38] 톨스토이는 두호보르파의 안전한 이주를 위해 캐나다까지 긴 여정에 자신의 장남 세르게이(Sergei Tolstoy, 1863~1947)가 동행하도록 했습니다. 양심에 따른 병역거부자들에 대한 톨스토이의 깊은 관심을 보여주는 장면이라 할 수 있겠지요.[39]

8장

전쟁 중이라 인정할 수 없다?

_20세기 전쟁과 양심의 결단

이쯤 설명하면 다음과 같은 질문이 나올 때가 된 것 같습니다. "당신이 예로 드는 것은 모두 최소한의 민주주의라도 보장된 나라들 아닌가? 양심에 따른 병역거부를 해도 죽지는 않는 나라, 즉 어느 정도 살 가능성이 있는 나라에서만 사람들이 슬슬 눈치를 보아 가며 병역거부를 하는 것이다. 양심에 따른 병역거부를 하면 당장 총으로 쏘아 죽이는 나라가 있다면, 그 나라에는 양심에 따른 병역거부가 분명히 존재하지 않을 거다. 누구나 죽음은 두려워하니까. 결국 우리나라가 좀 살 만한 민주국가가 되니 병역거부자들이 설치는 것 아닌가?"

맞습니다. 신앙이나 양심 때문에 자기 목숨을 내놓는 것은 누구에게도 쉬운 일이 아닙니다. 미국이나 영국처럼 인권 의식이 강한 나라에서 병역거부가 많이 이루어지는 것도 사실이지요. 누울 자리를 보고 자리를 펴는 것이 인간의 본성이라, 저처럼 겁 많은 사람이 나치 독일이나 스탈린 치하의 소련, 태평양전쟁 중의 일본에 살고 있었다면 아마 병역거부에 관한 이야기조차 입에 올리지 못했을 겁니다.

같은 맥락에서 우리나라는 영국, 미국 등과 같은 평화로운 나라들과는 다르며, 일시적 휴전 상태에 있는 나라이므로 양심에 따른 병역거부를 인정할 수 없다는 주장도 나옵니다. 이런 주장을 하는 분들은 양심에 따른 병역거부란 평화로운 상태를 유지하는 강대국만이 인정하는 것이라는 생각을 지니고 있는 것 같습니다. 세계 모든 나라가 인정을 해도 분단국인 우리나라는 인정해줄 수 없다는 의지도 엿보입니다.

그러나 이런 분들의 생각과는 달리, 양심에 따른 병역거부 대부분은 전쟁 중에 문제가 된 것입니다. 영국이나 미국 같은 나라는 전시가 아니면 아예 전면적인 징병을 실시하지 않았고, 다른 나라들도 전시가 아닐 때는 심하게 탄압하지 않았기 때문에 어차피 양심에 따른 병역거부는 주로 전시에 수면 위로 떠오르는 문제였던 것입니다. 그리고 나치 독일 같은 극단적 통제국가에서도 목숨을 걸고 양심에 따른 병역거부를 하는 용기 있는 사람들은 많이 있었습니다. 실제로 많은 이들이 목숨을 잃기도 했습니다. 영국이나 미국처럼 상대적으로 민주주의가 발전한 나라에서도 양심에 따른 병역거부는 결코 쉬운 일이 아니었습니다. 사회에서 매장될 각오를 해야 가능한 일이었습니다. 전 세계가 전쟁 상태에 빠졌던 두 번의 세계대전은 평화를 실천하는 사람들에게 결단을 요구하던 시기였습니다. 이제 그런 사람들에 관한 이야기를 여러분께 들려드리려고 합니다.

1

제2차 세계대전 중 나치 독일이 인종청소의 주된 대상으로 삼았던 것은 유대인이었습니다. 히틀러가 집권한 1933년부터 1945년 종전 때까지 폴란드 산골짜기의 진흙 구덩이에서, 매연을 주입하는 트럭 안에서, 외부 세계와 차단된 게토에서, 수용소로 가는 열차 안에서, 아우슈비츠의 가스실에서 사망한 유대인의 숫자를 대략 600만 명으로 잡습니다. 1967년 이스라엘이 '6일 전쟁(1967년 6월 5일~10일까지 이스라엘이 이집트, 시리아, 요르단, 이라크에 맞서 승리한 전쟁)'에서 승리한 이후, 홀로코스트(유대인 학살)가 정치적으로 이용되고 심지어 하나의 산업으로까지 성장한 것은 분명한 사실이지만, 유대인이 대량 학살당한 역사적 사실 자체를 부인할 수는 없지요. 그러나 워낙 유대인들만 주목하다 보니 집시나 정신지체인들처럼 나치에 의해 거의 멸종 상태에 이르렀어도 누구 한 사람 주목하지 않는 집단도 생겨났지요. 그런 '잊혀진 희생자' 중의 하나가 바로 여호와의 증인들입니다.[1] 1933년 집권한 나치는 양심에 따른 병역거부자들에게 매우 가혹한 처분을 내렸습니다. 징병제도를 훨씬 강화한 히틀러의 나치 정권은 1938년 이후에 병역거부자 대부분을 강제수용소로 보내 처형했습니다. 이 시기 독일의 병역거부자들은 대개 여호와의 증인이었던 것으로 기록되어 있습니다.[2]

박해는 나치의 집권과 함께 시작되었습니다. 1933년 4월 나치는 집권한 지 2개월이 조금 넘은 시점에서 여호와의 증인을 불법화합니다. 여호와의 증인 본부로 난입해 〈파수대〉를 비롯한 책자들을 모두 압수해 불태웠고, 건물도 폐쇄했습니다. 나치는 여호와의 증인이 공산주의자들 및 유대인들과 밀접한 관련이 있다고 주장했습니다. 나치의 이런 조치는 여러 면에서 특이한 것이었습니다. 당시 독일 내 여호와의 증인 숫자는 25,000명에 불과했습니다. 반나치 활동을 벌인 적도 없었고, 공산주의나 유대인들과도 아무 관련이 없었습니다. 1900년을 전후하여 독일에서 첫 번째 개종자를 얻었으니 30여 년의 짧은 역사를 지닌 신흥 종파에 불과했습니다. 거기다가 여호와의 증인은 공개적으로 자신들을 평화주의자라고 밝히며 전쟁에 반대한 적도 없었습니다. 그들 중 상당수는 개인적인 차원의 정당방위를 긍정하고 있었고, 다만 아마겟돈 전쟁으로 예수님이 재림하실 때까지 국가 간의 분쟁에서 비롯된 전쟁에

는 '중립'을 지키는 것이 옳다고 믿을 뿐이었습니다.[3]

　갑작스럽게 닥친 박해를 납득하기 어려웠던 여호와의 증인 지도자들은 나치와 타협을 시도했고, 미국 국무성까지 개입한 덕분에 여호와의 증인은 일시적으로 자신들의 재산을 되찾았습니다. 그해 6월 25일 베를린에서 열린 여호와의 증인 총회는 〈사실들의 선포〉라는 문건을 채택하고 이를 2백만 장이나 인쇄하여 정부기관과 일반인들에게 배포했습니다. 그 문건에는 자신들은 유대인과 아무런 관련이 없으며, 자신들을 유대인과 연결하려는 시도는 악의적인 거짓이라는 주장이 담겨 있었습니다. 이 문건은 지금까지도 학자들 사이에 논란이 되고 있습니다. 일반적으로는 이 문건이 나치에 대한 저항을 선언한 것이어서 이후 벌어진 탄압의 빌미를 제공했다고 보지만, 일부 학자들은 이 문건이 원래는 나치의 환심을 사기 위한 것이었다고 주장하기도 합니다. "미국과 영국이야말로 거대 사업을 벌이는 유대인들의 지배 아래에서 사람들을 억압하는 제국"이라는 내용도 들어 있었기 때문에 보기에 따라서는 반유대주의 문건으로 볼 수도 있다는 것입니다. 여호와의 증인에 비판적인 학자들은, 나중에 개별적으로 여호와의 증인들이 벌인 투쟁과는 별도로, 초창기에 지도자들이 보여준 타협적인 태도는 비판받아야 한다고 주장합니다.[4]

　내용이야 어찌 되었든 나치 당국은 이 문건에 별다른 감명을 받지 못했습니다. 나치 입장에서는 자신들이 불법화한 단체가 베를린에서 7,000명이나 모여 집회를 하고 문건을 작성하여 돌렸다는 것 자체가 이미 충분히 위험하고 불편한 일이었습니다. 따라서 집회 이틀 뒤인 1933년 6월 27일 나치 정부는 여호와의 증인을 '공공의 적'으로 규정하고 사업체와 건물, 책자들을 재차 압수하고, 모든 집회를 금지했습니다. 마그데부르크에 있는 여호와의 증인 본부에는 나치를 상징하는 깃발이 나부끼기 시작했고, 7월 24일에는 독일 전역에서 공식적으로 여호와의 증인 활동이 금지됩니다.[5]

1935년 3월 전면적인 징병제도가 부활하면서 여호와의 증인은 병역 의무라는 새로운 시련에 직면합니다. 물론 처음 겪는 일은 아니었습니다. 제1차 세계대전 때도 여호와의 증인들 중에서 양심에 따른 병역거부를 한 사람들이 있었습니다. 당시 여호와의 증인은 호별 방문을 통한 전도도 설교나 마찬가지이므로 자신들도 다른 종파의 성직자들에게 주어지는 것과 같은 군 복무의 예외를 인정받아야 한다고 주장했습니다만 받아들여지지 않았지요. 그래도 그때에는 여호와의 증인 숫자가 그리 많지 않았기 때문에 독일 정부는 이들을 다른 양심에 따른 병역거부자들과 함께 정신병자로 판단하여 병역을 면제시킨 다음 정신 치료를 하는 방법으로 문제를 해결했습니다. 물론 그들 중 일부는 군에 대한 불평을 선동했다는 이유로 투옥되기도 했지요. 양심에 따른 병역거부자라는 골치 아픈 문제를 조용히 해결하기 위한 일종의 편법이었습니다. 그런데 1937년 독일의 정신분석학자인 요하네스 랑게(Johannes Lange) 교수가 "여호와의 증인들을 비롯한 종교적 병역거부자들이 잘못된 생각을 가지고 있으며 때때로 겁쟁이로 행동하는 것은 사실이지만, 제 정신인 것은 분명하다."라는 내용의 논문을 발표하면서 이런 편법이 허용될 여지도 사라져버렸습니다.[6]

2

1935년의 독일 징병법은 이전의 어떤 징병제도보다도 강력했습니다. 18세부터 45세까지 건강한 독일 남성은 모두 징병 대상이 되었고, 양심에 따른 병역거부는 인정되지 않았습니다. 이때부터 여호와의 증인은 나치 독일 군대의 병역을 거부함과 동시에, '하일 히틀러(Heil Hitler)'라는 인사와 국기에 대한 경례도 거부합니다. 독일 청소년들이 모두 가입하던 히틀러 소년단에도 아이들을 보내지 않았습니다. 병역거부로 인해 많은 여호와의 증인들이 즉각 투옥되었고, 이들은 군 교도소에서 6개월 정도의 형을 살았습니다. 문제는 6개월의 형량을 채운 뒤에도 석방될 수 없었다는 데 있었습니다. 1937년 체포된 요하네스 라우테(Johannes Rauthe)라는 청년의 경우, 6개월의 형량을 다치자마자 게슈타포로 넘겨졌고 게슈타포로부터 마음을 바꾸고 군대에 가라는 끈질긴 설득을 받았습니다. 설득이 먹혀들지 않자 게슈타포는 라우테를 부헨발트 수용소로 보냈습니다. 수용소 수감은 그에게 결코 불운한 일이 아니었습니다. 일찍이 부헨발트로 보내진 그는 수용소에 머무는 동안 다시 징병 통보를 받지 않았고, 다른 동료들이 부딪혀야 했던 훨씬 심각한 상황을 피할 수 있었기 때문입니다.

전쟁이 시작된 후에는 양심에 따른 병역거부자들에게 '군사력을 약화시킨 죄'를 적용하여 사형선고가 가능했지요. 물론 그보다 약한 형이 선고될 수도 있었지만 그 가능성은 매우 낮았고, 이변이 없는 한 사형이 선고되었습니다. 군사재판에서 양심에 따른 병역거부자들을 주로 처리했던 것은 막스 바스티안(Max Bastian) 제독이었습니다. 제독과 그의 동료 판사들은 헌신적인 나치 당원이라기보다는 전통을 중시하는 보수적인 군인들이었습니다. 판사들은 작지 않은 양심의 가책을 느끼면서도 병역거부자들에게는 거의 예외 없는 사형을 선고했지요. 처형방법은 초기에 주로 교수형이 채택되었지만 나중에는 단두대 형도 사용되었습니다.

히틀러에 대항하다 체포되어 작센하우젠 수용소에 갇혀 있던 유명한 개신교 지도자 마르틴 니묄러(Martin Niemöller)는 아침 점호 때마다 여호와의 증인들이 한 명씩 호명되어 지금이라도 마음을 바꾸고 병역의 무를 다할 것을 강요받는 것을 목격했습니다. 서명 한 번이면 언제든 풀려날 수 있었다는 점에서 여호와의 증인들은 다른 수용자들과 구분되었습니다. 그들에게 강요된 신앙 포기 각서 제4항은 "앞으로 나는 국가의 법을 준수하되, 특별히 전쟁 상황에서 그러할 것을 서약합니다. 나는 무기를 들고 조국을 방위할 것이며, 국가 공동체의 완전한 일원이 될 것입니다."라는 내용을 포함하고 있었습니다.[7] 그 간단한 서명을 거절한 여호와의 증인은 그 자리에서 교수형에 처해지거나 총살되었습니다. 강요에 못 이겨 서명한 사람은 바로 풀려날 수 있었습니다. 서명 하나로 생사가 갈리는 순간이었습니다.

1939년 9월 17일자 〈뉴욕타임스〉는 이틀 전 처형된 아우구스트 딕만(August Dickmann)을 독일 최초의 양심에 따른 병역거부 사형수로 기록하고 있습니다. 전쟁 발발 후 2주째 되는 때의 일이었지요. 작센하우젠 수용소에서 벌어진 이 처형에는 아우구스트의 동생인 하인리히를 비롯해 400명의 여호와의 증인들이 참관합니다. 처음부터 인종 말살을 목적으로 한 유대인 학살과 달리, 여호와의 증인들에 대한 박해는 신앙을 포기하도록 하는 데 주된 목적이 있었기 때문에, 나치는 이런 식의 공개 처형을 통해 여호와의 증인들에게 공포심을 불러일으키려 했습니다.[8]

1939년 9월 15일 29세의 여호와의 증인 아우구스트 딕만의 이름이 불렸을 때, 그는 이미 2년을 강제수용소에서 보낸 상태였습니다. 그도 완벽한 인간은 아니었기 때문에 감옥에 있을 때 이미 한 차례 신앙 포기 각서에 서명한 적도 있었습니다. 하지만 곧 후회하고 자신의 서명을 취소했지요. 강제수용소장이었던 바라노프스키는 전쟁 발발 이후 계속해서 이들을 설득했지만 아무도 서명하지 않자, 친위대 우두머리인 힘러에게 즉각 처형을 허용해 달라고 요청했습니다. 마침내 9월 15일 아침 일찍 친위대원들이 총살대를 설치했고 바라노프스키는 혼·성기를 통해 이렇게 선언했습니다. "이 죄수는 스스로 '하나님 왕국의 시민'이라고 주장하면서 병역을 거부했다. 그는 말하기를 누구든 인간을 피 흘리게 한 자는 그 자신도 피 흘리게 될 것이라고 한다. 그는 스스로 법률상의 보호를 포기했으므로, 나치스친위대 지도자 힘러의 명에 따라 그를 처형한다." 바라노프스키는 아우구스트 딕만을 '돼지'라 부르며 총살형의 집행을 명했습니다. 다른 여호와의 증인을 설득하기 위한 일종의 시범 케이스 조치였습니다. 진짜로 사람이 처형되는 것을 보면 여호와의 증인들도 마음을 바꿀 것이라고 생각했던 것이지요. 그러나 결과는 크게 달라지지 않았습니다. 함께 수감되어 있던 450명의 여호와의 증인들 중 90명만이 각서에 서명했습니다. 엉뚱하게도 여호와의 증인 2명은 아우구스트 딕만의 행동에 감명을 받아 이미 서명한 각서를 취소하기도 했습니다.[9]

3일 후 아우구스트의 동생인 하인리히 딕만(Heinrich Dickmann)이 호출되었습니다. 그는 1939년에 체포되어 작센하우젠에 수용되어 있었습니다. 하인리히는 이전에도 자신이 일하는 공장에서 나치식 경례를 거부했다가 '공공의 적'으로 지목되어 수감된 경험이 있었습니다. 아우구스트의 처형 이후 하인리히를 설득하기 위해 게슈타포 간부 2명이 베를린에서 파견되었습니다. "네 형의 처형을 통해 무엇을 배웠는가?"라는 게슈타포의 질문에 하인리히는 "나는 여호와의 증인이고, 앞으로도 그럴 것이라는 사실을 배웠습니다."라고 대답합니다. 하인리히가 계속해서 "성경에 기록된 바에 따르면……."이라고 대답하자, 짜증이 난 게슈타포는 "우리는 거기 뭐가 쓰여 있는지에는 관심이 없다. 우리가 알고 싶은 것은 네가 뭘 생각하고 있느냐는 것이다."라고 말하면서 각서에 서명할 것을 강요하지요. 하인리히는 "이 진술에 서명하는 것은 이 국가와 정부를 인정하는 것이며, 그것은 내 형을 처형한 행위를 정당화하는 것이기도 합니다. 나는 그럴 수 없습니다."라고 항변하며 끝까지 버팁니다. 하인리히는 부헨발트 수용소로 이송되었고 거기서 살아남아 종전을 맞았습니다.

당시 작센하우젠 수용소 부소장이었던 루돌프 헤스(Rudolf Höss, 1900~1947)는 여호와의 증인 2명이 기뻐서 사형장으로 뛰어가는 모습을 기록하면서 이들에 대한 깊은 존경을 표시합니다. 종전 후 반인도적 범죄로 처형당하기 직전 그가 남긴 기록을 옮기면 다음과 같습니다.

나는 이미 수많은 종교적 광신자들을 알고 있었다. 그러나 작센하우젠에서 만난 여호와의 증인 신자들, 특히 그중 두 사람은 이제까지 내가 체험했던 그 어떤 사람보다도 대단한 자들이었다. 광신적인 이 두 사람은 조금이라도 군대 냄새가 나는 것을 일절 거부했다. 그들은 차렷 자세도 하지 않았고, 구두 뒤꿈치를 맞추지도 않았으며, 양손을 바지의 솔기에 붙이지도 않고, 모자를 벗지도 않았다. 그러한 존경의 표시는 여호와께만 바쳐지는 것이기에 인간에게는 할 수 없다는 것이었다. 그들에게 있어서 그들의 위에 있는 자는 없으며 오직 여호와만이 사람인 누군가의 위에 설 수 있는 존재로 인정했다. (중략) 그들은 처형될 때가 되자 거의 뛰어갈 정도로 앞으로 나아갔다. 두 사람은 두 손을 여호와를 향해 올려야 하기 때문에 결코 묶이는 것에 동의하지 않았다. 그곳에서 그들은 벌써 무엇 하나 인간적인 것이 느껴지지 않는 표적대의 나무 울타리 앞에서 광명에 넘친 황홀한 표정으로 섰다. 나는 기독교의 탄생기에 순교자들이 로마의 경기장에서 야수에게 찢기기를 기다리고 있던 모습을 떠올렸다. 정말로 밝은 표정으로 눈은 하늘을 우러러보고 손은 기도를 위해 깍지 낀 채 그들은 엄숙하게 죽어 갔다. 이 죽음을 보는 자들은 모두 감동하여 처형을 지휘하던 자들마저도 심하게 감동했다.[10]

제2차 세계대전 중 몇 명의 여호와의 증인이 양심에 따른 병역거부로 처형되었는지는 분명하지 않습니다. 다른 홀로코스트 희생자들과 마찬가지로 추정치만이 존재할 뿐입니다. 생존자들의 증언과 남아 있는 기록에 비추어볼 때, 학자들은 대략 250명의 여호와의 증인들이 양심에 따른 병역거부로 처형되었다고 판단합니다. 여호와의 증인들 중 병역거부로 사형선고를 받은 사람이 253명이고 그들 중 실제로 처형된 사람은 207명이라는 주장도 있습니다. 이런 추정치를 내놓는 학자들이 한결같이 인정하는 것은 이 숫자가 실제보다 훨씬 더 적으리라는 사실입니다. 오스트리아인으로서 병역을 거부한 여호와의 증인 48명을 포함하면 수치는 더 올라갑니다.[11] 유대인과 비교하면 아주 소수이지만, '아리아 인종'으로서 이렇게 심한 박해를 받은 집단은 없었습니다.

3

제2차 세계대전 중에 징집 연령에 있는 여호와의 증인 남성만 투옥된 것도 아닙니다. 여성과 아이들 역시 똑같은 고통을 받았습니다. 여호와의 증인 활동이 금지된 이후에도 집회 참석과 전도를 계속한 사람들은 예외 없이 강제수용소로 끌려왔고 병역거부자들과 똑같이 신앙 포기를 강요받았습니다. 강제수용소 안에서도 이들은 좋은 대접을 받을 수 없었습니다. 수용소 안에서 하는 노동이라는 것이 대개 군수물자를 생산하는 것이었는데 여호와의 증인들이 때때로 군수물자 만드는 일을 거부했기 때문입니다.

1940년 라벤스브뤼크 수용소에 있던 여호와의 증인 여성들이 군복과 탄약집 만드는 것을 거부한 것이 대표적인 예라 할 수 있지요. 거부자들은 '구멍'이라고 불린 좁은 감방에 갇혀 화장실에도 가지 못했습니다. 그들은 이런 독방 생활에서 놓여나자마자 다시 전쟁과 관련된 노동을 거부했습니다. 군용 말에게 먹일 건초를 옮기는 일도, 반창고를 포장하는 일도, 공습에 대비한 방공호를 파는 일도 모두 거부했습니다. 가학적 성향이 강했던 수용소장은 너무 화가 나서 이들에게 각각 10대씩 채찍질을 가했지만, 여호와의 증인들은 발가벗겨진 채 한 명씩 채찍질을 당하면서도 기도를 계속했습니다. 이 장면을 목격한 가톨릭 출신 죄수 난다 하버만은 대부분 60대가 넘었던 이 여성들 중 일부는 다시 일어나지 못했다고 증언합니다. 1942년에도 이들 여성들은 자신들이 키우는 앙고라토끼가 공군 조종사의 재킷을 만드는 데 쓰인다는 사실을 알고 노동을 거부한 다음 25대씩 채찍질을 당한 후 40일 동안 불빛이 전혀 없는 독방에 수감됩니다. 저항을 주도했던 여성은 결국 아우슈비츠로 보내졌습니다.[12]

여성들뿐만 아니라 강제노동에 동원된 청소년들도 비슷한 시련을 겪었습니다. 여호와의 증인 청소년들은 주로 모링겐에 있는 수용소에 갇혀 총탄이나 수류탄을 만드는 강제노동에 종사했습니다. 이들 중 18세였던 에리히 마이어는 1942년 수류탄을 만드는 군수공장에 배치된 첫날부터 아예 입구의 기둥에 서서 "나는 그것들을 만지지 않겠습니다. 나는 총도 만질 수 없고, 다른 무기도 만질 수 없습니다. 총알도 만질 수 없습니다. 나는 그걸 만져서는 안 됩니다."라고 외쳤습니다. 그 장면을 보고 기가 막혔던 친위대 대원은 마이어를 놀리며 "그만 하고 가서 일해!"라고 명령했지요. 그러나 소년은 끝까지 거부했습니다. 친위대 대원은 "그럼 아예 하늘나라로 보내주지. 지금 바로."라고 위협하며 마이어의 주머니에 억지로 수류탄을 집어넣었지요. 마이어는 그 자리에서 그걸 쏟아내버렸습니다. 당연히 마이어에게는 무자비한 폭행이 가해졌고, 친구들은 마이어가 죽었다고 생각했습니다. 그러나 마이어는 기적적으로 회복했고 나중에 다시 군수공장에 배치되었을 때는 청소하는 일을 부여받았습니다. 꼴통으로 생각하고 친위대도 포기해버린 것이었습니다. 군수물자 만드는 일을 끝까지 거부했던 마이어는 1945년 초 병역을 거부한 뒤 처형되었습니다.[13]

아이들은 어른과 다른 고통을 겪었습니다. 나라 전체가 국가사회주의 이념 아래 뭉쳐 있던 독일은 청소년 교육에서도 예외를 인정하지 않았습니다. 학교에서 아이들은 하루 평균 150회씩 '하일 히틀러'를 외쳤습니다. 끔찍한 세뇌교육이었습니다. 아이를 히틀러 소년단에 보내지 않거나 아이가 '하일 히틀러'라는 인사를 거부하면 아이들을 부모로부터 빼앗아 가까운 친척이나 재교육기관에 보냈습니다.

가족은 강제로 찢어져야 했습니다. 11명의 자녀를 키우고 있던 프란츠 쿠세로브와 힐다 쿠세로브 부부는 11세와, 9세, 7세의 어린 세 자녀를 빼앗겼습니다. 아이들이 국기에 대한 경례를 거부하고 국가를 부르지 않은 데다가 '하일 히틀러'까지 거부하자 교장이 '부모가 아이들을 방치하고 있다'며 신고한 결과였습니다. 아이들은 이런 저런 재교육 학교를 전전하며 모진 고생을 겪었지만, 부모로부터 교육받은 신앙을 버리지 않았습니다. 남은 가족들은 모두 투옥되었고, 양심에 따른 병역거부를 한 큰아들 빌헬름은 1940년 4월 26일 뮌스터의 감옥에서 총살되었습니다. 빌헬름은 총살대에서 눈이 가려진 채 신앙을 포기할 마지막 기회를 부여받았지만 거절했습니다. 그의 동생 카를-하인츠는 대중 앞에서 성경 말씀을 증거하다 체포되어 작센하우젠과 다하우 수용소로 보내졌으며, 막내아들 볼프강 역시 병역을 거부한 끝에 1942년 3월 베를린에서 목이 잘렸습니다.[14]

중요한 것은 여호와의 증인들이 수용소 안에서 끝까지 공동체를 유지하며 살았다는 사실입니다. 다른 수용자들에게 악영향을 끼칠 것을 우려한 나치는 여호와의 증인들을 수용소 내에서 격리 수용했는데, 이들의 숫자는 수용소마다 대략 수백 명 수준을 유지했습니다.[15] 자기들끼리 따로 성경 공부를 하며, 끊임없이 동료 죄수들을 전도하고자 한 여호와의 증인들의 활동은 반나치 저항 운동사에서도 긍정과 부정의 이중적 평가를 받고 있습니다.[16] 성경을 밀수해 몰래 성경 공부를 하는 소극적 저항은 하면서도, 수용소 내에서 이루어진 다른 그룹들의 탈출 시도와 레지스탕스 운동에는 전혀 협조를 안 했기 때문입니다.

전쟁물자 생산에 대한 간헐적인 저항을 제외하면 여호와의 증인들은 대체로 순종적인 수용자들이었습니다. 훗날 아우슈비츠 수용소장으로 여호와의 증인을 다시 다루게 된 루돌프 헤스는 이들에 대해 "감독자도 경비병도 필요 없는 사람들이었다. 그들은 자발적으로 부지런히 일했다. 왜냐하면 그렇게 하는 것이 여호와의 명령이었기 때문이다."라고 기록합니다. 국가가 자신들을 수용소에 집어넣은 이상 거기에 순종해야지 함부로 탈출해서는 안 된다고 생각하는 사람들이었기 때문에, 여호와의 증인들은 수용소 안에서 주로 친위대 대원들의 집안일을 했습니다. 도망갈 염려가 없는 만큼 마음대로 부려먹을 수 있었그, 대개 순수 독일인이나 오스트리아인이었으므로 친위대 대원들의 신뢰를 받을 수 있었던 까닭입니다. 루돌프 헤스는 "여호와의 증인들에 관해 유일하게 유감스러운 점이 있다면, (부려먹기 충분할 만큼) 그들의 숫자가 많지 않다는 것"이라고도 적습니다. 이러한 격찬이 여호와의 증인들을 인정하는 마음에서 나온 것은 아니었습니다. 하인리히 힘러와 루돌프 헤스는, 헌신적인 나치 당원의 열정이 여호와의 증인들의 '광신적 원칙 고수' 수준에 미치지 못함을 애석하게 생각했을 뿐입니다.[17]

양심에 따른 병역거부 논란이 시작되면서 독일 헌법이 양심에 따른 병역거부를 보장하고 있다는 사실은 우리나라에 꽤 널리 알려졌습니다. 독일이 양심에 따른 병역거부를 헌법으로 보장하고 있으니 우리도 그럴 필요가 있다는 차원에서 알려진 것이 아니었습니다. 독일처럼 헌법이 직접 양심적 병역거부를 보장하는 나라에서나 양심에 따른 병역거부가 인정될 수 있다는 부정적인 의미로 소개된 것이었습니다.

그러나 "누구든지 양심에 반하여 무기를 들고 전쟁에 복무할 것을 강요받지 아니한다."라는 독일 헌법 제4조는 독일 사람들이 마음이 착해서, 또는 그냥 심심해서 만든 규정이 아닙니다. 나치 체제에서 동족을 상대로 벌인 이 끔찍한 만행을 반성하면서 그런 규정을 두게 된 것입니다. 여호와의 증인들이 나치 정권에 저항하며 목숨을 잃고 있을 때 가톨릭과 개신교 두 주류교회가 어디에서 무엇을 하고 있었는지는 부끄러워서 아예 이야기를 할 수가 없습니다. 그러나 제국교희를 구성하여 히틀러에게 충성을 맹세했던 개신교회나 반유대주의에 동참했던 가톨릭교회는 최소한 종전 후 자신들의 잘못을 반성할 용기를 지니고 있었습니다. 재판에 관여했던 법관들도 마찬가지였습니다. 히틀러 암살 사건 등에 가담했다가 겨우 살아남은 양심적인 기독교 지도자들도 이런 반성에 동참했습니다. 이런 폭넓은 자기 성찰을 통해 독일은 양심에 따른 병역거부자의 권리를 헌법에 명시했던 것입니다. 이 규정을 마치 하늘에서 떨어진 것처럼, 우리와 무관하게 받아들이는 것은 정직하지 못합니다.

물론 300명 이상이 참혹하게 생명을 잃은 독일의 병역거부 역사는 매우 예외적인 것입니다. 세계 역사 어디에서도 양심에 따른 병역거부 때문에 이렇게 많은 사람이 목숨을 잃은 적은 없습니다. 그렇다고 해서 그런 역사를 지닌 나라만 양심에 따른 병역거부를 인정할 수 있는 것일까요? 전 세계에서 가장 많은 양심에 따른 병역거부 전과자를 갖고 있는 나라는 그런 제도를 도입할 필요가 없을까요? 1만 명이 넘어선 우리나라의 병역거부 전과자들은 그들의 평균 복역 기간을 최소한으로 잡아 3년으로 본다 하더라도 3만 년에 육박합니다. 이것 역시 전 세계 어디에서도 찾아볼 수 없는 놀라운 기록이지요.

4

미국이 두 차례의 세계대전을 치르는 동안, 양심에 따른 병역거부 양상에 큰 변화가 일어났습니다. 기존의 평화주의 교파와 관계없는 새로운 종류의 병역거부자들이 나타나기 시작한 것입니다. 그중에는 가톨릭이나 개신교에 속한 사람들도 많았고, 사회주의자들처럼 종교와 전혀 상관없는 사람들도 있었습니다. 사회주의, 아나키즘, 공산주의, 국제 평화주의가 난무하던 20세기 초반이었음을 생각하면 충분히 이해할 수 있는 일입니다. 미국 정부 입장에서는 이보다 큰 골칫거리가 없었습니다. 남북전쟁 때의 경험과 입법은 이 새로운 상황에서 별 도움이 되지 않았습니다. 언론의 자유와 관련한 미국 대법원 판결들이 양산된 것도 이 시절의 일입니다. 징병을 앞둔 이들에게 병역거부를 호소하는 사회주의자들의 행위가 과연 언론의 자유로 보장될 수 있는가 따위가 주된 이슈였지요.

이전까지는 주로 주 정부에 징병 문제를 일임해 왔던 미국도, 제1차 세계대전 참전을 계기로 1917년 4월 6일 최초로 전 국가적인 징병제도를 시행했습니다. 당시 전쟁장관이던 베이커(Newton D. Baker)와 법무 감이던 크라우더(Enoch H. Crowder) 준장은 전통적으로 평화주의 교파에 속한 사람들에게 완전한 병역면제 혜택을 부여하려 했지만, 의회의 반대에 부딪혔습니다. 그들을 그냥 면제시켜서는 안 되며 적어도 비전투임무에는 종사하도록 해야 한다는 것이었습니다. 정부가 의회의 요구를 받아들여, 결국 1917년의 미국 병역법은 '종교적 교리가 그들의 구성원으로 하여금 어떤 종류의 전쟁에도 참여하지 못하도록 금지하고 있는, 잘 알려진 종파의 구성원'에게 병역을 강요하지 못하도록 하되, 이들에게 비전투임무를 부여하도록 규정했습니다. 병역거부는 인정하되, 개인적 양심 차원의 병역거부나 완전한 병역거부는 부인하는 절충적 형태의 법안이었습니다.[18] 양심에 따른 병역거부자들 중의 일부는 이 규정에 따라 비전투복무를 했지만, '비전투복무와 병역이 다를 것 없다'고 생각한 사람들은 격렬하게 저항했습니다. 비전투복무 수행도 거부하는 이들 절대적 거부자들은 결국 감옥에 갈 수밖에 없었지요.

이 법안에 따라, 1917년에서 1918년까지 전쟁 기간 동안 총 65,000
명이 양심에 따른 병역거부 등록을 했고, 이중 57,000명이 양심에 따른
병역거부자로 인정받았습니다. 그들 중 30,000명이 신체검사에 통과했
고, 신체검사 통과자 중 21,000명이 비전투임무 수행을 위한 입영 조치
를 받았습니다. 일단 입영한 병역거부자들은 병영 내에 감금되어, 다른
장병들과 분리된 처우를 받았습니다. 이들에 대한 처우는 부대에 따라
큰 차이가 났고, 일부는 심한 가혹 행위를 당하기도 했습니다. 가혹한
처우와 부대장들의 설득에 의해 21,000명 중 약 80퍼센트는 자신의 신
념을 포기했고, 뒤이어 전쟁에 투입된 이들 중에서는 훗날 하루 동안
25명의 독일군을 사살하고 132명을 포로로 잡은 앨빈 요크 같은 전쟁
영웅이 나오기도 했습니다. 그러나 약 4,000명은 끝까지 신념을 지켰
는데, 이들의 4분의 3은 퀘이커·메노나이트·형제회 등 전통적 평화
주의 교파에 속한 사람들이었고, 나머지 4분의 1은 주류 기독교에 속한
병역거부자들과 사회주의자들이었습니다. 그리 많은 숫자는 아니었지
만, 안식교와 여호와의 증인 같은 신흥 종파 출신들도 있었습니다.

끝까지 남아 있던 이들 4,000명 중 1,300명은 1918년 의료 부대를
비롯한 비전투부대가 창설되자 이들 부대에 편입되었는데, 나머지는
비전투복무까지도 끝까지 거부했습니다. 비전투복무까지 거부하는 약
2,300명을 심사한 결과, 95퍼센트가 그 '진지성'을 인정받았고, 이들은
의회의 승인을 얻어 노동력이 부족한 곳의 추수를 돕는 데 투입되었지
요. 엄밀히 말하자면 이들의 신분은 군인이었지만 실제로는 민간 대체
복무에 투입된 것입니다. 사회주의자를 포함하여 모두 450명만이 민간
대체복무까지 거부했다는 이유로 군사재판에 회부되었고 평균적으로
10년 이상의 중형을 선고받았으나 실제로 5년 이상을 복역한 이들은

거의 없었습니다.[19]

감옥에 간 병역거부자들은 레벤워스 요새의 군 교도소에 수감된 이후에도 투쟁을 멈추지 않았습니다. 1918년 11월 러시아 종파인 몰로칸 출신 병역거부자들이 노역을 거부했다가 독방에 구금되어 충분한 식사도 제공받지 못하면서 심한 구타를 당한 사건이 일어납니다. 이에 분노한 24명의 다른 병역거부자들이 노역 거부에 동참하였고 몰로칸들에 대한 가혹 행위가 외부로 알려지게 되었습니다. 결국 군 교도소는 백기를 들고 이들의 독방 감금을 중단합니다. 1919년에는 더 큰 규모의 저항이 일어났습니다. 이번 스트라이크는 악명 높은 앨커트래즈 감옥에서 오랜 독방 생활을 견뎌낸 끝에 레벤워스로 이송된 두 명의 후터라이트 교도가 사망하자 일어난 것이었습니다. 앨커트래즈에서 이미 몸이 많이 상했던 이들은 레벤워스에서 노역을 거부했다가 지하 감방에 수감된 후 결국 사망했습니다. 이에 분노한 300명의 양심에 다른 병역거부자들이 일으킨 스트라이크는 엄청난 사회적 반향을 일으키며 열악했던 감옥 환경의 개선으로 이어졌습니다.[20]

제2차 세계대전의 발발과 함께 미국 정부는 제1차 세계대전과 똑같은 방법으로 양심에 따른 병역거부 문제를 처리하려 했습니다. 그러나 이번에는 양심에 따른 병역거부 운동가들의 매우 조직적인 저항이 기다리고 있었습니다. 제1차 세계대전 때 병역거부로 고생을 톡톡히 한 사람들이 다음 세대를 위한 치열한 투쟁과 로비에 나섰던 것입니다. 이러한 과정을 거쳐 얻은 새로운 병역법은 '종교적 신앙에 기초하여, 모든 종류의 전쟁 참여를 거부하는 사람들'의 병역거부를 인정함과 동시에, 이들에게 '비전투복무 또는 민간 대체복무를 부여'하는 내용을 담고 있었습니다. 평화주의를 신조로 하는 교단에 소속되어야 한다는 요

건도 사라져 개인적인 양심에 따른 병역거부를 받아들였고, 민간 대체
복무를 인정했다는 점에서 큰 진전이 있었던 것입니다.

미국에서는 제2차 세계대전 중 72,354명이 양심에 따른 병역거부 등
록을 했습니다. 그중 약 25,000명은 군대 내의 비전투임무에, 약
11,950명은 민간 대체복무에 종사했지요. 약 20,000명은 공식적으로
양심에 따른 병역거부 인정을 받지 못했으나 대부분 자신의 직업적 특
수성이나 가족 부양 의무 등을 이유로 군 복무를 면제받았고, 감옥에
간 것은 단지 6,086명이었습니다. 감옥에 간 사람들 가운데 4,441명은
여호와의 증인이었습니다. 여호와의 증인은 목회자 지위에 상응하는
조치를 요구했지만, 그게 받아들여지지 않자 차라리 감옥을 선택한 것
이었습니다. 그들 역시 다른 종파처럼 일반적인 지위를 인정받으려 했
다면 감옥에 갈 필요가 없었습니다. 이처럼 제2차 세계대전 중 주로 탄
압을 받은 사람들은 일체의 대체 복무를 거부하는 '절대적 병역거부
자'들뿐이었습니다.[21]

우리나라 형편에서 보면 제2차 세계대전 중 미국이 인정한 병역거부
는 대단한 수준이지요. 그러나 그렇다고 해서 평화주의자들의 고민이
모두 사라진 것은 아니었습니다. 제2차 세계대전이 일어나기 전까지
린 리히티(Lynn Liechty)는 메노나이트 가정에서 자라난 아주 평범한
젊은이였습니다.[22] 그가 인디애나 주에 있는 작은 마을에서 자라는 동
안 메노나이트 문화는 그의 삶을 지배하는 가장 중요한 기준이었습니
다. 집에서 부모님들은 때때로 스위스계 독일어로 이야기를 나누었고,
린이나 그 형제들도 부모님만큼 유창하지는 않지만 어렵지 않게 그 대
화에 동참할 수 있었습니다. 그의 아버지와 삼촌은 마을에서 조그만 배

관 및 난방 수리점을 운영하고 있었고, 두 사람 모두 제1차 세계대전 때 양심에 따른 병역거부를 했던 경험이 있었습니다. 또 다른 삼촌은 레벤워스 요새에 감금되기도 했지요. 이런 집안 분위기 때문에 아버지의 가게는 휴가 나오는 양심에 따른 병역거부자들의 집합 장소이자 쉼터였습니다. 애국심 넘치는 마을 분위기 때문에 양심에 따른 병역거부자들이 다른 어떤 장소에서도 환영받을 수 없었기 때문이지요. 가게 앞에 동네 불량배들이 나치의 표식인 스와스티카를 그려놓고 도망가는 일도 몇 번이나 있었습니다. 독일계인 데다가 병역거부까지 하니 '이놈들은 나치가 틀림없다'는 의심을 받은 것이었습니다. 가끔씩 겪는 이웃들의 행패가 신경 쓰이기는 했지만, 고등학교를 다니던 린 리히티에게 그런 일은 별로 중요한 문제가 아니었고, 그의 주된 관심사는 오히려 스포츠였습니다.

1941년 어느 날, 린 리히티는 친구들과 함께 모여 몰래 카드 게임을 하다가 라디오에서 일본의 진주만 기습 소식을 들었습니다. 함께 게임 하던 친구들은 "아침 식사 전에 일본 놈들을 박살내고, 독일 놈들을 잡으러 갈 기회가 왔다."면서 오히려 기뻐했습니다. 그런 친구들은 당장 군에 입대했지요. 그러나 린에게는 결정이 쉽지 않았습니다. 가족-종교의 가르침과 국가의 요구 사이에 심각한 충돌이 있었기 때문입니다. 어렸을 때부터 집에서도 교회에서도 틈만 나면 평화주의 전통에 대해 배워 왔지만, 그건 어디까지나 가족과 교회의 문제였을 뿐입니다. 따지고 보면 제가 장로교 집안에서 자랐기 때문에 장로교 신자가 된 것처럼, 리히티 역시 메노나이트 집안에서 자랐기 때문에 메노나이트가 된 것이었으니까요. 그가 속한 마을의 애국적 분위기에서 오는 압력도 만만치 않았습니다. 자원 입대했다가 몸이 약해서 면제를 받으면 자살하는 청년들도 나오던 시절이었습니다. 병역을 거부하려면 매국노로 몰릴 각오를 해야 했습니다.

그가 속한 메노나이트 교회 지도자들은 비전투복무를 권유했습니다. 비전투복무는 여러 모로 합리적인 선택이었습니다. 예수님의 가르침에 충실하면서도 매국노나 겁쟁이로 몰리지 않을 수 있을 것 같았기 때문입니다. 그래서 한 동네에 사는 약 150명의 메노나이트 젊은이들 가운데 20명만이 민간 대체복무의 길을 선택했고, 나머지는 모두 비전투복무를 선택했습니다. 리히티도 비전투복무를 택하면서, 이 선택이 교회와 국가라는 두 세계를 모두 만족시킬 수 있으리라 생각했습니다. 리히티의 입장이었다면 저라도 비슷한 선택을 했을 것입니다.

그러나 결과는 달랐습니다. 그후 3년 동안 공군 부대에서 비전투복무를 하면서, 린은 자신이 과연 두 세계를 모두 만족시키고 있는지 끊임없이 회의하지 않을 수 없었습니다. 오히려 두 세계를 모두 놓치고 있는 것처럼 느낄 때가 많았기 때문입니다. 우선 가족들이 리히티의 선택에 너무나 실망했습니다. 특히 가슴이 찢어지는 듯한 고통을 느낀 아버지는 입대하는 아들을 버스 정류장까지 태워주며 "차라리, 내가 너를 대신할 수 있었으면 하는 게 내 소원이다. 만약 그럴 수만 있다면 나는 성경 속의 다니엘처럼 행동했을 것"이라며 아들의 선택을 질책합니다. 아버지로서는 이도 저도 아닌 아들의 용기 없는 선택이 그만큼 안타까웠던 것입니다.

군대 생활도 결코 만족스럽지 않았습니다. 그는 3년 내내 '내가 있을 곳이 아니'라는 괴로움에 시달렸습니다. 처음 훈련을 받을 때 그와 다른 세 친구들은 집총을 거부하면서 "우리는 양심에 따른 병역거부자들입니다."라고 선언했습니다. 불행히도 훈련을 담당하는 하사관은 '양심에 따른 병역거부'가 무슨 뜻인지조차 알지 못했습니다. 비록 법으로 규정되어 있기는 했지만, 각 부대의 하사관들까지 그런 용어에 익숙하지는 않았던 것이지요. 물론 법이 보장하고 있는 권리였기 때문에 우여곡절 끝에 리히티는 아무런 처벌도 받지 않고 곧 다른 임무를 부여받았지만, 그렇다고 부대 내에서의 갈등이 끝난 것은 아니었습니다.

1944년 12월 리히티는 괌으로 배치 받아 매일같이 일본 본토를 향해 공습에 나서는 B-29 폭격기를 지원하는 일을 맡았습니다. 그가 배치되고 8개월이 지난 후, 근처에 있는 비행장에서 이륙한 폭격기 편대 소속의 폭격기가 무사히 폭탄 투하를 마치고 돌아왔습니다. 평소와 별로 다를 바 없는 일상적인 폭격 임무처럼 보였습니다. 문제는 그 폭격의 목표지가 바로 히로시마였다는 데 있었지요. 바로 세계 최초의 원자폭탄 투하가 그 폭격기 편대의 임무였던 것입니다. 그때만 해도 리히티와 그의 친구들은 자신들이 어떤 일을 도왔는지 알지 못했습니다. 그저 며칠 후 일본의 무조건 항복으로 전쟁이 끝난 것만을 기뻐했지요. 그 폭탄이 원자폭탄인 것을 안 것은 한참 후의 일이었습니다. 종전 후 리히티는 고향으로 돌아와 아버지의 가게 일을 돕습니다. 일상으로 돌아온 후 그는 자신이 도운 전쟁의 가공할 폭력성을 뒤늦게 깨닫게 되었지요. 결국 그는 피 묻은 돈을 받을 수 없다는 이유로, 자신에게 당연히 보장되어 있던 인디애나 정부의 제대 군인 연금 혜택을 거부합니다. 합리적인 것처럼 보였던 비전투복무 선택이 교회와 국가 어느 쪽의 요구도 만족시키지 못했음을 뒤늦게 깨달았지만, 이미 때를 놓친 뒤였습니다.

린 리히티의 경험은 매우 전형적입니다. 상당히 많은 메노나이트들이 제2차 세계대전 때 리히티와 같은 선택을 했습니다. 그러나 그들의 경험은 비전투복무라고 하는 타협안의 어두운 뒷면을 보여줍니다. 리히티의 갈등은 개인적 차원의 갈등일 뿐만 아니라, 미국 내 평화주의 교회가 늘 직면하는 어려움이기도 하지요.

민간 대체복무를 선택한 메노나이트들이나 그 가족들의 형편도 썩 좋지는 않았습니다. 메노나이트 공동체 전체를 향한 지역 사회의 적대감이 워낙 강했기 때문입니다. 버스를 타고 가다 양심에 따른 병역거부자라는 사실이 드러나 강제 하차당하는 경우가 비일비재했고, 심지어 캔자스 주 엠포리아에서는 젊은이들끼리 농담을 주고받다가, 한 메노나이트 젊은이가 "군대는 살인자의 집단일 뿐이다."라고 이야기하자, 입영 중이던 젊은이들이 메노나이트 젊은이들을 린치하는 사건까지 일어납니다. 이날 가해자들은 기도 중인 메노나이트들을 마구 때리고 옷을 벗긴 뒤 동성애적 행동을 강요했습니다.

미국 내의 애국주의 분위기가 고조됨에 따라 학교에 다니는 메노나이트 아이들까지 심한 조롱을 받았습니다. 직업을 잃은 메노나이트들도 많았습니다. 심지어 메노나이트 계열인 베델대학이 위치한 캔자스 주 뉴튼에서는 지역 신문이 병역거부자들의 이름까지 공개함으로써 이들의 취업을 완전히 차단하기도 했습니다. 우리는 이런 예들을 통해, 아무리 법으로 양심에 따른 병역거부를 인정한다 해도 지역 사회의 적대감과 차별이 사라질 수 없다는 교훈을 얻을 수 있습니다.[23]

5

영국의 상황은 미국보다 훨씬 복잡했습니다. 제1차 세계대전 때는 매우 다양한 종류의 병역거부자들이 등장했습니다. 영국으로부터 독립을 갈망하는 북아일랜드의 젊은이 가운데 "영국군은 우리 북아일랜드 사람들을 지켜주는 군대가 아니므로, 병역에 종사할 수 없다."고 주장하는 병역거부자들이 나타났습니다. 사회주의자들은 "노동자 형제들을 죽이는 전쟁에 참전할 수 없다."며 병역을 거부했습니다. 모든 형태의 전쟁을 거부하는 것이 아니라 특정한 전쟁만을 거부한다는 점에서 이들은 '선택적 병역거부'의 선구자들이라 할 수 있습니다. 철학자인 버트런드 러셀(Bertrand Russel, 1872~1970) 같은 세계적 지성도 반전운동의 전면에 나서서 양심에 따른 병역거부자들을 옹호했습니다.

1916년의 영국 병역법은 양심에 따른 병역거부자들이 자신들을 위해 마련된 지방 특별법정에 출석할 권리를 갖는다고 규정했습니다. 이 특별법정이 내릴 수 있는 결정은 네 가지였습니다. 첫째, 만약 특별법정이 거부자의 양심이 '진의'에 의한 것이라고 판단할 경우, 그는 'A'급 결정을 받아 무조건 병역 면제를 허용받았습니다. 둘째, 민간 대체복무에 종사할 것을 조건으로 법정에 등록할 수도 있었는데, 이것은 'B'급 결정이라고 불렸습니다. 셋째, 거부자의 이름이 징병 명단에서 제외되고 군대 내의 비전투복무에 배치될 수 있었는데, 이것은 'C'급 결정이라 불렸습니다. 넷째는, 누구나 예상할 수 있는 바와 같이 병역거부자의 양심이 진의에 의한 것임을 인정받지 못하는 경우입니다. 이 경우 그의 이름은 양심에 따른 병역거부자 명단에서 제외되고, 자동적으로 병역의 의무를 지게 됩니다. 이것을 'D'급 결정이라 불렸습니다. 'D'급 결정에도 불구하고, 계속 병역을 거부할 경우, 그는 군사법정에 서야 했습니다.[24]

1914년부터 1918년까지 법정에 선 양심에 따른 병역거부자들은 모두 15,900명이었고 이들 중 6,261명이 체포되어 819명이 최소한 2년 이상을 감옥의 독방에서 보내야만 했습니다. 나머지 병역거부자들 대부분은 비전투복무 또는 민간 대체복무를 수행했습니다. 감옥에 간 사람들은 감옥에 간 사람들대로, 비전투복무자는 비전투복무자대로, 상당히 심한 가혹 행위에 노출되었지만,[25] 어쨌든 중요한 것은 영국도 불완전한 형태로나마 양심에 따른 병역거부를 인정했다는 사실입니다. 영국에서는 1916년 병역법이 통과되자마자 165개의 징병 반대회 지부에서 참석한 약 2,000명의 젊은이들이 반대 시위를 벌이는 등 다양한 저항이 벌어졌습니다.[26]

제2차 세계대전 때도 영국에서는 제1차 세계대전과 똑같은 법률적 절차가 진행됩니다. 제2차 세계대전 기간 중 약 62,301명이 양심에 따른 병역거부 등록을 했는데, 이들 중 1,704명은 1942년부터 징병 대상에 포함된 여성들 중에서 나왔습니다.[27] 첫 번째 유형 해당자가 거의 없었다는 것은 제1차 세계대전 때와 별로 다를 바 없어서, 전쟁 기간 중 전체 양심에 따른 병역거부자 중 약 6.04퍼센트만이 완전 면제를 인정받았습니다.[28] 나머지 대부분은 민간 대체복무를 했다고 보면 됩니다. 법적인 절차는 제1차 세계대전과 다를 바 없었지만, 제1차 세계대전에 비해 비교할 수 없을 정도로 훨씬 나은 처우가 이루어졌다는 점은 기록해둘 만합니다.

6

사실상 언제나 전쟁 상태에 있는 나라로 이스라엘을 생각해볼 수 있습니다. 이스라엘은 1948년 건국 이후 50여 년간 단 한 번도 전시 상태를 벗어나보지 못했습니다.

세계적으로 유명한 이스라엘의 예비군 시스템은 제2대 군 참모총장

이자 훗날 세계적 고고학자가 된 이가엘 야딘(Yigael Yadin, 1917~
1984)이 초석을 놓았습니다. 1949년 병역법에 의해 확립된 이스라엘의
예비군 제도는 이렇습니다. 이스라엘의 모든 남녀는 18세가 되면 빠짐
없이 군에 입대하여 남자는 26개월간, 여자는 20개월간 군에서 복무합
니다. 남자들은 주로 실전에 배치되고, 여자들은 간호병이나 사무원,
사회복지사, 교사, 운전사 등으로 유대인 정착촌에서 일하지요. 복무
기간이 끝나면 바로 예비군에 편입되어 남자는 45세, 여자는 미혼인 경
우에만 35세까지 예비군으로 복무하는데, 40세까지 남자는 매년 한 달
간, 40세가 넘으면 매년 2주간의 동원 훈련에 참가해야 합니다. 한 달
에 하루씩은 두 그룹 공히 훈련을 받아야 합니다. 그밖에 45세부터 49
세까지 모든 남자는 민방위대에 편성됩니다.[29] 이스라엘의 어린이들은
매달 하루, 매년 한 달은 군복을 입은 아버지를 보게 되는 셈입니다. 형
이나 누나들도 정규군에 편성되어 있으니 그야말로 병영 국가라 부를
만합니다. 위에 적힌 기간도 적지 않지만, 전쟁이 임박하면 훈련 기간
은 무제한으로 연장됩니다. 스위스 예비군 제도에 기초하여 야딘이 입
안한 이와 같은 예비군 제도는 이스라엘 국가 생존의 근간이 되었습니
다.

　이스라엘은 양심에 따른 병역거부를 인정하지 않는 나라로 분류됩니
다. 그러나 그런 이스라엘도 실제로는 양심에 따른 병역거부자들에게
상당한 예외를 인정하고 있습니다. 자동적으로 병역 면제를 받는 기혼
여성, 임신한 여성, 어머니들을 제외하고, 나머지는 모두 특별한 조건
하에서 정부가 인정하는 경우에 병역 면제를 받을 수 있습니다. 양심에
따른 병역거부 인정은 국방부의 행정 결정으로 이루어집니다. 대표적
으로 아랍계 이스라엘인들은 병역을 면제받습니다. 이건 혜택이라기보

다는 오히려 인종 차별에 가깝지만, 유대계 이스라엘인들은 인접한 아랍 국가들과 전쟁이 계속되는 상황에서 불가피한 선택이라고 강변하고 있지요. 두 번째로, 종교적인 유대인들이 병역 면제를 인정받습니다. 다만 이들에게 병역 면제를 인정해주는 이유는 기독교 국가에서 인정해주는 양심에 따른 병역거부 인정과는 매우 다릅니다. 전통 신앙을 가진 유대인들에 대한 예외는 건국 초기 다비드 벤구리온 총리와 종교 정당 지도자들 사이에 타협안으로 받아들여진 것인데, 당시 종교 정당 지도자들의 요구는 유대교 학교인 예시바(Yeshiva, 미국에 있는 같은 이름의 유명한 유대계 대학을 머리에 떠올리면 되겠지요) 학생들에 대해서 병역 면제를 인정해 달라는 것이었습니다. 결과적으로 이들에 대한 병역 면제는 평화주의와는 아무 관련이 없습니다. 오히려 성경이나 전통 수호 차원에서 이루어진 것이지요. 이유야 어찌 되었든지 이것도 양심에 따른 병역거부인 것만은 분명합니다.

그렇다고 평화주의에 기초한 병역거부가 전혀 인정되지 않는 것도 아닙니다. 이스라엘에서 병역거부는 어디까지나 국방부의 결정에 맡겨져 있기 때문에, 국방부가 인정하기만 하면 어떤 이유로라도 양심에 따른 병역거부가 인정될 수 있습니다. 이스라엘에서 양심에 따른 병역거부자들은 《나와 너》의 저자인 종교철학자 마르틴 부버(Martin Buber, 1878~1965) 같은 신학자들의 지원을 받았고, 1954년에 이미 '양심에 따른 병역거부자들의 국제운동(International Movement of Conscientious Objectors)' 같은 조직이 결성되었지요.[30]

1967년 '6일 전쟁'의 대승리는 이스라엘에 심각한 고민을 남겼습니다. 그 전에는 생존을 위해 국가를 방어해야 한다는 분명한 명분이 있었습니다. 그러나 6일 전쟁 이후의 점령지 관리는 방어의 범위를 넘어서는 측면이 강했습니다. 이러한 문제가 본격적으로 불거져 나오기 시작한 것은 아리엘 샤론(Ariel Sharon, 1928~)이 국방장관 재직 중 일으킨 1982년의 '레바논 전쟁' 때입니다. 팔레스타인해방기구(PLO)를 비롯한 아랍 테러리스트들의 기지를 공격한다는 명분을 내세웠지만, 레바논 전쟁은 분명히 침략 전쟁이었습니다. 이 전쟁에서 엘리 게바(Eli Geva) 대령 사건이 일어납니다.

1982년 7월 22일 아침, 유명한 퇴역 장성의 아들이자 이스라엘 군의 최연소 여단장이었던 엘리 게바 대령(당시 32세)은 베이루트 외곽에서 아랍 지역으로 공격을 시작하라는 명령을 받습니다. 놀랍게도 게바 대령은 이 명령을 비윤리적이라 판단하고, 참모총장에게 자신을 보직 해임해 달라고 요청하지요. 차라리 그냥 탱크 부대 하급 장교를 시켜 달라는 것이었습니다. "명령받은 임무를 수행해야 하는 군인의 의무와 무죄한 시민들을 죽이게 될 것이 분명한 전투를 피해야 한다는 양심의 의무 사이에서 갈등하다 양심의 길을 택했다."는 것이 그의 설명이었습니다.[31] 라파엘 에이탄 참모총장과 아리엘 샤론 국방장관의 설득에도 그의 마음이 움직이지 않자, 나중에는 베긴 총리까지 직접 나섰지만 게바 대령은 끝까지 뜻을 굽히지 않았습니다. 이 사건이 이스라엘에 던진 충격은 굉장했습니다. 게바 대령과 같은 입장을 취한 장교들은 '침묵에 대항하는 군인들'이라는 조직을 결성하여 전쟁의 종식을 요구하기 시작했고, 텔아비브에서는 10만 명이라는 엄청난 군중이 모여 반전 시위를 벌였습니다.[32] 이후 9개월 동안 무려 60명의 이스라엘 예비군들이 레바논 복무를 거부하고 감옥으로 갔지요. 게바 대령은 강제 전역되어 당연히 보장되어 있었던 연금까지 못 받게 되었습니다. 이러한 병역거부 운동은 인티파다(intifada, 1987년 시작된 점령 지역 팔레스타인 사람들

의 조직적 저항 운동) 이후 지금까지 계속되고 있습니다. 이스라엘의 새
로운 병역거부자들은, 이스라엘을 방어하기 위한 전쟁에는 언제든지
몸 바쳐 싸울 수 있지만, 점령 지역에서 진압군 노릇은 못하겠다는 입
장을 취하고 있는 선택적 병역거부자들입니다.

이들의 거듭된 저항에 따라 이스라엘 군도 차츰 정책에 유연성을 부
여했습니다. 1989년 이후부터 점령 지역에서 선택적 병역거부자들에
게 최초 14일간 영창 생활을 시킨 후 그래도 계속 거부할 경우에는 더
짧은 기간 동안 제2차 영창 생활을 시키고, 세 번째로 거부한 이후에는
점령 지역에서 이스라엘 내부로 근무지를 옮겨주는 조치를 취한 것입
니다.[33] 전 국민이 가족인 동시에 전우인 독특한 국가구조 안에서 비공
식적인 해결 방법을 택한 것이지요.

독일에서 병역을 거부하다 생명을 잃은 사람들, 영국과 미국에서 같
은 이유로 고통당한 사람들, 심지어 이스라엘 같은 병영국가에서 선택
적 병역거부의 길을 선택한 사람들 사이에는 평화의 실천이라는 공통
점이 있습니다. 이들은 모두 '전쟁 중'에 양심에 따른 병역거부를 했고,
나치 같은 극심한 폭력국가가 아닌 이상 대부분의 정상적인 국가들은
이런 사람들에게 일정한 예외를 인정했습니다. 대한민국은 너무나 특
수하기 때문에, 전 세계가 모두 다 양심에 따른 병역거부를 인정해도,
우리만은 할 수 없다는 논리는 이런 역사의 도도한 물결 앞에서 설득력
을 잃습니다.

9장
말로만 하는 평화운동은 쉽다, 그러나…

_불의한 전쟁을 거부한 사람들

2007년 2월 텔레비전을 보다가 제 눈을 의심했습니다. 한나라당의 누군가가 기자회견을 하는데 그 배경이 된 화면에서 이상한 구호를 발견한 것입니다. '비핵 · 반전 · 평화, 한나라당' 눈을 씻고 몇 번을 봐도 틀림이 없었습니다.

'비핵'이야 북한의 핵실험에 반대하는 입장에서 집어넣었다 치더라도, 반전 · 평화는 보수적인 한나라당의 구호로는 너무 이상했습니다. 이라크 파병에 적극 찬성하고, 양심에 따른 병역거부 인정을 반대하며, 군비축소에 저항하는 정당이 나도 모르는 사이에 방향을 정반대로 바꾼 것일까? 신문 정치면을 샅샅이 훑었지만, 어디에도 한나라당이 반전 · 평화주의 정당으로 거듭난다는 기사는 없었습니다. 대권주자도 바뀌지 않았고, 정당 구성원도 똑같았습니다. '비핵 · 반전 · 평화'라는 표어를 선택하기까지 당내에서 치열한 토론이 벌어졌다는 이야기도 없었습니다. 강재섭 한나라당 대표가 국회에서 비핵 · 반전 · 평화를 강조하는 연설을 한 이후 채택된 표어라는 보도가 있었을 뿐입니다. 참정치운동본부 공동본부장인 이상돈 중앙대 교수는 이를 두고 "좌익 세력들이 사용하는 이런 용어를 사용하는 걸 보고 한나라당이 민주노동당인 줄 알았다. 당이 정체성을 잃으면서 보수 세력들은 더 이상 한나라당을 믿을 수 없게 되었다."라고 비판했습니다. 같은 편이 보기에도 그만큼 이상한 표어 선택이었다는 이야기가 되겠지요.

한나라당이 내세우는 '비핵 · 반전 · 평화' 구호는 평화를 이야기하기가 얼마나 간단하고 쉬운 일인지 잘 보여줍니다. 정당하지 않은 전쟁에 군대를 보내면서도, 군비축소에 반대하면서도, 양심에 따른 병역거부자들을 비양심적이라고 손가락질하면서도, 평화를 이야기하는 데는 아무런 불편을 느끼지 않을 수 있습니다. 그럼 당신들이 이야기하는 평화는 도대체 뭘 의미하는 것이냐고 물어보면 또 그럴듯한 대답이 돌아올 것입니다. 평화란 그만큼 재미있는 주제입니다. 추상적으로 평화를 이야기하는 것은 너무나 쉽습니다. 고상하게 평화를 이야기하면 모든 사람으로부터 존경받을 수 있습니다. 차라리 자기가 말하는 평화의 의미를 제대로 모르는 것이 속 편할 수도 있습니다. 그러나 평화를 실천하기 시작하는 순간, 여러분은 모든 것을 잃어버릴 수 있습니다. 구체적인 전쟁을 거명하며 반대하기 시작하면 모든 사람이 여러분에게서 등을 돌릴 것입니다. 위선적인 세상은 진심으로 평화를 실천하려는 사람을 결코 용납하지 않습니다.

1

미국의 몇 안 되는 국경일 중의 하나가 '마틴 루서 킹 주니어 데이'입니다. 그날은 미국 사람들이 예수님을 제외하고 누군가의 탄생을 기념하는 유일한 날이기도 합니다. 1929년에 태어난 킹(Martin Luther King Jr., 1929~1968) 목사는 지금 살아 있다면 아직 80도 되지 않았을 비교적 젊은 '위인'입니다. 우리나라 대통령을 지낸 김대중 · 김영삼 씨보다도 젊지요.

마틴 루서 킹은 같은 세대의 어떤 흑인들보다도 평탄하게 인생을 출발한 사람입니다. 조지아 주 애틀랜타에서 존경받는 목사의 아들로 태어나 18세에 목사 안수를 받았고 19세에 모어하우스대학에서 사회학 학사를 취득했습니다. 22세에 크로저신학교에서 신학사를 취득했고, 26세에 보스턴대학에서 신학박사를 취득했으니 공부도 굉장히 빠른 편이었지요. 흑백 인종 간에 차별이 극심해서 흑인들은 버스를 타도 뒷자리에만 앉을 수 있고, 영화관 출입문도 달랐던 시절이었지만, 킹 목사 자신이 부당한 차별의 대상이 된 적은 거의 없었습니다. 1954년 앨라배마 주 몽고메리에 있는 침례교회에 목사로 부임하면서 역사의 한복판으로 뛰어들게 되었지만, 그것도 우연이라면 우연이라 할 수 있었습니다. 1년 뒤 바로 그의 동네에서 백인에게 버스 좌석을 양보하지 않은 로자 파크스(Rosa Parks, 1913~2005)란 여성이 흑백 분리 원칙을 위반했다는 이유로 체포될 것을 킹 목사가 미리 예상했던 것은 아니었으니까요.

이후 벌어진 버스 승차 거부 운동에서 흑인들이 거의 100퍼센트 참여하는 기적이 일어났고, 인종차별 철폐 운동의 지도자로 활동한 킹 목사는 뛰어난 연설과 강연 덕에 일약 전국적 스타로 떠오릅니다. 그의 나이 27세 때의 일이었습니다. 물론 그 이후 그의 인생은 고난으로 점철되었습니다. 수없이 투옥되었고, 테러 위협을 받았으며, 칼에 찔렸고, 그가 묵은 호텔에 폭탄이 터지기도 했습니다. 백인우월주의자들의 음모로 조세 포탈 누명을 쓰기도 했습니다. 그러나 이 모든 과정에서 그는 동료들의 전폭적인 지지를 받았고 도덕적으로 우월한 고지를 점하고 있었습니다. 1964년에는 35세의 나이로 노벨 평화상까지 받았으니, 수지타산을 따진다면 결코 손해 본 인생이 아니었지요. 마하트마 간디의 정신을 계승하여 비폭력 무저항 운동으로 흑백 차별 철폐를 이끌어낸 그의 인생은 거기에서 한 발자국 더 나아간 순간 최대의 위기를 맞습니다. 문제의 발단은 베트남전쟁이었습니다.

사실 흑인들과 전쟁의 관계는 긍정적인 면과 부정적인 면이 교차하는 매우 다층적인 것입니다. 흑인들이 전쟁에 참가하여 백인들과 똑같이 전공을 세우고 목숨을 잃었다는 사실은, 흑인 사회에 커다란 영예가 될 뿐만 아니라 차별 철폐의 중요한 명분을 제공했습니다. 전쟁터에서 죽어야 할 의무에 상응하는 권리를 주장할 수 있기 때문이었습니다. 그래서 제1차 세계대전과 제2차 세계대전 때 흑인들은 기를 쓰고 전쟁에 나가려고 노력했습니다. 처음에는 비전투부대에서 짐꾼으로만 활용되던 흑인들이 직접 총을 들고 전투에 나선 것만 해도 커다란 진전이었고, 해병대나 공수부대처럼 흑인들에게 전혀 기회를 주지 않던 부대에 흑인들이 진출하여 일정한 비율을 점하게 된 것도 혁명적인 변화였습니다.

군대에서 백인들과 함께 목숨을 걸고 싸운 흑인들은 고향에 돌아와서도 자신들의 권리를 찾는 데 적극적이었습니다. 학교 교육에서 흑백 분리를 철폐한 1954년의 '브라운 판결'만 해도 바로 이런 참전용사들이 있었기에 가능했습니다. 자기 자녀들이 가까운 백인 학교를 두고 위험한 철길을 건너 환경이 훨씬 열악한 흑인 학교에 다녀야 하는 현실에 분노한 참전용사들이 곳곳에서 소송을 벌인 끝에 이끌어낸 승리였던 것입니다. 이전 세대의 시민권 운동 지도자들은 베트남전쟁도 흑인들의 권리를 신장하는 기회가 되리라 믿었습니다.

거기다가 베트남전쟁에 처음 발을 담근 아이젠하워와 케네디 대통령, 그리고 본격적으로 전쟁을 주도한 존슨 대통령 등은 모두 흑인들의 시민권 보장에 적극적인 사람들이었습니다. 특히 존슨 대통령은 빈곤과 실업 문제와 싸워 흑인 문제를 근본적으로 해결하고자 했습니다. 1964년의 시민권법도 존슨 대통령의 적극적인 지원으로 통과되었습니다. 그 법의 조인식이 끝난 후 법령 서명에 사용된 펜을 선물로 받은 사람은 다름 아닌 킹 목사였습니다. 그러니 존슨 대통령의 전쟁 수행을 지원하는 것은 흑인 공동체의 당연한 사명으로 받아들여질 수밖에 없었습니다. 시민권 운동을 이끌어 온 대부분의 흑인 목사들은 존슨 대통령에 대한 전폭적인 지지를 표명했습니다. 그들이 생각할 때 존슨 대통령은 링컨 대통령을 제외하고는 그 누구보다도 흑인들을 위해 헌신한 사람이었습니다.[1]

그러나 킹 목사는 자기 내면에서 들려오는 양심의 소리를 거부할 수 없었습니다. 그가 생각할 때 인류가 폭력과 전쟁을 통해 문제를 해결하려 하는 것은 근본적으로 잘못된 것이었습니다. 아득히 먼 땅 베트남에서 미국 청년들이 죽어가는 것을 그냥 방치해서는 안 되므로, 정부는 즉각 협상을 시작해야 한다고 생각했습니다. 1965년 킹 목사는 존슨 대통령을 만나 베트남민족해방전선과 직접 협상에 나서야 한다고 설득하고, 북베트남 폭격을 중지하도록 요구합니다.

오랜 동료들은 모두 시민권 운동의 상징인 킹 목사가 엉뚱하게 전쟁 문제에 개입하는 것을 걱정했습니다. '전미유색인종지위향상협회(NAACP)'에서 킹 목사와 오랜 세월 함께 활동해 온 로이 윌킨스(Roy Wilkins)는 "시민권 운동 그룹들은 반전을 대의명분으로 삼을 만큼 베트남이나 미국의 대외정책에 대해서 충분한 정보를 갖고 있지 못하다."라고 주장했습니다. '전국도시연맹'의 휘트니 영(Whitney Young)도 "존슨 대통령에게는 의견 일치가 필요하다. 만약 우리가 베트남 문제에서 존슨과 같은 편이 되지 않는다면, 존슨도 시민권 문제에서 우리와 같은 편이 되지 않을 것이다."라고 우려를 표명했습니다.

흑인 신문이든 일반 신문이든 가릴 것 없이 칼럼이나 사설들은 '킹 목사가 깊은 수렁에 빠졌다'고 떠들어댔습니다. 시민권 운동이나 잘 해나가라, 미국 내 시민권 운동을 이끌던 사람이 왜 갑자기 국제분쟁에 나서느냐는 것이었습니다. 〈타임〉 같은 권위 있는 잡지조차 마틴 루서 킹 목사가 박사학위 과정에서 사회철학을 깊이 공부했고 이때 이미 비폭력주의와 반전사상을 갖게 되었다는 사실을 전혀 언급하지 않았습니다. 킹 목사는 웃음거리가 되었고, 신문은 연일 '킹 목사는 침묵해야 한다'는 기사들을 내보냈습니다.[2] 나중에는 킹 목사가 노벨상을 받고 나서 권력에 취해 마치 자신이 무슨 일이라도 다 할 수 있는 것으로 착각하고 있다는 기사까지 나왔습니다. 이런 기사는 킹 목사의 마음을 아프게 했습니다. 그 자신은 전쟁이라는 엄청난 대상과 싸울 아무런 힘이 없음을 절감했습니다. 자기가 반전운동에 너무 많은 노력을 쏟는 바람에 시민권 운동이 힘을 잃는 것이 아닌지에 대한 우려와 죄책감도 들었습니다.

그런 상황에서 킹 목사는 "마틴, 무슨 일이 있더라도 반드시 이 문제를 이야기해야 한다."는 내면의 목소리를 들었습니다. 어느 날 밤 '베트남의 아이들'이라는 기사를 읽은 후에는 "우리나라의 영혼을 파괴하고 베트남의 수많은 어린이들을 죽음으로 내모는 이 문제에 대해 다시는 침묵하지 않겠다."고 결심합니다. "인생을 살아가다 보면 혼자서 목소리를 내야 하는 순간, 나 외에는 이야기할 수 있는 사람이 없는 그런 순간이 있게 마련이다."[3] 그는 다시 몸을 일으켜 전국을 돌면서 비윤리적이고 잔인하며 비열한 살상 행위를 즉각 중단해야 한다고 주장하기 시작했습니다.

당시 그의 생각을 가장 생생하게 반영한 것이 1967년 4월 뉴욕 리버
사이드 교회의 연설입니다. '침묵을 깰 때'라는 제목으로 한 이 연설에
서 그는 베트남전쟁을 격렬하게 비난하고 젊은이들에게 양심에 따른
병역거부에 나설 것을 촉구합니다. 시민권 운동의 결실로 원래는 빈곤
퇴치에 들어갔어야 할 돈이 베트남으로 빠져나갔다고 주장한 그는 "전
쟁이 가난한 사람들의 적이기 때문에 반대할 수밖에 없다."고 선언합니
다.

> 우리는 우리 사회가 무력하게 만든 흑인 청년들을 뽑아서 수천 마일 떨
> 어진 동남아시아로 보내고는 그들에게 남서부 조지아 주나 동부 할렘에서
> 는 들어보지도 못한 자유를 수호하라고 요구합니다. 이전에는 같은 학교
> 에 함께 앉아 공부해본 적도 없는 흑인 청년들과 백인 청년들이 나라를 위
> 해 함께 목숨을 바치는 모습을 텔레비전을 통해 지켜보는 비참하고도 역
> 설적인 상황에 우리는 직면해 있습니다. 시카고에서는 같은 거리에서 살
> 아본 적도 없는 젊은이들이 야만적인 유대를 이루어 가난한 마을의 오두
> 막들을 불태우고 있습니다. 나는 가난한 사람들이 야만적인 조종에 놀아
> 나는 모습을 지켜보면서 도저히 침묵을 지킬 수 없었습니다.[4]

이 급진적인 설교 이후 많은 사람들이 킹 목사에게서 등을 돌렸습니
다. 전쟁이 한창이던 그때는 많은 미국의 젊은이들이 베트남 정글에서
싸우고 있었습니다. 당연히 지금은 그런 이야기를 할 때가 아니라는 비
판이 들끓었습니다. 반역자, 배신자라는 격한 비난도 많이 받았습니다.
특별히 그를 가슴 아프게 했던 것은 그가 진보적 백인들의 꾐에 넘어가
흑인들의 이익을 내팽개친 채 전통적으로 백인들의 문제인 반전운동에

나서고 있다는 비난이었습니다. 이런 비난 속에서 킹 목사는 절대 고독을 느꼈습니다. 그 고독 속에서 킹 목사는 이렇게 외쳤습니다.[5]

> 혼자라고 생각하지 마십시오. 필요하다면 감옥에 갈 때도 있겠지만, 그곳에서도 혼자가 아닙니다. 옳은 것을 위해서 일어나십시오. 세상 사람들이 오해하고 비난할지도 모릅니다. 하지만 그렇다고 해서 혼자는 아닙니다. 저는 '주님과 함께하는 자는 다수'라는 글을 읽은 적이 있습니다. 주님은 소수를 다수로 바꾸는 분입니다. 주님과 함께 걷고 주님께 의지하여 올바른 일을 하십시오. 그러면 주님은 숨을 거두는 순간까지 당신 곁에 계실 것입니다.

마틴 루서 킹 목사가 생의 마지막 몇 년 동안 베트남 반전 운동에 나서서 양심에 따른 병역거부자들을 지원했다는 사실은 놀라울 정도로 잘 알려져 있지 않습니다. '나에게는 꿈이 있습니다'라는 유명한 설교의 주인공으로 킹 목사를 자주 인용하는 한국 목사님들이 막상 킹 목사가 어떤 사람이었는지에 대해서는 잘 모른다는 사실, 정말 아이러니 아닙니까?

킹 목사는 평화에 대한 믿음을 지니고 있었을 뿐만 아니라, 그 믿음을 실천했던 사람이었습니다. 그래서 오해도 많이 받았고, 노벨 평화상 수상자라는 최고의 자리에서 반역자의 자리로 내동댕이쳐졌습니다. 평화의 실천은 그런 것입니다. 이 땅에서 행복하게 살려면 킹 목사를 본받아서는 안 됩니다. 평화는 최대한 추상적으로 말로만 떠들어야 하는 것이지, 절대 구체적인 전쟁을 언급하거나 양심에 따른 병역거부를 이야기해서는 안 됩니다. 그것이 세상이 가르쳐주는 지혜입니다.

베트남전 당시 평화를 이야기하다가 인생을 망친 사람은 마틴 루서 킹 목사뿐이 아니었습니다. 《스포크 박사의 육아법》의 저자로 유명한 벤저민 스포크(Benjamin Spock, 1903~1998) 박사도 똑같은 길을 걸었습니다. 마틴 루서 킹 목사가 최초로 참여한 베트남 반전 시위 사진에서 킹 목사 옆에서 걷고 있는 키 큰 할아버지가 바로 스포크 박사입니다.

저명한 변호사의 아들로 태어나 필립스 아카데미, 예일대학, 컬럼비아대학 등 명문학교들을 졸업한 후 소아과 의사가 되어 제2차 세계대전 이후의 베이비붐 세대 양육에 절대적 영향을 끼쳤던 스포크 박사는 반전운동에 뛰어들어야 할 이유가 전혀 없는 사람이었습니다. 학교는 거의 모두 수석으로 마쳤고, 운동도 잘해서 1924년 파리 올림픽에서는 예일대 조정 팀의 일원으로 참가해 금메달까지 획득했습니다. 그의 책은 이미 39개국 언어로 번역되어 최소한 5천만 부가 팔렸고, 출판 역사상 성경 다음으로 많이 팔린 책이라는 평가를 받았습니다.

아기가 대소변을 가리는 데 적절한 시기는 생후 18개월 전후이며 지나치게 강압적으로 대소변 훈련을 시켜서는 안 된다는 사실을 우리에게 알려준 사람이 바로 스포크 박사입니다. 아기가 울 때 자꾸 안아주면 아기를 망치게 된다는 전통적인 육아법에 저항해서, 많은 스킨십이 오히려 아기에게 행복과 안정감을 준다는 당시로서는 혁명적인 육아법을 제안한 사람도 스포크 박사였습니다. 그의 가르침은 먼 나라 한국 땅 우리 어머니의 교육 방침에까지 영향을 주었을 정도이지요. 그가 지지했던 존슨 대통령이 '위대한 사회'를 만들겠다며 그의 조언을 구하고 있었고, 그는 원하면 언제든지 대통령을 만날 수 있는 사람이었습니다. 베트남전쟁이 일어났을 때 스포크 박사는 60대 후반에 접어들고 있었습니다. 그 자신이 이미 '살아 있는 역사'였으므로 평생의 성공을 그저 즐기기만 해도 충분한 나이였습니다.

그러나 그는 생의 마지막 시기를 반전운동에 바쳤습니다. 스포크 박사를 반전운동으로 이끈 것은 기독교 평화주의도, 신앙도 아니었습니다. 그를 움직인 동기는 그의 양심이었고 그의 양심에 불을 지른 사람은 SANE(National Committee for a Sane Nuclear Policy, 건전한 핵정책을 위한 전국위원회)을 이끌던 호머 잭(Homer Jack, 1916~1993) 목사였습니다. 잭 목사는 아인슈타인 박사의 예를 들며 스포크 박사를 설득했습니다. 과학자로서 엄청난 명성을 획득한 아인슈타인은 그에 따른 책임을 통감했고, 평화와 비핵화 운동에 노년을 바쳤습니다. 잭 목사는 스포크 박사도 그동안 획득한 명성에 책임을 져야 한다고 믿었습니다. 1962년부터 스포크 박사는 SANE의 활동에 적극적으로 참여했고, 기회가 있을 때마다 케네디 대통령에게 핵실험 중단을 촉구했습니다. 케네디는 대통령 후보 시절부터 스포크 박사의 도움을 많이 받았기 때문에 그의 의견을 쉽게 무시할 수 없었습니다. 1962년 6월에 스포크 박사는 케네디 대통령에게 미국의 아시아 개입은 군국주의적 식민주의로 인식될 수 있다고 경고합니다. 남베트남의 응오 딘 디엠 정권처럼 믿을 수 없는 정부를 지탱해주는 것은 군사적, 정치적, 윤리적으로 건강하지 못하다는 의견도 밝힙니다. 미국 사람들 중에 베트남의 심각성을 깨달은 사람이 거의 없던 시절이었습니다.[6]

1965년에도 스포크 박사는 존슨 대통령에게 북베트남 폭격에 반대한다는 편지를 보냈습니다. 케네디와 마찬가지로 대통령 선거 기간 중 스포크 박사로부터 절대적인 도움을 받았던 존슨 대통령은 "이 문제에 대한 당신의 신실하고 깊은 관심을 전적으로 이해한다. 베트남 상황의 본질에 대한 관점의 차이에도 불구하고, 동남아시아의 평화를 위한 당신과 나의 깊은 관심에는 차이가 없다."는 답장을 보냅니다. 물론 존슨 대통령도 마음속으로야 소아과 의사가 왜 국제정치에 개입하느냐는 생각을 했겠지요. 스포크 박사 쪽에서는 평화를 위해 일해주리라 믿고 선거운동을 도와주었던 존슨 대통령의 베트남 개입에 깊은 배신감을 느꼈고, 빈곤과 싸우는 데 쓰여야 할 돈이 전쟁에 낭비되고 있다는 생각도 하게 됩니다. 이후 그는 육아에 관해 이야기할 기회가 있을 때마다 '아기들을 키운 후에는 베트남으로 보내지 말라'는 식으로 전쟁 반대의 메시지를 담고자 노력하지요.[7]

당장 기자들이 육아 전문가인 스포크 박사와 반전운동가인 스포크 박사 사이에서 혼란을 느끼기 시작했습니다. 소아과와 전쟁이 도대체 무슨 상관이 있나? 저 사람이 국제정치에 대해 떠들 자격이 있는가? 자신에 대한 비판이 거세지자, 스포크 박사는 "나는 이미 오래 전부터 국제관계학에 관한 다섯 개 논문집을 정기 구독해 왔고, 정신분석학과 가정생활에 대한 지식의 영감을 받아 더 넓은 비전을 향해 나가게 되었다."라고 변명했지만, 웃음거리가 되었을 뿐입니다. 그가 가르치고 있던 웨스턴리저브 의대에서도 상황은 좋지 않았습니다. 분노와 협박으로 가득 찬 편지들이 학교로 쏟아졌고, 친구들은 '도대체 스포크 박사가 왜 저러지' 하는 의심의 눈길을 보냈습니다. 그가 즐겨 가던 커피숍에서는 사람들이 슬슬 그를 피했습니다. 이미 의료보험 제도를 지지해서 의사들로부터 곱지 않은 시선을 받고 있던 스포크 박사였습니다. 반전운동은 의사 사회에서 그를 완전히 왕따로 만들었습니다. 지역 신문에는 "의학적 진단에 의사의 전문적 지식이 필요한 것처럼, 대외 정책에도 특별한 훈련이 필요한 것 아니냐."라는 의견들이 올라왔습니다. 의대 학생들은 의대 교수인 그가 대외정책에 대해 발언하는 것을 빗대어 '다음주에는 맥스웰 테일러 장군(101공수사단장으로 노르망디에 가장 먼저 낙하했던 전쟁 영웅. 후에 육군 참모총장을 지냄)이 아기의 대소변 훈련에 대해 강의합니다'라는 포스터를 붙였습니다.

스포크의 양육법에 귀를 기울였던 부모들도 그의 변화에 실망을 표시했습니다. 어느 부모는 이렇게 탄식했습니다. "아이를 키우는 동안 당신의 책은 내게 거의 성경과 같았습니다. 책장들은 뜯어지고 표지는 사라져서 고무줄로 묶어서 읽어야 했을 정도였습니다. 그러나 이제 당신은 나를 메스껍게 합니다. 우리는 우리 아들들에게 사나이가 되라고 가르쳤습니다. 그런데 이제 당신은 그 가르침을 박살내고 있습니다." 많은 사람들이 그의 책을 포장해서 그에게 돌려보냈습니다. 그렇게 돌아온 책들 중에는 표지에 '반역자'라고 쓰인 것도 있었습니다.[8]

스포크 박사는 남들보다 훨씬 먼저 베트남 전쟁의 문제를 깨닫고 다른 영역의 지도자들로 하여금 반전운동에 뛰어들도록 이끌기도 했습니다. 1965년 11월 마틴 루서 킹 목사는 클리블랜드로 가는 비행기 안에서 편안한 휴식을 취하고 있었습니다. 그때 스튜어디스가 "승객 중에 목사님을 뵙고 싶어하는 사람이 있습니다."라고 전합니다. 스튜어디스 뒤에는 백발의 낯익은 노인이 서 있었습니다. 그 노인은 조심스럽게 "안녕하세요, 저는 벤저민 스포크입니다."라고 자신을 소개했습니다. 킹 목사도 깜짝 놀랐지요. 비행 시간 동안 두 사람은 30년 가까운 나이 차이와 흑백의 차이를 뛰어넘어 금세 친구가 되었습니다. 킹 목사의 부인은 이미 적극적으로 반전운동에 참여하고 있는 상태였고, 오래 전부터 킹 목사는 스포크 박사의 진보적 태도에 깊은 감명을 받아 온 까닭이었습니다. 당시 킹 목사는 몇 차례 개인적으로 베트남전쟁에 반대 의견을 표명한 적이 있었지만 조직적인 반전운동에는 참여하지 않고 있었습니다. 그날 스포크 박사는 킹 목사에게 "나는 당신이 나라와 세계 평화를 위해 가장 중요한 상징이 될 수 있다고 느낍니다. 우리가 평화운동에서 필요한 것은 평화의 정신을 상징할 수 있고, 다른 사람들이 기꺼이 그의 옆에서 행진할 수 있는 한 개인입니다."라고 말하며 행동에 나서 달라고 부탁합니다. 킹 목사는 그 자리에서는 답변을 피했지만, 이미 자신의 내면에서 일어나던 반전의 확신에 불이 붙은 뒤였습니다. 며칠 후 반전 행진에서 킹 부인을 만난 스포크 박사는 "저는 곧 은퇴합니다. 그러고 나면 킹 목사를 돕는 데 저의 남은 인생을 바치겠습니다."라고 말합니다.[9] 이후 킹 목사는 본격적으로 반전운동에 뛰어들었고, 스포크의 고통은 곧 킹 목사의 고통이 되었습니다.

스포크 박사는 거기서 멈추지 않았습니다. 그가 선택한 평화운동의 방식은 양심에 따른 병역거부자를 지원하는 것이었습니다. 1967년 그는 양심에 따른 병역거부자들이 징병 카드를 불태운 뒤 그 카드를 법무부에 제출하는 시위에 직접 참여했습니다. FBI와 지역 경찰은 병역거부자들과 반전운동가들의 일거수일투족을 감시하고 있었습니다. 국방성과 보수주의자들은 스포크 박사를 '공산당의 선전에 속아 넘어간 아기 의사'로 매도했습니다. 그런 비난에도 불구하고 시위에 꾸준히 참가하는 스포크 박사의 존재는 서서히 사람들의 공감을 불러일으켰습니다. "그렇게 현명하고 편안하게 부모들에게 조언하던 온유한 스포크 박사가 전쟁에 대해서 그렇게 분노한다면, 혹시 이 전쟁에 뭔가 엄청나게 잘못된 것이 있는 것은 아닐까?"

국방성 앞에서 벌어진 시위에서 스포크 박사는 직접 메가폰을 잡고 "당신들은 우리의 적이 아닙니다. 당신도 우리와 같은 국민입니다. 우리에게 합류하세요."라고 소리쳤습니다. 그리고 자신의 경험을 이야기했습니다. 얼마 전 스포크 박사는 베트남에 있는 병사로부터 전쟁의 참상을 증언하는 편지를 받았고, 거기에 감동받아 즉시 답장을 썼습니다. 그런데 며칠 후 반송되어 온 스포크 박사의 답장 표지에는 '수취인 사망'이라는 도장이 찍혀 있었습니다. 그가 이 경험을 시위대와 함께 나누는 동안 국방성의 문이 열리더니 갑자기 몽둥이를 든 군인들이 뛰어나왔습니다. 시위를 주도하던 반전운동가 데이비드 델린저(David Dellinger)는 무릎을 꿇고 앉으라고 다급하게 소리쳤습니다. 군인들은 몽둥이로 시위대를 마구 내리쳤고, 스포크 박사 부부는 무릎을 꿇은 채 머리를 감싸 자신들을 보호해야 했습니다. 곧 군인들이 시위대를 연행하기 시작했고 델린저도 번쩍 들려 끌려갔습니다. 스포크 박사도 연행을 각오했습니다. 그런데 웬일인지 군인들은 스포크 박사를 계속 무시하며 끌고 가지 않았습니다. 스포크 박사는 델린저를 향해 계속 소리쳤습니다. "그들이 나를 연행하지 않네요. 데이브, 데이브, 그들이 나를 연행하지 않아요!" 델린저가 나중에 술회한 것처럼 군과 경찰로서도 다음날 아침 신문에 스포크 박사의 체포 소식이 대서특필되기를 원치 않았기 때문에 의도적으로 스포크 박사를 끝까지 그냥 놓아둔 것이었습니다.[10]

남들처럼 똑같이 체포되겠다는 그의 소망은 1967년 12월 5일 맨해튼의 모병센터 앞 시위 때에 비로소 처음 성취됩니다. 그리고 1968년 1월 반전운동의 다른 동료들과 함께 범죄 공모 혐의로 보스턴에서 기소되지요. 일반적으로 조직폭력단 같은 범죄단체에 적용되는 죄목이었습

니다. 그들을 기소한 36세의 존 월(John Wall) 보스턴 검찰청 연방검사
보는 공수부대원으로 한국전쟁에 나갔던 참전용사였습니다. 전쟁의 참
상을 누구보다 잘 알고 있었고 베트남전쟁에 대해 부정적인 생각을 지
니고 있던 월은 스포크 박사를 비롯한 '보스턴의 5인'을 기소하는 데
그다지 적극적이지 않았습니다. 그는 전쟁에 대해 토론하는 대신, 스포
크 박사가 현행법을 어겼다는 단순한 사실에 집중하려 했습니다. 오히
려 검사보다 적극적이었던 것은 85세의 검사 출신 판사 프랜시스 J. W.
포드였습니다. 포드 판사는 백인 남성들로만 구성된 배심에 유죄 평결
을 유도했고 결국 스포크 박사와 동료들은 징역 2년을 선고받습니
다.[11] 항소심이 진행되는 중에도 스포크 박사는 전국을 돌며 반전운동
을 계속합니다. 마침내 1969년 7월 보스턴 연방항소법원은 증거가 부
족하다는 이유로 스포크 박사의 무죄를 선고합니다.

킹 목사는 1968년에 암살당했지만, 스포크 박사는 남은 생애를 평화
운동에 바치겠다는 자신의 약속을 저버리지 않았습니다. 1972년에는
양심에 따른 병역거부자, 노동자, 아이들을 대표하여 인민당 후보로 대
통령 선거에 나섰고, 베트남전쟁이 끝난 후에도 반전·반핵운동에 앞
장섭니다. 1980년대 중반 스포크 박사는 니카라과에 개입한 미국을 비
난하는 한 집회에 참석하여 강연합니다. 라틴 아메리카 어머니회에서
후원한 작은 세미나였습니다. 이 세미나의 뒷자리에서 스포크 박사의
눈길을 피해 앉아 있는 변호사가 한 사람 있었습니다. 한때는 연방검찰
청의 검사보였지만 지금은 매사추세츠시민자유연합에서 인권 보호를
위해 일하고 있는 존 월 변호사였습니다. 월은 세월이 흘러도 변함 없
는 스포크 박사의 모습에 깊은 감명을 받습니다. 20년 가까운 세월이
지나는 동안 베트남전쟁에 반대했던 스포크 박사의 입장은 이미 폭넓

게 받아들여지고 있었습니다. 처음부터 스포크 박사가 예상했듯이 베트남전쟁은 수없이 많은 인명을 앗아간 불필요한 전쟁이었습니다. 존 월 변호사는 그날 끝내 스포크 박사에게 자신을 소개하지 못했습니다. 1993년에 가서야 존 월 변호사는 스포크 박사를 직접 대면했습니다. 시민자유연합이 주최한 '보스턴 5인 사건 25주년 기념 모임'에서였습니다. 한때 스포크 박사를 기소했던 존 월 변호사가 이제 그 재판이 그의 인생을 바꾸었다며 스포크 박사를 예찬하기 위해 이 모임에 참석했습니다. 그의 인사를 받고 스포크는 깜짝 놀랐다며 따뜻한 악수를 건넵니다. 스포크 박사는 이미 전설이 되어 있었습니다.[12]

3

베트남 전쟁으로 인생 최고의 위기를 맞은 사람 중에는 권투 선수 무하마드 알리(Muhammad Ali, 1942~)가 있습니다. '나비처럼 날아 벌처럼 쏜다'던 전설의 복서, 1996년 파킨슨 병에 걸려 몸이 불편한 채 애틀랜타 올림픽의 성화 점화를 맡았던 인간 승리의 주인공이 바로 그 사람이지요.

1960년 로마 올림픽에서 금메달을 획득하고 1964년 헤비급 세계 챔피언이 된 캐시어스 마셀러스 클레이(Cassius Marcellus Clay)는 부와 명예를 거머쥔 정상에서 느닷없이 '이슬람 네이션(Islam Nation)'이란 흑인 종교단체의 회원으로 가입하고 이름도 이슬람식으로 바꿉니다. 이 단체의 설립자인 엘리야 무하마드는 이미 제2차 세계대전 때 병역 거부를 했다가 4년 가까이 감옥 생활을 한 사람이었습니다. 이슬람은 대체복무가 허용되던 전통적인 평화주의 교파에 속하지 않았으므로 양심에 따른 병역거부를 인정받지 못했던 것입니다. 같은 단체의 2인자였던 맬컴 엑스(Malcolm X, 1925~1965) 역시 미친 사람으로 행세해서 제2차 세계대전 당시 군 복무를 피했고, 한국전쟁에는 양심에 따른 병역거부자 등록을 통해 다시 정신과 검사를 받아 군 복무를 면제받았습니다.

이슬람 네이션이 양심에 따른 병역거부를 한다는 사실을 알고도 여기에 가입했던 무하마드 알리는 1966년 징병검사에서 현역 판정을 받았습니다. 당시 사회경제적 여건 때문에 지능검사에서 상대적으로 백인보다 낮은 점수를 받던 흑인들을 더 많이 징병하기 위해 징병검사의 지능검사 기준을 대폭 하향 조정한 데 따른 결과였습니다. 마이애미에서 권투 훈련 중에 이 소식을 들은 알리는 몇 차례나 "왜 하필 나요? 나는 베트콩들하고 다툴 일이 없어요."라고 내뱉습니다.[13] 처음에 그는 농담처럼 "일 년에 적어도 제트 폭격기 세 대와 엄청난 양의 탄약을 내 돈으로 사고 전투병 5만 명의 월급을 내 대전료에서 지급하겠다."라고 이야기했습니다. 입을 다물고 가만히 있었다면 빌 클린턴을 비롯한 많은 동년배들처럼 조용히 병역을 피할 수 있었을 겁니다. 그러나 미국 정부는 이미 오래 전부터 "나는 베트콩과 다툴 일 없어요."라고 선언한 이 '말 많은 흑인'에게 주목하고 있었습니다. 그 한마디의 파급효과가 워낙 컸던 까닭이었습니다. 사람들은 알리가 빨리 사과하고 이 일을 마무리해주기 바랐습니다.

일리노이 주 검찰총장은 알리를 압박하려고 그가 사용하는 무하마드 알리라는 이름이 본명이 아니라는 트집을 잡아 그가 치를 경기들을 불허합니다. 알리는 공식적으로 양심에 따른 병역거부 신청을 했지만 루이빌 징병위원회는 알리의 신청을 기각합니다. 오랜 법정 투쟁의 시작

이었습니다. 알리는 고향 루이빌에서 한 연설에서 자신의 병역거부 이유를 명확하게 밝혔습니다.[14)]

　이곳 루이빌에서는 이른바 검둥이라 불리는 족속들이 개처럼 취급받으며 최소한의 인권도 거부당하고 있습니다. 그런데 도대체 왜 그들은 나에게 제복을 입히고, 고향에서 1만 마일이나 날아가서 갈색 피부의 베트남 사람들을 향해 폭탄과 총알을 퍼부으라고 한단 말입니까? 가지 않겠습니다. 또 하나의 가난한·민족을 살해하고 불태워 죽임으로써 전 세계 유색인종을 지배하려는 백인 노예주를 돕기 위해 1만 마일이나 날아가지는 않겠습니다. 오늘은 그런 악을 끝장내야 할 날입니다. (중략) 만약 이 전쟁이 2200만 내 형제들에게 자유와 평등을 가져다 줄 것이라고 믿고 있다면, 저들이 나에게 징병조치를 내리는 대신, 나 스스로 내일이라도 입대하겠지요. 그러나 저는 세속의 법과 알라의 법 중 하나에만 복종해야 합니다. 제 신념이 말해주는 자리에 선다고 해서 제가 잃을 것은 전혀 없습니다. 감옥에 가게 되면 가겠습니다. 우린 이미 400년 동안 감옥 생활을 해오고 있지 않습니까?

　그러나 이후 계속된 사법절차는 알리의 이와 같은 주장을 전혀 받아들이지 않았습니다. 이런 와중에도 알리는 무려 9차례나 챔피언 타이틀 방어에 성공합니다. 그러나 대중은 더는 그에게 열광하지 않았습니다.
　1967년 3월 연방법원이 알리의 항소를 기각함에 따라 알리는 이제 군대냐, 감옥이냐 두 가지 선택만 가능했습니다. 미국 전역에 반전의 불길이 타오르기 시작한 시기였습니다. 정부는 알리를 그냥 놓아둘 수 없었습니다. 4월 28일 소집 신고 현장에 나간 알리는 이슬람 포교사 지위 인정을 요구하며 성명서를 낭독합니다. "제 양심에 비추어볼 때 저는 소집에 응하는 것이 제가 믿는 종교적 신념에 충실한 행위가 아님을 깨달았습니다. 양심에 따른 저의 결정에서 저는 오직 알라만을 최종 심판자로 따르겠습니다." 알리가 성명을 발표하고 불과 한 시간 뒤, 뉴욕주 체육위원회는 그의 선수 자격을 취소하고 챔피언 타이틀을 박탈했습니다. 그로부터 한 달 이내에 세계권투협회, 유럽권투연합 등도 동일한 결정을 내립니다. 알리의 선수 생명이 끝장난 것입니다.[15] 알리의 소집 거부 이틀 뒤 마틴 루서 킹 목사는 설교를 통해 알리의 결단을 칭찬하면서 "이 전쟁이 혐오스럽고 부정의한 것이라고 믿는 사람이라면 누구나 양심에 따른 병역거부의 길을 걸어야 한다."라고 촉구합니다.[16]

1967년 6월 19일 알리는 유죄 평결과 함께 징역 5년을 선고받았습니다. 일반적으로 병역거부자에게 1년 6월의 형이 선고되던 관례에 비추어볼 때 현저하게 불공평한 중형의 선고였습니다. 보석금을 내고 일단 석방된 알리는 6월 23일 생애 처음이자 마지막으로 반전집회에 참석합니다. 참석자 중에는 벤저민 스포크 박사도 포함되어 있었습니다.[17]

1970년 연방법원이 강간범이나 절도범, 탈영병도 권투 선수 자격을 취득하는데 알리에게만 선수 자격을 박탈한 것은 평등권을 침해한 것이라는 결정을 내릴 때까지, 알리는 춥고 배고픈 시절을 보내야 했습니다. 권투 시합을 할 수 없었고, 유효기간이 지난 운전면허를 갖고 운전했다는 이유로 체포되기도 했으며, 이혼과 재혼에 따른 소송비용과 양육비 부담으로 경제적 곤란도 겪어야 했습니다. 믿었던 이슬람 네이션도 알리에게서 등을 돌리고 명확한 이유 없이 1년 동안의 추방령을 선포했습니다. 이슬람 네이션 지도자들 입장에서는 병역거부 논란이나 그에 따른 FBI의 감시가 부담스러웠던 데다가 알리의 수입 감소로 인해 그의 십일조마저 줄어들어 보호할 가치가 별로 없다고 판단했던 것입니다. 일단 선수로 복귀한 후에도 그는 세계 챔피언인 조 프레이저에게 패하여 더는 "내가 권투를 못하고 있어서 그렇지, 진짜 헤비급 챔피언은 나"라는 주장도 할 수 없게 되었습니다. 여러모로 그는 끝난 사람으로 보였습니다.

1971년 6월 마침내 미국 연방대법원은 알리에 대한 유죄판결을 파기합니다. 9명의 대법관 중 최초의 흑인 연방대법관이었던 서굿 마셜은 알리를 제소할 당시 법무부 차관이었기 때문에 심리를 기피했고, 나머지 판사들의 의견은 4대 4로 팽팽하게 갈렸습니다. 끝까지 4대 4로 간다면 원심이 그대로 확정되어 알리는 감옥에 가야 했습니다. 알리의 병역거부가 진지하다는 것과 종교적 신념에 기초하고 있다는 사실은 의심의 여지가 없었습니다. 문제는 그가 당시 요구되던 세 번째 요건, 즉 '모든 전쟁에 반대하고 있는가'에 있었습니다. 알리가 과거에 "내 형제들을 위한 거룩한 전쟁에는 참가하겠다."라고 발언한 것 때문에 세 번째 요건이 충족되지 않는다고 정부 측이 주장한 결과였습니다.

그러나 대법원은 적절한 타협의 길을 찾아냈습니다. 법무부가 과거에 징병위원회에 조언할 때는 세 번째 요건을 문제 삼지 않고 앞선 두 개의 요건을 문제 삼았기 때문에, 결과적으로 징병위원회에 부정확한 조언을 한 셈이므로 징병위원회의 유죄 결정을 번복할 수 있다고 판시한 것입니다. 이 판결은 양심에 따른 병역거부의 세 가지 요건, 즉 '종교적인 믿음에 기초한 것인가, 진지한가, 모든 전쟁을 거부하고 있는가'를 확립한 역사적인 판결로 기록됩니다.[18] 어렵게 얻어낸 알리의 승리였습니다. 이 승리 이후 알리는 조 프레이저와 조지 포먼을 꺾고 두 차례 헤비급 세계 챔피언 타이틀을 거머쥡니다.

마틴 루서 킹 목사나 스포크 박사처럼 지성에 기초한 평화주의 운동가와는 달리, 알리는 직관을 따라 몸으로 평화를 실천한 경우에 속합니다. 알리의 전기 작가인 마이크 마커시는 알리의 행동을 이렇게 평가합니다.

수많은 병역거부자들 중 알리만큼 고립되어 있으면서도 동시에 유명했던 사람은 없었다. 알리의 행동은 반전운동의 성장 과정에서 으레 기록되는 각주 정도로 그치기에는 확실히 그 가치가 너무나 크다. 양심에 따른 병역거부의 으뜸가는 본보기로서 그는 조직된 운동에 포괄되지 않는 많은 젊은이들에게 용기를 주었다. 이 시기는 젊은 명사들이 배출된 때였지만, 알리만큼 곤혹스런 진퇴양난에 놓인 사람은 극히 적었고, 알리만큼 자신의 선택이 가져온 결과를 선뜻 감수한 사람도 거의 없었다.[19]

4

베트남전은 역사상 어느 때보다 반전운동과 양심에 따른 병역거부가 활발했던 전쟁이었습니다. 양심에 따른 병역거부 형태도 이전과는 많이 달라서, 주로 선택적 병역거부가 문제로 떠올랐습니다. 종교적 신념을 이유로 '모든' 전쟁을 거부하는 사람들에 대한 대체복무 인정이 일반화된 이후, 이제는 '특정' 전쟁의 정당성을 문제 삼아 병역을 거부하는 새로운 사람들이 등장한 것입니다.

베트남전은 동서 간의 충돌이기도 했지만, 미국 내부에서는 '징병을 추진하는 정부'와 '병역을 거부하는 새로운 세대' 사이의 전쟁이기도 했습니다. 양심에 따른 병역거부가 소규모 기독교 교파들의 문제였던 시대가 막을 내리고, 대규모의 비종교적 병역거부자 문제가 대두하기 시작한 것입니다. 이 운동에 앞장섰던 마틴 루서 킹 목사, 벤저민 스포크 박사, 무하마드 알리 세 사람 중 누구도 전통적인 평화주의 교파에 속한 사람은 없습니다. 양심에 따른 병역거부자들은 무하마드 알리 같은 예외적인 경우도 있었지만 주로 교육을 많이 받은 중산 계층에서 나왔고, 변호사, 성직자, 상담가를 비롯한 광범위한 전문가 집단의 지원을 받고 있었습니다. 개신교, 가톨릭, 유대교 등 주류에 속한 종교 집단들이 평화주의 운동에 가담하게 된 것도 의미 있는 변화였습니다.

평화를 특별히 강조했던 교황 요한 23세도 이러한 변화에 큰 힘을 실어주었습니다. 그가 주도했던 제2차 바티칸 공의회 '현대 세계의 교회에 관한 사목 헌장 〈기쁨과 희망〉'은 제5장 제1절에서 "양심의 동기에서 무기 사용을 거부하는 사람들의 경우를 위한 법률을 마련하여 인간 공동체에 대한 다른 형태의 봉사를 인정하는 것이 마땅하다."라고 선언하고 있지요.[20] 명백하게 양심에 따른 병역거부와 대체복무 인정을 촉구한 것입니다.

이 시기에 얼마나 광범위한 병역거부가 이루어졌는지는 통계자료가 증명해줍니다. 1964년에서 1973년까지 병역 연령에 속했던 1700만 명의 미국 젊은이들 중 100만 명만이 실제 병역에 종사했습니다. 물론 1600만 명이 모두 병역 기피자였던 것은 아닙니다. 대학에서 공부하는 이들에게 병역 연기를 인정하는 등 예외가 많았기 때문에 약 1500만 명의 젊은이들은 합법적으로 병역 연기를 통해 징병을 회피했습니다. 불법적인 병역 기피자의 수는 대개 57만 명 정도로 추산되는데, 이들 중 36만 명은 끝까지 붙잡히지 않았고, 19만 8천 명은 법원이 사건을 각하했으며, 9,000명만이 유죄판결을 받아 그중 4,000명만이 감옥에

갔습니다.[21] 감옥행을 피해 수많은 젊은이들이 국경을 넘어 캐나다로
갔습니다.

과거 징병검사에서 떨어진 청년들이 자살하던 애국주의 과잉의 나라
에서 이런 변화가 일어나게 된 이유는 무엇이었을까요? 캘리포니아대
학의 역사가 빅터 데이비스 핸슨 교수는 텔레비전의 보급을 지적합니
다.[22] 텔레비전 기자와 사진기자에게 전선에서 자유로운 활동을 보장
했던 미국의 군사 지도자들은 매체 혁명의 효과를 제대로 이해하지 못
했습니다. 만약 노르망디의 오마하 해변에서 벌어진 참상을 텔레비전
을 통해 그대로 지켜볼 수 있었다면 제2차 세계대전의 결과도 달라졌
을지 모릅니다. 그러나 1950년대까지 미국 시민들이 접할 수 있었던
것은 미군의 영웅적인 활약상과 멋진 영화배우가 폼 잡고 나오는 영화
의 몇몇 장면들뿐이었습니다. 영화 속의 병사들은 적군이 눈앞에 다가
와도 태연하게 담배를 피우고, 여성과 아이들을 끝까지 보호하며, 마지
막 순간까지 용기를 잃지 않는 모범적인 인간들이었습니다. 영화 속에
서 아무리 많은 적군이 죽어도 피 한 방울 볼 수가 없었습니다. 총을 맞
은 군인들이 배를 잡고 오버액션을 하면서 쓰러지기는 했어도, 팔다리
가 날아가거나, 머리통 절반이 없어진 시체 같은 것은 보여주지 않았기
때문입니다.

그러나 베트남전쟁 때 미국인들은 처음으로 전쟁의 현장을 안방에서
지켜보게 되었습니다. 그걸 가장 노골적으로 보여준 것이 바로 1968년
1월 베트콩의 테트(구정) 대공세였습니다. 남베트남 전국은 베트콩의
공세로 혼란에 빠졌고 사이공의 미국 대사관도 공격의 표적이 되었습
니다. 대사관 앞마당까지 들어온 19명의 베트콩은 미국 해병들을 쏘아
죽이고 본관을 향해 수류탄과 자동화기를 쏟아 부었습니다. 대공세 직

후의 처참한 현장은 바로 안방으로 보내졌습니다. 이때 사진기자 에디 애덤스가 찍은 한 장의 사진은 반전 분위기에 불을 질렀습니다. 〈라이 프〉에 게재된 사진은 남베트남의 경찰국장인 로안 장군이 프로로 잡은 베트콩의 머리에 권총을 쏘는 장면이었습니다. 팔이 뒤로 묶인 채 공포 에 질려 있는 베트콩의 머리에 겨눠진 남베트남 장군의 권총은 미국 정 부의 어떤 선전도 무력화시킬 수 있는 강력한 무기였습니다. 반전시위 를 진압하는 경찰의 잔혹한 태도도 가감 없이 보도되었습니다. 신문에 서 글로 접하는 것과 사람들이 몽둥이로 얻어맞아 피 흘리는 현장을 눈 으로 보는 것 사이에는 큰 차이가 있었습니다.

둘째로 지적할 수 있는 것은 미국이 베트남전쟁 당시 경제의 정점에 서 최고의 풍요를 누리고 있었고, 문화·정치적으로 엄청난 변혁기에 있었다는 사실입니다. 흑백 차별 철폐와 여성 해방 운동, 록음악과 성 의 혁명은 미국 사회를 완전히 바꾸고 있었습니다. 세계를 뒤덮은 자유 의 물결은 더는 과거와 같은 통제를 용인하지 못했습니다. 반전 가요인 〈우리 승리하리라〉가 대학 캠퍼스를 가득 채웠을 때, 실제로 미국의 대 학생들은 강제로 징병될 염려가 없었습니다. 대학 재학생은 징병이 연 기되었기 때문입니다. 전쟁에는 대학에 갈 돈이 없는 가난한 집안의 자 식들만 참전했습니다. 이런 문제 때문에 1969년 징병연기제도 철폐를 발표했는데, 이 발표는 반전운동을 대학생 자녀를 두고 있던 중산층 가 정으로까지 확산시켰을 뿐이었습니다.[23]

헬리콥터도 반전운동의 성장에 큰 기여를 했습니다. 헬리콥터 없는 베트남전은 상상할 수 없습니다. 전선에 나가 있는 병사들에게 식량과 무기를 공급한 것도 헬리콥터였고, 해병대를 태워 적진을 순찰한 것도 헬리콥터였으며, 공중에서 무차별 사격으로 북베트남군과 게릴라를 무력화한 것도 헬리콥터였습니다. 그중에서도 단연 돋보였던 헬리콥터의 기능은 부상병을 태워 후송하는 능력이었습니다. 제2차 세계대전과 한국전이었다면 분명히 사망했을 수많은 부상병들이 베트남전쟁에서는 헬리콥터의 도움으로 생명을 건졌습니다. 그러나 생명을 건진 사람들 대부분은 지체장애, 청각장애, 시각장애 등을 지닌 장애인이 되어 고국으로 돌아왔습니다. 전쟁의 참상을 온몸으로 체험한 이들 중 상당수는 반전운동에 참가합니다.

열일곱 살의 나이로 해병대에 지원하여 베트남에 참전했다가 포격을 받아 척추가 부러지는 부상을 당한 론 코빅(Ron Kovic)도 그런 사람들 가운데 하나였습니다. 귀국 이후 재향군인 병원에서 야만적인 대접을 받고 있는 부상 참전용사들의 참상을 목격한 코빅은 전쟁에 대해 깊은 고민을 하게 되었고, '전쟁에 반대하는 베트남 참전군인회'에 참가했습니다. 코빅을 필두로 반전운동에 나선 베트남 참전용사들은 1972년 공화당 전당대회장에 들어가 "폭격을 중단하라! 전쟁을 중단하라!"고 외칩니다. 닉슨이 대통령 후보 수락 연설을 하는 현장에서 벌어진 일이었습니다.[24] 대의원들은 이들을 향해 '반역자들'이라고 소리쳤지만, 전쟁에 나가 하반신 마비가 된 사람에게 붙일 수 있는 적절한 호칭은 아니었습니다. 우리는 론 코빅의 얼굴을 1990년 아버지 부시가 이끌었던 이라크 전쟁 때도, 2003년 아들 부시가 이끈 이라크 전쟁 때도 텔레비전에서 목격할 수 있었습니다. 그는 여전히 선두에 서서 전쟁 반대를 외치고 있습니다.[25]

베트남전쟁은 마틴 루서 킹, 벤저민 스포크 박사, 무하마드 알리, 론 코빅 등의 인생을 격변 속으로 몰아갔습니다. 이들은 평화를 실천한 결과로 인생의 가장 어두운 시기를 맞게 되었습니다. 이들의 판단이 올바른 것으로 증명되는 데는 오랜 세월이 걸렸습니다. 베트남전쟁이 잘못된 전쟁이었음이 입증된 이후에도 근본적으로 달라진 것은 없습니다. 미국은 지금 이라크에서 똑같은 일을 벌이고 있고, 이 전쟁을 반대하는 사람은 역시 평화의 선구자들이 걸었던 고난의 길을 걸어야 합니다. 보수정당도, 진보정당도 모두 평화를 외치지만, 누구도 평화를 위해 구체적으로 무엇을 해야 할지 고민하지는 않습니다. 평화의 실천은 그만큼 힘든 일입니다.

5

베트남전쟁 이야기가 나온 김에 양심에 따른 병역거부에 관한 독특한 견해 하나를 소개하고 넘어가겠습니다.

1968년 3월 16일 베트남 쾅가이 지역의 밀라이라는 마을에서 대규모 학살 사건이 일어났습니다. 여자와 노인, 어린이들 약 500명이 미군의 무차별 살육으로 사망한 이 사건은 무려 1년 동안이나 철저히 은폐되었다가 한 제대군인의 폭로와 기자들의 추적으로 전 세계에 알려졌습니다.[26] 방아쇠를 실제로 당긴 사람은 50명 내외였지만, 살육 현장을 목격한 미군은 200명이 넘었고 일주일 이내에 그 소식을 들은 미군의 숫자도 최소한 500명이었습니다. 그중에 단 한 명만이 제대 후 자기 양심의 소리에 응해 몇몇 의원들에게 편지를 보냄으로써 이 사건이 드러나게 된 것입니다. 1972년 미국 육군통합병원은 세 명의 정신과 전문의에게 이 같은 비극의 재발을 막기 위해 사건의 심리학적 요인을 분석하라고 지시합니다. 그러나 이 연구는 육군참모부에 의혀 중단되었습니다. 이 연구를 계속하면 비밀이 폭로되고 소란만 일어난다는 이유에서였습니다. 비록 불발로 그쳤지만 이 연구를 지시받은 세 명의 정신과 전문의 중 한 명이 훗날《아직도 가야 할 길》로 세계적인 명성을 얻은 M. 스콧 펙 박사였습니다.

M. 스콧 펙 박사는 그의 책《거짓의 사람들》에서 밀라이 사건과 같은 집단적인 악을 규명하려고 노력합니다. 펙 박사의 주장을 요약하자면, 모든 개개인이 자기가 속한 집단의 행동에 직접 책임이 있다고 느끼기 전에는 어떤 집단이라도 불가피하게 잠재적인 무양심과 악의 상태에 빠지게 됩니다. 거짓은 악의 증상이기도 하고 원인이기도 한데, 학살은 언제나 은폐를 낳습니다. 극한적인 스트레스 상황에서 사람들은 지도자에게 의존하고, 강력한 집단 나르시시즘에 빠지기 쉽습니다. 집단 나르시시즘은 자기 집단에 속하지 않는 사람들에 대한 적대감으로 이어집니다. 베트콩은 모두 나쁜 사람들이라는 적대감이 나중에는 '노란 사람들' 전체에 대한 증오로 이어집니다. 이 증오가 결국 무고한 민간인들을 학살하게 만들었다는 것이지요.[27]

그런데 펙 박사는 이 장면에서 양심에 따른 병역거부에 주목합니다. 밀라이 학살을 자행한 미군들은 우연히 그 자리에 가게 된 것이 아니었습니다. 당시 대부분의 평화주의자들은 캐나다로 도망치거나 양심에 따른 병역거부의 길을 선택했습니다. 참전을 피하고 싶었지만 평화주의자가 아니었던 사람들은 서둘러 지원하는 길을 택했습니다. 빨리 지원하면 육·해·공군 중에 선택을 할 수 있었고, 육군 중에서도 직접 전투에 나가지 않는 특기를 선택할 수 있었기 때문입니다. 결국 베트남전쟁에서 실전에 투입된 사람들은 전투를 정말 좋아하는 장교들과 이도 저도 아닌 젊은이들뿐이었습니다.[28]

펙 박사는 이런 사병의 전형적인 예를 이렇게 요약합니다. 알코올중

독자 아버지와 삶에 찌든 어머니 사이에서 태어난 청년이 있습니다. 문제아로 자라던 그가 고등학교를 때려치우고 방탕한 생활을 하다가 돈이 모자라 강도짓을 합니다. 결국 붙잡혀 재판을 받게 된 그에게 판사가 이렇게 묻습니다. "감옥에 갈래, 군대를 갈래?" 청년은 당연히 군대를 선택합니다. 독일 가면 예쁜 여자가 많다는 이야기를 듣고 독일로 파병되지만 물가가 너무 비싸 빚을 지게 되고 나중에는 대마초를 팔게 됩니다. 빚에 몰린 청년의 선택은 베트남뿐입니다. 이런 청년들이 모인 군대가 바로 베트남전을 수행한 미군이었다는 것입니다. 이런 병사들이 사람을 죽이는 전문가로 양성되었으니 결과는 끔찍할 수밖에 없습니다. 아무런 감정의 동요 없이 악을 행하는 사람들이 전쟁을 수행하게 되었으니까요.[29]

펙 박사는 미국 사회가 지금 지원병제도를 시행하고 있는 것을 강력하게 비판합니다. 지원병제도 하에서는 바로 위와 같은 청년들이 군대를 가게 되고, 사회는 군대를 자신들과 무관한 조직으로 여기게 됩니다. 일종의 '용병(傭兵)' 조직이 되어버리는 것입니다. 외국에서 이들이 벌이는 일이 무엇이든 미국의 주류 사회는 전혀 영향을 받지 않습니다. 밀라이가 한 번의 예외적인 사건이 아니라 일상적인 사건으로 변하더라도 미국 사회는 변함 없이 잘 굴러갑니다. 민감한 양심을 지닌 사람들은 아무도 군대를 가지 않으니, 군대가 악을 행하게 된 것은 당연한 일입니다. 그래서 펙 박사는 '징병제야말로 군을 건강하게 지킬 수 있는 유일한 길'이라고 주장합니다. 그렇게 되지 않으면 군은 기능적으로 전문가가 될 뿐만 아니라 심리적으로도 사람을 죽이는 전문가 집단이 될 것이고, 한번 고삐가 풀리면 베트남에서처럼 피에 굶주려 날뛰게 되리라는 것입니다.[30]

군대라는 것이 필요하다고 인정하는 이상 우리가 징병제라는 고통을 감수해야 한다는 펙 박사의 지적은 다른 전쟁광들의 주장과는 차원을 달리하는 것입니다. 그는 처절할 정도로 고통스런 사색을 통해 이런 결론을 이끌어냅니다. 우리가 누군가를 죽이려 할 때 우리 대신 그 일을 수행할 살상 전문가를 뽑아 그들에게 그 일을 맡긴 뒤 잊어버리는 태도를 취해서는 안 되며, 언제나 우리 자신이 그 현장에 개입하여 직접 그 고통을 감내해야 한다는 것입니다. 비록 입장은 달라도 펙 박사의 주장에는 평화주의자들이 귀 기울여야 할 부분이 많습니다. 그래서 저의 전체적인 논지와는 다른, 펙 박사의 이야기로 이번 장을 마무리해볼까 합니다.

내게는 전쟁을 단순화시켜서 생각하고 싶은 아주 개인적이지만 강한 유혹이 있다. 이를테면 제6계명을 문자 그대로 받아들여서 '살인하지 말지니라'의 말 뜻 그대로 믿고 싶은 마음이 있다. 또한 모든 윤리적인 원리들 가운데 가장 큰 원리인 '목표가 수단을 정당화해주지 않는다'는 말의 보편성을 에누리 없이 믿고 싶은 유혹도 있다. 그러나 아직까지 나는 인간 역사에 더 큰 살상을 막기 위해서 사람을 죽이는 것이 필요했고 또 그것이 도덕적으로 옳았던 순간들이 드물게 존재하고 있다는 결론을 피할 수 없다. 또한 이런 결론에 마음이 못내 불편하고 꺼림칙한 것도 사실이다.[31]

10장

70년간 양심에 따른 병역거부자 1만 명

_세계에서 가장 가혹한 양심 탄압국, 대한민국

양심에 따른 병역거부를 놓고 토론이 벌어질 때면, 우리나라에 없던 문제가 최근 들어 수입된 것처럼 느껴질 때가 있습니다. 사람들은 흔히 이 문제를 2000년대 들어 어느 정도 민주화가 정착된 이후에 생겨난 배부른 소리로 알고 있습니다. 그래서 남들은 군대 가서 고생하는데, 양심이니 뭐니 하면서 군대를 안 가겠다는 것이 말이 되느냐고 비난합니다. 양심에 따른 병역거부자들이 지난 70년 가까이 이 땅에서 겪었던 고난에 대해서는 아무도 이야기하지 않습니다. 처벌만 놓고 본다면, 전 세계에서 가장 오랫동안, 가장 가혹하게, 가장 많은 병역거부자들을 감옥에 가둬 온 나라가 바로 대한민국입니다. 양심에 따른 병역거부자들이 감내해 온 고통을 역사적으로 이해하지 않고, 이를 오늘의 문제로만 받아들이는 것은 공정하지 못합니다.

사실 한국에서 제기되고 있는 여러 인권 문제들 중 양심에 따른 병역거부만큼 특이한 경로를 통해 사회의 주목을 받기 시작한 경우도 흔치 않습니다.[1] 박종철, 김근태, 권인숙 사건 등 민주화 운동 과정에서 발생한 고문 또는 고문치사 사건의 경우처럼 대부분의 인권 문제들은 발생 즉시 민주화 운동 세력 또는 인권운동 단체들의 문제 제기로 사회적 의제로 발전해 갔습니다. 그러나 양심에 따른 병역거부는 지난 수십 년 동안 늘 존재해 왔으면서도 어떤 인권운동 그룹의 주목도 받지 못한 채 방치되어 오다가, 2001년에 이르러서야 시사주간지 〈한겨레21〉의 끈질긴 보도를 통해 비로소 공론의 장 한 귀퉁이를 차지하게 되었지요.

지금까지 우리나라에서 양심에 따른 병역거부로 처벌받은 사람은 1만 명이 넘습니다. 몇 년 전까지만 해도 그들 대부분은 현역으로 입영한 다음 공개적인 총기 수여식에서 집총을 거부함으로써 현행범으로 체포되어 재판을 받았습니다. 따라서 한국 남성들의 상당수가 군 복무 초기에 집총거부로 체포되는 여호와의 증인들을 현장에서 목격했고, 군법무관을 거친 대부분의 남성 법률가들은 그들을 직접 처벌 또는 국선변론하였습니다. 1970년대와 1980년대 투옥되었던 다수의 민주화 운동 지도자들 역시 교도소에서 여호와의 증인 병역거부자들을 만난 경험이 있습니다. 1971년 간첩 조작 사건으로 보안사에서 모진 고문을 받은 끝에 분신을 기도하여 서울구치소에 수감된 서승 씨가 병사에서 간병부 역할을 하던 여호와의 증인들을 만난 경험에서 볼 수 있다시피, 민주화 운동가와 양심에 따른 병역거부자의 만남은 양심에 따른 병역거부에 대한 한국 사회의 본격적 문제 제기보다 최소한 30여 년 앞선 일입니다.[2] 이처럼 오랜 기간 많은 사람들에게 충분히 노출되어 온 양심에 따른 병역거부자들에 대한 50년 가까운 침묵은 매우 이례적인 것이지요.

물론 1985년 군법무관으로 복무 중이던 유남석 중위가 〈양심상의 병역거부에 관한 법적 고찰〉이라는 논문을 발표한 것을 비롯하여[3] 몇몇 교수들과 변호사들의 문제 제기가 없지는 않았으나, 사회적 관심을 불러일으키는 데는 실패했습니다. 비교적 일찍 이 문제를 인식했던 사람들은 대개 군 복무 기간 중 또는 교도소를 참관하던 중 양심에 따른 병역거부로 수형 생활을 하는 사람들을 발견하고 그 재판 진행 과정과 수형생활에 의문을 품으면서 연구를 시작했습니다.[4] 지극히 개인적인 경

험을 통해서만 양심에 따른 병역거부자들의 존재를 인식할 수 있었을
뿐, 언론매체 등을 통해 이들의 문제를 접할 기회는 거의 없었던 것입
니다. 양심에 따른 병역거부자들이 이처럼 주목을 받지 못한 것은, 반
공 이데올로기에 의해 국방의 의무가 '신성'한 것으로 받아들여진 까닭
도 있지만, 처음부터 '이단' 종파들만의 문제로 인식되어 온 결과이기
도 합니다.

1

우리나라의 평화주의와 양심에 따른 병역거부 역사를 살펴보기 전에
이웃나라 일본 이야기를 잠깐 하겠습니다. 언제부터인가 우리나라 기
독교인들은 일본 기독교인들을 한 수 아래로 내려다보고 있습니다. 기
독교 역사는 우리보다 훨씬 길지만, 지금도 전체 인구의 1퍼센트 벽을
넘지 못하고 있는 일본을 '미신의 나라', '전도가 잘 안 되는 나라', '하
나님의 축복을 받지 못한 나라'로 우습게 보는 것이지요. 그러나 일본
에서 이루어진 평화주의나 양심에 따른 병역거부의 역사를 공부하다
보면 일본 기독교의 무시할 수 없는 저력을 느끼게 됩니다.

일본에서는 이미 20세기 초반부터 기독교 신앙에 기초한 병역거부
자가 등장합니다. 1902년 18세의 나이에 기독교로 개종한 야베 키요시
(矢部喜好, 1884~1921)가 바로 그 사람입니다.[5] 그는 독학으로 성경을
공부하던 중에, '살인하지 말라'는 계명과 산상수훈의 가르침을 그대로
받아들이기로 결심하고, 1905년 러일전쟁 참전을 거부합니다. 당시 그
는 교토에 있는 도시샤(同志社)대학에 재학 중이었습니다. 체포 후 받
은 재판에서 징역을 선고받은 그는 2개월을 감옥에서 보낸 후 다시 한

번 징병 통지를 받게 됩니다. 더 버티다가는 죽을 수도 있겠다는 사실을 깨달은 그는 결국 자신의 신념을 꺾고 징병에 응했습니다. 그러나 부대에 입영한 후 자기 부대 연대장에게 자신의 신념을 납득시키는 데 성공하고, 결국 비전투 의료부대에서 종군할 것을 허가받습니다. 전쟁이 끝난 후, 1906년부터 1915년까지 미국에서 공부한 그는 시카고신학대학에서 신학사 학위를 취득한 후, 그리스도연합형제교회의 선교사로 일본에 돌아와 1935년 사망할 때까지 일본 사회에 많은 영향을 끼칩니다. 그가 속한 교회가 평화주의 입장을 지니고 있지 않았기 때문에, 야베가 평화주의에 사역의 중심을 두지는 않았지만, 노동운동에 투신한 가가와 도요히코(賀川豊彦, 1888~1960) 같은 평화주의자나[6] 일본 헌법의 평화주의적 해석에서 대변인 역할을 맡았던 도시샤대학의 헌법 교수 타바타 시노부(田畑忍, 1902~1994)에게 지대한 영향을 끼쳤습니다.

일본 사회주의의 아버지로 평가받는 아베 이소(安部磯雄, 1865~1949)도 기독교뿐 아니라 톨스토이의 영향을 강하게 받은 평화주의자로 기억되고 있습니다.[7] 아베의 고백을 듣고 넘어가도록 하지요.

톨스토이가 나에게 끼친 엄청난 영향을 언급하지 않을 수 없습니다. 미국행의 주된 목적이 종교를 공부하는 데 있었기 때문에, 나는 자연히 종교서적을 많이 읽었습니다. 그렇게 해서 톨스토이의 작품들이 나의 주목을 끌게 된 것이지요. 그가 쓴 소설은 거의 한 권도 제대로 읽지 않았습니다만, 정치와 평화주의에 관한 그의 모든 에세이들은 섭렵했습니다. 비록 어떤 이들은 톨스토이가 기독교를 너무 좁은 시야로 해석한다고 비판합니다만, 나는 그 자연스럽고 급진적인 본질에 동조하지 않을 수 없었습니다.

아마도 나는 비폭력이나 절대적 사랑에 대한 그의 가르침을 문자적으로 지키지 못했을 겁니다. 그렇지만 그것은 내가 그의 가르침에 동의하지 않기 때문이 아니라, 오히려 내가 그걸 행동에 옮길 용기를 지니지 못했기 때문입니다.[8]

무교회주의자 우치무라 간조(內村鑑三, 1861~1930) 역시 러일전쟁 때 이미 "나는 러시아와의 전쟁에 반대할 뿐만 아니라 모든 전쟁에 절대적으로 반대한다."라고 선언함으로써 기독교 평화주의 입장을 분명히 밝혔습니다. 삿포로농업학교에 입학하면서부터 기독교의 영향을 받았던 그는 1884년 미국으로 건너가 애머스트대학에서 공부했고 1887년 귀국한 후에는 제1고등중학교에서 영어를 가르쳤습니다. 천황의 초상 옆에 걸어놓은, 천황이 서명한 새로운 '교육칙어' 사본 앞에 머리를 숙여 경의를 표하기를 거부했다는 이유로 강제 퇴직한 후에는 전국을 돌며 전도 활동을 벌였고 청일전쟁 때는 〈청일전쟁의 정의(正義)〉라는 글을 써서 전쟁의 정당성을 옹호하기도 했지요. 청일전쟁이 끝나고 그 참상을 목격한 우치무라는 지난 일을 반성하고 그때부터 본격적으로 전쟁 비판을 시작합니다.[9]

그가 일간신문인 〈만조보(万朝報)〉의 영문판 편집자로 일하면서 만난 사람이 같은 신문사의 기자였던 고토쿠 슈스이(幸德秋水, 1871~1911)였습니다. 일본 초기의 대표적 사회주의자인 고토쿠는 군비 확장으로 만들어지는 대제국의 건설이란 결국 강도 및 살인 행위일 뿐이라고 주장하면서 이미 청일전쟁 때부터 제국주의를 비판했습니다. 조선 침략을 강력하게 비판하고 안중근 의사의 추모시를 쓰기도 했던 고토쿠는 천황 암살 음모를 꾸몄다는 누명을 쓰고 1911년 비밀재판을 받은 끝에 처형되지요. 우치무라 간조와 아베 이소를 비롯한 일본의 기독교 인들은 일찍부터 사회주의자들과 교류하며 폭넓은 연대를 형성했고, 그런 까닭에 일본 사회주의 운동은 기독교와 분리해서는 이해할 수 없 습니다.[10] 당시 일본의 사상계에서는 누가 보아도 기독교가 가장 진보 적인 사상이었고 천황 중심주의를 반대하는 사람들 중에도 기독교인의 숫자가 가장 많았습니다.[11]

우치무라 간조는 예수 그리스도의 복음에 의하면 전쟁의 정당화란 있을 수 없다는 믿음을 평생 동안 지켰습니다. 그러나 그는 양심에 따 른 병역거부에는 상당히 소극적인 입장을 지니고 있었습니다. 평화주 의자가 징병을 거부하면 겁쟁이로 여겨질 수 있으므로, 평화주의자는 오히려 군대에 가서 자기 생명을 희생함으로써 모범을 보이는 것이 옳 다고 믿었던 것입니다. 대담하고 적극적이었던 그의 반전사상에 비추 어볼 때, 병역을 거부하려는 제자를 설득하여 군대로 보낸 그의 태도는 매우 흥미롭습니다.[12]

우치무라 간조의 뜻을 이어 반전운동에 앞장 선 사람 중에 야나이하 라 다다오(矢內原忠雄, 1893~1961)가 있습니다. 야나이하라는 1911년 제1고등중학교 재학 시절부터 우치무라의 성서연구회에 입문하여 기 독교 신앙을 공부했고, 많은 조선인 친구들을 만났지요. 도쿄제국대학 경제학부 교수로서 식민지 정책을 가르치던 그는 1937년 〈중앙공론〉 9 월호에 〈국가의 이상〉이라는 논문을 게재합니다. "현실 국가의 행동거 지가 혼미할 때에 국가의 이상을 생각하고, 현실 국가가 미쳐 날뛸 때 에는 이상적인 국가를 생각한다."란 말로 이 논문을 시작한 그는 "평화 와 신앙이야말로 나라를 세우는 기본이며 서민들을 구제하는 근본임에 도 불구하고 당신들은 그 소원을 받아들이지 않고 오히려 전쟁 정책으로 맹진하고 있다. 그래서 지금 적을 공격하기 위해 출동하는 당신들의 준마들은 오히려 패전 퇴각의 운명 앞에 놓일 수밖에 없을 것이다."라고 직격탄을 날립니다. 같은 해 10월에는 '신의 나라'라는 주제의 기념 강연에서 "일본의 이상을 소생시키기 위해서 하루라도 빨리 이 나라를 하나님 곁으로 데려가주십시오."라고 기도하기도 합니다. 그의 이런 활동은 도쿄제대 경제학부장의 맹렬한 비난을 받았고, 교수회 역시 그 비난에 동조하여, 야나이하라 교수는 그해 12월 4일 교수직을 내놓아야 했습니다.

학교에서 사직한 그는 도쿄제대 정문 앞의 작은 가게를 연구실 삼아 매주 성서 강의를 진행하면서 개인 잡지인 〈가신(嘉信)〉을 발행합니다. 우치무라 간조가 1900년부터 대부분의 글을 혼자 쓴 잡지 〈성서연구(聖書之硏究)〉를 발행했던 것처럼 그의 제자들도 비슷한 방법으로 세상과 소통했던 셈인데, 김교신이 1927년부터 발행한 〈성서조선〉이 같은 맥락의 잡지라 할 수 있지요. 〈가신〉을 통해 야나이하라는 식민지 문제를 계속 비판했고 그래서 종종 발매 금지가 되었는데 그때마다 그는 경시총감을 찾아가서 "〈가신〉이 비록 규모는 작지만 국민의 양심이요 나라의 기둥이다. 〈가신〉을 폐하는 것은 국민의 양심을 가리는 것이요, 나라의 기둥을 뽑는 것과 같다."고 거칠게 항의했습니다.[13] 목숨을 걸고 반전운동에 나선 야나이하라도 양심에 따른 병역거부를 고민하는 제자들에게는 스승 우치무라처럼 '기독교인에게 군 복무는 십자가의 길'이라는 태도를 취합니다. 점호를 거부한 제자를 비판하지는 않으면서도 "일단 점호에는 응하고 하나님의 인도하심을 믿고 기도하면 길이 열릴 것"이라고 조언한 것입니다.[14]

야나이하라 교수는 1940년 8월 22일부터 3주 동안 조선으로 전도 여행을 떠납니다. 조선인을 상대로 한 전도 활동은 대학 졸업 때부터 품어 온 그의 꿈이기도 했습니다. 졸업 후 스미토모 광업소이 취직하여 일하다가 모교 교수가 되는 바람에 조선 선교의 꿈을 이루지는 못했지만, 조선인을 향한 그의 사랑은 언제나 가슴에 남아 있었지요. 신사참배 강요와 황민화 정책으로 고통받고 있는 조선인 기독교도들을 격려하기 위해 준비한 이번 여행은 자칫하면 체포와 투옥으로 이어질 수 있는 위험한 계획이었습니다. 그러나 조선에는 야나이하라 교수가 그런 위험을 감수하고서라도 만나고 싶은 신앙 동지들이 많이 있었습니다.[15] 평양과 경성에서 그를 맞이한 김교신이 바로 그런 사람이었습니다. 김교신은 일본의 도쿄고등사범학교 유학 시절 7년 동안 우치무라 간조의 성경공부 모임에 정기적으로 참석하며 우치무라의 가르침을 받았고, 야나이하라도 우치무라의 제자였으므로 둘 사이에는 오래 전부터 교류가 있었습니다. 김교신은 자신이 재직하고 있던 양정고보의 제자들에게도 《민족과 평화》 등 야나이하라 교수의 저서들을 읽도록 권유하곤 했지요.[16] 그해 7월부터 9월까지 김교신의 일기는 온통 야나이하라 교수의 집회 준비 이야기로 가득 차 있기도 합니다.[17]

평양에 도착한 야나이하라 교수는 경찰의 감시를 피해 평양감리교회에서 김교신의 사회로 《에베소서》 2장 11~22절을 강론합니다. "그리스도야말로 우리의 평화이십니다. 그분은 자신의 몸을 바쳐서 유대인과 이방인이 서로 원수가 되어 갈리게 했던 담을 헐어버리시고 그들을 화해시켜 하나로 만드시고 율법 조문과 규정을 모두 폐지하셨습니다."라는 유명한 구절이 나오는 부분이지요. 야나이하라 교수는 예수 그리스도를 통해 일본과 조선 사이의, 동양과 서양 사이의 원한의 벽을 헐기 원했고, 김교신이 그 길의 중요한 동반자라고 믿었습니다. 1942년 김교신이 〈성서조선〉 사건으로 일본 경찰에 체포되어 1년간 옥살이를 하고 1945년 발진티푸스로 45세의 아까운 나이에 사망함에 따라 야나이하라와의 교유는 더 이어질 수 없었습니다. 제2차 세계대전이 끝날 때까지 학교로 돌아가지 못하고 무교회주의자로 성서 연구에 몰두한 야나이하라 다다오 교수는 종전 후 도쿄대 총장을 지냈고 일본의 양심적 지성의 상징이 되었습니다.

우치무라나 야나이하라와의 깊은 교류에도 불구하고, 김교신은 반전 평화주의자의 길을 택하지 않았습니다. 그의 일기나 저술에는 반전 평화주의 관점이 드러나는 글이 거의 없습니다. 오히려 그는 "오른뺨을 치거든 왼뺨마저 돌려대라."는 산상수훈에 대해서 이를 문자 그대로 실행하는 것이 그리스도의 충실한 제자가 되는 길은 결단코 아니라고 선언합니다. 그저 가능한 범위에서 상식적으로 해석하는 것이 적절하다는 것입니다.[18] '군대 생활이 유익할 뿐더러 군국 조직이 또한 유익하다'는 내용의 강연을 했다는 기록도 눈에 띕니다.[19] 김교신이 일본의 무교회주의자들처럼 적극적인 반전에 나서지 않았던 이유는 아마도 그가 주로 교회 문제와 관련해 보수 교단 지도자들과의 논쟁에 힘을 쏟은 데서 찾아야 할 것 같습니다. 식민지 지식인으로서 제국이 벌이는 전쟁을 자신의 문제로 받아들이기 어려운 것도 사실이었겠지요. 결국 반전 평화는 김교신이 아닌 다른 사람의 몫이 되었습니다.

김교신의 오산학교 동창이며 도쿄고등사범학교에서 함께 공부하던 함석헌은, 김교신으로부터 우치무라 간조를 소개받았습니다. 함석헌은 우치무라에게 직접 세례를 받고 나중에는 우치무라의 퀘이커 친구인 니토베 이나조(新渡戶稻造, 1862~1933)를 따라 퀘이커 모임에도 참석했습니다.[20] 니토베 이나조는 2004년까지 일본 5천 엔 지폐의 앞면을 장식했던 인물입니다. 그는 우치무라와 함께 삿포로농업학교를 졸업하고 미국과 독일 유학을 마친 후 미국에서 무사도를 찬양하는 《사무라이》라는 책을 썼으며 제일고등학교 교장, 도쿄제대 교수 등을 역임하며 도쿄제대에 식민지 정책 강좌를 개설했습니다. 말년에는 국제연맹의 사무차장으로 8년간 근무하기도 했으니 일본이 자랑하는 최초의 국제적 인물이라 할 수 있지요. 그러나 니토베는 진정한 의미의 평화주의자가 아니었습니다. 그는 일본의 조선 병합이 대국으로 가는 길이라고 믿었던 식민지 예찬론자였고, 아시아를 유럽의 지배로부터 해방시키는 것이 일본의 사명이라 믿은 제국주의 전도사였습니다.[21] 박노자 교수가 적절히 지적한 것처럼, 서양에서 비주류 교단으로 철저하게 평화주의 입장을 취했던 퀘이커가 일본에 와서는 '하나님의 사랑'보다 '국가와 천황에 대한 보은'을 앞세워 '전쟁 지지'와 '적극적인 협력'에 나서는 이상한 그림이 연출되었던 것입니다.[22] 야나이하라 다다오 교수가 학문적으로는 니토베의 제자였지만, 식민지 정책에서 정반대의 입장을 취한 것도 특이한 일이었지요.

물론 함석헌 선생이 퀘이커 모임에 참석했다고 해서 금방 퀘이커가 되었던 것은 아닙니다. 니토베와 함께 참석한 모임에서 함석헌은 뚜렷한 인상을 받지 못했습니다. 1947년에 이르러서야 함석헌은 YMCA 총무 현동완으로부터 서구 퀘이커들의 양심에 따른 병역거부 운동에 대해 처음 이야기를 듣게 되었고 전북 군산병원에 파견 나온 영국과 미국의 퀘이커들 모임에 이윤구와 함께 참석했습니다. 이윤구는 그때 바로 퀘이커가 되기로 결심하여 한국 최초의 퀘이커 교도가 되었지만, 함석헌이 스스로 퀘이커라고 칭한 것은 20년이 지난 후인 1967년의 일이었습니다.[23)] 함석헌이라는 한 사람의 평화주의자가 탄생할 때까지 우치무라 간조, 니토베 이나조, 야나이하라 다다오, 김교신 등은 씨줄과 날줄로 몇 겹으로 엮인 인간관계를 통해 서로 영향을 주고받은 셈입니다.

2

한국에서 최초의 양심에 따른 병역거부가 언제 일어났는지 정확히 알기는 어렵습니다. 양심에 따른 병역거부가 공론화되기 시작한 지 불과 6년밖에 되지 않아 역사학 분야의 연구가 축적되지 못한 데다가, 초창기 병역거부자들이 대부분 사회적 지명도가 낮은 사람들이어서 기록이 거의 남아 있지 않은 까닭이지요. 우치무라를 비롯한 일본 반전주의자들과 조선 기독 지식인 사이에 폭넓은 교류가 있었지만, 조선 지식인이 양심에 따른 병역거부에 나섰다는 기록은 발견되지 않습니다. 양심에 따른 병역거부의 씨앗은 오히려 지식인과는 거리가 먼 사람들 사이에서 찾아볼 수 있습니다. 양심에 따른 병역거부와 관련하여 처벌을 받은 것으로 알려진 최초의 조선인은 1939년 일본에서 '등대사(燈臺社)' 사건으로 투옥된 옥응련과 최용원(최경만이라고도 불림)입니다.

등대사는 여호와의 증인의 다른 이름이지요. 1884년에 미국에서 설립된 여호와의 증인 출판부 명칭이 'Watch Tower Bible and Tract Society'인데, 여호와의 증인 신앙을 일본으로 들여온 아카시 준조(明石順三, 1889~1965)가 이를 등대사로 번역한 것입니다. 그래서 일제 시대 여호와의 증인과 관련된 사건들은 대개 '등대사 사건'으로 기록되어 있습니다. 1908년 미국으로 건너가 학교는 다니지 않고 공립도서관에서 혼자 공부한 아카시 준조는 1914년부터 샌디에이고, 샌프란시스코,

로스앤젤레스 등에서 일본어 신문의 기자로 일했습니다. 미국에 머무
는 동안 그의 아내가 먼저 여호와의 증인 신자가 되었고, 이어서 아카
시도 여호와의 증인이 되었지요. 1926년 여호와의 증인 본부가 그를
일본 지부의 책임자로 임명했을 때 그의 아내는 함께 귀국하기를 거부
하고 미국에 남았고 두 사람은 이혼을 했습니다. 세 아들은 어머니와
함께 미국에 좀 더 남아 있다가 일본으로 돌아와 아버지와 함께 살게
되었지요. 세 아들도 아버지를 따라 소학교 교육만 받고 중등 교육을
받지 않은 채 등대사 조직에 헌신했습니다.[24]

일본 당국이 볼 때, 지상의 국가가 악마 루시퍼의 영향 하에 있기 때
문에 압제와 전쟁, 질병과 빈곤이 계속되는 것이고 이런 상태는 아마겟
돈 전쟁을 통해 '지상의 조직과 제도가 전멸됨으로써 해결된다'는 식의
등대사 교리는 매우 위험한 것이었습니다. 그래서 일본 경찰은 1933년
5월 만주와 조선을 돌며 전도 활동을 하던 아카시 준조와 그의 신도
100여 명을 불경죄로 체포하기도 했습니다.[25]

등대사가 더욱 심각한 탄압에 직면한 것은 중일전쟁이 한창이던
1939년 1월의 일이었습니다. 탄압의 계기는 아카시 준조의 장남인 아
카시 마히토와 다른 두 명의 등대사 회원 무라모토 가즈오, 미우라 주
지의 양심에 따른 병역거부였습니다. 그들은 '여호와 이외의 피조물에
게 예배드리는 것은 여호와가 엄히 금하는 일'이라면서 천황에 대한 충
성서약을 거부하고, 지급 받은 총기를 살인병기라면서 반납하려다가
군법회의에 회부되었습니다. 군법회의에서 아카시 마히토와 무라모토
가즈오는 징역 2년을, 미우라 주지는 징역 3년을 선고받았지요. 뒤이어
등대사 신도들에 대한 검거 열풍이 불었고, 6월 21일에 아카시 준조를
비롯한 일본의 등대사 신도 122명이, 6월 29일에는 조선의 등대사 신

도 30여 명이 체포됩니다. 등대사 측에서 병역거부자들의 행동을 당연한 것으로 칭찬하고 이를 선전하면서 적극적인 반전운동을 지령했다는 이유에서였습니다. 이들을 취조한 경찰 간부는 이 체포가 나치 독일과 협력하여 이루어졌고 독일에서도 2만 명이 검거되었다고 알려주었습니다.[26]

일본에서 체포된 사람 중 실제로 기소된 인원은 53명이었습니다. 국체를 위험하게 흔드는 결사로 의심받았기 때문에 조사 과정에서 심한 고문을 당한 데다가, 일단 전향하기만 하면 바로 석방되거나 집행유예를 받을 수 있었기 때문에 적지 않은 사람들이 중간에 이탈한 결과였습니다. 감옥 안에서 아카시 준조도 상당히 특이한 사상의 변화를 경험합니다. 감옥에 들어가 성경뿐만 아니라 불경까지 열심히 읽었던 그는 종교적 진리가 꼭 성경 속에만 있는 게 아니라는 깨달음을 얻었던 것입니다.

아버지의 이런 변화를 전해 들은 아들 아카시 마히토는 완전히 무너지고 말았습니다. 마히토는 감옥에서 일본의 역사서인 《고사기(古事記)》와 《일본서기(日本書紀)》를 읽었고 일본이 위대한 것은 천황을 모시는 국체 때문이라는 결론에 도달하여 자신의 신앙도 포기합니다. 결국 마히토는 1941년 제국군대의 일원으로서 최선을 다할 것을 맹세하고 전차부대에 입대하여 종전 때까지 싸웠지요. 마히토는 동생들에게도 군에 입대하라고 설득하여 바로 아래 동생은 육군 군무원으로 입대하여 남방전선에서 전사합니다. 삼형제 중 끝까지 신앙을 지킨 것은 막내뿐이었습니다.[27] 아들의 전향 소식을 들은 아카시 준조는 1942년 4월 9일 법정에서 "현재 저를 따르는 사람은 네 명밖에 남지 않았습니다. 저를 포함하여 다섯 명입니다. 일억 명 대 다섯 명의 싸움입니다.

일억 명이 이길지 하나님의 말씀이 이길지는 가까운 장래에 입증될 것이라 확신합니다. 이 평안함이 우리에게 있는 한 아무것도 달씀드릴 것이 없습니다."라는 진술을 남깁니다.[28]

아카시가 이야기한 네 명의 남은 신자 중 두 명은 조선 출신이었습니다. 1913년 우리나라에 처음 들어온 여호와의 증인 신앙은 아카시 준조의 전도로 1930년대 중반부터 중흥기를 맞았습니다. 아카시 준조의 강연을 듣고 증인이 되거나 직접 그에게 세례를 받은 사람이 많았기 때문에 자연히 조선의 등대사 회원들 사이에서는 아카시 준조의 영향력이 매우 컸지요. 아카시와 함께 체포된 두 명의 조선인 옥응련, 최용원은 모두 그가 조선을 방문했을 때 '등대사 일본지부 경성지고(京城支庫)' 책임자인 문태순의 추천을 받아 일본까지 데리고 간 청년들이었습니다. 일본에서 옥응련 등이 검거되고 나서 6월 29일에는 옥응련의 형인 옥예준과 옥지준이 체포되었고, 다음해 9월에는 그의 아버지 옥계성, 형수 이정상, 김봉녀 등도 모두 체포됩니다. 원래 안식고 교인이었던 옥계성은 아카시 준조의 영향으로 등대사에 가입한 황해도 봉산 출신의 농민이었습니다. 농업에 종사하기 전에는 자전거 수리상, 농구상 같은 일을 했던 전형적인 서민이었지요.[29]

당시 조선에서는 지도자 문태순을 포함하여 거의 모든 등대사 회원들이 체포되었습니다. 대부분 교육을 많이 받지 못한 사람들이었지만, 문태순 같은 지도자는 조사를 받으면서 "우리는 전쟁에 반대한다. 만약 우리가 전쟁에 나가서 상관으로부터 적병을 사살하라는 명령을 받았다 할지라도 이것은 여호와의 증인으로서는 못 할 일이다. 원수라도 인간인 이상 죽이면 안 된다."라고 분명한 반전 입장을 표명합니다.[30] 일본 군국주의가 극에 달하여 대부분의 국내 민족주의 지식인들이 친일파로

색깔을 바꾸고 주류 기독교 지도자들은 신사참배에 앞장서던 시절의
일이었습니다.

일본과 조선 양쪽에서 끝까지 전향하지 않은 사람들에게는 중형이
선고되었습니다. 아카시 준조는 징역 10년, 옥응련은 징역 4년, 최용원
은 징역 5년을 선고받았지요. 옥응련, 최용원은 모두 항소하지 않았고,
옥응련은 가혹한 고문과 수형 생활로 정신이상 상태가 되어 도쿄의 도
요타마 형무소에서 사망합니다.[31] 최용원은 미야기 형무소에서 복역하
다가 종전을 맞아 연합군에 의해 석방되어 귀국했습니다. 조선에서는
문태순, 최성규, 한순기 등 5명이 서대문 형무소에서 옥사했습니다.[32]
당시 완전한 시민권을 누리지 못한 조선인에게는 아직 병역의무가 부
과되지 않았으므로, 이들에게 적용된 죄목은 치안유지법 위반과 불경
죄였습니다. 흔히 '등대사 사건'이라 불린 이 반전운동 사례는 후에 공
식적인 독립운동으로 인정받았습니다.[33] 똑같은 신념에서 나온 똑같은
행동인데도, 일제 치하에서는 독립운동이 되고, 건국된 새 나라에서는
범죄가 되어야 하는 현실은 안타까운 일이 아닐 수 없지요.

아카시 준조도 종전 후인 1945년 10월 무라모토 가즈오와 함께 석방
되었습니다. 그러나 석방된 후 그는 등대사 활동을 하지 않고 새로운
종교 활동을 시작하지도 않았습니다. 그의 석방 소식을 들은 미국 여호
와의 증인 본부에서 그를 원조하기 위해 배 한 척 분량의 식량과 자재
를 보내주겠다고 했지만 그것도 거절했습니다. 더 나아가 전쟁 중에 미
국 여호와의 증인 본부가 종교 집회에서 국기를 세우는 등 국가와 타협
했다는 이야기를 전해 듣고는 무라모토 가즈오와 함께 미국 여호와의
증인을 공개적으로 비난했습니다. 결국 그는 여호와의 증인 일본 지부
장 지위도 박탈당했지요. 여호와의 증인의 역사는 이제 아카시 준조에

대해서 이야기하지 않습니다.[34] 개인적으로는 첫째 부인과 이혼하고, 재혼한 부인은 옥사했으며, 아들도 잃었고, 목숨 바쳐 헌신한 종교로부터 버림받은 불행한 일생이었지만, 아카시 준조는 그만큼 특정 종파에 대한 맹목적 충성보다는 자기 신념에 충실했던 사람이었습니다.

등대사 사건으로 조선인들이 일본인 여호와의 증인들의 양심에 따른 병역거부와 관련하여 치안유지법과 불경죄로 처벌받기는 했으나, 등대사 사건의 조선인들은 직접적인 병역거부자들이 아니었다는 점에서 한국 '최초의' 양심에 따른 병역거부자들로 평가받기는 어렵습니다. 양심에 따른 병역거부와 관련하여, '최초'가 누구이며 언제인지의 논의는 사실상 무의미합니다. 병역거부의 범위를 전면적인 것으로만 볼 것인지 좁은 의미의 집총거부도 포함시킬 것인지에 따라 많이 달라질 뿐만 아니라, 처벌받지 않은 병역거부의 예까지 포함한다면 그 기준이 더욱 불명확해지기 때문이지요.

건국 초기에 제대로 된 법률 기반 없이 국방행정이 이루어졌고 군 숙정, 6·25전쟁 와중에 '즉결처분'을 비롯한 온갖 비상식적인 일들이 벌어졌음을 생각하면 누가 최초인지를 알아내는 것은 더욱 어렵습니다. 뒤에서 살펴보겠지만 5·16 군사쿠데타 이후 자진 신고한 병역의무 불이행자의 숫자만 40만 명을 넘어서고 있고, 이들 중 양심에 따른 병역거부자들이 적지 않았으리라는 점까지 고려한다면, 최초를 찾아내는 일은 불가능합니다. 그럼에도 불구하고 일제 말기의 엄혹한 시절에 양심에 따른 병역거부자들과 함께 목숨을 걸고 동행한 사람들의 이야기는 기억해둘 가치가 있습니다.

1942년 5월 일본 내각회의는 조선인 징병제 시행을 결정하여 1943년 8월부터 시행하는데, 전문대 학생들을 대상으로 실제 징집이 시작된 1944년 1월부터 적지 않은 조선 청년들이 지리산 등으로 몸을 숨겨 병역을 거부합니다. 일본 주오대학 유학 시절 학병 동원을 거부하고 지리산에 입산하여 '보광당'을 조직하고 무장투쟁을 벌인 하준수(훗날의 남도부)는 이와 같은 식민 통치하 병역거부자의 대표적인 인물이지요. 평화주의에 기초한 전통적 병역거부와는 구분되지만, 민족적 양심에 기초한 저항의 방법으로 선택적 병역거부를 택했다는 점에서 하준수의 경우도 양심에 따른 병역거부 범주에 포함시킬 수 있을 겁니다. 이병주의 소설 《지리산》의 모델로 널리 알려진 하준수는 1948년 월북하여 6·25전쟁 때 인민군 제3병단을 이끌고 태백산맥에서 빨치산 활동을 벌이다가 팔공산에서 체포되어 처형되었습니다.[35]

3

해방 이후 양심에 따른 병역거부자들에 대한 남북한의 조치는 상당 기간 일정한 기준이 없었던 것으로 보입니다. 1950년 3월 북한이 한창 전쟁을 준비하고 있을 때 인민군에 징집된 안식교 청년들이 병역을 거부하자 인민군 당국은 이들을 그냥 집으로 돌려보냈고, 전쟁 발발로 이들을 재징집한 후에도 끝까지 집총을 거부하는 사람들은 비전투 병과인 피복창 등에 배치하거나 후방부대에 편입시켰다고 합니다.[36] 한국군의 경우에도 집총을 거부한 안식교인들을 '사람 만들겠다'며 살인적으로 구타하여 의병 제대시킨 사례가 있는가 하면, 일부 지휘관들은 이들을 위생병과 등에 배치하여 비전투요원으로 근무하도록 배려하기도 했습니다.[37] 6·25전쟁 때 구체적 입법이 없는 상태에서도 안식교인들을 감옥에 보내지 않고 상당한 관용을 베푼 데에는, 일찍부터 이들에게 비전투복무를 인정한 미군의 영향이 적지 않았으리라 짐작할 뿐입니다.

1950년대 후반부터는 양심에 따른 병역거부자에 대한 법적 규제가 본격화되어, 신학생 홍명순이 1957년 3월 함석헌의 평화주의에 영향을 받아 병역을 거부하고 1년 4개월을 복역했습니다. 홍명순은 자신의 병역거부 동기를 이렇게 증언합니다. "함 선생님은 늘 말씀하셨습니다. '6·25전쟁을 치르고 나서도 나는 한 명의 목사도 전쟁의 잔인함을 비판하는 것을 들어보지 못했다.' 이런 선생님의 말씀을 들었을 때 나는 징병에 응하기보다는 평화의 길을 택해야겠다고 다짐했습니다."[38] 비슷한 시기에 '워치타워성서책자협회'를 통해 공식 활동을 시작한 여호와의 증인에서도 양심에 따른 병역거부자가 나오기 시작했습니다. 당시 여호와의 증인은 군 입대 자체를 거부하여 일반 법원에서 병역기피로 처벌을 받은 데 반해, 안식교인들은 자발적으로 군에 입대하되 집총만을 거부하여 군법회의에서 군형법상 항명죄로 처벌받았습니다.[39]

안식교인들에 대한 형사처벌이 시작된 1956년 이후에도 형량은 징역 1년을 넘지 않는 수준이었습니다. 영남삼육중고등학교의 김응종, 박해종 두 교사가 예비역 소집에 응하였다가 집총을 거부하여 군법회의에서 징역 3년을 선고받았다가 70여 일 후 집행유예로 츨소한 것이나,[40] 1958년 논산훈련소에서 집총을 거부한 안식교 청년 2명이 징역 6월을 선고받았던 것이 그 예입니다. 특히 1957년 4월 3일데는 민간인 출신 국방부 장관이었던 김용우가 '국방총제2288호' 특명으로 안식교인들을 가급적 위생병 또는 직접 무기를 휴대치 않는 병과에 배치하도록 명령하여, 비록 형식적으로나마 양심에 따른 병역거부자에 대한 관용을 고려한 흔적도 발견할 수 있습니다.[41] 물론 김용우 국방부 장관의 명령은 안식교 신자들의 계속된 청원에 대한 응답으로 각군 참모총장들에게 내려진 것이었고, '가급적'이라는 단서를 달고 있었으므로 실제 각군 부대에서 이를 진지하게 받아들였다고 보기는 어렵습니다. 각 군 부대에서 폭행과 고문은 이후에도 계속되었고 1958년부터는 이들에 대한 실형 선고가 정착되기 시작한 걸 보아도 이 명령 자체에 큰 의미를 부여할 수는 없습니다.

1950년대에는 주류 기독교 측에서 이들 병역거부자들을 상당히 긍정적인 시각으로 바라보았다는 점도 흥미롭습니다. 그 한 예로 기독교계 대표적인 월간지인 〈기독교 사상〉은 1959년 3월호 특집으로 '기독교 신앙과 평화의 제문제'를 다루고 있는데, 여기에 기고한 한신대 이장식 교수, 경동교회 강원룡 목사, 감신대 홍현설 교수 등은 평화주의를 하나의 선택 가능성으로 놓고 '양심적인 비전론자(非戰論者)'들을 보호하는 법률을 만들어야 한다고 주장하고 있습니다. 이들의 글과 나란히 안식교 계통인 삼육신학원 이창규 교수의 글이 실려 있는 것도, 안식교를 이단으로 정죄하는 요즘 한국 개신교회의 시각에서 보면 매우 이채로운 일이지요.[42]

5·16 군사 쿠데타와 함께 양심에 따른 병역거부는 새로운 국면을 맞았습니다. 국가 전체가 하나의 병영으로 변해 감에 따라 병역거부는 다른 어떤 범죄보다도 중요하게 취급되었고 더는 관용을 기대할 수 없게 되었던 것입니다. 일단 입영하여 집총을 거부하던 안식교인들은 1962년 제정된 군형법 제44조 제3호에 의해 2년 이하의 징역에 처해졌습니다. 법정형이 2년 이하의 징역이기는 했으나, 1년 6월 또는 2년의 징역을 선고받아 만기출소하고 나면 다시 소집되어 같은 실형을 선고받는 악순환이 계속됨으로써 실제로는 6~7년을 복역하는 경우도 비일

비재했지요. 이처럼 거듭된 처벌이 가능했던 것은 병역법이 "6년 이상의 징역 또는 금고에 처형된 자는 병역에 복(무)할 수 없다."라고만 규정한 까닭에[43] 병역법 위반이든 군형법 위반이든 징역 6년 이상의 형을 살지 않는 이상, 다시 징집되는 것을 피할 방법이 없었기 때문이었습니다. 징병 의무는 35세가 되는 해 12월 31일에야 면제되었으므로,[44] 양심에 따른 병역거부자들은 ('6년 이상의 징역 또는 금고'의 의미를 형의 누계로 해석하더라도) 도합 7~8년의 징역을 살아야 했던 것입니다. 안식교도로서 가장 오랜 징역형을 산 최방원 씨는 이 규정 때문에 네 차례에 걸쳐 무려 7년 6월의 징역을 살았습니다.[45]

군형법상 항명죄에 대한 대법원의 판단은 1965년에 처음 나왔습니다. 헌법상 모든 국민이 종교의 자유를 갖는 것은 사실이지만, 그 자유에 병역거부를 할 권리까지 포함되는 것은 아니라는 내용이었습니다. 병역의 의무가 헌법상의 의무이기 때문에 그런 의무를 거부하는 것은 종교의 자유에 포함되지 않는다고 본 것이었지요. 이 판결은 이후 비슷한 사건에 대한 일종의 교과서로 자리 잡았습니다.[46]

병역 거부에 따른 군대 내의 폭력, 수형 기간의 장기화, 대법원의 외면 등으로 어려움을 겪던 안식교 지도부는 베트남 파병과 무장공비 사건 등으로 날로 악화되는 주변 환경을 더는 버티지 못하고 1970년부터 집총을 거부한 청년 신도들에게 신념을 철회할 것을 설득하기 시작합니다. 그 결과 1975년을 마지막으로 안식교 출신으로서 병역을 거부하는 사람은 더 등장하지 않았고, 2002년 2월까지 안식교의 양심에 따른 병역거부 전통은 단절되었지요.[47] 안식교 스스로 집총거부 입장을 포기한 것은 전 세계 어디에서도 유례를 찾아보기 힘든 일이었습니다.

4

안식교 신자들이 군대 안에 들어가 집총 거부를 한 것과는 달리, 여호와의 증인들은 처음부터 입영 자체를 거부하는 입장을 취했습니다. 따라서 적용 법조도 군형법이 아닌 병역법이었고, 군법회의가 아닌 일반 법원에서 재판을 받을 수 있었지요. 입영 및 응소(군 복무 소집에 응함)를 기피한 사람들에 대한 병역법상의 처벌은 3년 이하의 징역이었습니다.[48] 양심에 따른 병역거부에 의한 병역법 위반은 1969년부터 대법원의 판단을 받기 시작했고, 대법원은 항명죄에 대한 1965년 판결을 그대로 이어받아 "종교의 교리를 내세워 법률이 규정한 병역의무를 거부하는 것과 같은 이른바 양심 결정상의 자유는 헌법에서 보장한 종교와 양심의 자유에 속하는 것이 아니다."라는 입장을 고수했습니다.[49]

1970년대로 들어오면서 박정희 대통령이 입영률 100퍼센트 달성 지시를 내림에 따라 병무청 직원들은 목표 달성을 위해서 모든 병역거부자(또는 병역거부가 예상되는 사람)들을 일단 군대로 끌고 가기 시작했습니다. 1974년부터는 병무청 직원들이 아예 여호와의 증인들의 집회장소인 왕국회관을 포위하여 징집 연령에 속한 사람들을 영장도 없이 군부대로 강제 입소시킨 다음, 군부대 내에서 입영 및 소집 명령서를 발부하는 불법을 자행하기도 하지요. 그야말로 윗사람들에게 잘 보이고 높은 실적을 올리려고 멀쩡한 민간인을 붙잡아 억지로 군인으로 만든 다음 군형법을 적용한 것인데 누구도 그 절차상 하자를 문제 삼지 않았습니다. 이 시기에 양심에 따른 병역거부를 한 김창식 씨의 경우는 당시 병역거부자들이 어떤 고초를 겪었는지 잘 보여줍니다.[50]

고등학교를 중퇴한 후, 부모님의 농사일을 돕던 김창식 씨는 1974년

입영 영장을 받고 여호와의 증인 가르침에 따라 이른바 '중립(정치 군사적으로 어느 편도 지지하지 않는다는 뜻. 병역거부를 표현하는 증인들의 용어)'에 들어갑니다. 영장을 받고도 입소하지 않은 것이지요. 그런데 병역법 위반으로 8개월 형을 받고 청주교도소에서 만기 출소하던 날, 그는 희한한 경험을 합니다. 보통 출소자는 새벽 4시에 교도소를 나서게 되는데, 김창식 씨만 계속 교도소에 남아 있으라는 지시를 받은 것입니다. 의아해하는 그에게 교도관은 "너 혹시 외상값(적발되지 않은 다른 죄)이 있냐?"고 묻습니다. 물론 여죄는 없었지요. 오전 10시까지 기다리다가 겨우 출소 허가를 받아 교도소 문을 나서던 그는 교도소 밖에서 기다리고 있던 검은 지프차에 강제로 태워져 어딘가로 끌려갑니다. 지프차에서 그를 기다리던 사람은 병무청 직원이었고, 끌려간 곳은 육군 제37사단 신병훈련소였습니다. 병무청 직원들이 출근해서 교도소 밖에 와 기다릴 때까지 교도소 측이 출소를 미룬 것이었지요. 영장도 없는 불법 체포 구금이었지만 이를 항의할 방법도 없었습니다.

김창식 씨가 훈련소 입구를 통과하자마자 무자비한 구타가 시작되었습니다. 여호와의 증인이기 때문에 가해진 폭행은 아니었고 당시 모든 입영자들에게 가해지던 일상적인 폭력이었습니다. 한참을 얻어맞은 후 연병장으로 집합하라는 명령이 떨어졌을 때, 김창식 씨는 그곳에서 만난 다른 여호와의 증인 형제 한 명과 함께 "여호와의 증인이그로 군사훈련을 받을 수 없다."고 밝힙니다. 그리고 끌려간 곳이 헌병대였습니다.

대전 3관구 헌병대에서 보낸 90일은 더할 수 없이 가혹한 시간이었습니다. 90일 내내 엎드려 뻗쳐, 원산폭격이 계속되었고, 헌병 곤봉으로 손바닥, 가슴, 발바닥을 각각 50대씩 총 150대를 맞은 날도 있었습니다. 맞은 직후에는 발바닥이 너무 부어 통일화(당시에 신던 군화의 일종)에 발이 들어가지 않을 정도였지요. 헌병대 임○○ 중사에게는 네 시간을 연달아 얻어맞은 일도 있었습니다. 하루 종일 올챙이 포복을 하다 보면 정말 죽어도 더는 기어갈 수 없는 상태가 되는데, 그러면 또 무자비한 폭행이 가해졌습니다. 7명이 함께 어깨를 걸고 구르는 명석말이도 당했고, 권총을 들이대며 '정말로 군 복무를 안 할 거냐'는 협박도 받았습니다. 그렇게 90일을 보낸 후, 군형법 위반으로 징역 3년을 선고받아 가게 된 곳이 그 유명한 남한산성(육군교도소)이었지요.

남한산성에서 지낸 첫 2주는 헌병대 영창 못지않은 지옥이었습니다. 빨간 벽돌 위에서 엎드려 뻗쳐를 한 채 얻어맞다 보면 피부가 벗겨져 피가 흘렀습니다. 발바닥에 M1 소총 3자루를 올려놓고 팔, 다리, 머리를 하늘로 향한 채 누워 있는 가혹 행위도 당했는데, 총을 떨어뜨리면 여지없이 무자비한 폭행이 가해졌습니다. 심지어 총 개머리판으로 엉덩이를 맞다가 개머리판이 부서지기도 했지요. 그러면 헌병은 오히려 화를 내며 10대씩 더 때렸습니다.

당시 남한산성의 경례 구호는 '때려잡자 김일성'이었습니다. 원래는 '희망'이었던 구호가 반공의식 강화란 명분 아래 바뀐 것이었는데, 김창식 씨는 이 구호도 거절했지요. 김일성이든 누구든 때려잡는 데 동의할 수 없었기 때문이었습니다. 그것 때문에도 수없이 맞았습니다.

처음에는 다른 재소자들과 달리 면회도 시켜주지 않았습니다. 김창식 씨의 어머니는 찾아올 때마다 면회를 거절당해야 했습니다. 어머니가 다섯 번째로 면회를 온 날, 김창식 씨를 담당하던 상병 한 명이 "형무반장에게 맞더라도 네 면회는 시켜주겠다."며 그를 어머니에게 데리고 갔지요. 평소 김창식 씨를 불쌍히 여기던 사람이었습니다. 어머니를 만나기 직전, 두 달 만에 처음으로 거울을 볼 수 있었습니다. 거울을 보니 자신의 얼굴이 보이지 않았습니다. 한참을 쳐다보니 서서히 얼굴이 보이기 시작했지만, 너무 작아져버려 알아볼 수 없었습니다. 신기한 경험이었지요. 그리고 어머니를 만났지만, 아들도 어머니도 서로 한마디도 하지 못했습니다. 어머니는 눈물을 흘리느라, 김창식 씨는 어머니가 면회소에서 사준 음식을 정신없이 입에 집어넣느라 이야기를 나눌 틈이 없었던 것입니다.

1976년 5월 김창식 씨는 2년 이상의 형을 받은 군 범죄자들에 대한 조치로 일반 교도소인 안양으로 이감됩니다. 안양교도소에서는 꽃(조화) 만드는 일을 했습니다. 남한산성에 비하면 훨씬 편한 환경이었지만, 내무사열 중 애국가를 불러보라는 반장의 지시를 거부했다가 독방살이 경험을 하기도 합니다. 안양교도소에서부터는 이완찬, 오헌일 씨 등 동료 여호와의 증인들과 함께 생활하게 되었고, 1977년에는 성동교도소를 개청하면서 약 80명의 여호와의 증인들이 그곳으로 이감되어 사방소지(교도소 사동에서 허드렛일을 하는 사람), 교무과, 미화부 등의 일을 담당했습니다. 특별히 미화부는 주로 담장 밖과 교도관용 테니스 코트 등을 청소하고 나무를 심는 작업을 맡았습니다. 원래 경미한 과실범들에게만 주는 일이었는데, 교도소 측이 여호와의 증인들이 도주 가능성이 없음을 인정하여 그 일들을 맡긴 것이지요.

당시 미화부 반장을 맡은 오헌일 씨는 재소자 중 상당히 특이한 경력을 가지고 있었습니다.[51] 어머니 등 가족들 모두가 여호와의 증인인 집에서 자라났지만, 본인은 여호와의 증인이 되기를 거부하고 집을 나와 4년 동안 미 8군 쇼 무대에서 기타 연주를 했습니다. 서수남, 하청일 씨 등과 같은 회사 소속으로 잘 나가던 시절도 있었으나 크게 성공하지는 못했고, 이것저것 다른 일에 손을 대보았지만 모두 실패했습니다. 할 수 없이 집에 돌아와 실업자로 지내던 중, 여호와의 증인이던 친형의 소개로 막일을 하러 나갔다가 그곳에서 만난 다른 여호와의 증인들로부터 감화를 받아 뒤늦게 여호와의 증인에 귀의하게 되지요. 24세 때의 일이었습니다. 얼마 후 입영 영장을 받고 '중립'을 시작한 그는, 나이가 많고 리더십이 있었기 때문에 자연스럽게 미화반장 역할을 맡게 되었습니다. 교도소에서 다져진 김창식, 이완찬, 오헌일 씨의 우정은 오늘날까지도 그대로 이어지고 있습니다.

안식교 신자들이 병역거부 전통을 포기함에 따라서 여호와의 증인들은 1975년 이후 유일한 병역거부 집단으로 남게 되었는데, 군사독재정권은 마지막 남은 병역거부자들을 처리하기 위해 더욱 극단적인 폭력을 행사했습니다. 1976년 강제 입영되었다가 육군 제39사단 헌병대 영창에서 구타로 인해 사망한 이춘길 씨는 이런 강화된 폭력의 희생자였습니다.

1974년부터 강제 입영이 보편화되면서 여호와의 증인은 법관에 의해 재판받을 권리를 사실상 박탈당했고, 그들 스스로 어느 시점부터 이런 관행을 당연하게 받아들였습니다. '헌법과 법률에 의하여 그 양심에 따라 독립적으로 재판하는 법관'에 의한 재판이 아니라, 관할관(지휘관)의 지휘 감독을 받는 심판관, 법무사 등 군법회의 '직원'[52]에 의한 재판이 정착된 결과, 양심에 따른 병역거부자들에 대한 재판은 피고인들의 개별적 사정을 전혀 고려하지 않고 일률적으로 법정최고형을 선고하는 형식적인 절차로 전락했습니다. 입영, 총기수여식에서의 집총거부, 헌병에 의한 구속, 군법회의에서의 형식적인 논쟁, 군형법 제44조의 항명죄에 따른 법정최고형(당시 징역 2년) 선고, 군 교도소 복역이라는 기계적 절차가 반복되었던 것입니다. 이런 사정은 1987년 헌법체

제 출발 이후에도 바뀌지 않았습니다.

한국사회의 단계적 민주화가 진전되던 1990년대 들어 양심에 따른 병역거부자들에 대한 처벌은 오히려 강화되었습니다. 노태우 정권 후반기부터 병영 내의 폭력을 근절하려는 구체적인 조치들이 취해져서 병역거부자들에 대한 신체적 폭력은 비교적 줄어들었는데, 이런 변화는 군 지도부로 하여금 '징역 2년에 신체적인 어려움도 없다면, 군복무보다 기간도 짧고 몸도 더 편한 것 아닌가? 그대로 놓아두면 병역거부가 급증할지도 모른다'는 우려를 낳았습니다. 그래서 1990년대 초부터 일부 군사법원(군법회의의 후신)은 상관이 총을 두 번 주었는데 여호와의 증인 신도가 두 번 다 거절하면, 각각을 독립된 범죄로 보아 마치 같은 죄를 두 번 저지른 것처럼 가중하여 처벌하는 편법을 동원하기 시작했습니다. 형법상 이른바 '경합범'으로 보기 시작한 것이지요. 이를 통해 법정형으로 정해진 징역 2년의 상한선을 넘어 징역 3년을 선고하는 것이 가능해졌습니다. 처음 거부했을 때 즉각 구속하지 않고, 다음날 다시 총기를 수여함으로써 억지로 경합범을 만드는 이와 같은 처벌 방식은 당시 30개월이었던 현역 복무 기간보다 형이 더 길어야 한다는 논리에 의해 정당화되었지요.

대법원은 1992년 판결에서 "상관으로부터 집총을 하고 군사교육을 받으라는 명령을 수회 받고도 그때마다 이를 거부한 경우에는 그 명령 횟수만큼의 항명죄가 즉시 성립하는 것이지, 집총거부의 의사가 단일하고 계속된 것이며 피해법익이 동일하다고 하여 수회의 명령 거부 행위에 대하여 하나의 항명죄만 성립한다고 할 수는 없다."는[53] 형식논리로 이와 같은 군사법원 판결의 손을 들어주었습니다. 군사법원이 함정을 통해 억지 경합범을 만들어 항명죄의 법정형을 2년에서 3년으로 올리는 탈법을 자행하고, 대법원은 포괄일죄의 법리를 무시한 채 이러한 탈법을 그대로 인정해준 것입니다.

1994년 1월 3일에는 군형법이 개정되어 항명죄의 법정형이 '2년 이하의 징역'에서 '3년 이하의 징역'으로 상향 조정되었습니다. 같은 법에 규정된 군무이탈죄의 법정형이 '3년 이상 10년 이하의 징역'에서 '2년 이상 10년 이하의 징역'으로 하향 조정된 것과는 정반대의 입법이었습니다. 이와 같은 군형법 일부 개정에 대해서는 종합적으로 '사회 민주화 및 군의 발전 추세에 따라 현행 군형법상 비현실적인 법정형을 합리적으로 조정하려는 것'이라는 이유가 제시되었지요.[54] 그러나 군 복무가 30개월에서 26개월로 줄어들었는데, 항명죄 처벌을 상향 조절한 것은 '합리적 조정'이 아니었습니다. 또한 입법 취지를 '특정 신앙을 이유로 집총을 거부하는 등 복무를 기피하는 경우가 있어 이에 대한 제재를 강화하고자'[55] 했다고 밝힌 부분은 특정 종교집단을 목표로 설정했다는 점에서 법률의 일반성을 침해한 것으로 볼 수 있습니다. 병역법상의 입영기피죄가 징역 3년으로 규정되어 있어 균형을 맞추려 했다는 이유 역시, 병역법 대상이던 민간인들을 강제 입영시켜 군사법원의 재판을 받게 했던 역사에 대한 반성이 결여된 인권 불감증의 표현에 지나지 않았습니다.

1994년의 군형법 개정 이후 양심에 따른 병역거부자들에 대한 처벌은 법정최고형인 징역 3년으로 고정되었습니다. 한국의 형사법 체제에서 법정최고형이 그대로 선고형이 되는 경우는 이 경우가 거의 유일합니다. 법정최고형은 그야말로 처벌의 상한선을 의미하는 것인데, 양심에 따른 병역거부에 있어서만은 상한선이 아닌 절대적 기준으로 기능하게 된 것입니다. 미성년을 갓 벗어난 연령의 초범이며 군 입대 이전에 비교적 성실한 생활을 해 온 대다수 병역거부자들에게 법정최고형을 선고한 것은 양형에서 범인의 연령, 성품과 행실, 지능과 환경, 범행의 동기, 수단과 결과, 범행 후의 정황 등을 고려하도록 규정한 형법 제51조의 요구를 완전히 무시한 것이기도 했습니다.

양심에 따른 병역거부자들은 2001년에 이르기까지 길고 긴 고난의 세월 동안 한국 주류 사회로부터 철저히 소외되었습니다. 몇 개의 대법원 판결이 나오기는 했지만, "양심상의 결정은 헌법이 보장한 종교와 양심의 자유에 속하는 것이 아니다."라는 선언이 있었을 뿐 깊이 있는 논리를 갖추고 있지 못했습니다. 그만큼 양심에 따른 병역거부는 법원의 입장에서도, 일반인의 입장에서도 관심 밖의 문제였던 것입니다. 이와 같은 철저한 소외의 배경에는 군사독재정권의 '병역기피 척결 의지'와 한국 기독교의 '이단 척결 의지'의 절묘한 야합이 자리 잡고 있었습니다.[56]

군사 쿠데타로 집권한 박정희 정권은 초기부터 병역기피자 색출과 처벌을 통해 국민들의 지지를 확보하고자 했습니다. 전쟁 기간 동안 호적이 파손되어 임시 호적이나 가호적을 만든 경우가 많았는데 이러한 공백을 이용한 병역 기피가 성행했고, 대학생 병역 연기 제도를 통해 병역을 피하는 경우도 적지 않았던 시절이었습니다.[57] 마음만 먹으면 돈과 권력을 이용해 얼마든지 병역을 면할 수 있었던 것이지요. 특권층의 이와 같은 병역기피는, 먹을 것조차 제대로 공급되지 않았던 열악한 군대에서 일상화된 폭력에 시달리다 제대한 사람들에게는 질시와 증오의 대상이 되었습니다. 군사 쿠데타 후 불과 한 달이 되기 전인 1961년 6월 9일 군사정권이 내각공고 1호로 병역의무 불이행자 자수 신고 기간을 설정하여 10일의 짧은 기간 동안 무려 245,249명의 자진 신고를 받아낸 것은, 이런 국민 감정을 이용해 부패 척결의 의지를 과시하려는 것이었습니다.[58]

이런 분위기 속에서 양심에 따른 병역거부자는 군사독재정권이 별다른 고민 없이 자신들의 처벌 의지를 지속적으로 보여줄 수 있는 일종의 희생양으로 선택되었다고 볼 수 있습니다. 양심에 따른 병역거부자들이 주류 기독교로부터 '이단'으로 지목된 안식교와 여호와의 증인들이었다는 사실도 이런 선택을 손쉽게 했지요. 민주화 운동 세력도, 비교적 온건한 기독교 세력도 이들을 보호하려 하지 않았고, 안식교인이나 여호와의 증인 자신도 국가에 맞서는 적극적 투쟁을 고려하지 않았기 때문에, 군사독재정권 입장에서 이보다 더 만만한 희생양을 찾기도 어려웠을 것입니다.

동기는 좀 달랐다 하더라도 이들의 행동은 분명히 국가 전체를 병영으로 만들려는 군사독재정권의 폭력과 억압에 대한 저항의 성격을 지니고 있었습니다. 그런데도 누구 하나 이들의 아픔에 귀를 기울이지 않았지요. 이유는 간단합니다. 이들이 '이단'이었기 때문입니다. 그러나 누가 이단이냐, 아니냐 여부는 궁극적으로 기독교 내부의 문제입니다. 그런데도 우리 사회는 기독교의 '이단' 정의를 너무나 자연스럽게 '사회 전체의 이단'으로 확대해서 받아들였습니다. 주류에 속한 특정 집단이 소수파를 '이단'으로 정의하는 순간, 사회 전체가 그 소수파를 '이단'으로 받아들이는 특이한 시스템이 구축된 것입니다. 반공, 애국, 기독교, 독재정권 등이 일체를 이룬 주류 사회가 소수자를 억압하는 데 철저하게 결합해 있었음도 알 수 있습니다.

이런 경향은 한국 기독교에도 매우 나쁜 영향을 끼쳤습니다. 이단과의 싸움이 교리를 중심으로 진행되지 않고, 이단 논의가 있을 때마다 국가권력의 힘을 빌리려고 하는 좋지 않은 습관을 들이게 되었기 때문입니다. 국가적 통일성을 지향하던 군사독재정권은 이처럼 주류 기독교로부터 소외된 소수 종파의 '반국가적' 행태를 용납할 수 없었고 무자비한 탄압으로 하나의 '시범'을 삼았습니다. 양심에 따른 병역거부자들에 대한 무자비한 처벌은 20세기 후반 이른바 '자유세계'에 속한 국가들 중 거의 유일한 경우에 속하며, 공산주의 붕괴 이전의 동독, 체코, 소련, 쿠바 등과 함께 최악의 사례로 기록되어 있습니다.[59]

그렇게 시작된 강력한 처벌 분위기는, 군사정권이 무너지고 민간정부가 들어선 이후에도 지속되었지요. 군사정권은 갔지만 군사 문화는 여전히 우리 삶 속에 살아 숨쉬고 있는 것입니다. 어느 누구도 이들이 정확히 누구인지, 그동안 어떤 삶을 살아왔는지, 이들을 위해 어떤 대안을 찾을 수 있는지 관심을 기울이지 않았습니다. 사람들의 시야에서 벗어난 향토사단들의 군사법정에서 해마다 500여 명의 젊은이들이 징역 3년을 선고받고 있었는데도, 그들은 그렇게 잊혀진 존재였습니다.

6

2001년 2월 〈한겨레21〉은 양심에 따른 병역거부와 대체복무제도 도입을 위한 캠페인을 시작했습니다. 3월 1일자에는 성우 양지운 씨가 스스로 여호와의 증인임을 밝히며 아들이 병역거부로 교도소에 가 있음을 공개했고, 3월 8일자 '국방의무라는 이름의 굴레', 3월 29일자 '우리는 감옥에 가지 않아요' 등 연속된 기사를 통해 외국의 대체복무 현황 등을 보도했습니다. 이런 보도가 꽤 큰 사회적 반향을 일으키기는 했지만, 여전히 양심에 따른 병역거부와 대체복무 문제는 많은 사람들에게 '먼 나라'의 이야기였습니다.

의외로 변화는 법원에서부터 시작되었습니다. 〈한겨레21〉 보도를 전후하여 여호와의 증인들이 군사재판을 받는 대신, 입영 자체를 거부함으로써 일반 법원의 문을 두드렸는데, 법원이 이들에게 우호적인 판결을 내놓았던 것입니다. 입영 기피에 대해 3년 이하의 징역을 규정하고 있는 병역법 제88조를 적용하면서, 판사들은 대개 징역 2년을 선고했고, 이례적으로 징역 8월에 집행유예 2년을 선고하는 경우도 나왔습니다.[60] 이처럼 관용적인 판결은 예상치 못한 문제를 낳기도 했지요. 병역법 시행령 제136조 제1항 제2호가 1년 6월 이상의 징역 또는 금고의 실형을 선고받은 사람을 제2국민역으로 편입하도록 규정하고 있었기 때문에, 집행유예를 선고받은 피고인은 다시 징집되어 거듭 재판을 받아야 하는 난감한 상황을 맞게 되었던 것입니다. 결국 피고인은 스스로 항소하지 못하고 검사에게 항소해줄 것을 탄원하는 진풍경이 연출되었고, 법원이 이를 받아들여 해당 피고인은 제2심에서 징역 1년 6월을 선고받아 복역했습니다. 이 사건을 전후하여 항소심 재판부들은 양심에 따른 병역거부자들에게 징역 1년 6월을 선고하기 시작했고, 제1심 단독판사들이 항소심 재판부의 형량을 따라감에 따라, 재징집과 재처벌을 피할 수 있는 하한선이라 할 징역 1년 6월이 양심에 따른 병역거부자들의 처벌로 정착되었습니다.

법원이 선택한 징역 1년 6월은 현행법 테두리 안에서 양심에 따른 병역거부자들에게 최대한 유리한 결과라 할 수 있습니다. 군사재판이나 일반인들의 법 감정에 비해 비교적 관용적인 이런 태도는 다수의 남성 법관들이 단기 법무관으로 의무복무를 하는 동안 여호와의 증인들을 군형법상의 법정 최고형으로 처벌한 경험을 해본 사람들이라는 점을 고려할 때 매우 이례적인 것입니다. 군 복무 당시에는 국방부의 지침이나 관행에 따라 기계적인 기소와 판결을 반복했던 법관들이, 독립성이 확보된 법관으로서 재판할 기회를 갖게 되자 최대한의 관용을 베풀기 시작한 것은 일종의 반성적 고려에 따른 것으로 이해할 수 있겠지요.

2002년 1월 29일 서울지방법원 남부지원 박시환 부장판사의 병역법에 대한 위헌법률심판제청은 이런 수준을 훌쩍 뛰어넘어, 양심에 따른 병역거부 논의를 본격적인 공론의 장으로 끌어올렸습니다. 박 부장판사는 이 결정문에서 "양심적, 종교적 병역거부자들의 경우어는 헌법상 기본적 의무로 되어 있는 병역의 의무와 자유민주적 기본 질서의 핵심적 기본권인 사상, 양심의 자유 및 종교의 자유 사이에 충돌이 일어나게 되어 그 양자의 본질적 내용을 훼손하지 않는 범위 내에서 양자를 적절히 조화, 공존시킬 필요"가 있는데, 이들에 대한 예외 없는 처벌은 "사상과 양심의 자유 외에도 인간의 존엄과 가치, 행복추구권, 각자의 사상, 양심, 종교에 따른 실질적 평등을 보장받을 평등권 등 헌법상 기본권이 침해받을 가능성이 크다."는 입장을 밝혔습니다.[61] "이제 우리나라도 양심적 종교적 병역거부자들에 대하여 헌법적으로 검토해보아야 할 단계에 왔다."는 박 부장판사의 선언은 양심에 따른 병역거부 문제를 한국사회가 진지하게 받아들이는 신호탄이 되었습니다.

박 부장판사의 위헌법률심판제청부터 헌법재판소의 결정이 나온 2004년 8월 26일까지 약 2년 6개월 동안, 각급 법원은 양심에 따른 병역거부를 놓고 백가쟁명 시대에 돌입했습니다. 양심에 따른 병역거부자들에 대한 100퍼센트 구속과 100퍼센트 실형선고의 오랜 전통이 깨진 것이지요. 경찰이 신청한 구속영장을 "양심적 병역거부는 재판 과정

에서 유무죄를 가려야 할 사안이며 피의자의 주거가 일정하고 증거인
멸 및 도주의 우려가 없다.”는 이유로 기각하는 사례가 속출했고, 보석
결정으로 피고인이 석방되는 경우도 많이 나왔으며, 재판이 헌법재판
소의 결정 이후로 아예 연기되기도 했습니다. 물론 이런 결정을 내리는
판사들이 다수는 아니어서, 다른 한편에서는 양심에 따른 병역거부자
들에 대한 구속과 실형선고가 계속되었지요.

하급심의 이런 엇갈린 판결들의 정점에서 2004년 5월 21일 서울지
방법원 남부지원 이정렬 판사는 양심에 따른 병역거부자에게 무죄를
선고했습니다. 이 판사는 병역법 제88조 제1항이 ‘정당한 사유 없이’
입영을 기피한 경우를 처벌하도록 규정하고 있음에 주목하고, 양심에
따른 병역거부자들은 정당한 사유가 있는 경우에 해당한다며 무죄를
선고했는데, 대법원 판결을 그대로 답습해 온 하급심 판사들의 일반적
인 판결 성향에 비추어볼 때, 이 판사의 이러한 법률 해석은 매우 이례
적인 것이었습니다. 사실 관계가 거의 동일한 여호와의 증인 병역거부
자들에게 유죄와 무죄로 판결이 갈리는 현상을 두고 일부 언론은 ‘혼
선’, ‘혼란’이란 표현을 써 가며 과장하기도 했지만, 이 판사의 무죄판
결은 하급심 판사도 ‘헌법과 법률에 의하여 그 양심에 따라 독립적으로
재판하는 법관’이라는 사실을 확인시켜주었다는 역사적 의미를 지닙니
다.

법원의 다양한 판결과 함께 양심에 따른 병역거부의 이유도 다양해
졌습니다. 불교의 살생금지 교리를 이유로 병역을 거부한 오태양, 민주
노동당원으로 반전평화주의에 기초해 병역을 거부한 유호근과 그 뒤를
이은 임치윤, 나동혁 등의 대학생, 성적 소수자 그룹의 대표인 임태훈,
이라크 반전평화운동가인 염창근, 현역 군인으로 이라크 파병을 반대

하여 병역거부를 선언한 강철민, 초등학교 교사인 최진 등 이전에 볼 수 없었던 병역거부자들이 등장한 것입니다.[62] 2002년 2월 4일에는 오래 전부터 양심에 따른 병역거부 문제에 관심을 가졌던 이석쾌 변호사, 한홍구 교수 등을 중심으로 양심에 따른 병역거부권 실현과 대체복무제 개선을 위한 연대회의가 출범하여 양심에 따른 병역거부자들을 지원하기 시작했습니다.

오랜 세월 동안 양심에 따른 병역거부를 헌법 교과서 속 한 페이지 분량의 문제로만 인식해 오던 법학 분야에서도 다양한 논문과 책들이 쏟아져 나왔습니다. 2001년 이재승 교수의 〈독일에서 병역거부와 민간봉사〉처럼 외국 입법례를 상세히 검토한 논문도 여러 편 나왔고, 2002년 한인섭 교수가 발표한 〈양심적 병역거부 ; 헌법적 형사법적 검토〉를 비롯해서 조국, 노혁준, 김병록, 윤영철 교수 등도 헌법이나 형사법 분야에서 다양한 시각의 논문을 발표했습니다. 서울대 BK21 법학연구단 공익인권법센터가 기획한 《양심적 병역거부》는 이 문제를 종합적으로 정리한 단행본인데, 일반인의 인식을 개선하는 데 크게 기여했습니다. 그밖에도 시민불복종 전통에서 양심에 따른 병역거부를 이해한 《양심에 따른 병역거부와 시민불복종》, 대법원과 헌법재판소의 결정 이후 양심에 따른 병역거부 논의를 진단해본 《양심적 병역거부 : 2005년 현실 진단과 대안 모색》 등의 단행본이 출판되었습니다. 국가인권위원회가 2002년도 인권 상황 실태 조사로 발간한 《한국 내 양심적 병역거부자에 대한 대체복무 인정 여부에 관한 이론적 · 실증적 연구》도 이전의 연구 성과를 종합하고 가능한 입법적 대안들을 연구한 결과물로 큰 의미를 지닙니다.[63]

7

2001년 이후 언론의 문제 제기, 법원의 다양한 판결, 학자들의 연구 논문으로 깊이를 더해 가던 양심에 따른 병역거부 논의는, 2004년 7월 15일의 대법원 판결[64]과 같은 해 8월 26일의 헌법재판소 결정[65]으로 현실의 높은 벽을 확인하게 됩니다.

2004년 대법원 판결은 "양심 실현의 자유도 결국 그 제한을 정당화할 헌법적 법익이 존재하는 경우에는 헌법 제37조 제2항에 따라 법률에 의하여 제한될 수 있는 상대적 자유라고 하여야 할 것"이라면서 "병역의무가 제대로 이행되지 않아 국가의 안전보장이 이루어지지 않는다면 국민의 인간으로서의 존엄과 가치도 보장될 수 없음은 불을 보듯 명확한 일이므로, 병역의무는 궁극적으로는 국민 전체의 인간으로서의 존엄과 가치를 보장하기 위한 것이라 할 것이고, 양심적 병역거부자의 양심의 자유가 위와 같은 헌법적 법익보다 우월한 가치라고는 할 수 없다."고 선언합니다. 여러 번 말을 돌리기는 했지만 결국 병역의 의무가 양심의 자유보다 우선하는 가치라고 판단한 것입니다.

대체복무 인정 여부에 대해서는 입법자가 매우 폭넓은 재량을 인정받고 있기 때문에 설사 입법자가 대체복무제도를 마련하지 않는다 해도 그 자체로 위헌은 아니라는 것이 대법원 판결의 입장이었습니다. 또한 대법원은, '양심에 따른 병역거부자들은 자기 양심의 결정에 따르는 것 이외에 다른 행동을 할 수 없었기 때문에 법이 명하는 병역 의무를 도저히 이행할 수 없었다'는 변호인들의 이른바 '기대 불가능성' 주장에 대해서도, 평균적인 사람을 기준으로 보았을 때 법을 지키는 것이 불가능하지 않다는 이유로 받아들이지 않았습니다.

양심의 자유는 마음 속을 벗어나 외부로 표출되는 순간부터 법률에 의해 얼마든지 제한받을 수 있다는 대법원의 입장은 헌법재판소에 의해 구체화됩니다. 헌법재판소 합헌의견에 의하면, "양심의 자유는 단지 국가에 대하여 가능하면 개인의 양심을 고려하고 보호할 것을 요구하는 권리일 뿐, 양심상의 이유로 법적 의무의 이행을 거부하거나 법적 의무를 대신하는 대체의무의 제공을 요구할 수 있는 권리가 아니므로, 양심의 자유로부터 대체복무를 요구할 권리가 도출되지는 않"습니다. 또한 합헌의견은 "우리 헌법이 병역의무와 관련하여 양심의 자유의 일방적인 우위를 인정하는 어떠한 규범적 표현도 하고 있지 않다."면서, "양심상의 이유로 병역의무의 이행을 거부할 권리는 단지 헌법 스스로 이에 관하여 명문으로 규정하는 경우에 한하여 인정될 수 있다."고 보아, 헌법이 개정되기 전에는 양심에 따른 병역거부가 헌법상의 권리로 인정될 수 없다는 입장을 분명히 했지요.

헌법재판소 합헌 의견은 대체복무제도를 인정하더라도 국가 안보에 문제가 없을 것인지도 함께 고민합니다. 합헌 의견에 따르면, 대체복무제도의 입법은 자칫하면 국가 안보를 건 위험한 실험이 될 수 있기 때문에 입법자에게 그런 실험을 요구할 수는 없는 일입니다. 그런 실험을 요구할 수 없는 이상, 국회가 적절한 대체복무 법안을 마련하지 않았다고 해서 바로 위헌이 될 수는 없습니다. 따라서 합헌 의견은 대체복무제 도입의 선행조건으로 "남북한 사이에 평화 공존 관계 정착, 군 복무 여건의 개선 등을 통하여 병역기피의 요인 제거, 양심적 병역거부자에 대한 이해와 관용에 따른 사회공동체 구성원의 공감대 형성" 등을 제시하고, "이러한 선행조건들이 충족되지 않는 현단계에서 대체복무제도를 도입하기 어렵다고 본 입법자의 판단이 현저히 불합리하거나 명백히 잘못되었다고 볼 수 없다."라고 결론지었습니다. 대법원보다 세련된 표현을 사용하고 있기는 하지만, 양심의 자유가 상대적 자유에 불과하고, 대체복무제 요구를 헌법상의 권리로 볼 수도 없다는 결론에서는 변함이 없었습니다. 다만 합헌의견은 입법자에게 양심에 따른 병역거부자의 고뇌와 갈등 상황을 그대로 방치하지 말고, 이들을 어떻게 배려할 것인지에 대해 국가적 해결책을 찾도록 권고합니다. 병역법에 대해 합헌결정을 내린 헌법재판소도, 지금이 대체복무제도 등 대안을 마련해야 할 시점이라는 요구까지 외면할 수는 없었던 것입니다.

2001년 이후의 모든 논의를 원점으로 돌리는 것 같은 대법원과 헌법재판소의 결정에서 그나마 희망적인 것이 있다면, 그것은 반대 의견의 존재입니다. 대법원에서 유일하게 소수의견을 밝힌 이강국 대법관은, 양심에 따른 병역거부자에 대한 처벌이 "인간으로서의 존엄성을 심각하게 침해하는 결과가 될 것이고 형벌 부과의 주요 근거인 행위자의 책임과의 균형적인 비례관계를 과도하게 일탈한 과잉조치가 될 것이며, 또한 피고인에 대한 형벌은 그 정도에 상관없이 범죄에 대한 응징과 예방, 피고인의 교육 등 그 어떠한 관점에서도 형벌의 본래적 목적을 충족할 수 없다."면서, "보편적 가치관을 반영한 집총병역의무와 종교적 양심의 명령 사이의 갈등으로 인한 심각한 정신적 압박 상황에서 절박하고도 무조건적인 종교적 양심의 명령에 따른 피고인에게는 실정 병역법에 합치하는 적법한 행위를 할 가능성을 기대하기가 매우 어렵다."고 보았습니다. 따라서 이런 경우에는 국가의 형벌권이 한 발 양보함으로써 개인의 양심의 자유가 더 존중되고 보장되도록 해야 한다는 것이지요. 결국 이강국 대법관은 변호인의 의견처럼 피고인들에게 병역의무를 이행할 것을 기대하기 힘들다는 이유로 피고인에게 병역법 제88

조의 '정당한 이유'가 존재한다고 결론 내립니다.

김경일, 전효숙 헌법재판관의 반대 의견은 이보다 한 발 더 나아가 "양심적 병역거부가 인류의 평화적 공존에 대한 간절한 희망과 결단을 기반으로 하고 있으며, 평화에 대한 이상은 인류가 오랫동안 추구하고 존중해 온 것"이라는 사실을 출발점으로 삼습니다. 양심에 따른 병역거부자들의 병역거부를 "군 복무의 고역을 피하기 위한 것"이거나 "국가 공동체에 대한 기본의무는 이행하지 않으면서 무임승차 식으로 보호만 바라는 것"으로 볼 수는 없다는 것이지요. 두 재판관은 "국방의 의무가 직접적인 집총병력형성의무에 한정되는 것이 아니므로 양심적 병역거부자들에게 현역복무의 기간과 부담 등을 고려하여 이와 유사하거나 보다 높은 정도의 의무를 부과한다면 국방의무 이행의 형평성 회복이 가능하다."고 보고, "입법자가 이러한 사정을 감안하여 양심적 병역거부자들에 대하여 어떠한 최소한의 고려라도 한 흔적을 찾아볼 수 없음"을 지적합니다. 그처럼 오랜 세월 동안 양심에 따른 병역거부자들이 양심의 자유를 지키려고 심한 고통을 받아 왔는데, 국가가 이들의 갈등을 해소해주기 위해 아무런 노력을 하지 않은 채 처벌만 계속해 왔다면 그 처벌 조항은 위헌이라는 것입니다.

전효숙, 김경일 헌법재판관의 의견은 양심에 따른 병역거부와 대체복무제도에 대해서 그동안 논의된 다양한 주장들을 일목요연하게 정리하고 있으며, 비록 다수 의견이 되는 데는 실패했지만, 양심에 따른 병역거부 논의가 앞으로 진행되어 나갈 방향을 제시하고 있다는 점에서 '미래의 다수 의견'을 예측케 합니다.

헌법재판소의 결정이 양심에 따른 병역거부 논의의 끝을 의미하는 것은 아닙니다. 합헌 의견에서도 대체복무 도입 가능성을 배제하지 않고 있는 까닭에, 2004년 이후의 양심에 따른 병역거부 논의는 자연스럽게 대체복무제도 입법으로 무게 중심을 옮겨 가게 되었습니다. 2004년 9월 22일 임종인 의원 외 21명이 발의한 병역법 중 개정법률안이나, 11월 19일에 노회찬 의원 외 9명이 발의한 별도의 개정안은 그 최초의 결과물이라 할 수 있지요.

임종인 의원 안은 현역병 입영대상자 또는 보충역 처분을 받은 사람 중 종교적 신념 또는 양심의 확신을 이유로 집총이 수반되는 병역의무를 거부하는 사람은 지방병무청장에게 양심에 따른 병역거부자 인정 신청을 하도록 하고, 양심에 따른 병역거부자의 인정 여부를 심사하기 위하여 병무청과 지방병무청에 양심에 따른 병역거부 판정위원회를 두며, 양심에 따른 병역거부자로 인정받은 사람을 보충역인 사회복지요원으로 편입하도록 하는 내용을 담고 있습니다. 사회복지요원은 사회복지시설에서 아동·노인·장애인 등의 보호·치료·요양·자활 또는 상담 등의 업무를 보조·지원하게 되지요. 이들이 육군 현역병의 1.5배인 복무기간을 마친 때에는 제2국민역에 편입됨으로써 전역 후 집총이 수반되지 아니하는 전시 근로 소집의 의무만을 지게 됩니다. 허위 진술 또는 자료 제출 등 부정한 방법으로 사회복지요원으로 편입된 때 또는 복무중인 사회복지요원이 양심에 따른 병역거부자로 인정받지 못한 때 등에는 사회복지요원의 소집을 취소하고 편입되기 전의 신분으로 복귀하여 현역병으로 입영하거나 공익근무요원으로 소집되지요. 종교적 신념 또는 양심의 확신을 빙자하여 양심에 따른 병역거부자의 인정 신청을 한 것이 명백한 경우 신청인은 1년 이상 2년 이하의 징역에 처하도록 하고, 부정한 방법으로 사회복지요원에 편입된 때 등에는 1년 이상

3년 이하의 징역에 처하도록 하여 이와 같은 제도의 남용을 방지할 방안도 마련하였습니다. 새로운 제도 시행에 따른 경과 조치로, 이미 현역병으로 징집 소집되었거나, 복무 중인 사람에 대해서도 양심에 따른 병역거부를 신청할 수 있는 길을 열어두었습니다.

노회찬 의원 안은 대체복무요원의 판정을 위하여 국방부에 중앙대체복무위원회를, 지방병무청에 지방대체복무위원회를 설치하여 대체복무에 관한 심사를 담당하도록 하고, 현역병입영대상자 또는 보충역 판정을 받은 자뿐만 아니라, 현역병 또는 공익근무요원의 경우에도 복무 중에 대체복무 신청이 가능하도록 하는 내용을 담고 있습니다. 대체복무요원의 복무 기간을 육군현역병의 1.5배로 하고 그 소집을 마친 때에는 제2국민역으로 편입하도록 한 것은 임종인 의원안과 동일합니다. 노회찬 의원 안은 대체복무요원으로 판정받게 해주려고 종교인이 허위증명서를 발부해준 경우에는 1년 이상 10년 이하의 징역에 처하도록 하는 처벌조항을 마련하고, 예비군에 대해서도 일정한 경우에 대체복무를 인정하도록 부칙조항을 마련하고 있습니다.

이러한 병역법 개정안의 의원 발의에 따라 2005년 3월 17일에는 국회 국방위원회에서 병역법 개정안에 대한 공청회를 열었고, 4월 19일부터 법안심사소위가 논의를 시작했으나 결론을 내지는 못했습니다. 두 법안은 아직도 별다른 진전 없이 법안심사소위에 '계류' 중인데, 열린우리당 지도부도 양심에 따른 병역거부권 인정의 당론 채택에 소극적이고, 한나라당은 반대 의견을 고수하고 있어 입법의 전당은 그리 밝지 않은 형편입니다.

답보 상태에 빠진 대체복무제도 논의에 활력을 불어넣은 것은 2005년 12월 26일 국가인권위원회 전원위원회의 양심에 따른 병역거부권 인정과 대체복무제도 도입 권고였습니다. 국가인권위원회의 권고는 국가기관 최초의 공식적인 양심에 따른 병역거부 인정이라는 역사적 의미를 갖습니다. 국가인권위원회는 뒤이어 발표한 '2007~2011 국가인권정책기본계획(NAP, National Action Plan for the Promotion and Protection of Human Rights) 권고안'에서도, 2005년 7월 11일 현재 1,053명이 양심에 따른 병역거부로 교도소에 수감되어 있음을 지적한 다음, 유엔인권위원회 결의에 따라 양심에 따른 병역거부를 인정하고 대체복무제도를 도입할 것을 국가정책 방향으로 제시하였습니다.[66]

사실 저는 우리 국민이 병역거부에 대해 지니고 있는 부정적인 인식 때문에 입법이 가까운 시일에 가능할 것이라고 생각하지 않습니다. 그러나 평생을 인권운동에 헌신해 왔고 국가인권위원회 인권정책국장으로 국가인권정책기본계획 권고안 마련을 주도한 박찬운 한양대 교수 같은 분은 입법에 대해 매우 희망적인 전망을 제시하고 있습니다. 박 교수는 우리나라가 이미 다양한 형태의 대체복무(특례)를 시행하고 있다는 데 주목합니다. 양심에 따른 병역거부자를 위한 대체복무와 현행 대체복무의 차이는 결국 4주간의 군사훈련 유무에 있을 뿐입니다. 양심에 따른 병역거부자들 중 상당수는 공익근무요원, 전문연구요원, 산업기능요원으로 선발되었지만 4주간의 군사훈련을 받을 수 없어서 교도소로 간 사람들이지요. 만약 현행 제도에서 4주간의 군사훈련만 면제한 대체복무제도를 마련하면 양심에 따른 병역거부자 문제를 완전 해결할 수 있는 것입니다. 박찬운 교수의 이와 같은 입장은 전적으로 타당합니다. 다만 문제는 4주간의 군사훈련이라는 우리 국민들의 '심리적' 장벽을 무너뜨리는 것이 과연 얼마나 쉬운 일이냐 하는 데 있겠지요.

11장

병역의무와 양심의 자유가 충돌할 때

_대체복무제도는 그래서 필요하다

평화를 이야기하는 것과 실천하는 것 사이에 엄청난 차이가 있음은 이미 여러 번 말씀드렸습니다. 평화를 향한 신념을 행동으로 옮기는 순간, 양심의 자유와 국방의 의무가 충돌하는 상황이 닥칠 수 있기 때문입니다. 이런 난감한 상황을 타개하기 위해서 서구의 많은 국가들이 민간 대체복무라는 탈출구를 마련하고 있습니다. 양심의 자유와 국방의 의무 중 어느 한 쪽의 손을 들어주기보다는 그 두 가지 가치를 모두 충족시킬 수 있는 제3의 길을 찾아낸 것입니다.

물론 양심에 따른 병역거부를 인정하는 길이 민간 대체복무 인정밖에 없는 것은 아닙니다. 양심에 따른 병역거부를 인정하는 방법에는 세 가지가 있습니다. 한 가지는 이들에게 병역을 완전히 면제하는 것이고, 다른 하나는 민간 대체복무를 인정하는 것이며, 마지막은 군부대 내에서 비전투복무를 하도록 하는 것입니다. 이 세 가지 중 한 가지 길이라도 열어주고 있다면 우리는 일단 그 나라가 양심에 따른 병역거부를 인정하고 있다고 판단할 수 있습니다.

양심에 따른 병역거부 인정의 핵심에 자리 잡고 있는 것이 바로 진지성 심사 문제입니다. 사람들이 흔히 던지는 "모두가 다 양심에 따른 병역거부를 하겠다고 나서면 어떻게 할 것인가? 진짜와 가짜를 구별할 방법이 있는가?"라는 질문이 바로 진지성 심사와 관련된 것입니다. 진지하게 양심의 요구에 따라 병역을 거부하고 있는 것인지, 단순히 자기

한 몸 편하자고 병역을 기피하는 것인지 구분하는 것은 그만큼 중요합니다. 그러나 사람의 마음을 열어보지 않는 이상, 그가 진짜 무슨 생각으로 병역거부를 하는지 알아낼 방법은 없기 때문에 진지성을 심사한다는 것은 무척 어려운 일입니다. 엄밀히 말하자면 내적 양심에 대한 심사는 불가능하다고 보는 것이 옳습니다.

양심에 따른 병역거부를 인정하자고 주장하는 분들은 대개 양심의 자유에 큰 가치를 부여하는 사람들입니다. 그런 입장을 지닌 사람들이 양심을 심사하자고 이야기하는 것 자체가 큰 모순이지요. 그러나 양심에 따른 병역거부를 무제한으로 인정하기 어렵다는 현실적인 이유 때문에 국가는 적정한 선에서 타협점을 찾지 않을 수 없습니다. 그 타협점이 바로 진지성 심사라고 할 수 있습니다. 정말 양심을 심사할 수 있다고 믿기 때문이 아니라, 일반 시민들이 적절히 납득할 수 있는 선에서 기준을 마련하기 위해서 부득이하게 진지성 심사를 하게 된 것이지요.

이번 장에서는 먼저 양심에 따른 병역거부가 유엔이나 세계 각국에서 어떻게 인정되고 있는지를 살펴보고, 진지성 심사가 어떻게 이루어질 수 있는지 생각해보도록 하겠습니다.

1

우리 헌법이 양심의 자유를 규정하고 있듯이 1948년 유엔이 제정한 '세계인권선언'도 제18조에서 '사상, 양심 및 종교의 자유'를 인정하고 있습니다. 1966년 유엔이 채택한 시민적, 정치적 권리에 관한 국제규약(일명 'B'규약) 제18조도 사상, 양심 및 종교의 자유가 인간의 기본권임을 명시하고 있지요. 그러나 이런 조항들이 양심에 따른 병역거부까지 인정한 것인지는 오랫동안 논란이 계속되었습니다. 이와 관련하여 유엔은 1978년 병역이 아파르트헤이트(apartheid, 남아프리카공화국의 극단적인 인종 차별 정책)를 위한 수단으로 강제되고 있다면 이를 거부할 수 있다고 선언하였고, 1987년 유엔 인권위원회는 제47호 결의를 통해 양심에 따른 병역거부권의 인정을 세계 각국에 요청했습니다. 1993년 유엔 인권위원회는 위 'B'규약에 대한 일반 의견에서 양심에 따른 병역거부권이 'B'규약 제18조로부터 도출될 수 있다고 해석하였고, 1995년 결의를 통해 이를 재확인하였습니다.

1998년 4월 22일 유엔 인권위원회는 양심에 따른 병역거부권에 관한 제77호 결의를 통해 이 문제에 관한 입장을 밝힘으로써 논란을 종결했습니다.[1] 이 결의는 우선 '양심에 따른 병역거부권이 사상, 양심 및 종교의 자유의 정당한 행사임을 선언한 1995년 3월 8일의 결의' 내용을 재확인한 후, '종교적, 윤리적, 도덕적, 인도주의적, 또는 이와 비슷한 동기에서 비롯된 본질적 확신을 포함하는 양심적 원칙들과 이유에 기초한 양심에 따른 병역거부권'을 인정하고 있습니다. 뒤이어 양심에 따른 병역거부를 인정한 여러 나라의 입장을 환영하고, 아직 이와 같은 제도를 가지고 있지 않은 나라들에 대해 양심에 따른 병역거부를 심사할 독립된 기관을 설립할 것을 요청했습니다. 대체복무 도입을 권고하면서, 이와 같은 대체복무가 형벌이 되어서는 안 되고, 비전투적 또는 민간의 성격을 지닌 것이어야 함도 밝히고 있습니다. 형벌뿐만 아니라 양심에 따른 병역거부자들에 대한 경제, 사회, 문화, 시민, 또는 정치적 차별이 있어서는 안 됨도 강조하고 있지요. 양심에 따른 병역거부로 인해 자국에서 추방된 사람들은 난민 지위를 인정받아야 함도 물론입니다.

유엔의 입장 표명에서 볼 수 있는 바와 같이 양심에 따른 병역거부는 전 세계적으로 이미 비전투 또는 민간 대체복무 인정이라는 일정한 방향으로 나아가고 있습니다.

1997년에 발표된 유엔 사무총장의 양심에 따른 병역거부 문제에 관한 보고서는 세계 각국이 이 문제에 대해 어떤 태도를 취하고 있는지를 이해하는 좋은 출발점이 됩니다.[2] 물론 1997년 이후에 징병제도 전반에 걸쳐 전 세계적으로 변화가 있었기 때문에 이 보고서만 믿어서는 안 되고 여러 자료를 참고해야만 정확한 정보를 얻을 수 있습니다. 어쨌든 양심에 따른 병역거부에 대한 전 세계의 움직임을 살펴보다 보면 생각보다 훨씬 다양한 형태의 병역제도가 있음을 알 수 있습니다.

아이슬란드 같은 나라는 징병제가 없을 뿐 아니라 아예 군대가 없습니다. 오랫동안 군사기지를 유지해 왔던 미군이 철수하면서 군대 없는 나라가 된 것이지요. 미국, 영국, 프랑스, 일본, 호주, 뉴질랜드, 방글라데시, 카메룬, 캐나다, 인도, 아일랜드, 말레이시아, 네덜란드, 니카라과, 남아프리카공화국, 우루과이 등의 나라는 징병제를 실시하지 않습니다. 가나, 그라나다, 나미비아, 나이지리아, 네팔, 바하마, 바레인, 도미니카, 모나코 같은 작은 나라들까지 포함하면 징병제를 실시하지 않는 나라는 70개국이 넘습니다. 물론 이들 나라 중에는 미국이나 영국처럼 비상시에 징병제 실시가 가능한 나라들이 포함되어 있습니다. 그러나 미국이나 영국 같은 나라들은 징병제가 실시되더라도 양심에 따른 병역거부를 인정하고 있으므로 문제될 일이 별로 없지요. 이탈리아는 2004년에, 체코와 슬로바키아는 각각 2004년과 2006년에 징병제도를 폐지하여 이 대열에 합류했습니다. 최근 들어 이런 나라들이 워낙 증가

추세에 있으므로 이 책이 출판될 때쯤에는 더 늘어날 수도 있습니다.

징병제도를 시행하지만 양심에 따른 병역거부를 인정하는 나라도 많습니다. 독일, 덴마크, 오스트리아, 스페인, 포르투갈, 노르웨이, 핀란드, 라트비아, 리투아니아, 불가리아, 우크라이나, 에스토니아, 폴란드, 헝가리, 키프로스, 브라질 같은 나라들이 이런 경우에 속합니다. 양심에 따른 병역거부자 탄압으로 악명 높았던 그리스는 1977년부터 비전투복무를 인정했고, 1988년부터는 민간 대체복무도 인정하고 있습니다. 한때 공산권 종주국이었던 러시아도 헌법 제59조에 의해 양심에 따른 병역거부를 인정하고 있습니다. 쿠바도 1994년부터 청소년 노동부대를 대안으로 선택할 수 있게 했고, 중국과 대치 중인 대만도 2000년부터 대체복무를 허용하고 있습니다.

물론 우리나라처럼 양심에 따른 병역거부를 전혀 인정하지 않고 처벌하는 나라들도 있습니다. 일단 우리의 동족 북한을 비롯해서 중국, 싱가포르, 캄보디아, 필리핀, 베트남, 터키, 수단, 에티오피아, 예멘, 이집트, 이란, 알바니아, 그루지야, 알제리, 볼리비아, 에콰도르, 베네수엘라, 칠레, 콜롬비아, 페루, 온두라스, 멕시코, 모잠비크 등이 여기에 해당하는 나라들입니다. 이스라엘처럼 공식적으로는 양심에 따른 병역거부를 인정하지 않지만, 실제로는 지휘관의 판단에 따라 제한적으로 이를 인정하는 나라도 있습니다. 자의가 개입할 여지가 크다는 염려도 있을 수 있지만, 지휘관과 사병이 일체가 된 이스라엘군다운 심사 방법이라고 생각합니다.

제가 열거한 나라 이름들을 한번 뚫어지게 살펴보십시오. 그리고 우리나라가 어떤 나라들과 나란히 이름을 올리는 것이 옳을지 한번 생각해보십시오. 징병제를 폐지하는 나라는 날로 늘어나고 있고, 마지막 분류에 속한 나라의 숫자는 갈수록 줄어들고 있습니다. 유엔 사무총장까지 배출한 나라가 언제까지 마지막 분류에 이름을 올려야 하는지 이제는 재고해봐야 할 때입니다.

2

미국은 1973년을 마지막으로 징병제도를 실시하지 않고 있으나, 미국 청년들이 병역으로부터 완전히 자유로운 것은 아닙니다. 현재는 징병제도를 실시하지 않지만 징병이 시행될 경우에 대비하여 18세부터 25세까지 모든 미국 남성들은 등록을 해야 합니다. 그러나 이와 같은 등록제도가 엄격하게 시행되고 있는 것은 아닙니다. 1986년 이후에는 등록을 하지 않았다고 해서 처벌받은 예도 없습니다. 왜냐하면 등록을 하지 않았다고 해서 처벌하려면 등록 의무를 알면서도 고의로 등록하지 않았다는 것을 정부가 입증해야 하는데 그 입증이 어렵기 때문입니다. 징병제도를 실시하지도 않으면서 굳이 미등록자를 처벌함으로써 불필요한 시민적 저항을 불러일으킬 필요가 없다는 현실적인 이유도 작용하고 있습니다.

징병제도는 없지만 징병 가능성은 살아 있기 때문에 양심에 따른 병역거부자들에 대한 조항도 여전히 살아 있습니다. 미국의 선별 병역법(Military Selective Service Act)은 양심에 따른 병역거부를 다음과 같이 규정하고 있습니다.[3]

종교적 훈련과 신앙을 이유로, 어떤 형태의 전쟁에도 참여하기를 양심에 따라 거부하는 사람에게 미군의 전투 훈련과 복무의 대상이 될 것을 요구하지 못한다. 세부 항목에서 규정하고 있는 바와 같이, 본질적으로 정치적, 사회적, 또는 철학적 관점이나 단순히 개인적인 도덕률에 불과한 것은 '종교적 훈련과 신앙'에 포함되지 아니한다. 지방위원회로부터 양심에 따른 병역거부를 인정받아 전투 훈련이나 복무로부터 예외를 인정받은 자는 만약 그가 이 법에 의해 징병의 대상이 될 경우, 비전투복무를 하거나, 대통령이 정하는 바에 따라 일정 기간 동안(2년) 국가 보건, 안전 또는 국익을 위한 민간 대체복무를 지방위원회로부터 명령받는다.(제456조 j항)

결국 이 법이 말하는 내용은 이렇습니다. 미국은 기본적으로 종교적 신앙을 이유로 한 양심에 따른 병역거부만을 인정하며, 양심에 따른 병역거부자는 반드시 모든 전쟁을 반대하는 사람이어야 합니다. 위와 같이 양심에 따른 병역거부를 인정받은 사람은 군대 내의 비전투임무에 종사하거나 또는 민간 대체복무를 명령받게 됩니다. 그러나 실제로는 이보다 넓은 범위의 양심에 따른 병역거부를 인정하고 있습니다.[4]

우선 이 법이 말하는 '종교적 훈련과 신앙'의 범위는 우리가 상식적으로 생각하는 것보다 훨씬 넓습니다. 1965년의 판결에서 미국 대법원은 "종교적 신앙이라 함은, 하나님에 대한 정통적 신앙을 가진 것과 동등하다고 인정될 수 있을 정도로 그 소유자의 인생에 자리 잡은 진지하고 의미 있는 믿음을 의미한다."라고 판시하고 있습니다. 이 판결에 따르면 기독교나 가톨릭 같은 정통적 신앙을 배경에 둔 사람이 아니라 하더라도 그런 종교들과 비슷한 정도의 비중을 차지하는 믿음을 지닌 사람이라면 양심에 따른 병역거부를 인정받을 수 있습니다. 기독교인들의 마음에 기독교 신앙이 자리 잡고 있는 바로 그 자리쯤('삶의 중심'이라는 표현이 적절하겠지요)에 위치하고 있는 믿음이라면 신앙으로 인정받을 수 있다는 의미입니다. 결국 당신이 신앙과 동등한 정도의 강한 믿음을 지니고 있다면, 그 기본이 윤리적인 것이든, 종교적긴 것이든, 또는 그 모든 것이 뒤섞인 것이든 상관없습니다. 굳이 하느님을 믿을 필요도 없고 교회에 정기적으로 출석할 필요도 없습니다.[5] 1970년에는 "자신의 신앙이 종교적인 것이라고 주장할 필요조차 없다."고 하여 그 요건이 더 완화되지요.[6]

위의 법 규정에서 개인적 도덕률은 종교적 신앙에 포함되지 않는다고 말하고 있지만, 이것도 실제로는 다르게 적용되고 있습니다. 법원이 개인적 도덕률과 신앙이 다를 바 없다고 판시하고 있기 때문입니다. 문제는 개인적 도덕률이냐 신앙이냐의 문제가 아니라 그러한 믿음이 어느 정도로 진지하게 자리 잡고 있느냐 하는 점입니다. 그런 믿음이 삶의 중심에 자리 잡고 있다면 도덕률이든 정치적 신념이든 상관없습니다.

이러한 판결들에 기초해서, 《양심에 따른 병역거부자를 위한 지침서》 같은 책에서는, 당신이 신앙이 없더라도 양심에 따른 병역거부를 주장할 수 있으나, "하나님 위의 하나님, 존재의 힘, 그의 이름조차 알지 못하는 사람들을 통해서도 역사하시는 분"이라는 세계적 신학자 파울 틸리히(Paul Tillich, 1886~1965)의 말이나 "종교란 인간이 품을 수 있는 가장 높은 사상을 향한 인간의 헌신을 의미한다."라는 윤리 문화 철학자 데이비드 새빌 무지(David Saville Muzzey, 1870~1965)의 말 정도라도 기억해두면 유리할 것이라고 조언합니다. 양심에 따른 병역거부를 주장하는 사람이 교회에 정기적으로 출석할 필요도 없고 특정 교단에 소속될 필요도 없다면, 결과적으로 그가 입증해야 하는 것은 어떻게 자신이 그와 같은 전쟁 거부의 믿음에 이르게 되었나 하는 것입니다. 이걸 잘 설명하기만 하면 양심에 따른 병역거부를 인정받을 수 있는 것이지요.

그러나 양심에 따른 병역거부자는 '모든 전쟁'을 거부하는 사람이어야 합니다. 모든 전쟁을 거부해야 한다고 해서, 모든 종류의 폭력을 거부하는 사람이어야 한다는 의미는 아닙니다. 국가에 의해 저질러지는 사형이라든지, 기타 공권력에 의한 폭력, 개인에 의한 폭력, 정당방위 등을 인정하는 사람이더라도 상관없습니다. 그저 '진정한 의미의 전쟁, 서로 총을 쏘고 죽이는 전쟁'을 모두 거부하는 것으로 충분합니다. 앞에서 길게 설명한 "만약 누가 네 여동생을 죽이려 한다면" 같은 한심한 질문을 받고, "그런 경우라면 나는 주저 없이 공격자를 쏴 죽이겠다."라고 대답하는 사람이더라도, 그가 '모든 전쟁'을 거부하는 사람이기만 하다면 양심에 따른 병역거부자로 인정받을 수 있습니다. 그 신념이 앞으로 변할 가능성이 있어도 괜찮습니다. 중요한 것은 지금 현재 이 자리에서 믿고 있는 것이 무엇이냐는 것입니다. 정치적 신념에 따른 거부라 하더라도 '모든 전쟁'을 거부하고 있는 것만 확실하다면 문제는 간단합니다. '모든 전쟁'을 거부할 정도의 신념이라면 이미 종교적 신앙의 수준으로 보아도 무방하기 때문이지요.

문제는 역시 진지성입니다. 물론 이것도 미국에서 지금 현재 문제되고 있는 것은 아닙니다. 징병제가 실시될 경우의 문제일 뿐입니다. 징병제가 실시되면 양심에 따른 병역거부자는 심리학자, 군종(軍宗), 군장교 등 전문가들로 구성된 배심원 앞에서 자신이 어떻게 그런 신념에 이르게 되었는지를 설명해야 합니다. 그러나 병역거부자가 자신의 신념을 설명해야 한다고 해서 그가 입증책임까지 지는 것은 아닙니다. 양심에 따른 병역거부자는 자신의 믿음을 배심원들에게 납득시킬 필요가 없습니다. 국가는 그의 믿음이 진지해 보이지 않는다는 이유만으로 양심에 따른 병역거부자 지위 인정을 거절할 수 없습니다. 오히려 그의 병역거부 주장이 진지하지 않고 그다지 깊게 자리 잡은 믿음이 아니라는 것을 입증해야 할 책임은 국가 측에 있습니다. 결국 국가가 양심에 따른 병역거부자의 주장이 진지하지 않다는 것을 입증할 증거를 찾아내야 하는 것이지요. 대개는 거부자의 전과 기록이 이런 입증 자료로 활용될 수 있을 겁니다. 양심에 따른 병역거부자가 "나는 모든 종류의 폭력을 거부하기 때문에, 전쟁에 나갈 수 없다."고 주장하는데, 막상 그의 전과 기록을 살펴보니 폭력, 강간, 상해 등의 전과가 줄줄이 나타난다면, 그가 주장하는 믿음의 진지성이 부인되는 것입니다.

위의 법에 따르면 병역거부자에게는 두 가지 선택이 있을 수 있습니다. 하나는 군대 안에는 들어가되 비전투요원으로 복무하는 것이고, 다른 하나는 군대와 전혀 상관없는 민간 대체복무에 종사하는 것입니다. 당연한 이야기겠지만, 전자를 신청할 경우 훨씬 더 쉽게 양심에 따른 병역거부자 지위를 인정받을 수 있습니다. 비전투복무라 해도 어쨌거나 군대에 가서 봉사하는 것만은 분명하니까요. 그러나 단순히 인정받기가 더 쉽다고 해서 비전투복무 쪽을 신청할 필요는 없습니다. 모든 전쟁에 반대하고 모든 형태의 군대 복무를 거부한다는 것이 분명하기만 하다면, 민간 대체복무를 인정받는 것도 그다지 어렵지 않은 까닭입니다.

비전투복무의 정의도 문제됩니다.[7] 과연 무엇이 비전투복무인지는 특히 영국에서 심한 논란을 빚었지만, 이제는 비전투복무란 무기에 대한 학습, 사용, 조작 등이 완전히 배제된 임무를 말하는 것으로 정리가 끝난 상태입니다. 의료 부대가 대표적이지요. 영국에서는 초기에 비전투 부대라 하더라도 총기 관련 훈련을 시켰지만, 이 개념 자체가 논란이 되면서부터 비전투 부대에 대해서는 총기 관련 훈련을 완전히 폐지했습니다. 비전투 부대에 배치된 병역거부자는 다른 훈련병들과 똑같은 훈련을 받습니다. 쉽게 말해 유격, 행군, 심지어 공수 훈련까지도 똑같이 받을 수 있다는 의미입니다. 그러나 이들에게는 총이나 대검 등 무기 사용과 관련된 어떤 훈련도 시키지 않습니다. 공수 훈련을 받더라도 총은 들지 않고 낙하산을 타는 식이 되겠지요.

민간 대체복무에는 소방서, 산림관리요원, 장애인 수용 시설에서 하는 봉사, 동사무소 근무 등 범위를 한정할 수 없는 많은 업무가 포함됩니다. 대체복무는 필요에 따라 얼마든지 확장될 수 있습니다. 우리나라에서는 이미 방위, 공익근무요원 등으로 충분히 실험이 끝난 제도입니다. 다만 그 인정 범위를 신체적 결함이나 가정 형편 등으로 제한해 왔을 뿐이지요. 여호와의 증인 출신 병역거부자들의 경우, 말이 수형자들이지 성실함을 인정받아 실제로는 육군 교도소와 민간 교도소에서 모두 잔심부름을 도맡아 하고 있습니다. 이미 거의 민간 대체복무 수준의 일을 하고 있는 것입니다. 전과가 남는다는 엄청난 차이가 있기는 하지만 말입니다.

3

양심에 따른 병역거부의 인정 범위와 진지성 심사 기준에 대해서는 나라마다 다른 입장을 취하고 있습니다. 우선 진지성 심사에서 가장 진보적인 기준을 적용하는 나라로 독일을 꼽을 수 있고, 가장 마지막까지 이를 인정하지 않았던 보수적인 나라로 스위스를 들 수 있습니다.

독일 헌법 제4조 제3항은 "누구든지 양심에 반하여 무기를 들고 전쟁에 복무할 것을 강요받지 아니한다."라고 규정함으로써 양심에 따른 병역거부를 헌법 차원에서 인정하고 있습니다. 이런 규정이 만들어진 배경은 이미 설명했습니다. 양심에 따른 병역거부의 인정 범위도 넓어서, 종교적, 정치적, 윤리적, 또는 기타 어떤 이유든지, 본인이 양심에 따른 병역거부자라고 주장하면 이를 무조건 인정해주고 있습니다.[8] 양심이라는 것이 본질적으로 심사 불가능하다는 헌법적 관점을 취하고 있기 때문입니다. 이러한 경향 때문에, 심지어 독일 대학생들 사이에서는 남이 쓴 양심에 따른 병역거부 신청서를 그대로 복사한 뒤 이름만 자기 것으로 고쳐 제출하는 현상이 나타나기도 했습니다. 1970년대에 신청자 중 절반 정도만이 양심에 따른 병역거부자 인정을 받았던 데 비해, 1980년대 후반에 이르러서는 99퍼센트가 이를 인정받게 되었기 때문에, 어차피 병역거부 이유를 적는 수고를 할 필요가 없어진 것입니다. 제도적으로는 징병제도를 유지하고 있지만, 현실에서는 군에 가기 싫은 사람은 아무도 안 가는 일종의 준자원병(準自願兵) 제도를 실시하는 셈이지요.

그러나 이런 식으로 양심에 따른 병역거부를 폭넓게 인정했음에도 불구하고, 1980년대 말 양심에 따른 병역거부자는 전체 징병 연령층의 25퍼센트에 불과했습니다. 독일 통일 이후에는 이제는 대규모 군대 조직이 필요 없다는 공감대가 확산되면서 이 비율이 50퍼센트대로 올라갔지요. 진지성 심사에서 당연히 청문 절차도 마련되어 있지 않고, 경찰의 범죄경력 조회만 첨부하도록 하고 있습니다. 미국과 비슷한 이유에서, 범죄경력 있는 자가 진지하게 양심적일 수 없다는 판단에 기초한 요건이라 생각합니다. 2004년 10월부터는 민간 대체복무 기간이 군 복무 기간을 넘지 못하도록 제도를 개선했습니다. 이전에 민간 대체복무 기간이 군 복무 기간보다 길었던 이유도 제재의 성격을 가진 것은 아니었고, 군 복무의 경우 나중에 예비군 훈련을 받게 될 수 있다는 점을 고려했을 뿐이었습니다.

스칸디나비아의 여러 나라들은 양심에 따른 병역거부 인정에서 선구자 역할을 해 왔습니다. 자유와 권리를 강조하는 이런 나라들 중에서도 특히 덴마크는 선도적 위치를 차지하고 있습니다.[9] 다른 나라들과 같이 덴마크 헌법은 1849년 남성들에 대한 강제 징병제도를 도입합니다. 그러나 징병은 그때나 지금이나 무제한적으로 강제되었던 것이 아닙니다. 목사나 교사를 비롯한 특정한 직업에 속한 사람들의 경우에는 처음부터 예외를 인정받았고, 1867년까지는 그 범위가 더 확장되었습니다. 1917년 덴마크 의회는 양심에 따른 병역거부를 인정하는 대체복무법을 만들었는데, 그 내용은 "국방부 장관은, 자신의 양심이 병역을 금지하고 있음을 증명할 유효한 증거를 제출하는 자에게 병역 면제를 인정할 수 있다. 그러한 자는 국가를 위한 민간 대체복무에 종사해야 한다." 는 것이었습니다. 이는 영국에 이어 유럽에서 두 번째로 양심에 따른 병역거부를 인정한 것입니다.

이 법안에 따르면, 양심에 따른 병역거부자는 그의 거부 이유를 서면 또는 구두로 심사위원회에 설명해야 하고, 둘 이상의 증인이 작성한 증명서를 함께 제출해야 합니다. 심사위원회는 그의 양심이 진지한 것인지 심사한 다음, 의견을 첨부하여 전쟁성으로 보내고 최종 결정은 전쟁성에서 내리도록 했습니다. 이와 같은 결정 권한은 법률이 개정되면서 1933년 내무부로 이관되었습니다. 이것으로도 부족해서 1968년에는 정치적, 개인적, 심지어는 선택적 병역거부까지 인정했는데 이는 급진적인 평화주의에 기원을 두고 있는 급진 좌파 정당의 영향을 받은 것이었습니다. 결국 1968년부터는 스스로 양심에 따른 병역거부자라고 주장하는 사람 모두에게 자동적으로 병역에서 예외를 인정하게 된 셈이지요.

노르웨이의 경우에도 헌법에서 병역 의무를 인정하고 있습니다. 그러나 같은 헌법에서 양심에 따른 예외도 인정하고 있습니다.[10] 양심에 따른 병역거부의 사유는 종교적일 필요는 없으나, 반드시 모든 전쟁을 부인하는 '보편적 평화주의'에 기초를 둔 것이어야 합니다. 이에 따라 대법원은 선택적 병역거부권을 부정하고 있습니다. 그러나 정당방위적 전쟁만을 인정하고 나머지 전쟁을 거부하는 사람들에 대해서는 양심에 따른 병역거부를 인정하고 있습니다. 1980년대 중반 이후에는 양심에 따른 병역거부를 사실상 100퍼센트 인정하고 있지요.

노르웨이에서는 대체복무가 단순히 양심에 따른 병역거부자들을 위한 탈출구 역할만 해 온 것이 아닙니다. 대체복무는 노르웨이 사회 전체에도 큰 영향을 끼쳤습니다. 초기에 그들은 주로 산림 감독이나 농업에 투입되었으나, 농업 기술의 발달로 이런 분야에 더는 이들의 인력이 필요하지 않게 되었고, 그후에는 주로 보건 사회복지 분야로 대체복무가 확대되었습니다. 노인 인구가 늘어나면서 노인 복지 분야로도 확장되었고, 환경 문제가 심각한 사회 문제가 되면서부터는 환경 보호 분야로도 진출했습니다. 노르웨이 사회의 변화에 이들 대체복무자들이 상당히 긍정적인 영향을 끼치고 있음을 의미하는 것입니다.

　프랑스의 경우, 1963년 양심에 따른 병역거부를 처음으로 인정했습니다. 제2차 세계대전 종전 이후 꾸준히 이어진 각계의 노력이 맺은 결실이었습니다. 1948년 프랑스 개혁교회(16세기 프로테스탄트 종교개혁에서 발전해 온 프랑스의 여러 개혁파 교회들이 1938년 연합하여 조직한 교회)는 양심에 따른 병역거부의 정당성을 인정하고 이러한 행동이 공식적으로 받아들여져야 한다고 선언했습니다. 1949년에는 사회당이, 1952년에는 기독교민주당과 사회당이 민간 대체복무를 인정하는 법안을 발의했고, 1950년에는 공산당에 의해 양심에 따른 병역거부자들을 석방하자는 법안이 발의되기도 했습니다. 이러한 시도는 모두 실패로 끝났지만, 양심에 따른 병역거부자들에 대한 사회적 인식이 점차 나아지기 시작했습니다. 1958년에는 부분적이나마 양심에 따른 병역거부자들에게 공수 부대의 의무병으로 종사할 선택권을 주는 입법이 이루어집니다. 해당자의 범위는 넓지 않았지만, 어쨌든 양심에 따른 병역거부를 향해 문을 연 최초의 입법이었습니다. 이 사이에 여호와의 증인 출신 양심에 따른 병역거부자가 크게 증가한 것도 이 문제를 이슈화하는 데 큰 영향을 끼쳤습니다. 1952년에 20명에 불과했던 여호와의 증인 출신 병역거부자는 1957년에 50명, 1964년에는 150명에 이르렀습니다.[11) 이 정도 숫자로 사회 문제가 된 걸 보면 1년에 600여 명이 교도소에 가는데도 별 문제의식을 못 느끼는 우리나라하고는 많이 다르지요.

　결국 양심에 따른 병역거부 입법을 최종적으로 결단한 것은 샤를 드골(Charles de Gaulle, 1890~1970) 대통령이었습니다. 1963년 보수적인 의회의 반대에도 불구하고, 병역거부 인정 법안을 상정한 드골 대통령은 "양심에 따른 병역거부자들을 범죄자로 다루는 것은 불합리할 뿐 아니라 인간 존엄성에 반하는 것이다."라는 말을 남겼습니다.[12] 대통령의 강력한 의지 때문에 노골적으로 법안에 반대할 수 없었던 의회는 여러 가지 제약을 둠으로써 양심에 따른 병역거부 인정 범위를 축소하려고 노력합니다. 결국 전통적 평화주의 교파들과 여호와의 증인들에게만 대체복무가 허락되었지요.[13]

'68세대'로 불리는 1960년대 후반의 혁명적 분위기 덕분에 다양한 종류의 양심에 따른 병역거부자들이 등장했고, 양심에 따른 병역거부 인정 범위 확대 요구도 거셌지만, 이러한 요구가 결실을 본 것은 프랑수아 미테랑(François Mitterrand, 1916~1996)이 집권하던 1983년의 일입니다. 이때 와서야 비로소 양심에 기초한 병역거부자 모두에게 대체복무를 인정하는 방향으로 법률을 개정한 것입니다.[14] 법률 개정 직전인 1982년 불과 906건에 불과했던 병역거부자 신청은 1988년에 이르러 2,950건으로 증가했습니다.[15] 국방부에 진지성 심사에 관한 조사 권한이 없고 인터뷰도 행해지지 않기 때문에 대부분의 경우 병역거부 신청이 받아들여졌습니다. 양심에 따른 병역거부 인정을 받지 못했을 경우에는 법원에 정식으로 재판을 신청할 수 있었습니다. 법원의 태도는 상당히 보수적이어서, 1985~1987년 사이 네 건의 재판이 있었고, 이중 세 건이 정부 측의 승리로 끝났습니다.

그러다 2001년 자크 시라크(Jacques Chirac, 1932~) 대통령의 결단으로 프랑스는 징병제에서 모병제로 군제 개혁을 단행했습니다. 이미 수 년 전부터 징병 대상 청년의 3분의 1만 실제로 군대에 갔고, 나머지는 면제를 받거나 대체복무를 하는 상황이었습니다. 근대 징병제의 서막을 열었고 서구 선진 국가 중에선 비교적 늦게 양심에 다른 병역거부를 인정하는 등 보수적인 모습을 보였던 프랑스의 변화는 징병제도에서 새로운 역사가 열리고 있음을 보여주었습니다.

　오스트리아는 1975년부터 양심에 따른 병역거부를 인정하고 있습니다. 내무부 소속의 대체의무위원회에서 심사하는데, 위원 중에 군을 대표하는 사람은 포함되어 있지 않습니다. 매년 4,000명 정도가 양심에 따른 병역거부를 주장하고 있다고 합니다. 네덜란드도 헌법에 양심에 따른 병역거부의 권리를 규정하고 있습니다. 1978년 병역법에 따르면 양심에 따른 병역거부는 보편적인 것이어야 하고 무기 사용을 전면적으로 거부하는 것이어야 합니다. 요건은 이 두 가지로 충분합니다. 단순히 군복 입는 것에 대한 거부, 개인의 자결권을 군대 훈련에 내주는 것에 대한 거부 등은 그 이유로 충분하지 않다는 입장을 취하고 있습니다. 좀 더 근본적인 이유가 있어야 한다는 것이지요.

　독일의 입장과 반대쪽 극단에 스위스가 있습니다.[16] 영세 중립국 또는 직접 민주주의 국가의 이미지와는 달리, 국방에 관한 한 스위스는 '시민군'이라는 독특한 개념으로 강력한 징병제도를 유지하고 있습니다. 군대는 단순한 국가 방위의 수단일 뿐 아니라, 국민교육의 현장으로도 이용됩니다. 병역의무는 시민의 명예일 뿐 아니라 국가 정체성의 상징이기도 합니다. 그러다 보니, 스위스는 서유럽 국가들 중 거의 유일하게 최근까지 공식적으로 민간 대체복무를 인정하지 않았습니다.

　스위스 헌법은 "모든 스위스 국민은 병역의 의무를 진다."라고 규정하고, 종교의 자유 항목에서도 "종교적 신앙이 시민으로서 그의 의무를 면제하지 않는다."라고 규정함으로써 시민의 의무가 양심에 우선함을 명백히 하고 있었습니다. 모든 스위스 남자들은 질병 등으로 인해 예외를 인정받지 않는 한 30년간 예비군으로 병역의 의무를 집니다. 20세가 될 때에 17주간 기본 군사 교육을 받고, 이후 30년 동안 합계 32주의 재교육을 받도록 되어 있습니다. 이런 면에서, 스위스는 우리나라보다도 훨씬 강력한 징병제도를 유지하고 있습니다. 재세례파가 탄생한 나라에서 이런 강력한 제도를 유지하고 있다는 것은 아이러니한 일이지요.

그러나 스위스도 오래 전부터 비공식적으로 양심에 따른 병역거부를 인정해 왔습니다. 예컨대 양심에 따른 병역거부를 주장하는 사병의 경우 의료 부대에 배치하여 군 복무를 하도록 한다든지, 정신과 진단을 통해 정신 장애를 인정받도록 함으로써 병역을 면제시킨다든지 하는 방법을 이용해 온 것입니다. 1950년에는 종교적 이유로 양심에 따른 병역거부를 하는 사람들에게는 반구금제(半拘禁制) 같은 독특한 예외를 인정합니다. 이는 병역거부를 하는 사람을 감옥에 보내기는 하지만, 낮 시간에는 외부에서 도로 건설이나 병원 업무를 볼 수 있도록 하고 밤에만 감옥으로 돌아오도록 한 것입니다. 감옥에서 출퇴근하는 재소자라 할 수 있지요. 뿐만 아니라 종교적 이유로 양심에 따른 병역거부를 한 사람은 수형 생활을 마친 이후에도 시민으로서 권리를 박탈당하지 않습니다. 사회에서 아무런 불이익을 받지 않도록 한 것입니다. 1967년에는 이와 같은 예외를 윤리적 이유의 양심에 따른 병역거부자에게도 적용했습니다. 3년 이하의 징역이 규정되어 있지만, 실제로는 대개 7~10개월 정도만을 감옥에서 보내도록 했지요. 반구금제도는 실질적으로 대체복무를 인정한 것이지만, 형식적으로 처벌의 외관을 갖도록 한 스위스식 선택이었습니다.

1991년에 이르러서는 양심에 따른 병역거부자에 대한 처벌은 그대로 유지하되, 양심에 따른 병역거부자가 "종교적 또는 근본적인 윤리적

가치에 따라 자기 양심이 도저히 병역 의무와 타협할 수 없음"과 "심각
한 양심의 충돌이 예상됨"을 입증할 경우, 다른 병역거부자들보다 훨씬
가벼운 처벌을 받도록 하는 입법을 하기에 이릅니다. 입증책임을 양심
에 따른 병역거부자 측이 지게 되는 것이 이채롭지요. 이에 덧붙여 군
사 법원은 이들에게 의료나 식목(植木) 등과 같은 일종의 대체복무를
선고할 수 있도록 규정하였습니다. 이러한 대체복무의 사실상 인정은
병역거부에 대한 스위스인들의 인식 변화를 의미하는 것입니다.

　1992년에는 모든 스위스인의 병역 의무를 규정한 헌법 제18조에 "민
간 복무 조직에 관해서는 법률이 규정한 바에 따른다."라는 내용이 추
가됨으로써 처음으로 민간 대체복무의 가능성이 열립니다. 1996년부
터는 민간 대체복무에 관한 입법도 이루어졌습니다. 비록 부결되기는
했지만, 2001년 12월 2일에는 아예 군대를 없애자는 국민투표까지 시
행되었다고 합니다.[17] 단계적으로 양심에 따른 병역거부자에 대한 관
용의 범위를 확장해 온 스위스의 경우는 우리나라의 입법에도 많은 참
고가 될 수 있으리라 생각합니다.

　최근에는 일단 군대 안에 들어온 후 병역을 거부하는 소위 '군복 입
은 거부자들'의 처리 문제가 이슈가 되고 있습니다. 오스트리아, 벨기
에, 이탈리아, 네덜란드 등은 이에 대해 매우 극단적인 태도를 취하고
있습니다. 양심에 따른 병역거부는 인정하지만, 일단 군에 들어온 사람
들에 대해서는 예외를 인정할 수 없다는 것입니다. 노르웨이와 스웨덴
은 군복 입은 거부자들에 대해서 일정한 탈출구를 마련해놓고 있습니
다. 독일의 경우 국방장관이 모집한 위원들에게 이들에 대한 심사를 맡
기고 있습니다. 미국은 군대 내 병역거부자들에 대해 명령 불복종죄를

적용하고 있습니다.

이상에서 살펴본 바와 같이 서유럽 국가의 대부분은 양심에 따른 병역거부를 인정하고 있습니다. 일반적으로 청문 절차 없이 대체복무를 인정하고 있고, 대부분 글로 표현한 근거를 요구합니다. 그러나 이는 결국 글 잘 쓰는 사람에게 유리하다는 이야기밖에 안됩니다. 이와 같은 불합리를 피하기 위해 전시에는 적어도 청문 절차가 필요하다는 논의가 많은 나라에서 진행되고 있습니다. 글을 잘 쓰지 못하는 사람도 자기 주장을 할 기회를 동등하게 가져야 한다는 것이지요. 실제로 제1차 세계대전 중 영국에서 병역거부로 재판정에 선 사람의 90퍼센트가 초등학교 교육밖에 못 받은 사람들이었습니다. 일반적으로 교육 수준이 높은 사람이 양심에 따른 병역거부를 할 것이라는 예상과 빗나가는 것이지요.

4

우리나라에서 양심에 따른 병역거부자들은 입영 전의 거부일 경우 병역법 제88조의 입영기피죄로, 입영 후의 거부일 경우 군형법 제44조의 항명죄로 처벌받아 왔습니다. 이런 상황에서 진행 중인 민간 대체복무 인정 논의에 대해서도 다양한 반대 의견들이 나오고 있지요. 여기에서는 이러한 각종 반대 의견들에 대한 제 생각을 말씀드리도록 하겠습니다.

양심에 따른 병역거부에 대한 심리적 거부감은 어느 나라에나 공통된 문제였습니다. 1919년 미네소타 출신 뉴턴 하원의원은 여러 주 동안 유럽 전선의 격전지들을 돌아보고 귀국하여 양심에 따른 병역거부에 대한 강력한 반대 의견을 밝힙니다. 그가 돌아본 격전지 중에는 무려 26,000명의 미군이 전사한 곳도 있었습니다.

격전지의 용맹스런 병사들 중에는 바로 저의 출신 도시인 미니애폴리스 출신 젊은이들도 많이 있었습니다. 1917년 초반 미니애폴리스의 고등학교와 주립 대학들은 가장 먼저 전쟁터로 나가겠다는 열망으로 가득 찬 600명의 젊은이들을 군대에 공급했습니다. 그들은 해병대, 방위군 또는 정규군에 소속되어 싸웠고, 이후 더 많은 젊은이들이 위대한 군대의 사병으로 당당하게 전투에 참여했습니다. 제가 방문한 곳마다 전쟁터에서 쓰러진 이들을 위한 묘지가 자리 잡고 있었습니다.

그리고 방문을 마치고 돌아오는 길에 미니애폴리스 출신 해병대원들의 아버지 모임에서 저의 경험을 이야기하는 기회를 가졌습니다. 제 연설이 끝나 갈 때쯤 저는 한 사병의 아버지로부터, "이른바 양심에 따른 병역거부자라는 자들을 향한 배려와 동정, 그리고 부당한 호의가 베풀어지고 있는 것에 대해 책임을 져야 할 사람이 도대체 누구인지 알아내는 데 하원의원으로서 최선을 다해 달라."는 부탁을 받았습니다. 양심에 따른 병역거부자들에 대한 정부의 정책을 이해할 수 없다는 많은 현역 군인들의 이야기도 그분으로부터 전해 들었습니다. 1917년 가을부터 지금까지, 독일 협력자, IWW(세계산업노동자연맹), 정치적 사회주의자, 무책임한 겁쟁이들로 이루어진 수많은 '양심 없는 거부자들'이 병역 면제를 받았고, 부대 내에서 특별한 배려를 받아 왔으며, 군법이나 군의 징계를 피해 왔습니다. 군부대에 친구가 있는 사람이라면 누구라도 이런 이야기를 들어보았을 것입니다. 이건 헛소문이 아닙니다. 많은 사람들의 마음속에 강한 의문이 떠오르고 있습니다. 누가 이 일에 책임이 있는지…….[18]

이 연설문을 읽다 보면, 용맹스러운 젊은이들이 전쟁터에서 죽어 가는 동안, 편안히 놀고먹은 병역거부자들에 대한 강한 분노를 느낄 수 있습니다. 물론 제1차 세계대전 당시 양심에 따른 병역거부자들이 실제로 받았던 처우는 이 연설의 내용과 전혀 달랐습니다. 말로 표현할 수 없을 정도로 심한 학대를 받았고, 그 과정에서 사망한 사람들도 많았습니다. 이 연설은 그러한 억울한 죽음에 대해서는 이야기하고 있지 않습니다. 그러나 어쨌든 이 연설이 양심에 따른 병역거부에 대한 일반인의 감정을 잘 대변하고 있는 것은 사실입니다.

우리나라에서 양심에 따른 병역거부 문제가 이슈가 된 이후, 토론이 진행되는 인터넷 게시판 어디를 가든 쉽게 이와 같은 논조의 글을 발견할 수 있었습니다. 표현은 달라도 내용은 한결같습니다. "내가 군대에서 얼마나 고생했는데, 여호와의 증인인지 뭔지 하는 놈들에게 양심에 따른 병역거부를 인정한다는 것이 말이 되는가." 충분히 있을 법한 반응입니다. 군필자에게 가산점을 주는 제도를 폐지한 이후에 나타난 반응도 이와 크게 다르지 않습니다. 내가 고생하는 동안 편안히 지낸 사람들에 대한 분노, 그리고 불평등에 대한 강한 반발입니다. 충분히 이해할 만한 반응이지요.

그러나 이와 같은 분노는 양심에 따른 병역거부 인정을 오해한 데 따른 것입니다. 양심에 따른 병역거부자들에게 대체복무의 기회를 마련해주자는 것은 그들을 놀고먹게 하자는 것이 아닙니다. 그들이 감옥으로 가면서도 포기하지 않은 양심과 충돌하지 않는 범위 내에서 그들에게도 국가를 위해 봉사할 기회를 마련해주자는 것입니다. 한마디로 그들도 충분히 고생하게 만들어주자는 것입니다. 내가 군대에서 고생하는 동안, 그놈들만 집에서 편히 놀고먹게 도와주자는 의미가 결코 아닙니다. 이를 대단한 특혜라고 생각할 수도 있지만, 어차피 현역 복무 연령에 있는 남성들의 상당수가 이런 저런 이유로 공익근무, 병역특례 등 비전투 업무에 종사하고 있는 현실에서 별로 특별할 것도 없는 조치일 뿐입니다. 특히 그 기간을 어떻게 정하느냐에 따라서 우리가 군대에서 고생한 것보다 훨씬 심한 고생이 될 수도 있습니다.

멀쩡한 젊은이들을 감옥으로 보내는 것은 이들을 평생 전과자로 만드는 가혹한 조치일 뿐 아니라 인력 낭비이기도 합니다. 양심에 따른 병역거부자들에게 대체복무를 인정해주자는 것은 특혜를 주자는 것이 아니라 인력을 더 합리적으로 활용하자는 것입니다. 이들에게 대체복무를 인정하는 것이 형평에 어긋난다고 생각한다면, 형평에 꼭 맞는 대체복무제도를 마련하면 됩니다. 문제를 이런 식으로 풀어야지, 우리의 분노나 복수심을 충족시키려고 엉뚱한 희생양들을 만들어서는 안 됩니다.

대체복무에 반대하는 분들은 애국심이 남달리 강한 분들입니다. 누구라도 그걸 인정하지 않을 수 없습니다. 그러나 저는 그분들의 애국심이 지금의 수준을 뛰어넘어주었으면 좋겠습니다. 진정한 애국심은 남이 어떻게 하고 있는지에 지나친 관심을 갖지 않습니다. 남이 어떻게 하든, 남이 돈을 써서 병역 면제를 받든 말든, 양심에 따른 병역거부를 하든 말든, 나는 내 할 의무를 다하는 것이 진정한 애국입니다. 그리고 남의 자유를 지켜주기 위해, 내가 상당한 희생을 감수할 수 있는 것도 애국입니다. 저는 우리나라의 애국자들이 대체복무와 같은, 남에 대한 배려를 받아들이고도 남을 애국심을 지니고 있다고 믿습니다.

양심에 따른 병역거부에 대한 강한 반발은 우리가 이단들에 대해 품고 있는 거부감과도 관련이 있습니다. 우리나라에서 양심에 따른 병역거부가 여호와의 증인들의 전매특허처럼 되어버렸기 때문에 나타나는 현상입니다. 양심에 따른 병역거부가 여호와의 증인이나 특정 소수 종파의 문제가 아님은 앞에서 충분히 설명이 되었다고 생각합니다.

기독교인들이 양심에 따른 병역거부 문제를 받아들이지 못하는 이유 중에는 국가권력과 충돌을 피하고 싶은 마음도 있습니다. 대부분의 기독교인들은 국가의 정책에 최대한 협력하며 건강한 시민으로 살아가기를 원합니다. 불필요한 충돌을 야기해서 박해를 부르고 싶어하는 기독교인은 아무도 없습니다. 굳이 국가권력과 충돌함으로써 자기들의 독선적 신앙을 지키고자 하는 이단들에게 곱지 않은 시선을 보내게 되는 이유도 아마 여기 있을 겁니다. 그러나 이러한 생각에는, 양심에 따른 병역거부는 곧 국가권력과의 충돌을 의미한다는 선입견이 자리 잡고 있습니다. 세계 모든 나라의 양심에 따른 병역거부자들이 국가권력과 충돌하고 있는 것은 아닙니다. 이미 설명한 바와 같이 많은 나라들이 대체복무제도를 인정함으로써 이러한 충돌 가능성을 상당 부분 해결하고 있습니다.

이처럼 국가권력과 교회의 불필요한 충돌을 막기 위해 마련된 것이 대체복무제도입니다. 국가는 양심에 따른 병역거부자들을 굳이 감옥으로 보내지 않아도 되고, 국제 사회로부터 불필요한 비난을 받지 않아도 됩니다. 교회나 소수 종파들은 국가에 대한 충성을 다함과 동시에 자기들의 신앙을 지킬 수 있습니다. 양심에 따른 병역거부로 인한 국가권력과의 충돌은 영구적인 것이 아니라 충분히 해결 가능한 것임을 생각하면, 이 문제도 지나치게 걱정할 필요는 없습니다.

현실적인 이유 때문에 양심에 따른 병역거부를 받아들이기 어렵다는 지적도 많습니다. 그 근거로 남북 대치 상황이 주로 거론됩니다. 우리나라는 미국이나 유럽 어느 나라와도 다른 상황이며, 세계에서 하나밖에 남지 않은 스탈린식 공산 독재 국가와 대치하고 있다는 것입니다. 그런 차이 때문에, 세상 모든 나라가 다 양심에 따른 병역거부를 인정한다 해도 우리나라만은 인정할 수 없다는 주장이 나옵니다.

그러나 남북 대치 상황을 생각함에 있어서, 먼저 왜 우리가 북한과 대치하고 있는지를 생각해보아야 합니다. 바로 민주주의를 지키기 위함입니다. 우리가 지키려는 민주주의는 허울에 불과한 것이 아닙니다. 마음대로 생각을 펼칠 수 있는 자유, 믿고 싶은 종교를 마음대로 믿을 수 있는 자유, 양심에 따라 행동할 수 있는 자유 등과 분리된 민주주의란 있을 수 없습니다.

남북 대치 상황을 이야기하면서, 양심에 따른 병역거부자들을 모두 감옥에 넣자고 이야기하는 것은 우리가 지켜야 할 가치를 지키기 위해 그 가치 자체를 포기하자고 주장하는 모순된 논리입니다. 자유 민주주의를 수호한다는 명분으로 국민의 기본권을 엄청나게 제한했던 유신 정권과 논리 면에서 별다른 차이가 없습니다. 어차피 소수자들은 다수자의 입장에서 볼 때 이해하기 힘든 행동을 하는 사람들입니다. 대체복무 인정은 이런 사람들에 대한 우리 사회의 따뜻한 배려의 출발점이 될 수 있습니다.

남한과 북한은 사실상 전쟁 상태에 있기 때문에 양심에 따른 병역거부를 인정할 수 없다는 견해도 있습니다. 이런 주장을 하는 분들은 대개 미국이나 유럽의 여러 나라들이 민간 대체복무를 인정하고 있는 현실은 받아들이면서도, 그런 나라들과 우리나라의 형편이 같지 않다는 것을 이유로 듭니다. 전쟁과 거의 상관없는 미국, 유럽과 우리나라는 다르다는 것이지요. 그러나 이런 주장을 하는 분들은 그 나라들의 '오늘'만 알고 있을 뿐, '어제'에 대해서는 잘 모르고 있습니다. 앞서 충분히 살펴본 바와 같이 양심에 따른 병역거부를 인정한 많은 나라들은 전쟁이 실제로 진행 중인 상황에서 양심에 따른 병역거부를 인정했습니다. 미국은 독립전쟁 때부터 양심에 따른 병역거부를 인정하기 시작해서, 남북전쟁, 제1차 세계대전, 제2차 세계대전, 베트남전을 거치는 동안 그 범위를 점차 확대해 왔습니다. 영국이 양심에 따른 병역거부를 인정한 1916년도 제1차 세계대전의 한복판이었습니다. 프랑스가 양심에 따른 병역거부를 인정한 것은 알제리전쟁(1954~1962) 직후의 일입니다. 이스라엘은 우리보다 훨씬 심각한 전쟁 상황 속에서 하루하루를 보내는 나라입니다. 최근에 양심에 따른 병역거부를 인정한 대만도 우리보다 별로 나을 것 없는 형편입니다. 따라서 우리나라만 특별하므로, 민간 대체복무를 도입할 수 없다는 논리는 역사적으로 이미 설득력을 잃은 것입니다. 우리나라의 특수성만을 강조하며 세계에서 보편적으로 인정되는 인권을 부인하는 것은 이미 1970년대에 충분히 악용된 논리입니다.

대체복무를 마련하면 입영 대상자들이 모두 다 양심에 따른 병역거부를 할 것이라는 걱정도 있을 수 있습니다. 어쩌면 이것이 모두가 걱정하는 이유들 중 핵심인지도 모르겠습니다. 이러한 문제는 일차적으로 군 복무에 상응하는 대체복무제도의 마련으로 해결할 수 있습니다. 대체복무 기간을 군 복무보다 단 1개월만 길게 해도, 우리 젊은이들 다수는 군대 가는 길을 택하리라는 것이 제 생각입니다.

그리고 아무리 대체복무가 마련된다 해도 양심에 따른 병역거부자들에 대한 불이익이 쉽게 사라지지 않으리라는 점도 지적하지 않을 수 없습니다. 우선 이들은 국방과 관련된 공직에 진출하기 어렵습니다. 나라를 힘으로 지키지 않겠다는 사람들에게 국방부의 요직을 맡길 수는 없습니다. 검찰, 경찰 등 어느 정도 강제력 사용이 불가피한 권력 집단에 들어가는 것도 쉽지 않습니다. 국회의원 선거를 비롯한 공직 선거에서도 이들이 당선될 가능성은 거의 없습니다. 양심에 따른 병역거부를 한 사람들에게 누가 국정을 맡기려 하겠습니까? 이들에 대한 사회적 편견도 쉽게 사라지지는 않을 것입니다. 두 차례의 세계대전을 거치는 동안 미국이 상당한 범위의 양심에 따른 병역거부를 인정했음은 이미 언급했습니다. 이에 따라 군부대를 방문하거나 시찰하는 사람들은 부대 내에서 사복을 입고 돌아다니는 양심에 따른 병역거부자들을 심심치 않게 목격할 수 있었는데, 그때마다 안내를 맡은 장교들은 한마디로 쉽게 이들의 존재를 설명했습니다. "양심에 따른 병역거부자들입니다." 그러면 곧 비웃음이 뒤따랐습니다. 양심에 따른 병역거부자라면 겁쟁이, 책임 회피자라는 낙인이 찍혔기 때문입니다. 이러한 현상은 한두 부대에서 일어난 것이 아니라 미국 전역에서 일어난 일이었습니다.[19] 미국과 비교가 안 될 정도로 조그만 우리나라에서 이런 현상은 더욱 심각할 수 있습니다. 우리나라는 한 다리만 놓으면 거의 모든 사람이 친구인 나라입니다. 어디 가도 숨을 곳이 없는 좁은 나라에서 양심에 따른 병역거부의 길을 택한 사람은 평생 "저 친구, 양심에 따른 병역거부자래."라는 손가락질을 벗어날 수 없습니다.

이러한 낙인 효과가 부정적인 것임은 두말 할 나위가 없겠습니다만, 제가 여기서 말씀드리려고 하는 것은 이와 같은 결과를 예측하면서도 '자기 양심과 상관없이 한순간 제 몸 편하자고' 병역거부의 길을 택할 사람은 많지 않으리라는 사실입니다. 이에 대해서는 여러 가지 통계 연구도 나와 있습니다. 더군다나 대체복무라는 상당한 대가를 지불하면서까지 이런 길을 택할 사람은 그리 많지 않을 것입니다. 대체복무에 반대하는 분들의 견해에 따르자면 이를 인정한 나라들은 모두 다 심각한 위기에 직면했어야 합니다. 그러나 그런 일이 일어나지 않았음은 이미 역사가 증명하고 있습니다.

여호와의 증인 숫자가 급증할 거라는 견해에도 저는 동의하지 않습니다. 어느 종교 집단의 일원이 된다는 것이 그리 쉬운 일이 아닙니다. 여호와의 증인은 수혈 거부, 국기에 대한 맹세 거부 등 여러 측면에서 사회적 소수자의 길을 택한 사람들입니다. 오직 군대에 안 가려고 그런 소수자가 되기로 작정할 사람은 많지 않습니다. 만약 군대에 안 가려고 잠깐 동안 여호와의 증인 행세를 하기로 작정하는 사람이 있다면 그런 사람은 차라리 군대에 가지 않는 것이 좋습니다. 그런 한심한 사람에게 2년 이상 밥을 먹여주고 훈련을 시키는 것 자체가 국가 예산 낭비이기 때문입니다.

미국뿐만 아니라 서유럽 대부분의 나라들이 양심에 따른 병역거부자들의 대체복무를 인정하고 있습니다. 양심에 따른 병역거부자들에게 대체복무를 인정한다는 것은 이들로 하여금 형평에 어긋나게 좋은 처우를 받게 하자는 것이 아닙니다. 이들이 절박하게 생각하는 양심도 지켜주면서, 국방이란 목표도 이루려는 절충점인 것입니다. 병역의 의무와 양심의 자유라는 두 가치가 충돌하는 상황에서 제3의 길을 찾아보려는 노력인 것입니다. 양심에 따른 병역거부 인정에 대한 각종 우려들은 합리적인 대체복무제도 마련을 통해 해결해야지 양심에 따른 병역거부자 모두를 감옥에 보내는 방법으로 해결해서는 안 됩니다.

특히 평화주의의 오랜 전통을 가진 기독교인들이 앞장서서 대체복무에 반대하는 것은 어떤 이유로도 정당화될 수 없습니다. 남을 살리는 역할은 못 할망정, 남을 살리고자 하는 다른 사람들의 시도에까지 재를 뿌리는 것은 기독교인의 올바른 자세가 아니기 때문입니다.

12장
글을 맺으며

_관용의 정신으로

《칼을 쳐서 보습을》을 쓰고 나서 양심에 따른 병역거부를 하겠다는 청년들로부터 이메일을 여러 번 받았습니다. 그 중 세 번 정도는 이미 군에 들어가서 현역으로 복무 중인 대학생들로부터 받은 편지였지요. "지금 휴가 중인데 당장 양심에 따른 병역거부를 하고 부대로 들어가지 않을 작정"이라는 급박한 편지도 있었습니다. 군 입대를 앞둔 사람이든 이미 군에 들어간 병사든 저에게 편지를 보낸 사람들은 예외 없이 보수적인 교회에서 별 문제 없이 자라난 기독 청년들이었습니다. 우연한 기회에 제 책을 읽은 후 양심에 따른 병역거부를 결심하고 저의 격려를 기대하며 편지를 보낸 것이었지요.

그러나 저는 그 청년들에게 그들이 기대한 격려의 말을 해줄 수 없었습니다. 오히려 그들 모두에게 "군에 입대하라"거나 "부대로 돌아가서 군 복무를 마치는 것이 좋겠다."라고 조언했습니다. 그들이 처한 형편에 따라 저의 조언도 조금씩 달라졌지만, 어쨌든 조언의 핵심은 "양심에 따른 병역거부를 하지 말았으면 한다."는 것이었습니다. 무엇보다 저는 20대 초반의 그 순수한 청년들이 감옥에서 고생하고 일생 동안 전과자로 살아야 한다는 것이 마음에 걸렸습니다. 그래서 저는 이렇게 제 생각을 설명하곤 했습니다.

기독교인으로서 양심에 따른 병역거부를 하겠다고 결심했을 때는 거의 죽어도 좋다는 각오를 했을 겁니다. 예수님을 따르겠다는 그 신앙적 결단에 깊은 존경을 표합니다. 그러나 당장 오늘 죽을 필요는 없다고 생각합니다. 우리나라가 지금 전쟁 상태에 있는 것도 아니니까요. 우선 군에 들어가 매일 예수님을 따라 죽는다는 각오로 주변 사람들을 섬겨보세요. 군대도 그리스도의 사랑을 필요로 하는 곳입니다. 다만 부대장에게 당신의 고민을 미리 털어놓으세요. 신앙 때문에 병역거부를 하고 싶었지만, 그냥 군복무를 하기로 했다고요. 그래서 진짜 전쟁이 일어난다면 사람을 죽일 수 없기 때문에 내가 죽을 각오를 하고서라도 병역거부를 할 것이라고요. 조금 이상한 사람이라고는 생각하겠지만, 아마 대부분의 지휘관은 당신이 군 복무를 계속하기를 원할 겁니다. 지휘관이 군 복무를 계속할 기회를 준다면 그걸 받아들이세요. 물론 지금 병역거부를 하는 것만큼이나 군대 안에서 신앙을 지키는 일도 쉽지 않겠지요. 그래도 우선은 그 일에 도전해보세요.

다행인지 불행인지 저의 조언을 들은 청년들 가운데 단 한 명도 양심에 따른 병역거부에 나서지 않았습니다. 모두가 마음을 돌리고 군에 입대 또는 복귀하는 길을 택했지요. 어쩌면 신뢰를 품고 조언을 구했던 대상에게서 예상 밖의 답변을 듣고는 크게 실망해서 부대로 돌아갔을지도 모릅니다. 그런 식으로 조언한 저도 저의 모순을 잘 알고 있었습니다. 100년이 훨씬 넘는 한국 개신교 역사에서 병역거부자 한 명 찾아보기 어렵다고 한탄하면서, 막상 병역거부를 하겠다는 청년들이 있으면 그 뜻을 꺾기만 했으니 이런 이중인격자가 또 어디 있겠습니까? 지금까지 제 책을 읽어 온 분들 중에는 '뭐 이런 놈이 다 있어?' 하고 배신감을 느끼는 분도 있을 겁니다.

1

《칼을 쳐서 보습을》을 읽은 어느 역사학도는 "마치 국선 변호인의 변론을 읽는 것 같았다."라고 자신이 받은 느낌을 이야기하기도 했습니다. 제가 평화주의자인지 여부는 명확하게 밝히지 않고 제3자의 입장에서 병역거부자들을 옹호하는 비교적 안전한 길을 선택한 데 대한 질책이었던 것 같습니다. 처음 책을 쓸 때보다는 분명해졌지만, 여전히 제 입장은 그 언저리를 크게 벗어나지 못하고 있습니다. 저의 입장을 설명 드리기 위해 먼저 병역 의무를 지고 있는 청년들 앞에 놓인 현실적인 선택지로는 과연 어떤 것들이 있는지부터 간단하게 살펴보도록 하겠습니다.

첫 번째, 양심에 따른 병역거부에 참여하는 평화주의자의 길이 있을 수 있습니다. 평화를 실천하는 유력한 수단의 하나가 전쟁에 나가지 않는 것이고 살인 병기를 손에 잡지 않는 것이므로 병역까지 거부하겠다는 입장입니다. 민주주의를 시행한다는 대부분의 나라 청년들은 민간 대체복무를 통해 이런 길을 선택할 수 있지만 우리나라에서는 감옥에 갈 각오를 해야만 선택할 수 있는 길이지요.

두 번째, 군대를 가는 평화주의자의 길도 있을 수 있습니다. 평화주의의 가르침에는 전적으로 동의하지만 국가 권력과 불필요한 충돌을 피하기 위해 군에 입대하는 경우입니다. 이 길을 선택하려면 미리 부대 지휘관에게 잘 이야기해두어야겠지요. "훈련은 열심히 받겠습니다. 그러나 막상 전쟁터에 나가게 된다면 제 손으로 사람을 죽이지는 못합니다." 제가 청년들에게 권유한 길이 여기에 속합니다. 군대에서 훈련을 받은 다음 비전투임무 쪽으로 배치 받도록 최대한 노력하는 것도 하나의 방법이 될 수 있겠지요. 이 입장을 취하는 사람들은, 현실이 어떠하든지 최소한 우리가 마땅히 가야 할 '지향점'을 잃지는 않는다는 점에서 이후의 입장들과 구분됩니다. 여성이나 징병제가 폐지된 나라의 청년들은 첫째나 둘째냐를 놓고 고민할 필요 없이 평화주의자가 될 수 있겠지요.

세 번째, '진짜' 정당한 전쟁론자의 입장이 있습니다. 이 경우에는 별다른 고민 없이 군대로 갈 수 있습니다. 그러나 막상 전쟁이 터지면 '이 전쟁이 진짜 정당한 전쟁인지 아닌지'를 놓고 심각한 고민을 해야겠지요. 나름대로 기준을 정하고 정당한 전쟁의 요건을 하나씩 검토해본 다음 정당한 전쟁이라는 확신이 서면 전쟁에 나갈 수 있습니다. 그러나 정당한 전쟁이 아니라는 판단이 설 경우 매우 곤란한 처지에 빠집니다. 양심에 따른 병역거부자와 크게 다를 것 없는 신세가 되고 마는 겁니다. 국가권력이 늘 정당한 전쟁만 수행해준다면 다행이지만, 역사를 살펴보면 거의 발견할 수 없는 정당한 전쟁이 이 사람에게만 딱 걸려준다는 보장은 거의 없지요. '모든 전쟁'을 거부하는 경우에만 양심에 따른 병역거부를 인정하는 법제 하에서 '진짜' 정당한 전쟁론자의 병역거부는 더욱 보호받기 힘듭니다. 이른바 '선택적 병역거부'의 범주에 속하기 때문입니다.

네 번째, '가짜' 정당한 전쟁론자의 입장이 있을 수 있습니다. 입으로는 정당한 전쟁을 떠들지만, 막상 전쟁이 터지면 아무 고민 없이 전쟁터에 나가 사람을 죽이는 경우입니다. 정당한 전쟁의 요건이 무엇인지 생각해본 적이 없으므로, 실제 전쟁이 일어났을 때 자기 양심에 비추어 정당한 전쟁인지 검토할 능력도, 의사도 없습니다. 정당한 전쟁인지 여부의 판단을 속 편하게 정치 지도자들에게 맡겨놓은 사람들도 모두 이 범주에 넣을 수 있습니다. 우리나라의 주류 기독교 지도자들이 생각하는 건강한 기독 청년의 모습도 아마 이 유형을 벗어나지 못할 겁니다.

다섯 번째, 전쟁, 평화, 양심에 따른 병역거부에 대해 고민하지 않고, 그냥 남들 사는 대로 사는 방법입니다. 모두가 전쟁을 심각하게 고민해야 한다는 법은 없으므로 이것도 하나의 선택이 될 수 있습니다. 고민 없이 평화로운 이런 삶의 자세야말로 모든 독재자들이 기대하는 가장 바람직한 '국민상'입니다.

2

위의 다섯 입장에 점수를 매겨 어느 것이 더 우월하다고 평가할 수는 없습니다. 그러나 제 경우에는 확실히 다섯 번째에서 시작하여 한 단계씩 차례로 생각이 변화하는 과정을 겪었습니다. 저의 경험을 기초로 그 변화의 과정을 설명해보자면 이렇습니다.

아무 생각 없이 다섯 번째 유형으로 살아가던 사람이 그래도 정당한 전쟁에 대해 한 번 고민이라도 해본 네 번째 유형으로 넘어가는 데 필요한 것은 문자 그대로 '생각'입니다. 세상에서 벌어지는 모든 전쟁이 100퍼센트 다 선한 것만은 아니라고 생각하는 순간 그는 벌써 다섯 번째 유형을 벗어난 것이지요. 양심에 따른 병역거부 이야기를 듣자마자 '북한군이 쳐들어오면 우리가 방어해야 하지 않겠느냐'는 생각부터 들었다면 어떤 형태로든 정당한 전쟁에 대해 생각해본 것이므로 최소한 네 번째 유형에는 들어간 것입니다.

네 번째 유형인 '가짜' 정당한 전쟁론과 세 번째 유형인 '진짜' 정당한 전쟁론을 구별하는 것은 진실과 거짓의 문제입니다. 스스로 정당한 전쟁론자라고 믿는다고 해서 정당한 전쟁론자가 되는 것은 아닙니다. '진짜' 정당한 전쟁론자가 되려면 전쟁과 평화에 대한 매우 고통스럽고 진지한 사색이 필요합니다. 역사상 정당한 전쟁에는 어떤 것이 있었는지, 정당한 전쟁으로 포장된 가짜 정당한 전쟁이 얼마나 많았는지를 구별할 수 있는 현명한 눈을 가진 사람만이 '진짜' 정당한 전쟁론자가 될 수 있는 것입니다. 요컨대 네 번째에서 세 번째로 넘어가기 위해 필요한 것은 진리를 추구하는 열정입니다.

세 번째 '진짜' 정당한 전쟁론자와 평화주의자 사이에는 '현실과 이상'이라는 깊은 강이 흐르고 있습니다. 눈앞의 현실보다 인류가 추구해야 할 궁극적 이상을 중시하는 사람만이 평화주의자의 길을 선택할 수 있습니다. 물론 현실을 선택한 '진짜' 정당한 전쟁론자들을 함부로 비난해서는 안 됩니다. 평화주의자들의 고민만큼이나 '진짜' 정당한 전쟁론자들의 고민도 존중받아야 합니다.

첫 번째 유형에 속하는 평화주의자가 되기 위해 필요한 것은 '용기'입니다. 육체적으로 겪게 될 고통과 사회적 비난을 감수하면서 자기 원칙에 충실하고자 하는 사람만이 첫 번째 선택을 할 수 있습니다. 양심에 따른 병역거부를 하겠다는 청년들 대부분은 진지한 고민과 결단을 통해 첫 번째 길이 자신에게 최선이라 믿게 된 사람들입니다. 그런 사람들을 '아무 생각 없이 군대 가기 싫어서 병역을 거부한 자들'로 매도하는 것은 불공평한 처사이지요.

지금 만약 저에게 다시 군 복무를 해야 하는 상황이 온다면 저는 아마도 두 번째 길을 선택할 것 같습니다. '용기'라는 강을 건너 첫 번째 길을 선택하고 싶은 마음도 있지만, 마지막 결단의 순간에 이르면 보나마나 두 번째 길을 선택하리라는 것이지요. 장교로 36개월을 근무했고 예비군 훈련도 오래 전에 끝난 제가 이런 가상의 선택을 고민할 필요는 없습니다. 그러나 제가 왜 첫 번째 길을 선택하기 어려운지는 한 번 생각해볼 필요가 있습니다.

양심에 따른 병역거부를 하면서까지 평화를 향한 신념을 지키고 싶은 사람들이 용기를 내어 첫 번째 선택을 하기 위해 필수적인 것은 바로 '공동체'의 지원입니다. 세계 어느 나라든지 평화를 실천하고자 양심에 따른 병역거부를 선택한 사람들은 예외 없이 역사와 전통을 지닌 공동체의 정신적, 물질적 지원을 받았습니다. 메노나이트, 퀘이커, 아미시, 두호보르, 몰로칸, 안식교, 여호와의 증인, 사회주의자들이 모두 그런 경우이지요. 주변 사람들로부터 어떤 손가락질을 받더라도 같은 믿음을 지닌 동료들이 있으면 고통을 이겨낼 용기를 공유할 수 있습니다. 그런데 평화주의 공동체들이 끝내 숨 쉴 곳을 찾지 못해 선교를 포기하고 떠난 나라가 바로 대한민국입니다.

군사독재가 종식되면서 최근 들어 메노나이트 선교사들이 다시 활동을 시작했지만 그 뿌리는 여전히 매우 약한 형편입니다. 그렇다고 개신교단에서 자란 사람들이 교리 면에서 차이가 큰 여호와의 증인이 될 수도 없습니다. 참으로 척박한 토양이지요. 그런 척박한 토양 속에서 아무런 공동체의 지원 없이 양심에 따른 병역거부에 나선 사람들은 순전히 개인의 '용기'만으로 첫 번째 길을 선택한 사람들입니다. 진정한 용기라 할 수 있지요. 이런 척박한 토양을 갈아엎기 위해 우리에게 간절히 필요한 것이 바로 교회다운 교회, 평화 공동체의 건설입니다. 이 문제는 다른 책을 통해 좀 더 깊은 이야기를 나눌 수 있으리라 기대해봅니다.

이쯤해서 우리가 다시 기억해야 할 것은 진짜 정당한 전쟁론과 평화주의의 차이입니다. 평화주의와 진짜 정당한 전쟁론 사이의 거리는 그리 멀지 않습니다. 앞서 말씀드린 것처럼 제대로 된 정당한 전쟁론이라면 현재 세계에서 벌어지는 대부분의 전쟁은 정당하지 않다고 평가할 수밖에 없기 때문에 결과적으로는 평화주의와 다를 것이 없습니다. 차이가 있다면 혹시 있을지도 모르는 일방적인 침공에 어떻게 대처할 것이냐의 문제뿐입니다.

'진짜' 정당한 전쟁론자들은 자신들의 한계를 인식하고 있기 때문에 양심에 따른 병역거부에도 매우 관용적입니다. 라인홀트 니버 같은 정당한 전쟁론자는 집단이나 국가가 평화주의를 받아들일 수는 없다고 주장하면서도, 개인 차원의 양심에 따른 병역거부는 부정하지 않았습니다. 양심에 따른 병역거부가 기독교인의 윤리적 선택일 수 있음을 적극적으로 받아들인 것입니다. 니버 자신은 어쩔 수 없이 전쟁 참여를 용인하지만, 자신의 입장이 지닌 위험성을 누구보다 잘 알고 있었습니다. 그 위험성을 잊지 않기 위해서 비록 입장은 달라도 전쟁을 거부하는 사람들의 목소리가 필요하다고 생각했던 것입니다.[1] 진짜 정당한 전쟁론과 평화주의의 이와 같은 상호 인정을 생각한다면 두 입장은 충분히 친구가 될 수 있습니다. 문제는 가짜 정당한 전쟁론입니다. 가짜 정당한 전쟁론자들도 모두 진짜 행세를 하기 때문에 흔히 착시 현상을 일으킵니다만, 진짜와 가짜 정당한 전쟁론은 전혀 다를 뿐만 아니라 양자가 화해할 가능성도 없습니다.

평화주의와 정당한 전쟁론 사이에 벽이 실상 그리 두텁지 않다는 것을 알고 나면, 선택은 한결 쉬워집니다. '가짜' 정당한 전쟁론만 분리해 낼 수 있다면 나머지 입장들은 어렵지 않게 공동 보조를 취할 수 있는 것입니다. 또한 앞에서 열거한 다섯 가지 입장 중 어떤 것을 취하더라도 양심에 따른 병역거부자들의 권리를 인정하는 데는 아무런 문제가 없습니다. 문제는 나와 다른 생각에 대한 관용의 부족일 뿐입니다.

서구 사회는 끔찍한 종교전쟁을 겪으면서 관용을 배웠습니다. 다른 생각에 대한 관용이 사회 전체의 생존에 필수적인 요소임을 알게 된 것입니다. 우리는 이런 경험이 아직 없습니다. 그러나 그렇다고 해서 일부러 종교전쟁을 일으켜 가며 관용을 배울 필요는 없습니다. 우리는 종교 전쟁 대신 동족끼리 서로 죽고 죽인 끔찍한 경험을 가지고 있습니다. 여기에서 교훈을 얻으면 됩니다. 전쟁의 비극을 우리만큼 온몸으로 체험한 민족이 있습니까? 이 정도면 우리도 관용을 배웠을 법합니다.

양심에 따른 병역거부 인정을 극렬하게 반대해 온 보수 기독교인들이 관용의 정신으로 앞장서서 이 문제를 해결할 수 있으면 좋겠습니다. 이것은 결코 소수파 기독교인 몇몇을 위한 일이 아닙니다. 우리 사회가 앞으로 더 민주화, 국제화될수록, 주류에 속한 교회 출신의 청년들 중에서도 양심에 따른 병역거부자가 많이 나오게 될 것입니다. 양심에 따른 병역거부가 더는 남의 집 불구경 하듯 할 수 있는 문제가 아니라는 말씀입니다. 지금 시점에서 주로 양심에 따른 병역거부를 하는 사람들이 여호와의 증인들이라는 이유로 대체 복무에 반대하다 보면 멀지 않은 장래에 우리 교회 청년들이 같은 이유로 감옥에 가는 것을 보게 될 것입니다. 남에게 대접을 받고자 하는 대로 남을 대접해야 하는 때가 바로 지금입니다.

3

2001년 이후 양심에 따른 병역거부 논의는, 마치 지난 50년 동안의 철저한 소외를 한 번에 극복하려는 듯 숨 가쁘게 전진해 왔습니다. 한국 사회가 그동안 당연하게 받아들여 온 여러 문제들에 근본적인 의문을 제기함으로써 소수자 문제의 새로운 지평을 열었지요. 2004년 대법원과 헌법재판소의 합헌 입장 표명에 따라 지금은 호흡을 고르는 일시적 소강상태이지만, 국가인권위원회와 일부 국회의원들의 대체복무제 입법 시도로 여전히 불씨는 살아 있습니다. 이 불씨를 살려서 양심에 따른 병역거부 논의를 다음 단계로 나아가게 하는 데 필요한 몇 가지 제안을 드리면서 책을 마무리하도록 하겠습니다.

첫째, 양심에 따른 병역거부를 이야기할 때 역사적 측면을 도외시해서는 안 됩니다. 양심에 따른 병역거부는 몇 사람의 특수한 신앙을 가진 사람들이 '오늘 이 자리에서' 갑작스럽게 제기한 문제가 아닙니다. 세계적으로는 수천 년, 우리나라에서도 최소한 70년 가까이 계속된 짧지 않은 역사를 가지고 있습니다. 역사적으로 양심에 따른 병역거부자들이 받아 온 비정상적인 폭력과 제도적 억압에 대한 반성 없이, 오늘의 현상만을 들어 민간 대체복무나 비전투복무제 도입에 반대하는 것은 공정하지 못합니다. 미국 사회에서 흑백 문제를 논의하면서 지난 수백 년간 흑인들에게 가해진 차별과 억압을 빼고 오늘의 차별 철폐를 논의할 수 없듯이, 우리나라의 병역거부 문제도 반드시 역사적 측면과 함께 고찰해야 합니다. 지난 시절의 국가 폭력에 대한 충분한 논의 없이, 마치 과거로부터 자유로운 투명한 공론의 장이 존재하는 것처럼 논의를 전개하는 것은 옳지 않습니다.

둘째, 양심에 따른 병역거부에 대한 더 세부적이고 구체적인 연구가 필요합니다. 양심에 따른 병역거부 논의가 본격화된 이후 학자들의 적지 않은 논문이 발표되었지만, 대개 양심에 따른 병역거부자들의 현황과 외국의 대체복무 입법례를 소개하는 수준을 벗어나지 못했습니다. 대체복무를 인정할 경우 일차적으로 부딪히는 것이 양심에 따른 병역거부 신청자들의 양심을 과연 어떻게 심사할 것인가의 문제입니다. 징병 대상자 전체가 양심에 따른 병역거부 신청을 하게 될지도 모른다는 일부의 우려를 불식할 수 있는 구체적인 방안이 필요한 것이지요. 이를 위해서는 병역거부 신청자의 진지성 심사에 관한 폭넓은 데이터 수집과 한국 형편에 맞는 제도 고안이 절실합니다. 대체복무 인정의 필요성에 관한 논문은 나올 만큼 나왔으므로 이제는 세부적인 지침을 마련해야 하는데, 2004년의 헌법재판소 결정 이후 이런 구체적인 연구가 이루어지지 못하고 있는 것은, 저를 포함한 법학계가 반성해야 할 부분이라고 생각합니다.

셋째, 그동안의 논의가 지나치게 민간 대체복무제도 마련에 치중되어 있었던 한계를 극복하고 '비전투복무'를 제도화하는 데도 관심을 기울여야 합니다. 우리나라 병역거부자의 다수를 차지해 온 여호와의 증인들이 전면적 거부자 유형에 속하기 때문에 민간 대체복무 마련이 그동안의 핵심 과제였던 것은 이해할 수 있습니다. 그러나 군사독재정권의 극심한 탄압 속에서 잠시 단절되었을 뿐, 안식교를 비롯한 기독교에는 비전투복무의 역사적 전통이 살아있음을 잊어서는 안 됩니다. 당장 제 주변에도 비전투복무가 가능하다면 꼭 거기 지원하고 싶다는 기독 청년들이 한두 명이 아닙니다. 비전투복무는 군 복무 자체에 대한 예외를 인정하는 민간 대체복무보다 상대적으로 시민들의 감정적 저항이 적습니다. 비전투복무 인정은 양심에 따른 병역거부 문제를 시험해보는 중요한 계기를 마련할 수 있을 것입니다.

넷째, 대체복무 인정을 반대하는 핵심 세력이라 할 수 있는 보수 기독교와 예비역 남성들에 대한 진지하고 성실한 설득이 필요합니다. 극우 세력으로 변하고 있는 보수 기독교가 '샬롬'이라는 자신들의 출발점을 다시 기억할 수 있도록 돕는 것은 대체복무제도 인정뿐만 아니라, 남북의 평화적 통일을 위해서도 반드시 필요한 과제입니다. 한국 사회에서 병역의무를 마친 대다수 남성들은 군 복무가 끝난 후 수십 년이 지나도 그 끔찍한 기억에서 벗어나지 못합니다. 외상후 스트레스 증후군에 시달리고 있는 예비역 남성들이 "그럼 군대에 끌려간 우리는 비양심적이라는 말인가?"라고 반문하는 것도 충분히 이해할 만합니다. 이들에게 양심에 따른 병역거부자들도 그들과 같은 고통을 겪어 왔음을 알려주고 성실하게 설득하다 보면, 멀지 않은 장래에 우리 사회 구성원 전체의 동의를 이끌어낼 수 있을 것입니다.

다섯째, 대법원과 헌법재판소의 결정으로 국내법적 절차가 마무리된 현 상황에서, 국제 연대를 통해 새로운 출구를 개척할 필요가 있습니다. 2004년 10월 18일 최명진, 윤여범 등 양심에 따른 병역거부자들은 유엔인권위원회에 개인 청원을 제출하여 2006년 12월 "한국 정부는 권리 침해에 대한 배상과 재발 방지책을 마련하라."는 권고를 이끌어냈습니다.[2] 그러나 이런 노력에도 불구하고, 여전히 국제사회는 한국에서 벌어지고 있는 심각한 인권탄압에 대해 잘 알지 못하고 있습니다. 따라서 개인 청원 제도 등을 지속적으로 활용하여 국제사회에 양심에 따른 병역거부 문제를 널리 알리고, 특별보고자의 한국 방문을 유도하는 등의 적극적인 국제 연대가 필요합니다.[3]

마지막으로 양심에 따른 병역거부 문제는 궁극적으로 남북 갈등의 해소 및 평화체제 정착과 함께 해결되어야 할 문제임을 지적하고 싶습니다. 외국 입법례를 아무리 많이 열거해봐야, 한국에서는 "남북 대치 상황이라 그런 선진 제도를 도입할 수 없다."는 한마디로 논쟁이 종결될 때가 많습니다. 그만큼 분단의 상처는 깊고도 깊어서, 자칫하면 "남북 대치 상황이 종식되지 않는 이상 양심에 따른 병역거부 인정은 영원히 불가능하다."는 의견이 힘을 얻을 수도 있습니다. 그러나 양심에 따른 병역거부 인정과 대체복무제도의 도입은 징병제에서 지원병제로 가는 중요한 징검다리입니다. 남북 대치 상황 때문에 대체복무제 도입이 불가능한 것이 아니라, 대체복무제 도입이 오히려 남북 대치 상황을 종식하고 평화 체제를 정착하는 수단으로 기능할 수 있습니다. 남북 대치 상황이 영원할 리 없으므로 통일 한국을 준비하기 위해서도 양심에 따른 병역거부를 인정할 필요가 있다는 말씀입니다. 양심에 따른 병역거부를 인정하고 그 범위를 넓혀 가다 보면 어느 시점에서 자연스럽게 지원병제도로 전환할 수 있습니다. 세계가 나아가고 있는 평화와 군축의 방향에 우리도 발 맞출 수 있게 되는 것이지요.

아직도 1천 명 가까운 젊은이들이 양심에 따른 병역거부 때문에 감옥에 갇혀 있는 상황에서 '양심수가 한 명도 없는 인권 선진국'을 선전하는 것은 난센스입니다. 한국은 이승만, 박정희, 전두환 등 여러 독재자들을 거치면서, "자유민주주의를 지키기 위해서는 때때로 자유민주주의의 본질이라도 포기할 수밖에 없다."라는, 헌법적으로 용인될 수 없는 모순된 논리의 지배를 받아 왔습니다. 지난 10여 년은 이런 아픈 역사를 딛고 민주주의 국가로 나아가는 쉽지 않은 첫걸음이었습니다. 양심에 따른 병역거부자들에 대한 민간 대체복무와 비전투복무제도의 도입은 우리 민주주의의 수준을 비약적으로 높이는 중요한 전환점이 될 것입니다.

1장 들어가는 이야기

1) 포항시 기독교교회연합회 사이비이단대책위원회 편, 《사이비 이단의 실체》, 포항시기독교교회연합회, 2001, 29~30쪽 참조.

2) 제가 군에 복무하던 당시에는 여호와의 증인들이 '집총'만 거부했습니다. 원래 '병역' 자체를 거부하던 여호와의 증인들이 '집총'만 거부하는 입장을 취할 수밖에 없었던 1970년대 상황은 이 책 뒷부분에서 다시 설명합니다.

3) 이하의 내용은 《탈영자들의 기념비》(생각의나무, 2003)라는 책과 〈복음과 상황〉이라는 잡지에 실었던 저의 경험을 재구성한 것입니다.

4) 대법원 1968년 7월 16일 선고 68도660 판결, 1969년 2월 25일 선고 68도 1837 판결, 1972년 11월 28일 선고 72도2164 판결, 1974년 7월 23일 선고 74도1399 판결 등 참조.

5) 헌법재판소 1995년 5월 25일 선고 91헌바20 결정 참조.

6) 한인섭, '왜 소수자 약자의 인권인가', 《일상의 억압과 소수자의 인권》, 한국인권재단, 2000, 34~35쪽 참조.

7) 김두식, '여호와의 증인과 그 인권', 〈복음과 상황〉 1999년 7월호 참조.

8) 신윤동욱, '차마 총을 들 수 없어요', 〈한겨레21〉 2001년 2월 7일자 참조.

9) 신윤동욱, '기독교인도 넘어갈 수 있다', 〈한겨레21〉 2001년 7월 11일자 참조.

10) 조연현, '대체 복무 싸고 기독교계 시끌', 〈한겨레 신문〉 2001년 8월 31일자 참조.

11) 김두식, '기독교도 양심적 병역거부했다', 〈한겨레21〉 2001년 7월 25일자 참조.

12) Helen Kennedy, 'White House Apologizes to Arab World for His 'Crusade' Battle Cry', 〈New York Daily News〉 2001년 9월 19일자 참조.

13) Flynn McRoberts, 'War Brings Different Challenges to Amish', 〈Chicago Tribune〉 2001년 10월 21일자 참조.

14) 〈한겨레 신문〉 2001년 10월 24일자 참조.

2장 그럼 군 복무한 우리는 비양심적이란 말입니까?

1) 예컨대 여춘욱, '양심적 병역거부는 위선', 〈국민일보〉 2005년 4월 11일자 26면 ; 똑같은 취지를 적은 '양심적 병역거부 유감', 〈한국일보〉 2005년 12월 16일자 26면 ; 김재봉, '군대 가면 비양심적인가', 〈문화일보〉 2002년 10월 11일 7면 참조.

2) 허영, 《헌법이론과 헌법》, 박영사, 1988, 223쪽 참조.

3) 우리나라에서는 이런 설명을 하면서도 가슴이 두근거릴 때가 많습니다. 누가 거두절미하고 "김두식 교수가 군대에 가는 것을 양심과 상관없는 문제라고 비하했다더라."라고 떠들기 시작하면 사람 하나 우스워지는 것은 시간 문제입니다. '통일'이라는 중립적인 단어의 용례 때문에 교수가 강단에서 쫓겨나는 나라에 산다는 것은 참 서글픈 일이지요.

4) 앨런 브링클리(황혜성 등 옮김), 《있는 그대로의 미국사 2》, 휴머니스트, 2004, 68~84쪽 ; 하워드 진(유강은 옮김), 《미국민중사 1》, 시울, 2006, 265~299쪽 참조

5) 앤드류 커크(유강은 옮김), 《세계를 뒤흔든 시민불복종》, 그린비, 2005, 45~48쪽 참조.

6) 유명한 것 만큼이나 출처가 의심스러운 이 일화는 하워드 진, 앞의 책, 279쪽 ; 앤드류 커크, 앞의 책, 31쪽 등에서 소개하고 있습니다.

7) 폴 존슨(김한성 옮김), 《유대인의 역사 2》, 살림, 2005, 510쪽 이하 참조.

8) Peter Brock, 《Freedom from War : Nonsectarian Pacifism 1814~1914》, University of Toronto Press, 1991, 319쪽 참조.

9) Jenny Teichman, 《Pacifism and the Just War》, Basil Blackwell, 1986, 1
쪽 참조.
10) "Pacifism is the belief that war is wrong, and therefore that to fight in
a war is wrong." 〈Cambridge International Dictionary of English〉 참
조.
11) "opposition to war or violence as a mean of settling disputes : refusal
to bear arms on moral or religious grounds." 〈Merriam-Webster's
Collegiate Dictionary〉 참조.
12) Jenny Teichman, 앞의 책, 2쪽 참조.

3장 만약 누가 네 여동생을 강간하고 죽이려 한다면?

1) Joan Baez, 'Three Cheers for Grandma', 《What would you do?》,
Herald Press, 1992, 62~68쪽 참고.
2) John H. Yoder, 'Taking the Question Seriously', 《What Would You
Do?》, 12쪽 참조.
3) John H. Yoder, 같은 글, 13쪽 참조.
4) John H. Yoder, 앞의 글, 15쪽 참조.
5) John H. Yoder, 앞의 글, 16쪽 참조.
6) John H. Yoder, 앞의 글, 18쪽 참조.
7) John H. Yoder, 앞의 글, 20쪽 참조.
8) John H. Yoder, 앞의 글, 22쪽 참조.
9) John H. Yoder, 앞의 글, 24쪽 참조.
10) '구원하는 폭력' 신화에 대한 탁월한 통찰은 Walter Wink, 《Engaging the
Powers : Discernment and Resistance in a World of Domination》,
Fortress Press, 1992, 17쪽 이하 참조.
11) Noel Malcolm, 《Kosovo : A Short History》, New York University
Press, 1998, 58~80쪽 참조.

4장 병역거부는 이단들이나 하는 짓 아닙니까?

1) 염성덕, '군선교연, 병역대체법 절대 반대, 의원들에 편지', 〈국민일보〉 2006년 3월 21일자 25면 참조.

2) 엄기영, '기독교계, 양심적 병역거부자에 대체복무 절대 불가', 〈국민일보〉 2005년 12월 29일자 25면 참조. 최 소장의 직접적인 주장은 최삼경, '그들은 양심불량 범죄집단', 〈한겨레21〉 2004년 6월 1일자 참조.

3) 이상의 이야기는, 티모시 더들리 스미스(정옥배, 김성녀 옮김), 《존 스토트 : 탁월한 복음주의 지도자》, IVP, 1999, 183~216쪽 참조.

4) 존 스토트(정옥배 옮김), 《현대 사회 문제와 그리스도인의 책임》(개정판), IVP, 2005, 171~172쪽 참조.

5) 대천덕, 《개척자의 길》, 홍성사 2000 참조.

6) 대천덕, 《산골짜기에서 온 편지》(제3권), 국민일보사, 1990, 260쪽 참조.

7) Roland H. Bainton, 《Christian Attitudes toward War and Peace : Historical Survey and Critical Re-evaluation》, Abingdon Press, 1960, 67쪽 이하 ; 오만규, 《초기 기독교와 로마 군대 : 마르쿠스 아우렐리우스로부터 콘스탄티누스까지》, 한국신학연구소, 1999, 121쪽 이하 참조.

8) 예컨대 G. E. M. Anscombe, 'War and Murder', in James Rachels ed., 《Moral Problems : A Collection of Philosophical Essays》, Harper&Row Publishers, 1971, 278쪽 참조.

9) Roland H. Bainton, 《Christianity》, Mariner Books, 2000, 63쪽 참조.

10) Jenny Teichman, 《Pacifism and the Just War》, Basil Blackwell, 1986, 113쪽 참조.

11) Roland H. Bainton, 《Christian Attitudes toward War and Peace》, 68~69쪽 참조.

12) Roland H. Bainton, 앞의 책 72, 83쪽 ; 오만규, 앞의 책, 72쪽 참조.

13) 오리게네스의 저작 중 해당 부분을 원문과 대조하여 잘 번역한 것으로 오만규, 앞의 책, 73~74쪽을 참조.

14) 오만규, 앞의 책, 84쪽 참조.

15) Herbert Musurillo, 《The Act of the Christian Martyrs》, Oxford University Press, 1972, 244~248쪽 참조.

16) Jenny Teichman, 앞의 책, 19쪽 참조.

17) Mark Water, 《The New Encyclopedia of Christian Martyrs》, Baker, 2001, 366~367쪽 참조.

18) 에드워드 기번(김영진 옮김), 《로마제국쇠망사 3》, 대광서림, 2000, 340~350쪽 참조.

19) Peter Brock, 《Pacifism in Europe to 1914》, 14쪽 참조.

20) Paul Ramsey, 《War and Christian Conscience : How Shall Modern War Be Conducted Justly》, Duke University Press, 1961, 15쪽 참조 ; 물론 이에 반대하는 견해도 만만치 않습니다. 예컨대 John Helgeland, Robert R. Daly, & J. Patout Burns, 《Christian and the Military : The Early Experience》, Fortress Press, 1985 참조.

21) William R. Stevenson, Jr., 《Christian Love and Just War : Moral Paradox and Political Life in Augustine and His Modern Interpreters》, 1984, 11~46쪽 참조.

22) W. B. 바틀릿(서미석 옮김), 《십자군 전쟁 : 그것은 신의 뜻이었다》, 한길사, 2004, 163쪽 ; 아민 말루프(김미선 옮김), 《아랍인의 눈으로 본 십자군 전쟁》, 아침이슬, 2002, 86쪽 이하 참조.

23) Roland H. Bainton, 앞의 책, 112~113쪽 참조.

24) Roland H. Bainton, 앞의 책, 114쪽 참조.

25) Malcolm Barber, 《The Trial of the Templars》, Cambridge University Press, 1978, 1~2쪽 참조.

26) Jean-Michel Hornus, 《It Is Not Lawful for Me to Fight : Early Christian Attitudes Toward War, Violence, and the State》, Herald Press, 1980, 144~145쪽 참조. 프랑스 개혁교회 역사가이자 셸리 오크 대학 교수인 호누스는 마르틴의 선언 "It is not lawful for me to fight"를 초기 기독교 평화주의를 다룬 그의 책 제목으로 삼았습니다.

27) 《The Oxford Dictionary of the Christian Church》(3rd edition), Oxford

University Press, 1997 참조.

28) John H. Yoder,《When War is Unjust》, Orbis Books, 1997, 10쪽 참조.

29) Meic Pearse,《The Great Restoration : The Religious Radicals of the 16th and 17th Centuries》, Paternoster Press, 1988, 14~18쪽 ; Roland H. Bainton, 앞의 책, 118~119쪽 참조.

30) Peter Brock,《Freedom from War》, 7~8쪽 참조.

5장 예수님이 병역거부라도 했다는 말인가요?

1) 페리 B. 요더 편집(신상길, 소기천 옮김),《평화의 의미》, 한국장로교출판사, 2003, 14~28쪽 참조.

2) 위의 책 200쪽 참조.

3) 프리드리히 니체(백승영 옮김),《안티 크라이스트》(니체전집 15), 책세상, 2002, 266쪽 참조.

4) 위의 책 261~262쪽 참조.

5) 월터 윙크(김준우 옮김),《예수와 비폭력저항 : 제3의 길》, 한국기독교연구소, 2003, 87쪽 참조.

6) 로마서 13장의 해석은 존 하워드 요더의 대표적 저작《예수의 정치학》에서 자세히 논의하고 있습니다. John H. Yoder,《The Politics of Jesus》 Eerdmans, 1994, 193~211쪽 참조.

7) Daniel A. Dombrowski,《Christian Pacifism》, Temple University Press, 1991, 55~67쪽 참조.

8) John H. Yoder,《Politics of Jesus》, 45쪽 참조.

6장 '정당한 전쟁론'은 정말 억울하다

1) 플라톤(박종현 역주),《국가, 정체》471a, 서광사, 1997, 360쪽 참조.

2) 아리스토텔레스(이병길, 최옥수 옮김),《정치학》1256b, 1333b, 박영사, 29, 301쪽 참조.

3) Paul Ramsey, 《War and the Christian Conscience》, Duke University Press, 1961, 34~37쪽 참조.

4) Roland H. Bainton, 《Christian Attitudes toward War and Peace》, 90쪽 참조.

5) James Carroll, 《Constantine's Sword : The Church and the Jews》, Houghton Mifflin, 2001, 207쪽.

6) 아우구스티누스(김기찬 옮김), 《고백록》, 크리스챤다이제스트, 2000, 130쪽 이하 참조.

7) 정당한 전쟁의 요건은 John H. Yoder, 《When War is Unjust : Being Honest in Just-War Thinking》, Orbis Books, 1997, 147~161쪽 참조.

8) 글렌 H. 스타센(신상길, 김동선 옮김), 《평화의 일꾼》, 한국장로교출판사, 2003, 36~37쪽 참조.

9) St. Thomas Aquinas, 《Summa Theologiae》, Blackfriars ed., McGraw-Hill Book, 1964, 35권 81쪽 (2a2ae. 40, 1) 참조. 저는 라틴어를 모르기 때문에, 토마스 아퀴나스 《신학대전》의 영문판을 텍스트로 사용했습니다.

10) Daniel A. Dombrowski, 《Christian Pacifism》, 7쪽 참조.

11) Jimmy Carter, 'Just War or a Just War?', 〈New York Times〉 2003년 3월 10일자 참조.

12) Daniel A. Dombrowski, 앞의 책, 8쪽 참조.

13) 자비로운 엄중함이란 표현 역시 아우구스티누스를 인용한 것입니다. St. Thomas Aquinas, 앞의 책, 35권 85쪽 참조.

14) G. E. M. Anscombe, 'War and Murder', 《Moral Problems》, Harper & Row Publishers, 1971, 277쪽 참조.

15) St. Thomas Aquinas, 앞의 책, 35권 85쪽 참조.

16) 이 이야기는 토마스 아퀴나스의 《신학대전》 중 전쟁에 관한 이야기가 아니라 살인에 관해 논하고 있는 64번째 질문 제6장에 나오는 것입니다. Thomas Aquinas, 앞의 책, 38권 37쪽(2a2ae. 64, 6) 이하 참조.

17) Daniel A. Dombrowski, 앞의 책, 26~27쪽 참조.

18) Stephen L. Carter, 《God's Name in Vain : The Wrongs and Rights of

Religious in Politics》, Basic Books, 2000, 134쪽 참조.

19) Thomas Parrish ed.,《World War II》, Simon & Schuster 1979 ; 드레스덴 폭격의 역사적, 철학적 의미는 A. C. Crayling,《Among the Dead Cities : The History and Moral Legecy of the WWII Bombing of Civilians in Germany and Japan》, Walker, 2006 참조.

20) G. E. M. Anscombe, 앞의 글, 279쪽 참조.

21) Stephen L. Carter, 앞의 책, 131쪽 참조.

22) Daniel A. Dombrowski, 앞의 책, 150~151쪽 참조.

23) Jim Wallis,《God's Politics : A New Vision for Faith and Politics in America》, Harper, 2005, 108쪽 이하 참조.

7장 살리는 기독교, 죽이는 기독교

1) 《The New Encyclopedia of Christian Martyrs》, Baker, 2001, 735~737쪽 참조.

2) 알렌 크라이더, 엘레노르 크라이더(KAP 옮김),《평화교회는 가능한가》 KAP, 2003, 41~44쪽 참조.

3) 김영중, 장붕익,《네덜란드사》, 대한교과서주식회사, 1994, 102~103쪽 참조.

4) 재세례파의 역사에 대해서는 William R. Estep,《The Anabaptist Story : An Introduction to Sixteenth-Century Anabaptism》(3rd. ed.), Eerdmans, 1996 참조.

5) 베르나르 코트레(박건택 옮김),《루터 칼뱅 웨슬리》, 솔로몬, 2004, 395쪽 이하 참조.

6) 후스토 L. 곤잘레스(이형기, 차종순 옮김),《기독교사상사 3 : 현대편》, 한국장로교출판사, 1988, 402쪽 이하 참조.

7) Meic Pearse,《The Great Restoration : The Religious Radicals of the 16th and 17th Centuries》, Parternoster Press, 1998, 73~77쪽 참조.

8) 후스토 L. 곤잘레스(서영일 옮김),《종교개혁사》, 은성, 1988, 94쪽 이하 ;

롤란드 베인튼(홍치모, 이훈영 옮김), 《종교개혁사》, 크리스챤다이제스트,
1993, 91쪽 이하 등 참조.

9) John H. Yoder, 《The Legacy of Michael Sattler》, Herald Press, 1973,
66~85쪽 참조.

10) Meic Pearse, 앞의 책, 54쪽 참조.

11) 비폭력 평화주의를 주장한 메노나이트들은 미국으로 이주한 이후, 권징과
관련하여 아미시와 전통적 메노나이트로 분리되었으나, 19세기 후반부터
는 양 종파가 통합되는 경향을 보이고 있습니다. 아미시와 메노나이트의
이합집산에 대해서는 Steven M. Nolt, 《A History of the Amish》, Good
Books, 1992. 참조.

12) 뮌스터 반란에 대해서는 Anthony Arthur, 《The Tailor King : The Rise
and Fall of the Anabaptist Kingdom of Muenster》, St. Martin's Press,
1999 참조.

13) Anthony Arthur, 앞의 책, 175쪽 참조.

14) Peter Brock, 《Freedom from Violence : Sectarian Nonresistance from
the Middle Ages to the Great War》, University of Toronto Press, 1991,
101~103쪽 참조.

15) James Stayer, 'The Anabaptist Revolt and Political and Religious
Power', in Benjamin W. Redekop & Calvin W. Redekop eds., 《Power,
Authority, and the Anabaptist Tradition》, The Johns Hopkins
University Press, 2001, 69쪽 참조.

16) Cornelius J. Dyck, 《An Introduction to Mennonite History》(3rd ed.),
Herald Press, 1993, 195쪽 참고.

17) 마크 A. 놀(최재건 옮김), 《미국 캐나다 기독교 역사》, 기독교문서선교회,
2005, 97쪽 이하 ; 앨런 브링클리(황혜성 외 옮김), 《있는 그대로의 미국사
1》, 휴머니스트, 2005, 99쪽 이하 참조.

18) Cornelius J. Dyck, 앞의 책, 198쪽 참조.

19) Roland H. Bainton, 앞의 책, 170~172쪽 참조.

20) 펜실베니아 의회 속기록에서 인용한 말입니다. Stephen M. Kohn, 《Jailed

for Peace : The History of American Draft Law Violators, 1658~
1985》, Greenwood Press, 1987, 9쪽 참조.

21) Stephen M. Kohn, 앞의 책, 10쪽 참조.

22) Peter Brock, 《Against the Draft : Essays on Conscientious Objection
from the Radical Reformation to the Second World War》, University of
Toronto Press, 2006, 109쪽 이하 참조.

23) Stephen M. Kohn, 앞의 책, 20쪽 참조.

24) John W. Chambers II, "Conscientious Objectors and the American
State from Colonial Times to the Present," in Charles C. Moskos &
John W. Chambers II eds., 《The New Conscientious Objection : From
Sacred to Secular Resistance》, Oxford University Press, 1993, 31쪽 참
조.

25) Paton Yoder, 《Tradition and Tradition : Amish Mennonites and Old
Order Amish 1800~1900》, Herald Press, 1991, 95쪽 참조.

26) Peter Brock, 《Pacifism in the United States》, 689~866쪽 참조.

27) 페터 벤데 엮음(권세훈 옮김), 《혁명의 역사》, 시아출판사, 2004, 116,
120, 124쪽 참조.

28) Michel L. Martin, 'France : A Statute but No Objection', 《The New
Conscientious Objection》, 82~87쪽 참조.

29) Peter Brock, 《Freedom from Violence》, 111~120쪽 참조.

30) Peter Brock, 앞의 책, 135쪽 참조.

31) Peter Brock, 《Freedom from War》, 200쪽 참조.

32) Nicholas V. Riasanovsky, 《A History of Russia》(6th ed.), Oxford
University Press, 2000, 377~378쪽 참조.

33) 이하의 이야기들은 모두 Peter Brock, 《Freedom from War》, 205~220쪽
참조.

34) 징계 대대의 생활에 대해서는 드로즈진의 제자이며 역시 병역거부에 나섰
던 이지움첸코(Nikolai Trofimovich Iziumchenko, 1867~1927)가 자세
한 기록을 남겨 놓았습니다. N. T. Iziumchenko (Peter Brock & John H.

Keep eds.), 《Life in a Penal Battalion of the Imperial Russian Army : The Tolstoyan N. T. Iziumchenko's Story》, William Sessions, 2001 참조.

35) 톨스토이는 드로즈진의 전기에 발문을 적었습니다. 이 발문에는 평화주의에 대한 톨스토이의 성경적 이해가 잘 드러나 있습니다. Lyof N. Tolstoy, 《Essays, Letters, Miscellanies》, Thomas Y. Crowell, 1899, 267~289쪽 참조.

36) 톨스토이 가문과 두호보르파의 관계에 대해서는 Andrew Donskov ed., 《Sergej Tolstoy and the Doukhobors : A Journey to Canada》, University of Ottawa Press, 1998, 1~23쪽 참조.

37) 이와 같은 깊은 관련성 때문에, '부활 : 두호보르파'라는 장을 통해서 소설 《부활》의 저작과 두호보르파의 원조를 동시에 기술한 톨스토이 전기도 있습니다. Henri Troyat(Nancy Amphoux trans.), 《Tolstoy》, Doubleday, 1967, 535~556쪽 참조.

38) 예컨대 기독교 베스트셀러 작가인 필립 얀시는 이 사실을 언급하면서도 두호보르파에 대해서는 단순히 "차르에 의해 박해를 받고 있었던 재침례교 단체 두호보르"라고만 이야기하고 있습니다. 두호보르가 왜 박해를 받았는지는 적지 않은 것이지요. 필립 얀시(김동완, 이주엽 역), 《내가 알지 못했던 예수》, 요단출판사, 1998, 225쪽 참조.

39) 캐나다까지 동행하는 과정에서 세르게이가 적은 일기를 보고 싶으시면 Andrew Donskov ed., 앞의 책, 231~351쪽을 참조하십시오.

8장 전쟁 중이라 인정할 수 없다?

1) Hans Hesse, 《Persecution and Resistance of Jehovan's Witnesses during the Nazi Regime, 1933~1945》, Bremen, 2001, 11쪽 참조.

2) Juergen Kuhlmann & Ekkehard Lippert, 'The Federal Republic of Germany : Conscientious Objection as Social Welfare', 앞의 책 《The New Conscientious Objection》, 98~99쪽 참조.

3) Peter Brock, 《Against the Draft : Essays on Conscientious Objection from the Radical Reformation to the Second World War》, University of Toronto Press, 2006, 425쪽 참조.

4) M. James Penton, 《Jehovah's Witnesses and the Third Reich : Sectarian Politics under Persecution》, University of Toronto Press, 2004, 11~13쪽 참조.

5) Michael Reynaud & Sylvie Graffard, 《The Jehovah's Witnesses and the Nazis : Persecution, Deportation, and Murder 1944~1945》, Cooper Square Press, 2001, 9쪽 참조.

6) Peter Brock, 앞의 책, 426쪽 참조.

7) Michael Berenbaum, 《Witness to the Holocaust》, HarperCollins, 1997, 105~106쪽 참조.

8) James N. Pellechia & Jolene Chu, 'From Marginalization to Martyrdom : The Nazi Persecution of Jehovah's Witnesses', in John K. Roth & Elisabeth Maxwell eds., 《Remembering for the Future : The Holocaust in an Age of Genocide Volume 1 History》, Antony Rowe, 2001, 495쪽 참조.

9) Peter Brock, 앞의 책, 429~430쪽 ; Michael Reynaud & Sylvie Graffard, 앞의 책, 99쪽 이하 참조.

10) 루돌프 헤스(서석연 옮김), 《헤스의 고백록》, 범우사, 2006, 113~115쪽 참조.

11) Peter Brock, 앞의 책, 428~429쪽 ; James N. Pellechia & Jolene Chu, 앞의 글, 503쪽 참조.

12) Peter Brock, 앞의 책, 434~435쪽 참조.

13) Peter Brock, 앞의 책, 437쪽 참조.

14) Michael Reynaud & Sylvie Graffard, 앞의 책, 59~61쪽 참조.

15) Israel Gutman ed., 《Encyclopedia of the Holocaust Volume 2》, Yad Vashem, 1990, 742~743쪽 ; Robert Rozett & Shmuel Spector eds., 《Encyclopedia of the Holocaust》, Yad Vashem, 2000, 281쪽 참조.

16) Hermann Langbein(Harry Zohn trans.), 《Against All Hope : Resistance in the Nazi Concentration Camps 1938~1945》, Paragon House, 1994, 325쪽 참조.

17) James N. Pellechia & Jolene Chu, 앞의 글, 501쪽 ; M. James Penton, 앞의 책 193쪽 참조.

18) John W. Chambers II, 'Conscientious Objectors and the American State from Colonial Times to the Present', in Charles C. Moskos & John W. Chambers II eds., 《The New Conscientious Objection : From Sacred to Secular Resistance》, Oxford University Press, 1993, 31쪽 참조.

19) 이상의 통계들에 대해서는 John W. Chambers II, 앞의 글, 33~34쪽 참조.

20) Stephen M. Kohn, 《Jailed for Peace : the History of American Draft Law Violators, 1658~1985》, Greenwood Press, 1987, 33~40쪽 참조.

21) Margaret Levi, 《Consent, Dissent, and Patriotism》, Cambridge University Press, 1997, 171쪽 참조.

22) Perry Bush, 《Two Kingdom, Two Loyalties : Mennonite Pacifism in Modern America》, Johns Hopkins University Press, 1998, 1~3쪽 참조.

23) Perry Bush, 앞의 책, 93~95쪽 참조.

24) Gwyn Harries-Jenkins, 'Britain : From Individual Conscience to Social Movement', 《The New Conscientious Objection》, 69쪽 참조.

25) 이들이 받은 끔찍한 처우에 대해서는 Felicity Goodall, 《A Question of Conscience : Conscientious Objection in the Two World Wars》, Sutton Publishing, 1997, 27~39쪽 참조.

26) Gwyn Harries-Jenkins, 앞의 글, 75쪽 참조.

27) Gwyn Harries-Jenkins, 앞의 글, 75쪽 참조.

28) Gwyn Harries-Jenkins, 앞의 글, 71쪽 참조.

29) Neil A. Silberman, 《A Prophet from amongst You : The Life of Yigael Yadin : Soldier, Scholar, and Mythmaker of Modern Israel》, Addison-

Wesley, 1993, 186쪽 참조.

30) Yoram Peri, 'Israel : Conscientious Objection in a Democracy under Siege', 《The New Conscientious Objection》, 148~150쪽 참조.

31) Ruth Linn, 《Conscience at War : The Israel Soldier as a Moral Critic》, State University of New York Press, 1996, 36~37쪽 참조.

32) Martin Gilbert, 《Israel : A History》, William Morrow & Company, 1998, 506~507쪽 참조.

33) Yoram Peri, 앞의 글, 156쪽 참조.

9장 말로만 하는 평화운동은 쉽다, 그러나…

1) Michael Eric Dyson, 《I May Not Get There with You : the True Martin Luther King Jr.》, Free Press, 2000, 55쪽 참조.

2) Michael Eric Dyson, 앞의 책, 57쪽 참조.

3) 클레이본 카슨 엮음(이순희 옮김), 《나에게는 꿈이 있습니다 : 마틴 루터 킹 자서전》, 바다출판사, 2000, 429~430쪽 참조.

4) 클레이본 카슨, 앞의 책, 433쪽 참조.

5) 클레이본 카슨, 앞의 책, 442쪽 참조.

6) Thomas Maier, 《Dr. Spock : An American Life》, Harcourt Brace, 1998, 222~227쪽 참조.

7) Thomas Maier, 같은 책, 246~251쪽 참조.

8) Thomas Maier, 앞의 책, 252~253쪽 참조.

9) Thomas Maier, 앞의 책, 271~273쪽 참조.

10) Thomas Maier, 앞의 책, 294~295쪽 참조.

11) Thomas Maier, 앞의 책, 308~316쪽 참조.

12) Thomas Maier, 앞의 책, 450~451쪽 참조.

13) 마이크 마커시(차익종 옮김), 《알리, 아메리카를 쏘다》, 당대, 2003, 222쪽 이하 참조.

14) 마이크 마커시, 앞의 책, 287쪽의 번역을 그대로 인용.

15) 마이크 마커시, 앞의 책, 293~294쪽 참조.

16) 마이크 마커시, 앞의 책, 298쪽 참조.

17) 마이크 마커시, 앞의 책, 303쪽 참조.

18) Clay vs. United States, 402 U.S. 698 (1971), 206.

19) 마이크 마커시, 앞의 책, 311쪽 참조.

20) 제2차 바티칸 공의회 문헌(개정판), 한국천주교중앙협의회, 2002, 306쪽
    참조.

21) 이 통계도 역시 John W. Chambers II, 앞의 글, 41쪽 참조.

22) 빅터 데이비스 핸슨(남경태 옮김),《살육과 문명 : 서구의 세계 제패에 기
    여한 9개의 전투》, 푸른숲, 2002, 680~682쪽 참조.

23) 마이클 매클리어(유경찬 옮김),《베트남 10,000일의 전쟁》, 을유문화사,
    2002, 409쪽 참조.

24) 하워드 진(유강은 옮김),《미국 민중사 2》, 시울, 2006, 255~256쪽 참조.

25) 하워드 진, 앞의 책, 459~460쪽 ; 김용윤, 'LA서 이라크전 반대 대규모 시
    위', 〈연합뉴스〉 2003년 1월 12일자 참조.

26) 마이클 매클리어, 앞의 책, 487~493쪽 ; 하워드 진, 앞의 책, 222~225쪽
    참조.

27) M. 스캇 펙,《거짓의 사람들》, 비전과리더십, 2003, 296~304쪽 참조.

28) M. 스캇 펙, 앞의 책, 306쪽 참조.

29) M. 스캇 펙, 앞의 책, 307~308쪽 참조.

30) M. 스캇 펙, 앞의 책, 310~312쪽 참조.

31) M. 스캇 펙, 앞의 책 330쪽 참조.

10장 70년간 양심에 따른 병역거부자 1만 명

1) 이하의 내용은 〈인권과 정의〉 2007년 3월호에 실렸던 '양심에 따른 병역거
    부 70년의 회고와 전망'을 수정 보완한 것입니다.

2) 서승,《서승의 옥중 30년》, 역사비평, 1999, 45쪽 참조.

3) 유남석, '양심상의 병역거부에 관한 법적 고찰', 〈군사법연구〉, 1985, 75쪽

이하 참조.

4) 예컨대 한인섭, '왜 소수자 약자의 인권인가', 《일상의 억압과 소수자의 인
권》, 사람생각, 2000, 33쪽 참조.

5) Peter Brock, 《Freedom from War》, 284~285쪽 ; 阿部知二, 《良心的 兵
役拒否の 思想》, 岩波書店, 1969, 91쪽 이하 참조.

6) 평화주의자로서 가가와의 삶에 대해서는 William Axling, 《Kagawa》,
Student Christian Movement Press, 1932, 117~126 참조. 가가와는 신카
와에 거주하는 동안 그를 위협하는 술 취한 난동자들을 경찰에 신고하지도
않을 정도로 철저한 비폭력주의자로 살았습니다. 그밖에 평화주의자로서
가가와의 삶에 큰 한계가 있었음을 지적하는 글로 Yuzo Ota, 'Kagawa
Toyhiko : A Pacifist?', in Nobuya Bamba & John F. Howes eds.,
《Pacifism in Japan : The Christian and Socialist Tradition》, Unversity
of British Columbia Press, 1978, 169~197쪽 참조.

7) Cyril H. Powles, 'Abe Isoo : The Utility Man', 앞의 책 《Pacifism in
Japan》, 143~167쪽 참조.

8) Cyril H. Powles, 앞의 책, 147쪽 참조.

9) 이토 나리히코(강동완 옮김), 《일본 헌법 제9조를 통해서 본 또 하나의 일
본》, 행복한 책읽기, 2005, 139~141쪽 참조.

10) 이토 나리히코, 앞의 책 144~147쪽 ; Peter Brock, 앞의 책, 286~287쪽
참조.

11) 오스기 사카에(김응교, 윤영수 옮김), 《오스기 사카에 자서전》, 실천문학
사, 2005, 212쪽 참조.

12) Peter Brock, 앞의 책, 281~284쪽 참조.

13) 이토 나리히코, 앞의 책, 212~215쪽 참조.

14) 阿部知二, 앞의 책, 160쪽 참조.

15) 다테노 아키라 엮음(오정환, 이정환 옮김), 《그때 그 일본인들》, 한길사,
2006, 316~317쪽 참조.

16) 김헌직, '내 눈을 열어주신 은사 김교신 선생', 《김교신을 말한다》(김교신
전집 별권), 부키, 2001 385~388쪽 참조.

17) 김교신, 《일기 3》(김교신 전집 7), 부키, 2001, 257~258, 271~272, 282
～283, 288~291쪽 등 참조.

18) 김교신, 《성서연구》(김교신 전집 3), 부키, 2001, 97~98쪽 참조.

19) 김교신, 《일기 3》(김교신 전집 7), 254쪽 참조.

20) 김성수, 《함석헌 평전 : 신의 도시와 세속 도시 사이에서》, 삼인, 2001, 54
～57쪽 참조.

21) 이토 나리히코, 앞의 책, 151~153쪽 참조.

22) 박노자, ‘부처님은 죽이라고 했는가’, 〈한겨레21〉 2006년 9월 19일자 참조.

23) 김성수, 앞의 책, 121쪽 이하 참조.

24) 쓰루미 슌스케(최영호 옮김), 《전향 : 쓰루미 슌스케의 전시기 일본정신
사 강의 1931~1945》, 논형, 2005, 94~95쪽 참조.

25) 구라타 마사히코, 〈일제하 한국기독교와 일본의 천황제와의 갈등관계에 대
한 역사적 고찰〉, 연세대학교 대학원 신학과 석사학위 논문, 79~81쪽 참
조. 구라타 마사히코의 논문은 일본과 조선 등대사의 재판 기록을 충실히
요약하고 있습니다.

26) 阿部知二, 앞의 책, 151쪽 참조.

27) 쓰루미 슌스케, 앞의 책, 96~97쪽 참조.

28) 아카시 쥰조의 보고서 〈전시하〉에 실린 이 진술은 쓰루미 슌스케, 앞의
책, 97쪽 ; 구라타 마사히코, 앞의 논문, 82쪽 등에 재인용되어 있습니다.

29) 구라타 마사히코, 앞의 논문, 83~84쪽 참조.

30) 구라타 마사히코, 앞의 논문, 86쪽 참조.

31) 구라타 마사히코, 앞의 논문, 83쪽 참조.

32) 홍영일, ‘양심적 병역거부와 여호와의 증인’, 《양심적 병역거부》, 사람생
각, 2002, 219쪽 이하 참조.

33) 한홍구, ‘여호와의 증인 앞에서 부끄럽다’, 〈한겨레21〉 2004년 5월 27일자
참조.

34) 쓰루미 슌스케, 앞의 책, 98~99쪽 참조.

35) 남도부의 생애에 대해서는, 노가원, 《남도부》(상, 하), 월간 말, 1993 참조.

36) 오만규, 《집총 거부와 안식일 준수의 신앙양심 : 한국 재림교도들의 군 복

무 역사》, 삼육대학교 부설 선교와 사회문제 연구소, 2002, 55쪽 ; 한홍구,
'인민군도 무작정 처벌 안 했다', 〈한겨레21〉 2003년 1월 2일자 참조.

37) 오만규, 앞의 책, 56~57쪽 참조.

38) 홍명순, 〈씨알 모임〉, 1993년 1월 15일, 3쪽 참조(김성수, 《함석헌 평전 :
    신의 도시와 세속 도시 사이에서》, 삼인, 2001, 105쪽에서 재인용).

39) 군 복무 자체를 거부하는 여호와의 증인들과, 집총만을 거부하는 안식교인
    들은 '군 복무를 할 의사'의 유무라는 측면에서 본질적인 차이가 있는데도
    우리나라는 양자의 차이를 무시하는 입법과 정책을 펼쳐 왔습니다.

40) 오만규, 앞의 책, 66~69쪽 참조.

41) 오만규, 앞의 책, 70쪽 참조.

42) 〈기독교 사상〉, 1959년 3월호, 8~36쪽 참조.

43) 1949년 8월 6일 법률 제41호로 제정된 병역법 제6조 ; 1957년 8월 15일 법
    률 제 444호로 전문 개정된 병역법 제5조.

44) 1962년 10월 1일 전문개정된 법률 제1163호 병역법 제58조.

45) 오만규, 앞의 책, 106, 123쪽 참조.

46) 대법원 1965. 12. 21. 선고 65도894 판결.

47) 미국 선교사들이 철수하고 한국인 토착 지도자들이 안식교를 이끌기 시작
    하면서 나타난 이런 변화에 대해서는, 오만규, 앞의 책, 129~161쪽 참조.

48) 1970년 12월 31일 전문 개정 이전의 병역법 제104조 제1항, 그 이후의 병
    역법 제84조 제1항.

49) 대법원 1969. 7. 22. 선고 69도934 판결 ; 대법원 1985. 7. 23. 선고 85도
    10949 판결 ; 대법원 1992. 9. 14. 선고 92도1534 판결 등 다수.

50) 이하의 내용은 2003년 2월 28일 북아현동의 한 출판사에서 이루어진 김창
    식 씨와의 인터뷰에 기초한 것이며 이 인터뷰 내용은 강수돌 외, 《탈영자들
    의 기념비》, 생각의나무, 2003에도 실려 있습니다.

51) 이하는 같은 날 이루어진 오헌일 씨와의 인터뷰에 기초한 것입니다.

52) 1987년의 헌법 개정으로 군사법원법이 제정되기 이전의 군법회의법은 심
    판관과 법무사 등을 모두 군법회의의 직원으로 분류하고 있었습니다.

53) 대법원 1992. 9. 14. 선고 92도1534 판결.

54) 제165회 국회 본회의 회의록 제21호(1993년 12월 16일) 4쪽.

55) 제165회 국회 법제사법위원회 회의록 제16호(1993년 12월 10일) 2쪽.

56) 김두식, '내가 소외시킨 그들의 이야기', 《탈영자들의 기념비》, 227쪽 이하 참조.

57) 한홍구, '상아탑은 병역 비리탑?', 〈한겨레21〉 2002년 10월 12일자 참조.

58) 1962년 1월 20일부터 1개월간 실시된 제2차 자수 신고 기간에 163,106명 이 자진 신고하였음을 고려한다면, 자진 신고된 병역의무 불이행자의 수만 40만 명을 넘어서고 있었습니다. 한국군사혁명사편찬위원회 편, 《한국군 사혁명사》(제1집 상), 748쪽 참조.

59) M. James Penton, 《Apocalypse Delayed : The Story of Jehovah's Witnesses》(2nd edition), University of Toronto Press, 1997, 143쪽 참 조.

60) 2001년 7월 26일 서울지방법원 북부지원 2001 고단 3259 사건에서 피고 인 김진석에게 징역 8월에 집행유예 2년이 선고되었습니다.

61) 서울지방법원 남부지원 2002초기54 위헌제청신청에 대한 결정문.

62) 신윤동욱, '다양한 양심, 감옥행을 시작하다', 〈한겨레21〉 2002년 7월 25일 자 참조.

63) 이재승, '독일에서 병역거부와 민간봉사', 〈민주법학〉 제20호, 2001 ; 한인 섭 '양심적 병역거부 : 헌법적 형사법적 검토', 〈인권과 정의〉 2002년 5월 호 ; 조국, '양심적 집총거부권 : 병역기피의 빌미인가 양심의 자유의 구성 요소인가?', 〈민주법학〉 제20호, 2001 ; 노혁준 '양심적 병역거부에 대한 병역법상 처벌조항의 위헌성 검토', 〈민주법학〉 제24호, 2003 ; 김병록 '양 심적 병역거부의 헌법이론적 검토', 〈헌법학연구〉 제9권 제2호, 2003 ; 윤 영철 '양심적 병역거부에 대한 형사처벌의 형법적 문제점', 〈형사정책〉 제 16권 제2호, 2004 ; 안경환·장복희 편, 《양심적 병역거부》, 사람생각, 2001 ; 김두식, 《칼을 쳐서 보습을 : 양심에 따른 병역거부와 기독교 평화 주의》, 뉴스앤조이, 2002 ; 이남석, 《양심에 따른 병역거부와 시민불복종 : 병역거부권과 사회적 소수자 문제에 대한 정치철학적 접근》, 그린비, 2004 ; 이석우, 《양심적 병역거부 : 2005년 현실진단과 대안모색》, 사람생

각, 2005 등 참조.

64) 대법원 2004. 7. 15. 선고 2004도2965 전원합의체 판결.

65) 헌법재판소 2004. 8. 26. 선고 2002헌가1 전원재판부 결정.

66) 2007~2011 국가인권정책기본계획 권고안, 국가인권위원회 2006, 117쪽
참조.

11장 병역의무와 양심의 자유가 충돌할 때

1) Conscientious Objection to Military Service : Commission on Human Rights Resolution 1998/77, U. N. ESCOR, 50th Session, 58th Meeting, U. N. Doc. E/CN.4/RES/1998/77 참조.

2) The Question of Conscientious Objection to Military Service : Report of the Sectretary-General prepared pursuant the Commission Resolution 1995/83, U.N. ESCOR, 53rd Session, Provisional Agenda Item 23, U.N. Doc. E/CN.4/1997/99 참조.

3) 선택 병역을 위한 등록 업무를 담당하고 있는 선별 병역청(Selective Service System) 사이트에서 이 법률의 내용을 확인할 수 있습니다. http://www.sss. gov ; Robert A. Seeley, 《Handbook for Conscientious Objectors》(11th ed.), Central Committee for Conscientious Objectors, 1982, 53쪽 참조.

4) 이하의 설명은 모두 Robert A. Seeley, 앞의 책, 53~62쪽에 기초한 것입니다.

5) U. S. vs. Seeger, 380 U.S. 163(1965)

6) Welsh vs, U.S., 398 U.S. 333(1970)

7) Robert A. Seeley, 앞의 책, 181~186쪽 참조.

8) 독일에 대해서는 Juergen Kuhlmann & Ekkehard Lippert, 'The Federal Republic of Germany : conscientious objection as social welfare' 《The New Conscientious Objection》(1993), 98~105쪽 참조.

9) 덴마크에 대해서는 Henning Sorensen, 'Denmark : The Vanguard of

Conscientious Objection', 《The New Conscientious Objection》, 106~
113쪽 참조.

10) 노르웨이에 대해서는 Nils Petter Gleditsch & Nils Ivar Agoy,
'Norway : Toward Full Freedom of Choice?', 《The New
Conscientious Objection》, 114~126쪽 참조.

11) Michael L. Martin, 'France : A Statute but No Objection', 《The New
Conscientious Objection》, 83~84쪽 참조.

12) Michael L. Martin, 앞의 글, 84쪽 참조.

13) Michael L. Martin, 앞의 글, 85쪽 참조.

14) Michael L. Martin, 앞의 글, 89~92쪽 참조.

15) Michael L. Martin, 앞의 글, 94쪽 참조.

16) 스위스에 대해서는 Karl W. Haltiner, 'Switzerland : Questioning the
Citizen Soldier', 《The New Conscientious Objection》, 135~145쪽 참
조.

17) 박노자, '군대 해체를 상상하자', 〈한겨레21〉 2002년 1월 9일자 참조.

18) Lillian Schlissel ed., 《Conscience in America : A Documentary History
of Conscientious Objection in America 1757~1967》, Dutton Press,
1968, 161~162쪽 참조.

19) Norman Thomas, 《Is Conscience a Crime?》, Vanguard Press, 1927, 2
쪽 참조.

12장 글을 맺으며

1) Reinhold Niebuhr(Robert M. Brown ed.), 《The Essential Reinhold
Niebuhr : Selected Essays and Addresses》, Yale University Press,
1986, 104쪽 참조.

2) 이재승, '대체복무는 세계적 표준', 〈경향신문〉 2006년 12월 19일자 참조.

3) 이석우, '국제법상 양심적 병역거부자의 권리보호 방안에 대한 고찰', 앞의
책 《양심적 병역거부 : 2005년 현실진단과 대안모색》, 119쪽 참조.

평화의 얼굴

2007년 6월 10일 초판 1쇄 발행
2012년 10월 15일 초판 4쇄 발행

- 지은이 ——————— 김두식
- 펴낸이 ——————— 한예원
- 편집 ——————— 이승희, 임정은, 조은영
- 인쇄 · 제책 ——— 한영문화사
- 본문 조판 ——— 새일기획
- 펴낸곳　　교양인

　　　　우121-888 서울 마포구 합정동 438-23 신성빌딩 202호
　　　　전화 : 02)2266-2776 팩스 : 02)2266-2771
　　　　e-mail : gyoyangin@naver.com
　　　　출판등록 : 2003년 10월 13일 제2003-0060

* 잘못 만들어진 책은 바꾸어드립니다.
* 값은 뒤표지에 있습니다.

그곳은 평화롭겠지

그곳은 평화롭겠지

Boven is het stil

헤르브란트 바커르 지음
Gerbrand Bakker

—

신석순 옮김

문학과지성사
2011

그곳은 평화롭겠지

펴낸날	2011년 4월 29일
지은이	헤르브란트 바커르
옮긴이	신석순
펴낸이	홍정선
펴낸곳	㈜문학과지성사
주소	121-840 서울 마포구 서교동 395-2
전화	02)338-7224
팩스	02)323-4180(편집) / 02)338-7221(영업)
등록번호	제10-918호(1993. 12. 16)
전자우편	moonji@moonji.com
홈페이지	www.moonji.com
ISBN	978-89-320-2202-4

I

1

난 아비를 위로 치웠다. 그러기 위해 난 아비를 의자 위에 앉힌 다음 침대를 분해했다. 아비는 어미의 배 속에서 나온 지 불과 몇 분밖에 안 되는, 몸도 채 닦이지 않은 송아지 모양을 하고 의자에 앉아 있었다. 아비의 가누어지지 않는 머리는 몹시 불안해 보였고, 두 눈은 그 어디로도 향하고 있지 않아 멍해 보였다. 나는 침대에서 이불과 시트를 걷어내고 매트리스 덮개를 벗겨낸 다음 침대 널판과 매트리스를 벽에 세워놓았다. 이어 나사를 풀어 사각 침대 틀을 분해했다. 가능한 한 입으로만 숨을 쉬려고 애썼다. 위층에 있는 내 침실은 이미 비워둔 상태였다.

"뭐 하려는 거냐?" 아비가 물었다.

"아버지 침실, 다른 방으로 옮길 거예요."

"난 여기가 좋은데."

“아뇨, 옮기셔야 해요.”

아비는 쓰던 침대를 그대로 사용해도 좋았다. 침대의 절반은 벌써 10년도 넘게 누워 자는 사람이 없어 차갑게 식어 있었지만 그렇다고 베개까지 없지는 않았다. 난 위층에 있는 방으로 가 침대를 조립하고 나서, 발치가 창가를 향하도록 침대 자리를 잡았다. 침대 다리 밑에는 나무 받침을 끼워 넣었고, 침대보와 베갯잇은 깨끗한 것으로 갈아 씌웠다. 그러곤 아비를 위로 옮겼다. 의자에서 들어 올리자 내 얼굴을 유심히 쳐다보던 아비는 침대에 눕힐 때까지 내내 내 눈을 들여다보았다. 아비의 얼굴과 내 얼굴이 거의 맞닿을 정도로 가까웠다.

“나 혼자 걸을 수 있어.” 침대에 눕히고 나니까 그제야 아비가 말했다.

“아니요, 아버진 혼자 못 걸어요.”

창밖을 바라보던 아비가 눈에 익지 않은 풍경을 보고는 말했다. “누운 자리가 높아졌어.”

“네. 누운 자리가 높아져서 이제 하늘 말고도 다른 게 보일 거예요.”

침대보와 베갯잇을 새것으로 갈아 끼웠는데도 불구하고, 새로 옮긴 방에서는 큼큼한 곰팡이 냄새가 났다. 두 개의 창문 중 하나를 조금 열어 고리로 고정시켰다. 밖은 서늘하고 조용했다. 앞마당에 심긴 구부정한 물푸레나무에는 말라비틀어진 잎사귀 몇 장만이 맨 꼭대기에 달려 있었다. 멀리 둑길을 따라 세 사람이 자전거를 타고 지나가는 것이 보였다. 내가 옆으로 한 발짝만 비켜서면 아비의 눈에도 자전거 탄 사람들이 보일 것이지만, 난 한 발짝도 움직이지 않았다.

“의사 좀 불러줘.” 아비가 말했다.

“싫어요.” 짧게 대답한 후 나는 등을 돌려 방을 나왔다.

문이 닫히려는 순간, 아비가 소리 질렀다. "양 갖고 와!"

아비가 쓰던 침실에는 침대보다 약간 작은 정사각형 깔개 천이 바닥에 깔려 있다. 나는 그 침실을 비우기 위해, 의자 두 개, 협탁 두 개, 그리고 어머니가 쓰던 화장대를 거실로 옮겼다. 그러곤 침실 구석으로 가 손가락 두 개를 카펫 밑으로 쑤셔 넣었다. "접착제는 바르지 마세요." 문득 까마득히 오래전에 어머니가 했던 말이 떠올랐다. 아비가 접착제와 붓을 양손에 들고 막 무릎을 꿇으려고 하자, 어머니가 그랬었다. 접착제에서 풍기는 지독한 냄새 때문에 우리는 머리까지 어질어질했는데, 어머니가 이어 말했다. "10년쯤 지나면 새 카펫으로 다시 깔아야 하니까 접착제는 안 발라도 돼요." 카펫 뒷면이 손가락에 눌리자 바스러진다. 카펫을 둘둘 말아 들고 착유실을 지나 밖으로 나온다. 하지만 마당 한복판까지 와서는 카펫을 어찌 처리해야 할지 모르겠다. 그 자리에서 손에 들린 카펫을 놔버린다. 퍽! 하고 갑자기 예상치 못한 소리가 들리니까 깜짝 놀랐는지 마당 가장자리에 심긴 나무에서 갈까마귀들이 푸드득 솟아오른다.

카펫을 거둬낸 침실 바닥에는 나무섬유판이 깔려 있다. 까칠한 면이 위로 향해 있다. 진공청소기로 대충 바닥을 훑어낸 다음, 사포질도 하지 않은 채 넙적한 붓에 회색 초벌 페인트를 묻혀 나무 섬유판에 칠을 한다. 문가에 앉아 붓으로 마지막 선을 긋고 있으려니 문득 양들이 눈에 들어온다.

지금 난 부엌에 앉아서 페인트가 마르기를 기다리고 있다. 검은 양들이 그려진, 벽에 걸린 우중충한 그림은 그때 가서나 떼어낼 참이다. 아비가 보고 싶다니까, 창문 옆에다 못을 박고 그 그림을 걸어줄 참이다. 부엌문과 방문이 모두 열려 있어서, 지금 앉은 자리에서도 화장대와 협탁 너머로 그림이 보인다. 하지만 너무 어둡고 침침해서 양들의 형체는 알아볼 수 없다.

2

비가 내린다. 바람이 심하게 불어 물푸레나무에 매달려 있던 마지막 잎사귀들이 모두 쓸려가버렸다. 11월은 더 이상 서늘하지도 조용하지도 않다. 부모가 쓰던 침실이 이제 내 침실이 되었다. 나는 새로 쓸 침실의 천장과 벽을 흰색 페인트로 칠했고, 바닥은 초벌 페인트만 두 번을 칠했다. 그리고 의자 두 개와 어머니가 쓰던 화장대, 협탁 두 개를 모두 위층으로 옮겨서는, 협탁 하나만 아비의 침대 옆에 놓아두고 나머지 물건들은 모두 옆에 있는 빈방에 옮겨놓았다. 그 방은 헹크가 쓰던 방이다.

이틀이나 바깥 구경을 못한 탓인지, 우유를 짜는 내내 소들이 얌전히 있지 못했다.

오늘 아침에 집유차가 왔었는데 다행히 우유 탱크에 달린 둥근 뚜껑이 닫혀 있었다. 그랬으니 망정이지, 만일 그 뚜껑이 열려 있었다면 탱크에서 우유가 반쯤은 콸콸 쏟아져 나왔을 것이다. 그때까지 마당 한

가운데에 방치돼 있던 둘둘 말린 카펫을 피하기 위해 집유차 기사가 돌연 급정거를 해야 했기 때문이다. 착유실에 들어서려니까, 기사의 짜증 섞인 투정이 들렸다. 우유는 두 사람이 매번 번갈아가며 수거해 가는데, 오늘 아침에 온 사람은 다른 사람보다 나이도 많고 성격도 거 무뚝뚝하다. 나이는 내 나이쯤 됐을까. 아마 정년이 얼마 안 남았을 것이다.

새로 옮긴 내 침실에는 지금 아무것도 없고 침대만 하나 달랑 놓여 있다. 목재로 된 부분——창턱, 문, 바닥 가장자리에 박힌 목자 틀——에 색을 입힐까 한다. 가끔 바닥하고 똑같은 색을 입힐까 하는 생각이 드는데, 아직 분명히 정하지는 못했다. 어두운 청색이 어떨까 싶다. 여름날 저만치 회색 매지구름이 몰려들려고 할 때면 에이설 호수가 머금는 색깔.

7월 말인가 8월 초쯤, 여기로 어떤 청년 둘이 카누를 타고 지나간 일이 있다. 우리 농가는 공식 카누 루트에서 벗어나 있어 그런 일은 흔한 일이 아니다. 루트를 벗어나 더 멀리 가고자 하는 사람들만이 여기를 지나친다. 날이 더운 탓에 청년들은 윗옷을 벗고 있었다. 근육이 붙은 두 청년의 탄탄한 팔과 어깨가 햇볕을 받아 반들거렸다. 난 집 옆에 몰래 몸을 숨긴 채, 두 청년이 서로 앞질러 가려고 하는 양을 지켜보고 있었다. 노가 노란 연꽃들 사이로 첨벙첨벙 빠졌다. 앞장 서 가던 카누가 휙 돌아 가로로 휘어지자 카누 뱃머리가 수로 가장자리에 처박혔다. 그 카누에 타고 있던 청년이 우리 농가를 보고는, 어깨가 벌겋게 달아오르고 머리칼이 붉고 얼굴이 주근깨투성이인 다른 청년을 향해 외쳤다. "어, 저기 농가가 있네! 근데 저기 저 농가, 저 농가 보니까 어째 시간이 멈춰버린 느낌 안 드냐? 아마 1967년이든 1930년이든, 항상 저기 저 모습 저대로 저 길가에 줄곧 서 있었을 거 같아. 그렇지?"

머리칼이 붉은 청년이 농가와, 주변에 심긴 나무들, 그리고 당나귀들이 서 있는 곳을 유심히 바라보기 시작했다. 난 귀가 솔깃해졌다. 한참을 뜸 들이고 나서 그 청년이 대꾸했다. "그래, 저기 저 당나귀들은 정말 구식이긴 하다."

가장자리에 처박혀 씨름을 하던 청년이 드디어 카누를 돌릴 수 있게 되었다. 그가 다른 청년에게 또 뭐라고 말을 걸었지만, 마침 도요새 한 마리가 시끄럽게 울어대는 바람에 내 귀에는 아무 말도 들리지 않았다. 대개 도요새들은 7월 말이면 모두 자취를 감춰버리는데, 그 도요새는 늑장꾸러기 도요새였다. 머리칼이 붉은 청년이 여전히 당나귀 두 마리에게 시선을 겨눈 채 앞서 가는 청년의 뒤를 쫓아 노를 저었다. 집 옆에 몸을 숨기고 있던 나는 뭔가 분주한 척이라도 하려고 주변에 어떤 기구나 도구가 있는지 둘러보았지만 아무것도 없어서 쩔쩔매며 가만히 서 있기만 했다. 숨소리마저 죽인 채 난 거기 꼼짝없이 서 있었다.

청년이 나를 보았다. 순간 머리칼이 붉은 청년이 다른 청년에게 또 뭐라고 말을 건네겠지, 하는 생각이 들었다. 그의 다문 입술이 벌어지고 고개가 돌아갔던 것이다. 하지만 그뿐이었다. 청년은 다른 청년에게 내 존재에 대해 말하지 않을 모양이었다. 청년들이 오페르바우데르바르트 수로로 접어들었고, 연꽃들이 다시 한데로 모여들었다. 난 길로 나와 멀어져가는 청년들의 뒷모습을 지켜보았다. 그러곤 청년들의 목소리가 전혀 들리지 않을 만큼 거리가 멀어졌을 때, 등을 돌려 청년들의 눈으로 농가를 바라보려 했다. "1967년?" 작게 중얼거리며 고개를 저었다. 왜 하필이면 1967년이지? 한 청년은 연도를 말했고, 얼굴에 주근깨가 잔뜩 나고 어깨가 벌겋게 달아오른 다른 한 청년은 눈으로 보았다. 그날은 날씨가 무더웠다. 한 서너 시쯤 되었을까. 소들을 안으로 들여놓아야 할 시간이었다. 돌연 다리가 나른해지면서, 그날 오후가 한없이 무의미하고 공허하게 느껴졌다.

3

충계를 타고 괘종시계를 위층으로 옮기는 일은 무척 힘들다. 길고 미끈한 판자와 카펫과 스티로폼을 이용해 괘종시계를 옮기고 있다. 퉁탕퉁탕 괘종시계 안에 있는 온갖 것들이 시끄럽게 소음을 낸다. 쉬지 않고 똑딱대는 시계 소리 때문에 난 미쳐 돌아버릴 지경이었지만, 밤마다 시계를 멈추게 할 수는 없었다. 충계 중간쯤까지 올라와 잠시 휴식을 취한다. 똑딱대는 시계 소리 때문에 아비가 미쳐 돌아버리는 건 아닐는지. 아무리 양 그림을 보며 항상 평정을 되찾는 아비라지만 모를 일이다.

"시계 가져왔어?" 침실에 들어서니 아비가 말한다.

"네." 열린 문 뒤로 시계를 세우고 나서 옆으로 추를 살짝 밀자 추가 흔드렁흔드렁 움직이기 시작한다. 서서히 저물어가는 시간을 알리는 듯, 똑딱똑딱 시계 소리가 금세 방을 채운다. 이제 문을 닫으면 아비의 눈에도 시계가 보일 것이다.

"배고파." 시계를 보곤 아비가 말한다.

"가끔은 누구나 배가 고파요." 유유히 시간이 흐르고 있다.

"커튼 좀 열어."

창가로 가 커튼을 연다. 어느덧 비도 그치고 바람도 잠잠해졌다.

"풍차에 가봐야겠군." 고랑에 찬 물이 농지 위로 흘러넘치는 걸 보고는 난 혼잣말로 중얼거린다.

"뭐?" 자기 들으라고 한 말처럼 들린 모양인지 아비가 묻는다.

"아니에요, 아무것도." 창문을 살짝 열어 고리로 고정하는 순간, 거실의 텅 빈 공간이 떠오른다.

부엌에 앉아 빵에 버터를 바르고 치즈를 올린 다음 꾸역꾸역 성급하게 집어삼킨다. 커피메이커에서 여전히 졸졸 커피가 흐르고 있는데도 난 기어이 거실로 발을 옮긴다. 난 이제 혼자다. 이제부터 난 모든 일을 나 혼자 힘으로 해내야 할 것이다. 괘종시계를 옮길 때 썼던 카펫을 사용해, 복도를 지나 부엌과 연결된 다용도실로 소파를 끌어 옮긴다. 그러곤 안락의자 두 개를 현관 복도를 지나 길 한편에 내다 놓는다. 나머지 물건도 다용도실에 옮겨놓는다. 서랍장은 먼저 서랍을 모두 빼낸 다음 옮긴다. 이제, 거실 모퉁이로 걸어가 손가락을 카펫 밑으로 쑤셔넣는다. 이 카펫은 제법 비싼 카펫이라 그런지 손가락을 쑤셔 넣어도 전혀 바스러지지 않는다. 카펫을 둘둘 마는 동안, 다른 데 소용이 있을지도 모르니까 카펫을 버리지 말까? 하는 생각이 잠시 스친다. 하지만, 별다른 소용거리가 금방 떠오르지 않는다. 무거운 카펫을 질질 끌고선 자갈 깔린 좁은 길과 다리 위를 지나 길가에 내다놓는다. 집 안에 들어서니 복도에 놓인 전화기가 보인다. 시청에 전화를 걸어 다 형쓰레기 수거를 부탁한다. 다 채워진 커피 용기에서 모락모락 김이 피어오른다.

풍차로 걸어가고 있으려니까, 요 며칠 전에도 보았던 풍경을 다시 보고는 기분이 상해버린다. 북에서 남으로 이동해야 할 새들이 사방팔방 하늘을 휘젓고 있다. 들리는 소리라곤 후르르후르르 새들의 날갯짓 소리뿐. 검은머리물떼새, 까마귀, 갈매기. 이상하다. 이 세 종류의 새들이 함께 무리 지어 날아다니는 꼴을 난 단 한 번도 본 적이 없었다. 사위스럽다. 혹시 예전에도 본 적이 있는 풍경인데, 그땐 별 불편한 느낌 없이도 볼 수 있었던 것 아닐까? 찬찬히 보고 있으려니까, 문득 다른 새가 눈에 들어온다. 커다란 재갈매기들 사이로, 몸집이 훨씬 작은 붉은부리갈매기들이 날고 있다. 소속이나 질서는 모른다는 듯, 뒤죽박죽 뒤엉켜 날고 있는 새들이, 사뭇 혼란에 빠진 듯이 보인다.

풍차는 철재로 된 작은 보스만 풍차다. 풍차에 달린 쇠로 된 꼬리에는 한쪽 면에 '보스만 피어스힐Bosman Piershil'*이라고 새겨져 있고, 그 뒷면에는 'N°40832'라는 번호와 함께 'Ned Oct'**라는 글자가 새겨져 있다. 예전에 난 'Oct'가 10월의 약자인 줄 알았다. 고랑의 물을 퍼내는 풍차는 꼬리를 풍차 날개와 직각을 이루도록 수평으로 펼쳐놓으

---

* 피어스힐은 지명이고 보스만은 회사 이름이다. 피어스힐에서 발명된 풍차라는 뜻.(옮긴이 주, 이하 주는 모두 옮긴이 주다.)
** Ned는 네덜란드를 뜻하고 Oct는 octrooi, 즉 '특허'를 뜻한다.

면, 꼬리가 바람 부는 방향을 스스로 찾아가 날개를 회전하게 만든다. 꼬리를 접어서 날개와 나란히 늘어놓으면, 날개는 회전을 멈춘다. 지금 나는 풍차 꼬리에 달린 쇠막대를 이용해 꼬리를 펼쳐 세우려 한다. 이 풍차는 모양이 날씬하고 세련돼서 왠지 미국을 연상시킨다.

바로 그런 이유 때문에, 헹크와 나는 여름이면 종종 이곳을 찾곤 했다. 물론 고랑 밑에 깔린 시멘트 버팀돌과 이곳에서 풍기는 기름칠 냄새가 좋은 것도 한몫했다. 여기 이곳은 다른 곳들과는 달랐다. 1년에 한 번씩 풍차 점검을 나오던 보스만 풍차 직원의 발길이 끊긴 지도 벌써 수년이 지났지만, 풍차는 여전히 제구실을 잘 하고 있다. 우두커니 선 채로 잠시 수로의 물이 불어오는 것을 지켜본다.

길을 삥 돌아 양들의 방목장으로 가서는 양들의 숫자를 세어본다. 암양 스물세 마리, 숫양 한 마리, 모두 모여 있다. 빨개진 암양들의 엉덩이를 보니, 숫양을 치울 때가 된 것 같다.* 양들이 처음에는 나를 보고 도망치려 하다가, 울타리문에 가까워지니 차츰 내 뒤를 따르기 시작한다. 울타리문 앞에서 걸음을 멈추니, 한 10미터쯤 간격을 두고 양들도 멈춰 선다. 일렬로 선 양들이 나를 빤히 쳐다본다. 한가운데 서 있는 각이 진 사각 머리통의 숫양도 나를 빤히 쳐다본다. 왠지 기분이 언짢아진다.

마당에 들어서니 비에 젖은 카펫이 눈에 들어온다. 카펫도 길가에 내놓아야겠다.

---

* 양들의 번식을 위해 매년 가을 숫양 한 마리를 빌려 암양들과 교미시키는데, 숫양의 배에는 빨간색 스탬프 통이 채워져 있어 숫양이 암양과 교미를 하면 암양의 엉덩이에 스탬프가 찍힌다.

소젖을 짜러 가기 전에 먼저 앞마당에 깔린 자갈돌들을 갈퀴로 훑어 고르게 정돈한다. 벌써 날이 어둑어둑 저물고 있다. 이웃에 사는 튠과 로날드가 카펫—거실에 깔려 있던 값비싼 카펫—을 반쯤 펼쳐 의자 두 개 위에 걸쳐놓고는 그 밑에 들어가 놀고 있다. 튠과 로날드는 며칠 전에도 저녁 7시쯤 우리 농가를 찾아온 적이 있었다. 아이들은 그때 현관문 앞에서 사탕무 속을 파서 만든 등(燈)을 위로 번쩍 쳐들고는 가락도 안 맞는 노래를 꽥꽥 불러댔다.* 등에서 흘러나오는 부드러운 불빛 때문에 아이들의 안 그래도 홍조 띤 얼굴이 더욱 발갛게 보였다. 나는 아이들의 노래에 보답하는 의미로 아이들 손에 마스 초콜릿을 하나씩 쥐여주었다. 지금은 아이들의 손에 손전등이 들려 있다. "헬머 아저씨!" 카펫 사이로 난 구멍으로—구멍은 칼로 뚫었나?—아이들이 나를 부른다. "여기 우리 집이야!"

"그래? 아주 멋지구나." 난 갈퀴에 체중을 실으며 응답한다.

"집에 불도 들어와!"

"그래? 정말 그렇구나."

"근데 아저씨, 곧 물난리가 날 것 같아!"

"물은 이제 곧 빠질 거야." 난 아이들을 안심시킨다.

"우리 오늘 여기서 잘 거야."

"그건 안 되는데……"

---

* 10월 31일 할로윈 축제일은 영국에서 건너온 축제라 네덜란드에서는 그다지 중요하게 여기지 않는데 주로 아이들이 호박이나 사탕무 등(燈)을 만들어 집집마다 방문하며 사탕을 달라고 노래를 부른다.

"왜? 왜 안 돼!?" 동생 로날드가 맹랑하게 말한다.

"글쎄, 그건 좀 곤란한데……"

"야, 이따 집에 가야지." 형 튠이 로날드에게 작게 속삭인다. "배고 프면 어떡해."

고개를 들어 아비의 침실을 바라보니 방에 불이 꺼져 있다.

4

"신터클라스* 파티 했으면 좋겠어." 아비가 말한다.

"신터클라스 파티요?" 어머니가 돌아가신 이후로 우리 집에서는 신 터클라스 파티를 한 적이 없기 때문에 난 묻는다. "왜요?"

"파티 하면 좋잖아."

"뭐가 어떻게 좋은데요?"

"어떻게 좋긴, 그냥 좋지."

"그냥요? 신터클라스 파티 하려면 선물이 있어야 하잖아요?"

---

* 매년 12월 초면 스페인에서 신터클라스가 선물을 가득 실은 배를 타고 흑인들과 함께 네덜란 드로 오는데, 네덜란드 사람들은 12월 5일이면 이 신터클라스가 집 안의 굴뚝을 타고 내려와 선물을 두고 간다고 오래전부터 믿어왔다. 매년 12월 5일은 축제일로 네덜란드 가족들은 신 터클라스를 기념하기 위해 선물과 직접 지은 시를 주고받는데, 여러 명의 가족들이 파티를 하는 경우에는 누가 누구에서 시와 선물을 줄 것인지를 제비뽑기로 결정한다. 제비뽑기 결과 는 선물을 주고받을 때에야 알 수 있다. 신터클라스는 성 니콜라스라고도 불리며, 네덜란드 의 신터클라스 전통은 미국으로 건너가 산타클로스의 유래가 되기도 했다. 하지만, 네덜란드 사람들은 산타클로스를 신터클라스의 변종으로 간주하여, 신터클라스와 산타클로스를 각각 달리 칭하고 동일시하지 않는다. 네덜란드의 신터클라스는 12월 5일에 오고, 산타클로스는 크리스마스 때 온다.

"그럼, 물론 선물이 있어야 하겠지."

"그럼, 아버진 어떻게 선물을 살 건데요?"

"선물은 네가 대신 사면 되지."

"내 선물을 나더러 직접 사라고요?"

"응."

"내 선물을 내가 직접 사면 선물이 전혀 놀랍지 않잖아요." 나는 이렇게 말하면서도 아비와의 대화를 속히 중단하고 싶다. 빨리 볼일만 보고 방을 나가고 싶다. 똑딱똑딱, 괘종시계 소리가 방 안을 가득 채운다. 유리창 모양의 사각 햇볕 조각이 괘종시계 유리창을 비춰주고, 그 유리창에서 반사된 빛이 다시 양 그림을 비춰주니, 그림이 이번에는 그다지 칙칙해 보이지 않는다. 참으로 요상한 그림이다. 어찌 보면 그 안의 계절이 겨울인 것 같다가도, 어찌 보면 여름이나 가을인 것 같기도 하다.

방문을 닫고 나가려는 순간 아비가 소리친다. "나 목말라."

"가끔 목마르지 않은 사람이 어디 있어요!?" 방문을 닫고 층계를 내려간다.

거실로 돌아온 물건은 소파뿐이다. 침실 붙박이장에서 커다란 천 조각을 하나 발견했는데, 옷감으로 쓰기에는 좀 큰 편이었지만 난 그 천이 어머니가 드레스 감으로 장만한 천일지도 모른다고 생각했다. 장만한 이유가 무엇이든, 그 천이 소파에 딱 들어맞았다. 회색 초벌 페인트를 입힌 거실 바닥은, 침실로 향하는 문이 열려 있으면, 중간에 놓인 문턱 색깔도 똑같아서 아무 구분 없이 침실과 자연스럽게 이어졌다.

나는 바닥 모서리를 둘러싼 목재 틀이며 창턱이며 문을 전부 회색 초벌 페인트로 칠했다. 서랍장은 다른 곳으로 옮겼고, 낮은 책장은 위층으로 옮겼다. 또 창턱에 놓인 화초분들을 죄다 거둬 거름 더미 위에 내다 버려서, 창턱에 남아 있는 화분이라곤 이제 얼마 되지 않았다. 나중에 페인트를 사러 가는 길에, 꼭 쓸 만한 블라인드가 있는지도 보고 올 참이다. 지금 침실과 거실에 걸린 칙칙한 녹색 커튼은 보기만 해도 숨이 콱콱 막히는 것 같다. 아무리 몇 년 동안 먼지 한 번 털어낸 적이 없다고는 하지만 숨이 막히는 건 단지 먼지 탓만은 아닌 것 같다. 침실 붙박이장에 있던 물건들은 모두 위층으로 옮겼고, 내 옷은 모두 위층에서 아래층으로 옮겼다.

주변을 어슬렁대는 고양이들이 있다. 사람을 기피하는 도둑고양이들이다. 이 고양이들은 어떨 때 보면 두세 마리 정도밖에 안 보이다가도, 두어 달 지나 다시 보면 열 마리는 될 정도로 숫자가 불어나 있기도 하다. 다리를 절름대는 고양이, 꼬리가 잘려 나간 고양이. 고양이들은 (사실 거의 다) 상태가 좋지 않아 몰골이 말이 아니다. 도둑고양이는 워낙 통제가 안 되는 동물인지라, 열 마리가 됐든 두어 마리가 됐든 무덤덤하게 받아들이기 마련이다. 도둑고양이 문제를 해결하기 위해 아비는 갓 태어난 고양이 새끼들을 삼베 자루에 담아 그 안에 돌멩이를 넣은 다음 도랑에 내던지곤 했다. 언젠가 오래전에는 독극물이 보관된 찬장에서 어떤 액체로 된 약을 꺼내어 천을 적셔서는 그것을 고양이들이 든 삼베 자루 안에 함께 넣은 적도 있었다. 난 그 약이 무슨 약인지 알지 못한다. 혹시 클로로포름이었나? 클로로포름을 아비가 어디서 구했지? 30년 전에는 아무 데서나 클로로포름을 쉽게 구할 수 있었나? 헛간에 있는 은회색 찬장에는 X 자 뼈다귀 안에 해골을 그려 넣은 그림이 있다. 하지만 그 안에 독극물은 보관되어 있지 않다. 벌써 수년 동안 늘 그래왔다. 독극물은 이제 유행이 아니다. 나는 찬장 속에 독극물 대신 페인트를 보관한다.

작년 봄, 아비가 우유가 담긴 접시를 들고 헛간 안을 서성였다. 나는 아비를 보고도 아무것도 묻지 않은 채, 깊이, 아비가 들을 수 있도록 깊이, 한숨만 후우 내쉬었다. 그러고 나서 며칠 후 고양이 새끼들이 드디어 우르르 아비의 우유 접시로 몰려들었다. 아비가 손수 고양이 새끼들을 잡아 봉지에 집어넣었다. 삼베 자루가 아니라 종이 봉지였던 것은, 그때 우리 집에 삼베 자루가 없었기 때문이다. 아비 손에 들린 종이 봉지는 사료가 담겨 있던 종이 봉지다. 아비가 한 1미터 정도 되는 밧줄로 오펠카데트 차에 종이 봉지를 매달았다.

7년 전 면허를 연장하기 위해 재시험을 봐야 했던 아비는, 당시 상태가 워낙 좋지 않아 재시험에서 떨어졌다. 그래서 그 후로는 운전을 하면 안 되는데도 기어코 운전대를 잡았다. 마당 가장자리에는 푸릇푸릇 새싹 돋은 나무들이 서 있었고 나무 밑에는 수선화가 피어 있었다. 난 그저 헛간 문가에 우두커니 선 채 아비가 하는 양을 지켜만 보았다. 차에 시동이 걸림과 동시에 차가 앞으로 몇 미터 쭈욱 미끄러져 나갔다. 의자에 착 달라붙어 있던 아비의 상체가 이내 운전대로 몰리는가 싶더니 결국엔 아비의 이마가 운전대를 들이받았다. 아비는 전혀 아랑곳하지 않고, 뒤로는 물론 사이드미러에도 눈길을 주지 않은 채 후진을 시도했다. 한동안 같은 동작이 반복됐다. 전진, (시끄럽게 기어를 바꾸고 나서) 후진. 운전대는 아비가 후진을 할 때마다 조금씩 옆으로 돌아갔다. 배기통에서 풀풀 뿜어져 나온 연기가 나무 사이에 뿌옇게 걸칠 때까지 아비의 차는 전진과 후진을 반복하며 요란을 떨어댔다. 차에서 내린 아비가 조심스레 밧줄에 묶인 봉지를 풀어 거름 더미 위에 내던지려 했다. 하지만 팔이 너무 노쇠한 탓인지 봉지가 세 번이나 땅바닥에 떨어졌다. "치우고 나니 시원하네!" 일을 마치고 헛간으로 들어선 아비가 이마를 한 번 훔치더니 양손을 싹싹 비벼대며 말했다.

나는 하도 어안이 벙벙해 잠시 멍하니 서 있다가, 천천히 거름 더미 쪽으로 발걸음을 옮겼다. 거름 더미 맨 위에 있어야 할 고양이 봉지가 아래쪽으로 좀 밀려나 있었다. 단지 중력 때문에 그런 것은 아니고, 자루 안에 뭔가 옴지락거리는 것이 있기 때문이었다. 들릴락 말락 아주 작게 고양이 울음소리가 바스락거리는 소리와 섞여 자루 밖으로 흘러나왔다. 아비가 저질러놓은 잘못을 바로잡을 수도 있었다. 하지만 전혀 그러고 싶지 않았다. 나는 등을 돌려, 아무 소리도 안 들리고 아무 옴지락거림도 보이지 않는 곳까지 멀리 걸어가서는 한참을 서 있었다.

아비가 신터클라스 파티를 하고 싶은 이유가 그저 '그냥 좋아서'라니.

5

도무지 무슨 영문인지, 뿔까마귀 한 마리가—앙상한 물푸레나무 가지에 앉아—나를 빤히 쳐다보고 있다. 이 근방에서 뿔까마귀를 본 적은 없는 것 같은데. 생긴 건 제법 멋지게 생긴 뿔까마귀가 나를 이리도 빤히 쳐다보고 있으니까 신경이 거슬려서 목구멍으로 음식도 제대로 넘어가지 않는다. 난 자리를 바꿔 옆으로 난 창을 마주 보고 앉는다. 어차피 다른 세 개의 의자에는 이제 앉을 사람도 없어서, 난 식탁에 있는 네 개의 의자 중에서 아무 의자나 골라 앉을 수 있다.

나는 보통은 어머니가 앉던 자리, 즉 싱크대에서 가장 가까운 자리에 앉는다. 맞은편 자리는 앞으로 난 창을 등진 자리인데 거긴 아비가 앉곤 했다. 헹크는 옆으로 난 창을 등지고 앉곤 했는데, 그 자리는 부엌문과 방문이 열려 있으면 방 안을 들여다볼 수 있는 자리다. 내 자리는 부엌문을 등진 자리였는데, 거기에 앉으면 창문으로 들어오는 햇빛을 등지고 앉은 헹크의 얼굴이 윤곽밖에는 보이지 않았다. 하지만 앞에 있는 얼굴이 어차피 내 얼굴과 똑같았고 난 내 얼굴이 어떻게 생겼는지 잘 알고 있었기 때문에, 문제 될 건 없었다. 자리를 바꿔 앉은 게 결국 예전에 앉던 자리로 돌아온 꼴이 되어버렸다. 벌떡 일어나, 접시를 앞으로 밀어내고는 헹크가 앉던 자리로 가 앉는다. 기껏 옮겨 앉았더니 뿔까마귀 눈에 또 띄는 자리다. 뿔까마귀가 나를 좀더 잘 보고 싶은지 고개를 살짝 옆으로 돌리기까지 한다. 뿔까마귀가 이렇게 쳐다보고 있으니까, 문득 며칠 전 스물네 마리 양들이 일제히 나를 빤히 쳐다보았던 것이 생각난다. 그때 난 날 빤히 쳐다보는 양들이 동물로 느껴지질 않고 나와 맞먹으려는 동격쯤으로 느껴졌다. 내 두 마리 당나귀에게서조차도 그런 느낌을 받아본 적이 없건만. 그런데 이번엔 저 요상한 뿔까마귀가 나타나다니.

벌떡 일어나 현관문을 열고는 자갈 깔린 마당으로 나가 소리 지른다. "예끼! 저리 안 가!" 뿔까마귀가 고개를 살짝 갸우뚱하더니 옆으로 살짝 옮겨 앉는다. "저기 가라니까!" 하고 소리치고는, 아차, 보는 사람이 있을까 싶어 주변을 두리번거린다. 열린 현관문 앞에서 나잇살깨나 먹은 농부가 아무것도 없는 허공에다 대고 꽥꽥 소리 질러대는 꼴이라니.

뿔까마귀가 어쭙잖다는 듯 아니꼬운 시선으로 내려다본다. 현관문을 닫고 복도로 들어서니, 아비가 뭐라고 하는지, 위에서 소리가 들린다. 난 층계로 통하는 문을 열고는 외친다.

"뭐라고요?"

"뿔까마귀가 보인다고!"

"그래서 뭐요?"

"뿔까마귀는 왜 쫓아?" 아비의 귀는 필시 멀쩡한 모양이다.

문을 닫고 부엌으로 다시 돌아간다. 집 앞으로 난 창을 등지고, 아비가 앉던 자리로 가 앉는다. 통 알아들을 수 없는 말을 연신 떠들어대는 아비의 목소리를 못 들은 체하며, 꾸역꾸역 접시를 비운다.

불과 10분도 채 되지 않는 시간 동안, 나는 네 개의 의자에 모두 앉아보았다. 누가 이런 나를 본다면, 그는 아마 내가 혼자 적적하게 식사하는 것이 싫어서 이 자리 저 자리 옮겨 다니며 넷이 모여 식사하는 꼴을 흉내 내고 있다고 생각할 것이다.

목재로 된 부분에 페인트를 칠하기 전에, 먼저 거실의 벽과 천장을 흰색 페인트로 칠했다. 그림 액자들, 사진 액자들, 이름이 수놓인 탄생 기념 자수 액자들, 그 액자들을 떼어낸 자리에 허연 자국들을 지우기 위해 두 번을 칠해야 했다. 페인트니 붓이니 사러 가는 길에 DIY 체인 점에도 들러 거실과 침실 유리창에 꼭 맞는 목재로 된 수평 블라인드를 장만했다. 그러고 보면 150년 전이나 지금이나 유리창 크기는 변하지 않은 모양이다. 창턱에 놓인 얼마 안 되는 화분들을 마저 거름 더미 위에 내다버리고는 창에 블라인드를 걸었다. 수평 블라인드 틈새로 햇살이 비집고 들어와 청회색 톤의 텅 빈 거실과 침실을 비춘다. 아침이 되어도 나는 블라인드를 틈새만 살짝 벌려 열어놓을 뿐, 위로 걷어놓지는 않는다.

못 상자와 망치, 그리고 커다랗고 무거운 감자 궤짝을 들고 층계를 오른다.

"그건 또 뭐야?" 아비가 묻는다.

난 감자 궤짝 안에서 그림과 사진, 그리고 자수 액자 들을 하나하나 꺼내 벽에 걸면서 말한다. "신터클라스를 쇠면 그냥 좋을 것 같다면서요. 이렇게 해도 좋기는 마찬가지 아닌가요?"

"도대체가 넌 밑에서 무슨 일을 벌이고 있는 거야?"

"뭐 이것저것 다 손 좀 보고 있어요." 양 그림 옆에 첫번째 사진을 걸고 나니 벽 한 면이 벌써 꽉 차 다른 벽으로 이동한다. 어머니 사진, 헹크 사진, 평생 동안 10만 리터나 되는 우유를 만들어내어 머달까지 둘러메게 된 젖소들의 사진, 할아버지 할머니 그리고 내가 찍힌 사진, 헹크와 나의 이름이 수놓인 우리 형제 탄생 기념 자수 액자 (액자는 따로따로 두 개다), 그리고 아비와 어머니의 결혼식 사진. 그림 액자는 꽤 되는데, 그중에는 버섯을 그려 넣은 수채화가 여섯 폭이나 된다.

"액자들은 왜?"

"뭔가 볼 게 있으면 눈이 심심치 않잖아요."

일을 다 끝내고 나서 찬찬히 사진들을 들여다본다. 안락의자에 앉아 찍은 어머니의 사진에서 눈길이 멈춘다. 다소곳이 모아 비스듬히 세운 다리, 그로 인해 약간 옆으로 돌아간 상체, 무릎 위에 얌전히 포개어놓은 손, 자세만큼은 귀부인처럼 우아해 보인다. 하지만 렌즈를 바라보는 어머니의 시선이 전혀 어머니에게 어울리지 않는다. 좀 도발적인 것도 같고 좀 도도해 보이기도 하는데, 아마 옆으로 비스듬히 세운 다리 때문에 더 도드라져 보이는 것 같다. 난 어머니의 사진을 벽에서 떼어내서는 못과 망치와 함께 빈 감자 궤짝 안에 집어넣는다.

"왜, 그냥 두지." 아비가 말한다.

"아뇨, 어머니 사진은 아래층으로 가져가야겠어요."

"혹시 귤 좀 있어?"

"왜, 귤이 먹고 싶어요?"

"응."

액자 뒤에 붙은 받침대를 펼쳐 어머니의 사진을 벽난로 위에 세워둔다. 그러곤 다용도실에서 귤 두 개를 꺼내 위로 가지고 간다. 협탁 위에 귤을 올려놓고는 창가로 다가간다. 뿔까마귀가 여전히 물푸레나무 위에 앉아 있다. 여기서 보니까 뿔까마귀의 눈높이가 내 눈높이하고 똑같은 것 같다.

"저 뿔까마귀가 아버지를 쳐다보기도 하나요?"

"아니. 좀 밑을 보고 있지 않나?"

번뜩 떠오르는 물건이 있다. 층계를 내려가 부엌으로 간다. 구석에 놓인 책상 옆에 아비의 사냥총이 있다. 사냥총을 들고는 장전이 되어 있나 궁금해하면서도 굳이 확인해보지는 않는다. 막상 손으로 들어보니 이물질처럼 느껴진다. 전에는 만지지 못하게 해서 만지지 못했던 물건이고, 나중엔 스스로 만지고 싶지 않아 만지지 않은 물건이다. 위로 가지고 가 괘종시계 옆에 세워둔다. 아비는 잠이 들었다. 똑바로 누워 얼굴만 옆으로 돌린 채 잠이 들었다. 베개 위로 침이 흘러내린다.

6

어머니는 지독한 밉상이었다. 어머니를 모르는 사람들에게는 벽난로 선반 위에 놓인 사진이 우습게 보일 것이다. 부리부리한 눈에 넉 달에 나 한 번 미용실을 갈까 말까 한 헤어스타일로 투박하기 그지없는 농부의 아내가 제 딴엔 고상하게 보이려고 열심히 애쓰고 있으니 그럴 만도 하다. 하지만 나는 사진을 보며 웃지 않는다. 내 어머니가 아닌가. 나는 아비가——잠이 안 올 때면, 아주 오래전에 찍은 사진 속 자신의 멋진 모습을 바라보곤 하던 그 아비가——왜 어머니 같은 사람과 결혼을 했는지 좀 의아하다. 아니, 그게 아닌 것 같다. 어머니의 사진을 찬찬히 들여다보고 있으니까, 그리고 위에 있는 아비에 대해 곰곰이 생각을 좀 해보니까, 오히려 어머니가 왜 위에 있는 아비 같은 사람과 결혼을 했는지 그것이 더 의아해진다.

검정색 대리석으로 된 벽난로 선반 위에는 어머니 사진 말고는 별로 놓인 것이 없다. 있는 거라고는 하얀 초가 꽂힌 구리 촛대 하나, 그리고 라켄벨더르 소*가 그려진 오래된 목제 필통 하나뿐. 자질구레한 물건들은 모두 박스에 담아 헹크 방에 쌓아놓았다. 헹크의 방은 이제 창고가 되어버렸다. 손님이 와 자고 간 적도 없는 헹크의 방에는 지금, 헹크도 보아서 알 만한 물건들이 지나간 과거의 시간들을 모두 수집해놓은 듯 여기저기 쌓여 있다. 그리고 그 옆방에는 여전히 살아 숨 쉬는 골동품이 누워 있다. 숨도 들이쉬고 말도 하는 골동품이다. 골동품의 말소리가 지금도, 여기까지 들린다. 뿔까마귀 보고 말하나? 아니면, 여섯 폭의 버섯 수채화를 보고 말하나?

헹크와 나는 1947년에 태어났다. 나는 헹크보다 몇 분 더 빨리 태어났다. 당시 사람들은 우리가 다음 날(5월 24일)을 넘기지 못할 것이라고 예측했지만, 어머니는 우리에 대한 믿음을 절대 저버리지 않았다고 한다. 듣자 하니 어머니는 우리를 세상에 내놓고 나서 '여자는 둘도 한꺼번에 척척 낳을 줄 알아야 한다'라고 말했다는데, 나는 이 말을 전혀 믿지 않는다. 왜냐하면 어머니의 이 말은 당시의 여러 정황이나 다른 말들—당시에는 당연히 여러 말들이 오고 갔다—과 연관이 있는 말일 터인데, 시간이 흐르면서 다른 건 다 빠져버리고 어머니의 그 한마디 말만 달랑 남았을 것이고, 그렇다면 이는 필시 아비나 의사가 한 어떤 말의 왜곡에 지나지 않을 가능성이 크다. 아마도 어머니는 별로 많은 말을 하지 않았을 것이라고 난 생각한다.

내 기억 속에는 내가 간직할 수 없는 기억이 하나 자리 잡고 있다. 어머니의 둥근 뺨 밑에서 어머니를 바라보는 기억. 어머니의 턱, 특히

---

* 하얀 허리띠를 두른 듯 등과 배가 하얀 소.

어머니의 약간 부리부리한 눈이 나 아닌 어디 먼 곳을 향해 있는 것 같다. 망연한 눈이 대지를, 아마도 둑 어딘가를 향해 있는 것 같다. 계절은 여름이고, 내 발에 다른 발이 와 닿는다. 어머니는 말은 없었지만 눈으로는 모든 걸 볼 수 있는 사람이었다. 반면 아비는 말은 많으면서도 제대로 보는 것이 거의 없는 사람이었다. 아비는 그저 아무 데나 대고 마구 소리나 질러댔다.

창문 두드리는 소리가 들린다. 앞마당에서 튠과 로날드가 손짓을 하며 뭐라고 소리치고 있다. 현관문으로 나가본다.

"헬머 아저씨! 당나귀들이 울타리문 밖으로 나가버렸어!" 로날드가 외친다. 어째 매일매일 당나귀들이 풀려 나돌아다녔으면 좋겠다는 소리로 들린다.

"아직 멀리 가진 못했어!" 튠이 외친다. 동생 로날드가 뭘 원하는지 자기도 알겠다는 눈치다.

앞으로 쪼르륵 달려간 아이들이 모퉁이로 사라진다.

"조심해!" 난 외친다.

열려 있는 울타리문에서 한 다섯 발짝 정도 걸어가면 나무들이 심겨 있는데, 당나귀들이 거기 나무들 사이에 서 있다. 울타리문은 평소 밧줄로 시멘트 기둥과 연결해 묶어두는데, 그 밧줄이 풀려 있다. 나는 밧줄이 왜 풀렸는지를 단박에 알 것 같았다.

"너희들이 당나귀 안으로 들여보내."

"우리가?" 로날드가 묻는다.

"응, 너희가."

"왜?"

"그럴 만하니까."

막상 울타리 밖으로 나간 당나귀들을 안으로 들여보내라니까, 아이들은 당나귀가 무서워진다. 수도꼭지하고 똑같다. 아이들한테는 잠긴 수도꼭지가 작고 묘하게 생겨서 만만하게 보이기 마련이지만, 꼭지를 여는 순간 물이 콸콸 쏟아져 나오면 꼭지를 잠글 줄 몰라 당황하게 마련이다.

"그럴 만하니까? 그게 무슨 뜻이야?" 튠이 묻는다.

"그건 이 아저씨가 저 울타리문이 왜 열리게 되었는지 이미 다 알고 있다는 말이야. 튠 너, 저 울타리문을 타고 넘는 것이 귀찮아서 문을 열고 들어갔지? 그리고 로날드는 형 쫓아 문을 더 열고 안으로 따라 들어간 거고."

"어 맞아." 로날드가 답한다.

튠이 화난 눈으로 로날드를 쳐다본다.

"자 그럼, 어서 가서 밀어봐."

"밀어? 뭘? 문을 밀어?"

"아니, 당나귀." 울타리문을 활짝 열어젖히려고 내가 슬슬 발걸음을 옮기자, 아이들이 꼼짝도 않고 선 채 어리둥절해하면서 조금 겁먹은 표정으로 나를 쳐다본다.

당나귀들은 겨울이 오면 종종 닭장 옆에 있는 당나귀 축사 안에서 지내곤 한다. 당나귀들은 발이 젖는 것을 끔찍이 싫어하기 때문에, 축사 안은 건조하고 바닥에 지푸라기가 깔려 있다. 축사는 길이가 6미터고 폭이 5미터다. 앞쪽에는 지붕만 달려 있고 문이 없는 개방형이다. 당나귀 우리는 길이가 4미터고 폭이 5미터다. 우리 앞으로 난 나머지 2미터 공간에는 짚 더미와 귀리 포대가 놓여 있다. 또 주로 사탕무나 당근을 담아두는 궤짝 하나가 놓여 있다. 시렁 위에는 큰 칼, 줄칼, 글겅이, 솔, 말발굽 후비개 등이 놓여 있다. 당나귀들이 축사 안에 있을 때면, 튠과 로날드는 하루도 빠지지 않고 축사를 찾아온다. 아이들은 짚더미 위나 당나귀 우리 안, 또는 지푸라기가 깔린 바닥 위에서 놀곤 한다. 아이들이 즐겨 찾는 시간은 주로 날이 어둑어둑해져 축사 안에 불이 켜져 있을 때다. 언젠가 한번은 아이들이 당나귀 밑에 기다랗게 누워 있는 것을 보았다. 왜 그러고 있느냐고 물으니까, 당시 여섯 살쯤 된 튠이 "무서움을 이기려고"라고 다부지게 말하는 것이었다. 겨울 동안 길게 자란 당나귀 터럭이 얼굴을 간지럽게 하는지 로날드는 콜록콜록 재채기만 해댔다. 그런 아이들이 지금 풀려난 당나귀들을 보고 무서워하고 있다.

"당나귀를 어떻게 밀어?" 로날드가 묻는다.

"그냥, 당나귀 뒤에 서서 당나귀 엉덩이를 밀어봐."

"에이 설마……"

"왜, 발길질할까 봐서?"

"그럼, 안 그래?"

"안 그럴 테니 걱정 말고 어서 가서 밀어."

두 아이가 당나귀 뒤로 걸어간다. 로날드는 온 힘을 다해 밀지만, 튠은 당나귀가 찰까 봐 겁이 나는지 살짝 손만 댄다. 나는 흥미진진해하며 그저 아이들이 하는 양을 지켜만 본다.

아무런 진전도 보이지 않아 내가 헛간으로 가려니까 튠이 묻는다.

“어디 가?”

“금방 다시 올게.”

헛간에 가서 양동이에 사료를 담은 후 모퉁이에 서서 아이들이 어쩌고 있나 힐끗 엿보니 여전히 변한 것이 없다. 겁먹은 튠이 내 쪽을 쳐다보자, 난 그제야 아이들에게로 돌아가 묻는다. “왜, 잘 안 돼?”

“응, 안 돼. 아주 멍청해서……”

“뭐? 너 뭐라고 했어?”

“아, 아니, 아무것도 아니야.”

“당나귀가 도무지 꿈쩍도 안 해.” 튠이 말한다.

내가 저만치 걸어가 양동이를 흔들어 보이자 당나귀들이 쏜살같이 내게로 달려든다. 그 바람에 로날드가 뒤로 자빠진다. 양동이를 뒤집어 사료를 땅에 뿌리고 나서 울타리문을 닫는다. 아이들과 함께 닫힌 울타리문 너머로 당나귀들이 날름날름 사료를 먹어치우는 꼴을 지켜본다. 나는 땅을 딛고 섰고, 튠은 울타리문 맨 아래 달린 나무틀을 딛고 섰고, 로날드는 그 위의 달린 나무틀을 딛고 섰다.

“너희들 다음부터는 절대 이러면 안 된다?”

“응, 알았어!” 두 아이가 합창한다.

울타리문에서 뛰어내린 아이들이 저만치 걸어간다. 둑을 향해 걷던 튠이 뜬금없이 뒤를 돌아보고는 큰 소리로 외친다. “할아버진 어딨어?”

“집에.”

아이들은 그 이상 알 필요가 없을 것이다. 둑길을 건넌 아이들이 오른쪽 길로 접어든다.

당나귀들 곁에는 이제 나만 남았다. 이 당나귀들은 이름이 없다. 몇

해 전 당나귀들을 사들였을 때, 나는 당나귀의 이름을 지을 수가 없었
다. 그러곤 어영부영 시간을 보내다 보니 그만 때를 놓쳐버렸다. 결국
이 당나귀들은 수없이 많은 당나귀들 전부를 가리키는 보통명사 당나
귀가 돼버렸다. 아비는 나에게 미쳤냐면서 더 보태 말했다. "강나귀?
대체 당나귀는 뭣에 쓰려고? 돈은 또 얼마나 줬어?" 나는 이 당나귀들
이 아비와 나 '우리'의 당나귀가 아니라, '나 혼자만의 당나귀'라고 반
박했다. 나에게 당나귀를 판 가축 매매상은 뜻밖의 거래에 매우 흡족
해했다. 내가 산 당나귀들은 프랑스, 아일랜드, 이탈리아 또는 스페인
특산의 순종이 아닌 잡종이었던 것이다. 내 당나귀들은 털이 짙은 회
색인데, 그중에 한 마리는 주둥이와 코 부위만 옅은 회색이다. "너희
들 아버진 어디 있어?" 당나귀들을 향해 작게 속삭이고 나서 혀를 한
번 튕겨 찬다. 당나귀들이 다가와 각각 색이 다른 주둥이를 내 머리카
락에 대고 비벼댄다.

소들이 산만하다. 젖꼭지에 유두컵을 붙이려고 하니까 두 마리는 내
게 발길질까지 해댄다. 얼마 전까지만 해도 나는 소들이 안절부절 못하
는 것이 바깥 구경을 못 한 탓이라고 생각했는데, 요즘 들어선 안절부
절못하는 것이 소들이 아니라 내 자신일지도 모른다는 생각이 든다. 그
러고 보면 어떨 땐 소가 주인의 심경을 읽을 줄 아는 개와 비슷한 것 같
다. 나는 개를 기르지는 않는다. 우리는 한 번도 개를 기른 적이 없다.

아비는 귤을 먹지 않았다. 난 차라리 아무것도 보지도 듣지도 못했
으면 좋겠다. 밑에서 위로 옮긴 이상, 나는 아비가 지붕 위로 올라가

농지를 따라 일렬로 세워진 포플러나무 꼭대기로 해서 바람에 날아가 버리든 어쩌든 전혀 상관하고 싶지 않다. 그럼 정말 최상일 텐데, 아비가 갑자가 휘익 — 사라져버린다면.

"껍질을 못 까겠어." 아비가 말한다.

협탁에 놓인 귤과 이불 위에 놓인 아비의 굽은 손가락에 난 가급적 눈길을 주지 않으려 애쓴다. 창문을 고리에 걸어 계속 열어두었는데도 방에서 슬슬 악취가 진동하기 시작한다. 아비가 알아서 사라져주지 않는 한, 나는 아비의 몸을 씻겨야 하리라. 커튼을 닫기 전, 방에 켜진 불빛을 가리기 위해 양손으로 눈 주변을 감싸고 유리창에 다가선다. 물푸레나무를 찬찬히 살펴보니 뿔까마귀가 보이지 않는다. 혹시 날도 저물었고 나뭇가지 속에 앉아 있어 뿔까마귀가 보이지 않는 걸까? 어둠 속에 숨어버렸나?

순간, 누군가 걸어가고 있는 것이 보인다. 집이나 농가 앞에는 길을 따라 가로등이 하나씩 세워져 있다. 이 말은, 즉 모두 일곱 개의 가로등이 세워져 있다는 뜻이다. 하지만 우리 집 농가 앞에 세워진 가로등은 몇 주 전부터 무슨 문제가 있는지 제구실을 하지 못했다. 불만 들어온다뿐이지 불빛은 바로 밑에도 채 미치지 못했다. 거실의 블라인드는 닫혀 있다. 밖이 너무 어두운 탓에 나는 그저 밖에 누가 걷고 있다는 것밖에는, 그리고 그 사람이 지금 우리 농가 앞에 멈춰 서 있다는 것밖에는 알 도리가 없다. 호수를 등지고 선 까만 얼룩. 그 얼룩이 어디를 쳐다보고 있는지조차 나는 알 수가 없다.

"왜 그러고 서 있어?" 아비가 묻는다.

"누가 밖에 서 있는 거 같아서요." 난 작게 대꾸한다.

"누가?"

"잘 안 보여요." 순간 얼룩이 움직이니까 얼룩 뒤로 빨간 불이 들어온다. 창틀 뒤로 사라질 때까지 불빛을 바라본다. 그리곤 얼른 커튼을 닫아버린다. 놀란 심장이 두근댄다. "제길…… 까짓 귤 까줄게요." 난 협탁에서 귤을 집어 들며 말한다. 귤 두 개를 모두 까고 나서 귤 표면의 하얀 실까지 떼어내고는 몇으로 쪼개어 아비에게 건넨다. 아비의 입에서 금세 액즙이 흘러내린다.

"음, 맛 좋네." 아비가 말한다.

7

난 태어날 때부터 무서운 게 많았다. 너무 조용해도 무서웠고, 너무 컴컴해도 무서웠다. 잠도 잘 자지 못했다. 잠자리에 누워서 이상한 소리만 들려도 잠은 멀리 달아났다. 하지만 한 번도 한밤중에 밖에서 벌어지는 일에 대해 궁금해해본 적은 없다. 예전에는 창밖으로 긇은 것이 보였다. 물론 창문은 자갈 깔린 땅바닥에서 몇 미터쯤 위로 떨어져 있었다. 어깨를 보았다. 집 앞 벽을 타고 오르려 하는 어떤 이의 잔뜩 힘이 들어간 경직된 어깨. 표범 같았다. 어떤 때에는 굽은 팔 하나가 창턱 위로 올라와 걸친 적도 있다. 그럴 때면 나는 옆에 누워 자고 있는 헹크의 숨소리에 귀를 기울이곤 했다. 그리고 나중에 헹크가 방을 옮겼을 때는 옆방에 누워 자고 있을 헹크를 떠올리곤 했다. 그러면 어깨든 뭐든, 내가 보았다고 생각하는 그 무엇이 사라지곤 했다. 난 내심 내 눈에 내가 보았을 리 없는 것들이 보인다는 것을 알고 있었다.

집 밖에 누가 서 있는 걸 보고 아비에게 귤을 먹이고 나서, 나는 지금 두 눈을 꼭 감은 채 침대 위에 누워 있다. '어서 자야지. 자자.' 속으로 재촉하지만 눈앞에 어른거리는 것이 있다. 양들은 옹기종기 기대고 앉아 되새김질을 하고, 녹색 평지는 캄캄한 어둠 속에 가려져 있으며, 갈까마귀들은 포플러나무 위에 앉아 깃털에 머리를 처박은 채 잠을 잔다. 당나귀들은 울타리문 곁에 서서 서로의 머리를 맞대고 졸고 있고, 저 멀리 농지 끄트머리에 외따로 뚝 떨어져 서 있는, 정지된 풍차는 햇살이 구름 사이를 비집고 나오자 은빛을 발한다. 누군가 풍차 옆에 서서 풍차 꼬리를 보고는 그 위에 새겨진 번호 'N°40832'를 읽는다. 순간 눈이 뜨인다. 가을밤에 누군가가 우리 집 앞에 가만히 서 있었던 적이 언제 또 있었나? 혹시 한 번도 침실 창가에서 밖을 내다본 일이 없어서 이제껏 모르고 있었던 건 아닐까?

잠시 후, 지난번 카누를 타고 요 앞을 지나갔던 청년들이 보인다. 우리 농가가 시간이 흘러도 절대 변하지 않을 거라고 말한 그 청년은 그저 희미하게 눈앞에 어른거리다 금세 사라져버린다. 반면 어깨가 벌겋게 달아오른 머리칼이 붉은 청년은 금세 지워지지 않는다. 그 청년도 무슨 말을 하긴 했는데, 그건 그다지 중요한 게 아니다. 중요한 건 그가 봤다는 것이다. 그는 나도 보았다. 나잇살깨나 먹은 농부인 나를. 난 위아래가 달라붙은 색 바랜 청색 작업복을 입고 있었는데 날이 무더워 윗단추를 몇 개 풀어놓고 있었다. 그리고 농가 옆 그늘에 숨어, 아무 하는 일 없이, 숨소리조차 죽인 채, 청년들을 몰래 엿보고 있었다.

1967년 이후로 난 나이만 먹었지, 아무것도 변한 것이 없다. 아니, 변한 것이 하나 있다. 바로 당나귀들! 그런데 머리칼이 붉은 청년이 다른 것도 아니고 바로 내 당나귀들에 대해 무슨 말을 했다. 구식이라고. 그렇다면 그 청년이 한 말은 중요하다고 할 수 있다. 오페르타우데르바르트 수로를 따라 시시덕거리며 노를 젓는 청년들, 그들은 나이도 어리고 이기적이라 뭐든 금세 쉽게 잊어버릴 것이다. 호수 너머로 해가 저물고 있다. 하지만 이곳 에이설 호수는 동쪽을 향해 있어 절대로 해가 저물 수 없다. 하지만 내 눈에 비친 호수 위로는 해가 저물고 있고, 청년들의 뒷모습은 점점 희미해지고 목소리도 가물가물 멀어져간다. 청년들 모습이 이제 보이지 않는다. 그래서 나는 생각한다. 이제 잠들 거라고. 하지만 오히려 생각을 하면, 될 것도 더 안 되는 수가 있다. 상상 속에서 해를 보고 있으니까, 저 멀리 서쪽으로 35킬로미터 정도 떨어진 곳에 있는 바다가 떠오른다. 아주 오래전, 어느 여름날, 우리 가족은 두 차례에 걸쳐 그곳 바다를 찾아간 적이 있다. 두 번 모두, 오후가 좀 지나 날씨가 흐려졌다. 바다 밑으로 해가 지는 모습을 어머니가 꼭 보고 싶다고 해서, 아비는 일꾼더러 혼자서 우유를 다 짜라고 시켰었다. 집이 바다에서 가까운 편인데도, 나는 바다의 일몰을 한 번도 본 적이 없다.

무슨 소리가 들린다. 창문 밖 어딘가에서 나는 소리 같다. 머리카락이 찌르는지 뒷덜미가 간지럽다. 위에 누워 있는 아비가 떠오른다. 아무짝에도 쓸모없는 아비이지만, 무서우니까 그런 아비라도 찾는 꼴이다.

어쩌면 붉은 머리카락 청년이 가끔 나를 떠올릴지도 모르겠다. 화창한 여름날 별일 없이 그저 가만히 서 있기만 하던 어떤 늙은 농부, 나를.

"늙다뇨? 헬머 아저씨가 뭐가 늙었다고 그래요? 아저씨 아버지 정도는 돼야 정말 늙은 거죠." 튠과 로날드의 엄마인 아다가 식탁에 앉아 말했다.

자식들한테서 무슨 얘기를 들은 모양이었다. 아마도 당나귀가 어쨌다느니, 갑자기 창문에 '기다란 나무 조각들'이 쳐져 있다느니 그런 얘기를 들었으리라. 아다는 호기심이 많다.

"그리고 또 누가 늙은 줄 알아요? 브룩을 조금 지나 사는 클라스 판 발런 아저씨요. 나이는 헬머 아저씨하고 비슷하지만, 그 아저씬 상당히 지저분해요. 제 몸 하나도 제대로 간수 못하나 보던데. 얼마 전에는 영 안 되겠던지, 시(市)에서 사람들이 나와 양들을 거둬갔대요. 양 꼴이 털은 수북하게 자라 뒤엉킨 데다 삐쩍 말라 뼈만 앙상해가지고는 정말 몰골이 말이 아니었대요."

얼마 전부터 아다는 커피에 크림을 넣지 않고 마시는데, 내가 그 사실을 깜박하고 자꾸 까먹는 것이 늙어서인 것 같다고 말하자 이렇게 반응했다.

아다는 새로 단장한 거실과 침실을 보고는 '근사하다'고 말했다. 또 바닥과 목재를 청색 계열로 칠한 건 '아주 적절한 선택'이라면서, 바뀐 인테리어에 대해 이런저런 말을 참 많이 늘어놓았다. 천 쪼가리 같은 담요는 이제 '한물간 구식'이니 깃털 들어간 이불로 바꾸는 것이 어떻겠느냐며, 깃털 이불이 '훨씬 더 안락하다'고도 했다. (하지만 아다는 곧장 '글쎄 이게 적당한 표현인가?' 하고 의아해했다.) 게다가 자기도 ('먼지 구덩이') 커튼을 떼어버리는 게 낫겠다면서 수평 블라인드를 얼마 주고 샀냐고도 물었다. 의자를 버렸냐고도 물었다. 아니, 묻기는 물었는데 금방 튠과 로날드한테서 '카펫으로 지은 집'에 대해 들었다면서, 의자에 대해선 이미 알고 있다고 했다. 자질구레한 살림살이들을 내내 묵히고 보관하기보다는 싹 정리해서 내다버리고 새로운 공간을 창출하는 것이 '무척 홀가분한 일'이라고 했다. 아다가 다시 침실로 들어가더니, 왜 아직도 일인용 침대를 쓰냐면서 큰 침대를 쓰면 '공간이 널찍해서' 좋다며 짓궂은 표정을 지었다. 그러곤 또 이불을 '꼭' 깃털 이불로 바꾸라면서, 그러면 자기가 더 멋지고 '산뜻하게' 파란 이불보를 선물하겠다고도 했다.

부엌으로 가는 길에 거실의 빈 벽을 보고는 아다가 손을 들어 가리켰다. 예술이 부재한 곳. 나는 왜 여태까지 '예술품 같은 것'도 장만하지 않은 걸까?

아다는 아직 젊다. 나이는 한 서른다섯 정도. 아다의 남편은 아다보다 열 살, 아니 어쩌면 열다섯 살은 많아 보인다. 나는 매사에 열정이 넘치는 아다가 지금처럼 연중 4월에 한 번이 아닌, 매주 한 번씩 우리 집 청소를 하러 와줬으면 좋겠다. 아다는 농가부인협회의 회계 일을 보기도 하고, 천을 모아 퀼트를 만들기도 하며, 독서클럽의 회원이기도 하고, 마을의 발전을 위해 노력 봉사 하기도 하고, '바터란트Waterland* 내에서 제일로 멋진 정원'을 꾸미기 위해 애쓰기도 한다. 또 아다는 거의 어머니에 버금갈 정도로 얼굴이 밉상이다. 하지만 아다가 밉상인 이유는 언청이 입이 수술 후 제대로 아물지 않았기 때문이다. 아다의 아들들은 금발 머리에 속눈썹도 길고 입도 반듯한 미남들이다. 이곳 출신이 아니라서 그런지, 아다는 저 멀리 사는 사람들까지도 모두 다 잘 알고 지낸다.

난 두번째 커피를 따르며 하품을 억누른다. 아다가 마음에 들기는 하지만, 그녀의 열정과 뭐든 털어놓고 말하는 솔직함은 가끔 날 섬뜩하게 할 때가 있다. 특히 우유를 짜고 가축들에게 먹이를 주고 난 다음이면 더욱 그렇다.

"그래 할아버지하고 침실을 바꾸었다고요. 할아버진 좀 어때요? 잠깐 얼굴 뵙고 인사드렸으면 하는데."

"그래, 그럼." 난 얼떨결에 대답하고는 금방 둘러댄다. "참, 지금은 아마 주무시고 계실 거야."

커피를 한 모금 마신 아다가 잔 옆으로 비스듬히 쳐다보며 말한다. "근데, '늙었나 보다'라고 했잖아요. 아저씬 정말 본인이 늙었다고 생각해요? 내가 보기엔 얼굴도 잘생기고, 머리숱도 아직 수북해서 늙었다고 하기엔 좀 이른 것 같은데, 비만도 전혀 아니고……"

순간 내 얼굴이 발갛게 달아오른다. 어쩔 수가 없다. 아다가 잘생겼다고 부추겨줘서가 아니라, 내가 한 거짓말이 아비에 의해 언제 들통이 날지 몰라서다. 아비는 잠을 자고 있지 않았다.

"어머나, 미소년처럼 얼굴까지 빨개지네!"

---

* Waterland: 작품의 주요 배경이 되는 지역으로, 암스테르담 북부에 있는 노르트홀란트 주 저지대.

아다는 지금 내가 예전에 앉던 자리에 앉아 있다. 아다는 우리 집에 오면 항상 그 자리에 앉곤 하는데, 그건 옆으로 난 창문으로 자기네 농가를 바라볼 수 있기 때문이다. 아다는 그렇게 함으로써 만일의 경우에 대비하고 싶어 하는 것 같지만, 아다네 농가와 우리 농가와의 거리는 5백 미터도 넘는다. 나는 어머니가 앉던 자리에 앉아 있다. 그리고 뿔까마귀는 벌써 일주일도 넘게 물푸레나무 위에, 자리도 바꾸지 않고 항상 앉던 그 나뭇가지 위에, 그대로 앉아 있다. 신터클라스 축제일은 이미 지나갔다. 물론 우리 집에는 신터클라스가 오지 않았다. 토요일인 오늘은 바람도 한 점 없고 날씨가 매우 화창하다. 모든 것이 앙상하고 분명하게 보이는 12월 아침. 향수가 물씬 풍기는 날이다. 그런데 향수는 (지금 내가 있는 곳이 집이니까) 집에 대한 향수는 아닌 것 같고, 아주 오래전 오늘과 똑같은 그 어느 날들에 대한 애틋한 감정인 것 같다. 그럼 향수가 아니고 그리움이라고 하는 게 더 맞겠다. 아다는 아마 이런 감정을 이해하지 못할 것이다. 외지에서 온 아다가 당시 이곳에 대해 알 리가 없다.

"혹시 뿔까마귀 본 적 있나?" 아다에게 묻는다.

"뿔까마귀요? 어떻게 생긴 새인데요?"

"저기 물푸레나무 위에 앉아 있어."

아다가 의자에서 일어나 앞으로 난 창문으로 밖을 내다보며 말한다. "참 크다."

"저 뿔까마귀가 벌써 며칠째 저기 앉아서 내가 먹는 빵만 주시하고 있는 것 같아."

"아, 그래요." 뿔까마귀에게는 별 관심이 없는지 아다가 금세 몸을 돌려 의자에 앉는다. 한때 윗입술이 갈라졌던 탓인지 아다가 말을 하면 가끔 입안에 솜뭉치가 물린 것처럼 들린다. "그런데 당나귀들 얘기는 어떻게 된 거예요?"

"아, 그거. 아이들이 울타리문을 열어놔서 당나귀들이 울타리 밖으로 나간 일이 있었어."

"어머나, 아이들한테 다신 그러지 말라고 잘 타이를게요."

"나도 잘 타일렀으니 앞으론 그런 일 없을 거야."

"그나저나, 의사가 왕진은 왔다 갔나요?"

"응."

"뭐래요?"

"그냥 노환이라고만 하더군. 노환 때문에 기억력도 감퇴하는 거래. 그래 그런지, 요즘 아버지가 이상한 말씀을 많이 하셔."

"네? 무슨 말씀을요?"

"뭐 그냥, 이런저런 옛날 얘기, 불쑥 꺼내시곤 해. 어떨 땐 무슨 말씀을 하시는 건지 도무지 감이 안 잡힐 때도 있어." 이렇게 말하며 난 손으로 이마를 쓰윽 문지른다.

"이제 어쩔 거예요?"

"어쩌긴." 커피잔을 내려놓고는 이마의 열을 훑어내려고 왼손으로 달아오른 이마를 훔친다. 왼손은 아다와 가까이 있는 손이다.

"내가 가끔 찾아와서 할아버지를 간호해드리면 어떨까요? 그럼 좋을 것 같은데."

"아니, 그건 나 혼자서도 할 수 있어. 겨울이라 우유 짜는 일밖에는 별로 할 일도 없는데, 뭐."

"아, 그렇겠다." 커피를 다 마신 아다가 의자에 등을 기대고 앉더니, 옆으로 난 창문을 물끄러미 바라보며 말한다. "정말 그러네요. 아저씨는 클라스 판 발런 아저씨하고는 다르니까 아마 혼자서도 잘할 수 있을 거예요." 아다는 창밖을 바라보며 한동안 생각에 빠져 있다. 내 아비가 왜 위에 누워 있는지 그리고 내가 왜 바닥을 청색으로 칠했는지, 아마도 이런 생각들을 하고 있는 모양이라고 추측하고 있으려니까, 아다가 불쑥 입을 연다. "그 아저씨는 다른 사람들하고 교류도 없고 낯도 많이 가린다던데, 이제 양까지 빼앗겨서 얼마나 적적할까요. 사정이 정말 딱해요." 아다가 몸서리까지 쳐가며 말한다.

"어, 그래, 정말 딱하게 됐어."

"근데 헬머 아저씨는 왜 아직까지 결혼하지 않았어요?"

"뭐?"

"결혼요."

"결혼은 여자가 있어야 하지."

"물론 그야 그렇죠. 그럼 여태 사귀는 여자는 왜 없었어요?"

"그야 뭐……"

"동생은 여자 친구가 있었다면서요? 결혼까지 하기로 했다던데…… 맞죠?" 만일 아다가 정말 서른다섯 살이라면, 아다는 헹크가 사망한 1967년도에 태어났다는 말이 된다.

"응, 맞아. 리트라는 여자하고 결혼하기로 했었지."

"헹크와 리트라…… 이름이 참 잘 어울리는 것 같아요."

"응, 그래."

"그럼 동생은 여자 친구가 있었는데 아저씬 여자 친구가 없었어요?"

“응.”

“참 희한하다.”

“뭐가 희한해, 그럴 수도 있지.” 문 열리는 소리가 들린다. 부엌문이 열리기도 전에 소리가 요란해서 누가 왔는지는 쉽게 짐작이 간다.

“너희들 좀 조용히 해.” 아다가 외친다.

부엌으로 들어선 튠과 로날드가 어깨를 축 늘어뜨리고는 아다에게로 다가선다. “헬머 아저씨, 안녕.” 튠이 인사한다. 로날드는 아무 말도 하지 않은 채 식탁 위에 놓인 케이크만 노리고 있다.

“너희들 여기 왜 왔어?” 아다가 묻는다.

“아빠가 엄마 데리고 오래.” 튠이 대답한다.

“왜?”

잠시 곰곰이 생각하고 나서 튠이 대답한다. “그건 잘 모르겠는데.”

“정말 모르는 거야, 아니면 깜박한 거야?”

“깜박한 거야.” 이번에는 로날드가 대답한다.

“그래, 그럼 일단 집으로 가보자.” 몸을 일으켜 세운 아다가 아이들에게 묻는다. “너희들, 아저씨가 집 새로 단장한 거 알고 있니?”

“아니.” 튠이 대답한다.

“그럼 얼마나 멋진지 구경하고 가자꾸나.” 아다가 아이들 뒤를 쫓아 거실로 들어간다.

나 기분 좋으라고 아이들이 아주 큰 소리로 “우와아 멋지다!”를 연발한다. 솔직히 듣기는 좋다. 이렇게 부엌에 앉아서 다른 사람들이 거실에서 말하고 걸어 다니는 소리를 듣는 것이 나에겐 흐뭇한 일이다.

아다 일행이 현관문을 통해 밖으로 나간다. 자갈 깔린 마당을 중간쯤 가더니 아다가 뒤를 돌아보며 말한다. "아 참, 깜박할 뻔했네. 저기, 코퍼 씨 댁 아들 알죠? 그 사람 여기 뜬대요."

"야르노 형 말이구나. 튠, 공 어서 차!" 축구공 놀이를 하고 있던 로날드가 말한다. 로날드는 축구회 초년부의 열성 회원이기도 하다.

"그래? 난 금시초문인데." 내가 대답한다.

"유틀란트 반도로 간다는 것 같았어요. 거긴 땅이 아주 넓대요. 할아버지한테는 대신 안부 좀 전해줘요."

"알았어." 현관문을 닫는다.

방문 앞에 서서 일인용 침대 위에 놓인 모직 담요들을 보고 있다. 맨 위에 놓인 담요는 가장자리 올이 풀려 너풀거린다. 등을 돌려 거실의 빈 벽을 쳐다본다. 어떤 예술품이 좋을까……

"헬머!" 위에서 아비가 외친다.

나는 소파로 가 누워 눈을 감는다. 덴마크……

9

덴마크. 유틀란트 반도, 셸란, 푸넨, 보른홀름, 대벨트 해협, 소벨트 해협, 오덴세. 아다가 내 마음을 뒤흔들어놓았다. 경사진 언덕, 광활한 땅, 히스가 만발한 벌판. 이곳이 지겨워진 농부의 아들 아르노 코퍼. 갈색 피부의 그는 아마 스물다섯살 쯤 됐을 것이다. 드물지만 그를 보면, 그는 항상 '여긴 지겹도록 축축하다'고 말하곤 했다. 그가 떠난단다. 덴마크로 떠나버릴 수 있는 그! 오랜 땅 덴마크.* '덴마크'에서

'마르크mark'는 옛 독일제국과 관련이 있을 것 같다. 사전을 찾아봐야 겠다는 생각에, 소파에서 몸을 일으켜 뒤를 돌아본다. 하지만 어머니의 향토소설들이 꽂혀 있던 낮은 책장이 보이지 않는다. 위층으로 올라가야 한다.

"헬머!"

"알았어요, 알았어." 향토소설들 사이에 낀 사전을 빼어들며 짜증스럽게 뱉어낸다. 헹크의 침대 위에 앉아 있으니, 무릎이 낮은 책장에 닿는다. 두서없이 놓인 물건들을 다시 정리해야 할 것 같다. 지금은 방이 어수선해 거의 발 디딜 틈조차 없다. 화장대는 붙박이장 문에 기대어 세워져 있는데, 붙박이장 안에는 내 물건들이 들어 있다. 한번 거들떠보지도 않으면서 아까워서 버리지는 못하는 내 물건들. 드디어 사전에서 '마르크mark'를 찾았다. 마르크는 옛 프랑크 제국이나 독일제국 당시 국경 지역을 의미한다. 이 나쁜 독일 놈들. 변방에 있는 작은 우리나라를 집어삼킨 이 나쁜 놈들. 덴마크인들이 살던 변방의 작은 땅도 이 나쁜 놈들이 집어삼켰구나. 마르크에는 또 다른 의미가 하나 더 있다. 예전에 특정 지역을 공동 관리하기 위해 땅의 소유권을 분할하지 않고 공동으로 가진 적이 있었는데, 마르크는 이렇게 땅을 공동으로 소유하는 사람들을 의미하는 단어이기도 하다. 그럼 혹시 마르컨Marken**도 이 단어에서 유래하나?

---

* 네덜란드처럼 바다나 호수를 메워 새로 만든 땅이 아니라 이미 오래전부터 있었던 땅이라는 뜻.
** 네덜란드 지명으로, 암스테르담 북동쪽에 위치, 에이설 호수에 떠 있는 작은 섬마을.

"헬머!"

사전을 덮어 책장에 다시 꽂아두고는 문으로 걸어간다. 어머니는 밤마다 몇 시간씩 책을 읽곤 했다. 아비는 어머니보다 훨씬 먼저 잠자리에 들곤 했는데 가끔 침실로 가기 전에 책 읽는 어머니를 보면 '낭만 떠는 여자'라고 비꼬곤 했다. 단 한 번도 아비의 말은 다정하게 들리는 법이 없었다.

나는 하루에 두 차례 변을 본다. 한 번은 우유를 짜기 바로 전이고, 그다음 한 번은 커피를 마시고 나서다. 아주 가끔 세번째로 화장실을 가고 싶을 때가 있기도 한데, 세번째 배설 욕구는 대개 저녁때쯤 생긴다. 하지만 세번째 배설 욕구는 항상 꾹 참고 뭉개버린다.

내 배설욕에 대해 생각하며, 아비를 변기에 앉히기 위해 아비를 안고 층계를 내려간다. 아비가 변기 위에 앉아 있는 동안, 나는 화장실 문을 꼭 닫고, 얌전한 개처럼—우리는 개를 기른 적이 없어서 잘은 모르지만 개는 주인을 얌전히 잘 따르는 동물이라고들 한다—문밖에 서서 기다린다. 내가 시킨 대로 아비가 "이제 다 됐다!"라고 말할 때를 기다리는 것이다. 아비가 이렇게 화장실 변기에 앉는 일은 사흘에 한 번, 어떨 땐 닷새에 한 번 정도 있는 일이다. 아비의 몸에서는 소변도 거의 나오지 않는다. 아비의 소변 용기는 그저 바닥을 살짝 덮을 정도만 소변으로 채워져 있곤 했다. 어떤 경위로 우리 집에 있는 건지는 잘 모르겠으나, 아비가 쓰는 소변 용기는 아주 편리하다. 찬물로 한 번 헹군 다음 아주 뜨거운 물로 한 번 더 헹궈주면 그만인 아주 편리한 물건이다.

"왜 그래요?" 아비의 방에 들어서며 묻는다.

"그냥."

"나 괜히 부른 거예요?" 창가에 놓인 의자를 돌려 앉으며 묻는다. 의자 위에는 양 그림이 붙어 있다. 가급적 코로 숨을 들이쉬지 않으려고 난 애를 쓰고 있다.

"의사 좀 불러달라니까."

"그건 안 돼요."

"침대에 누워 있고 싶지 않아."

보통 때 같으면 그냥 무시하고 넘어갔겠지만 지금은 아비가 바라는 것이 곧 내가 바라는 것이기도 했다. 이불을 걷어내니까 후끈한 공기가 물큰 덮쳐와 숨이 막힌다. 겨드랑이에 손을 넣어 아비를 부축해 세운 다음 의자에 앉힌다. 의자에서 고꾸라지지 않으려고 아비가 의자 팔걸이를 꼭 붙잡는다. 나는 침대에서 이불이니 커버니 몽땅 거둬내고는 아래층에 있는 세탁기로 가져가 다른 속옷들과 함께 빨래통에 집어넣고는 온도를 90도에 맞춘다. 그런 다음 양동이에 미지근한 물을 받아 장에서 꺼낸 목욕 타월과 함께 위로 가지고 간다. 아비가 고꾸라진 자세로 의자에 앉아 있다. 아마도 아비의 팔이 자신의 육신을 지탱할 수 있을 정도로 강하지는 않은 모양이다. 서서히 앞으로 숙여지는 몸이 바닥으로 떨어지는 것을 막기 위해 아비는 고작 의자 다리만 꼭 부여잡고 있다. 양동이를 바닥에 내려놓고는 아비를 의자에 반듯이 앉힌다. 아비의 잠옷 윗도리를 벗기는 일이 그리 어렵지 않다. 허연 터럭이 아비의 오그라든 가슴 위에 납작하게 누워 있다. 잠옷 바지를 벗기려고, 아비 뒤로 가서 겨드랑이에 한 손을 끼워 부축해 세우고는 다른 한 손으로 바지를 벗긴다. 바지에 얼룩이 묻어 있다. 아비는 이제 벌거벗은 몸으로 의자에 앉아 있다. 아비의 물건이 두 다리 사이에 얌전히 늘어져 있다. 아비의 키에 비해서는 유난히 크고, 아비의 팔이나 배에 붙은 살가죽에 비해서는 주름이 적어 덜 쪼글쪼글하다.

"아다 왔다 갔나?" 고개도 제대로 못 추스르는 아비가 말한다.

"네."

"근데 왜 나한테는 안 들렀대?"

"그러고 싶진 않대요."

"아다가 정말 그렇게 말했어?"

"네, 그렇게 말했어요." 아비를 쳐다보다 양동이를 쳐다본다. 양동이를 보다가 청색 카펫이 깔린 바닥을 본다. 바닥을 보다 커버를 벗겨낸 침대 위에 놓인 목욕 타월을 본다. 아무래도 이건 아닌 것 같다. 다시 아래층으로 내려가 부엌에 있는 플라스틱 의자를 욕실로 옮겨놓는다. 세탁기가 돌아가고 있다.

"너무 차." 아비가 말한다.

흐르는 물 밑에 손을 갖다 대보고는 온수 꼭지를 좀더 튼다. 이렇게 다 젖을 줄 알았으면 애초에 옷을 벗고 시작하는 거였는데, 하는 아쉬운 생각이 든다. 손을 떼면 아비가 곧 고꾸라질 거라서 나는 꼼짝할 수 없다. 아비가 여기 이 타일 바닥에 쓰러지면 곤란해진다. 아비가 앉은 의자가 벽 앞에 놓여 있는 까닭에 나는 한 손으로도 아비의 몸을 지탱할 수 있다. 막 수도꼭지를 잠그려는 순간, 아비가 손을 머리 위로 올려 물살을 막는다.

"이제 몸 씻겨줄게요."

아비가 아무 대꾸도 않는다.

아비의 무릎 위에 목욕 타월을 올려놓고는 멘톨 향이 나는 바드다스 보디클렌저를 꾹 눌러 짠다. 한 손으로 목욕을 시키려니 수월치 않다. 아비의 몸을 씻기고 있으려니까, 다시 축축하게 젖은 몸으로 연약하게 떨고 있는 갓 태어난 송아지가 떠오른다. 아비의 엉덩이를 닦으려면 아까처럼 한 손을 아비의 겨드랑이에 끼워 넣은 다음 아비를 부축해 일으켜 세워야 하는데, 아까는 내가 아비의 뒤에 서 있었지만 지금은 아비의 앞에 서 있는지라 부담이 된다. 미처 옷을 벗지 못한 게 차라리 잘된 일 같다. 안 그랬으면 실오라기 하나 걸치지 않은 아비의 오그라든 가슴과 내 가슴이 꼭 들러붙을 뻔했다. 아비의 엉덩이를 몇 차례 훔치고 있으려니까, 축축한 목욕 타월 안으로 손끝에 물컹한 불알이 느껴진다. 아비를 다시 의자에 앉힌다. 젠장, 이제 가운데 길쭉한 물건까지 꼿꼿이 서려는 모양이다. 목욕 타월을 한 번 헹궈야 하는데도 그러지 않고, 한 발로 아비의 가랑이를 벌린 다음 서둘러 허벅지와, 건드리면 더 단단해질 물건을 목욕 타월로 얼른 훔쳐낸다. 그러곤 털어버리듯 목욕 타월에서 손을 빼내고는 수도꼭지를 튼다.

"너무 차." 아비가 또 불평이다.

"누구 탓인데요!?"

아비의 물건이 차츰 다리 사이로 쪼그라든다. 아비의 몸을 헹구고 나니, 머리도 감겨야 하나 하는 생각이―"머리숱도 많네!"라고 했을 아다의 말과 함께―잠시 머릿속을 스치고 지나가지만, 이 정도면 충분하지, 하는 생각에, 잠시 두 발로 선 아비의 몸을 마른 타월로 서둘러 닦아낸다.

구식 신랑마냥 문가에 서서 아비의 침실을 바라보고 있으려니까, 내가 뭘 잘못했는지 눈에 보인다. 침대가 아직 정돈되지 않았다. 축축한 타월에 둘러싸인 아비를 창가 의자에 앉힌다. 의자 밑에 아비의 더러운 잠옷이 떨어져 있다. 장에서 깨끗한 침구를 꺼내 갈아 끼운 다음 아비를 침대에 눕히고, 깨끗한 잠옷으로 갈아입힌다. 내 옷이 젖은 상태라 아비에게 옷을 갈아입히는 것이 그다지 수월치 않다. 게다가 방도 써늘하다. 베개 두 개를 머리맡에 놓아주고는 아비에게 이불을 덮어준다.

"차라리 죽었으면……" 아비가 작게 중얼거린다.

"깨끗이 목욕시켜놨더니 그런 소릴 해요?"

"저 뿔까마귀 말이야." 아비가 떨리는 손으로 밖을 가리키며 말한다.

"뿔까마귀가 뭐 어째서요?"

"저 뿔까마귀가 날 기다리고 있는 것 같아."

"무슨 그런 당치도 않은 소릴."

"아니, 정말 그런 것 같아."

"마음대로 생각해요."

중앙난방을 설치하는 것에 대해 아비는 한사코 반대였다. 어머니는 찬성이었지만, 어머니의 의견은 중요하지 않았다. 우리 집에는 기름난로가 두 개 있는데, 하나는 부엌에 있고 또 하나는 거실에 있다. 아비는 중앙난방이 없는 서러움이 어떤 것인지 지금에야 위에서 실감하고 있을 것이다. 예전에 기온이 영하로 떨어질 때면, 아비는 밤새 난로를 약하게 틀어놓고는 어머니와 함께 쓰던 침실 방문을 열어놓곤 했다. 하지만 헹크와 나는 잠에서 깨면 창문 유리창에 잔뜩 핀 성에꽃 때문에 밖도 내다볼 수 없었다.

지금 우리 집 온수는 보일러에서 나온다. 아비를 씻기는 데 물을 많이 쓰지 않은 까닭에 나도 맘껏 온수를 쓸 수 있다. 마지막으로 대낮에 샤워를 했던 때가 언제였더라, 기억조차 나지 않는다. 내 몸에서도 이제 멘톨 냄새가 난다. 문득 내 자신이 젊고 강하게 느껴진다. 하지만 막상 내 물건을 손에 쥐어보니, 이상하게 내 스스로가 쓸모없고 한심하게 느껴진다. 무심코 내 물건과 아비의 물건을 비교해본다. 내 것이 더 크다, 이런 확인 하나뿐인데도 물건이 부풀어 오른다. 그게 뭘 의미하는지 생각하고 있으려니까, 벨이 울린다. 물건이 손 안에서 오그라든다. 우리 집 벨은 울리는 일이 거의 드물어서, 귀에 들리는 소리가 벨 소리라는 것도 금세 알아차리지 못했다. 수도꼭지를 잠그고는 잠시 가만히 기다린다. 움찔 긴장이 되고, 타일 바닥에 떨어지는 물방울 소리가 폭포수 떨어지는 소리마냥 크게 들린다. 밖에서 아무 소리도 들리지 않는다. 천천히 몸을 말리고 팬티를 입는다. 나머지 옷가지들은 침실에 있다. 욕실 문을 열고 현관문에 달린 기다란 반투명 유리창을 통해 밖을 내다보고는, 문 앞에 아무도 서 있지 않은 것을 확인한다. 거실로 들어가기 전, 문틈으로 창밖에 누가 서 있나 또 확인해보니, 아무도 보이지 않는다. 수평블라인드가 닫힌 침실로 가 옷을 입고 있으려니, 가장자리 올 풀린 담요들이 눈에 들어온다. 옷을 다 입고 나서 현관으로 가 문을 연다. 아무도 없다. 뿔까마귀만 나를 빤히 쳐다보고 있을 뿐이다.

백과사전을 보면 까마귀는 "까악, 까악" 소리 내어 운다고 씌어져 있는데, 저 뿔까마귀는 한 번도 그렇게 운 적이 없는 것 같다.

오후 내내 빈 복도를 가득 채우는 전화벨 소리가 귓전을 맴든다. 양들을 세러 간다. 스물세 마리밖에 안 되는 양들을 네 번이나 다시 센다. 숫양은 며칠 전에 매년 내게 숫양 한 마리를 빌려주는 농부에게 되돌려주었다. 숫양이 차던 스탬프 띠는 헛간에다 걸어놓았다. 오후 늦게 소젖을 짜고 날이 어두워지니까, 그제야 농가 앞에 가만히 서 있던 미지의 형체가 다시 떠오른다.

10

지난번에 온 그 집유차 기사가 아니라 시종 웃는 얼굴인 젊은 기사가 착유실에 와 있다.

"안녕하세요, 헬머 아저씨." 안으로 들어서자 젊은이가 인사한다. 무뚝뚝한 늙은이가 오는 날이면 나는 대개 착유실에는 발도 들여놓지 않는다. 우유 탱크 끝에 팔 하나를 얹고는 젊은이가 탱크와 발밑에 있는 호스를 번갈아가며 쳐다본다. 젊은이의 이름을 부르며 나도 소리 내어 인사에 답하고 싶지만, 볼 때마다 이름이 생각나지 않아 그냥 고개만 까닥해 보인다.

"아리 아저씨 돌아가셨어요." 전하는 소식이 무엇이든 젊은이의 얼굴에선 웃음이 거둬지지 않는다.

"그래? 아니, 어쩌다?"

"심장발작으로요."

"언제?"

"그저께 집에 계시다가요."

"내 안 그래도 이제 정년이 얼마 안 남았을 거라고 생각하긴 했는데."

"맞아요. 예순 되시면 그만두실 생각이셨어요."

"나이가 몇이나 됐는데?"

"쉰여덟요."

"쉰여덟?"

"네, 너무 이르죠." 드디어 우유 탱크가 다 비었다. 젊은이가 호스를 돌려 뽑으니까 호스 안에 남아 있던 우유가 배수구로 흘러내린다. 집유차 뒤에 달린 호스 감개에 호스를 둘둘 돌려 감고서 젊은이가 말한다. "정말 너무 빨리 가셨어요." 그가 내 앞으로 다가와 양발을 조금 벌리고 서더니 양손을 허리춤에 올린다. 또 웃는 얼굴이다. 이빨을 드러내 보이며 묘하게 실실 웃는다. "당분간 아저씨 우유를 수거해줄 사람은 저밖엔 없을 듯합니다!?"

"맙소사, 그러다 정들면 큰일이겠는걸!?"

소리 없는 웃음에 소리가 더해지고 이빨이 더 많이 드러나 보이면서 진짜 웃음이 나온다. 젊은이가 인사도 않고 운전석으로 걸어간다. 지인의 부고를 웃음으로 때워버린 셈이다. 부고 같은 건 대화로 어쩔 수 있는 것이 아니다. 젊은이가 집유차 문을 열고는 사뿐히 뛰어오른다. 스케이트 선수들을 연상케 하는 위로 들린 허벅지가 파란 바지 밖으로 팽팽하게 드러난다. 난 멀어져가는 집유차를 쫓아 마당 밖으로 나온다. 젊은이가 백미러를 본다면, 지난여름 붉은 머리칼의 청년에게 그랬듯 이리 선 내 모습이 보일 듯도 하다. 비가 내린다. 당나귀들은 고개를 숙인 채 울타리 곁에 서 있다. 비가 계속 내리면 당나귀들을 안으로 들여놓아야겠다. 축축한 땅을 물끄러미 바라본다.

늙고 무뚝뚝한 그 사람이 죽었다.

헹크가 죽기 전까지 우리는 항상 내가 형임에도 불구하고 '헹크와 헬머'로 불렀다. 얼마 전까지만 해도 나는 오후가 되면 종종 헹크의 방에 가서 낮잠을 청하곤 했다. 하지만 주변에 너저분하게 늘어놓은 번잡한 물건들과 아비가 지척에 있다는 사실 때문에 이젠 그리하지 않는다. 헹크의 방에서 잠잘 때면 나는 헹크와 한침대를 썼던 때처럼 침대 위에 모로 누워 무릎을 끌어올린 채 잠이 들곤 했다. 요즘은 낮잠을 소파 위에서 자는데, 그건 아다한테 들은 말도 있어서인지 내 침대에서 자는 것이, 특히 낮잠은 영 내키지 않아서이다. 요 며칠 전에 나는 모니켄담에 가서 다리가 짧아 낮고, 너스래미 없이 매트리스 두 개만 얹으면 되는 간단한 새 침대를 주문했다. 조만간 전화가 오면 침대가 배달될 것이다. "크리스마스 연휴 전에는 꼭 배달될 거예요"라고 상냥한 가게 점원이 말했다. 다른 상점에 들러 깃털 이불과 이불보도 샀는데, 이불보는 아다의 색 감각을 믿고 옅은 청색과 짙은 청색으로 두 개를 샀다. 깃털 이불은 아직 포장도 뜯지 않은 채 내 방구석에 처박혀 있다. 베개 두 개도 마찬가지다. 원래 베개는 하나만 사려고 했는데, 하나만 달라니까 점원이 "하나요?" 하고 다시 되묻는 바람에 내 입에서 무심코

"아 아니, 두 개 줘" 하는 말이 새어나와버렸다. 새 침대가 오기 전까지 나는 새로 장만한 침구는 포장도 뜯지 않은 채 일인용 침대 위에서 올 풀린 모직 담요를 덮고 잠을 잘 것이다.

절대 헹크와 헬머이지, 결코 헬머와 헹크는 아닌 것이다. 나는 태어나서부터 네다섯 살 때까지의 기억이 전혀 없는 사람이다. 가끔 아주 어릴 적 기억이 떠오를 때면, 나는 다른 사람들한테서 주워들은 이야기들 때문에 내 머릿속에 있는 기억이 맞지 않을 수도 있다고 생각하고는 내 기억의 순수성을 의심해버리곤 한다. 내 머릿속 기억은 1950년대까지밖에는 거슬러 올라가지 못한다. 더 거슬러 올라간 시기에는 아비가 우리를 얼마나 구타했는지, 그건 난 기억하지 못한다.

절대 아비는 우리 둘이 어울리는 꼴을 보지 못했다. 항상 하나로 똘똘 뭉치는 우리는 아비의 눈에 눈엣가시였다. 아비는 우리가 합동으로 자기를 골탕 먹이려 한다고 생각했고, 그렇게 자기를 적대하는 것이 우리의 일거수일투족을 좌지우지한다고 생각했다. 눈만 마주쳐도 아비는 우리가 자기를 괴롭히려 하는 것으로 생각했다. 그나마 형이라고 맞는 건 내가 더 많이 맞았는데, 그건 둘이서 뭔가 작당한 게 있다면 작당의 음모는 형인 내가 '꾸몄을 것이 분명하기 때문'이었다. 아비의 맨손바닥이 우리들 몸으로 날아오곤 했다. 또 시간이 좀 넉넉해 나막신 벗을 여유가 생기면 나막신이 볼기짝이나 등짝으로 날아오곤 했다. 나는 내 이름을 원망하곤 했다. 헬머라는 이름은 외갓집 가족 이름에서 딴 이름이고, 헹크라는 이름은 친할아버지 이름에서 딴 이름이다.

우유를 짜기 전에 당나귀들을 먼저 안으로 들인다. 이 일은 아주 간단해서 금방 끝낼 수 있는 일이다. 우선 울타리문을 열어준 다음 당나귀 축사 쪽으로 발걸음을 옮긴다. 그러면 당나귀들이 나보다도 먼저 저희들 축사를 찾아가 나를 기다린다. 당나귀가 우리로 들어가면 난 사탕무를 쪼개 사료통에 던져준다. 그러곤 지푸라기 한 줌을 옆에 달린 격자 시렁에 올려준다. 난 튠과 로날드에게 당나귀들에게 먹이를 줄 때면 반드시 내 허락을 먼저 받아야 한다고 주지시켰다. 그렇게 하지 않으면 언제 당나귀들이 비만이 될지 또는 무슨 탈이 날지 아무도 모른다. 슬레이트 지붕 위로 툭툭 빗방울이 떨어진다. 먹는 데간 빠져 그런지 귀를 긁어줘도 당나귀들이 반응을 보이지 않는다. 헛간을 떠나기 전에 스위치를 눌러 불을 끈다. 내가 가는데도 당나귀들이 거들떠보지도 않는다.

11

모니켄담에서 247번 국도를 타고 에담까지 달린다. 그러곤 국도를 벗어나 마을 내부도로로 해서 둑길을 향해 달린다. 그렇게 하지 않으면 오스트하위전에나 가서야 국도를 벗어날 수 있다. 바르더에 거의 다 와 차를 세운 다음 잠시 무리 지어 날아가는 새들을 바라본다. 검은머리물떼새, 까마귀, 재갈매기, 붉은부리갈매기. 좁은 둑길을 지나가려는 차가 클랙슨을 울려대는 바람에 깜짝 놀란다.

"어떻게 둑길에다 차 세울 생각을 다 해요?" 일반 박새와 푸른 박새도 구분할 줄 모르는 아다가 말한다. 검정색 반코트를 입은 아다는 얼굴이 조금 창백해 보인다.

둑길이 호른에 오니까 잠시 끊긴다. 주위가 조용하고 하늘이 뿌옇다. 에이설 호수 끄트머리가 티 안 나게 하늘과 이어져 있다. 뭐가 문젠지 오펠카데트 차 보닛 밑에서 자꾸 소음이 난다. 아무래도 정비소에 한번 가봐야겠다. 오스테르레이크에서 좌회전을 하고 나서 10분 후쯤, 펜하위전에 도착해 장례회관 주차장에 주차를 하고 나니, 바로 맞은편에 있는 노인요양소가 눈에 들어온다.

"어머머, 기막혀라. 사람들이 어쩜 이리 잔인할 수가 있는 거야?" 아다가 말한다.

농부들이 꽤 많이 왔다. 농부들은 모두 깔끔한 셔츠에 '단정한 스웨터'를 입고 있어 한눈에 알아볼 수 있다. 영구차 뒤를 쫓아 장례회관에서부터 성당까지 아다와 나란히 걷는다. 성당에 들어서니 아리의 부인이 관을 향하고 연설을 하고 있다. 아니, 그런 줄 알았는데, "아리, 그가 세상을 떠났습니다" 하곤 더 이상 말을 잇지 못했으니, 연설이라고 할 건 없을 것 같다. (딸들로 보이는) 젊은 여자 두 명이 의자에서 일어나 부인을 부축해 빈자리에 앉힌다. 사제가 장례미사를 진행하고 성가대가 우울한 합창을 부른다. 잠시 후, 거무접접한 높은 중산모를 쓴 사람들이 들어와 어깨 위로 관을 짊어지고는 성당 밖으로 나간다. 아다가 내 부인이라도 되는 양 내 팔을 붙잡고는 훌쩍이며 걷는다. 아다의 남편 빔은—아다의 표현에 의하면—주검이 두렵기도 하고, 어떤 식으로든 주검과 연관되는 것이 싫어서 장례식에 오지 않았다. 게다가 그는 장례식에 가는 것보다 더 중요한 할 일이 있었다. 묘지가 성당 바로 뒤편에 있는 게 아니라 한참을 걸어간다. 슈퍼마켓 슈퍼 드 부어*를 지난다. 하관식이 무난히 진행되고 있다. 운구인들이 파놓은 땅 위로 관을 내리자 고인의 부인과 딸들이 관 위로 흙을 뿌린다. 성당 쪽으로 돌아가려는데, 젊은 집유차 기사가 뒤로 쫓아와 말을 건다. "어이쿠, 두 분 다 오셨네. 잘들 하셨어요. 서로서로 정 주고받으면서 무관심하지 않다는 건 정말 좋은 미덕이에요."

"이봐 갈초, 무슨 그런 소릴. 장례식 정도는 당연히 참석해야지." 아다의 목소리가 여느 때보다도 둔탁하게 들린다.

나는 아무 말도 하지 않는다. 젊은이가 안타깝다. 갈초라는 이름, 듣고 보니 자꾸 잊어버릴 만도 한 이름 같다. 장례식까지 와서도 젊은이는 웃는 낯을 하고 있다. 도저히 어쩔 수가 없는 모양이다. 다른 문상객들보다 우리가 조금 뒤처졌다. 등을 돌려 뒤를 돌아보니, 남자 두 명이 관 위에 흙을 조금씩 조심해서 뿌리지 않고 큼지막한 삽으로 푹푹 퍼담아 왕창왕창 뿌리고 있다.

하관식에 참석한 문상객들은 모두 아리의 유가족들에게 위로의 말을 전하기 위해 장례회관으로 향했다. 커피와 카스텔라 케이크를 나눠주는 장례회관에서 아다는 케이크를 한 조각만 먹고, 난 두 조각을 먹었다.

아다가 돌아가는 건 다른 길로 가자고 해서, 헴, 블록데이크, 호른 쪽으로 차를 몬다.

"베임스터르도 들러 가는 건 어때요? 경치가 좋을 텐데." 아다가 말

---

* Super de Boer: 슈퍼마켓 체인 이름인데 '최고의 농부' 혹은 '농부의 슈퍼마켓'이라는 뜻으로도 해석이 가능하다.

한다.

베르크하우트를 지나 아벤호른, 스헤메르호른으로 달린다. '베임스터르 북부'를 가리키는 표지판을 따라가며 아다에게 묻는다. "마을로 들어가야 하나?"

"네."

핸들을 오른쪽으로 꺾어 베임스터르 안으로 들어가려니까, 아다가 말한다. "여긴 참 살기 좋은 곳 같아요. 땅도 널찍널찍 탁 트여서 속도 다 후련해지는 것 같아요. 게다가 지대도 높아서 축축하고 비좁은 우리 사는 데보단 훨씬 나은 것 같아요."

"덴마크로 간다는 아르노 코퍼라는 젊은이, 벌써 갔나?"

"아니요, 1월은 돼야 간댔어요." 선망의 눈으로 이리저리 둘러보며 아다가 말을 보탠다. "빔도 욕심이 나나 봐요. 많이는 아니지만 조금, 지금보다 좀더 가지고 싶어 해요. 소는 한 열댓 마리쯤, 땅은 한 몇 헥타르쯤."

"그럼 아다네도 덴마크로 가지그래?"

"에이, 무슨 그런 당치도 않은 소릴. 빔이 어디 그럴 수 있는 위인이에요?"

"그런가……?" 빔은 태어나서부터 줄곧 우리 옆에 살아온 이웃이지만, 나는 그에 대해 아는 것이 거의 없었다.

베임스터르 남동쪽으로 핸들을 막 꺾으려니까, 아다가 에인호른 농가를 찬찬히 보고 싶으니 속도를 좀 늦춰달라고 부탁한다. 새로 개조한 농가를 바라보며 아다가 말한다. "우린 이렇게 유유히 집으로 돌아가면 되지만, 남편 잃고 아비 잃은 아리네 가족들은 얼마나 앞이 막막

할까."

사거리에 차를 세우고는 차에서 내린다. 에인호른 농가 맞은편으로 축축이 젖은 앙상한 나무들이 농지를 따라 일렬로 서 있다. 나무줄기가 희미한 안개에 가려져 나무 행렬이 끝나는 지점은 눈에 보이지 않는다. 승용차 한 대가 너무 빠른 속도로 지나간다. 이내 다시 조용해진다. 사거리 건너편에 볼품없는 농가 한 채가 있고, 그 앞에 말 세 마리가 서 있다.

아다가 옳았다. 베임스터르는 늦가을에 와도 경치가 아름답다. 하지만 내 머릿속에는 덴마크가 자리 잡고 있다. 왠지 덴마크에는 안개가 자주 낄 것 같다.

아다가 차 문을 열고 밖으로 나오며 묻는다. "뭐 해요?"

"어, 그냥 좀."

"괜찮아요?"

"응."

"장례식은 참 묘한 거 같아요."

"그래?"

"특히 잘 모르는 사람 장례식은 더 묘한 것 같아요."

"그래……"

"장례식을 갔다 오고 나면 이상하게 가기 전보다는 활력이 더 생기는 거 같아요."

"헌데 갈초는 어디에 살아?"

"그건 잘 모르겠는데요. 사실 난 아리 아저씨가 그 먼 펜하위전에 산다는 것도 이번에 처음 알았어요. 솔직히 말해서 우리가 그 사람들 시시콜콜한 사정을 어떻게 다 알겠어요?"

"그래, 맞아."

"이제 슬슬 돌아가볼까요?"

"그래." 계속 달려 노르트홀란트 수로까지 간 다음, 강물을 따라 퓌르메런트, 에이펜담, 바테르항, 헷 스하우를 지나친다. 그러곤 브룩을 거쳐 집까지 달린다.

착유실에 들어서니 전화벨 소리가 들린다. 서둘러 다용도실을 지나 복도로 가 수화기를 든다. 수화기에서 아무 소리도 들리지 않아 나만 말한다. "여보세요?" 여전히 아무 소리도 들리지 않는다. 왠지 상대편이 숨죽인 채 가만히 듣고만 있는 것 같다. "누구요?" 그래도 아무 소리도 들리지 않아 수화기를 내려놓는다. 부엌에 아직 읽지 않은 신문이 펼쳐 있다. 신문을 읽기보다는 다른 일을 해야겠다. 장례식을 갔다 왔더니 활력이 더 생긴다.

가지고 있는 톱 중에 버드나무* 가지치기에 아주 적합한 톱이 하나 있다. 오래됐는데도 날이 여전히 날카로운 것이 아마도 값이 꽤 나가는 톱 같다. 나는 2~3년에 한 번씩 남쪽과 농가 뒤편에 서 있는 버드나무들의 나뭇가지들을 잘라낸다. 그동안은 미처 신경 쓸 틈이 없었는데 오늘은 버드나무 가지치기를 하기에 아주 적합한 날 같다. 버드나무 가지치기는 하루 만에 끝낼 수 있는 일이 아니라서 내심 내일도 날

---

* 학명은 'salix alba'로, 네덜란드 저지대 초원에서 자라는 버들목 나무인데, 한국에서는 볼 수 없는 나무인 것 같다. 수양버들의 모양과는 아주 다르다.

씨가 좋아야 할 텐데 하고 생각한다. 첫번째 버드나무 가지를 반쯤 손보고 나니 몸이 훈훈하게 달아오르고, 두번째 버드나무를 손보켜니 땀이 흐른다. 적당히 높은 감자 궤짝을 사다리 대신 사용한다. 우유 짤 시간이 다 될 때까지 농가 옆에 있는 버드나무 여섯 그루를 모두 가지치기한다. 일을 마치고 나니 그동안 머릿속에 무슨 고민이 있었는지 하나도 기억나지 않는다. 당나귀 사료통에 버드나무 새순을 얼마 던져 넣고는 아다에게 전화를 건다. 바터란트에서 최고로 아름다운 정원을 만들기 위해 아다는 요즘 정원 가장자리에다 나무 울타리를 치고 있었다. 아다가 원하면 와서 버드나무 가지를 가져가라고 할 참이다.

12

창가에 아비가 서 있다. 뭔가 좀 이상하다. 좁은 창턱에 몸을 의지한 채 아비가 유리창에 이마를 대고 서 있다. 방 안에는 희미한 조명불이 켜 있고, 바깥 날씨는 어제처럼 뿌옇게 안개가 낀 가운데 가끔 구름을 뚫고 해가 나온다.

"거긴 어떻게 서 있는 거예요?"

아비가 뭐라고 말은 하는데 내 귀에는 잘 들리지 않는다.

"뭐라고요?" 팔뚝에 힘을 주어 상체를 조금 곧게 펴고는 유리창에서 이마를 떼어내며 아비가 말한다. "뿔까마귀가 보이지 않아."

"뭐요?"

"뿔까마귀 말이야. 그게 안 보인다고."

아래층 부엌 유리창으로 보지 못한 광경을 아비의 침실 유리창문 밖으로 내다본다. 구부정한 물푸레나무 가지 위에 아무것도 보이지 않는다.

"날 안 기다리고 떠난 게야."

"당연하죠. 웬, 자꾸 뚱딴지같은 소리를 하고 그래요!?"

"뽈까마귀가 날 기다려줄 거라고 생각했는데." 아비의 팔과 머리가 부르르 떨린다.

"그랬다면 정말 좋았겠네요." 난 작게 속삭이듯 말한다.

"뭐?"

"이제 침대로 돌아가요."

"어떻게?"

"왜요? 침대에서 거기까지 혼자 갔으니까 돌아가는 것도 혼자 할 수 있을 것 아니에요?"

아비의 몸이 서서히 돌아가긴 하지만 오른손은 여전히 창턱을 붙잡고 있다. 멀리뛰기 선수가 발판 위에서 머뭇거리며 앞을 바라보듯 아비의 눈이 침대를 바라본다. 한 발 한 발 아비가 침대 쪽으로 걸음을 뗀다. "못하겠다." 중간쯤 와서 아비가 말한다.

"아니요, 할 수 있어요. 이제 조금만 더 힘써봐요."

결국 침대까지 오지 못한 아비는 부축할 태세를 갖춘 내 팔 위로 고꾸라지고 만다. 아비를 번쩍 들어 안고 침대로 걸어간다. 침대 위에 아비를 눕히고 있는데, 전화벨 소리가 들린다. 어차피 받아봐야 또 아무 소리도 듣지 못할 거라는 생각에 전화벨이 울리든 말든 신경 쓰지 않는다. 따르릉, 일곱번째로 전화벨이 울린다. 침대에 누운 아비가 숨을 거칠게 내쉬며 말한다.

“내가 혼자서도 걸을 수 있다니……”

“저기, 누가 죽었는지 알아요?”

“누가 죽었는데?”

“아리요.”

“아리? 아리가 누군데?”

“그 왜, 집유차 운전하던 사람요.”

“맙소사! 정말?”

“네.”

아비의 방문을 보니 열쇠가 꽂혀 있지 않다. 밖에서 보니 헹크 방도 마찬가지다. 헹크 방으로 들어가 침대 위에 앉는다. 문을 보니 안쪽으로는 열쇠가 꽂혀 있다. 몸을 눕힌다. 커튼이 닫혀 있어서 방이 어두침침하다. 물끄러미 천장을 바라보며 생각한다. 만약 내 곁에 누군가가 있다면, 만약 내가 결혼해서 아이도 있고 가정도 있다면 아마 모든 게 달라질 텐데…… 처자식이 있으면, 아무런 양심의 가책도 느끼지 않은 채 아비를 쉽게 치울 수 있을 텐데……

벌떡 일어나 문에서 열쇠를 뽑아 든다. 복도로 나가 아비 방 열쇠 구멍에 열쇠를 넣어본다. 들어간다, 돌려보니 돌아간다. 열쇠가 맞는다. 아무 소리도 안 들리고 아비의 방이 잠잠하기만 하다. 열쇠를 뽑아서는 잠시 손에 들고 있다가, 다시 열쇠 구멍에 꽂아놓는다.

아비 방과 헹크 방은 복도 오른편에 있다. 층계 맞은편에는 지붕으로 난 창문이 하나 달려 있는데 빛은 그다지 많이 들어오지 않는다. 위층 복도는 그래서 항상 어두침침하다. 복도 왼쪽 끝, 지붕으로 난 창문 좌측에는 다른 두 방보다 작은 방이 하나 더 있다. 바로 밑에 있는 착유실의 3분의 1정도밖에는 안 되는 작은 방이다. 어머니는 살아 있을 때 내내 그 방을 '새 방'이라고 불렀다.

그 방이 왜 있는 것인지 난 잘 모른다. 육십몇 년도에 착유실을 지으면서 함께 지은 그 방은, 지은 후로 한 번도 쓰인 적이 없었다. 난 그 방에 발도 들여놓는 일이 없었다. 방문도 항상 닫혀 있었다. 다른 두 침실처럼 그 방에도 청색 카펫이 깔려 있다. 이상한 방이다. 막상 방에 들어서니까 또 이상하다. 큼큼한 냄새가 나긴 하는데, 뭔가 갓 지은 공간에 들어선 듯 신선한 느낌도 든다. 경사진 벽면에 위아래로 뒤집혀지는 회전창이 달려 있어서 복도보다 훨씬 덜 어두침침하다. 하지만 비어 있는 방이라 굳이 발을 들여놓을 이유는 없을 것 같다.

창밖을 보니 당나귀들이 저희들 땅 제일 끄트머리 구석에 서 있다. 당나귀들은 아침 일찍부터 밖에 나가 있다. 둘은 항상 붙어 다닌다. 걷거나 뛸 때 가끔 떨어질 때가 있긴 한데, 그럴 때면 당나귀들은 제짝을 빨리 다시 찾지 못해 어쩔 줄을 몰라 한다. 아래층으로 내려가기 전에 창문을 살짝 열어놓는다.

아까 전화는 침대 가게에서 온 전화였다. 오후 늦게쯤, 전화가 걸려와 받아보니 상냥한 점원이 아까도 전화를 했었다며 침대가 내일 배달될 거라는 말을 전해준다. 몇 시쯤 배달되느냐고 물으니까 정확한 시간은 모르겠다면서 아마 '오전 중으로' 배달될 거라고 한다. 전화를 끊기 전, 점원이 자동응답기를 설치하면 전화 건 사람이 메시지를 남길 수 있어 편리하다면서 한 대 장만하는 것이 어떻겠느냐는 말을 남긴다.

닭장과 당나귀 축사와 거름 더미 뒤편으로, 여덟 그루의 버드나무가 고랑을 따라 나란히 서 있다. 일곱 그루는 반듯하게 서 있고, 한 그루는 고랑 쪽으로 삐딱하게 기울어져 서 있다. 그 한 그루의 버드나무를 가지치기하기 위해 나는 항상 같은 방법을 사용한다. 우선 사다리 두 개를 고랑 위에 나란히 걸친 다음, 한쪽 끝에 두 사다리를 가로지르도록 짧은 널빤지를 얹어놓는다. 널빤지에는 흔들리지 말라고 기다란 못을 박는다. (고랑의 양쪽 가장자리 높이는 똑같지 않다.) 그다음에는 목재 팔레트를 사다리 위에 올려놓는데, 한쪽 끝을 널빤지 위에 올려야 수평이 유지된다. 그러고 나서 팔레트 위에 궤짝을 놓고 밟고 올라서면 버드나무 가지에 손이 닿는다. 먼저 삐딱하게 기울어진 버드나무부터 가지치기를 한다. 이 나무를 가지치기하고 나면 나머지 일곱 나무는 수월하게 손볼 수 있다. 매서운 톱날 아래로 가늘고 여린 나뭇가지들이 쌈박쌈박 잘도 잘려 나간다. 어제 버드나무 여섯 그루를 가지치기 했다고 팔이 좀 뻐근하다. 몇 그루 손보고 나서 잠시 쉰다. 저기 보스만 풍차 옆으로 양들이 걷고 있다.

스물셋, 숫자가 맘에 안 든다. 스물이면 더 좋을 텐데……

13

침대 배달을 온 인부들은 한참 동안 분주히 일했다. 침대는 분해가 안 되는 통침대였던 것이다. 침대를 현관문 안으로 들여놓는 건 어렵지 않았지만, 복도에서 약간 꺾어 거실로 들이는 건 수월치 않았다. 쓰던 침대는 우유를 짜고 나서 바로 치워둔 상태였다. 매트리스는 헹크방으로 옮겨 옆으로 세워두었고, 목제로 된 침대 틀은 분해해서 거름더미 옆에 있는 장작더미 위에 쌓아놓았다. 제법 높이 쌓인 장작 더미를 보니까 섣달그믐 밤에 바람이 솔솔 불고 비가 오지 않으면 모닥불을 만들어 태워버려야겠다는 생각이 들었다. 거실과 침실 바닥에 일꾼들이 남긴 진흙 발자국이 찍혀 있다. 일꾼들은 배달 갈 곳이 더 있다면서 커피도 사양했다. 침대를 안으로 들여놓는다고 한창 수선을 피우는 동안 나조차도 현관문을 닫는 것을 잊어버려서 집 안이 썰렁하다. 동에서 불어오는 찬바람이 앞창을 비스듬히 스치고 간다. 오늘 밤은 몹시 추울 모양이다.

몰랐는데 지금 보니까 침대가 스웨덴이나 덴마크 산인지 상표에 있는 글자 중 a 위에 동그라미가 붙은 글자가 있다. 파란색과 흰색 사각 체크무늬가 들어간 침대는 아주 널찍해서 어디로 어떻게 누워도 발이 침대 밖으로 빠져나가지 않는다. 침대를 정돈하고 있으려니까 내내 위에서 부르는 아비의 목소리가 들린다. 궁금해 죽겠는 모양이다. 문득 열쇠를 어디에 두었더라, 하는 생각에 깜짝 놀란다. 퍼뜩, 열쇠 구멍에 도로 꽂아둔 것이 기억난다. 베개 하나에만 베갯잇을 씌워둔 채로 부엌 식탁으로 가 앉는다. 어머니가 앉던 자리에 앉아 몸을 숙여 열린 문들 너머로 침실 안을 들여다본다. 베개 두 개. 베개가 왜 둘이나 필요하지? 하지만, 커다란 침대 위에 베개를 하나만 올려두면 균형이 깨져 모양이 안 좋을 것이다. 게다가 새로 산 베개는 값싼 베개도 아니었다.

신문 첫 지면의 기사들을 읽고 커피 한 잔을 다 마신 다음, 두번째 베갯잇을 씌우러 침실로 간다.

점심때가 되어, 가축 매매상의 트럭이 마당으로 들어선다. 가축 매매상은 말이 거의 없는 묘한 사람이다. 그는 반듯한 먼지막이 작업복에 챙 달린 모자를 쓰고 다니는데, 집 안으로 들어올 때는 모자를 벗지만, 밖이나 헛간에서 나를 만날 때면 모자를 벗지 않는다. 그리고 항상 날씨가 어쩌니 하며 짧게 몇 마디만 하고 나선 입을 닫아버린다. 그러면 나는 그에게 내줄 것이 있는지 용건을 말해야 한다. 만일 내가 내줄 것이 없다고 말하면 그는 아무 말없이 곧장 떠나버린다. 그는 절대—30년도 넘게 우리 농가를 드나들고 있으면서도—우리 집 부엌 식탁에 와 앉는 법이 없었다. 그는 집 안 복도로 들어서기 전이면 문 앞에다 나막신을 벗어놓는데, 부엌까지 들어와서는 리놀륨 바닥 위에 서서 발 하나를 다른 발 위에 겹쳐 올려놓고는 두꺼운 염소털로 짠 양말 속에서 발가락만 꼼지락대곤 했다. 오늘은 마당 한가운데에서 그를 만난다. 오늘 나는 그에게 내줄 것이 있다. 양 몇 마리.

"흘레붙였수?" 그가 묻는다.

"그럼. 11월 말까지는 수컷을 풀어놨었지요."

"세 마리라고 했나?"

"네. 요즘 시세는 어떤가요?"

"운 좋으면 120유로까진 받을 수 있는데, 대갠 백 유로에 거래돼."

"헐값이네."

"그렇긴 해. 양들은 안에 들여놨나?"

"아니, 밖에 있어요."

오늘은 그냥 빈손으로 갔다가 내일 다시 와도 될 터인데, 그가 나를 도와주기까지 하겠단다. 그와 함께 양들이 있는 곳으로 가 울타리문 쪽으로 양들을 몰아붙인다. 그가 한 마리를 잡고 내가 두 마리를 잡는다. 나머지 스무 마리는 모두 달아난다. 울타리문을 연 그가 손에 들린 양을 밖으로 내보내고는 내게서 양 한 마리를 건네받는다. 세 마리 양을 다시 농가 뒤편에 있는 다른 울타리문 쪽으로 몰아붙인다. 그 울타리문을 타고 넘은 나는 헛간으로 가 분리된 울타리문 문짝 두 개를 꺼낸다. 그러곤 트럭 뒤에 달린 짐칸으로 가 열린 문 양쪽에다 문짝 두 개를 각각 기대 세운다. 그 두 개의 문짝과 양들을 막은 울타리문과의 거리는 기껏해야 5미터 정도밖에 안 된다. 울타리문을 열어젖히자 양 한 마리가 곧장 트럭 짐칸으로 걸어 들어간다. 뒤이어 나머지 두 마리가 뒤를 쫓는다. 가축 매매상이 짐칸 문을 닫고는 자물쇠를 걸어 잠그며 말한다.

"수월하게 끝냈군."

"그러게, 이 정도면 아주 수월했네요."

가축 매매상이 손을 들어 작별을 고한 후 트럭에 올라탄다. 천천히 둑길을 향해 달려가던 트럭이 둑길로 접어들기 전에 속도를 더 늦춘다.

울타리문을 닫고 보니, 나머지 스무 마리 양들이 저 끄트머리 풍차 옆에 옹기종기 모여 있다.

날이 저물어 잠자리에 들기 전, 손톱과 발톱을 깎고 나서 오랫동안 샤워를 한다. 난로의 불을 약하게 틀어놓고는 침실 방문을 열어둔다.

벽난로 위에 달린 커다란 거울 속으로, 머리부터 발끝까지 실오라기 하나 걸치지 않은 내 몸을 바라본다. 문득, 스케이트를 타고 싶은 생각이 든다. 스케이트를 타고 나서 다리며 궁둥이로 느껴지는 그 근육의 뻐근한 피로감을 느끼고 싶은 것이다. 난로의 열기 때문에 사타구니가 뜨겁게 달아오른다. 곧이어 난생처음으로 깃털이불 속으로 들어가 몸을 눕힌다. 사타구니 열기가 금세 식어버린다. 처음 덮는 깃털이불이라 그런지 싱숭생숭해 밤새 잠을 설친다.

14

튠과 로날드가 버드나무 가지로 묶음을 만들고 있다. 밧줄을 땅바닥 위에 길게 펼친 다음 그 위에다 둘이 한 아름씩 안고 온 나뭇가지를 내려놓고는 밧줄로 묶어 묶음을 만든다. 그러곤 앞마당으로 해서 뒤뜰로 묶음을 옮겨놓는다. 창문을 지날 때마다 아이들이 나를 향해 손짓을 한다. 내 앞에 있는 식탁 위에는 전화요금 고지서와 손으로 주소를 쓴 편지 한 통이 놓여 있다. 편지는 수레를 뒤에 끌고 차를 몰고 가던 아다가 마침 농가에 들른 우체부를 보고는 받아 전해준 것이다. 오늘은 토요일이다.

편지를 뜯어보고 싶지만 여전히 침실 문턱에 서 있는 아다가 마음에 걸려 그러지 못하고 있다. 좀 전에 아다가 깃털이불을 싼 이불보를 만져보고는 "먼저 세탁을 하고 나서 써야 하는데! 세탁을 먼저 해야지 안 그러면 뻣뻣해서 못써요!"라고 크게 소리쳤다. 앞쪽 창문으로 손짓을 하며 지나가는 로날드를 바라보며 나는 고개를 끄떡여 보인다. 머릿속으로 로날드가 가는 길을 좇으며 이제 옆쪽 창문으로 다시 나타날 때가 되었는데, 하고 생각하고 있으려니 바로 그때 옆 창문으로 로날드가 나타나 손을 흔든다. 털모자를 눌러쓴 로날드의 발갛게 얼은 코에서 콧물이 흘러내린다. 로날드는 항상 밝고 명랑하다. 손이 꽁꽁 얼어도─지금처럼─채소밭에 심어놓은 양배추에 걸려 넘어져도 로날드의 표정은 마냥 밝기만 하다.

"정말 멋지다!"

아다의 목소리에 퍼뜩 정신이 든다.

문턱에 선 아다가 귀 기울여 뭔가를 들으려는 듯 삐딱하게 고개를 기울이며 말한다. "이상하다, 뭔가 빠진 게 있는 것 같은데."

"의자?"

"아니요." 잠시 뜸을 들이더니 아다가 또 말한다. "무슨 소리 같은데……"

"아, 괘종시계?"

"맞다, 괘종시계. 어디 있어요? 설마 그것도 장작 더미에 쌓아둔 건 아니죠?"

"위층 아버지 방에 옮겨놨어."

"아, 그랬구나." 내 손에 들린 것을 보고는 아다가 묻는다. "그 편진, 누구한테서 온 거예요?"

"아직 안 뜯어봐서 몰라."

"할아버진 좀 어때요?"

"여전해."

"가끔 아래층에도 내려오세요?"

"응, 가끔. 근데 하루 종일 거의 잠만 주무셔."

"그렇구나." 아다가 다시 고개를 삐딱하게 기울인다. 이번엔 뭘 들으려는 것처럼 보이지는 않는다. "난 가서 수레에다 짐이나 실어야겠다." 아다가 돌아서서는 복도로 나간다. 이제 곧 다용도실 문이 닫히겠지, 하고 기다리고 있는데 부엌문으로 아다의 얼굴이 빠끔 나타난다. "저기, 아저씨, 침대 위에 베개가 두 개나 있던데. 두, 개." 언청이 입을 한 아다가 의미심장한 눈빛으로 그렇게 말하니까 매우 웃기게 보인다. 이제 정말 아다가 집을 나갔다. 그제야 손에 들린 편지봉투를 앞뒤로 살핀다. 봉투 뒷면에 보낸 사람 이름은 적혀 있지 않았다.

헬머 씨에게,

편지 받고 놀라지 마요. 헬머 씨는 아마 누가 보낸 편지일까 싶어 먼저 편지봉투를 살펴보았을 거예요. 나도 편지를 받으면 항상 편지봉투를 먼저 확인하거든요. 어쩌면 내가 누구인지조차도 잊어버렸을지 모른다는 생각이 드네요! 벌써 30년도 넘게 서로 연락조차 하지 않고 지낸 사이라 그런지 이렇게 새삼 편지를 쓰는 일이 쉽게 느껴지진 않아요.

왜 이제 와서 편지를 쓰게 되었는지 솔직히 말할게요. 사실 난 이제쯤이면 아버님이 돌아가셨을지도 모른다는 생각을 하게 되었어요. 내 생각이 맞았나요? 이제까지 연락 한 번 하지 못한 건 항상 아버님이 마음에 걸려서였어요. 내가 너무한 말을 한 건 아닌지…… 어쩌면 돌아가셨을지도 모를 아버님 때문에 헬머 씨는 많이 슬퍼하고 있을지도 모르는데……

그동안 어떻게 지냈는지 그런 시시콜콜한 얘기를 여기 다 적어야 하는 건지. 짧고 간단하게 적어볼게요. 그때 그 후로 나는 브라반트로 와 살았어요. 돼지 사육하는 어떤 농가의 농부와 결혼을 했답니다. 딸은 둘을 낳았고 한참 있다 늦둥이로 아들을 하나 낳았어요. 딸들은 이제 다 커 모두 출가했어요. 남편이(이름은 '빈'이라고 해요. 이름이 좀 이상하죠?) 작년에 죽어서 나는 지금 아들과 단둘이 살고 있어요. 아들은 얼마 전 열여덟이 되었답니다.

사실 이 편지를 보내기 전에도 나는 헬머 씨 집을 찾아간 적이 있었어요. 언젠가 밤에 한 번은 자전거를 타고 헬머 씨 농가를 찾아가 잠시 우두커니 서서 바라만 보다 돌아온 적이 있답니다. 그때 헬머 씨를 봤어요. 위층 침실 창가에 서 있더군요. (아버님은 보이지 않았어요.) 그날은 내가 거의 15년 만에 모니켄담 고모댁을 찾아간 날이었어요. (우리 고모는 올해 여든셋이 되셨어요. 헬머 씨, 우리 고모 알아요? 우리 고모는 헬머 씨를 모른다고 하더군요.) 고모가 생전 얼굴 한 번 비친 일이 없는 나를 보고는 많이 놀라셨어요. 헬머 씨 집을 찾아간 일은 나중에 또 한 번 더 있었어요. 하지만 그때도 벨만 한 번 눌러보고는 겁이 나서 금방 도망치듯 달아났답니다. 전화도 한 번 했었어요. 하지만 헬머 씨의 음성을 듣고는 아무 말도 못 꺼내고 그냥 수화기를 내려놓아야 했어요. 하지만 헬머 씨, 헬머 씬 알지요? 이렇게 갑자기 연락을 취하는 것이 나한테는 아주 어려운 일이라는 것을요? 수화기를 통해 헬머 씨 목소리를 듣는 순간, 내 머릿속에는 그 집 복도에 서 있는 헹크 씨가 떠올랐어요.

결국엔 차라리 편지를 쓰는 것이 낫겠다 싶은 생각이 들더군요. 하지만 막상 펜을 들고 보니 이것도 쉽지 않게 느껴져요. 다음에 다시 편지를 쓰는 것이 어떻는지. 그러지 말고 전화로 연락하는 건 어떨까요? 밑에 내 전화번호를 남겼으니 연락줘요.

　오늘은 이만 줄이려 해요. 잘 지내고 또 연락해요.

　추신: 사실은 물어볼 말이 있었는데 꺼내지 못하고 마는군요.

　편지도 봉투처럼 손으로 썼다. 발신자 주소는 적혀 있지 않그 전화번호 하나만 달랑 적혀 있다. 전화요금 고지서 봉투는 뜯어보지도 않았다.

　오후쯤 되어—주말인데—시청 인부들이 기중기를 몰고 왔다. 한 사람은 밑에서 중장비를 운전하고, 다른 한 사람은 가로등 뚜껑을 손보고 있다. 난 블라인드가 쳐져 있는 거실 창가에 선 채로 시청 인부들의 눈에는 내 모습이 보이지 않을 거라고 생각하며 그들이 일하는 모습을 지켜본다. 일이 다 마무리되었을 즈음에야 창가를 물러나 새 침대로 가 몸을 눕힌다. 불안하다. 여러 종류의 새들이 함께 무리틀 지어 마구 종횡무진하는 꼴을 본 그때처럼, 양들이 사형집행인이라도 되는 양 나를 빤히 쳐다보던 그때처럼, 마음이 개운치 않다. 잠을 자기는 그른 것 같고, 내 머릿속은 갖가지 형상들이 떠올라 복잡하기만 하다. 새로 페인트칠한 거실과 침실, 가지를 쳐낸 버드나무들, 덴마크로 떠나는 아르노 코퍼, 집유차 기사의 장례식, 물푸레나무에 앉은 뿔까마귀. 지금 누워 있는 새로 장만한 침대, 새 침대에 누우면 잠도 더 잘 와야 하겠건만, 그러기엔 마음속 불안이 너무나 크다.

　리트가 보낸 편지.

15

1967년 4월 19일, 나는 네덜란드 어문학과 1학년생으로 마지막 세 번째 학기를 중간쯤 마친 상태였다. 나는 다른 1학년생들 어느 누구보다도 열심인 학생이었는데, 그건 학구열이나 열정 때문은 아니었고 단지 아비에게 뭔가 보이려는 오기 때문이었다. 난 아비의 재산이 상당하다는 이유로 정부 지원금도 받지 못했다. 교육부에서 학생 생활비 및 학자금 지원을 담당하는 부서장이 재정지원 불가통지서를 보냈는데 거기 불가 사유로 명시된 '부모의 재산'이 무엇을 의미하는지는 나도 아비도 잘 알고 있었다. 토지, 건물, 젖소, 농기구 장비. "너 하나 공부시키겠다고 소를 팔아?" 통지서를 보였을 때 아비가 말했다. 아비는 내 대꾸 같은 건 듣기도 싫다는 듯이 통지서를 구겨―주변에 없는―휴지통 대신 싱크대 개수대에 내던져버렸다. 만약 아비에게 성냥이나 라이터가 있었다면 아마 불태워버렸을 것이다. 그때 같이 부엌에 있던 헹크는 날 어떻게 똑바로 쳐다보아야 할지 몰라 난감해하기만 했다. 어머니는 어차피 쓰레기통에 버려질 통지서를 개수대에서 꺼내서는 손바닥으로 폈다.

결국 나는 집에 얹혀살면서 자전거로 암스테르담까지 통학을 해야 했고, 수업료를 충당하기 위해 온갖 아르바이트를 해야 했다. 밤늦게까지 트럭에서 백화점 창고로 물건을 운반해 나르느라 퉁퉁 부은 눈으로 아침 식탁에 앉아 있으면, 어머니는 가끔 암스테르담에서 대체 무슨 일을 하는 거냐며 묻곤 했다. 암스테르담, 그곳은 어머니에게 가급적 가까이하지 않는 것이 좋은 도시일 뿐이었다. 하지만 어머니의 물음은 단지 나에 대한 어머니 나름의 서툰 관심 표명일 뿐이었다. 그 4월 19일이 오기까지, 아비는 내게 '단어는 대체 몇 개나 더 배웠냐'는 식의 비꼬는 물음만 뱉어놓고는 (내 대답도 기다리지 않은 채) 헹크와 하던 얘기를 계속하곤 했다. 새끼를 까 젖이 마른 소 이야기, 암송아지들의 방목장을 옮기는 이야기, 이웃에 사는 농부들에 대한 이야기. 현실적으로 중요한 이야기. 적어도 아비와 헹크에게만큼은 이런 이야기들이 중차대했다.

헹크는 농부였고, 농부 헹크는 곧 아비의 자식이었다. 아비는 자식인 나를 어떻게 해야 할지, 내가 스스로의 삶을 어떻게 살아가야 하는지 따위에는 전혀 무관심했다.

헹크에게는 리트도 있었다. 1965년 모니켄담에 있는 어느 한 술집에서 그녀를 처음 만나기 전까지, 헹크는 내 것이었고, 나는 헹크의 것이었다. 헹크와 리트가 처음 만난 술집에는 나도 함께 있었는데, 그 사실이 리트를 약간 혼란에 빠지게 했다. 그날은 크리스마스이브였다. 날이 저물면 성탄미사에 가지 않는 사람들의 발길이 모두 술집으로 향하는 크리스마스이브였다. 언제부터인지 리트와 말을 주고받기 시작한 헹크가 나도 속해 있던 농촌 청년들 무리에서 차츰 멀어지기 시작했다. 내게서 등을 돌린 헹크가 뒤통수를 흔들며 리트를 상대로 열심히 말을 걸었다. 헹크의 어깨 너머로 리트가 가끔 어리둥절한 표정으로 나를 쳐다보았다. 리트는 그때까지 내가 보아온 여자들 중 가장 예뻤다. 그날 저녁, 헹크는 말이 많았고 나는 말이 없었다. 전형적인 '헹크와 헬머의 저녁'이었다. 헹크가 더 중요하고 나는 덜 중요한 저녁이었다. 우

리는 당시 열여덟이었고, 두 마리 양처럼 생김새는 유사했지만 본바탕
은 달랐다. 그 크리스마스이브부터 나는 외톨이가 되었다.

4월 초순경, 리트가 운전면허시험에 합격했다. 4월 19일, 그녀는 자
신의 면허증이 헹크나 다른 뭇 남정네들이 짐작하듯이 눈웃음으로 따
낸 것이 아니라는 것을 보여주고 싶어 했다. 그날 나는 역사언어학 강
의를 듣고 나서 자전거를 타고 집으로 향했다. 외투 지퍼를 잠그지 않
은 채 자전거를 타고 가는 동안, 내 등판 위로 남서풍이 불어닥쳤다.
　혼자 부엌에 앉아 있던 어머니가 내게 소식을 전했다. "헹크가 죽었
다는구나."
　에담과 바르더르 중간에 있는 모르데나르스브락에서 마주 오는 차가
옆으로 길을 비켜주지 않자, 리트가 운전하던 차는 둑길 옆으로 휘어
졌고, 그로 인해 차는 경사 진 둑을 굴러 에이설 호수 밑으로 가라앉게
되었다. 그 일로 헹크는 의식을 잃었고 그가 앉은 좌석 쪽의 천장과 문
이 많이 찌그러졌다. 오래전 홍수로 인해 둑이 무너진 적이 있어 그런
지 그곳은 다른 데보다 수심이 깊었다. 다른 사람이 거들었음에도 불
구하고 리트는 헹크를 구할 수 없었다. 아비의 짙은 청색 승용차 심카
는 다음 날까지 에이설 호수에 방치돼 있었다.

　헹크의 시신이 거실에 안치되고 나서, 리트는 매일같이 우리 집을
찾아왔다. 아침 일찍 모습을 보인 그녀는 밤이 되어서야 돌아가곤 했
다. 사망 원인이 익사였기 때문에 관은 오래 열어둘 수 없었다. 4월
19일 밤부터 다음 날 새벽까지 기온이 뚝 떨어졌지만, 두 개의 미닫이

창문은 살짝 열려 있었다. 어머니와 리트는 하는 일 없이 부엌에 앉아 시간을 보냈다. 이따금 찾아오는 손님들 중에는 1967년 당시까지 생존해 있던 친가 쪽, 외가 쪽 조부모들도 끼어 있었다. 아비와 나는 서로의 눈길을 피해가며 가급적 집 안에는 발을 들여놓지 않으려 했다. 집 안에 있는 것이 견딜 수 없이 힘들었던 것이다. 주로 부엌에만 틀어박혀 있던 어머니와 리트는 아무 말도 꺼내지 않은 채 조용히 앉아만 있었고, 헹크는 싸늘한 거실에 누워 있었다. 난 밤이 되면 헹크한테서 풍기는 냄새를 맡게 될까 봐 잠을 잘 수 없었다. 사고 이틀째 되던 날 강의를 들으려고 자전거를 타고 암스테르담으로 가던 도중, 나는 스헬링바우더르 다리 중간쯤에 우두커니 서서 한참 동안 오렌지 수문을 바라보았다. 4월 19일에 들은 강의가 역사언어학이라는 건 똑똑히 기억한다. 어머니한테서 헹크의 사망 소식을 들은 날이 바로 그날이다. 사고가 있기 전후에 어떤 강의를 들었는지 그건 전혀 기억에 없다. 집으로 돌아가는 길에 나는 다시 스헬링바우더르 다리 한가운데에 한참을 서서 반대편으로 흐르는 에이 강(江)[*]을 바라보았다. 집으로 가는 발이 떼이지 않았다. 그해 그 다리는 준공 10주년을 맞고 있었다. 하지만 난 잊히고 말 것 같았다. 아비와 어머니는 낳아준 부모이고, 리트는 아내로 맞을 뻔한 여자이지만, 난 한낱 형에 불과했던 것이다.

그날 이후, 나는 남쪽으로는^{**} 발도 안 돌리고 북쪽에서만 생활했다.

장례식이 끝나고 얼음처럼 차가운 에이설 호수에서 살아 나와 죄책

---

 * 암스테르담 중앙역 바로 뒤편에 있는 강.
** 남쪽에는 암스테르담이 있다.

감으로 며칠째 시름시름 앓던 리트는 장례식이 끝나도 여전히 집 안에 들어앉아 떨고 있었다. 문상객들이 모두 떠나고 난 뒤, 우리 네 사람은 식탁에 둘러앉았다. 리트는 옆 창에서 들어오는 햇볕을 등지고 헹크가 앉던 자리에 앉았다. 뚫어지게 식탁만 쳐다보고 있던 아비가 빈 커피 잔을 흔들어 찻숟가락을 떨그렁거리자, 어머니가 묵묵히 커피를 따랐다. 헹크도 아비처럼 빈 커피 잔을 흔들며 찻숟가락을 떨그렁거리는 때가 있었지만, 헹크는 얼굴에 미소를 지으며 고맙다고 감사한 마음도 표현할 줄 알았다. 리트의 눈길이 아비를 향했다. 하지만 아비는 그저 수저로 커피에 넣은 크림만 저을 뿐 아무런 반응도 보이지 않았다. 리트의 눈길이 나에게로 옮겨왔다. 처음 헹크를 만났을 때 보았던 그 어리둥절한 표정이 그녀의 얼굴에 담겨 있었다. 그녀와 말을 나눴던 기억은 없다. 그녀는 어머니하고만 말을 나눴다. 침묵은 일주일 동안 지속되었다.

어떤 일인지는 잊어버렸지만, 그녀에게는 하는 일이 있었던 것 같다. 하지만 앞으로 어떻게 살아가야 할지 잘 모르겠는지, 사흘이 지나서도 그녀는 여전히 우리 집을 찾아왔다. 그녀의 영향이 어머니에게까지 미쳤다. 어머니와 리트는 종종 함께 산책을 나가곤 했는데, 보스만 풍차가 있는 곳이 헹크에게 중요한 의미를 지녔다는 것을 알고 있기라도 하듯 둘은 그리로 향하곤 했다. 리트가 우리와 함께 식탁에 앉아 식사를 하는 것은 당연한 일이었다. 적어도 어머니와 내게는 그랬다. 하지만 아비에게는 그렇지 않았다. 정확히 따져보니 4월 26일인 그날 저녁, 아비는 새무룩하게 앉아 식사를 하고 있었다. 감자를 포크 위에 얹어 입으로 가져가려던 찰나, 일주일간의 침묵을 깨고 아비가 리트를 상대로 말문을 열었다. "이제 여긴 그만 와라. 다신 우리 집에 나타날 생각하지 마."

음식이 아직 반쯤 남은 접시 옆으로 포크와 나이프를 가지런히 내려놓고는──양손으로 포크와 나이프를 잡고 식사하는 사람은 우리 집에서 오직 그녀뿐이었다──의자에서 일어서더니 리트가 마치 기다렸다는 듯, 언젠가 이런 날이 올 줄 알았다는 듯, "네, 알겠습니다"라고 차분히 대답했다. 그녀가 복도에서 외투를 찾아 걸쳐 입고는 앞문으로 나가버리자, 어머니가 눈물을 보였다. 난 의자에서 일어나 창가로 다가갔다. 자전거를 타고 길로 접어드는 그녀의 뒷모습이 보였다. 그녀의 모습, 난 아직도 그때 본 그녀의 뒷모습을 기억하고 있다. 역풍을 받으며 등을 굽혀 자전거를 타고 가던 그녀, 바람에 휘날리던 그녀의 금발 머리카락, 갈수록 한적해지는 둑길을 향해 폭 좁은 길 위로 자전거를 타고 멀어져가던 그녀. 얼마 전 11월에 본 것처럼, 그녀가 창틀 뒤편으로 사라졌다.

아비에게는 할 말이 더 있었다. "너도 이제 암스테르담에 가는 거 집어치워."

결국 난 아비의 자식이 되었고, 어머니의 울음은 그치지 않았다.

16

스케이트를 타고 있다. 나흘 동안 밤 기온이 영하로 떨어지더니 흐로터메이르 호수가 가운데 길쭉한 부분만 빼고 꽁꽁 얼어붙었다. 오리와 물닭, 그리고 쇠물닭이 가는 곳만 잘 주시하면 물에 빠질 위험은 없다. 아직 호수가 언 줄 모르는 암스테르담 사람들은 보이지 않았다. 몇년 전 한파가 불어닥쳤을 때, 난 코너를 돌고 싶다는 생각에 활주용 스케이트 한 켤레를 장만했다. 나무로 된 구식 스케이트로는 코너를 돌수 없었다. 난 지금 점점 빠른 속도로, 점점 더 넓게 코너를 돌고 있다. 뻣뻣한 다리가 아래로 더 굽어진다. 빨리 달리면 달릴수록 드문드문 보이는 검은 빙판 위에 흠집이 덜 생긴다. 크리스마스가 오기도 전에 스케이트를 타본 것이 언제던가. 조랑말 열댓 마리가 멍한 눈으로 나를 쳐다본다. 조랑말들 눈에는 빙판이 잔잔한 호수로 보이리라. 무릎과 허리가 너무 아파 스케이트를 멈춘다. 계속 가다가는 호수 동쪽 가장자리에 서 있는 말라비틀어진 나무에 처박히게 될 것이다. 날씨가 계속 영하로 유지된다면 며칠 후 모니켄담까지 스케이트를 타고 가서, 바테르항이나 에이펜담으로 한 바퀴 돌아올 수 있을지도 모르겠다.

처음 스케이트를 배울 때, 내 곁에는 헹크도 아비도 없었다. 결코 인정할 리 없지만 아비는 빙판을 무서워했다. 헹크와 나는 항상 모든 걸함께했지만, 스케이트만은 아니었다. 나는 농장에서 일하던 일손으로부터 스케이트를 배웠는데, 그건 어머니도 적극 권한 일이었다. 피겨스케이트를 신고 우아한 곡선을 그리던 어머니는 가끔 "옳지, 잘한다!" 하고 외치곤 했다. 일손은 보통 스케이트를 가르치는 사람들이 그러듯 나를 앞에서 잡아 끌어주지 않고, 뒤에서 밀었다. 커다란 손으로 마치 의자처럼 내 궁둥이를 받쳐주느라고 그는 무릎을 굽혀 한껏 자세를 낮춰야 했다. 내가 "스톱" 하고 외치면, 그는 얼른 내 허리에 팔

을 둘러 날 멈추게 했다. 아마 그렇게 몇 시간은 스케이트를 탔을 것이
다. 어머니가 스케이트를 다 타고 난 후에도 나는 한참 동안 계속 빙판
을 가로질렀던 것 같다. 아니, 그리 한참은 아니었던 것도 같다. 밖으
로 나온 아비가 한가롭게 빙판에서 스케이트나 타고 있다고 일손을 호
되게 혼낸 것 같다. 나를—당시 예닐곱 살밖에 되지 않은 나를—싸
늘한 눈으로 쳐다보았던 것 같다. 헹크는 가축들을 돌보고 있었으니까.
아니면 달걀을 줍고 있거나, 소꼬리를 자르고 있었으니까. 엉뚱하게
튄 불똥 때문에 어머니도 부엌일에 나서야 했다. 일손에게 스케이트를
배운다는 기막힌 생각을 어머니는 어찌 해낸 것인지.

그날 아비는—단지 내가 빙판 위에서 놀기나 한다는 이유로—자신
의 뒤를 이어 농부가 될 사람은 헹크라고 무언의 결심을 했던 것 같다.
불과 몇 분 차이이긴 하지만 나는 분명 아비의 큰아들이었다. 하지만
나는 아비를 돕는 헹크와 달리, 친구와 어울리듯 일손과 어울려 스케
이트를 탔다. 어쩌면 아비의 결심에는 다른 일련의 사건들도 한몫했을
지 모르겠다. 아비의 눈에 비친 나는, 아비의 뒤를 이을 만한 재목이
못 되었다. 헹크의 죽음으로 어쩔 도리가 없었겠지만, 아비에게 있어
서 난 그저 마지못해 선택한 차선책에 불과했다.
몇 번 더 길게 활주를 하고 나서, 나막신을 벗어놓은 갈대숲으로 향
한다. 스케이트를 벗고는 물새들을 바라본다. 물닭과 쇠물닭도 구분할
줄 모르는 아비는 두 새를 통틀어 '갈대닭'이라고 불렀다. 오늘은 아비
방에 들어가 창문에 성에가 얼마나 끼었는지 보아야겠다.
성에꽃을 보면 난 헹크가, 그 아이의 따뜻한 침대가 생각났다.

길로 막 들어서려는데 가축 매매상의 트럭이 농가로 다가가는 것이 보인다. 하지만 서두르지는 않는다. 어차피 나를 찾아 여기저기 기웃거리다 보면 이내 내가 거기 당도할 때가 될 터이니…… 근데 가만, 여기저기라고 했나? 여기저기란 말을 곰곰이 되씹고 있으려니, 아비의 침실 청색 카펫 위에서 발가락을 꼼지락대며 모자를 손에 든 채 심상치 않은 표정으로 입도 열지 못하고 가만히 서 있을 가축 매매상이 떠오른다. 내가 들어설 때까지 쉴 새 없이 주절주절 입을 가만두지 못할 아비가 떠오른다. 서둘러야겠다. 부산스러워진 나막신 밑으로 서리 긴 잔디가 서걱서걱 으스러진다. 마지막 울타리문을 뛰어넘고는 마당으로 달려간다.

가축 매매상이 송아지 우리에서 나오며 나를 보고는 모자를 벗으려고 시늉만 하더니 벗진 않는다. "송아지 몇 마리가 꽤 괜찮아 보이는데."

"네, 그런가요." 헐떡헐떡 숨을 고르며 답한다.

"날이 춥지?"

"그러네요."

"스케이트 탔나 보네?"

"네. 호로터메이르가 벌써 얼었더군요."

"자네 양, 팔렸어."

"빨리 팔렸네요."

"취미 삼아 가축 키우는 사람이 사갔어. 마리당 130유로 받았네."

"잘됐네요."

그가 쇠사슬로 혁대에 매단 커다란 지갑을 꺼내 들고는 엄지와 검지

두 개로 50유로짜리 지폐 여섯 장을 꺼내든다. 손익이 얼마든 그는 항상 판 값의 30퍼센트를 중개 마진으로 떼곤 했다. 그런데 그가 그런다.

"거스름돈은 필요 없어. 자네도 좀 남겨야지."

"고마워요. 설마 이 일 관두는 건 아니지요?"

"그럴 리가."

"그럼 다행이구요."

마당에 세워진 트럭에 올라타며 그가 말한다. "성탄절 잘 보내게." 그가 오늘은 말이 많다. 말도 많고 마음도 후하다.

프로이언 거리* 입구에다 차를 주차한다. 여기 어디에 예술품 파는 가게가 있는 걸로 난 기억한다. 그래, '심미네Simmie's'라는 가게, 남쪽 끝 몰렌스테이그 골목 모퉁이에 있는 가게다. 괜시리 조급한 마음에 먼저 바깥 창문으로 가게 안도 살피지 않고 문을 연다. 헐렁한 옷을 입고 내게로 다가오고 있는 저 풍채 좋은 여자가 예술 하는 사람인 성싶다. "뭘 도와드릴까요?" 난 도움은 필요 없고, 그저 잠깐 둘러보고 싶을 뿐이다. 한데 조금 있어보니까 더 둘러볼 필요가 없을 것 같다. 저렇게 찍찍 대충 물감만 처바른 것이 예술이라면, 나는 흐로닝언에서 온 돈 많고 세련된 부농이라 할 수 있을 것이다. 밖을 나와 걷고 있자니 훈제 생선 냄새가 물씬 풍긴다. 훈제 장어 5백 그램을 달라니까, 생선 파는 남자가 장어를 신문지에 둘둘 말아 비닐봉지에 담아준다. 물가를 따라 걷는다. 영국 골목 부근에 갤러리 하나가 보인다. 벽어 걸린

---

* 모니켄담 항구 앞에 있다.

선반 위에 비누석으로 빚은 조각들이 놓여 있다. 마음에 썩 드는 것도 있는데, 만지면 촉감이 아주 좋을 것 같다. 하지만 내 머릿속에는 그림이 박혀 있다. 마을 북쪽 끝까지 갔다가 다시 중심가로 발길을 돌린다. '불꽃놀이'*를 예고하는 현수막이 여기저기 걸려 있다. 계량소 차양 밑에 전시된 크리스마스 기념 마구간에 실물 크기의 소와 당나귀도 전시돼 있다. 아이 하나가 당나귀 코를 만지고는, 당나귀 머리가 흔들흔들 움직이니까 깜짝 놀라 높은 전시대 발판 위에서 넘어질 뻔한다. 옛 항구에 정박된 거룻배 한 척 위에 커다란 크리스마스트리가 빛을 뿜어내고 있다. 물이 꽁꽁 언 탓에 배가 꼼짝하지 못한다.

차를 주차해놓은 곳으로 가던 중 골동품 가게에 들른다. 쓸모없는 구닥다리 물건들을 모두 장작 더미에 내다버리거나 헹크 방에 치워버린 내가 골동품에 관심이 있을 리는 만무하다. 늙은 가게 주인이 구석 어두운 곳에 앉아 있다가 나를 보더니 고개만 치켜들 뿐 말을 시키지는 않는다. 훈제장어를 문가에 있는 의자 위에 올려놓고는 안을 둘러본다. 오크 테이블 위에 오래된 지도들이 쌓여 있다. 그걸로 뭘 할지는 잘 모르면서도 무심코 지도들을 훑어보기 시작한다. 노르트홀란트, 간척지, 언뜻 보아선 잘 모르겠는 곳, 마르컨, 베임스터르. 한 장 한 장 넘겨가며 지도를 다시 보다가 언뜻 보아선 잘 모르겠는 곳으로 되돌아간다. 그 지도를 다른 지도들 뭉치에서 빼내어 찬찬히 살펴본다. 덴마크다. 주로 초록색이 많이 들어간 오래된 지도다. 아이슬란드, 보른홀름, 페로어 지도가 부록으로 끼어 있다. 아이슬란드 지도하고 페로어 지도는

---

* 네덜란드 사람들은 섣달그믐, 12월 31일 자정에 불꽃놀이를 한다.

밤색 톤으로 되어 있다. 가장자리만 조금 누렇게 변했을 뿐 상태가 꽤 양호하다. 지도를 사려고 늙은 가게 주인에게 50유로 지폐 한 장을 건네주니까 거스름돈을 거슬러준다. 다음에는 길 건너편에 있는 액자 가게에 들어간다. 크기가 딱 적당하고, 폭이 넓고 니스 칠이 된 액자 틀이 보인다. 나 외에 다른 손님이 없어서인지 가게 주인이 손수 규격에 맞게 저반사 유리를 잘라준다. 액자 틀과 유리를 각각 따로 포장해주는 주인에게 50유로짜리 지폐 다섯 장을 건넨다. 딱 맞는 금액이라 거스름돈은 거슬러 받지 못한다. 차로 돌아가기 전에 골동품점을 다시 들른다. 들뜬 마음에 훈제 장어를 의자 위에 두고 나왔던 것이다.

집으로 가는데 머릿속에 아르노 코퍼가 떠오른다. 유틀란트 반도가 떠오른다.

빵 몇 조각을 빨리 먹어치우고는 오늘 들어 두번째로 호로터메이르를 가본다. 아침하고 또 빛깔이 달라진 호수의 얼음이 얼지 않은 곳으로 기러기들이 내려앉는다. 스케이트를 신고 다시 빙판을 오른다. 호수를 두 바퀴 돌고 나니까 가속이 붙어 더 이상 직선으로 활주할 필요가 없다. 한도 끝도 없이 이어지는 커다란 곡선 커브를 돈다. 힘이 다할 때까지 끝까지 돈다.

우유를 짜고 나서 빵과 함께 장어 절반을 다 먹어치운다. 우유도 한 잔 마신다. 식사를 마친 후 사과 하나를 들고 위층으로 올라간다. 전등 스위치를 켜자, 둥그렇게 눈을 뜬 아비가 똑바로 누워 코언저리까지 담요를 덮어쓰고 있는 것이 보인다. 아비의 몸에서는 이제 뿜어져 나오는 온기라고는 거의 없는지, 유리창 아랫부분에 성에가 잔뜩 끼어 있다. 밤이 되면 얼어 죽을지도 모르겠다.

"사과 가져왔어요."

"추워."

"네, 꽤 추워졌어요." 협탁 위에 사과만 내려놓고는 방을 나온다. 층계를 내려가던 중 칼을 잊은 것이 생각난다. 하지만 사과 깎는 칼 때문에 위층으로 다시 올라가지는 않는다. 불을 꺼주려고도 가지 않는다.

유리 위에 액자 가게 주인이 붙인 못 봉투가 보인다. 물건들을 식탁 위에 모두 꺼내놓고 보니 뭔가 빠진 것이 있다. 액자 뒤에 있어야 할 받침판이 빠져 있다. 규격을 재고 나서 연필과 줄자를 들고 헛간으로 간다. 목재들이 쌓인 곳에서 그다지 두껍지 않은 합판 하나를 찾아 해골이 그려진 독극물 찬장 밑 작업대 위에 올려놓고는 규격에 맞게 톱질을 한다. 일을 하니까 몸이 훈훈해진다. 합판 가장자리에 못을 박은 다음 액자를 벽에 걸 수 있도록 쇠줄을 연결한다.

액자를 뒤집어 식탁 위에 올려놓고는 유리와 지도를 차례로 끼워 넣은 다음―액자에 딱 맞는 크기의 지도를 넣었으니 누런 가장자리 부분은 가려질 것이다―마지막으로 합판을 끼워 넣는다. 합판을 액자 틀에 너무 딱 맞게 잘랐는지 못을 네 개만 박아도 틀에 꼭 고정된다. 다 된 액자를 들고 거실로 가 여기저기 벽에 세워본다. 창문 사이에 갖다 대보니 지도가 밖으로 삐져 나간다. 벽난로 좌우 쪽도 적당치 않은 것 같다. 한쪽에 대어보면 다른 한쪽이 너무 빈 것 같아 균형이 깨진다. 그럼 침실에 거는 것이 낫겠다 싶다. 침실 문 옆에 커다란 못을 박은 다음 지도를 건다. 여기 이렇게 걸어놓으면 침대에 누워서도 지도가 잘 보인다.

　밤마다 보러 가는 것도 아닌데 당나귀들이 나를 기다리고 있다. 축사에 켜놓은 불이 넓은 선을 그리며 마당 위를 밝혀준다. 나만의 크리스마스 기념 마구간이다. 우리로 들어서자 당나귀들이 힝힝 콧김을 뿜어낸다. 당근과 귀리 한 수저를 퍼서 사료통에 담아주니, 사료통에서 당나귀들의 하얀 입김이 모락모락 피어오른다. 짚더미 위에 앉아 당나귀들의 식사가 끝나기를 기다린다. 옆에 있는 닭장에서 닭 울음소리가 작게 들린다. 심상찮다.

　우리에 앉아 있었다고 한기가 느껴진다. 다용도실로 가 천천히 한기를 더 느끼면서 옷을 벗는다. 욕실 물이 따뜻해지기를 기다리고 있으려니까 후들후들 몸이 떨린다. 머리를 감은 다음, 목 뒤로 양 손가락을 껴 뜨거운 물을 받아서는 연신 뒤집어 등판 위로 끼얹는다. 몸을 말리고는 조르르 거실로 걸어간다. 불은 모두 끄고 난로는 약하게 틀어놓는다. 그러곤 똑바로 서서 침실로부터 새어 나오는 불빛을 받으며 거울 속에 비친 내 모습을 들여다본다. 이제 이 집은 내 집이니까. 나는 아무 때나 실오라기 하나 걸치지 않은 몸으로 거울 앞에 설 수 있다. 난로의 열을 받아 사타구니가 훈훈하게 달아오르고, 뻐근한 다리와 엉덩이가 단단하게 느껴진다. 마치 내 엉덩이 위에 일손의 손이 올라와 있기라도 한 듯하다. 느낌이 하도 강해 엉덩이 위로 내 손을 직접 갖다 대보기까지 한다. 리트의 편지가 벽난로 위에 놓여 있다. 편지를 들고 침대로 가 누워서는 이미 수차례나 읽어본 편지를 다시 읽는다. (이불보는 이미 먼저 세탁을 한 다른 이불보로 갈아 끼웠다.) 불을 끄기 전에 덴마크 지도를 바라본다. 저 위에 걸려 있는 양 세 마리를 떠올리며, 어둠 속에서 모로 누워 굽힌 무릎을 위로 끌어올린다.

17

두번째 편지가 도착했다.

보고픈 헬머 씨에게,

브라반트는 끔찍한 곳이에요. 헬머 씨가 언제 브라반트를 와본 적이 있는지는 잘 모르겠지만, 여긴 정말이지 아주 끔찍한 곳이랍니다. 사방팔방 버글대는 돼지들하며, 호들갑스러운 분위기하며, 노르트홀란트하고는 분위기가 천차만별이지요. 카니발* 축제도 그래요. 어떨지 상상이 되나요? 피에로 복장 같은 옷을 입고 마스크를 뒤집어쓰고 있을 내 우스운 모습이 상상이나 돼요? 게다가 웃을 일도 없는데 괜히들 무슨 일 있는 것처럼 웃어대는 사람들은 또 어떻고요.

우리 두 딸은 아주 전형적인 브라반트 사람이에요. 하지만 내 배 속으로 낳은 아이들이고 사이도 좋은지라, 딸들이 그러면 별로 밉게 보이지는 않아요. 상냥한 딸들은 좋은 남편들 만나 아이 낳고 잘 살고 있어요. (네 그래요, 나 할머니예요!) 그리고 아주 가까이 살기 때문에 언제든 보고 싶

---

* 가톨릭 국가에서 사순절 직전 일주일간 행해지는 축제인 카니발은 홀란트스딥Hollands Diep
  이라 불리는 남쪽 지역에서만 치러진다. 북부 지역은 카니발을 경축하지 않는다.

으면 볼 수 있답니다.

우리 아들은 (이제 보니 내가 자꾸 '우리'라는 말을 쓰고 있군요. 빈이 죽은 지가 거의 1년이 다 돼가는데.) 별로 브라반트 사람 같지 않아요. 원인은 잘 모르겠지만, 아마 빈보다는 나를 더 많이 닮아 그런 것 같아요. 빈이 죽고 나서 나는 모든 걸 다 팔아치우고 마을 안으로 이사를 했어요. 아들하고 같이요. 그런데 참 이상했어요. 남편이 죽고 이사하고 나니까, 별로 할 일도 없게 되는 것 같더라고요.

헬머 씨가 답장도 하지 않고 전화도 하지 않아서 이렇게 다시 편지를 쓰게 되었어요. 어떻게 지냈는지 궁금하기도 하고. 결혼을 했는지도 궁금하고. 내 어머니가 돌아가시기 전에 헬머 씨가 아직 미혼이라는 말을 전해줬어요. 그래서 난 헬머 씨가 아직 결혼을 하지 않았을 거라고 생각하고 있답니다. 이제 눈치챘을지 모르겠는데, 사실 난 헬머 씨에 대한 소식을 가능한 한 알고 지내려고 애쓰며 살았어요. 헬머 씨한테 물어볼 말이 있는데, 그 말은 편지로 전하기는 좀 뭐한 것 같아요. 헬머 씨, 나한테 답장을 좀 주든가 전화를 좀 걸어주지 않을래요?

이유를 적어야겠네요. 나는 사실 헬머 씨를 한번 찾아가서 보고 싶어요. 자주 갔던 농가도 좀 찾아가봤으면 좋겠고요. (일이 다르게 풀렸다면 내가 살고 있었을지도 모를 그 농가를요.) 하지만 내가 농가를 찾아가기 위해서는 (지난 편지에 썼다시피) 아버님 문제가 정리돼야 할 거예요.

답장 기다릴게요.

잘 지내요.

리트.

이번에는 편지봉투 뒷면에 주소가 적혀 있다. 마을 이름이 낯설다. 리트가 원하는 게 뭔지 도무지 감이 잡히지 않는다. 이번 편지도 저번 편지처럼 좀 횡설수설인 것 같다. 지난 편지에서는 그냥 '헬머 씨에게'라고 시작하더니, 이번 편지에서는 '보고픈 헬머 씨'라고 시작한 것이 심상치 않다. 호기심을 유발하려고 그래본 것도 같다. 지난번 편지에 나한테 묻고 싶은 것이 있다고 하더니, 그게 여기 이 편지에 씌어져 있는 것처럼 정말 그냥 여기에 한번 들러보고 싶다는 것일까? 혹시 다른 이유가 있는 건 아닐까? '일이 다르게 풀렸다면 내가 살고 있었을지도 모를 그 농가를요'라는 문장이 (마치 별로 중요하지 않다는 듯이 괄호 속에 집어넣은 그 문장이) 아무래도 께름칙하다. 편지 후반부에 쓴 글은 아비가 죽었는지 살았는지를 알려달라는 의미인 것 같은데, 안 알려주면 안 올 모양이다.

얼음이 슬슬 녹고 있다. 아주 가끔 온도가 영상으로 오르다가도 안개가 끼고 비가 내리면서 기온이 다시 영하로 떨어진다. 빙판 위에는 얕은 물이 고여 있고, 호수 가장자리의 누런 부분은 차츰 넓어지기 시작했다. 원래 안개가 끼면 기온이 떨어지겠구나 하고 생각하기 나름인데, 이번 안개는 좀 이상한 것 같다. 모니켄담에서 바테르항으로 한 바퀴 돌기는 이제 틀린 것 같아서 스케이트는 일찌감치 치워버렸다. 당나귀들은 우리 안으로 들여놓았다. 닭들은 요즘 달걀을 거의 낳지 않는다. 아비 방 창문에 긴 성에가 아래로 흘러내려 창턱이 흥건했다. 아비가 사과를 먹었다. 어떻게 먹었는지 참 신통하다. 몹시 출출했던 모양이다.

소 스무 마리. 전쟁* 전에나 유행하던 구식 외양간. 송아지 몇 마리, 양 스물세 마리. 아니, 스무 마리. 나는 데데한 농부보다도 더 못한 농부다. 하지만 페인트칠에는 아무런 하자가 없고 기왓장들도 모두 반듯반듯하다.

오후가 되어 젊은 집유차 기사가 왔다. 나는 착유실에 들어가지 않는다. 대신 다용도실과 착유실 사이에 있는 유리창문 밖으로 젊은이를 지켜본다. 이 유리창문은 원래 착유실 외벽에 붙어 있던 창문인데 공사를 하면서 떼어다 지금 이 자리에 옮겨 붙인 것이다. 다용도실 안은 어둡다. 헛간과 복도, 착유실로 들어가는 문이 모두 닫혀 있으면 다용도실 안으로 들어오는 빛은 오직 이 유리창문을 통해서 들어오는 빛뿐이다. 집유차가 농가 안으로 잔뜩 김을 뿜고 있는 모양이다. 우유 탱크에서 집유차 탱크로 얼마 되지도 않는 우유가 찔끔찔끔 흘러들어가는데도 젊은이의 얼굴은 여전히 실실 웃는 얼굴이다. 젊은이 이름이 또 생각나지 않는다. 아무리 떠올리려 해도 도무지 감감할 뿐 떠오르지 않는다. 분명 '오O'가 들어가는 이름이었는데…… 젊은이가 새끼손가락을 콧구멍에 집어넣자, 난 등을 돌리고 싶어진다. 나를 기다리는 모양이다. 내가 말 걸러 나오는지 안 나오는지 그냥 잠깐 서서 기다리는 눈치다.

페인트칠이 말짱하고 기왓장이 모두 가지런하게 놓여 있으면 그걸로

그만일까? 버드나무 가지가 단아하게 쳐 있고 당나귀들이 따뜻한 우리 안에서 잘 먹고 잘 지내면 그걸로 그만인 걸까?

당연히 나는 리트가 궁금하다. 당연히 뭔가 변화가 있기를 바란다. 금발머리를 한 그때 그 예쁜 여자가—내 동생과 결혼하기로 돼 있던 그 여인이—어떻게 변했는지 알고도 싶고, 나한테 하려는 말이 무엇인지 듣고도 싶고, 그녀의 눈빛을 들여다보고도 싶다. 여느 때와 마찬가지로 젊은이가 차에 사뿐 올라타고는 농가를 떠나자 나는 착유실로 들어가 탱크를 물로 헹궈낸다. 뜨거운 물이 들어가니까 차가운 김이 밖으로 빠져나온다.

우유를 짜고 나서 채소밭으로 가 양배추 두어 포기를 캐낸다. 서리는 충분히 맞았다.* 허리를 펴고 옆에 있는 부엌 창문으로 안을 들여다본다. 부엌과 거실에 불이 켜져 있다. 저기 안쪽으로—문들이 모두 열려 있어서—어느 성의 왕좌라도 되듯 새 침대가 떡 버티고 있다. 하루가 지나면 크리스마스 연휴가 시작되고 일주일이 지나면 새해가 시작된다.

---

* 양배추는 서리를 맞아야 더 맛있다.

Boven is het stil

II

18

"돼지 농가는 무슨, 그런 게 어디 있다고."

"그게 무슨 뜻이에요?"

"돼지를 사육하는 사람은 '사육인'은 될 수 있어도 농부는 될 수 없어."

"왜요?"

"바깥양반이 땅도 있었나?"

"네."

"몇 헥타르나?"

"그냥 돼지우리들 중간에 조금, 헛간 옆에도 땅이 조금 있긴 있었어요."

"내 그럴 줄 알았어. 농부란 자고로 자기가 가진 땅을 가지고 뭔가를 하는 사람들을 말해. 하지만 돼지를 사육하는 사람들은 큰 우리 안에 다 돼지를 가둬놓고는 도살할 날만 기다리거든. 그런 일은 농부들이 하는 일과는 전혀 상관이 없고……"

"한쪽엔 빨랫줄이 걸려 있긴 했지만 다른 한쪽엔 사료용 옥수수가 매립돼 있었어요."

"……글쎄 그것도 사실 돈 버는 일하고 상관이 있는 거잖아." 복도에 서서 부엌 창문 밖으로 밖을 내다본다. 비가 오고 있다. 얼음이 본격적으로 녹기 시작했다. 아직 얼음이 다 녹지는 않았지만 고랑에 고인 물은 대기로 증발되고 있다. 어제는 하루 종일 해가 보이고 날씨가 좋더니 이상하게 밤이 되자 다시 기온이 영하로 떨어졌다. 리트가 무슨 꿍꿍이속인지 잘 모르겠다. 전화 통화가 썩 맘에 들지 않는다. (죽은 남편의 성을 자기 이름이라고 대면서 전화를 받은) 리트가 돼지 농가라는 말을 꺼내는 바람에 나는 잠자코 있을 수가 없었다. 전화를 끊어버리고 싶다.

"저기 헬머 씨, 이러지 말고 우리 다른 얘기해요."

"그래 그럼."

"나 거기 한번 찾아가도 될까요?"

"되니까 전화했지."

"그런데…… 아버님은 좀……"

"돌아가셨어." 일을 어떻게 수습할지는 나중에 두고 볼 일이다.

"어머나." 새삼 아쉽다는 듯이 리트가 말한다.

"난 괜찮아."

잠시, 브라반트 어딘가로 연결된 수화기에서 침묵이 흐른다. "크리스마스는 잘 보냈어요?"

"응."

"어젯밤은요?"

"섣달그믐이라 모닥불 피웠어."

"어머, 예전처럼요?"

"응. 이웃에 사는 아이들 두 명이 구경도 하러 왔었어. 물론 거들기도 했고."

"좋았겠네요."

"응. 로날드라고 하는 한 애가 손을 불에 덴 것 빼고는."

"어머……"

"심각하게 덴 건 아니야. 손 데이고 나서 자기도 웃던데 뭘, 그게 무슨 대단한 거라도 된다는 듯이. 다행히 애들 어미도 그 자리에 함께 있었어."

"나는 언제쯤 찾아가면 될 것 같아요? 난 아무 때나 시간 되는데."

아무 때나 시간이 된단다. 반평생 동안 나는 아무 생각 없이 살아왔다. 소들 밑으로 고개를 처박으며 하루하루를 보내왔다. 망할 것들이라고 가슴 한편으로는 저주하는 소들이지만, 소 옆구리에 머리를 대고 젖꼭지에 유두컵을 붙일 때면, 따뜻한 온기를 전하며 온순하게 있는 것이 또 그 소들이기도 하다. 겨울밤 소들이 차분히 숨 쉬고 있는 외양간 안은 그 어느 곳보다도 편안하고 푸근하다. 하루가 거기서 시작하고, 하루가 거기서 끝나고, 봄·여름·가을·겨울 사시사철 내 삶이 거기에 있다.

아무 때나 시간이 된다는 리트의 말로 인해, 그 짧은 말로 인해, 일순 모든 게 허물어져버린다. 그녀의 허망이 보인다. 그녀의 허망과 함께 내 허망도 보인다. 따지고 보면 저주는 응당 아비가 받아야 마땅하다. 소들이 뭘 어쩔 수 있는 것은 아니니까. 적어도 지금 내가 데리고 있는 소들한테는 아무런 죄가 없다.

"헬머 씨?"

"어. 그래."

"나 언제쯤 가면 돼요?"

"아무 때나 와."

오후가 되어 오래도록 당나귀들 곁에 머물면서 사탕무를 잘라 당나귀들에게 건네준다. 비는 그쳤지만 하늘이 여전히 잿빛이다. 당나귀 우리 안에는 불이 켜져 있다. 전화로 들은 그녀의 목소리는 귀에 익었다.

어제저녁 장작 더미에 경유를 뿌리기 전에, 나는 튠과 로날드, 그리고 아다와 함께 당나귀들 곁으로 가 잠시 시간을 보냈다. 차가운 별들이 당나귀 우리 위에 반짝 떠 있었다. 아다의 남편은 송아지가 태어나는 것을 지켜봐야 해서 오지 않았다. 게다가 그 사람은―아다의 말에 의하면― '축제일'을 좋아하지 않는단다. 난 동글동글한 도넛도 기름에 튀겼는데, 이 일은 어머니가 죽고 난 후부터 내가 맡아 하는 일이다. 아주 잠깐 아비도 부엌으로 와 예전 자리에 앉아 있었다. 아비는 식탁에 팔꿈치를 올려놓고 어렵게 몸을 지탱한 채 도넛을 두 개 먹었다. 아다가 아비에게 말을 걸고 있는 동안, 나는 어머니가 앉던 자리에 앉아 아비를 빤히 쳐다보았다. 튠과 로날드는 의자 하나 위에 함께 앉아 있었다. 약간 겁먹은 표정으로 아비를 바라보던 로날드는 눈치가 보이는지 도넛도 제대로 먹지 못했다. 아비는 무려 세 번에 걸쳐 아다에게 의사가 보고 싶다는 말을 했다. 아다가 의아해하는 표정으로 나를 세 번 쳐다볼 때마다 나는 의미심장한 표정을 지으며 눈썹을 치켜떴다.

"그럼 몸조리 잘하세요, 판 본더런 할아버지." 내가 아비를 데리고 부엌을 나가려고 하자 아다가 말했다.

"위에 난방은 돼요?" 내가 아래로 다시 내려오니까 아다가 걱정스러운 목소리로 물었다.

"아니. 하지만 워낙 강단 있는 노인네라 괜찮아. 정신이 말짱하지 못한 게 좀 아쉽긴 하지만. 어째 날이 갈수록 점점 더 악화되는 것 같아."

"그럼 할아버지 죽는 거야?" 그제야 아무 거리낌 없이 재빠르게 도넛을 여럿 먹어치우고 있던 로날드가 물었다.

"아니 얘가, 로날드!" 아다가 외쳤다.

"불은 언제 지필 거야?" 튠이 물었다.

우리는 식탁을 떠나 당나귀 우리를 들른 다음, 섣달그믐 기념 모닥불을 지폈고, 로날드는 (내 예전 침대의) 나무틀이 활활 타고 있을 때 손을 데었다.

"이제 다 됐다!" 아비가 외친다. 물마개가 막혔는지 물 내려가는 소리가 어째 시원치 않다.

벌써 한참 동안 화장실 문가에 서 있다. 도넛이 아비의 장에 무리를 준 모양이다. 코를 막고 문을 연 다음 아비의 몸을 일으켜 세운다. 아비가 잠옷 바지는 알아서 직접 올린다. "손 씻어요." 아비에게 말한다.

아비가 비누를 집어 들자 나는 수도꼭지를 튼다.

아비를 안고 위로 올라가면서 내가 묻는다. "오늘이 무슨 날인지는 알아요?"

"크리스마스?"

"새해 첫날이에요. 이젠 제정신도 아닌 모양이네요."

"그게 무슨 말도 안 되는 소리야?"

"아니, 말 되는 소리에요."

"제정신이 아닌 건 너지, 내가 아니야. 난 정신 말짱해."

"마음대로 생각해요." 아비를 침대에 눕히며 난 말한다.

"어제저녁에 아다가 우리 집에 왔었어."

"네, 그건 맞아요." 난 창가에 놓인 의자로 가 앉는다. 방이 습해서 전기난로라도 사 들여놔야 할 것 같다. 이대로 그냥 두었다간 언제 아비가 온갖 피부 질환에 감염될지 알 수 없다. 팔걸이에 팔을 올리곤 양손을 비벼댄다. 벽을 보니, 사진과 자수 액자와 그림들이 커다란 사각형 안에 들어 있는 조그만 사각형들 모양 눈에 들어온다. 의자에서 일어나 등을 켠다. 양손을 등 뒤로 하고는, 박물관이라도 구경 온 사람처럼 아주 천천히 벽을 따라 걷다가 다시 의자로 가 앉는다. "할머니는 왜 자수를 하나만 만들지 않고 두 개나 만들었대요?"

"궁금하면 직접 물어봐." 아비가 귀찮다는 듯이 답한다.

"그게 가능하기나 해요?"

"가능하지 않지." 아비가 한숨을 내쉬며 답한다.

"할머닌 우리 둘 중 어느 하나가 곧 죽을 거라고 생각했기 때문에 자수를 따로따로 두 개나 만든 거 아니에요?"

"난 몰라."

"둘 중 하나가 죽어버리면 자수 하나를 없앨 계획이지 않았어요?"

"너 우유 짜러 안 가냐?"

"이따가 갈 거예요. 소가 어디로 도망가는 것도 아닐 테니까."

"그래도 소는……"

"참 경제적이네요. 아니, 경제적이라기보단 실용적이네요."*

"그래, 실용적이지."

"하지만 사람이 열아홉 살까지 살다 죽으면, 그 사람 탄생 기념으로 만든 자수 액자를 벽에서 떼어버리지는 않잖아요."

"그건 그렇지."

주절주절 말은 하고 있지만, 내 입에서 나오는 말이 무슨 뜻인지 통 모르겠다. 리트와 전화로 나눈 대화가 자꾸 머리에 떠오른다. 애초에 내가 아비와 하고 싶었던 얘기는 사실 리트에 관한 얘기였다. 그 얘기를 함으로써 아비를 골려주고 싶었다. 그런데 나는 하고 싶은 얘기는 꺼내지도 못한 채, 대신 우리 형제들 이름이 들어간 자수 액자를 들먹이며 아비를 괴롭힌다. 바로 5분 전까지만 해도, 나는 판 본더런 할머니가 자수 액자를 왜 두 개나 만들었는지에 대해 결단코 궁금해하지 않았다. 이런 자수는 하나만 수놓으려 해도 많은 시간과 공이 필요하다. 어머니는 배 속에 든 아이가 쌍둥이라는 것을 과연 알고 있었을까? 한

---

* 네덜란드에서는 아이가 탄생하면 통상적으로 천에 수를 놓아 액자를 만든다. 같은 날 태어난 헬머와 헹크의 액자는 한 개만 만들어 같이 수놓으면 될 것을 두 개를 만들어서 한 아이가 죽으면 한 개를 버리면 그만이 되었으니 실용적이라는 뜻이다.

숨을 내쉬고는 눈을 감는다. 아비를 괴롭히고 싶지 않다. 오늘은 새해 첫날이다.

"너 대체 왜 그러는 거야?" 아비가 묻는다.

눈을 뜨고 답한다. "그냥요." 의자에서 일어나 문으로 걸어간다. 괘종시계의 분동을 잡아당기며 묻는다. "오늘 저녁에 부런콜* 드실래요?"

"음, 맛있겠는데." 아비가 흡족한 표정을 지으며 대답한다. 차마 봐줄 수가 없다.

"불 켜둘까요?"

"응."

"커튼은 닫을까요?"

"응."

커튼을 닫으러 창으로 다시 걸어간다. 농가 앞에 세워진 가로등에 벌써 불이 들어왔다. 이제 가로등이 성하니까 아무도 안을 몰래 들여다볼 수는 없을 것이다.

다용도실 불빛이 층계를 통해 복도로 희미하게 들어온다. 새 방 쪽을 보니 방문이 열려 있다. 어서 들어와 나를 채워달라고 손짓하듯 문이 열려 있다. 아비 방문에 꽂힌 열쇠로 눈을 돌린다. 보기만 하고, 돌리지는 않는다. 속히 층계를 내려간다.

아다에게 전화를 걸어 로날드의 손이 어떤지 물어본다.

"괜찮아요. 심하게 덴 것도 아니잖아요."

---

* 네덜란드 양배추를 잘게 썰고 거기에 으깬 감자를 섞어 만든 네덜란드 겨울 전통음식.

괜찮다니 다행스럽다. 그 불은 내가 피운 불이었다.

19

어머니는 얼굴만 지독하게 밉상인 것이 아니라 마음도 지독하게 곱상이었다. 어머니의 눈은 항상 촉촉이 젖어 있었다. 눈이 좀 부리부리해서 그리 보였는지도 모르겠다. 갑상선 호르몬에 문제가 있었던 어머니는 눈이 항상 촉촉했고, 그래서 세간을 보는 눈이 항상 부드러웠다. 아비에게 구타를 당하고 욕설을 듣기는 했지만, 헹크와 나는 그저 어머니가 찬찬히 봐주기만 하면 모든 걸 잊을 수 있었다. 어머니는 그렇게 자주 우리를 보곤 했다.

헹크가 아비의 자식이었다고 해서 내가 어머니의 자식이었냐 하면, 그렇지는 않다. 어머니는 그런 식의 구별을 하지 않았다. 다만 리트가 우리 집 식탁에 앉아 있을 때면, 그때만큼은 어머니가 헹크보다는 나에게 더 자주 눈길을 주었던 것 같다. 그 눈길은 위로의 눈길은 아니었고 격려의 눈길이었다. '기죽지 마라. 힘내!' 이런 뜻이 무언의 표정에 담겨 있었다. 어머니와 리트의 관계는 좋은 편이긴 했지만, 리트의 존재는 어머니로 하여금 갈등을 불러일으키게 했다. 어머니의 자식들이 본의 아니게 더 이상 동격이 아닌 것이 되어버렸기 때문이었다. 반면 아비에게는 전혀 걱정이라고는 없었다. 아비는 이미 오래전에 편을 정한 터였다.

어머니가 죽어버리자 (어머니는 갑상선 호르몬 과다 분비가 아니라, 심장 발작으로 죽었다) 아비는 더 이상 헹크처럼 빈 커피 잔을 흔들어 찻 숟가락을 떨그렁거릴 수가 없게 되었다. 그래 봐야 커피를 따라줄 사람은 아무도 없었던 것이다. 그래, 내가 있기는 했다. 하지만 아비는 그런 식으로 내 심기를 건드려봐야 좋을 게 없다는 것을 알고 있었다. 아비와 나는 커피를 마시지 않았다. 아니, 우린 각자 커피를 마셨다. 아다는 아직 옆에 살지 않았기 때문에 어머니를 알지 못했다.

어머니가 샤워를 하는 중에 심장 발작을 일으켰다. 그러니까 그날은 토요일이었다. 나는 집에 없었고, 아비는 어머니가 보통 때보다 오랫동안 욕실 안에서 나오지 않는데도 불구하고 들여다볼 생각조차 하지 않았다. 심장 발작을 일으키면 쓰러졌다 다시 일어나는 사람이 있는가 하면, 한번 쓰러지고 나면 절대 못 일어나는 사람이 있다. 어머니의 경우는 절대 일어나지 못한 경우에 해당했다.

아비가 리트를 집에서 쫓아내고 나서 나에게는 암스테르담에 가는 것을 집어치우라고 했을 때, 어머니가 나에게 아무 말도 하지 않은 것에 대해 섭섭하게 생각지는 않는다. 만일 어머니가 울기만 하지 않고 나로 하여금 평생 소 밑에서 사는 삶을 살지 않게 하려고 어떤 말이라도 했다면, 과연 난 다른 삶을 살기 위해 저항했을까? 어머니의 응수를 빌미로 과연 도망칠 수 있었을까? 그렇게는 못했을 것 같다. 열아홉이었던 나는 다 큰 성인이었고, 따라서 내 의사대로 뭐든 할 수 있었다. 하지만 나는 그렇게 하지 않은 채 어머니처럼 입 다물고 조용히 있었다. 리트가 창틀 뒤로 사라지고 나서 한참이 지나서야 (그때쯤이면 리트는 벌써 둑길에 닿았을 시간이었고, 나에게는 댕기물떼새 둥지를 어디쯤 가면 찾을 수 있을지* 곰곰이 생각하고도 남을 충분한 시간이 있었다) 창가에서 등을 돌렸다. 내 눈엔 반쯤 음식이 남은 리트의 접시와 양쪽으로 가지런히 놓인 포크와 나이프가 아비의 등 왼쪽 옆으로 브였다. 아비의 등 오른쪽 옆으로는 평상시보다 더 촉촉한 눈으로 나를 바라보고 있는 어머니가 보였다. 바로 그때, 어머니와 나 사이에 동맹 같은 것이 이루어졌다. 그 동맹이 어떤 동맹이라고는 구체적으로 설명할 수 없지만, 일종의 '우리 둘이 함께 이 역경을 헤쳐나가자' 하는 뜻이 들어 있는 동맹인 것만은 확실했다. 우리 셋은 내가 의자에 돌아가 앉고 나서 말없이 식사를 마쳤다. 다음 날 아침 나는 아비와 함께 젖소들에게서 우유를 짰다. 그러고 나서 나는 교재들을 모두 박스에 넣어 헹크 방 붙박이장에 집어넣었다. 몇 주가 지나 대학 학습 상담원으로부터 편지가 왔다. 어디서 뭘 하기에 수업을 빠지는 것인지 앞으로 학교에 나올 생각은 있는 것인지 묻는 편지였다. 나는 편지를 책들 사이에 끼워 넣고는 답장도 하지 않았다. 그리고 책이 든 박스는 그 뒤로 전혀 거들떠보지 않았다.

동맹은 어머니가 세상을 뜰 때까지 유지되었다. 그 동맹은 서로 시선을 주고받는 동맹이었지 말을 주고받는 동맹은 아니었다. 어머니와 나는 종종 시선을 주고받았다. 아비가 어머니를 낭만이나 떠는 여자로 낙인찍고 나서 침실로 들어갈 때도 그랬고, 아비가 깨죽거리며 나이프

---

* 네덜란드 프리슬란트 주에서 오래전부터 내려오는 관습 중 하나로, '댕기물떼새 알 찾기'라는 것이 있다. 댕기물떼새의 알은 봄의 시작을 상징한다.

로 조린 고기 조각에서 연골을 썰어낼 때도 그랬고, 아비가 어린송아
지나 양들을 다른 방목장으로 옮기면서 버럭버럭 성화를 부릴 때도 그
랬고, 섣달그믐날 아비가 밤 10시에 잠자리에 들러 갈 때도 그랬고,
이른 아침부터 아비가 (다 큰 자식이 아니라 말 안 듣는 어린애를 대하
듯) 나한테 그날 해야 할 일들을 일일이 큰 소리로 고함칠 때도 그랬
고, 뭐든 무슨 일에 대해 논하려고만 하면 아비가 "난 듣기 싫다"고 말
할 때도 그랬다. 아비는 그리 말하고 나서는 거실로 가 아무것도 못 듣
는 바위 모양으로 앉아 있곤 했다.

아주 가끔이지만 어머니가 내 시선을 피할 때도 있었다. 아비가 여
자와 짝짓는 문제를 거론할 때면 어머니의 눈길이 항상 나를 피해 갔
다. 그래서 나는 그 문제에 관한 한 어머니도 아비와 같은 의견이라는
것을 알아챌 수 있었다.

어머니가 세상을 떠나버리자 나에겐 더 이상 바라볼 사람도, 함께
눈을 맞춰줄 사람도 없게 되었다. 이 사실이 내겐 가장 견디기 힘들었
다. 동맹이 일방적으로 깨져버린 것이다. 난 아비의 눈을—지금도 그
렇지만—거의 똑바로 바라볼 수 없었다. 어머니의 눈을 바라볼 때면
난 항상 어머니가 헹크를 많이 그리워하고 있다는 것을 느낄 수 있었
다. 아마 어머니도 내 눈을 보면서 똑같이 느꼈을 것이다. (헹크는 나와
쌍둥이였으니까 어머니는 당연히 나의 어디를 보아도 헹크가 그리웠을 것이
다. 결국 어머니는 내 눈을 보면서 헹크를 한 번 더 그리워했을 것이다.)
아비의 눈에서는 아무것도 읽을 수가 없었다. 어머니가 세상을 뜨고 나
서도 아비의 눈에서는 어머니에 대한 그리움조차 읽을 수가 없었다.

20

리트라니까 예외를 둔다. 차를 타고 남쪽으로 달린다. 정확히 따지면 남서쪽이다. 암스테르담 북부에 있는 나루를 향해 달린다. 시간 약속을 했지만 나는 약속 시간보다도 훨씬 먼저 도착해, 에이 강가에 있는 감자튀김 파는 노점 앞에 와 서 있다. 첨단 미래형 페리호들이 강 건너편과 이편을 드나들고 있다. 파랑색과 흰색 줄무늬가 들어간 버터 담는 접시 모양의 페리호들은 1967년도에 운항하던 연두색 배하고는 전혀 비교되지 않는다. 그때는 차량들도 배를 타고 강을 건넜다. 그 배는 물 위를 떠다니는 고속도로였다. '시 관할 15번 페리호'가 눈에 선하게 보인다. 배 한편에 차양이 쳐져 있고 차양 아래는 자전거나 모터 달린 자전거를 탄 사람들이 서 있다. 갑판 안쪽은 연두색이고 바깥쪽은 희멀건 색이다. 난 그 배를 오랫동안 잊고 살았다.

곰곰이 더 떠올려보고 싶어서, 암스테르담을 그려본다. 같이 공부했던 학생들 얼굴과 이름이 떠오르지 않는다. 강의를 듣던 대학 건물들도 떠오르지 않는다. 아무것도 보이지 않는다. 모든 것들이, 저기 강 건너 모든 것들이, 내 머릿속에서 깨끗이 지워져버렸다.

오펠카데트 차가 어떻게 생겼는지 리트에게 설명은 해줬지만, 막상 사람들과 자전거들이 쏟아져 나오는 걸 보니까 마음이 불안해진다. 누가 누굴 어떻게 알아보지? 이대로 차 안에 가만히 앉아서 기다려도 되나? 아니면 문 열고 밖으로 나가 차 밖에서 기다려야 하나?

오늘 아침 마당으로 나왔을 때, 아비가 입술을 부르르 떨고 이빨을 딱딱 부딪치며 어디 가는 거냐고 물었다. 문득 아비를 다시 침실에 데려다 놓는 것이 낫겠다는 생각이 들었다. 원래는 아비를 가축들이 있는 헛간으로 데리고 가 거기 다락에다 뉘어놓을 작정이었는데, 아비가 어디 가는 거냐고 묻고 당나귀들이 무슨 일인가 싶어 궁금한 눈으로 쳐다보는 것을 보자 (당나귀 하나가 히힝히힝 크게 울어대자 아침잠에서 깨어났는지 닭들도 요란하게 울어댔다), 계획을 포기해야겠다는 생각이 들었다. 게다가 무슨 수로 아비를 데리고 사다리를 오른단 말인가? 문들은 죄다 열린 상태라 되돌아가는 것은 어렵지 않았다. 난 아비를 (아직 온기가 남아 있는) 침대에 눕히고는 아무 말 없이 방을 나오려다가, 문 앞에서 생각을 고쳐먹고 말했다.

"나 리트 데리러 가요."

아비가 그저 멍하니 쳐다보기만 한다.

"암스테르담 나루로 가 리트를 이리로 데려올 거예요."

"리트?" 아비의 목소리가 갈라지고 얼굴이 약간 창백해진다.

"네, 리트요. 그리고 이제 아버지는 이 세상 사람이 아니에요."

"내가 그럼 저세상 사람이야?"

"리트한테 아버지 죽었다고 했어요."

"왜?" 이번에는 내가 아비를 멍하니 쳐다본다. "지금 왜라는 말이 나와요?"

아비가 곰곰이 생각한다.

"조용히 있는 게 좋을 거예요. 소리 내면 리트가 여기로 올라올지도 모르니까." 난 아비에게 단단히 못을 박는다.

"여길 왜 올라와?"

"아무래도 되갚음 하러 오는 거겠지요."

"내가 뭘……"

"그러게 내가 뭐랬어요, 아버진 제정신이 아니라니까요."

"무슨 또 그런……"

"난 그럼 나가봐요."

케세라 세라, 층계를 내려가는데 도리스 데이의 노래가 생각난다.

왓에버 윌 비, 윌 비.

그러곤 다용도실에서 생각한다. 나도 이제 늙었구나.

배는 6분 간격으로 한 대씩 도착한다. 지금까지 이편 나루로 들어온 배는 모두 다섯 대다. 50대 여자들이 꽤 많이 보인다. 다행히 자전거를 탄 여자들은 보지 않아도 된다. 모두들 두꺼운 외투에 목도리를 두르고 있다. 이번 겨울은 참 오랜만에 맞는 추운 겨울이다. 기온이 다시 영하로 떨어졌고, 눈도 좀 내렸다. 여섯번째 배가 나루 쪽으로 다가오고 있다. 시계를 들여다보고는 이번 배에 리트가 탔을 거라고 짐작한다. 이 많은 사람들은 주중에 어디를 가는 거지? 마지막으로 배에서 내리는 사람들 틈에 리트가 끼어 있다. 약간 어지럽다. 아다하고 비슷한 사람을 기대했는데 (왠지 잘 모르겠지만), 30년 전 자전거를 타고 사라져버린 그때 그 리트가 눈에 들어온다. 금발 머리는 더 이상 길지 않고, 몸집은 살이 좀 붙은 것 같고, 걷는 모양새는 좀 달라진 것 같다. 난 무심코 양손으로 운전대를 움켜잡은 채 그저 꼿꼿이 앉아 있기만 한다. 리트가 차를 향해 똑바로 걸어오는 것을 보고는, 옆으로 푹 고꾸라져 차 밑으로 숨어서는 후진 기어를 넣고 감자튀김 노점을 가로질러서라도 에이 강으로 뛰어들고 싶어진다. 어쩌면 리트가 나를 구해줄지도 모르겠다.

가까이 온 리트가 앞에 달린 유리창으로 안을 들여다본다. 난 잠시뜸 들이고 나서야 차 문을 연다. 리트가 반갑게 두 팔을 활짝 벌린다.

"오랜만이에요, 헬머 씨."

"그래, 정말 오랜만이네."

아주 오래전 분노가, 기억에서조차 지워져 어디에 숨어 있는지조차 몰랐던 그 분노가, 되살아난다. 리트에게서는 분노 같은 것이 보이지 않는다. 그저 혼란과 감격만 보일 뿐이다. 헹크가 죽고 나서 시간이 흐르면 흐를수록, 나는 더 헹크를 닮아갔다. 비교 대상이 없으니 당연 그럴밖에.

아니, 분노는 좀 지나친 표현 같고, 그냥 불쑥 화가 난다고 하는 편이 더 맞을 것 같다.

쌍둥이 한쪽과 연애를 한다는 것은 과연 어떤 것일까? 모르겠다. 그런 건—초등학교 다닐 때 아이들하고 농지거리하던 때 빼곤—한 번도 생각해본 적이 없다. 그때 그 크리스마스이브가 지나고 다음 날 크리스마스가 되었을 때, 헹크는 몽롱한 상태에서 계속 콧노래만 흥얼거렸다. 심지어 식탁에 앉아서까지도 헹크는 자중하지 못했다. 쇠고기구이에 하얀 소스를 끼얹은 꽃양배추를 먹으면서 할머니, 할아버지가 이런저런 질문을 던지면 헹크는 아비가 놀라서 쳐다볼 정도로 주절주절 장황하게 대답했고, 어머니는 나를 물끄러미 바라보았다. 어머니와 내가 그렇게 서로 눈길을 주고받는 일은 나중에 맺어진 동맹으로 일상화되었다. 섣달그믐 밤, 헹크는 집에 있다가 해가 바뀌자 단 2분 만에, 나에게 어디 간다는 말도 하지 않은 채, 집을 나가버렸다. 내가 그 두 사람을 다시 본 것은 밤이 아주 깊어서였다. 그 전주까지 헹크도 함께 어울리던 다른 농장 청년들과 함께 계량소 부근에 있는 다리를 건너고 있을 때였다. 벤치에 앉은 두 사람은 는개를 맞으며 서로의 손을 꼭 붙잡고 있었다. 난 얼른 몸집이 제일로 큰 청년 뒤로 가 어떻게든 몸을 숨기려고 애를 썼다. 그런 와중, 저만치——두세 발짝 떨어진 곳에—— 주차된 퍼런 폭스바겐 비틀 차가 눈에 들어왔다. 어쩌면 눈에 되지 않고 차 뒤로 가 몸을 숨길 수 있을지도 모른다는 생각이 들었다. 내 앞에 서 있던 덩치 큰 청년은 그날 그 누구보다도 가장 많이 술을 마셨는데, 그가 자기 뒤에 몸을 숨긴 나는 전혀 아랑곳하지 않은 채 다른 청년들을 비집고 벤치로 가더니 헹크에게 말을 걸었다. 그때 본 퍼런 비틀 차를 나는 아직도 선명하게 기억한다. 반면 무슨 말이 오고 갔는지는 전혀 기억하지 못한다. 그날 있었던 일들 중 난 두 가지를 더 기억한다. 하나는, 리트의 손을 단 한 번도 놓지 않은 채 덩치 큰 청년과 말을 주고받던 헹크가 사람들 뒤에 선 나를 보고는 전에 없이 난감한 표정을 지었다는 것이다. 또 다른 하나는, 잠시 후 리트가 다시는 보고 싶지 않다는 표정으로 나를 보았다는 것이다. 리트는 헹크와 똑같은 모습을 한 사람이 주변에 얼쩡거리는 것이 보기 싫었던 것이다. 나는 결국 무리에서 떨어져 나와 비틀 차 뒤편에 있는 골목 안으로 들어갔다. 다행히 모니켄담에는 작은 골목들이 수없이 많았다. 한 백 미터쯤 걷고 난 뒤 나는 축축한 벽에 손을 얹고는 몸을 숙인 채 몸 안에 든 도넛과 맥주를 모두 게워냈다. 그러곤 자전거를 찾아 한참을 헤매 다녔고, 1차로 술을 마신 술집 근처에서 마침내 자전거를 발견했다. 하지만 누군가 뒷바퀴살에다 불꽃놀이 화약을 끼워 터뜨린 모양인지 자전거는 탈 수가 없었다. 자전거를 좌우 어깨에 번갈아 짊어져가며 난 집을 향해 걸었다. 입안의 지저분한 느낌을 지우기 위해 자전거 벨에서 뚝뚝 떨어지는 물방울을 핥아먹었다. 깊은 밤이 새벽으로 이어졌다. 는개는 과대망상에 빠진 이슬과 별 차이가 없을 텐데도, 집에 다 도착했을 즈음에는 몸이 흠뻑 젖어 있었다.

그 후 몇 달이 흐르고 헹크가 리트를 집으로 데리고 왔다. 리트가 처음 우리 집을 찾아온 시기는 더할 나위 없이 적절한 시기였다. 그때는 농가 옆 방목장에 있는 새끼 양들이 어미 양의 품으로 다투어 파고드는 때였고, 댕기물떼새와 흑꼬리도요새가 둥지를 지키기 위해 목청 높여 지저귀어대는 때였으며, 버드나무 가지가 이미 사방으로 뻗어 나온 때였고, 앞마당에 심긴 구부정한 물푸레나무에서 막 새싹이 움틀 때였다. 거름 더미조차도 상큼하게 보이는 초록의 계절 봄이었다. 집에 찾아온 사람을 아비는 본체만체했지만, 어머니는 양팔을 벌려 촉촉한 눈으로 리트를 맞이했다.

전에도 이미 리트를 몇 번 본 적이 있는 나는 그녀와 함께 있는 자리가 불편하고 어려웠다. 리트도 내가 있으면 불편한지 말이 없고 자연스럽지 못했다. 리트의 방문은 날 더 당황하게 만들었다. 헹크는 첫날부터 리트에게 보스만 풍차를 보여주었다. 우리만의 풍차를 보인 것이다. 풍차에서 두 사람이 댕기물떼새 알을 주워 온 순간부터, 나와 리트의 관계는 절대 회복할 수 없는 관계가 되어버렸다.

　더 안타까운 건, 나와 헹크의 관계도 절대 회복할 수 없는 관계가 돼 버렸다는 것이다.

　다시 얼마간의 시간이 흐르고 나서 리트가 처음으로 우리 집에 잠을 자러 왔다. 8월 어느 날인 듯싶다.
　"암수를 구별하자꾸나." 저녁을 먹던 중 어머니가 말했다. 리트가 오기 하루 전 일이다.
　"네?"
　"암수 구별."
　헹크가 잠깐 생각을 했다. "어머니 아버지도 암수 아니세요?" 아비에게 손짓을 하며 헹크가 가능한 한 가벼운 농조로 말했다.
　아비가 역정을 냈다.
　결국 리트는 헹크 방에서 자고, 헹크는 내 방에 매트리스를 깔고 그 위에서 자게 되었다. 침대에 누운 난 무슨 말을 어떻게 해야 할지도 잘 몰랐고, 후터분한 날씨 탓인지 갑갑해서 숨도 제대로 들이쉬지 못했다. 활짝 열린 창문과 커튼 사이로 들어온 보름달 달빛이 방 안을 환하게 비췄다. 헹크는 하반신만 이불로 가린 채 누워 있었는데, 헹크의 벌거벗은 가슴이 달빛을 받아 푸르무레했다. 탐스러웠다. 후터분한 날씨처럼 갑갑한 적막이 한참 동안 지속되나 싶었는데 대뜸 헹크가 무슨 말을 속삭였다.
　"뭐?" 내가 물었다.
　"쉿! 조용."
　"뭐라고?" 소곤소곤 음성을 낮춰 내가 물었다.

"나, 요 옆에 갈 거라고."

"리트한테?" 맥 빠진 목소리로 내가 물었다.

"그럼 누구?" 헹크가 몸을 세우고는 이불을 걷어냈다. 무릎을 굽히고 몸을 일으켰다. 달걀 위를 걷듯 문으로 다가가 살살 문을 열었다. 하얗고 헐렁한 팬티를 입은 헹크의 모습이 내 침실에서 사라지고 문이 닫히기까지는 한참이 걸렸다.

그날 밤 이후로 난 달밤을 싫어한다. 커튼이나 블라인드를 뚫고 방 안으로 비집고 들어오는 푸르무레한 달빛이, 도무지 막으려 해도 막을 수 없는 그 달빛이, 심지어 여름에도 싸늘하게 느껴졌다.

하지만, 밤에 들리는 물닭의 울음소리는 정겹게 들렸다. 쿄로ㅡ쿄로ㅡ하고 물닭이 울면 마음속 허전함이 사라졌다. 해가 바뀌어도 듣게 되는 물닭의 울음소리는 10년이라는 세월이 흘러도, 물닭이 바뀌어도, 여전히 들을 수 있다. 물닭은 항상 머물 것이다.

21

리트는 헹크가 앉던 자리에 앉아 있다. 일부러 거기 가 앉은 것인지, 리트의 표정을 읽을 수가 없다. 발 강물에 에워싸여 섬처럼 보이는 길쭉한 땅 위에 코닉 말들이 서 있는 사진이 신문 첫 지면에 올라와 있고 리트의 눈길이 그 사진을 향해 있다. 여기는 영하로 떨어졌지만 다른 나라에서는 비가 내려 저지대와 둑이 물에 잠겼다.

"폴란드 말이네요." 신문을 보고 리트가 말한다.

"커피 줄까?"

내 물음에 그제야 리트가 고개를 든다. "네."

해는 떴지만, 낮게 떠서 색깔만 누럴 뿐 따뜻하지는 않다. 오스트리아나 스위스를 한 번도 가본 적이 없는 난 아마 거기 겨울 스키 휴양지 햇볕이 이럴 것 같다고 생각한다. 양지에 놓인 커피메이커를 보니 언제 젖은 행주로 한번 닦아내야 할 것 같다. 리트를 등지고 서 있는 나는 서두르지 않고 천천히 자유자재로 시선을 옮긴다. 곁눈질로 보니까 앞창으로 뭐가 지나가는 것 같다.

"뿔까마귀네요!" 리트가 외친다.

돌아서서 보니까, 제자리로 돌아온 뿔까마귀가 물푸레나무 위에서 날개를 쪼고 있다. 커피포트를 쥐어 잡으니 손가락 마디가 하얗게 드러난다. 이쯤 되면 위에서 무슨 소리가 들릴 듯도 한데, 조용하다.

"뿔까마귀를 언제 본 적이 있나 봐?" 일부러 더 요란하게 커피포트를 필터 아래로 집어넣으며 내가 묻는다.

"그럼요, 얼마나 자주 봤다고요. 덴마크에서 자주 봤어요. 거긴 보이는 새라곤 거의 뿔까마귀밖에 없거든요."

"리트가 덴마크에도 가봤어?"

"한 세 번 갔었나. 휴가요." 리트가 잠시 생각한다. "아, 네 번 갔었어요."

"거기 어때?"

"글쎄…… 지금은 어떤지 모르겠지만, 예전엔 어땠는지 알아요. 마지막으로 거기에 휴가를 간 게, 글쎄, 한 8년 전쯤이었나. 딸들은 다 각자 휴가를 간다고 해서, 남편하고 나 그리고 아들, 이렇게 셋이서 덴마크로 휴가를 갔었어요.”

의자로 가 팔짱을 끼고 앉은 나는 무슨 말이든 더 듣고 싶은 마음에 차분히 기다린다.

리트가 창밖으로 시선을 돌리며 말한다. “예전에는 저기에 나무 전봇대가 서 있었던 것 같은데, 기억나요?”

“물론 기억나지.” 기대했던 말이 나오지 않자 짜증스럽게 아래 팔뚝이 간지럽다.

“덴마크에 가면 전봇대를 아직 볼 수 있어요. 시멘트로 된 전봇대요. 여기보단 거기가 좀 느린 것 같아요.” 볼 것도 없는 창밖을 리트가 여전히 바라보고 있다. 커피메이커에서 쪼르륵쪼르륵 커피 흐르는 소리가 들린다. “휴가는 8월에 차로 갔었는데, 농부들이 잔뜩 짚을 쌓아놓고는 불태우고 있었어요. 또 전봇대 위에는 제비들이 앉아 있었지요.”

“제비들이?”

“네. 빈은 멀쩡한 짚을 왜 태워버리는지 도무지 이해 못 하겠다고 하면서 참 아깝다고 했어요.”

“일리가 있는 말이네.”

“글쎄요. 하지만 난 전봇대에 앉아 있는 제비들이 더 인상적이었어요. 전신주가 밑으로 축 늘어져 있는 것이 참 보기 좋았어요.” 리트가 돌연 훌쩍거린다.

“아니, 왜?”

“아, 모르겠어요. 내가 지금 여기서 이렇게 주절대고는 있지만, 사실 기분이 참 묘해요.” 리트가 두 손으로 얼굴을 가린다.

“진정하고, 커피부터 마셔.” 의자에서 일어나 찬장에서 제일로 보기 좋은 잔을 꺼낸다. 투박한 머그잔이 아닌, 예쁜 커피 잔이다. 어머니도 그리했을 것이다. 식탁 위에는 이미 아침에 꺼내놓은, 잔과 잘 어울리는 크림 용기와 설탕 용기가 놓여 있다. 잔에 커피를 따르고 접시 위에 은수저를 올려놓는다. 접시에 쿠키를 가지런히 담아 내놓는다. 날씨만 그리 춥지 않다면 옆 창을 열어놓을 텐데…… 부엌에 먼지가 날린다.

"묘한 기분은 나도 마찬가진데 뭐." 다시 자리로 돌아가 앉으며 내가 말한다.

리트가 미소를 머금고는 말한다. "그럼 우리 둘 다 기분이 묘한 거네요?"

머리가 멍하다. 현실이 아닌 것 같다. 아비를 예로 들자면, 아비는 내게 항상 지금과 똑같은 모습이었다. 태어나서 지금까지 매일매일 보아온 아비의 모습. 매일같이 보며 나이를 먹어서인지, 변화가 눈에 보이지 않는다. 아비가 젊었을 적에 찍은 사진—위층 침실 벽에 걸린 사진—속에서 난 아비를 보지 못한다. 지금의 아비는 사진 속의 아비와는 별개의 사람이다. 젊었을 적 아비를 나는 알지 못한다. 그땐 나도 한참 어렸다. 저도 모르는 사이에 늙어버렸다. 리트를 30여 년 만에 다시 본다. 경악스럽다. 나쁜 꿈을 꾸고 있는 것 같다.

난 이런 생각을 하고 있는데 리트는 과연 무슨 생각을 하고 있을까? 나도 리트처럼 두 손으로 얼굴을 가리고 싶다. "날 보면, 누가 보여?"

"헹크 씨요."

"난 헬머인데?"

"알아요. 하지만 헬머 씨를 보면 헹크 씨가 보여요."

나는 부엌으로 들어오기 전에 리트에게 거실을 먼저 보여주었다. 리트는 거실을 마음에 들어 하지 않았다. "왠지 좀 텅 빈 느낌이네요. 여기 있던 사진들은 다 어디로 갔어요?" 침실은 문이 닫혀 있었는데, 그 방을 리트에게 보여주고 싶지는 않았다. "그때 달렸던 커튼도 없고, 서랍장하고 어머니가 읽으시던 책들도 모두 없네요?" 벽난로 위에 걸린 거울 속으로 자신의 모습을 비쳐본 리트가 양손으로 살짝 머리끝을 올렸다.

"소들은 여전하군요." 외양간 안으로 들어서자 리트가 말한다. 리트는 청바지를 입고 있다. 여전히 노란 금발 머리는 해가 들어오는 부엌에서 보았을 때도 염색한 티가 나지 않았다. 게다가 다른 50대 아줌마들처럼 머리를 볶지도 않았다. 리트가 걷는 게 왠지 부자연스럽다. 아무리 애를 써도 농가의 여주인 모습을 한 리트가 그려지지 않는다. 양들과 암송아지들의 뒤를 쫓고, 밤이 되면 헹크의 품에 안기고, 토요일 아침이 되면 농가를 찾아오는 아들딸을 맞이하고, 손자가 앞마당 물푸레나무 곁에서 뛰어놀고, 다진 쇠고기로 미트볼을 만드는 리트를, 그런 모습의 리트를 전혀 상상할 수 없다.

"아주 오래전에 다리를 다쳤어요." 걷는 모습을 내가 주시하고 있으니까 리트가 말한다. "날씨가 추워지면 다리가 좀 굳는 것 같아요."

스키 타다 그랬나? 아니면 자전거 타다가? 혹시 돼지우리에서 미끄러졌나?

"사다리 딛고 부엌 천장 닦다가 그만."

사각으로 뚫린 창문들 안으로 햇빛이 들어온다. 소 한 마리가 끄응

소리를 내고, 지저분한 도둑고양이 한 마리가 휙 달아난다. 처음 보는 고양이 같은데…… 혹시 저 고양이가 지난봄에 아비의 전동 몽둥이를 피해 달아난 바로 그 고양이?

"어떤 동물이지, 돼지는?" 내가 묻는다.

"소하고는 많이 달라요." 리트가 대못에 걸린 밧줄 묶음을 만지며 대답한다. "새끼들은 귀여운데, 크면 클수록 별로예요."

"돼지들은 크면 도살장으로 보내잖아."

"네, 도살장으로 보내죠."

"바깥양반은?"

"네? 무슨……"

"바깥양반은 어떤 사람이었어?"

리트가 잠시 생각하다 말한다. "아주 착한 남자였어요."

"착해?"

"네."

농지를 밟는다. 리트가 옷깃으로 목을 여미며 말한다. "딸들도 아주 착해요. 어쩌면 그게 브라반트 사람들 특징인지도 모르겠어요."

그럼 아들은 어떻다는 말이지?

"어, 저건 못 보던 건데!" 당나귀 축사를 보고는 리트가 외치더니 축사 쪽으로 걸어간다. "예전에 없던 거죠?"

"응. 당나귀들은 나중에 새로 들였어."

"당나귀요!?"

말소리가 들렸는지 당나귀들이 울타리 밖으로 고개를 치켜든다. 우리 안으로 들어서니까, 당나귀 하나가 고개를 좌우로 흔들어댄다. 축사 안은 밤새도록 불을 켜놓았다.

"먹이 줘볼래?"

"네."

짚 더미 위에 놓인 궤짝에서 큼직한 당근 몇 개를 꺼내어 리트에게 건넨다. 리트가 당근 두 개를 한꺼번에 나무틀 사이로 집어넣자, 금세 사각사각 당나귀 입 속으로 당근이 사라진다. 부엌에서 리트가 우리 둘 다 기분이 묘하다고 긍정적으로 말해준 것이 왠지 마음을 흐뭇하게 한다.

리트가 당나귀 우리에서 닭장으로 발길을 옮긴다. 도중에 리트가 손을 흔들면서 가지치기를 얼마 전에 한 모양이라고 말하려는 건지, 버드나무가 세워진 곳을 가리킨다. 아니, 어쩜, 일이 달리 풀렸다면 그 버드나무들을 헹크가 가지치기했을 거라고 말하려는 것일지도 모르겠다. "예전에는 여기 갈색 닭들이 있었던 것 같은데." 리트가 닭장 그물망 안을 들여다보며 말한다.

"응, 그때 그 닭들은 바르너벨더 종이었어."

"그럼, 이 닭들은요?"

"이건 라켄벨더 종이야."

"참 멋지게 생겼네요. 달걀은 많이 낳아요?"

"응, 그럭저럭. 바르너벨더보다는 좀 못해."

닭장을 지나 계속 걷다 보면 필연적으로 둑에 세워진 울타리에 다다른다. 리트가 울타리에 양팔을 걸치고는 농지를 찬찬히 관망한다. 잔디 위에 살짝 눈이 덮여 있어 환하기가 이를 데 없다. 고랑에서 수증기가 피어오르고 있다. "아, 풍차!" 리트가 작게 말한다.

난 풍차에는 전혀 가고 싶은 마음이 없다. 돌아서서 착유실을 향해 걸어간다. 조금 있다 리트가 뒤따라오는 소리가 들린다. 언 땅 위로 불규칙하게 떨어지는 리트의 발소리가 들린다. 이번엔 내가 왼손을 들고 당나귀 방목장 쪽을 가리킨다. "날씨가 좋으면 당나귀들은 저기로 내보내." 착유실을 지나 다용도실까지 왔다. 복도로 이어지는 문 쪽으로 나는 곧장 걸어가는데, 리트가 층계로 통하는 문 앞에 가만히 선 채로 따라오지 않는다.

"안 따라오고 뭐 해?" 내가 묻는다.

리트가 아무 말도 하지 않는다.

"난 어서 식사하고 묘지에 가봤으면 하는데."

리트가 그래도 아무 말도 하지 않는다.

물러서지 않고 내가 또 말한다. "배 시간 놓치지 않으려면 어서 서둘러야 할 거야. 나도 나루에 갔다가 우유 짤 시간이 되기 전에는 도착해야지."

리트가 여전히 말이 없다.

"왜 그래?"

"위에 올라가보고 싶어요."

"헹크 방에?"

"네."

문을 열고 내가 앞장서서 층계를 오른다. 헹크의 방문을 열어준다. 리트가 궁금한 방으로 발을 들여놓는다. 두 사람이 들어갈 정도로 방 안에 남은 공간이 없기 때문에 난 문가에 서서 기다린다. 리트가 주위를 둘러보고는 조금 있다 침대 위에 앉는다.

순간, 침대 위에 앉은 리트는 사라져버리고 헹크 밑에 깔려 있는 리트가 눈앞에 보인다. 1월의 햇빛 대신 8월의 달빛이 나타난다. 헹크는 하얀 팬티를 무릎에 걸친 채 몸을 위아래로 움직이고 있다. 나이에 어울리는 동작은 아니다. 거의 헹크의 체취까지도 맡을 수 있을 것 같다. 헹크가 호흡을 억누르며 참는다. 헹크의 엉덩이 윗부분에 움푹 파인 곳이 촉촉이 젖어 있다. 헹크의 몸이 오래된 매트리스 밑으로 깊게 더 깊게 리트를 밀어 넣는다. 발뒤꿈치 힘줄이 헹크의 몸동작과 함께 발가락에서부터 밀려오는 파도처럼 위아래로 넘실거린다.

"……침대예요?"

"응?"

"이 침대, 헹크 씨가 쓰던 침대예요?"

눈만 몇 번 끔벅거린다. 8월의 밤에서 1월의 아침으로 돌아오기까지 조금 시간이 걸린다. "응."

"기억이 안 나요. 방이 참 너저분하네요." 일어날 생각이 전혀 없는 사람처럼 리트가 손을 이불로 가져가더니 창밖을 보며 말한다. "뿔까마귀가 아직도 저기 앉아 있네요."

"이제 일어서지그래."

리트가 일어나 방을 나온다.

"여긴 내가 쓰던 방." 두번째 방문을 지나치며 짐짓 큰 소리로 말한다. 그러면서도 문에 꽂힌 열쇠를 보고는 내가 방문을 잠갔는지 어쨌는지 잠시 생각한다. "이 방도 너저분하긴 마찬가지야." 문이 활짝 열린 새 방으로 냉큼 걸음을 옮긴다. 리트가 따라온다.

새 방으로 들어온 리트가 한쪽 벽에 등을 기대고 선 채 살짝 무릎을 굽힌다. 자세 때문에 스웨터 어깨 부분이 위로 밀린다. "헹크 씨 얼굴, 그 차디찬 물속에 있던 헹크 씨 얼굴이 자꾸 생각나요. 머리카락이 해초처럼 이리저리 나풀거렸는데."

22

"여긴 예전하고 똑같은 것 같아요." 리트가 말한다.

"여긴 건축이 금지돼 있어."

"왜요?"

"마을 경관을 보호하기 위해서래."

마을을 지나 묘지로 간다. 10분 전에 부엌에서 화분에 물을 주고 있는 아다와 아주 우연히 마주쳤다. 해가 방금 전부터 기울기 시작했는데 그림자가 벌써 우리보다 네 배는 길다. "다음엔 늦여름에 한번 와. 벌써 몇 해 전부터 마을에서 준비하고 있는 경합이 있거든."

"무슨 경합요?"

"누가 앞마당에 수국을 제일로 많이 심었나 하는 경합. 가능하면 울긋불긋 여러 색깔을 섞어 심으면 더 유리해. 그때 오면 아마 수국이 여기저기 흐드러지게 피어 있을 거야. 수국이 없으면 이 마을에서는 안

쳐줘."

"난 수국 안 좋아하는데."

저만치 마을 서쪽으로 하얀 교회가 보인다. 더 이상 아무 말도 하고 싶지 않다. 입 다물고 조용히 걷는다. 교회에 다 왔는데 리트는 교회로 들어가질 않고 오른쪽으로 돌아 포플러 나무들 사이로 계속 걸어가 아아 강가로 다가간다.

"여기서 1966년 겨울에 같이 스케이트를 탔어요."

"1967년이야. 1967년 1월."

"아이 참, 어쨌든 그때 그 겨울요. 겨울이란 게 원래, 한 해에서 다음 해로 이어지잖아요."

리트의 말이 옳다. 겨울은 한 해가 열두 달로 되어 있는 것과 전혀 상관없는 계절이다. 겨울은 해를 뛰어넘는다. 지금 보이는 이 강에는 갈대들 사이로 살얼음만 조금 끼어 있을 뿐 얼음이 전혀 얼지 않았다. 오리 한 쌍이, 둘 다 수컷이긴 하지만, 이리로 조르르 헤엄쳐 온다. 펭귄처럼 풀쩍 둔치로 뛰어오른다. 리트가 가만히 서서 오리를 보다가 돌아선다. 길을 건너고는 묘지 앞 쇠문을 잡아당긴다. 난 열리지도 않는 쇠문을 계속 잡아당기고만 있는 리트 옆으로 가 쇠문 뒤에 있는 빗장을 열고 쇠문을 열어준다. 리트가 말없이 묘지 안으로 걸어 들어간다.

헹크가 묻힌 묘지에 이르러 내가 말한다. "여기에 오니까 아버지한테 고맙다는 생각 안 들어?"

"뚱딴지같이 그게 무슨 소리래요?"

"아버지가 10년마다 묘지 사용권을 연장했기 때문에 하는 소리야."

"흐음."

왠지 리트가 손가락으로 묘비에 새겨진 글자들을 더듬듯 쓸어내릴 유형일지도 모른다는 생각이 든다. 하지만 리트는 그렇게 하지 않는다. 대신 조개가 깔린 오솔길을 따라 교회 담장 앞에 놓인 초록색 벤치로 가 앉는다. 나는 벤치를 지나 몇 발짝 더 걸어가서는 차가운 담장에 등을 기대고 선다. 그러곤 호주머니에 손을 집어넣는다.

"난 처음부터 아버님한테 화가 났던 게 아니에요. 처음엔 그저 창피하다는 생각뿐이었어요. 나중에, 네, 나중에 생각해보니까 화가 났어요. 지금도 돌이켜 생각해보면 불쑥 화가 나곤 해요."

우리는 교회 그림자 안에 들어와 있었다. 이제야 겨울 해가 따뜻한 온기도 발산한다는 사실을 알겠다.

"헹크 씨는 참 다정한 사람이었어요."

"알고 있어."

"또 참 잘생겼어요. 참 잘생긴 젊은이였는데."

그것까지는 차마 쑥스러워서 성큼 수긍하기가 그렇다.

리트가 나를 쳐다본다. 헹크를 보고 있다. "당신 참 잘생긴 남자예요."

"무슨."

"아니 정말요. 정말로 그래요."

"알았어."

어머니도 헹크와 함께 묻혀 있다. 난 어머니가 어떤 무덤에 묻히게 될지 무척이나 궁금했다. 하지만 볼 것도 없었다. 아니, 관을 내려놓으려고 흙구덩이를 팠더니 그 자리에 하드보드처럼 생긴 하얀 판때기가 땅바닥 시늉을 하며 깔려 있는 것을 보았다.* 장례식을 치르던 그 여름날, 작달비가 쏟아져 관 위로는 굵은 빗방울이 툭툭 튀어 올랐고, 꽃들은 우수수 아래로 쓰러져 내렸다.

여기 묘지는 3층으로 매장을 하기 때문에 아직 한 사람이 더 묻힐 자리는 남아 있다. 리트가 말한 잘생긴 남자가 나인지, 아니면 나를 통해 리트가 보았다고 생각하는 그 젊은이인지 잘 모르겠다. 묘비를 보면서 리트가 좀 이상하다는 생각은 못 했는지, 그것도 잘 모르겠다.

"그때 차 안에서 둘이 무슨 얘기했어?"

"맞은편에서 오는 차를 보곤 헹크 씨가 외쳤어요. '속도 줄여!' 그래서 내가 속도를 줄인다고 줄였는데, 충분하진 못했어요. 나 운전 가르치던 강사가 좀 무지막지한 사람이었는데, 그 사람이 맞은편에서 차가 오면 절대 스스로 피해 가지 말고 어떻게든지 상대가 알아서 피해가도록 행동해야 한다고 강조하곤 했거든요. '동작이나 눈매로 상대를 위압해야 돼!' 이런 말 많이 했어요." 리트가 벤치 위에서 엉덩이를 한드작거린다. "하지만 내가 상대에게 위압당한 셈이 돼버렸어요."

"헹크가 마지막으로 한 말은 뭐야?"

"어, 어, 어."

"어, 어, 어?"

"네. 그 왜 있잖아요, '이 바보 같으니, 누가 완전초보 아니랄까 봐서.' 이런 말 하고 싶을 때 내는 목소리."

헹크가 어떤 소리를 냈는지 귀에 들리는 것 같다. '헹크와 헬머'가 따로 없었을 것이다.

---

* 3층으로 된 무덤. 밑에 헹크의 관이 놓여 있다.

"그 운전 강사는 나를 보는 눈도 이상했어요. 뭔가 요구한다고나 할
까. 대머리 가리려고 가발도 쓰고 다녔는데. 물론 난 그 사람이 나를
어떻게 쳐다보든 전혀 상관하지 않았어요."

"물론 그랬겠지."

"정말인데, 그냥 하는 소리 아니죠?"

"그럴 리가."

"아버님 차, 심카는 보험회사에서 보상해주었죠?"

"그럼."

"다행이네요."

싸늘한 교회 담장에 등을 기대고 서 있는데, 스헬링바우더르 다리
위에 서 있던 일이 떠오른다. 나는 잊은 게다, 난 잊힌 게다, 라고 느껴
지기 때문이다. 그때 그 다리 위에서도 난 내가 잊힐 거라고 생각했다.
리트는 아내로 맞을 뻔한 여자이지만, 난 한낱 형에 불과했다. 지금 리
트는 과거의 기억을 되살리며 자기 얘기를 들려주고 있다. 나에 대해
선 아무것도 묻지 않는다.

물가로 나온 오리들이 교회 저편에서 꽥꽥거린다. 어쩌면 닫힌 쇠문
앞에서 그러고 있는지도 모르겠다. 여름이면 여기 포플러 나무 아래
잔디밭으로 많은 사람들이 몰려오기 때문에——그들은 대부분 암스테르
담에서 자전거를 타고 온 사람들이거나, 카누를 타고 온 사람들, 또는
브룩 요트 강습소에서 온 아이들이다——이곳 오리들은 전혀 겁이 없다.
빵 한 조각만 던져주면 물불을 가리지 않는다. 이따금 차 지나가는 소
리가 들린다. 차 한 대가 천천히 가다가 다시 속도를 높이는 모양이다.

"여기 자주 와요?" 리트가 묻는다.

“생일하고 기일에 와. 1년에 네 번 오는 셈이지.”

“나도 오고 싶은 마음이 전혀 없었던 건 아닌데, 그러지 못했어요. 처음 집에서 그렇게 쫓겨났을 때는 다시는 그쪽 집안하고는 얽히지 말아야지, 하고 생각했거든요. 좀 철부지 같았어요. 그리고 나중에 세월이 흘러 빈하고 결혼해서 아이들을 낳고 살면서는 과거에 연연하지 말아야지 싶더라고요. 새사람이 되고 싶었어요.”

“새사람 되는 게 어디 가능한 일인가?”

“가능하지 않을 이유가 뭐예요!?”

이번에는 슬슬 짜증이 나자 어깨가 간지럽다. 하마터면 늙고 몰골이 형편없는 양이 여름에 그러듯이 교회 담장에 대고 몸을 비벼댈 뻔한다.

리트가 대체 왜 이러는 거지? 대체 뭘 원하는 거지? 나한테 입이라도 맞춰달라고 이러나? 나더러 헹크 흉내라도 내라는 건가? 아직도 여전히 예쁘다고 칭찬해달라고 이러나? 청혼이라도 해달라는 거야 뭐야? 혹시 용서해달라고 이러나?

리트는 아직도 여전히 아름답다. 아름다운 여인이다. 리트는 한결같이 모두 그 블라우스에 그 칠부바지를 입고 화학약품으로 머리 스타일을 인위적으로 유지하는, 벌써부터 허리가 약간 휘고 눈시울에 주름이 진 수십만의 아줌마들 중 하나가 아니다. 여름이 되면 그런 아줌마들이 남편하고 같이 나란히 자전거를 타고 우리 농가를 지나가곤 하는데, 그 아줌마들이 올라탄, 그다지 비싸지는 않지만 그럭저럭 튼튼한 자전거들은 항상 균형을 잃을 듯이 조금씩 좌우로 기우뚱거리며 앞으로 미끄러져 나간다. 아줌마들이 입고 다니는 블라우스나 외투가 아무리 각양각색이라고 하더라도, 결국 그 아줌마들 몸에 걸쳐지면 그 옷이 그

옷으로 되고 만다.

나하고 키가 엇비슷한 리트는 얼굴이 약간 탄력을 잃은 듯하지만, 오래전 모니켄담 술집에서 헹크의 어깨 너머로 슬쩍 보았던 그때 그 젊은 아가씨의 얼굴을, 조금 아래로 처지긴 했지만, 아직 분명하게 담고 있었다. 나는 그때 리트의 표정에서 단박에 읽을 수 있었다. '어머, 쌍둥이잖아! 헹크 씨하고 똑같이 생긴 사람이 있다니! 이를 어쩐다지?' 그때부터 1년 반이 지나고 헹크가 죽을 때까지, 리트는 나를 어찌하지 못했다. 불편하니까 조용히 거리를 두었고, 가능한 한 내 눈을 피했으며, 또 둘만 있는 자리가 생기지 않게 하려고 갖은 애를 썼다.

1966년 12월 5일, 리트는 나에게 선물상자와 시(詩) 한 수를 지어 주었다. 아무런 의미도 들어 있지 않은 시를 받고서 나는 내 자신이 너무나 가엾어져서 솟아오르는 눈물을 꾹 참아야 했다. 나는 선물을 무릎 위에 올려놓고 감정이 북받친 어린아이마냥 그 시를 낭독했다. 아비는 내가 왜 그러는지를 알아채고는——신터클라스 파티가 그냥 좋아서 마냥 좋기만 한 아비인지라——끓어오르는 내 가슴에 기름을 끼얹었다. 아비는 리트를 향해 한쪽 눈을 질끈 감아 윙크를 보내고는, 설명이랍시고 내가 '저기 암스테르담에서' 고상하고 어려운 단어로만 지어진 시를 읽고 또 시를 짓기 때문에 그런 시에는 익숙지 않을 거라고 말했다. 아비는 절대 그 무엇 하나 이해하는 법이 없었다. 리트는 고개를 숙인 채 신발만 쳐다보았다.

"좀 추워지려고 하는 것 같아요." 리트가 말한다.

"그럼 이만 집으로 가지."

리트가 아까도 본 묘비를 다시 쳐다본다. 진작부터 기다리그 있었던 질문을 이제야 할 것 같은 표정이다. "아버님은 어디다 모셨어요?"

"아버진 화장했어. 유골은 따로 안 모시고 뿌렸고." 달아오른 내 뺨을 차가운 공기가 식혀준다.

쇠문 앞에 오리가 한 마리만 서 있다. 다른 오리는 차에 깔려 죽었다. 아직 온기를 잃지 않았는지 오리의 몸에서 수증기가 피어 올라온다. 새옹지마다. 빵 한 조각 환장해서 열심히 쫓아다니는 오리를 보면 쌩쌩 날아갈 듯 생기 넘치는 것처럼 보이지만, 언제 비명횡사를 당할지 그건 아무도 모른다. 죽은 오리를 넘어서면서 리트가 몸서리친다. 나는 발로 죽은 오리의 시체를 길섶으로 밀어낸다. 살아남은 오리가 꽥꽥대며 물가로 뒤뚱뒤뚱 걸어간다. 집으로 가고 있는데 아이들이 노래를 부르고 있는 학교가 보인다. 열댓 명 되는 아이들의 초롱초롱한 눈들이 모두 여선생의 얼굴을 빤히 올려다보고 있다. 아이들이 부르고 있는 노래가 귀에 익지 않다. 잠시 서서 듣는다. 리트는 뒤도 돌아보지 않고 계속 걷고 있다. 거의 뛰다시피 발을 움직여 막 옆길로 접어드는 리트를 따라잡는다.

리트도 함께 식사를 하는 때면, 부모님 침실에서 의자 하나를 꺼내와야 했다. 그 의자는 어머니 옆자리에 놓였다. 그쪽 자리는 직사각형으로 된 식탁의 긴 면에 해당하는 자리이기도 했다. 고의로 그런 건지 잘 모르겠지만 리트가 방금 식탁에 앉으면서 의자를 조금 밀어내고는 거의 식탁 모서리 쪽으로 옮겨 앉았다. 서억서억, 부엌 시계에서 소리가 난다. "여기는 참 조용하네요."

리트와 함께 차를 마신다. 이제 리트를 나루에 데려다 줄 시간이 거의 다 됐다. 리트는 지금 바쁜 일상에 대해 생각하고 있을까? 아들딸 자식들, 손자 손녀, 아이들 의자, 새로 바꿀 벽지, 새로 나온 부엌 가구?

"헬머 씨가 형 맞죠?"

"응."

"한참 지나서요, 헹크 씨가 그렇게 가고 나서 내가 이 집에서 쫓겨났을 때, 나 이런 생각했어요. 내가 왜……"

"내가 왜?"

"내가 왜 헹크 씨를 택했을까 하는. 왜 그런 거 있잖아요. 왜 우리는 꼭 이렇게 될 수밖에 없었을까 하는."

"선택은 헹크가 한 거지." 또 거슬린다. 거의 40년이 지난 지금에 와서 결정권이 그때 자기한테 있었다고 말하는 것처럼 들린다. 이제 와서 왜?

리트가 내 눈을 바라보며 찻잔을 든다. 정갈한 사기 찻잔이다. "그후 더 나중에 가서는 이런 생각도 했어요. 왜 헹크 씨는 농부였을까? 헬머 씨가 형인데 왜?"

"난 헹크가 어린 송아지들을 돌보고 있는 동안 어머니하고 농가에서 일 봐주는 일손하고 스케이트를 타러 나가곤 했어. 난 농가 일보다는 그게 더 좋았으니까."

"그랬어요?"

"어떻게 하다 보니까 나보단 헹크가 항상 모든 일에 앞장을 서게 된 거 같아. 헹크가 농가 일을 거들면 나도 항상 같이 거들긴 했는데, 헹크가 가축들을 다루는 것도 그렇고 나보다 빠르고 잘하는 것 같았어.

아버지도 그걸 알고 계셨지. 그래서 헹크가 아버지 뒤를 잇게 된 거야. 이미 아주 오래전부터 헹크는 아버지 뒤를 이을 만한 자식 같았어."

"헬머 씨는 농부가 되고 싶지 않았어요?"

"모르겠어. 난 그저 물 흐르는 대로 살았을 뿐이야." 이제야 리트가 나에 대해 뭔가를 묻는데도, 나는 왠지 리트가 묻는 말에 대답하고 싶지 않다. 그런데도 나는 더 할 말이 있어 말을 보탠다. "어쨌든 난 그 상황에 대해 단 한 번도 내 의사를 밝힌 적이 없어. 반대를 한 적도 없었고."

"그럼 헹크 씨가 죽고 나선 어쩔 도리가 없었겠네요?"

"그래. 어쩔 수 없었지."

"그땐 농가에서 일 봐주던 사람도 그만두고 없었던 것 같은데."

"맞아. 그 일손이 그만둔 지 반년이 됐었지."

"그래서요?"

"뭐가?"

"농가 일을 하게 되니까 어땠어요?"

이런 제기랄. 이제까지 내가 어떻게 살아왔는지 정말 궁금한 사람처럼 왜 그런 걸 묻는담. 자기가 헹크와 함께 살았을 수도 있는 인생을 대신 산 나니까, 그 인생이 어땠는지 모두 설명할 책임은 나한테 있다는 건가? 조금 있으면 회계장부까지 꺼내보라고 할지도 모르겠군. 아무것도 상관없는 사람이면서, 내 속정이 무엇인지 그런 것과는 더더욱 상관없는 사람이면서 왜…… 대체 리트는 여기 왜 와 있는 거지? 대체 원하는 게 뭘까?

"괜찮았어." 내가 무뚝뚝하게 대답한다.

리트가 조심스레 찻잔을 접시 위에 내려놓는다. "잘됐네요." 눈시울이 다시 젖어오자 리트가 고개를 돌린다. 리트가 한참 동안 옆 창으로 아다와 빔의 농가를 바라본다. 그러곤 한숨을 깊이 내쉬며 자리에서 일어선다. 이제 떠날 모양이다.

오펠카데트 차에 막 타려니까, 로날드가 축구 경기 트로피라도 되는 듯 손을 앞으로 내밀고는 마당으로 뛰어온다. "아저씨, 잠깐만!"
로날드를 기다린다.
"나 아저씨한테 손 보여줄 거야." 리트에게는 눈길도 주지 않은 채 로날드가 말한다.
"그럼 어디 보여줘봐."
"지금 보고 있잖아!"
"가까이 와서 보여줘야지."
로날드의 손이 바로 코앞에 다가온다. 새끼손가락 아래쪽 측면이 탱탱하고 연분홍색이다.
"아직도 아프니?"
"아프긴. 이제 반창고도 안 붙였잖아. 찬바람 맞으면 더 좋댔어."
"엄마가 그래?"
"응." 로날드가 잠깐 주위를 살피고는 리트가 서 있는 차 반대편으로 시선을 돌린다. "저 아줌만 누구야?"
"응, 리트라는 아주머니야."
"어디서 왔어?"
"브라반트"

“브로반트?”

“아니, 브.라.반.트. 여기서 아주 멀어.”

“왜 왔어?”

“아주머니 안 무서운 분이니까, 네가 직접 물어보렴.”

로날드가 멀뚱멀뚱 나만 쳐다본다.

“아줌마는 예전에 여기 자주 오던 사람인데, 오랜만에 한번 들러본 거야.” 리트가 말한다.

“그렇구나.” 로날드가 내 배를 멍하니 쳐다보며 말한다.

“판 본더런 아저씨 동생은 아줌마하고 결혼하기로 했던 사람이었어.”

“엉?”

“내가 판 본더런 아저씨잖아.”

“아저씨 동생 있어?” 로날드가 어리둥절한 표정으로 묻는다.

“아니, 예전엔 있었는데 지금은 없어.”

“헉.”

“아줌마 지금 기차 타고 집으로 돌아가려던 중인데.”

“아저씨가 아줌마 데려다 줄 거야?”

“응. 암스테르담 나루까지.”

“아줌마 또 올 거야?”

“글쎄. 이봐 리트, 여기 또 올 거냐는데?”

“어쩌면.” 리트가 차에 타고는 문을 닫는다.

“이제 가봐야겠다.”

“알았어.” 로날드가 뒤돌아 걸어간다. 그러곤 둑길에 거의 다 가서 뒤를 돌아본다. 튠 흉내를 내려는 모양이다. “할아버지는 어디 있어?”

로날드가 외친다.

"위에." 손가락으로 하늘을 가리키며 내가 말한다.

23

"아버님이 위에 계세요?" 감자튀김 노점 앞에서 리트가 말한다.

"응."

"동심이란 참 좋은 거네요."

"그러게."

"아버님께서 돌아가신 지가 얼마 안 됐나 봐요?"

"응, 그리 오래되진 않았어."

감자튀김 노점 앞에 벌써 한참을 서 있었다. 아직 해는 지지 않았지만, 지나 안 지나 별 차이는 없다. 해가 역사 뒤에 가려져 있다. 오늘 아침보다 훨씬 더 복잡하다. 사람들의 발길이 모두 집을 향한다. 페리선과 라인 강 바지선과 유람선이 없다면 에이 강은 아주 조용할 것이다. 저만치 예전에는 텅 비어 있던 곳에 고층 건물들이 우뚝우뚝 솟아 있다. 강 저편이 무섭게 보인다. 이편은 골목골목 모르는 길이 없어 덜 무섭다. 길눈이 밝아야 빠져나가는 것도 빨리 빠져나갈 수 있는 것이다. 리트가 차에서 내릴 생각을 않는다. 무릎 위에 올려놓은 가방을 보니까, 리트는 가방도 50대 아줌마 티가 나지 않는다. 하지만 가방을 붙잡고 있는 두 손은 그런 것 같지 같다.

"헹크 때문에 좀 걱정이에요." 리트가 말한다.

이게 무슨?

"통 아무것도 하지 않고 벌써 반년 동안 집에만 틀어박혀 있어요. 게다가 사귀는 친구도 없지 뭐예요."

대체 무슨 소리람. 누가 어디에 틀어박혀 있고, 친구가 없어?

"내내 침대에만 누워 있다가도 어느 날 보면 어디로 갔는지 보이지도 않고, 어디서 뭘 하고 다니는지 통 알 수가 없어요."

"리트, 지금 무슨 소리하고 있는 거야?"

"헹크요."

"헹크라니?"

"내 아들 헹크요."

"아들 이름이 헹크였어?"

"네. 몰랐어요?"

"응. 리트 아들 이름을 내가 무슨 수로 알아?"

"헹크가 침대에 누워서 꼼짝도 하지 않을 때가 난 제일로 힘들어요."

"아들 이름이 헹크라. 아들 이름을 헹크라고 지은 거야?"

"그러면 안 될 이유라도 있어요?"

"바깥양반이 아무 말 안 했어?"

"별말 없었어요. 좋은 이름이라고 그러던데요, 뭘. 게다가 가족 중에 헹크가 또 있었으니 뭐. 짧고 박력 있다고 좋아했어요."

자전거를 타고 가는 사람 중 하나가 사이드미러를 치고 간다. 앞에서 뒤를 돌아보고는 미안하단 표시로 손을 들어 보인다.

"그래서 하는 말인데, 혹시 얼마간이라도 헹크가 거기 농가에서 지내는 건 어떨까요? 그냥은 아니고 일하면서요."

나한테 물어볼 게 있다더니 그 얘기가 이 얘기였나? 근데 왜 하필 나야?

"거긴 가축들이 있잖아요. 젖소니 양이니 닭이니, 가축들하고 있으면 헹크한테 좋을 것 같아요. 게다가 헬머 씬 혼자니까, 가끔 거드는 손이 있으면 좋을 것도 같고. 그냥 일손 하나 들인다고 생각하면 될 것 같은데."

그냥 일손 하나 들인다고 생각해라. 리트가 기억을 못하는지 강나귀들은 언급도 않는다.

"농가에서 생활하다 보면 매일같이 일찍 자고 일찍 일어나서 일을 하게 될 테니까, 헹크한테 아주 좋을 거예요. 공기도 좋고. 물론 지금 사는 동네도 공기는 아주 좋지만."

"돼지우리 농가들이 잔뜩일 텐데 무슨……"

"하긴, 여기가 거기보단 냄새가 낫긴 해요."

"아들은 우리 농가에 오는 걸 어떻게 생각해?"

"걘 아직 아무것도 몰라요."

"그럼 그 생각은 언제 한 거야?"

"어, 한 몇 달 됐어요."

강물 위에도 고층 건물 유리창에도 햇빛이 전혀 비치지 않는다. 금방 어두워지려는지 역사 위 하늘만 주황색으로 살짝 물들어 있다. 차 문을 열려고 리트가 가방에서 손을 뗀다.

"내가 방금 한 말 잘 생각해봐요."

"응, 알았어."

지나가는 사람이 없는지 뒤를 돌아보고는 리트가 차 문을 연다. 잠시 망설이곤 말한다. "나, 아들하고 사이가 좀 소원해요. 어떨 땐 그 애를 보면 남처럼 멀게 느껴지기도 해요." 리트가 오른쪽으로 몸을 돌려 내릴 차비를 한다. 찬바람이 안으로 들어온다. 리트가 몸을 왼쪽으로 돌리더니 내 뺨에 입을 맞춘다. "고마워요."

뒤에서 리트를 지켜본다. 로날드의 입을 빌려 슬쩍 물어봤을 때는 리트를 어쩜 자주 볼 수 있을지도 모른다고 생각했는데, 지금은 왠지 영영 다시 못 볼 것처럼 느껴진다. 다리를 끌며 뒤도 돌아보지 않고 걷는 리트가 사람들과 자전거 속으로 사라져간다. 강물 저편으로 건너간 리트는 제각각 갈 길을 찾아 떠나는 수많은 사람들 속에 묻혀 길을 걸을 것이고, 또 제각각 가는 곳이 다른 수백의 사람들과 함께 기차에 오를 것이다. 어둠에 싸인 바깥세상이라 볼 것은 아무것도 없을 것이다. 그럼 뭘 할까? 책을 읽을까? 가만히 앉아 곰곰이 생각할까? 앞에 앉은 사람과 두런두런 이야기를 나눌까? 모르겠다. 차에 시동을 걸기 전에 손으로 뺨을 한번 쓰다듬고는 손가락을 내려다본다.

우유를 짜면서 평소보다도 오래 소 옆구리에 머리를 대고 소의 온기를 전해 받는다. 소젖에는 이미 유두컵이 매달려 있고 쪼르륵쪼르륵 일정하게 호스 안으로 우유가 빨려 들어간다. 나는 절대 비닐 앞치마를 두르고 흰색 타일로 둘러싸인 홈 안으로 들어가서 젖소 열댓 마리의 우유를 한꺼번에 짜내지는 못할 것 같다. 여기에는 절대 볏짚 대신 톱밥을 까는 커다란 개방식 외양간이 들어설 수 없을 것이다. 여기에서는 항상 분뇨 기구가 안팎으로 드나들며 거름 더미 위로 분뇨를 쌓을

것이다. 난 그럼 덜컹대는 낡은 살포차로 거름을 날라다 농지에 뿌릴
것이다. 여기에서는 절대 매일같이 부엌에서 일을 하고, 며칠에 한 번
씩 빨래를 널기 위해 채소밭 옆에 있는 좁은 잔디밭 위에 발을 걷고 선
아낙네를 볼 수 없을 것이다. 그래도 여기는 잔잔하고 포근하다. 소가
숨을 쉴 때마다 내 머리도 함께 움직인다. 하지만 여긴 허하기도 하다.
　문득 수백 마리 제비들의 체중에 눌려 아래로 축 늘어진 전신주가 떠
오른다. 검은등칼새가 아닌 흰제비들이다. 덴마크가 떠오른다. 처음으
로 아르노 코퍼는 떠오르지 않는다. 덴마크에서 제비들을 보았을 일손
이 떠오른다.

　"허구한 날 똑같구나." 우유를 짜고 나서 음식을 들고 방으로 들어갔
더니 아비가 말한다.
　"내 말이 틀렸나요?" 괘종시계와 벽에 걸린 사진들과 아비를 가리키
며 내가 말한다.
　"뿔까마귀가 다시 물푸레나무 위로 돌아왔어."
　"알아요, 봤어요."
　"리트가 와서 어땠어?"
　"아직 모르겠어요."
　"아직 모른다고?"
　"네."
　"새 방에 들어가선 뭘 했어?"
　"그냥 얘기했어요."
　"무슨 얘기?"

"못 들었어요?"

"응."

아주 오랜만에 아비가 참 많은 걸 묻는다. 리트 생각이 났을 것이다. 어쩌면 종일 침대에 누워서 지난날들에 대해 생각했는지도 모르겠다. 아비는 분명 쥐 죽은 듯이 누운 채로 문 앞에서 말소리가 들릴 때면 숨을 내쉬었을 것이고, 또 좀더 멀리서 말소리가 들릴 때면 귀를 쫑긋 세웠을 것이다. 안 봐도 눈에 선하다. 적적한가? 생각하기 싫어서 고개를 설레설레 젓는다. 하지만 문득 어제를 생각하면 마치 어떤 그림자 같은 존재를 붙잡고 겨루는 것 같은 생각이 든다. 판 본더런 집안의 사람들과 리트와의 겨루기인 것이다.

커튼을 닫는다. "아 참!" 가능한 한 능청맞게 말한다. "아버진 화장됐어요. 유골은 뿌렸구요."

아비가 내 말을 듣고 웃는다. "묘지에 갔었구나." 딸꾹질도 한다.

"네. 거기에 아버지 이름이 없잖아요." 이렇게 아비하고 농담 따먹기를 하는 것이 아주 오랜만의 일처럼 느껴진다. 커튼 위에 그려진 무늬들이 본 적 없는 것처럼 생소하게 보인다.

웃음을 거두고는 아비가 묻는다. "나 지저분해."

"이따가 볼게요, 얼마나 지저분해졌는지."

"날 어디에다 뿌렸어?"

"알 게 뭐예요. 땅이든, 닭장 뒤든, 물푸레나무 밑이든."

커튼 자락을 놓고 몸을 돌린다. 하도 웃어서 아비의 눈이 젖어 있다. 아니, 그런 것처럼 보인다. 아비에게 면도를 해줄 때가 된 것 같다. 흰색 베갯잇이 가무잡잡하다.

"리트는 여기 왜 온 거야?"

"올 만하니까 왔겠죠." 문으로 걸어간다. 불을 끄려고 하는데 옳거니 대답이 떠오른다. "면접시험 보러 왔었어요."

싱글대며 층계를 내려간다.

24

난 판 본더런 집안의 마지막 후손이다. 물론 판 본더런이라는 성씨를 가진 사람은 아주 많지만 우리 판 본더런 집안에는 그런 사람이 많지 않다. 언젠가 신문 스포츠 지면에서, 아마 페예노르트 축구팀 소속 같은데, 케이스 판 본더런이라는 축구선수의 이름을 본 적이 있다. 신문에 올라온 그 사람 사진도 본 적이 있다. 나보다 서른 살은 젊겠지만 생긴 건 나랑 닮은 것 같았다. 판 본더런 할아버지는 누이가 넷이다. 모두들 결혼해서 자식들도 있다. 그러니 아비는 고모가 좀 있는 편이다. 난 고모할머니가 좀 있고 종숙들이 꽤 있다. 하지만 그중 판 본더런이라는 성씨를 가진 사람은 한 사람도 없다. 그리고 난 그들을 모른다. 아비는 외아들이다. 그리고 헹크—판 본더런 할아버지와 동명인 그 헹크—는 죽었다. 나는 미혼이다. 내가 죽으면 우리 가문은 대가 끊긴다.

비가 내린다. 두번째 추위는 그리 오래가지 않았다. 스케이트를 타다 익사한 사람이 적어도 셋은 된다고 신문에 나와 있었다. 스케이트를 들고 호로터메이르에 가봤더니 얼음이 아직 반쯤 얼어 있었다. 하지만 반쯤 언 빙판에는 오르지 않았다. 아직 우리 가문의 대를 끊기에는 너무 일렀던 것이다. 이틀 전에 보니까 젊은 집유차 기사가 왼쪽 눈에 둥그런 반창고를 붙이고 있었다. 집에서 페인트칠을 새로 하려고 창틀을 사포로 문대다가 나무 파편이 눈에 들어갔단다. 눈이 어떻게 되든 말든 젊은이의 얼굴은 입만 좀 삐딱해졌달 뿐 여전히 생글생글했다. 나는 애초 작정했던 것보다 빨리 착유실을 나와버렸다. 젊은이의 눈을 보고 있으면 안쓰러운 마음에 목이 메어와 계속 지껄이고 있다간 내 속마음이 들통 나버릴 것 같았다. 어제는 가축 매매상이 농가에 왔었다. 그 사람은 부엌까지 들어와서 발만 비벼대며 한 몇 분 서 있다가는 아무런 거래 없이 빈손으로 돌아갔다. 병든 암송아지를 봐주기 위해 수의사도 왔다 갔다. 그는 큼직한 주사를 암송아지 엉덩이에 두 방이나 놓고는 곧 나아질 테니 걱정하지 말라고 했다. 난 주사 맞은 암송아지를 따로 격리시켰다.

며칠째 부엌을 서성이며 여기도 페인트칠을 새로 해야 하나 고민 중이다. 매번 부엌에서 그렇게 서성이다 보면 항상 물푸레나무에 앉은 뿔까마귀를 보게 되고 그러면 난 또 일손에 대해 생각하게 된다. 어느덧 나는 그 일손을 머릿속으로 '작은 헹크'라고 부르게 되었다. 리트가 전화를 해서 헹크 문제를 생각해보았냐고 물었다. 응, 생각해봤어, 라고 대답은 했지만 사실 충분히 다 생각해본 것은 아니었다. 난 단 한 번도 일손을 들인 적이 없었다. 내 자신이 일손이었던 적은 있다. 난 아비가 부리는 일손이었다. 이따금 하늘로 날아오르는 뿔까마귀는 매번 비행을 할 때마다 위로 제대로 날아 올라가기 전에 항상 (날개라도 시험하려는 듯이) 비스듬히 아래로 떨어지듯 낙하하곤 한다.

리트가 방문한 지 닷새나 되어서야 아다가 다시 우리 집 부엌으로 돌아왔다. 토요일이다. 튠과 로날드는 축구를 하러 갔다. 동계 휴절기가 이제 끝난 것이다.

"헬머 아저씨! 아주 좋았겠어요! 어땠어요?"

"이상했어."

"무슨 대답이 그래요! 제수씨 되잖아요!"

"무슨, 제수씨가 될 뻔한 사람이지."

"아이 참." 마치 로날드한테서 아무 말도 듣지 못했다는 듯이 아다가 그런다. "두 분 걷는 모습 보면서, 여자분이 참 곱다고 생각했어요."

"그래, 곱긴 여전히 곱더군."

"할아버지도 많이 좋아하셨죠?"

"응."

"뭐라셨는데요?"

"뭐 별로."

"에이, 대답이 왜 그리 짤막해요! 아저씨도 얼굴 보니까 좋은 것 같구먼!"

"그냥 웃으셨어." 이러곤 아다의 눈을 똑바로 쳐다보니 금세 아다가 얼굴을 돌린다. 아다가 여느 때보다 산만한 것도 같고, 쫓기는 것도 같다.

"무슨 얘기들 나눴어요?"

"그냥, 이런저런 옛날 얘기. 작년에 죽은 그 사람 남편 얘기, 딸 얘기, 헹크가 얼마나 끔찍이 잘해줬나 하는 얘기, 당나귀·닭 얘기, 뭐 이런저런."

"그분, 또 와요?" 아다의 목소리도 왠지 쥐어짜듯 달리 들린다. 말 끝에 감탄사를 붙여도 될 것 같다.

"차에 타면서 로날드한테는 그럴지도 모르겠다고 하던데."

아다의 얼굴이 빨개진다. 분주할 때나 봄에 대청소를 할 때 보게 되는 그런 빨간 얼굴하곤 다르다. "좋겠다."

옆 창문과 부엌 찬장 사이에 오래된 전기 시계가 걸려 있다. 밑바탕은 갈색이고 넓은 테두리는 주황색이고 바늘은 흰색이다. 시계에서는 거의 들리지 않을 정도로 희미한 소리가 난다. 얼마 전 난 리트와 함께 있다가 그 시계에서 전에는 들어본 적이 없는 것 같은 소리를 듣게 되었다. 문득 시계에서 그 어느 때보다도 분명하게 썩썩 소리가 나는 듯하다. 고장이 나려고 그러는지도 모르겠다.

"그 사람, 자기 일 보려고 여기 온 거 아니야."

"네?"

"떠날 때 나루까지 데려다 줬는데, 차에서 내릴 생각을 않더니 불쑥 자기 아들 얘기를 늘어놓더라고."

"아들이요?"

"응, 자기 아들 헹크가 우리 농가에서 일 좀 하면 어떻겠느냐고 하더군."

"왜요?" 아다의 얼굴색이 다시 예전으로 돌아갔다. 이제 좀 밝은 표정이다.

"집에선 빈둥거리기만 하나 봐. 일도 않고 침대에만 드러누워 있다더라고. 가끔 종적을 감추기도 하고."

“왜요?”

“낸들 알아. 나더러 데리고 있으면서 일손으로 쓰면 어떻겠냐고 부탁하더라고.”

“그거 좋은 생각이네요!” 아다가 높은 음성으로 말한다.

“좋은 생각?”

“네, 할아버지가 자리보전한 이후로 아저씬 일을 다 혼자 도맡아 하는 처지잖아요.”

“할 일이 뭐 얼마나 된다고. 리트 아들이 여기 와봤자 할 일이 뭐 있기나 해?”

“그래도 같이 일할 사람이 있으면 좋잖아요? 그리고 그 아들이 할 일이 없긴 왜 없어요!? 송아지 외양간만 해도 칠을 새로 다시 해야겠더만. 두 사람이 같이 젖소 우유 짜다가 한 두어 달 지나고 나면 양들도 있고 해서 아주 바빠질……”

“양도 이젠 스무 마리밖엔 없어.”

“그래도요. 저, 그런데요, 아들은 그렇다 치고 리트 아주머니는요?” 마치 오래전부터 알고 지낸 사이라도 된다는 양 아다가 리트의 이름을 자연스럽게 말한다.

“흠.”

“어쩔 생각이에요?”

“좀 생각해봐야 할 것 같아.”

“그 아주머니 여기서 살고 싶은 맘 있대요?” 아다가 무심히 달하려고 무진장 애를 쓴다.

“설마 그럴라고.”

"아저씨 생각에는 아주머니가 어떻게 생각하는 것 같아요?"

"글쎄, 그럴 것 같지는 않던데. 그런 얘긴 전혀 없었어."

아다가 뒤를 돌아 시계를 보고는 의자에서 일어서며 말한다. "어머, 난 이제 아이들 데리러 축구 클럽에 가봐야겠어요."

"아이들이 그새 따르던 형을 따르지 않나 보지?"

무슨 말인지 모르겠는지 아다가 날 빤히 쳐다본다.

"아르노 코퍼, 그 친구 말하는 거야. 그 친구 떠났나?"

"아, 아르노 코퍼요. 떠났어요."

아다를 따라 다용도실로 걸어간다.

"아주머니가 동생분을 아주 많이 좋아했던 모양이에요." 착유실로 들어가는 문을 열며 아다가 말한다.

"왜, 아들을 헹크라고 이름 지어서?"

"네."

"헹크가 어디 한둘인가."

"그럼 난 이만 가볼게요. 할아버지한텐 안부 좀 대신 전해줘요."

"그래."

냉동탱크를 지나 착유실을 나가는 아다를 지켜본다. 지금 보니까 아다의 등이 나이 든 탓인지 왠지 좀 휜 것 같다.

아비 방에 들어서며 제일 먼저 아다의 안부를 전한다. 그러곤 아비의 몸을 깔끔히 씻겨주기 위해, 우선 아비를 화장실 변기 위에 앉히고는 샤워 전에 면도 먼저 하겠냐고 묻는다. 아비가 먼저 제 손으로 면도를 하겠다고 한다. 난 복도 벽에 걸린 작은 거울을 떼다가, 아비가 플

라스틱 의자에 앉아서도 들여다볼 수 있도록 세면대 위에 거울을 올려
준다. 손도 후들후들 떨리고 쪼글쪼글 주름 잡힌 목도 제대로 펴지 못
해 아비는 무척 더디게 면도를 할 수밖에 없다. 난 아비의 몸을 씻겨주
고, 샴푸를 꾹 눌러 짜 머리도 감겨준다. 목욕을 마치고 난 아비에게
잠깐 의자 위에 앉아 있을 수 있겠느냐고 묻는다. 아비가 그럴 수 있다
고 말한다. 무릎을 두 손으로 꽉 부여잡고 타일 벽에 등만 잘 붙이고
있으면 버틸 수 있을 것이다. 층계를 올라가 시트를 모두 갈고 침구를
정돈한다. 침구를 정돈하는 동안 내 입에서 휘파람이 절로 나온다. 아
래로 내려가기 전, 창가로 다가가 뿔까마귀를 빤히 쳐다본다. 뿔까마
귀도 나를 의식하는 듯해 내가 말한다. "그래, 맘껏 실컷 봐라."

 잠시 후 아비는 상큼한 향기를 풍기며 머리까지 가지런히 빗은 모습
으로 다시 침대로 돌아왔다.

"프렌치토스트가 먹고 싶어."

"가끔 몸은 돌려 누우시죠?"

"몸은 왜?"

"계속 똑바로 누워 있으면 욕창 생기니까 그러죠. 그럼 병원어 가야
하잖아요. 아버지 병원에 한번 들어가면 여기 다시 돌아올 수 있을 것
같아요?"

"그건 또 무슨……"

"정말이에요."

"퓌르메런트?"

"퓌르메런트가 뭐요?"

"거기 병원 있잖아."

“어디든요.”

“쓸데없이 말도 안 되는 소리는……” 아비가 눈을 감아버린다.

그래도 내가 문을 닫고 나가려고 하니까, 새로 깐 시트가 부스럭댄다.

25

나도 참 별나지, 그깟 최후의 판 본더런이 되는 것이 뭐 그리 대단한 일이라고 쓸데없이 골치를 썩는 것인지. 처자식도 없고 있는 거라곤 가족의 ‘가’ 자도 절대 입에 올리지 않는 다 늙은 아비밖에 없어서, 난 내 자신이 자식이나 핏줄 같은 것엔 전혀 연연하지 않을 거라고 생각했다. 농가 때문일까? 우리 판 본더런 집안의 농가? 가축들이니, 축사니, 방목지니, 전혀 얽히고 싶지 않았지만, 내 의사와는 전혀 상관없이 받아들여야만 했고, 시간이 흐르면서 차츰 내 일부가 돼버린 것 같은 이 농가?

당나귀들이 있는 방목장 옆에는 집이 한 채 있었는데, 헹크와 리트는 그 집에다 신혼살림을 차릴 예정이었다. 그 집에 살던 일손이 집을 비워주고 떠나면 헹크와 리트는 그 집으로 들어가 아이들을 낳고 살 것이었고, 살림이 불어 그 집이 너무 좁아지면 우리 가족들이 사는 농가로 옮길 예정이었다. 이 모든 것은 미리 계획된 일이었다. 일손이 살던 집을 어떻게 새로 단장할까 하는 것을 놓고 어머니는 벌써 오래전부터 고민하고 있었다. 내가 서른쯤 되었을 때, 아비는 그 집을 팔고 싶어

했다. 그 집은 일손이 떠난 이후로 암스테르담 사람들에게 세를 주고 있었는데, 그 사람들은 주말이나 휴가 중일 때만 그 집을 사용했다. 집을 처분하고 싶지 않았던 어머니는 아비가 집을 팔겠다고 하면 나를 힐끔힐끔 쳐다보며 "앞일은 모르는 건데……"라고 말하곤 했다. 하지만 1987년 가을, 그 집은 불타버렸다. 일요일 저녁, 암스테르담 사람들이 왔다 간 후였다. 그 후 8개월쯤 지나 어머닌 세상을 떠났다. 완전히 황폐해진 거기 그 집터에는 옹이 진 목련나무 한 그루가 서 있는데, 묘하게도 매년 봄이면 그 나무에서 꽃이 피었다. 또 반쯤 허물어진 측면 담장이 여태껏 잘 버티고 서 있긴 한데, 아마 얼마 안 있으면 그 벽도 허물어져버릴 것이다.

임야관리소가 얼마 되지도 않는 그 땅을 노리고 있다.

쓰던 침대를 송년 모닥불에 태워버린 것이 후회가 된다. "침대를 또 사시게요?" 어제 값싼 연목재 침대를 사러 갔더니 사분사분한 여점원이 물었다. "응, 또 사러 왔어" 하니까, 매트리스도 필요하냐고 물어, 그건 필요 없다고 답했다. 다른 가게에서는 까맣게 가랑머리를 한 젊은 처녀가 나와 나를 상대해주는 게 아니라, 나이 들고 흘부들한 아줌마가 나와 나를 상대했다. 난 재고 처분으로 나와 있는 일인용 침대 하나와 이불보 두 개, 그리고 매트리스를 덮을 하얀 시트 두 장을 싼값에 구입했다. 색상이나 무늬는 전혀 고려하지 않았다. 제법 장을 잘 본 것 같아 흡족해진 난 훈제 생선가게에 들러 훈제장어 500그램도 샀다. 오른쪽 창문과 왼쪽 뒤쪽 창문을 열었더니 기다란 침대가 차에 들어갔다. 난 너무 빠르지도 너무 느리지도 않게 일정한 속도를 유지하며 차를 몰았다.

　일을 시작하기 전에 회전 창을 조금 열어놓고 청색 카펫 바닥에 신문지를 펼쳐놓는다. 부엌에 있는 트랜지스터라디오를 위로 가져왔다. 라디오를 틀어놓고 페인트칠을 하면 일하는 게 상쾌하다. 여름에 밖에서 페인트를 칠할 때면 난 항상 라디오에서 투르 드 프랑스 사이클 중계를 틀어놓는다. 승패가 궁금해서 틀어놓는 것은 아니고 그저 중계방송이 좋아서 틀어놓는 것이다. 먼저 천장에 칠을 한다. 이미 흰색이기에 한 번만 칠해도 된다. 벽에 발린 도배지에 1960년대 무늬가 그려져 있다. 레이우베이크에서 탱크 차가 전복해 노란 작업복을 입은 정비원들이 소석회*를 치우고 있는 가운데, 인근에 사는 주민들은 모든 창문과 문을 닫아놓고 있다. 라텍스 페인트는 마르는 시간이 빨라 시간이 지날수록 벽에 그려진 무늬가 차츰 희미해진다. 원래는 벽하고 천장만 페인트칠을 하려고 했는데, 일을 하다 보니까 니스 칠만 된 회전창 창틀이 마음에 걸린다. D66 당(黨)의 톰 드 그라프가 총리 직선제를 도입하면 어떤 이점이 있는지 설명한다. 기자가 직선제를 치르면 궁둥이가 잘생긴 사람**이 총리가 되는 거냐고 묻는다. 드 그라프는 질문에 전혀 휩쓸리지 않고, 그 궁둥이 얘기는 기자들이나 들먹이는 이야기로 알고 있다고 말한다. 무슨 소린가 내 귀가 의심스러워져 라디오로 눈을 돌린다. 문은 번들거리는 흰색이다. 라텍스로 애벌 칠을 하고 나서 헛간

---

* 수산화칼슘.
** 바우터르 보스Wouter Bos를 뜻한다. 2007년부터 2010년까지 부총리 겸 재정부장관을 지냈다.

으로 간다. 독극물 찬장에서 회색 초벌 페인트를 꺼낸다. 청회색 페인트 통을 들어보니 아직 묽고 창문을 칠할 정도는 충분히 들어 있는 것 같다. 초벌 페인트와 사포 한 장과 붓 하나를 들고 다시 층계를 오른다. 목제 부분을 조심조심 사포질하고 난 뒤에도 라텍스 페인트가 아직 다 마르지 않았다. 인도네시아 사전에는 '스케이트'라는 단어가 없는데도 자카르타에 있는 어느 백화점의 실내 스케이트장에 가면 스케이트를 타는 사람들을 볼 수 있다. 인도네시아는 아직 경제 위기가 닥친 것 같지도 않은데 국민들은 메가와티 대통령의 시대가 끝나기를 바라고 있다. 초벌 페인트칠을 끝내고 나서, 벽을 다시 흰색으로 칠한다. 롤러 밑으로 여전히 무늬가 보인다. 제대로 칠이 입혀졌는지는 아무래도 저녁에 다시 보아야 할 것 같다. 지금은 비가 몇몇 지역에서만 내리고 있지만, 오후가 되면 서부에서 전국으로 강우 현상이 확산될 것으로 예상된다. 내일은 구름이 많이 낀 가운데 오후가 되면서 차츰 맑아질 것으로 예상된다.

헹크 방에서 등을 켠다. 협탁을 꺼내기 위해 물건들을 옆으로 치운다. 그 협탁을 새 방으로 가져와 초벌 페인트를 입힌다. 그러곤 아비의 방에 잠깐 들른다.

쿵쿵거리고 나서 아비가 말한다. "페인트 칠해?"

"네."

"뚱딴지같이 뭘 또."

"새 방이요."

"거긴 왜?"

"일손 들이려고요."

"일손?"

"네. 내가 말 안 했나 보죠?"

"내 참, 이렇게 누워만 있으니 뭐가 어떻게 돌아가는지 통 알 수가 있어야지."

"내가 말해줬는데 아버지 잊어버린 거죠?"

"잊어버리긴 내가 뭘 잊어버렸다고 그래."

"마음대로 생각해요. 장어 사왔는데, 이따 좀 갖다 드려요?"

"음, 맛있겠는걸!" 아비가 흡족한 표정을 짓는다. 여전히 봐주긴 힘들지만, 다른 때보단 덜 힘들다.

저녁에 오랫동안 샤워를 한다. 젖고 싶다. 따뜻하게 젖고 싶다. 샤워를 하는 동안만큼은 나중에 몸을 말려야 한다는 생각을 하지 않으려 한다. 새 방 벽이 다 끝났다. 1960년대 무늬는 이제 전혀 보이지 않는다. 내일은 아침에 회전 유리창과 문과 협탁을 칠할 생각이다. 그리고 저녁에는 침대를 조립한 후 내가 쓰던 매트리스를 올려놓은 다음 협탁을 그 옆에 놓을 것이다. 손가락 끝이 쪼글쪼글해진 것을 보고 수도꼭지를 잠근다. 얼른 몸을 말리고는 다용도실을 지난다. 벽난로 위에 달린 커다란 거울 앞으로 가 머리를 빗는다. 난로의 열기가 다리와 아랫배로 훈훈히 전해진다. 난로를 4단에서 1단으로 줄인 후 내 방으로 걸어간다.

"까악" 밖에서 소리가 들린다. 네 번 더 똑같은 소리가 들린다. 방문을 열어둔 채로 침대 위로 올라가려니까, 바닥을 딛고 선 한쪽 발이 부르르 떨린다. 침대에 누워 소리에 귀를 기울인다. 집중해서 들으니, 뿔까마귀가 다섯 번만 울다 그친다.

26

아침 10시 반이다. 구름이 낮게 떠 있고 비가 내린다. 매번 그렇듯이 어제의 일기예보는 현실을 빗나갔다. 부엌에 불이 켜져 있다. 흐드르한 물푸레나무 위에 뿔까마귀가 웅크리고 앉아 있다. 이따금 날개를 펼치지 않은 채 깃털을 흔들어댄다. 그러는 뿔까마귀를 보니까 꼭 농지에 고인 물에서 먹 감고 있는 참새 같다. 거대한 참새. 가만히 기다린다. 식탁 위에 놓인 신문은 지금 읽을 수가 없다. 앉아서 바깥을 바라본다. 썩썩 시계 소리가 들리고, 위에서는 그 어떤 소리도 들리지 않는데, 머그잔에는 식은 커피 몇 모금이 남아 있다. 위만 조용한 것이 아니라, 사방이 다 조용하다. 빗방울은 바깥 창턱 위로 툭툭 튀어 오르고, 축축이 젖은 길은 텅 비어 있다. 난 혼자다. 안길 사람이 없다.

1963년 2월, 아비는 나와 헹크를 차 뒷좌석에 태우고 하우제이 호수 위를 돌았다. "이런 기회는 절대로 다시 오지 않을 거다." 아비가 낄낄대며 말했다. 헹크와 나는 양쪽으로 떨어져서 각기 자기 자리에 붙은 창문에 꼭 매달려 있었다. 어머니는 차마 무서워서 같이 못 가겠다고 해서 모니켄담에 남았다. 항구로 돌아왔을 때 어머니는 눈썹에 작은 고드름을 달고 똑같은 장소에서 우리가 돌아오기를 기다리고 있었다. 호수 위를 세번짼가 네번째로 돌고 있을 때, 아비가 방파제에서 좌회전을 해야 하는데 우회전을 했다. 한 50미터쯤 미끄러져 나가서야 차가 속도를 줄였다. 거기 그 방파제는 쌓다가 도중에——마르컨에서 폴

렌담으로 쌓는 도중——그만둔 것처럼 보이는 방파제라, 하나는 육지에 있는 마을이 되었고, 하나는 물에 에워싸인 섬*이 되어 영영 끊어지게 되었다. 운전대 앞으로 몸을 숙인 아비가 에이설 호수로 통하는 둑머리를 물끄러미 쳐다보았다. 그리고 한숨을 내쉬었다. 밝은 해가 떠 있었다. 그때 그 길고 긴 겨울 내내 항상 그렇게 떠서 비춰주고 있었다는 듯이 해가 빛을 뿜었다. 모래가 모래톱에 쓸려 날아가듯이 눈이 빙판에 쓸려 날아갔다. 서로의 눈을 들여다보지 않고도, 헹크와 나는 아비가 뭘 원하는지 알아챘다. 차 뒷좌석에 앉은 우리는 각자의 창문에서 떨어져 나와 붙어 앉았다. 그때 우린 열다섯이었다. 백미러로 보니 들리는 소리도 없이 옆으로 지나가는 차가 있었다. 아비가 또 한숨을 내쉬었다. 차에 시동은 꺼져 있어 주위가 조용했다. "얼음이 한 80센티미터 정도는 언 것 같아요." 항구에 있을 때 어떤 이가 아비에게 말했다. 그 정도로 얼음이 언다는 건 정말 어마어마했다. 아비는 손으로 대충 얼음의 두께를 그려보고는 감히 도전을 결심했다. 얼음이 80센티미터면 트럭이 위에 올라가도 가라앉지 않을 것이었다. 그냥 조용한 게 아니라, 무시무시하게 조용했다. 아비는 방파제 너머의 얼음이 얼마나 두꺼운지는 알지 못했다. 아비가 한숨을 내쉬고 있는 동안, 가까이 붙어 앉은 헹크와 나는 발끝부터 어깨까지 맞붙은 샴쌍둥이 같았다. 아비가 감히 시동을 걸고 바퀴 자국도 없는 얼음 위로 내지르는 모험을 결행한다면, 우린 한몸이 되어 두려움 없이, 아무것도 들리지 않는 적막 속에서, 순간을 견뎌낼 것이었다. 아비가 시동을 걸려고 한 네 번

---

* '육지에 있는 마을'은 폴렌담을, '물에 에워싸인 섬'은 마르컨을 가리킨다.

정도 애쓰려니까 마침내 시동이 걸렸다. 내 살이, 내 힘줄이, 내 뼈가
더 이상 내 것이 아닌 것처럼 느껴졌다. 전진 기어를 넣을 수도 있었을
텐데 아비가 굳이 후진 기어를 넣고는, 생각을 바꿀 시간이라도 가지
려는 것인지 천천히 뒤로 차를 몰았다. 바퀴 네 개로 날아오는 눈의 부
피가 서서히 줄어드는 것이 헹크와 내 눈에 보였다. 곧이어 엄청난 속
도로 차가 네번짼가 다섯번째 바퀴를 돌았고, 그러는 사이 차가 몇 번
인가 옆으로 휘어져 나가는 바람에 우리의 샴쌍둥이 몸뚱이가 양 갈래
로 찢어지곤 했다. 아비가 선창으로 차를 올려 항구로 들어오고 나서
얼마 후, 우린 우리를 기다리고 있던 어머니와 눈이 마주쳤다. 그제서
야 우린 각자의 몸을 가진 헹크와 헬머로 돌아왔다.

어머니는 입을 열지 못했다. 꽁꽁 얼어 턱도 못 내리고 입술도 전혀
떼지 못했다.

출발하기 전에 아직 하지 않아도 될 일을 한다. 병이 들었던 어린 암
송아지가 이제 다 나아 본래 있던 외양간으로 들여놓는다. 닭장 사료
통 뚜껑을 열고 사료 한 봉지를 다 부어 넣는다. 아침에 사탕무를 썰어
주긴 했지만 당나귀들에게도 지푸라기를 몇 줌 집어 넣어준다. 날은
어둡지만 비가 그쳤다. 쥔데르도르프를 지나니까, 도시가 사각형으로
채워진 회색 벌판 모양으로 성큼 다가온다.

감자튀김 노점 앞이었다. 리트도 나도 이제 그곳을 알고 있었다. 하지만 막상 차를 타고 와보니, 감자튀김 노점은 어디로 가고 없고 그 앞에 벌써 차 한 대가 와 서 있다. 오펠카데트 차를 그 차 뒤에 주차한다. 남자 두 명이 타고 있는 앞차가 번드르르하니 값비싸 보인다.

전화로 들리는 리트의 목소리는 사근사근 정다운 맛이 전혀 없고 무뚝뚝하게 들렸다. 내 '응'이 하나도 놀랍지 않은 눈치였다. 리트는 헹크와 우리 농가로 거처를 옮기는 문제를 이미 상의했다면서 헹크가 수락을 했다고 했다. 리트는 함께 오지 않을 거라 했다. 헹크가 '어미 손에 이끌려 새 거처로 가는 것'을 별로 좋아하지 않기 때문이란다. 헹크를 어떻게 알아볼 수 있겠느냐고 묻자, 리트는 귀만 잘 보면 알아볼 수 있을 거라며 헹크에게도 내 생김새를 일러주겠다고 했다. 전화를 끊기전, 헹크가 정확히 무슨 말을 하며 수락했는지 리트가 말했다. '뭐가 어떻게 되든 난 상관없어요.'

차에서 내린다. 사람들을 실은 배가 저만치 들어오는 모습을 지켜보고 있으려니까, 1960년대 말에 운행하던 페리호 이름이 떠오른다. '독수리 페리호' 값비싼 차에 탄 남자 둘이 담배를 피우고 있다. 둘 다 양복을 입었다. 차도 그렇고 사람도 그렇고 다 도시에서나 볼 수 있는 차고 사람이다. 또 비가 온다. '뭐가 어떻게 되든 난 상관없어요'라는 말에 어떤 행동이 어울릴지 상상해본다.

"엄마가 그러는데, 아마 이 스웨터 입고 나오실 거라고 하더군요."

머리가 짧고 귀가 큰 청년이 내게 악수를 건넸다. 청년이 나를 먼저 알아보았다. 그 청년 뒤로 배에서 내려 이쪽으로 걸어오는 다른 청년이 하나 있었는데 내 눈은 그 청년을 향해 있었다. 난 단정한 스웨터를 입고 있었다. 리트가 왔을 때도, 섣달그믐 밤에도, 늙은 집유차 기사의 장례식이 있던 날에도, 난 이 검정색 줄무늬가 들어간 파란 스웨터를 입고 있었다. 내가 다른 청년을 보고 있었던 건 그 청년이 리트를 닮아서였다. 리트와 머리색이 똑같은 그 청년이 주뼛거리며 주변을 살폈다. 난 그 청년이 분명 헹크가 맞을 거라고 판단했고 그래서 그 청년의 얼굴을 보기 위해 내 앞으로 가까이 다가와 앞을 가리고 있는 청년을 피해 옆으로 한 발짝 옮겨 서기까지 했다.

"판 본더런 아저씨?" 앞을 막고 선 청년이 물었다.

"뭐?" 난 청년의 눈도 보지 않고 말했다.

"저 헹크예요." 악수하자고 앞으로 내민 손을 내가 잡자 그가 또 말했다. "엄마가 그러는데, 아마 이 스웨터 입고 나오실 거라고 하더군요."

"어서 타."

"이건 어디……"

"뒷좌석에다 놔."

그가 배낭을 벗는 동안, 난 리트를 닮은 다른 청년에게 시선을 돌린다. 그가 어떤 젊은 여자가 탄 자전거 뒤에 올라타며 그녀의 허리를 꼭 붙잡는다. 머리를 여자의 등에 가까이 댄다.

"어서 타." 내가 다시 말한다.

동시에 문을 열고 차에 탔지만, 난 그가 좌석에 제대로 착석하기도 전에 차에 시동을 건다. 잠시 후 다른 청년이 탄 자전거를 추월한다. 청년이 여자의 등에 대고 뭐라고 연신 말하다가 잠시 나를 쳐다본다. 우연히 지나치는 사람을 쳐다보듯 짧고, 무신경하게, 딴생각을 하며 쳐다보는 눈이다. 그런데도 난 속으로 말한다. '헹크, 넌 왜 내 차에 타지 않은 거니?'

쥔데르도르프에서 우회전을 하지 않고, 직진을 한다. 폴헤르메이르 간척지에서 중장비들이 옹이 진 작은 나무들을 뽑아내고 있다. 이제야 위해성 화학 물질을 제거하려는 모양이다. 똑바른 길을 달려 벨메르메이르를 지나려니까 옆에 앉은 청년이 말을 한다.

"무슨 날씨가 이 모양인지."

길도 좁고 마주 오는 차도 있고 해서 나는 힐끔 고개만 옆으로 돌린다. 가장자리로 차를 몰면서 청년이 빈을 닮았는지도 모른다는 생각을 한다. 청년의 매가리 풀린 목소리가 바짝 짧게 깎은 붉은 머리카락하고 어울리지 않는 것 같다. 어제 리트가 청년을 이발소에 보낸 모양인데, 이발사가 빗과 가위를 집어 드는 순간 청년은 집에 있는 제 엄마를 기겁하게 만들 요량으로 "아니, 그냥 면도기로 깎아주세요"라고 한 모양이다. 뭔가 일이 심상치 않게 돌아가고 있는 것 같다는 느낌을 여전히 떨칠 수 없다.

집에 돌아와도 기분이 나아지지 않는다. 외출했다가 집으로 돌아와 보면 어김없이 묘한 느낌이 들곤 한다. 집은 떠나기 전 모습 그대로인

데, 난 집을 비운 동안, 그게 얼마간이건, 뭔가를 겪었고 단 몇 시간이
라 할지라도 늙었기 때문일까? 청년의 눈으로 농가를 바라보고자 한
다. 사방이 물기로 흥건한 가운데 축축이 젖은 축사나 외양간 등 건물
들이 보이고, 졸가리만 남아 앙상한 나무들이 보이고, 호된 서리를 맞
은 잔디도 보이고, 축 늘어진 양배추 포기들도 보이고, 썰렁하게 텅
빈 농지도 보이고, 불이 켜진 위층 방도 보인다. 불은 내가 켰던가?
아니면 아비가 무슨 요령이라도 써서 켜놓은 것일까?

“앞으로 네가 지내게 될 집이야.” 내가 말한다.

“네.” 헹크가 말한다.

비가 와서 차를 헛간에 들여놓는다. 헹크가 주위도 둘러보지 않고
뒷좌석에서 배낭을 꺼내 든다.

“옷?”

“네.”

“너 주려고 장화하고 작업복 찾아놨어.”

헹크가 배낭을 한쪽 어깨에 메고는 차 옆에 가만히 서 있다.

난—내 스스로는 제외하고—그 누구에게도 일을 시켜본 적이 없
다. 난 아비가 시키는 일을 해왔다. 남을 부리는 일은 대체 어떻게 하
는 것일까? 일단 안으로 들어가는 것이 나을 것 같다. 내가 안으로 들
어가면 헹크가 알아서 내 뒤를 따라올 것이다. 밖에서 그런 것처럼 헛
간을 헹크의 눈으로 바라본다. 사료가 들어 있는 자루들이 보이고, 어
두침침한 구석에는 건초니 짚이니 써레니 놓여 있고, 벽에는 삽이며
쇠스랑이며 괭이 등의 각종 연장들이 걸려 있다. 다리 달린 받침대 위
에 놓인 경유 탱크가 보이고, 너저분한 작업대(못이 박히고 연필로 윤곽

선을 그려 넣은 나무판자 위에는 아무것도 없는데, 작업대 위에는 나사 돌리개, 끌, 망치 등이 어지럽게 널려 있다)가 보이고, 은회색 독극물 찬장이 보인다. 작업대 옆쪽 벽에 아비의 자전거가 기대어 서 있다. 타이어는 바람이 다 빠져버렸고, 뒤에 달린 흙받기는 느슨하고 양냥이줄은 녹이 슬었다. 거미줄은 하도 오래되어서 거무튀튀하다. 자전거 위에 달린 유리창 창틀에서 빗방울이 떨어진다.

"면허 있어?" 내가 묻는다.

"아니요."

자전거, 그것부터 손을 봐야겠다.

천장에 달린 전구는 적어도 75와트 이상이다. 헹크의 배낭이 회전 유리창 밑 청색 카펫 위에 놓여 있다. 빗방울이 유리창에 뚝뚝 떨어진다. 헹크는 침대 위에 앉아 있다. 주변에 무슨 볼거리라도 있었으면 그거라도 볼 텐데…… 지금 보니까 동물 그림이 잔뜩 들어간 이불보가 좀 유치해 보인다. 아프리카 동물들, 사자, 코뿔소, 기린, 또 잘 모르는 동물들이 이불보에 그려져 있다. 주변의 벽들은 눈이 부시게 하얗고, 푸른 휘발유 색을 띤 대리석 협탁 위는 아무것도 놓여 있지 않다. 헹크에게 뭐라 말을 걸고 싶지만 무슨 말을 어떻게 걸어야 할지 잘 모르겠다. 헹크도 나와 똑같은 심정일지 모르겠다. 방이 썰렁하다. 왜 하필이면 날씨가 오늘 이 모양일까? 헹크의 왼쪽 귀 위로 흉터가 하나 보인다. 머리카락은 없고 엄지손가락만 한 흉터가 죽 그어져 있다.

"독서 좋아해? 협탁에 독서등 하나 올려줄까?"

"책을 한 권 가져오긴 했는데."

“그럼 등을 좀 찾아봐야겠네.”

“그래주시면 고맙고요.”

“우선 식사부터 하자꾸나.”

복도로 나간다. 헹크가 뒤따라오며 문을 꼭 닫는다. 아비의 침실에서 느린 괘종시계 소리가 들린다.

28

계량컵으로 냉동 탱크에서 우유를 퍼 담는다. 헹크가 빵을 뜨으면서 우유도 함께 마신다고 했기 때문이다. 난 우유는 거의 마시는 일이 없다. 내 수입원인 우유를 난 가끔 죽을 만들 때만 사용한다. 착유실 문이 열려 있다. 밖에 봄기운이 돌고 있는 듯하다. 나무에 다시 풀빛이 돌고 밑동 주변에서 수선화가 피어오를 거라 생각하니 마음이 설렌다. 환한 봄 햇살 속의 어린 양들을 떠올리니 팔이 나른해져 손에 든 냉동 탱크 뚜껑마저 무겁게 느껴진다. 다시 봄이 온다고 해도 지나간 다른 봄들과 많이 다르진 않을 것이다. 생각이 아니라, 왠지 느낌이 그렇다. 부엌으로 가기 전에 열린 문틈으로 마당에 심긴 나무들을 힐끗 쳐다본다. 물기 먹은 앙상한 가지가 번드르르하다. 여전히 비가 내린다. 지금은 1월 말밖에 안 됐으니까, 2월에 또 한바탕의 매서운 추위가 몰아닥칠 수 있을 것 같다.

부엌으로 들어와 보니 헹크가 여전히 문을 등지고 내 자리에 앉아 있다. 버터도 바르지 않고 위에 아무것도 올리지 않은 빵이 앞에 있는 접시에 놓여 있다. 난 찬장에서 컵을 꺼내 우유를 가득 따른 다음 접시 옆에 놓아준다.

"고맙습니다."

"그래."

의자에 앉는다. 문득 헹크의 방에 장롱이 없다는 생각이 든다. 배낭에서 꺼낸 옷가지들을 다 어디에 둬야 할까? "배 안 고파?"

"별로요." 헹크가 나이프로 버터를 떠 빵에 바른다. 나이프를 식탁 위에 내려놓고는 빵에 뭘 올려 먹을까 궁리하는 듯 치즈며 땅콩잼이며 과일잼이며 육류들을 차례로 보더니 마침 과일잼을 집는다.

"그건 이웃 아주머니가 만든 거야."

"아, 그래요."

"블랙베리잼이야."

헹크가 빵을 먹기 전에 먼저 우유를 마신다.

"어때?"

"네?"

"맛이 어떠냐고. 신선한 젖소 우유잖아."

헹크가 한 모금 더 마신다. "쇠 맛이 나는 것 같아요."

찬찬히 다시 보니까 헹크의 귀는 그다지 크지 않다. 그저 약간 돌출돼서 좀 크게 보일 뿐이다. 헹크가 오물거리니까 귀도 따라 움직인다.

"젖소는 스무 마리밖에 안 돼. 그 정도면 아주 적은 거야."

"여긴 냄새가 좋은 것 같아요."

"그래?"

“네.”

“돼지가 바글대는 동네하곤 다르지?”

헹크가 물음에 답하지 않는다. 그저 날 빤히 쳐다볼 뿐이다. 외양간 문이 열려 있다. 헹크가 앞장을 서게 한다. 헹크는 나보다 키가 많이 큰 것도 아니면서 훨씬 커 보인다. 허우대가 좋은 것이다. 내가 트레일러에 올라타 건초 더미를 쌓는 일을 하고, 헹크가 건초 더미를 던지는 일을 하면 될 것 같다. 그리고 튠과 로날드는 건초를 굴려 옮기면 될 것 같다. 예전의 여름을 머릿속에 떠올려도 마음이 들썽거리지도 않고 다리에 맥이 풀리지도 않는다.

“저기엔 송아지들이 있어.”

쿵쿵거리고 있던 하릅 암송아지*들이 우리가 들어서니 뒤를 돌아다본다.

“얘들은 허구한 날 먹고 자고 싸는 게 일이야.”

“여긴 분뇨 처리시설이 없는 것 같아요?”

웬일로 헹크가 질문을 다 한다. “응.”

“그럼 어떻게 하세요?”

“그냥 수레로 퍼 날라.”

“헉.”

난 밖으로 나가 모퉁이로 돌아간다. 옆문을 열기 전에 거름 더미를 손으로 가리킨다. “저기 널다리 보이지? 수레를 저 위로 밀고 올라가면 돼.”

---

* 나이가 한 살 정도 된 암송아지.

“좀 좁은 것 같은데요.”

양 우리로 들어간다. 벽돌에도 나무에도 양과 양들의 구린 똥 냄새가 배어 있다. 몇 달 동안 문하고 창문을 죄다 열어둔다고 해서 절대 빠질 냄새가 아니다. 이 우리는 거의 1년 내내 비어 있다. 양들은 가뭄이든 비든 눈이든 뭐든 잘 견뎌낼 줄 안다. 물론 가을이나 겨울에 비가 아주 많이 내리면 제대로 걷지도 못해 절뚝거리는 적도 있긴 하다.

“한 두어 달 있다 이 안으로 양들을 같이 들여놓자고.” 어느새 말투가 좀 변했다. 외양간이니 어린 송아지 우리니 양 우리니 농가의 이곳저곳을 헹크에게 찬찬히 보여주며 이것저것 일러주고 있으려니까, 어느새 농부와 그의 일손이라는 자리매김이 되어버린 듯하다.

“왜요?”

“아양(兒羊)을 깔 거니까.”

“그게 무슨 말씀이세요?”

“아양, 새끼 양 깐다고.”

“그럼 돼지가 새끼를 나면 뭐라고 하세요?”

“그럼 도야지 까는 게 되는 거지.”

헹크가 당나귀들에게는 별로 관심을 보이지 않는다. 그저 뭣하니까 이름이 뭐냐고만 묻는다. 난 이름이 없다고 답한다. 헹크는 우리 밖으로 열심히 고개를 흔들어대는 당나귀들을 거들떠보지도 않더니, 말굽 등에 쓰이는 도구들이 놓인 시렁 위만 빤히 쳐다본다. 날이 개어 당나귀들이 밖으로 나갈 수 있으면 좋을 텐데, 하고 내가 말하니까 헹크가 당나귀 축사를 나가버린다. 이제까지 여기 온 사람들치고 당나귀를 한 번도 만져보지 않은 사람은 헹크 말고 없었다. 심지어 꿀벙어리처럼 말이 없는 가축 매매상도 가끔은 당나귀들이 있는 방목장에 가서 머리를 쓰다듬어주곤 했다. 나한테 받아갈 것이 없어도 그랬다.

축축이 젖은 농지를 중간쯤 걸어가서 헹크를 따라잡는다.

"어때?"

"뭐가요?"

"둘러보니까 좀 어떤 것 같아?"

헹크가 다소 의기소침한 표정으로 주위를 둘러보곤 말한다. "여긴 좀 썰렁한 것 같아요."

"슬슬 일 좀 할래?"

"네."

자전거를 가리키며 말한다. "저기 저 자전거 말이야, 우리 아버지가 타던 자전건데, 아버진 벌써 오래전부터 자전거를 탈 수 없게 됐어. 그러니 고쳐서 네가 타."

헹크가 자전거로 다가가 거미줄을 거둬낸다. "이 자전거 얼마나 오래됐어요?"

"어, 한 20년 정도."

"그럼 고물 아닌가."

"작업대 위에 보면 타이어 땜질할 반창고랑 다른 도구들 있을 거야."

헹크가 이리저리 둘러보고 묻는다. "타이어 펌프는요?"

작업대 밑에서 자전거하고 거의 나이가 맞먹는 타이어 펌프를 꺼낸 후 형광등 스위치를 꽂아주며 말한다. "따라와, 작업복 내줄 테니까."

“이제 어떡하지, 나?” 아비가 소리 죽여 말한다.

“글쎄, 뭐 특별히 할 게 있겠어요?”

“그래도 그게 아니지……”

“뭐가요?”

“나 저세상 사람이잖아?”

“아니요, 이젠 아니에요.”

“하지만 청년 어민……” 아비가 차마 이름을 입에 올리지는 못한다.

“청년 어민 뭐요?”

“내가 저세상 사람인 걸로 알고 있잖아.”

“그땐 다 그럴 만한 이유가 있었고요.” 아비가 안쓰럽게 느껴진다. 원치 않지만—난 아비의 방에만 들어오면 모든 게 싫어진다—드는 느낌을 어쩔 수 없다.

“지금 어디 있어, 그 청년?”

“헛간에서 자전거 손보고 있어요.”

아비가 부들부들 떨리는 손으로 턱 밑에 접시를 받친 채 치즈 없는 빵을 먹고 있다. 방에 불이 켜져 있다. 3시가 조금 지났지만 꿈쩍도 않는 구름 때문에 날씨가 끄느름하다. 난 대체 무슨 생각으로 아비를 위로 옮긴 걸까? 아비를 여기 이 위로 옮기는 것이, 내가 로날드에게 아비가 ‘위’에 있다고 말하니까 리트가 듣고 짐작해버린 바로 그 ‘위’로 보내버리기 위한 첫 발판 작업이었을까? 아비가 사진이며 자수 액자며 버섯 수채화 그림이며 똑딱대는 시계로 둘러싸인 이곳에서 가만히 침대에 등판을 깔고 누운 채 때가 오기만을 기다려줄 거라고 생각했나? 괘종시계로 다가가 문을 열고 분동을 잡아 당긴다.

불 켜진 부엌에 리트가 서 있는 것을 한번 상상해본다. 여기저기 일이 생긴다. 아비는 여기 이 방에 누워 있고, 난 내가 어디에 있는지 잘 모르겠다. 마찬가지로 불 켜진 헛간에선 헹크가 일을 하고 있고, 온순한 소들은 외양간에 얌전하게 서 있고, 튠과 로날드는 축사에서 당나귀들에게 당근을 먹이고 있고, 스무 마리 양들은 보스만 풍차 옆에 누워 있고, 농가에 잠시 들른 아다는 부엌에서 리트와 커피를 마시며 이번에 버드나무 가지 울타리를 뜰에 세웠는데 내일 보러 오지 않겠느냐고 묻고, 썩썩거리는 부엌 시계 소리는 차츰 잦아들고, 겨울은 아직 끝날 기미가 보이지 않는다. 내가 왜 나 있는 곳을 모르겠는가 난 헹크와 함께 자전거를 손보고 있다. 리트가 아내라기보단 어머니 같다.

"그 꼬물?"

"네. 그래도 아직 완전 고물은 아니에요."

"청년은 어때?"

"아직 잘 모르겠어요."

"지난번하고 똑같은 답을 하네?"

"마음대로 생각해요." 아비한테서 접시를 받아 문 쪽으로 걸어간다.
"불 켜둘까요?"

"응, 그냥 켜놔."

"저녁에 그 애 잠깐 아버지 방으로 올려 보낼게요."

"왜……"

"아버지 없는 시늉을 계속할 순 없잖아요."

"내 원."

작업대 위에 자전거가 거꾸로 서 있다. 그 앞에 헹크가 무릎을 끓고 앉아 있다. 헹크는 아비가 입던 무릎에 천을 덧댄 단물난 초록색 작업복을 입고 있다. 작업복 옷깃이 세워져 있다. 자전거 옆에는 양동이가 놓여 있는데 안에는 양냥이줄이 경유로 보이는 액체와 함께 담겨져 있다. 타이어는 바람이 들어가 팽팽하다. 가까이 다가가니까 헹크가 고개를 쳐든다. 턱에 검댕이 묻어 있다. 이렇게 서서 앉아 있는 헹크를 내려다보고 있으려니까 입이 제 어미를 닮은 듯하다.

"흙받기를 새걸로 갈아야 할 것 같아요."

"그럼 하나 사지 뭐."

"게다가 타이어는 많이 닳아서 삭아 문드러지기 일보직전 같아요."

"다 닳으면 하나 사줄게."

"양냥이줄은 경유에 담가뒀어요."

"경유는 탱크에서 뽑았어?"

"네."

헹크는 나에게 뭘 더 물어보러 오지 않았다. 그건 뭘 의미하는 걸까? 모르겠다.

29

양배추로 만든 부런콜을 먹고 있다. 양배추를 한번 먹기 시작한 이후로 일주일에 적어도 두 번은 부런콜을 만들어 먹는다. 채소밭에는 겨울이 다 지나도 동이 나지 않을 만큼 양배추가 많이 심겨 있다. 감자

요리를 할 때면 어머니는 항상 고기 조미료를 넣었지만, 난 야채 조미
료를 넣는다. 소시지는 정육점에서 산 것이다. 냉동고는 꽉 차 있지만
돼지고기는 들어 있지 않다.

"와인은 없으세요?"

"와인?"

"네, 레드와인요. 부런콜 먹을 땐 레드와인하고 같이 먹으면 맛이 괜
찮거든요."

"와인은 없고, 독한 술밖에 없어."

헹크가 수저로 겨자를 한 술 크게 뜬다. 포크로 부런콜을 푸고 그 위
에 나이프로 겨자를 좀 찍어 바른다. 소시지는 겨자도 안 바른 채 그냥
포크로 찍어 먹는다.

"저기, 헹크……" 말을 잇기 전에 우선 한술 떠먹는다. 막상 이름을
부르고 나니까 말이 잘 이어지지 않는다.

"네, 말씀하세요."

"날 너무 존대하지 말았으면 하는데, 그렇게 할 수 있겠어?"

"그래요, 그럼."

"그럼 헹크 너, 나한테 '헬머 아저씨' 하면서 그냥 편하게 말해, 알았
지?"

"헬머 아저씨." 헹크가 중얼거리곤 물을 마신다. "그다지 쉽진 않네
요."

"쉽지 않긴 뭐가?"

"헬머라는 이름이 좀 이상해요. 꼭 젊은 사람 이름 같아요."

"나도 널 헹크라고 부르는 게 쉽진 않아."

“왜요?”

“내 동생 이름하고 같으니까.”

“아, 맞다.”

“네 이름도 내 동생 이름에서 딴 거잖아.”

“그게 무슨……”

“왜 안 믿겨?”

“내 이름은 할아버지 형제분들 중 한 사람 이름에서 딴 거예요. 아버지 위로 헹크라는 이름을 가진 사람이 또 있었어요.”

“종조부되는 사람 이름이 헹크였다.”

“그럼 종조부가 되는 거예요?”

“응. 근데 그 애긴 어디서 들었어?”

“아빠한테서요.”

“넌 그럼 내 동생 이름이 헹크라는 건 어떻게 알았어?”

“언젠가 엄마한테서 들은 적이 있는 것 같아요. 어릴 땐 그런 얘기 전혀 못 들었고요, 아마 한참 지나서 한 번 들은 것 같아요.” 헹크가 잠시 생각을 한다. “아마 작년이었나……”

“소시지 좀더 먹을래?”

“네.”

소시지를 토막으로 잘라 접시 위에 올려준다. 밖으로 차가 한 대 지나간다.

“커튼은 왜 열어놓는 거예요?”

“아무도 들여다볼 사람이 없으니까.”

헹크가 옆 창문을 똑바로 쳐다본다. 그 속에 비친 제 모습을 보는 듯하다.

"망원경만 있으면 저기 있는 저 집이 다 들여다보일 것 같은데요?"

"거긴 블랙베리잼 만들어준 아주머니가 사는 집이야."

"혹시 그 아주머니 망원경 있어요?"

"아무렴, 망원경 하나 없으려고."

잠시 입을 다물고 조용히 식사만 한다.

"러시아 사람들은 당나귀도 먹는다던데."

"뭐?"

"당나귀요. 러시아 사람들이 당나귀도 먹는다고요."

"네가 그걸 어떻게 알아?"

"어디서 읽은 것 같아요."

"그럼 아주 야만인들이네."

"뭐, 그렇게까지." 헹크가 포크와 나이프를 접시 위에 내려놓고는 옆으로 접시를 밀어낸다. 그러곤 팔짱을 낀 채 유리창 위로 비친 제 모습을 쳐다본다. 난 헹크의 접시를 싱크대 위로 가져다 놓는다. 밑에 달린 싱크대 장에서 설거지통을 꺼내 물로 채운다.

"음식이 아직 좀 남았는데요?"

"그건 아버지한테 가져다줄 거야." 나는 헹크를 등지고 서 있다. 헹크가 아무 말이 없다. 설거지통에 접시며 포크며 나이프를 담근다. 아직도 뒤가 잠잠하다. 등을 돌린다. 헹크는 이제 팔짱을 풀고 아까보다 상체를 좀 곧게 세운 자세로 의자에 앉아 있다. 날 말똥말똥 쳐다본다. 헹크가 없었다면 난 벌써부터 설거지통에 온수를 채우지 않았을 것이다.

"남은 음식은 아저씨 아버지한테 가져다줄 거야." 내가 다시 말한다.

“여기 우리 말고 누가 또 살아요?”

“응.”

“하지만 아저씨 아버진……”

“아버지가 뭐?”

“저 그게, 아저씨 아버지 자전거요, 그거 오랫동안 안 탄 거라고 한 것 같은데……”

“그런데?”

“아니, 난 그저 자전거가 그렇다기에, 혹시……”

“혹시 뭐?”

“이미 오래전에 아저씨 아버진 돌아가신 줄 알았죠.”

“아니, 그렇지 않아.”

“맙소사. 그럼 지금 어디 계세요?”

“위에.”

“나 여기 온 첫날 불 켜 있던 방이요?”

“응, 그 방.”

“아저씨 아버지 어디 문제가 있나요?”

“너무 연로해서 거동을 못 해.”

“연세가 몇인데요?”

“여든. 정신도 그리 말짱하진 않아.”

“세상에.”

헹크와 리트가 어느 브라반트 마을에서 함께 살고 있는 모습이 그려진다. 같이 사는데도 두 사람이 한 공간에 있는 모습은 상상할 수가 없다. 한 명이 들어오면 한 명이 나가버리고, 한쪽 문이 열리면 다른 한쪽 문이 닫혀버린다. 대화가 거의 없다. 다행이다. 해명거리가 별로 없을 것 같다.

"자, 식기 전에 어서 아버지한테 저녁 가져다주자꾸나."

"저도 같이요?"

"응. 너도 같이."

죽은 송장이라도 처리하라는 소리로 들리는지 헹크가 넋 나간 사람처럼 나를 빤히 쳐다본다.

"어디 손 좀 내밀어봐."

이제 헹크는 침대로 가까이 다가가야 한다. 방에 들어오자마자 헹크는 벽에 걸린 사물들을 비롯해 이것저것 둘러보았다. 그러다 괘종시계 옆에 세워진 사냥총에 시선이 박혀 한참을 그것만 쳐다보고 있었다. 헹크가 손등이 보이게 팔을 뻗는다. 다이빙 자세다.

"아니, 손바닥."

헹크가 손을 뒤집는다.

"흠." 아비의 소리다.

"아버지 자전거 이제 다 고쳤어요." 내가 말한다.

"아, 자전거. 그래 조심해서 잘 타고 다녀." 아비가 헹크에게 말한다.

"네, 그럴게요."

아비가 부런콜이 든 접시를 협탁 위에 올려놓고는 말한다. "소는 다뤄본 적 있어?"

"아니요."

"얘 아비는 돼지 키우던 사람이에요."

"돼지!?"

"네." 헹크가 대답하며 살며시 침대 곁에서 떨어진다.

"그럼 소에 대해선 아무것도 모르겠네!" 아비가 말하고는 고개를 젓는다. "에구, 돼지라니……" 아비가 작게 말을 흐린다.

"헹크는 브라반트에서 왔어요." 내가 말한다.

"그건 나도 알아."

솔직히 아비가 대단하다. 저렇게 자리보전하고 누워 있어도 다 늙은 노인네 같지 않고 마치 큰 땅을 가진 부농이 독감을 앓고 누워 있는 것 같다. 1966년 봄에 아비가 일손을 잘랐다. 헹크와 나는 열여덟이었고 리트는 아무래도 금방 떨어져 나갈 여자로 보이지 않았다. 일손에게는 다른 거처를 찾는 데 반년의 시간이 허락됐다. 아비가 일손을 상대하는 방식은 사뭇 위엄 있고 점잖았다.

"모든 건 내가 결정해! 자넨 그저 내가 명하는 대로 무조건 따르기만 하면 되는 거야!"

외양간에서 아비와 일손이 마주 보고 서 있었다. 아비 뒤로 비스듬히 숨어 있던 나는 조바심이 나 잠깐 고개를 들어 일손을 보았다. 일손의 고개도 내 고개처럼 숙여 있었다. 난 아직도 내가 그때 아비가 했던 말 중 '명하는 대로'라는 말에 멈칫했던 것을 기억한다. 난 아비가 그런 말을 쓰는 것을 한 번도 들은 적이 없었다. 일손이 무엇을 허투루 했는지, 나는 모르고 있었다.

"여기서 제일로 윗사람이 누구지?"

"아저씨요." 일손이 속에서 끓어오르는 것을 삭이며 고개를 숙인 채로 말했다. "아저씨가 제일로 윗사람이세요."

난 그때 어렸다. 눈에 눈물이 맺힐 만큼은 어렸다. 아비가 미웠다. 손수 손을 내밀어 내게 스케이트를 가르쳐준 이를 위해 나는 나서고 싶었다. 하지만 난 어렸고 왜 불화가 불거졌는지조차도 알지 못했다. 그래도 일손의 목 위로 불뚝 도드라져 나온 힘줄이 부르르 떨리는 것을 보지 못할 만큼 어리진 않았다. 고개 숙이고 가만히 있기가 힘이 드는지 부르르 떨리는 힘줄에서 반항 같은 것이 엿보였다. 한동안 기죽은 듯 가만히 있던 그가 고개를 곧추세웠다. 하지만 그의 눈은 아비를 향하지 않았다. 나를 향했다. 눈빛이 잠시 이글거렸다.

아비가 예전의 본모습을 다시 찾고 싶어 한다. 시키는 농부 그리고 시킨 대로 하는 일손, 이런 위계의식이 핏속에 녹아 있으니 저절로 그게 되는가 보다. 아비의 피가 그런 모양이다.

"이제 나가봐, 난 조용히 식사나 좀 해야겠으니까."

헹크가 나보다 먼저 문으로 향한다. 층계도 나보다 앞장서 내려간다.

"휴우──" 다용도실에 들어서면서 헹크가 숨을 내쉰다.

헹크가 텔레비전을 찾는다.

"여긴 텔레비전 없어."

"네? 그럼 저녁엔 뭘 해요?"

"신문도 좀 보고, 서류도 좀 처리하고, 가축들도 좀 돌아보고, 뭐 이런저런."

“서류라뇨? 무슨 서류요?”

“그야 많지. 질산염 기록이니, 수의사들한테 제출하는 가축 보건 자료니, 낙농 회사에 내는 원유 품질 기록이니……”

“알았어요, 알았어. 아저씬 그렇다 치고 그럼 난 뭘 해야 하는 거죠?”

그렇게 물으니까 할 말이 없다.

“텔레비전이 없으면 세상 돌아가는 것도 모르고 아쉬운 게 많은데……”

“까짓, 아쉬워봤자지.” 우린 부엌에 앉아 있다. 헹크가 더는 말을 하지 않는다. 난 의자에서 일어나 타월이며 시트 등이 보관된 장을 연다.

“이 안에 타월이 있어. 일러줄 게 있으니 좀 따라와.” 내가 앞장서서 다용도실로 간다. “세탁기는 저기 있으니까, 빨래 있으면 옆에 있는 바구니에다 던져놔.” 욕실 문을 열고 말한다. “여긴 욕실. 온수는 보일러에서 나오는데, 보일러가 아무리 커도 온수가 무한정 나오는 건 아니니까 온수 적당히 써.” 부엌으로 돌아가서 묻는다. “요리할 줄 알아?”

“파스타 같은 건 뭐 대충.”

“그래.”

헹크가 장에서 타월을 꺼내 복도로 나간다. 그러니까 꼭 내 명을 수행하는 것처럼 보인다. 층계로 올라가는 소리가 들린다. 잠시 조용하다 싶었더니 다시 층계를 내려오는 소리가 들린다. 조금 있다 물 흐르는 소리가 들린다. 한 10분쯤 지나니까 수도꼭지가 잠긴다. 헹크가 부엌을 나간 이후로 난 아무것도 하지 않았다. 그냥 두 팔을 포갠 채로 하는 일 없이 식탁에 앉아만 있었다. 다용도실 문이 열린다. "난 그럼 이만 자러 갈게요." 헹크가 크게 말한다.

"응, 잘 자."

"네." 헹크가 층계를 오른다. 위가 조용해진다.

거울 밑 선반이 반은 헹크의 물건들로 채워져 있다. 면도하는 데 쓰는 물건들, 치약, 칫솔, 이쑤시개, 보디클렌저, 샴푸, 제법 비싸게 보이는 디오도런트. 샤워 커튼 봉에 젖은 타월이 걸려 있다. 거울에 긴 수증기를 거둬내고는 내 얼굴을 들여다보며 중얼거린다. "머리숱이 제법 수북하군." 검은 머리가 아직 세진 않았다.

몸이 몹시 노곤한데도 잠이 오지 않는다. 가까운 수로 어딘가에서 물닭들이 헤엄친다. 뿔까마귀는 조용하고 바깥쪽 창틀에는 빗방울이 떨어지지 않는다. 난 이제 누구의 아비라도 된 걸까? 난 뭐지? 잰 저 방에서 잠이 잘 올까? 거긴 옷장도 없고 의자도 없는데. 파스타 같은 거라. 아비가 그다지 좋아하진 않을 것 같다. 아비는 지금 무슨 생각을 하고 있을까? 저 위에선 대체 무슨 일이 벌어지고 있을까? 아비하고 침실을 바꾸고 난 이후 처음으로 난 방을 바꾼 것이 후회가 된다. 생각할 힘조차 다 빠져버려 잠이 들려고 하는 즈음, 여자의 허리를 꼭 붙들고 자전거를 타고 가던, 리트를 꼭 닮은 청년이 떠오른다.

30

헛간을 지나 마당으로 나오니 북풍이 얼굴을 때린다. 혹시 눈이 내리려나? 농가 반대편 하늘이 잿빛으로 물들기 시작했다. 난 항상 우유를 짜기 전에 가축들을 먼저 돌아다본다. 헹크가 벌써 일어났다면 난 가축들을 헹크에게 맡겼을 것이다. 당나귀 축사에는 불이 켜져 있고, 당나귀들은 엉덩이를 이쪽으로 돌리고 돌아서 있다. 내가 오기엔 아직 이르다는 것을 아는 것이다. 신통하다. 먼저 암송아지들에게 사료를 준다. 암송아지들이 열심히 배를 채우고 있는 동안 나는 송아지들 밑에 있는 똥을 끌어다 두엄풀을 뿌린다. 그다음엔 송아지들에게 짚을 먹인다. 하릅 암송아지들은 차분한 소들과는 아주 달라서 먹을 것을 주지 않으면 줄 때까지 내내 쇠사슬을 잡아당기며 난리를 친다. 송아지 서너 마리가 동시에 음매 울어대는 어떤 아침이면 서둘러 짚이란 짚은 다 모아 모두의 배를 채워줘야 한다. 분뇨 홈에 모인 똥을 손수레에 퍼 담고는 바닥을 쓸어낸다. 헹크는 깨우지 않았더니 일어날 생각을 않는다. 한 두어 시간쯤 전에 난 위에 올라가려고 층계를 올랐다가 층계 네 칸을 앞에 두고 생각을 바꿔버렸다. 내 발소리가 들렸던지 아비가 나를 불렀다. 난 아래층으로 후닥닥 내려가버렸다.

빗자루에 달린 빨강 나일론 솔이 거의 해지지 않아 그런지 시멘트 바닥을 쓸 때마다 싹싹 경쾌한 소리를 낸다. 딴에는 굼뜨게 한다고 하는데도 비질은 금세 끝나버린다.

집 안으로 들어서니 안이 잠잠하다. 8시 반이다. 라디오를 켜기도 전에 먼저 볼륨부터 돌려 죽인다. 찻물을 끓이고 식탁을 차린다. 희뿌연 공기가 대지 위에 걸려 있다. 눈이 올 것 같은 하늘이다. 손가락으로 식탁을 두들겨댄다. 아무래도 너무 오래 걸린다. 위로 가봐야 할 것 같다. 발뒤꿈치를 들고 살금살금 새 방으로 걸어간다. 문 앞까지 와서는 뭘 어찌해야 할지 모르겠다. 난 여태까지 누구를 깨워본 적이 없다. 손가락으로 살살 방문을 두드리고는 잠시 기다린다. "헹크" 하고 불러보곤 손마디로 문을 다시 두드린다. "헹크!" 전혀 반응이 없다. 꿈적도 않고 가만히 문 앞에 서 있다. 내 집에 있는 방인데도 쉽게 발을 들여놓지 못하겠다. 뿔난 채로 층계를 내려간다.

"헬머" 아비가 부른다.

"네 네 네, 부른 사람은 따로 있는데 왜 딴 사람이 저런담."

부엌 식탁으로 가 배를 채운다. 좀 지나서야 라디오가 켜져 있는 걸 깨닫는다.

모니켄담으로 간다. 자전거 수선집엘 들르고, 전등집을 들르고, 전자제품 상점을 들른다. 자전거 흙받기와 독서용 스탠드와 텔레비전을 현찰로 산다. 텔레비전을 사려니까 점원이 위성 안테나나 디코더도 필요하냐고 묻는다. "뭐요?" 하고 물으니까, 집에 케이블이 연결되느냐고 또 묻는다. 곰곰이 생각해보니까, 시청에서 사람들이 나와 가로등 앞에 땅을 팠던 기억이 떠오른다. 알록달록한 케이블 줄이 보이고, 또 거실 구석에 어떤 뚱뚱이 젊은이가 똥꼬를 반쯤 드러내놓고 무릎을 꿇고 앉아 있는 것이 보인다. 그자는 밖에서 벽에다 구멍을 뚫고 나서 케이블함을 벽에 부착하고 있는 중이다. 앞마당에 홀쭉하게 깔린 누런 잔디밭이 보인다. 우리 집이 어느 길에 있느냐고, 점원이 묻는다. 길 이름을 말해주니까, 점원이 거긴 몇 년 전에 시범으로 케이블이 깔린 곳이라면서 거의 확실하다고 장담한다. 아비는 그날 너희끼리 잘 해보란 듯이 어디론가 숨어버리고 없었다. 점원이 참 다행이라고 말해준다. 방금 산 텔레비전을 그냥 케이블에 연결만 하면 되는 거냐고 물으니까, 점원이 창고에서 케이블을 꺼내다 주면서 가만히 있어도 케이블 회사에서 청구서가 자동으로 날아올 거라고 일러준다.

차가 주차된 곳으로 발길을 옮기고 있으려니까 눈이 내린다. 텔레비전 박스는 그다지 무겁진 않지만 들기가 수월치 않다. 가다 보니 술 파는 상점이 있다. 텔레비전을 차 뒷좌석에 싣고는 술 파는 상점으로 되돌아간다. 눈이 신발에 달라붙지는 않지만 그렇다고 금방 녹아버리지도 않는다. 뭐가 필요하냐고 묻는 점원에게 레드 와인 몇 병이 필요하다고 말한다. 그랬더니 어떤 와인을 줄까 하는 물음에 '그냥 맛있는 와인이나' 내달라고 무뚝뚝하게 말한다. 남아프리카 산 레드 와인 여섯 병을 다섯 병 값에 산다.

집에 오니까 허연 길 위에 발자국이 찍혀 있다. 착유실에서 나온 발자국이 닭장 옆으로 해서 둑에 있는 울타리로 향한다. 헹크가 울타리 위에 걸터앉아 있다. 담배를 피우고 있다. 텔레비전을 헛간에 들여다 놓고 울타리로 발자국을 찍는다. 눈발이 헹크의 빨간 귀 언저리로 휘날리고 있다.

"난 여기 얼마나 있어야 돼요?"

184

“뭐?”

“여기 얼마나 더 있어야 하는 거냐고요!”

“여기가 무슨 감옥이냐?”

한 모금 쭉 빨아들이고는 커다란 연기를 뿜어낸다.

“너 담배도 피우냐?”

“그저께는 끊었어요.”

“그럼 다시 피우게 된 거야?”

“네.”

“텔레비전 사왔어. 독서 스탠드랑 흙받기도 사왔고.”

“나한테 돈도 줄 건가요?”

“내가 왜?”

“나 일하잖아요.”

“너 오늘 뭐 했는데?”

헹크가 엄지와 검지 사이에 끼운 담배를 살짝 흘겨본다. 눈이 회색이다. 검지로 담배를 튕겨 날려버린다.

“넌 여기서 거저 먹고 자도 돼. 그래, 용돈도 줄게.”

“얼마나요?”

“그건 아직 모르겠는데.” 몸이 슬슬 추워지려는 모양이다. 눈이 계속 오면 헹크와 함께 양들을 옮겨야 할 것이다. 풍차 옆 방목장에서 이리로 옮긴 다음, 우리 안으로 짚을 던져줘야 할 것이다.

울타리에서 뛰어내린 헹크가 내 발자국을 쫓아온다.

“이제 어디 가려고?”

“내 방에 가서 좀 누워야겠어요. 난 눈을 좋아하지 않아요.”

"그래도 그렇지, 지금 침대로 가 누워?"

"스탠드 어디에 뒀어요? 방에 달린 전구는 아주 돌아버릴 정도로 강하던데."

"전구는 40와트짜리도 있어."

"25와트 정도면 좋을 것 같은데."

"25와트짜리도 있어." 헛간으로 들어선다. 오펠카데트 보닛 밑에서 탁탁 소리가 난다. 뒤 트렁크에서 스탠드랑 흙받기를 꺼낸다. 헹크가 스탠드만 들고는 얼른 가버린다. 착유실로 들어간다. 나는 얼빠진 사람처럼 왼손에 들린 흙받기만 멍하니 쳐다본다.

헹크가 벽을 향해 모로 누워 있다. 아프리카 동물들이 그려진 이불보를 뒤집어쓰고 있다. 협탁 위에는 플러그를 꽂은 스탠드가 놓여 있다. 전구가 들어 있지 않다는 건 나중에 알았을까? 내가 방에 들어왔는데도 헹크가 꿈쩍도 하지 않는다. 무슨 말을 꺼내야 할지 몰라 난 그저 입 다물고 가만히 서 있다. 헹크의 방에서 꺼내 온 의자를 천장에 달린 전등 밑에 놓는다. 불투명한 전구가 쉽게 빠지지는 않는다. 75와트짜리 전구를 빼내고 그 자리에 25와트짜리 전구를 끼워넣는다. 협탁 위에 책 한 권이 놓여 있다. 작가 이름이 생소하다. 책을 읽은 지가 까마득히 오래된 것 같다. 책 사이에 신문 쪼가리가 끼워져 있다. 스탠드에 40와트짜리 전구를 끼워넣는다. 헹크는 여전히 꿈쩍도 하지 않고, 숨소리만 들어서는 자는지 안 자는지 알 수가 없다. 아침엔 다 큰 성인처럼 담배를 입에 물고 있더니만, 지금은 어린애 모양을 하고 침대에 누워 있다. 이불 모양을 보니 다리를 웅크리고 자는 모양이다. 의자를 문 옆으로 가져가 벽에 기대놓고는 헹크의 옷가지들을 그 위에 올려놓는다. 잠시 망설이다 속옷가지도 바닥에서 주워 든다. 속옷이 진득진득한 생크림처럼 다른 옷가지들 위로 떨어진다. 배낭이 여전히 회전창 밑에 놓여 있다. 회전창에는 눈이 반쯤 내려와 앉아 있다. 방을 나가기 전, 전등을 켜본다. 은은한 불빛을 받으니까 노란 기린이 사는 것 같다.

난로 앞에 놓인 소파를 뒤쪽 직각으로 돌려 침실 문과 등지게 한다. 소파를 끌어당기면서 바닥 페인트칠이 망가졌다. 길쭉하던 거실이 이제 널찍해졌다. 텔레비전을 구석에 놓기 전에, 헛간에 가서 감자 궤짝 하나를 들어 빡빡한 솔로 겉을 털어내고는 거실로 가져온다. 감자 궤짝 위에 텔레비전을 올리고 케이블선을 연결한다. 한쪽 끝은 텔레비전에 꽂고 다른 한쪽 끝은 벽에 붙은 케이블함에서 TV라고 씌어 있는 연결부에 꽂는다. 케이블함에는 R이라는 글자가 씌어진 다른 연결부도 있다. 텔레비전을 켠다. 바로 영상이 나타나면서 귀청 떨어질 듯한 소음이 흘러나온다. 소리를 어떻게 줄이는지 몰라 얼른 텔레비전을 꺼버린다. 사용설명서를 꺼내 나무 바닥에 엉덩이를 깔고 앉아 찬찬히 다 읽는다. 한 한 시간쯤 걸려 20여 개의 채널을 설정하고 리모컨 사용법도 익혔더니 엉덩이가 무감각하다. 그러곤 페인트칠이 망가진 부분을 다시 칠한다.

저녁이 되어 혼자 식탁에 앉아 있다. 헹크는 낮에 위에 올라가 한 번 본 후로 코빼기도 보지 못했고 인기척도 듣지 못했다. 조금 있으면 아비에게 저녁을 가져다줄 것이다. 헹크는 배가 고프면 스스로 알아서 나타날 터이니 신경 쓰지 않는다. 식사하다가 신문에 덴마크에 관한 기사가 있나 찾아보았더니 전혀 찾을 수가 없다. 하물며 스웨덴, 노르웨이, 핀란드에 대한 기사도 전혀 찾아볼 수 없다. 스칸디나비아반도가 통째로 아직 발견되지 않은 미지의 북쪽 땅이라도 된다는 듯, 신문 속엔 존재하지 않았다. 혼자서는 볼 생각도 없는데 지금 펼친 신문지면 위에는 텔레비전 방송 프로그램이 나와 있다. 텔레비전은 헹크 것이다. 따라서 보는 건 헹크가 보고, 난 그저 가끔 헹크가 볼 때 슬쩍 엿보기만 할 것이다.

당나귀들 축사가 제법 멋지게 보인다. 눈도 그치고 날도 개고 달도 거의 다 찼다. 축사 지붕 위에 눈이 한 8센티미터쯤 소복이 쌓여 가장자리가 둥글게 곡선을 그리고 있다. 날이 좀 써늘하긴 하지만 영하의 기온이 내일 아침까지 지속될 것 같지는 않다. 격자시렁 위에 지푸라기를 올려주곤 짚더미 위에 가 앉는다. 길게 사각으로 떨어지는 불빛 아래로 외양간에서 여기까지 찍고 온 내 발자국이 보인다. 당나귀들의 입김이 격자 사이로 모락모락 새 나온다. 당나귀들의 우쩍우쩍 씹어대는 소리를 빼고 나면 사방은 쥐 죽은 듯 조용하다. 겨울의 적막이다. 까마득하게 잊은 것만 같았던 끽연의 욕구가 슬슬 발동한다. 담배를 한 대 피우면 얼마나 갈까? 5분? 10분? 10분 동안 연신 들이쉬고 내쉬고 반복하면서 그 장단에 맞춰 사색을 하면, 그동안에 담배 연기와 당나귀들의 입김이 술술 섞이겠다. 내일은 헹크가 침대에 나자빠져 누워 있지 않는다면 당나귀 똥이나 치우라고 해야겠다.

31

"그저껜 종일 침대에 처박혀서 나오지도 않았어."

"거봐요, 내 뭐랬어요."

"뭘?"

"내 그랬잖아요, 그 앤 종일 침대에서 빈둥대기만 한다고. 말도 잘 안 하죠?"

"아니, 말은 가끔 주절주절 많이 잘도 하던데. 하긴, 침대에 누워 있을 땐 입 딱 봉하고 아무 말 않더라."

"그럴 땐 일종에 혼수상태에 빠졌다고 생각하면 돼요."

"망할 노릇이구만!"

"걔가 좀 그래요, 신통하게 몸에 무슨 스위치가 달렸는지 탁 꺼버릴 때가 있다니까요."

"그래도 어젠 걔가 가축들도 돌보고 아버지 자전거에 새 흙받기도 달고 했어."

"그래요, 그건 참 잘했네요."

"그런데 당나귀 똥 치우라니까 그건 안 하겠다고 버티더라그."

"그래요?"

"응. 당나귀하고는 절대 상대하고 싶지 않다더라고."

"그건 이해할 만해요."

"난 이해 못 해. 다른 사람들은 우리 당나귀들을 얼마나 좋아하는데."

"갠 당나귀 무서워해요."

"당나귀를 대체 왜 무서워해? 우리 이웃집 아이들은 당나귀 밑에 기어들어가 벌렁 눕기까지 하는데."

"갠 어릴 때 당나귀한테 차인 적이 있어요."

"그래?"

"네. 딸들이 하도 졸라서 빈이 오래전에 아주 작은 종으로다가 당나귀 한 마리를 사들인 적이 있었는데, 어느 날 헹크가 돼지우리 지나 당나귀 풀어놓은 잔디밭으로 기어가더라고요. 그때 그만 당나귀한테 옆통수를 차여서 병원 신세를 한 일주일 정도 진 적이 있어요."

"아, 그 흉터가 그 흉터구만."

"네, 맞아요. 네다섯 살 때 일이에요."

"그래서 당나귀는 결국 어떻게 됐어?"

"당장 팔았죠. 빈이 가축 매매상한테 '가져다 풀이나 쑤시구려' 했다니까요."

리트가 잠시 쉬었다가 말을 잇는다. "지금 갠 뭐 해요?"

"몰라. 저 뒤에 있긴 한데." 나도 잠시 쉬었다 말을 잇는다. "헹크가 돈이 필요한 모양이야."

"무슨 돈이요?"

"일에 대한 대가."

"아 참, 내가 그 생각을 정말 못했네요."

"나도 못했어."

"돈은 절대 주지 마세요."

"왜? 공짜로 일을 부려먹을 순 없잖아."

"그야 그렇지만, 먹고 자는 게 공짜잖아요. 헬머 씨도 그리 여유가 있는 건 아닐 텐데."

"이봐, 리트. 내가 평생을 살아오면서 돈 한 푼 제대로 써본 적이 있는 사람 같아? 아버지도 돈 안 쓰며 살아오긴 마찬가지였는데 뭘."

"그럼, 음식이라도 만들라고 해요."

"음식?"

"네. 걔 음식은 꽤 하는 편이에요. 한데, 데리고 있어보니까 어떤 것 같아요?"

"뭐 그럭저럭. 그런데 좀 별난 편이라 섣불리 건드리면 안 될 것 같더라고."

"맞아요, 걔가 좀 별나긴 하죠. 난폭하게 굴진 않나요?"

"난폭? 아니, 그런 기미는 전혀 안 보이던데. 왜?"

"아니, 그냥요. 걔가 거기 생활에 좀 익숙해질 때가 되면 내가 한번 찾아가는 건 어떨까요? 가서 빨래니 요리니 여자가 하는 집안일 좀 거들어주면 좋을 것 같은데."

전화를 끊을 때가 된 것 같다. 매듭을 확실히 지으려고 '아니, 우리 둘이 잘하고 있으니까 올 필요 없어'라는 말을 입 밖으로 꺼내려고 애를 쓴다. 한참을 난감해하며 벽지만 쳐다본다.

"그럼 다음 주에 또 전화할게요."

"그래."

"잘 지내요."

"응, 리트도 잘 지내." 수화기를 내려놓는다.

언젠가 헤일로에 있는 마리아 영묘에 간 적이 있다. 어머니가 꼭 한

번 가보고 싶어 해서 간 것이었다. 어머니는 천주교를 믿는 사람은 아니었다. 한 20년 전쯤 일이다. 5월 주중 어느 날 난 어머니를 차에 태우고 그곳 영묘로 향했다. 영묘 담벼락에 (모자이크였던 것 같은데) '성모마리아를 통해 예수님께로'라는 글이 새겨져 있었다. 그런데 왜 그때 일이 지금 떠오르는 걸까? 리트 때문에 마음이 혼란스럽다. 벽지는 그만 보고 부엌으로 들어간다. 밖은 2월이다. 우박이 쏟아지고 눈은 축축이 녹아버렸고 가끔 해가 삐죽 얼굴을 내민다.

32

헹크가 나에게 조용히 있으라고 한 뒤 하얗고 헐렁한 팬티 차림으로 달걀 위를 걷듯 살금살금 내 방을 나가버리고 나서, 난 침대 머리맡으로 올라가 무릎을 꿇고 앉았다. 그러곤 두 팔을 창틀 위에 포개놓고 멍하니 밖을 쳐다봤다. 따땃해진 고랑물에서도 냄새가 나고 종일 태양에 달궈진 기왓장에서도 냄새가 났다. 휘영청 달 밝은 밤이라 수로 건너편에 있는 산토끼 한 마리까지도 눈에 들어왔다. 혼자서 뭘 찾기라도 하듯 조금 걷다가 손만 축 처지게 앞다리를 들고 서서는 귀를 쫑긋 세웠다. 거기 산토끼 뒤에서부터 둑길까지는 아무것도 없었다. 소도 양도 아무것도 보이지 않았다. 이젠 수컷들이 떨어져버린 셈이군, 하는 생각이 들었다.

헹크의 방 유리창도 열려 있었다. 둘이서 뭔가 속닥거리고 있는 듯했지만 내 귀에는 아무 소리도 제대로 들리지 않았다. 빗물 배수관 위에 맨발로 올라서서 열린 유리창문을 꼭 부여잡고는 고개를 최대한 안쪽으로 들이대는 내 모습이 그려졌다. 난 도저히 이불을 뒤집어쓰고 침대에 누워 있을 수만은 없을 것 같았다. 침대에서 나와 살짝 문을 열고 복도로 나갔다. 잠시 컴컴한 어둠에 눈이 익숙해지기를 기다렸다. 몇 발짝 걸어가 헹크의 방문 앞에서 무릎을 꿇었다. 오래된 합판으로 짠 문에는 열쇠 구멍이 제법 큼직하게 뚫려 있었다. 처음엔 뭔가 움직움직하는 것만 보이더니 슬슬 형태가 잡혔다. 리트는 종아리밖에 보이지 않고 헹크의 몸뚱이가 열쇠 구멍을 거의 꽉 채우고 있었다. 난 한쪽 무릎을 바닥에 붙이고 다른 한쪽 무릎은 세운 채로 앉아 있었다. 한 손을 팬티 안으로 집어넣었다. 당시 우리는 튼튼한 고무줄이 들어간 큼지막하고 하얀 팬티를 입었다. 팬티는 자고로 항상 깨끗해야지 안 그러면 언제 탈나서 병원 신세 지게 될지 모르는 거야, 라고 어머니는 말하곤 했다. 온통 신경을 눈으로 보는 데만 집중하고 있었더니, 따뜻한 물건이 뱃살을 톡톡 건드리고 있는 것도 조금 지나서야 알았다. 내 눈과 내 손이 헹크의 움직임을 따랐다. 내내 그러고 있는데 세운 무릎 쪽 다리가 저리기 시작했다. 일어설 수밖에 없었다. 몸을 일으켜 세우는 동안 복도 끝에 달린 쪽창을 바라보았다. 달빛을 받고 선 포플러나무가 보이고, 여전히 손을 팬티 안에 집어넣은 채 닫힌 문 앞에서 몸을 일으켜 세우고 있는 내 모습이 보였다. 종아리에 난 쥐를 풀기 위해 발가락을 바닥에 대고 서서는 다리를 폈다.

무슨 까닭인지 내 방으로 돌아갈 수가 없었다. 방에 가봤자 둘의 속닥거리는 소리가 들릴 것이고 그러면 또 둘의 모습이 내 눈앞에 아른댈 것 같았다. 살금살금 발뒤꿈치를 들고 항상 문이 열려 있는 사 방으로 걸어 들어갔다. 회전창 밑으로 가 청색 카펫에 등을 깔고 발라당 길게 드러누웠다. 거기서 난 잠이 들었고 다음 날 아침 일찍 잠에서 깨어 내 방 침대로 돌아갔다. 헹크는 그때까지도 돌아오지 않았다.

1966년 8월, 거의 40년 전 일이다. 난 가끔 내 자신이 어쩌다 이렇게 늙어버렸을까 하고 의아해하곤 한다. 거울 속으로 내 모습을 들여다보면, 세파에 찌든 얼굴 뒤로 항상 열여덟 열아홉 살쯤 된 청년이 보인다. 난 아직도 그날 밤 내가 보려 한 사람이 누구였는지 잘 모르겠다.

33

"형 어디서 왔어?" 로날드가 묻는다.
"브라반트." 헹크가 답한다.
"어 ─ 그때 그 아줌마도 브라반트에서 왔었는데."
"맞아. 이 형 그 아줌마 아들이야." 내가 말을 보탠다.
"형 여기서 일해?" 튠이 묻는다.
"응."
"그럼 잠은 어디서 자?"
"위에서."
"형아 엄마도 여기서 살아?"
"아니, 그건 아니야. 형만 여기서 사는 거야." 튠에게 내가 대답한다.
"우리 형 방 구경해도 돼?" 튠이 헹크에게 묻는다.

"응."

금세 튠과 로날드가 팔짝팔짝 뛴다. 아이들이 위층에 가본 것이 언제였는지 생각나지 않는다. 이런 기회를 아이들이 놓칠 리가 없다. 로날드가 반밖에 먹지 않은 케이크도 마다하는 판이다.

"자, 따라와." 헹크가 말한다. 그러니까 헹크가 꽤나 커 보인다. 혹시 그게 아니라, 아이들이 더 작아 보이는 걸까? 모두들 부엌에서 나간다. "층계 참 가파르다!" 잠시 후 로날드의 목소리가 들린다.

옆 창문으로 다가가 아다의 집 쪽을 바라본다. 부엌 창문이 좀 멀다. 생전 하지 않은 짓을 한다. 책상으로 가 망원경을 꺼내 든다. 위에서 알아들을 수 없게 떠드는 세 사람의 목소리가 들린다. 다시 창가로 다가간다. 이번엔 망원경이 내 손에 들려 있다. 5백 미터도 넘게 떨어진 농가의 부엌 창문 뒤로, 망원경을 들고 내 쪽을 살피는 아다가 보인다.

그나마 두 사람 눈에 뭔가가 붙어 있어 맨눈으로 보지 않아도 되니까 다행이다. 하지만 다행은 오직 그것 하나뿐이다. 이제 나도 어찌해야 할 줄 모르고 아다도 어찌해야 할 줄 모른다. 눈앞에 알 두 개 달린 플라스틱 물건을 사이에 두고 둘이 딱 달라붙어버린 꼴이다. 먼저 망원경을 내리는 사람이 지게 되는 것이다. 상대에게 꼬랑지 내리고 물러서는 꼴을 보이기란 쉽지 않다. 순간 아다가 손을 치켜들고는 조심스럽게 흔들어 보인다. 나도 손을 들어 흔들어 보이지만, 내키지는 않는다. "내가 좀 먼저 하자." 복도에서 헹크의 말소리가 들린다. 난 승리니 패배니 물러서는 거니 더는 생각지 않기로 하고 망원경을 밑으로 내린다. 책상으로 돌아가 원래 자리에 망원경을 되돌려놓는다.

"헹크 형이 나 워크맨 써도 된대!" 로날드가 신이 나서 외친다.

“그래?” 난 책상에서 뭘 찾는 시늉을 하며 대꾸한다.

“형 방에는 포스터 하나 걸면 좋을 것 같아.” 튠이 방을 보고 와서는 품평을 한다.

“애들은 내 방이 좀 텅 빈 것 같대요.” 헹크가 말한다.

“우린 낚시도 같이 갈 거다!” 로날드가 말한다.

“봄이 오면.” 헹크가 말한다.

“그래 낚시는 봄에 해야 해. 지금은 물고기들이 다 진흙탕 안으로 숨었을 거야.”

“애들이 위에 왔었나 보던데.” 아비가 말한다.

“헹크가 아이들한테 방 구경시켜줬어요.”

“그럼 내 방엔 왜 안 들렀데?”

“로날드가 아버지 무서워해요. 섣달그믐 밤에 눈치 못 챘어요?”

“아니, 날 왜 무서워해?”

“아버진 늙었잖아요.”

“예전엔 나 전혀 무서워하지 않았는데.”

“그땐 두 다리 성해서 돌아다녔던 때고요.” 난 피신을 하기 위해 여기 아비의 방에 와 있다. 헹크와 아이들은 아직도 부엌에 앉아 차를 마시고 케이크를 먹고 있다. 속이 뒤숭숭해진 나는 도무지 아무것도 목구멍 안으로 넘길 수가 없었다. 망원경을 들고 우리 집을 살피는 아다, 아이들과 어울리는 헹크, 며칠 전 전화로 들은 리트의 목소리, 머릿속이 복잡했다. 부엌에는 더 이상 있을 수 없을 것 같았고, 우유를 짜기에는 시간이 너무 일렀다. 이 방에 있으니까 과거의 시간 속으로 돌아온 느낌이다. 똑딱똑딱 천천히 울려대는 괘종시계 소리, 쭉 벽에 걸린 사진들, 예전에 쓰던 침대. 그리고 아비. 난 유리창문 앞에 놓인 의자에 앉아 있다. 뿔까마귀가 물푸레나무에 앉아 깃털을 쪼고 있다. 저 새마저도 이젠 익숙해져버렸다.

"그 헹크란 아이는 어디 잘하고 있어?"

"네."

"그 아이도 지난번에 한 번 보고 코빼기도 보지 못했는데."

"그게 이상해요?"

"아니, 난 그냥……"

"조만간 헹크하고 같이 당나귀 방목장에 있는 울타리를 교체할까 해요."

베개 두 개를 등 뒤에 세우고 침대 머리맡에 앉아 있는 아뷔가 협탁에 놓인 컵을 들어 물을 한 모금 마신다. 컵이 입술에 닿자 파르르한 손떨림이 그제야 멈춘다. 내가 의자로 가 앉고 나서부터 아뷔는 줄곧 나를 빤히 쳐다보고 있었다. "지금이 봄이라면 참 좋을 텐데."

"소변 마려우니까 너무 많이 마시진 마요."

"이제 살날도 얼마 안 남았을 텐데."

"그런데요?"

"봄이 오는 걸 한 번만 더 보고 싶어."

아래 대각선 방향에서 튠과 로날드의 웃음소리가 들려온다.

"그런데 너, 날 왜 그렇게 싫어해? 또 의사는 왜 안 데리고 와? 그리고 아다한테는 왜 날 정신 나간 노인네라고 하는 거지?"

숨은 곳이 더 이상 안전하게 느껴지지 않는다. 여태껏 아득하게만

느껴지던 느릿느릿한 괘종시계 소리가 뭔가 재촉하듯 긴박하게 느껴진
다. 여섯 폭의 버섯 수채화를 물끄러미 바라보며 저 그림들이 어떻게
우리 집에 있는 것일까 의아해한다.

"내가 대체 헬머 너한테 뭘 잘못했지?"

아비가 내 이름을 대며 자기가 뭘 잘못했느냐고 묻는다. 버섯이 흐
리멍텅하게 보이자, 애써 마음을 다잡는다. 아래층에서 다른 목소리가
들린다.

"아다가 왔나 보네?"

아비를 바라본다. 이불 위에 놓인 손에 여전히 컵이 들려 있다. 난 목
을 가다듬고 말한다. "네, 어수선한 통에 거드는 사람이 한 명 더 늘었
네요."

"자, 이제 네 말 좀 들어보자, 헬머. 내가 뭘 어쨌는지 말해봐."

"텔레비전이네!" 아다가 큰 소리로 외친다.

"텔레비전?" 아비가 묻는다.

"네, 헹크가 저녁에 지루하다고 해서 한 대 샀어요."

"헹크한테 잘해주네."

"그 정도 가지고 뭘."

"자, 어서 말해봐."

"언젠간 알 날이 올 거예요. 그럼 난 이만 내려가요."

"넌 네 동생한테도 아주 잘해줬어."

"아버지도요. 아버지 자식이니까."

"그래, 나도 그랬지." 마침내 아비가 컵을 협탁 위에 올려놓는다. 대
리석 협탁에 컵이 떨그럭 내려앉는 소리가 들린다.

부엌에는 헹크만 혼자 있다. 양팔을 옆구리에 내린 채 앞창 곁에 서 있다.

"기분 어때?"

"그럭저럭요."

"조금 있다가 가축들 좀 돌볼래?"

"네, 그럴게요."

"근데 다들 어디 가고 없지?"

"언청이 입 아줌마는 카펫 가지러 갔어요."

"카펫?"

"네. 좀 썰렁한 것 같다면서 카펫 있으면 좀 덜할 것 같다고."

"그 아주머니 이름은 아다야."

"알아요."

"자, 일하러 가자."

"네."

다용도실에서 우린 위아래가 붙은 작업복으로 갈아입는다. 작업복을 입은 헹크의 모습을 보니 아비가 얼마나 쪼그라들었는지 새삼 알 것 같았다. 가랑이는 찢기고, 소매는 짧은 작업복에 단추 하나가 떨어져 있다. 가슴에 달린 주머니는 담배가 들어 있는지 네모나게 튀어나왔다. 세탁 바구니가 가득 찬 것을 보니 오늘 저녁엔 세탁기를 돌려야겠다. 착유실로 들어간다. 난 착유실에 남고 헹크는 헛간을 지나 가축들이 있는 축사로 걸어간다.

한 30분 후쯤 아다가 둘둘 말린 카펫을 들고 외양간으로 들어온다. 소 틈바구니에 끼어 있다 아다가 부르는 소리에 고개를 돌린다. 아다의 얼굴이 빨개진다. "카펫 가져왔는데."

호스를 우유관에 꽂고는 소 틈바구니에서 빠져나오며 말한다. "다용도실에 들여놔."

"네." 아다가 대답만 하고 가만히 서 있다.

"훔쳐보다 걸렸지?"

"네, 딱 걸렸어요."

우린 더 이상 할 말이 없다. 아다는 이번이 처음이라고, 예전엔 그런 적이 없다고 (설사 그것이 사실이 아니라 해도) 말할 수 있을 터인데…… 그럼 나도 똑같이 둘러대며 (이건 사실이지만), 다음부터는 그러지 말자고 말할 수 있을 터인데…… 하지만 그렇게 말한들 뭐가 달라지겠는가?

"젊은이가 제법 상냥한 것 같아요."

"헹크 말이군."

"애들이 벌써부터 형 거들겠다며 소란 피우고 난리예요."

"걔들 아까 헹크 방에도 다녀갔어."

"튠이 젊은이 주라고 포스터 하나 줘서 여기 카펫 안에 끼워뒀어요."

"다용도실에 갖다놔."

아다가 걸어간다. 문까지 걸어가다 등을 돌리곤 부른다. "헬머 아저씨?"

"응?"

"저기……"

"뭐?"

"아니에요, 아무것도." 아다가 외양간에서 나갔다. 다시 돌아오지 않는다. 조금 있다 소 틈바구니에 서서 유리창 밖을 바라보니 아다가 저만치 걸어가고 있다. 축축하게 젖은 길 위를 아다가 팔짱을 낀 채 걸어가고 있다. 팔짱 때문인지 걸음새가 좀 기우뚱거리는 것 같다. 둘이 서로를 향해 손을 흔들었다는 것이 마음을 덜 껄끄럽게 하기는 하지만, 이미 생긴 일이 없던 일이 되지는 않는다. 곁에 있던 소 두 마리가 고개를 동시에 쳐들자 덜컹덜컹 쇠사슬 부딪히는 소리가 들린다. 저리 비켜, 하는 뜻이다.

열린 외양간 문으로 걸어간다. 헹크가 거름 더미 곁에서 일을 하고 있다. 거름 더미에 걸친 널다리 옆에 손수레가 놓여 있고 분뇨는 땅바닥에 쏟아져 있다. 헹크가 땅바닥에 떨어진 분뇨를 쇠스랑으로 퍼서 휙휙 거름 더미 위로 내던진다. 다 하고 나선 이마를 긁적거리더니 축사 안으로 들어간다. 나를 보지는 못했다. 대체 쟨 여기서 뭘 하는 걸까? 의아해진다. 양손을 호주머니에 찌르고는 하늘을 쳐다본다. 구름이 끼고 비가 올 것 같은 날씨지만 해는 분명 길어지고 있다.

잠시 후 축사 문으로 걸어간다. 양 우리 쪽을 보니 헹크가 벽에 등을 기대고 서 있다. 무릎을 굽혀 다리 하나를 벽에 대고 서서는 담배를 입에 문 채 거름 더미 너머로 당나귀 우리를 멍하니 바라보고 있다. 헹크가 구식 담배광고에 나오는 생폼 잡는 남자처럼 보인다.

식사 전에 소파 앞에서 카펫을 펼쳐본다. 카펫은 바탕이 누런색이고 가장자리가 하늘색이다. 가장자리에 동그라미 네모 세모 무늬들이 그려져 있다. 헹크가 포스터를 펼친다. 긴 금발머리에 도톰한 입술을 한 젊은 여자 그림이 나타난다. 걸친 옷이 거의 없다.

"누구야?"

헹크가 빙긋 웃으며 말한다. "브리트니 스피어스요."

"누구?"

"가수예요."

"튠은 그 포스터가 네 방에 잘 어울릴 거라고 생각하나 보지?"

"그런가 보네요."

"예쁘네."

"예쁘긴요, 유치하지."

"그거 방에 걸 거야?"

"일단 방으로 가지고 올라갈게요. 근데 튠은 몇 살이에요?"

"아홉, 열?"

"어쨌든 걘 브리트니 스피어스 팬은 아닌 것 같아요."

"왜?"

"자기 방에다 안 걸고 나한테 줬으니까요."

헹크와 나는 복도를 지나 부엌으로 걸어간다. 옆 창을 커튼으로 가릴까 말까 생각하고 있으려니까, 헹크가 가서 커튼을 쳐버린다.

"커튼은 왜?"

"밖이 어두워지면 창문이 거울 같아요."

"그게 뭐?"

"입 안으로 음식 들어가는 내내 내 얼굴이 보이면 싫거든요."

"한 달 정도 있으면 해가 길어져 이 시간쯤 돼도 날이 어두워지진 않을 거야."

"한 달요?"

"응."

"아직 한참 남았네."

텔레비전을 보고 있다. 난 소파에 앉았고 헹크는 카펫 위에 팔베개를 하고 누웠다. 헹크가 아주 빠른 속도로 리모컨을 눌러 채널을 바꾸고 있다. 몇 초밖에 뜨지 않는 화면의 영상을 보고 대체 뭘 알 수 있다고 이리도 빨리 화면을 바꾸는 것인지 참 어이가 없다. 나는 그저 '어라' 이 소리만 되풀이한다. 난 텔레비전 보는 것을 포기하고 그저 헹크가 텔레비전 다루는 모양을 지켜본다. 한참을 눌러대더니 이제 좀 지루해진 모양인지 한숨을 몇 번 내쉬고는 자리를 털고 일어선다. 말없이 나에게 리모컨을 건네더니 거실을 나간다. 난 텔레비전을 끄고 훈훈한 열기가 뿜어져 나오는 난로로 다가선다. 어머니가 액자 속에서 좀 도발적인 것도 같고 도도해 보이기도 하는 시선으로 나를 쳐다보고 있다. 이제 보니 어머니의 그 아리송한 시선 속에 뭔가 경계하는 눈빛이 엿보인다. 어머니가 벽난로 선반 위에서 모든 것을 주시하고 있는 모양이다. 헹크는 사진 속의 어머니에게 몇 번 시선을 주긴 했지만 누구냐고 물어보지는 않았다.

세탁기 안에 빨랫감을 집어넣고 있으려니까, 헹크가 욕실에서 나온다. 수건으로 아랫도리를 감싼 헹크의 어깨가 아직 촉촉이 젖어 있다.

"담배가 거의 다 떨어졌어요."

“그럼 모니켄담에 가봐야겠네.”

“여기서 멀어요?”

“한 4킬로미터. 내일 나랑 같이 차로 가자.”

“나 그냥 자전거 타고 갈까 하는데요.” 헹크가 젖은 발자국을 찍으며 층계로 통하는 문으로 걸어간다.

“그 수건 빨아야 하지 않나?”

헹크가 돌아보며 묻는다. “지금요?”

“응, 왜 안 될 이유라도 있어?”

헹크가 수건을 풀어 발을 닦는다. 몸을 일으켜 세우고는 수건을 던져준다. 수건에서 나오는 훈훈한 온기가 내 아래 팔목에 전해진다. 잠시 동안 헹크가 뭔가 뿌듯해하면서도 부끄러워하는 듯한 모양으로 그대로 서 있다. 따뜻한 물 때문인지 귓가의 흉터가 한층 더 도드라져 보인다. 이제 헹크가 문을 열고 사라진다. 층계를 오르는 헹크의 발소리를 들으니 집유차 운전석으로 사뿐히 뛰어오르던 그때 그 젊은이가 떠오른다.

34

헹크와 헬머. 이 마을 초등학교에 다닐 때, 같은 반에 쌍둥이 여자아이들이 있었다. 우린 창가에 앉았는데 거기엔 가죽처럼 질긴 잎에 뽀얗게 먼지가 낀 커다란 홍치아 화분들이 놓여 있었다. 쌍둥이 여자아이들은 우리 뒤에 앉았다. 당연히 헹크와 나는 이 쌍둥이 여자아이들과 짝을 이루었고, 그건 남들이 기대하는 바이기도 했다. 헹크와 나는 가끔 몰래 짝을 바꾸기도 했는데, 그건 쌍둥이 여자아이들이 우리 둘보다 훨씬 덜 닮았기 때문이었다.

헹크는 매사에 굼뜬 나와는 달리 매우 민첩했다. 지금 돌이켜봐도 헹크는 그때부터 뭔가에 대한 준비태세를 항시 갖추고 있었던 것 같다. 당시 우리 반 선생님은 누리끼리한 윗도리를 걸치고 다녔고 필터도 없는 카멜 담배를 하도 피워대서 손끝이 갈색으로 찌들었는데, 헹크는 그 선생님이 질문을 해도 재빨리 대답했고, 심지어는 자리를 털고 의자에서 일어나는 것도 나보다 빨랐으며, 또 킥보드를 휙 돌려 옆길로 접어들 때도 나보다 훨씬 빨라서 꾸물대는 내가 할 수 있는 일이라곤 열심히 헹크의 뒤를 쫓는 일뿐이었다. 난 딴생각에 빠져 있었다. 난 생각만 했고, 헹크는 몸을 움직였다. 시간이 좀 지나자 쌍둥이 여자아이들은 우리가 가끔 짝 바꾸기 하는 것을 눈치챘는데, 그 여자아이들은 우리처럼 그걸 그다지 대수롭지 않게 생각했다. 교실에서의 헹크와 나는 역할 구분이 확실했다.

헹크와 나는 입고 다니는 옷도 똑같았고 같은 이발사가 차례로 깎은 머리 모양도 똑같았으며—이발사는 어머니와 우리에게 매번 "간편해서 좋습니다"라고 말하곤 했다—타고 다니는 빨간색 킥보드도 똑같았다. 하지만 헹크와 나는 결코 똑같지 않았다. 똑같은 셔츠를 입고 다녀도 헹크가 입은 셔츠는 뒷자락이 바지 뒤춤으로 비죽 삐져나와 있었고 칼라도 반쯤 세워져 있었다. 또 머리 모양도 헹크가 나보다 좀더 현란했다. (이발사가 머리를 반쯤 깎은 때면 헹크는 그때부터 침 삼키기를 멈추고는 이발소 문을 열고 나오기가 무섭게 손바닥에 침을 퉤 뱉어 머리카락을 쓸어 올렸다. 이발사가 보든 말든 헹크는 전혀 상관하지 않았다.) 또 헹크가 타는 킥보드는 내 킥보드를 항상 몇 미터쯤 앞질러 갔다.

돌이켜보면, 물론 항상 돌이켜보는 수밖엔 없지만, 아무것도 몰랐던 나와는 달리 헹크는 자신이 원하는 게 무엇인지를, 그게 무어든, 정확히 꿰뚫고 있었던 듯하다. 지금도 그때 이발소 거울 옆에 놓여 있던 헤어로션 병과 고무공을 눌러 뿌리는 분무기가 눈앞에 선하다. 헹크는 이런 것들이 지저분하다며 싫다는 의사를 분명히 했지만, 난 잘 몰랐다. 난 뭔가 끌리는 것이 있었는데, 아마 냄새인 것 같다.

여덟 살이 되었을 때 마침내 난 (지금 아비가 자리보전하고 누워 있는) 내 침실을 가지게 되었다. 사흘 밤은 혼자 잘 수 있었다. 하지만 나흘째 되는 밤에는 내 진짜 침실을 빠져나와 헹크가 누운 이불 속으로 기어들어갔다. "뭐야?" 헹크가 뜬금없이 자기 이불 속으로 들어온 나를 보고 말했다. 난 대꾸하지 않았다. 난 모로 누워 있는 헹크에게 착 달라붙어 두 다리를 헹크의 다리 사이로 밀착시켰다. 어쩌면 내 기억 속에 자리한 간직할 수 없는 기억이란 것이—어머니의 둥근 뺨 밑에서 어머니를 바라보던 기억. 어머니의 턱, 특히 어머니의 약간 부리부리한 눈이 나 아닌 어디 먼 곳을 향해 있는 것 같다. 망연한 눈이 농지를, 아마도 둑길 어딘가를 향해 있는 것 같다. 계절은 여름이고, 내 발에 다른 발이 와 닿는다—그날 밤에 대한 기억인지도 모르겠다. 물론 그땐 어머니의 품에서 떨어져 나온 지가 7년도 넘은 때였고 발에 붙은 물컹물컹한 살도 이미 오래전에 사라진 때이긴 했지만 말이다.

헹크는 한 번도 내 방을 찾아오지 않았다. 내 방은 외롭고 쓸쓸한 방이었다. 더 빨리 아래층 방으로 옮겼어야 했는지도 모르겠다 아비는 그 방에 드리워진 외로움이 어떤 것인지 전혀 알지 못한다. 초등학교를 거의 마칠 즈음, 쌍둥이 여자아이들이 이사를 간 탓에 우리가 더 이상 그 아이들과 굳이 짝을 지어 놀 필요가 없게 되었을 그즈음, 나는 헹크의 방을 매일은 아니고 일주일에 한두 번쯤 찾곤 했다.

우린 유리창에 성에가 낄 정도로 추울 때면 잠옷 바람으로 드꺼운 이불 속으로 기어들어가 함께 누웠고, 날이 더울 때면 알몸인 채로 시트 밑으로 기어들어가 함께 누웠다. 우리의 몸은 서로 합일이라도 할 것처럼 서로의 몸을 찾아다녔다. 우린 모니켄담까지 자전거를 타고 가는 것도 항상 함께했는데, 거기서부터 농업전문학교로 가는 헹크의 길과 인문고로 가는 나의 길은 두 갈래로 갈라졌다. 하지만 각자 다른 장소에서의 한나절을 보내고 나면 우린 항상 다시 만나 자전거 손잡이에 팔을 올리곤 비와 바람 속을 헤쳐 나갔다. 우린 생일도 함께 치렀고, 친구들도 함께 사귀었으며, 열넷이 될 때까지는 샤워도 같이했다. 같이 샤워를 하던 어느 토요일 저녁, 아비가 우리 둘을 떼어놓았다. “샤워는 한 사람씩 차례로 해라”라고 아비가 말했고, 아비의 처사에 대해 불평을 늘어놓았을 때 어머니는 “너희들도 이제 다 컸으니 그냥 아버지 말 들어”라며 아비를 거들었다. 다 큰 게 뭐가 어때서?라는 말을 우리는 머릿속에만 담아두고 내뱉지는 않았다. 할아버지 할머니들은 목소리를 듣고서도 우리 둘을 구분하지 못했다. 우린 서로를 굳이 구분해야 할 필요를 느끼지 못했기 때문에 여전히 똑같은 옷을 입고 다녔다. 우린 치과도 항상 함께 갔고(물론 충치는 항상 헹크보다 내가 더 많았지만), 에이설 호수에 수영하러 갈 때도 항상 함께 갔으며, 역겨운 삶은 꽃상추 요리가 식탁에 올라올 때도 똑같이 접시를 저만치 물리려 했다가 함께 매를 벌기도 했다. 강추위가 몰아치던 그때 그 2월 어느 날, 방파제 너머로 아비가 감히 차를 몰고 가려 했을 때에도, 우린 스스럼없이 샴쌍둥이로 변모할 수 있었다. 자연스러운 일이었다. 만일 그때 아비가 뭣 모르고 일을 저지르는 바람에 차가 얼음 밑으로 가라앉게 되었다면, 우린 온전히 하나가 된 몸으로 물에 빠져 죽었을 것이다.

우린 여름이면 보스만 풍차를 자주 찾곤 했다. 우리는 양들이 우릴 쳐다보는 가운데 마주 보고 서서 쇠막대에 몸을 비벼댔다. 풍차에는 번지르르 기름이 발려 있었고, 우리의 살갗은 태양에 검게 그을어 있었으며, 잔디는 바짝 말라 물기가 없었고, 땀은 소금처럼 짰다. 하늘엔 구름이 높이 떠 있었고, 종달새가—아무리 눈을 씻고 찾아보아도 눈에 보이지 않았지만—지저귀고 있었다. 우린 두 명의 남자아이였지만 몸은 하나였다.

그런데 어느 날 우리 둘 사이에 리트가 등장했다. 1966년 1월, 난 헹크 옆으로 가 누우려다 쫓겨나버렸다. "저리 꺼져." 왜냐고 묻자 헹크가 짧게 내뱉었다. "한심한 놈." 방문을 열고 나가는 동안에도 헹크의 비아냥대는 소리는 그치지 않았다. 다시 내 침실로 돌아가는데 몸이 부들부들 떨렸다. 해가 바뀐 지 얼마 안 된 그날은 몹시 싸늘했고 아침에 본 유리창에는 성에가 한가득 끼어 있었다. 우린 각자 별개의 몸을 가진 쌍둥이가 된 것이었다.

35

일손은 얍이라는 제 이름을 닮아, 손은 큼직했고 얼굴은 네모로 각이 져 있었으며 머리카락은 짧게 깎은 금발이었고 몸은 건장했다. 또 코는 좀 삐딱했고 앞니 하나는 모서리가 깨져 있었다. 내 눈에는 그가 항상 커 보였다. 헹크와 내가 한 다섯 살쯤 되었을 때 그가 아비 밑으로 들어와 일손이 되었다. 1966년 늦여름, 아마 그의 나이는 한 서른쯤 되었을 것이다. 당시로선 많은 나이지만, 지금으로선 젊은 나이다.

헹크와 리트가 그 짓거리를 하고 나서 (물론 난 두 사람의 연애 행각을 지켜보았다) 난 반년도 넘게 헹크의 침실에는 얼씬도 할 수 없었다. 난 아비의 자식도 되지 못했고 (헹크와도 소원해지고 조만간 '단어나 배우러' 암스테르담으로 가게 될 사람이라 난 더더욱 아비의 자식이 될 수 없었다) 그저 속수무책인 어머니는 뭘 어찌해야 할지 알지 못했다. (그때는 아직 동맹이 체결되기 전이라 어머니는 내 눈길을 피하곤 했다.) 8월은 여전히 후터분하고, 또 누리끼리했다. 날씨만큼은 반바지를 입기에 적당했지만, 내 반쪽짜리 몸은 그저 싸늘하기만 했다. 난 그 어디에도 부빌 곳이 없었다.

얍은 항상 곁에 있었다. 그는 소나 양, 써레나 닭장처럼 농가의 일부였다. 우리를 볼 때마다 그는 "애들아, 안녕" 하며 항상 우리를 반기곤 했다. 헹크와 나는 스케이트 탈 때를 제외하고 항상 얍을 함께 만났다.

얍은 우리가 주인어른의 자식들이라서 그랬는지, 아니면 우리와 별로 할 말이 없었기 때문인지, 항상 조심하며 거리를 두었다. 또 그는 우리 집에 발을 들여놓는 일도 거의 없었다. 꼭 제 집에서 커피를 마셨고 식사를 했다. 홀로 이곳에 온 얍은 떠날 때도 홀로였다. 처음에는 가족들이 찾아오는 날도 있었지만 시간이 좀 지나자 아무도 찾아오는 사람이 없었다.

새 방 방바닥에 누워 눈앞에 자꾸 어른대는 형상 때문에 잠을 설치고 있었을 때 난 문득 아비와 얍 사이에 있었던 일을 떠올렸다. 뒤늦게 생각해보니까 헹크가 그 자리에 없었다. 그 자리엔 아비와 얍 그리고 나, 이렇게 세 사람밖에 없었던 것이다. 회전창 아래에 누워 있던 그때, 열쇠 구멍이 까만 여인의 얼룩처럼 내 눈앞에 까물대던 그때, 난 왜 일손이 나를 그때 빤히 쳐다보았는지 깨닫게 되었다. 이유는 바로 내가 혼자서 아비 뒤에 비스듬히 서 있었기 때문이었다.

일손이 살고 있는 동안 내가 일손의 집에 발을 들여놓은 건 그때가 처음이었다. 난 거기 가서 무슨 말을 해야 할지도 알지 못했고, 그 안에 들어가는 핑계거리도 미리 생각해둔 바가 없었다. 그저 발길이 그리로 닿았을 뿐이다. 때는 어느 주중 저녁시간이었다.

그가 현관문을 열고는 "헬머 왔구나" 하며 마치 매일같이 들르는 사람을 맞듯 나를 맞았다. 윗단추를 몇 개 푼 그의 반팔셔츠 밖으로 까무잡잡하게 볕에 그은 그의 팔이 보였다. 그는 당시 아비에게 잘려 거의 4개월은 일 없이 쉬고 있는 상태였다. 얍이 날 보자마자 알아보는 것이 전혀 놀랍지 않았다. 기분이 괜찮았다. 헹크라면 절대 그 집 문을 두드리지는 못했을 것이다. 그가 좁은 복도를 지나 작은 거실로 들어가는 동안 난 현관문을 닫았다. 거실로 들어서니 창문 하나가 기다란 나무 막대에 고정돼 열려 있었다. 거실 중앙에 놓인 기다란 탁자에는 수권의 책들이 쌓여 있었고, 옆에 놓인 재떨이에는 피우다 만 궐련이 타고 있었으며, 또 그 옆에는 거의 빈 궐련 봉지가 놓여 있었다. '판 넬러Van Nelle'라고, 중간쯤 독한 궐련의 상표가 보였다. 궐련을 말 때 쓰는 얇은 종이도 그 옆에 함께 있었다. 큼직한 라디오에서 음악이 잔잔하게 흘러나왔다. 소파에 앉은 그가 손으로 의자를 가리켰다. 나는 의자에 앉으면서 손등으로 이마를 훔쳤다.

"덥나 보구나."

"응."

자전거 한 대가 여름 저녁 속을 가르고 지나가나 싶었더니 곧이어 또 한 대가 지나갔다.

"뭐 마실래?"

"응."

"나 맥주 마실 건데 너도 맥주 줄까?"

"응."

그가 부엌으로 가 찬장에서 맥주 두 병을 꺼내 왔다. 냉장고는 없었다. 그는 예상했던 것보다 차가운 맥주를 내 손에 건네주고 다시 소파로 돌아가 좀 깊숙이 기대앉았다. 한 손은 소파 팔걸이에 올리고 맥주를 든 다른 한 손은 무릎 위에 올려놓았다. 오랫동안 거름도 번지르르한 소도 경유도 흙도 만지지 않아서인지 손이 말끔했다. 궐련이 서서히 타들어갔다.

"너흰 수영하러 어디로 가?"

"아윗담."

"난 피난항(避難港)으로 가는데."

"피난항?"

"응, 마르컨 가는 둑길 초입."

"아, 거기." 맥주를 한 모금 마시고는 다시 이마를 훔쳤다. 난 그에게 수영을 배운 적은 없었다. 제목을 읽는 척 탁자 위에 놓인 책들로 시선을 돌리고는 그가 나에게 수영을 가르친다면 어떻게 가르칠지 생각해보았다.

그가 고쳐 앉으며 팔걸이에 놓인 손을 무릎 위로 가져갔다. 양손의 느슨한 손가락이 맥주병을 감싸고 있었다. "무슨 일 있니?" 그가 윗입술을 움직여 말을 하니까 고르지 않은 치열이 드러났다.

"혹시 헹크 때문에?"

난 고개를 끄덕이고는 침을 삼켰다.

"계집애 생겨서?"

"응."

아직 이른 시간이었지만 여름은 이미 막바지에 접어들고 있었다. 거실로 들어오는 빛이라곤 열린 부엌문으로 들어오는 빛이 거의 전부였다. 일손의 집 옆을 지나가는 고랑에서 수증기가 피어오르기 시작했고, 농지 위에도 벌써 엷은 안개가 나지막이 드리워지고 있었다. 온전히 다 타들어간 궐련 때문에 작은 거실 안에도 연기가 나지막이 드리워졌다. 짧게 깎은 그의 머리 위로 연기가 살짝 스쳤다. 내가 그의 눈을 빤히 쳐다보니까 예상대로 그도 내 눈을 빤히 쳐다보았다. 아비에게 맞서 끓어오르는 것을 삭이며 나에게 도움을 구하던 그때처럼—거의 10년 전처럼—그가 나를 빤히 쳐다보았다. 그가 일어섰다. 머리 주변 으로 연기가 휘돌았다.

"나가자." 항상 헹크와 나를 보면 그랬듯이 그가 부드러운 어조로 말 했다.

우리는 동시에 맥주병을 탁자에 내려놓았다.

당시에는 너무 비싼 물건이었던지 그에겐 차가 없었다. 우린 자전거 를 타고 아윗담이 아닌 피난항으로 향했다. 자전거가 휘청거릴 때마다 난 뒤에 앉아서 그의 허리를 꽉 붙들었다. 그의 목에 걸린 수건이 겨드 랑이로 해서 내 가슴에 와 닿았다.

"나 걔들 그짓 하는 거 봤어." 등에 기댄 채로 내가 말했다.

"헹크하고 그 계집?"

"응."

둑길로 접어들어 계속 자전거 페달을 밟으며 그가 말했다. "내 생각 엔 차라리 잘된 일 같은데."

"무슨 뜻이야?"

"넌 헹크가 아니잖아."

"물론 그렇기야 하지."

피난항에는 배가 몇 척 정박돼 있었다. 잔디밭 위에 자전거를 내려 놓고는 그가 짧은 방파제 위로 올라갔다. 다른 사람은 없었다. 그가 옷 을 벗고는 조심조심 현무암 바위들을 넘어타고 물로 다가갔다. 팔다리는 검게 그을었지만 어깨며 등이며 엉덩이는 새하얘서 사이클 선수를 보는 것 같았다. 난 그때까지 헹크를 제외하고 다른 사람의 알몸은 본 적이 없었다. 몸이 훨씬 크고 낯설어서 쉽게 다가가 기댈 수 없을 것 같았다. 무릎까지 물에 잠기자 그가 몸을 숙이며 말했다. "어서 와, 너도." 나도 옷을 벗기 시작했다. '넌 헹크가 아니잖아.' 난 이 말이 무엇을 뜻하는지 알지 못했다. 엉거주춤 현무암 바위들을 넘어 물로 다가가는 나를 그가 지켜보았다. 우린 방파제 머리를 중심으로 수차례 반원을 그리며 수영을 했다. 배를 타고 가던 어떤 남자 하나가 손을 흔들어 보였다. 난 문득 얍이 항상 혼자 수영을 하는지 궁금해졌다. 혹시 얍한테도 어울리는 다른 이웃 일손들이 있을까? 난 좀 난감했다. 처음으로 얍과 어울려 뭘 하려니까 그가 농가를 거드는 일손처럼 느껴지지 않았다. 맥주 때문에 좀 몽롱하기까지 했다. 팔을 쭉쭉 뻗어 순식간에 금방 거의 20미터는 앞질러 가는 그의 모습이 보기 좋았다. "손가락을 다소곳이 모아. 그리고 발도 꼭 움직이고." 그의 말에 따라 난 손가락을 모으고 발을 움직였다. "머리는 물에 담그고 호흡은 계속 고개를 한쪽으로 돌려가면서 하는 거야." 하지만 그건 좀 어려워서 입안으로 자꾸 물이 들어갔다. 난 내가 수영을 할 줄 안다고 믿고 있었는데 얍은 그렇게 생각하지 않았다. 얍은 수영을 가르치면서 손을 쓰지는 않았다. 손을 쓰면서 수영을 가르치는 게 불편해서인지, 아니면 내가 더 이상 스케이트 가르칠 적의 꼬마가 아니었기 때문인지 그건 알 수 없었다.

그가 잔디로 가 몸을 말리자 나도 물에서 나와 현무암 바위로 다가갔다. 하지만 바위에 낀 해초 때문에 도중에 미끄러졌다. 앞으로 넘어져서 두 손으로 몸을 지탱하긴 했지만 무릎이 바위에 세게 부딪히는 바람에 상처가 났다. 내 꼴을 보고 얍이 웃음을 터뜨렸다. 엉거주춤 일어나 잔디밭으로 걸어갈 때까지 얍의 웃음소리가 그치지 않았다. "어, 피나네?" 그제야 나는 내 오른쪽 무릎이 왜 그리 후끈거렸는지 알 것 같았다. 그가 주변을 두리번거리고는 옷가지에서 팬티를 집어 내 무릎에 감아주었다. 그러곤 내게 수건을 건네주며 말했다. "몸부터 말려. 무릎은 이따 붕대로 감아줄게, 집에서."

나를 의자에 앉히고 나서 그가 층계를 올라갔다. 한동안 위에서 달그락달그락 소리가 들렸다. 마침내 아래로 내려온 그의 손에는 둥근 뚜껑에 손잡이가 달린 커다란 응급상자가 들려 있었다. 내 의자 옆에 무릎을 꿇고 앉은 그가 조심스레 팬티를 떼어내고는 응급상자에서 요오드 병을 꺼내들었다. 집에서, 그래 분명 그가 집에서랬다, 이렇게 생각하며 난 마음을 다잡았다. 그가 내 무릎에 널찍한 붕대를 휘감고는 반창고를 붙였다. 라디오에서는 여전히 재즈 음악이 잔잔히 흘러나오고 있었다. 그래, 쓸데없는 고민 이제 그만두자, 하는 생각이 들었다. 집 뒤편을 향해 열린 부엌 창문으로 양들의 마른기침 소리가 들렸다. 얍이 몸을 일으키고는 마을 의사가 어린아이를 달래는 양 내 젖은 머리를 쓰다듬었다. "맥주 한 병 더 할래? 좀 놀랐을 텐데."

"응, 좋아."

잠시 후 우린 맥주병을 하나씩 들고 아까 전처럼 마주 앉았다. 얍이 궐련을 말아 유유히 태웠다. 이번에는 담배 연기가 낮게 깔리지 않았다. 차 한 대가 지나갔다. 주위가 너무 조용한 까닭에 차가 둑길로 접어들려고 기어를 낮추자 그 소리까지 귀에 전해졌다. 난 맥주 한 병을 다 비우고 나서 일어서며 말했다. "난 이만 가봐야 할 것 같아."

곧이어 얍도 일어서며 말했다. "난 쌍둥이 형제가 있다는 게 어떤 건지 잘 몰라. 하지만 결국에는 제각각 각자의 삶을 찾아가야 하는 게 아닐까 싶어."

여전히 난감하긴 마찬가지였지만 한 시간 전보다는 덜 난감했다. 수영을 하고 유유히 궐련을 피우고 나처럼 맥주병을 입에 대고 마시고 내 무릎에 붕대를 감아준 그가 더 이상 우리 집 일손 같지 않았다. 난 고개만 끄덕였다.

"물론 똑같은 방식으로 각자의 삶을 찾게 된다면 더 좋겠지만 말이야."

또 고개만 끄덕이고 나니 아랫입술이 떨리는 것 같았다. 그가 내게 한 걸음 다가와 한 손을 내 목 위에 올렸다. "시간이 지나면 다 잘될 거야." 떨리는 내 아랫입술을 그의 입술이 다가와 멈추게 했다. 할머니가 돌아가셨을 때 일생에 한 번 우리가 할아버지에게 입을 맞춰주듯, 그가 그렇게 입을 맞춰주었다. "다 잘될 거니까 너무 마음 쓰지 마." 이렇게 말한 뒤 내 등에 손을 얹고는 현관문 쪽으로 나를 인도했다. 내가 앉았던 의자 옆에는 여전히 피 묻은 그의 팬티가 놓여 있었다.

어머니와 헹크는 부엌에 앉아 있었다. 식탁 위에 등이 밝혀 있었다.

"아니 너 왜 그래?"

"넘어졌어요."

"붕대는 누가 감아줬어?" 어머니가 붕대를 고쳐 감기 위해 허리를 숙이려 했다.

난 한 발짝 물러서며 말했다. "얍이 감아줬어요."

"너 얍한테 갔었니?"

"네."

"너 술 마셨어?"

"네. 맥주요."

한심하다는 듯 헹크가 날 빤히 쳐다봤다.

문이 다 열려 있어서 난 아비에게로 시선을 돌렸다. 헹크의 눈길을 피하고 싶었던 것이다. 거실에 있는 자기 의자에 앉아 아무 말없이 신문을 보고 있던 아비가 쓸데없이 신문지를 펄럭이며 시끄럽게 잡음을 냈다.

주중 늦은 시간이라 리트는 집에 없었다. 거의 잠자리에 들 시간이었다.

그 후 8월 말과 9월 초에 난 몇 번 더 얍을 찾아갔다.

"넌 대체 뭣 하러 자꾸 얍한테 가는 거야?" 뭔가 수상하다는 듯 아비가 물었다.

"그냥요."

"다른 집 구했대?"

"모르겠는데요."

"그럼 다른 일자리는 구했대?"

"그런 것 같지는 않던데……"

"그럼 넌 대체 얍하고 무슨 얘길 하는데?"

"그냥 이런저런 얘기요"

"예전에 넌 그 집에 절대 발을 들여놓지 않았잖아?"

“지금은 들여놔요.”

“이상해. 정말 모를 일이야.” 아비가 천천히 중얼거렸다.

우리는 마주 앉아 맥주를 마셨다. 그는 항상 소파에 앉았고 난 의자에 앉았다. 담배를 피우고 싶다는 욕구는 발동만 하고 행동으로 옮겨지진 않았다. 궐련을 피우면 무척 여유가 있어 보였다. 얍은 절대 나에게 궐련을 권한 적이 없었다. 또한 얍은 절대 아비에 대해 묻는 법도 없었다. 사실 얍은 말수가 적은 편이었다. 말은 주로 내가 했다. 난 어렸고 따라서 거의 내 생각만 했다. 난 얍에게 뭘 물어본 적도 거의 없었다. 얍의 코가 왜 삐뚤어졌는지, 얍이 어디에서 살다 여기를 오게 되었는지, 난 알지 못했다. 9월 초가 되자, 난 대학 강의실이니 강사들이니 학과 학생들이니 이야깃거리가 많아졌다. 내가 농부가 되지 않은 것은 얍에게 전혀 놀라운 사실이 아니었다. “짐승들 보는 눈이 넌 헹크하고 달라.” 얍이 말했다.

“어떻게 다른데?”

이 물음에 답하기란 쉽지 않았다. “넌 그냥 개하고 달라. 보는 눈이 틀려. 아마 헹크는 그 계집애도 너하고는 달리 보았을 거야.”

“난 안 봤는데.”

“안 보긴.”

하여튼 난 얍 덕분에 그때의 고비를 무사히 넘길 수 있었다. 난 헹크의 눈을 똑바로 쳐다볼 수 있게 되었고 리트는 거의 없는 사람으로 생각할 수 있게 되었다. 다 잘될 거야, 그의 말이 오래도록 내 귀에 남았다. 얍이 떠난 후에도 그 말은 여전히 남아 있었다.

마지막으로 얍을 찾아간 것은 9월 중순께였다. 거실에 들어갔더니 박스들이 잔뜩 쌓여 있었고 책장은 반쯤 비어 있었으며 둘둘 말린 카펫은 소파 뒤에 세워져 있었고 라디오는 전깃줄이 뽑혀 있었다.

"나 내일 떠나. 아버지한텐 네가 대신 말해줘."

"어디로 가는데?"

"프리슬란트*로 돌아가."

"원래 살던 곳이 프리슬란트였어?"

"시방께 모른게벼?"**

"뭐?"

"여태까지 모르고 있었냐고."

아니, 난 전혀 들은 바가 없었다.

"언제 한번 찾아와."

"알았어."

마지막으로 그가 커다란 손을 내 목 위에 올려놓았다.

"힘내?"

"응."

"그래, 그럼 됐어."

그런 일은 전혀 없었다. 난 그를 다시 볼 수 없었다. 가을이 되어 난 아무도 없는 그 빈집을 몇 번 더 찾아갔다. 그곳에서의 나는 의미가 있었다. 퀄런 냄새는 오래도록 그곳에 묻어 있었다. 그러고 나서 7개월

---

* Friesland: 네덜란드 북부에 있는 주. 프리슬란트 사람들은 프리스 언어를 따로 사용함.
** 프리스어로 말하고 있다.

후 헹크가 죽었고, 그리고 또 며칠이 지나지 않아 난 소 밑에 고개를 처박고 앉아 있었다.

난 거기서 절대 빠져나오지 못했다.

36

며칠째 잠잠한 날씨가 이어지고 있다. 신문의 기상예보와—서툰 말씨로 저기압이 어쩌고 고기압이 어쩌고 하는—텔레비전의 여자 일기예보 아나운서가 해가 날 거라고 예고를 하면, 해가 뜨는 대신 안개가 끼었다. 차디찬 안개였다. 설사 며칠 지나서 해가 나타나도 날씨는 여전히 쌀쌀했다. 2월의 추위인 것이다. 도랑에 얼음이 얼었다고 해서 호로터메이르에 나가볼 필요는 없는 것이, 어차피 낮이 되면 얼음이 버텨내지를 못한다. 아다의 남편이 다른 이들처럼 똥거름을 뿌린다고 분주하다. 아다가 넌 빨래들이 빨랫줄에 걸려 있다. 똥거름을 뿌리려 해도 빨래를 밖에 널려고 해도 이만한 날씨가 없을 터이지만, 두 일은 결코 어울리지 않아 애써 수고한 일이 헛일이 되고 만다.

난 2월의 태양을 좋아한다. 작년 이맘때 튠이 말했다. "나무는 죽어도 아주 멋지다." 뜬금없이 튠이 왜 그런 말을 하게 되었는지 난 잘 모르지만, 그리고 잎사귀가 없다고 해서 나무나 화초가 죽는 것도 아니지만, 튠의 말엔 일리가 있었다. 나지막이 뜬 태양빛을 받으면 앙상한 나뭇가지도 거무칙칙한 양들의 등가죽도 곱상하게 보인다. 뿔까마귀가 물푸레나무 위에 앉아서 여느 때보다도 분주하게 고개를 두리번거린다. 며칠 전보다 자전거를 타고 지나가는 사람들이 많이 늘었다. 태양은 헹크에게만 유독 별난 작용을 한다. 헹크는 아직 잠자리에서 일어나지 않았다.

오늘 아침 난 헹크를 깨우려고 방문을 두들겼다.

"내버려둬요."

"지금 5시 반이야."

"그래서요?"

"일어날 시간이잖아."

"혼자 열심히 일어나세요."

"난 벌써 일어났어."

"하하하."

문을 열고 왼손으로 전등 스위치를 찾아 켰다. 헹크는 이불을 뒤집어쓰고 있었다. 빨려고 내놓은 아프리카 동물 이불보 대신 글자며 숫자들이 들어간 청색 이불보가 보였다. 헹크는 알람시계가 없었다. "너 왜 그러는데, 무슨 일 있어?"

"아무 일 없어요."

"그럼 왜 안 일어나?"

"그냥 내키지 않아서요."

"이불 걷어내고 나와."

"왜요?"

"사람이 눈을 보고 얘기해야지."

"왜 그래야 하는데요?"

"왜는 무슨 왜."

“아저씨 어린애 같아요.”

“그럼 넌?”

이불이 아래로 내려갔다. 붉은 머리카락이 그새 많이 자라 이발소에 갈 때가 된 것 같다. 개개풀린 회색 눈이 날 빤히 쳐다본다. 바닥에 떨어진 옷가지 위에 워크맨이 놓여 있다. 협탁 위에 놓인 재떨이에는 담배꽁초가 몇 개 들어 있다. 방바닥에는 튠이 준 포스터가——돌돌 말린 채로——저 끝에 방치돼 있다.

“내 방에서 좀 나가줄래요?”

“왜?”

“찡그린 얼굴 보기 싫단 말이에요. 무서워요.”

안으로 들어가 의자에 앉는다. 헹크가 상체를 일으켜 벽에 등을 대고 앉는다. 열린 회전창 때문인지 방이 싸늘하다. 25와트짜리 등 밑에서도 헹크의 팔뚝 위로 간들거리는 터럭이 눈에 들어온다.

“정말 무슨 일 있는 거야?”

“아무 일 없다고 했잖아요.”

“그럼 왜 침대에서 일어날 생각을 않는 거지?”

“무서워서요.”

“뭐가?”

“몰라요.”

“무슨 소릴 하는 건지.”

“글쎄 나도 잘 모르겠어요.”

헹크가 철딱서니 없는 아이인지 다 큰 성인인지 오락가락한다. 어떨 땐 내가 잘 이끌어줘야지 하는 생각이 들다가도, 어떨 땐 나를 능가하는 것처럼 보이기도 한다. 도무지 종잡을 수 없는 아이다. 헹크가 협탁에 놓인 담뱃갑을 들고는 한 개비 뽑아 문다. 입에서 나온 연기가 열린 창문 쪽으로 흘러간다.

"방에선 피우지 말았으면 좋겠는데."

"물론 그러시겠죠." 헹크가 이리 말하고는 목소리를 바꿔 다시 말한다. "자꾸 무슨 소리가 들려요. 밤에요."

"무슨 소리?"

"동물들 소리겠죠. 설마 다른 소린 아니겠죠."

"그게 근데 왜 무서워?"

"아, 쿄로 쿄로, 뭐 이런 짧고 높은 소리였어요."

"그건 물닭이 우는 소리야."

"어쨌든 난 듣기 싫어요. 게다가 할아버진 왜 또 그리 기침을 하시는지."

"별로 대단하지도 않은 것 같고 왜 그래?"

"난 할아버지가 가여워요." 헹크가 나지막이 말한다.

"그러면 가끔 곁에 가 앉아 있어주면 되잖아."

또 죽은 송장이라도 처리하라는 말로 들렸는지 헹크가 날 빤히 쳐다보고는 말한다. "그 왜 시커멓고 다리가 무지막지하게 큰 그 새가 물닭이라는 새인가요?"

"응."

헹크가 담배를 눌러 끄자 필터가 타면서 연기가 내 쪽으로 날아온다. 헹크가 다시 침대에 누워 이불을 뒤집어쓴다. "나갈 때 불 끄고 나갈 거죠?"

아비의 침실을 지나치려니까 아비가 부른다. 난 문을 열고 안에 발은 들여놓지 않은 채 불만 끈다.

"헹크가 새 방에서 담배를 태우나 보지?"

"네."

"그러지 말라고 해야지."

"그랬는데 말을 통 안 들어요."

"나 화장실 가야 돼."

"나중에 가세요."

아침에 혼자서 일을 다 해치웠다. 쉽지는 않았다. 9시가 다 돼서야 난 집으로 다시 들어왔다. 암송아지들은 벌써부터 헹크한테 익숙해져서인지 얌전히 있지 못했다. 나와 헹크가 일하는 방식이 달랐던 것이다. 며칠 있다 날이 좀 푸근해지면 당나귀들을 밖으로 내보내야겠다.

착유실에 들어가니까 젊은 집유차 기사가 우유병을 쳐다보고 있다. 젊은이에게 다가가는 동안 G로 시작하는 이름 몇 개가 머릿속을 스치다가 마침 그의 이름이 머리에 박힌다. 헹크가 우리 농가에 온 이후로 난 이 젊은이에게 헹크를 소개시켜주고 싶었다. 이유는 잘 모르겠지만, 그냥 둘을 양 옆에 세우고 그 사이에 끼어보고 싶었다.

"어떻게 이렇게 깨끗이 닦으셨어요?"

"뜨거운 물로 잘 헹구었지."

"아리 아저씨 대신 일할 사람 생겼대요."

"그럼 자넨 동료가 생기는 건가?"

"그렇다고 할 수도 있고 아니라고 할 수도 있고……"

"무슨 뜻이야?"

"새로 오는 사람이 이 구역을 맡고 전 다른 구역으로 옮기게 됐거든
요."

"그럼 여긴 이제 안 오나?"

"네."

하염없이 빙긋대기만 하는 얼굴이 살짝 찌그러진다.

"어딜 맡았는데?"

"보벤카르스펠 부근이요. 제가 사는 동네가 그 근방이에요."

"그래, 그럼 거기 가서도 잘해봐." 내가 악수하려고 손을 내밀자 그가
좀 놀래면서 내 손을 마주 잡고 흔든다. 난 다용도실로 발길을 옮긴다.
"그럼 다음에 또 봐, 갈초." 다용도실 문을 열기 전에 작별을 고한다.

"아, 네."

문을 닫고 헛간으로 통하는 문으로 걸어가 문 옆에 달린 전등 스위치
두 개를 끈다. 그러곤 창가로 가 1~2미터쯤 창에서 떨어진 위치에 서
서 밖을 내다본다. 젊은이가 문을 멍하니 바라보다 고개를 기로로 젓
더니 우유 탱크로 시선을 돌린다. 조금 있다 호스를 빼서 걸개에 걸어
놓는다. 고리에 고정된 탱크 뚜껑을 풀어 조심스레 내려놓는다. 양식
지에 기록을 하곤 다시 착유실을 둘러보더니 집유차 운전석 문을 연다.
여느 때와 마찬가지로 사뿐 뛰어오른다. 집유차가 떠나자 밝은 빛이
착유실을 밝힌다. 우유탱크가 반들거린다.

서로 정 주고받고 무관심하지 않는 게 미덕이라, 말은 근사하군.

안으로 들어가 층계를 오른 다음 아비를 데려다 변기 위에 앉힌다.

"아앗!" 아비가 작게 신음한다.

"왜 그래요?" 닫힌 화장실 문을 보고 묻는다.

"너무 아파."

"잘 닦아요."

"아프다니까."

문을 열고 보니 아비가 손에 든 휴지 조각을 어쩔 줄 몰라 하며 다 죽어가는 새처럼 변기 위에 앉아 있다. 나를 빤히 쳐다보는 커다란 눈 속에 간절한 빛이 역력하다. "가만히 있어요." 이렇게 말하고는 부엌으로 가 장에서 목욕 손수건을 꺼낸다. 온수를 틀어 수건을 적신 다음 화장실로 돌아간다. "앞으로 좀 숙여요." 아비가 시키는 대로 하자 수건으로 조심스레 엉덩이를 닦는다. "이제 바지 올려요." 난 겨드랑이에 팔을 끼워 아비를 일으키며 말한다. 아비가 내 말을 따른다. 아비를 데리고 위로 올라갔더니 새 방에서 시끄럽고 째지는 음악소리가 들린다. 침대에 누운 아비에게 이불을 덮어주고 나서 새 방으로 향한다. 문을 열고 성큼성큼 침대로 다가선다. 헹크의 머리에서 헤드폰을 사정없이 벗겨낸다. "너 당장 일어나!"

"싫어요."

이불을 거둬내고 헹크의 팔을 부여잡고는 침대 밖으로 끌어낸다. 급작스레 그러니까 다리를 어쩌지 못해 바닥으로 구른다. "일어섯!"

"진정 좀 해요."

"어서 일어나지 못해!"

헹크가 엉거주춤 일어선다.

“옷 입어.” 발로 찬 바지가 헹크의 맨발 위로 떨어진다. 헹크가 발밑을 내려다본다. 때리고 싶다. 때리고 차고 패주고 싶다. 이 좁은 방에 옷도 제대로 걸치지 않은 저 육신이 차마 견딜 수가 없다. 헹크를 패주지는 못하고 대신 바닥에 나뒹구는 죄 없는 포스터를 집어 들고는 북북 찢어버린다. 헹크가 내 눈치를 살피며 바지를 입고 티셔츠를 껴입는다.

“튠이 알면 서운해할 텐데.” 생각이 없는 건지 헹크가 말한다.

“양말도 신어.”

헹크가 침대에 앉아 양말을 신는다.

난 다시 헹크의 팔을 부여잡고는 문으로 밀어내며 말한다. “자, 이제 일하러 가.” 하지만 문득 이런 생각이 든다. 대체 얘가 할 일이 뭐가 있지?

천천히 복도로 나간 헹크가 돌연 아비의 방으로 달려가더니 문을 열고는 그 안으로 사라져버린다. 목에 있는 힘줄이 하도 세게 떨려 난 목에 손까지 얹어본다. 잠시 가만히 서 있다가 등을 돌려 새 방 안으로 다시 들어간다. 바닥에 놓인 워크맨을 집어 협탁 위에 올려놓는다. 이불은 침대 뒤에 떨어져 있고, 내 발밑에는 이름이 생각나지 않는 여자 가수의 반쪽 얼굴이 떨어져 있다. 두꺼운 종잇장을 엄지발가락으로 수 번 깐닥거린다. 바닥에서 이불을 집어 침대 위에 반듯하게 깔고는 숫자와 글자들 위에 몸을 눕힌다. 눈을 감는다.

두어 시간쯤 지난 것 같다. 속이 출출하다. 잠을 자지도 못했고 생각도 거의 하지 못했다. 내 것이 아닌 침대에 누워 난 내 커다란 침대를 상상했다. 전에는 잠을 자려고 침대를 찾았고 침대에서 일어나면 우유를 쨌다. 내 침대가 차츰 나만의 휴식 공간이 되었다. 잠을 청하기보단 편히 쉴 수 있는 침대. 가끔은 잠들지 않으려 애를 쓰는 때가 있다. 이 런저런 일이 많은 날이면 그런다. 내 침대는 안전한 장소가 되었다. 아비의 방이 얼마 전 그랬던 것처럼, 소들이 가득한 겨울 외양간처럼. 침대 위에 눕기 전이면 난 덴마크 지도를 보며 도시와 마을 이름을 하나하나 중얼거리곤 한다. 제일로 관심이 가던 유틀란트 반도는 더 이상 그다지 흥미롭지 않고, 아르노 코퍼가 어디에 정착했는지도 더 이상 궁금하지 않다. 요즘은 낮잠을 자주 잔다.

"저, 헬머 아저씨."

눈을 뜬다. 문가에 헹크가 서 있다.

"왜 부르는데?"

"판 본더런 할아버지가…… 아저씨 아버지가 아저씨 우유 짜러 가야 한대요."

"왜?"

헹크가 돌아서서 아비에게 왜냐고 묻고는 다시 내 쪽으로 와 말한다.

"벌써 5시가 다 됐기 때문이라는데요."

"그럼 직접 하라고 전해."

몸을 돌리려다 말고 헹크가 말한다. "할아버진 그럴 수 없잖아요."

"왜 그럴 수 없어?"

"못 걷잖아요."

"못 걸어?"

"네." 헹크가 감히 방 안으로 발을 들여놓지는 못하겠는 모양이다. 제 방이고, 자기 물건들이 놓여 있는 방인데, 가만히 서서 담뱃갑만 쳐다본다. 담배 피운 지가 적어도 두 시간은 지났다.

"그럼 어쩔 수 없이 내가 일어나야겠군."

"저어, 거기……"

"여기 네 방 아니야?"

"남의 침대에 누워 있는 사람이 누군데요."

"그런가."

헹크가 안으로 들어와 협탁에서 담배를 집어 들고 한 대 뽑아 문다. 난 몸을 일으켜 침대 밖으로 다리를 뺀다.

"너 가축들 돌볼 거야?"

"네."

"내일 당나귀 방목장 주변으로 울타리 새로 박을 건데, 그거 거들 거야?"

"네, 그럴게요."

"그럼 됐다. 한데 너, 계속 아버지 방에 들어가 있었어?"

"네. 하지만 할아버진 줄곧 졸기만 했어요."

"나이 들면 다 그래."

"네." 헹크가 담배를 눌러 끈다.

"자, 나가보자."

복도로 나가자, 헹크가 변한 게 없나 자기 방을 확인하려고 잠시 뒤를 돌아본다. 난 헹크가 나를 잘 따라오고 있는지 확인해보려고 뒤를 돌아보았다가 그러고 있는 헹크를 볼 수 있었다.

"이제야 나가는군." 아비의 방에서 말소리가 새어 나온다.

"남 일에 감 놔라 배 놔라 하지 마요!" 이렇게 말하곤 문을 닫는다.

"그게 왜 남 일이야!"

"아저씬 나이가 몇이에요?" 층계를 내려가는 참에 헹크가 묻는다.

"쉰다섯."

"그래요? 그런데 머리카락이 아직 하나도 안 세고 새까맣네요?"

우린 다용도실에서 스웨터를 껴입고 그 위에 작업복을 입는다. 가슴에 달린 주머니에 담뱃갑을 찌르고는 헹크가 손으로 머리를 쓸어 넘긴다. 농부와 일손이 함께 일을 나간다.

37

"헹크 형!"

헹크가 몸을 돌리고는 뽑아내려고 붙잡고 있던 시멘트 기둥에서 손을 뗀다. 헹크의 목 위로 햇살이 떨어진다. 오늘은 어제보다 좀더 따뜻해졌다. 튠과 로날드가 전형적인 형제 모습을 하고 나란히 서 있다. 심각한 표정을 한 키 큰 형과 항상 생글대는 키 작은 동생, 둘은 머리 모양도 똑같고 코도 닮았다. 다만 서로 손을 붙잡지 않고 있는 것이 전형적 형제들과 다른 점이다. 튠은 좀 나이가 들었다고 손잡는 걸 싫어하지만, 로날드는 아직 어려 가끔 손잡는 걸 볼 수 있다. 두 아이들을 고아로 볼 수도 있을 것 같다.

"왜?"

"포스터 붙였어?"

헹크가 날 쳐다본다. 난 커다란 쇠망치 머리를 발 사이에 놓고 세운

다. 헹크가 도리질을 한다.

"왜, 맘에 안 들어?"

"아니, 맘에 들어." 헹크가 겸연쩍어하며 말한다.

"그 포스터 잘못해서 못쓰게 됐어." 내가 한몫 거든다.

튠이 내 쪽으로 몸을 돌리곤 말한다. "못쓰게 됐다고?"

"응."

"잘못해서 못쓰게 됐다고?"

"응."

"왜 뭘 잘못했는데?"

"헹크 형, 포스터 형이 망가뜨렸어?" 로날드가 생글대며 거든다.

"아니야, 내가 망가뜨렸어." 내가 말한다.

"어……"

"포스터 돌려받을 생각이었니?" 헹크가 묻는다.

"응. 그거 나도 빌린 거거든. 엄마가 말 안 했어?"

"아니, 그런 말 없었는데." 내가 말한다.

"망가졌음 고치면 되지?" 로날드가 헹크를 보며 말한다. "반창고로 붙이면 되잖아."

"너무 많이 망가져서 반창고 가지곤 안 돼."

튠이 나와 헹크를 번갈아 가며 쳐다본다.

"내가 새걸로 하나 사주면 안 될까?" 헹크가 묻는다.

"아니야, 필요 없어." 튠의 오른발 밑에는 노란 크로커스 하나가 외롭게 피어 있다. 그걸 모르는 튠이 돌아서면서 꽃을 짓밟아버린다.

"가자, 로날드."

"형, 난……"

"어서 따라와, 집에 가게." 로날드의 손을 붙잡고 튠이 저만치 멀어져간다. 뒤를 돌아보는 로날드의 얼굴이 평소 때보다 덜 생글거린다.

"이제부턴 내가 칠게요." 헹크가 뽑아낸 시멘트 기둥 자리에 새 시멘트 기둥이 헐겁게 서 있다. 난 쇠망치를 헹크에게 건네주고는 앉은 자세로 기둥 허리를 붙잡는다. 헹크가 쇠망치를 들어 올리는 것을 보고 고개를 저리로 돌린다. 내리치는 힘이 하도 세서 두 번만에 기둥이 땅에 박힌다. 헹크가 눈치채지 못하는 사이에 작업복 겨드랑이가 찢어졌다. "제길." 세번째로 쇠망치를 내리치면서 헹크가 내뱉는다.

길을 따라 세워진 울타리에는 총 서른 개의 시멘트 기둥이 박혀 있는데, 그중 여덟 개 기둥을 새걸로 바꿔야 한다. 오전에 다섯 개를 교체했으니 이제 세 개만 더 교체하면 된다. 기둥은 농가 쪽에서 일손의 집터가 있는 북동쪽 방향으로 가면서 하나씩 박는다. 기둥이 모두 세워지면 초록색 플라스틱으로 코팅된 그물망으로 기둥들을 쭉 에워쌀 것이고, 그 일이 끝나면 기둥 머리와 그물망 윗부분에다 널빤지를 박을 것이다.

"포스터 도로 돌려줘야 하는 건지는 정말 몰랐어요."

"다 내 잘못이야."

"잘못은 무슨 잘못이요." 온 힘을 다해 헹크가 시멘트 기둥을 끌어당긴다.

"잘했어. 이제 하나만 더 하면 되겠다."

마지막 기둥을 향해 걸어간다.

"저건 뭐예요?" 수풀이 가득 자란 정원 뒤로 반밖에 남지 않은 담벼락을 가리키며 헹크가 묻는다.

"일손이 살던 집."

"무너졌어요?"

"아니, 불에 탔어."

헹크가 주머니에서 담뱃갑을 빼들고는 한 대 뽑아 문다. 그러곤 마지막 기둥을 지나쳐 일손의 집터로 발을 옮긴다.

"일손이 정말 여기에서 살았어요?" 헹크가 외치고는, 앙상한 목련 나뭇가지를 잡아당긴다.

난 고개만 끄덕인다.

헹크가 마당을 지나 시멘트 바닥으로 올라가서는 외친다. "아주 작네요?"

또 고개만 끄덕인다.

헹크가 두리번거리다가 반절만 남은 담벼락 쪽으로 가더니 발로 밀어본다. 위층으로 가는 나무 층계가 붙어 있던 벽이다. 헹크의 나이는 당시 내 나이와 비슷하다. "일손이 혼자 살았어요, 가족들하고 같이 살았어요?"

난 고개만 가로로 젓는다.

"무슨 뜻이에요?"

"혼자 살았어."

헹크가 벽에다 담배를 비벼 끄고는, 뜀박질을 해 방목장과 집터 사이에 있는 좁은 고랑을 풀쩍 뛰어넘는다. 그러곤 마지막 기둥으로 가 좌우로 흔들어 헐렁하게 한다. "이제 조금만 더 힘을 쓰면 끝날 거예요."

헹크의 목 힘줄이 파르르 떨린다.

우유를 짜기 전에 둑길로 걸어간다. 헹크가 아비의 낡은 자전거를 타고 이리로 오고 있다. 손잡이에 알버트하인 슈퍼마켓 봉투가 걸려 있다. 이발소에 들렀다가 시장도 보았는지 많이 지체했다. 헹크가 자전거에서 내리고는 봉투를 가리키며 말한다. "먹을거리 좀 사 왔어요." 내가 손을 들자, 내 손이 짧게 깎은 머리로 향하는 것을—나보다 먼저—금방 알아챘는지 헹크가 고개를 뒤로 젖힌다.
"머릴 왜 그리 짧게 깎았어?"
"그냥요. 간단하고 좋잖아요."

이 마을에 살던 (죽은 지가 20년도 더 되는) 이발사가 떠오른다. 머리를 빗기려는 그의 유연한 손이 가운에서 빗을 꺼내 든다. 이발소 건너편 정원에 심긴 푸릇푸릇 새싹 돋은 나무 앞으로 포드 차 한 대가 지나가는 것이 거울 속으로 보인다. 트렁크 끝에 날개가 달린 구형 포드 차는 낡은 페리호처럼 연초록색이다. 헤어로션 냄새가 코끝에 찌릿하게 다가오고, 찌푸린 헹크의 얼굴이 눈에 보인다.

헹크가 알버트하인에서 사 온 간 고기는 색깔이 허여멀겋다. 헹크가 요리를 시작하기 전에 난 다용도실에 있는 냉동고 앞으로 헹크를 데리고 간다. "열어봐."
뚜껑을 열어보곤 헹크가 말한다. "세상에, 이게 다 고기예요?"
"소 반 토막을 봉다리봉다리 다 나눠 담은 거야." 빨간색 테이프로 묶은 봉다리를 꺼내 들며 내가 말한다. "빨간색은 간 쇠고기, 파란색은 비프스테이크용 쇠고기, 또 초록색은 로스비프용 쇠고기야."

"나머지 소 반 토막은 어쨌어요?"

"정육점에 팔았어."

뚜껑을 덮으면서 헹크가 말한다. "난 평생 돼지고기만 먹고 살았는데."

토마토, 파프리카, 양파, 마늘, 향신료를 가지고 헹크가 뭔가를 만들고 있다. 20분 만에 요리가 끝났다. 난 한참을 뒤져 찾은 코트크 따개로 남아프리카산 와인 첫번째 병을 딴다.

"어디 냄새 좀 맡아봐요." 코르크 마개가 툭하고 위로 빠지자 헹크가 말한다.

와인 병을 헹크 코밑에 들이댄다.

"아니, 코르크 마개요."

코르크 마개를 코밑에 들이댄다.

"좋네요." 와인에 대해 일가견이라도 있는 것처럼 헹크가 말한다.

식탁을 차리고 나서 와인 잔 두 개에 와인을 가득 따른다. 날이 차츰 길어지고 있다는 건 이미 알고 있었지만, 저녁 식탁을 마주하는데 밖이 환히 밝은 건 오늘이 처음이다. 옆 창에 달린 커튼은 아직 일러 닫지 않았다.

"이따 아버지한테 저녁 좀 갖다 드려."

"내가 왜요?"

"아버지가 이걸 보면 어떻게 반응할지 몰라 그래."

"파프리카 가끔 안 잡수셨나?"

"응, 파프리카는 한 번도 입에 대보지 않은 분이야."

음식도 맛나고 와인도 맛있다. 난 두번째로 음식을 접시에 담고, 헹크는 잔에 와인을 더 따른다.

"저기 있는 집 있잖아요," 잠시 후 헹크가 엄지손가락으로 등 뒤를 가리키며 말한다. "저 집이 지금 멀쩡하다면 난 거기서 살아야 하는 건가요?"

"아니, 그건 물론 아니지."

"그게 왜 물론이에요? 난 여기 일손이잖아요?"

"지금이 어디 그때 60년대하고 같아?"

"난 저 집에 살면 좋을 것 같은데."

"혼자 살면 좋을 거 같단 말이야?"

"네, 작은 집에 아담하게 혼자 살면 좋을 것 같아요."

"여기가 싫어?"

대답은 하지 않고 한숨만 내쉬고는 헹크가 수저로 접시 바닥을 긁는다. 그러곤 세번째로 접시에 음식을 퍼 담는다.

와인에 취해서는 맥주를 떠올린다. 머릿속에서만 존재하는 집에서, 안락의자에 앉아 맥주를 병째로 마신다. 재즈가 들린다. 어찌 보면 재즈는 외로운 음악 같다. 특히 어디 구석에 있는 라디오에서 잔잔히 흘러나올 때면 더 그런 것 같다.

왜 이렇게 살았을까? 다 팔아버리든 어쩌든 아비한테 맡기고 난 절대 못 한다고 말했어야 하는 건데……

에담에 살던 판 본더런 친할아버지는 친할머니가 죽고 나서 6년을 더 혼자 살았다. 난 일주일에 30분씩 할아버지를 방문하곤 했다. 할아버지는 당시 노인 요양소에 머물고 있었는데 할아버지 방에서 내다보면 가운데 분수가 있는 연못이 보였다. 또 그 방은 해가 아무리 낮게 떠도 볕이 드는 방이었다. 할아버지가 커피를 따라주면 난 별로 할 말이 없었다. 사실 난 30분이 지나고 나면 홀가분했다. 차를 타고 집으로 돌아오면서 난 항상 생각하곤 했다. 차라리 아예 발길을 끊어버리면 할아버지가 전혀 아쉬운 줄도 모를 텐데. 내가 방문하는 30분이란 시간이 아예 없다면 할아버지는 그 시간이 있을 때보다 외로움을 덜 느낄 텐데. 자고로 무엇이 더 좋은지 알지 못하면 아쉬운 것이 무엇인지도 모르는 법이다. 마치 헹크가 여기를 떠나게 될 거라는 걸 난 이미 알고 있기라도 한 것 같다. 물론 헹크가 여기에 남을 이유는 없을 것이다. 무슨 이유로 여기 남겠는가? 남을 이유가 뭣 하나 없는 곳에.

"와인 더 할래요?"
손으로 잔 위를 가린다.
"아저씨도 가끔 나들이 나갈 때 있어요?"
"나들이?"
"네, 뭐 회포 풀러 술 마시러 술집을 간다든지 뭐 그런…… 우리 아빠 매주 한 번씩 카드게임 동호회에 나가곤 했어요."
"아니, 난 그런 거 안 해."
"그래도 난 가끔 시내로 나가보고 싶을 때가 있는데."

“그럼 토요일 밤에 모니켄담에 나가봐.”

“거기 괜찮아요?”

“옛날엔 괜찮았어.”

“왠지 마을이 작아서 나가봐야 지루하기만 할 것 같아요.”

“그럼 암스테르담으로 가봐.”

“거기까지 무슨……”

난 의자에서 일어나 식탁을 치우고, 헹크는 거실로 들어가 텔레비전을 켠다.

설거지를 끝내고 책상으로 가 앉는다. 서류들을 꺼내놓고 일을 보려니까 여전히 정신이 몽롱해서 눈앞에 놓인 서류들이 아른아른 보인다. 조금 있으니까 텔레비전이 꺼진다. 헹크가 복도를 지나 다용도실로 가는가 싶더니 잠시 후 욕실에서 물 흐르는 소리가 들린다. 앞에 놓인 서류들에 몰두하고 싶지만 헹크가 언제나 위로 올라갈까 싶어 마음에 조바심이 인다.

헹크가 위로 올라가지는 않고 허리에 수건을 두르고는 부엌으로 들어온다. 왼손으로 문고리를 잡고 말한다. “난 아빠가 죽어 참 다행이라고 생각해요.”

“뭐?”

“아빠가 죽은 게 다행이라고요. 엄만 나한테 묻지도 않았어요, 돼지 키울 생각 있냐고. 그냥 다 팔아치우던데요.”

“농가 물려받고 싶은 생각은 있었어?”

“아니요! 듣기만 해도 아주 끔찍하네. 팔아치우고 나니까 좋기만 하던데요 뭘.”

"엄마가 너한테 묻지도 않고 다 팔아치워서 기분 나쁘진 않고?"

"글쎄요. 어쩜 누나들이 다 팔아치우라고 부추겼는지도 모르죠. 잘 모르겠어요. 난 매사에 왕따만 당했거든요."

"그래서 좋아?"

"네." 대답은 그렇게 하면서도 얼굴은 그다지 밝지 않다.

"너희 아빤 어떤 사람이었어?"

잠시 생각하곤 어깨를 들썩이더니 대답한다. "사실 자상하고 괜찮았어요. 아빠는 좋았어요." 여전히 문을 붙잡은 채 헹크가 식탁 위에 달랑 놓여 있는, 아직 다 비우지 않은 와인병만 한참 쳐다본다. 이제 내게로 시선을 돌리며 말한다. "그럼 난 자러 가요."

새 방 방문이 닫히는 소리와 함께 난 의자에서 일어나 와인 반 잔을 따른다. 옆 창으로 비친 내 모습을 보며 잔을 들어 보인다. 내 자신을 위한 것인지, 아다를 위한 것인지, 잘 모르겠다. 문득 아비가 아직 저녁 식사를 하지 않았다는 사실이 번뜩 떠오른다. 순간 폼 잡으며 잔을 들어 올린 유리창문 위의 놈팽이가 역겹게 느껴진다. 멋대가리도 없는 것이 폼 잡긴. 층계를 올라가 아비의 방문을 살며시 열어본다. 아비가 쌔근쌔근 편안히 잠자고 있다. 태평하다. 늦은 시간이라 깨우지 않는다. 부엌으로 돌아가 옆 창에 달린 커튼을 닫는다. 책상에 다시 돌아가 앉으려니까 언제 왔는지 헹크가 문가에 서 있다. 허리에 둘렀던 수건은 어디로 가고 파란 팬티와 노란 티셔츠 차림이다.

"할아버지 아직 식사 안 하신 것 같은데." 헹크가 낮게 속삭인다.

"알아. 지금 주무셔."

"그래도……"

"식사 한 끼 거른다고 어떻게 될 분 아니야."

헹크가 고개만 끄덕이고는 모습을 감춘다.

전기 시계에서 썩썩 소리가 나고, 수도꼭지에서 물이 똑똑 떨어진다. 집이 조용하다. 뭔가 꿀걱 삼키고는 책상을 잠근다.

"발레루프, 스텐뢰세, 토스트루프, 프레데릭스순, 홀베크." 지명을 차례로 부르고는 손가락으로 액자 위에 쌓인 먼지를 쓱 쓸어 입으로 분다. 지금 보니까 유틀란트 반도가 푸넨과 셀란을 비롯한 다른 조그만 섬들을 모두 집어삼키려 하는 거대한 거인 같다. 뒤돌아 옷을 벗고 침대로 들어간다. 내 몸이 들어가니까 이불 속이 차츰 따뜻해진다. 위에서는 뭔가 부스럭거리는 소리가 들리고, 밖에서는 아무 소리도 들리지 않는다.

38

일손의 집터에서 농가 쪽으로 기둥들을 따라 걸으며 그물망을 치고 있다. 또 어제보다 날이 좀더 푸근해졌다. 이제 보니까 길가에 크로커스가 여럿 피어 있다. 튠이 짓밟은 크로커스는 생각했던 것보다 덜 외로운 꽃이었다. 아직 3월도 되지 않았건만 난 쇠청다리도요새와 흙꼬리도요새가 있나 싶어 자꾸 하늘을 올려다본다. 시멘트 기둥은 널빤지를 고정하기 위해 세운 것인데, 널빤지는 암나사를 돌려 기둥에 고정시킨다. 우린 기둥에 꽂힌 수나사에다 쇠줄을 묶고 있다. 이 일이 헹크

맘에 드는 모양이다. 헹크가 쇠줄을 묶으면서 이따금 뻐금뻐금 담배를 피운다. 또 자전거를 타고 지나가는 어떤 여자를 향해 검지손가락을 들어 보이며 "안녕!" 했다가 여자가 아무 대꾸도 하지 않고 가버리니까 콧방귀를 뀐다. 또 담배를 피우며 가끔 고층건물들이 솟아 있는 뿌연 암스테르담을 쳐다보기도 한다. 헹크가 꼭 이곳 출신 청년 같다. 온 바터란트가 거름 냄새를 풍긴다.

"가끔 다른 치즈 먹을 때도 있어요?" 점심을 먹으려니까 헹크가 묻는다.

"아니."

"이 치즈는 낙농공장에서 직송된 에담 치즈야."

"그래서요?"

"나한테 바로 납품되는 거라 아주 저렴하게 살 수 있다고."

"하지만 별 맛이 없잖아요."

"그럼 네가 가서 다른 치즈 사오던가."

치즈 슬라이서를 내려놓고 헹크가 말한다. "돈이 다 떨어졌어요."

난 일어나서 책상으로 간다. 지갑은 네 개의 서랍 중 하나에 들어 있다. 지갑을 열어 100유로짜리 지폐 두 장을 꺼내주며 "받아" 하고 말한다.

아무 말없이 돈을 받아든 헹크가 지폐를 반으로 구겨 뒷주머니에 찔러 넣는다. 그러곤 치즈 슬라이서를 집어 치즈를 얇게 썰기 시작한다.

가축 매매상의 트럭이 천천히 지나간다.

"손님이 오나 보다."

"내 손님이 아니고 아저씨 손님이겠죠."

가축 매매상이 문을 한 번 두드리고는 어느새 문간으로 와 말한다.
"맛있게 들게나."

마침 문에서 등을 돌리고 앉아 있는 헹크의 눈으로 가축 매매상을 좀
봐볼까 해서 보니, 늙은 티가 보인다. 아주 오래되고 엄중한 사진에서
나 볼 수 있을 것 같은 허연 턱수염이 보인다. 이마에 파인 깊은 주름
은 가장자리에 음영이 드리워져 있다. 여느 때처럼 한쪽 발 발바닥이
다른 발 발등을 비벼댄다. 그가 헹크의 등판을 쳐다본다.

"어, 여기 이 젊은이는 헹크라고 하는 젊은이에요."

"조카?"

"아니, 조카는 아니고 그냥 일하려고 여기 좀 와 있어요."

"아, 그래."

헹크가 부엌에 아무도 없다는 듯이 등도 안 돌리고 먹는 데만 열중한
다. 난 의자를 좀 돌려 앉고는 앞에 놓인 의자를 가리키며 말한다.

"와서 좀 앉지그러세요."

"어…… 어, 그래." 가축 매매상이 느리게 답한다. 의외다. 모자를
벗고 의자에 앉은 그가 비스듬히 헹크를 쳐다본다.

"오늘은 내드릴 게 없는데요."

"가축 때문에 온 건 아니야."

가축 매매상이 더는 말을 하지 않자 난 커피라도 한잔하겠냐고 묻
는다.

"어, 커피. 그러지 뭐."

난 의자에서 일어나 찬장에서 머그잔을 꺼낸다.

“자네 여기 농가일 거들어?” 가축 매매상이 헹크에게 말을 건다.

“네.”

“자네 브라반트에서 왔나?”

“네.”

혹시 아다한테서? 어떻게 ‘네’라는 말만 듣고 브라반트에서 온 걸 알 수 있지? 가축 매매상 앞에 커피를 따른 머그잔을 놓아준다.

가축 매매상이 여기 처음 들어온 사람처럼 주위를 둘러보곤 묻는다. “판 본더런 노인장은 좀 어때?”

“그럭저럭.” 빵 반 토막만 남은 내 접시를 저리 물리며 내가 말을 잇는다. “정신이 좀 시원찮긴 하지만요.”

“딱하게 됐군. 나하곤 참 오랫동안 거래해온 양반인데.”

“그러게요.”

전기 시계에서 썩썩 소리가 난다. 헹크가 의자에 앉아 엉덩이를 한드작거린다.

“나 일 그만둬. 그래서 왔어.”

“정말요?”

“자넨 내가 몇 살인 줄은 아나?”

“예순이 좀 넘었을 것 같은데요?”

“나 예순여덟이야.”

“그럼 그만둘 때가 됐네요.”

“마누라가 당장 일 그만두지 않으면 날 떠나버리겠대.”

“나 참.”

“여행을 하고 싶대.”

"그러고 보니까 딸이 뉴질랜드에 있죠 아마?"

"그래. 마누라가 벌써 비행기표까지 끊어놨어."

"좋겠네요."

커피 한 모금을 마시고는 그가 말한다. "비행기도 타고 좋겠다. 자넨 내가 비행기 타고 멀리 어디 간다고 하면 좋아할 줄 아나보지?"

"왜, 아닌가요?"

가축 매매상이 느릿느릿 말하면서 나하고는 거의 눈을 맞추려 하지 않는다. 난 식탁 밑으로 기어들어가 그의 두 발이 편안하게 바닥 위에 놓여 있는지 내심 확인해보고 싶어진다. 벌써부터 그가 다른 사람으로 보인다. 그는 더 이상 가축 매매상이 아닌지라 말도 편히 다 지껄인다.

헹크가 일어나서는 말한다. "나 밖에 좀 나가볼게요. 그럼 계시다 가세요."

"잘 가게, 청년." 헹크가 나가고 나자 가축 매매상이 나를 똑바로 쳐다본다. "그러니까 자넨 새로운 일손이 생긴 거군."

"그런 셈이지요."

"청년이 튼튼해 보이는군."

"네."

착유실 문이 닫히는 소리가 들린다.

가축 매매상이 마침내 고개를 돌리고는 옆 창을 바라본다. "방금 이 근방 이웃들한테 다녀오는 길이야."

"사람들을 죄다 만나러 다니는 모양이지요?"

"그럼. 인사만 하고 다니는 데 일주일이나 걸려." 그가 머그잔을 식탁에 내려놓으며 또 입을 연다. "난 그럼 이만 가봐야겠네."

"안녕히 가세요."

"응, 또 보자고." 다용도실에서 그가 말한다.

"뉴질랜드 가서 잘사세요."

"거긴 지금 여름이래." 그가 나막신을 신으며 덧붙인다. "노인장한 텐 대신 안부 좀 전해주게."

"그러지요."

그가 헛간 문을 열고 뒤편으로 걸어간다.

난 잠시 더 앉았다가 착유실로 해서 밖으로 나가본다. 트럭이 앞으로 지나가자 손을 들어 보인다. 헹크는 착유실 맞은편에 있는 당나귀 방목장 울타리에 앉아 있다. 트럭이 지나가고 나서야 헹크의 모습이 내 눈에 들어온다. 헹크의 머리 위에 커다란 연기가 걸려 있다. 나를 보고는 손을 들어 보인다. 세 사람이 무언극을 하는 꼴이다. 칸 사람은 뒤도 돌아보지 않고 떠나버리고, 다른 한 사람은 떠나는 그 이를 멀거 니 쳐다보고, 세번째 사람은 두번째 사람을 쳐다보고, 두번째 사람은 첫번째 사람이 사라지고 나서야 세번째 사람을 본다.

부엌 안이 덥다. 식탁 위로 햇살이 비춘다. 오리 한 쌍이 날아간다. 빵 두 조각에 버터를 바르고 치즈를 얹고는 위로 가져간다. 방문을 열고 들어가도 아비가 깨어나지 않는다. 조심스레 접시를 협탁에 올려놓곤 창가에 있는 의자로 가 앉는다.

"가축 매매상이 안부 전하래요." 작지만 성나지 않은 목소리로 말한다. "그 사람 뉴질랜드 간대요, 마누라하고 같이 딸한테 가는 거래요."

물푸레나무 위에 앉은 뿔까마귀를 제외하곤 아무도 나를 보아주지 않는다. "내가 아버지를 싫어하는 이유는 아버지가 내 인생을 망쳐놓았기 때문이에요. 난 아버지가 내 인생을 더 망쳐놓는 것이 싫어서 의사도 부르지 않았어요. 그리고 아다한테 아버지가 제정신이 아니라고 한 건 그저 일이 복잡해지는 것이 싫어서예요. 제정신이 아니라고 하면 뭐가 어떻게 되든 별 상관 않잖아요. 아버지가 뭐라고 하든, 내가 뭐라고 하든. 아버지는 몰라요, 헹크가 나한테 얼마나 소중했는지. 헹크하고 난 쌍둥이 형제잖아요. 아버진 쌍둥이 형제가 어떤 건지 알기나 해요? 네? 대체 알고 있는 게 뭐죠? 얍을 해고하고 나서 아버지는 알량한 자존심 때문에 몇 달 동안 얍이 사는 집에는 발도 들여놓지 않았어요. 얍은 나한테 입까지 맞춰준 사람인데. 아버지는 언제 나한테 입맞춰준 적 있어요? 나한테 다정한 말 한마디라도 건네준 적 있어요? 내가 정말로 원하는 게 뭔지 알아요? 네, 물론 모르시겠죠, 나도 내가 뭘 원하는지 잘 모르겠으니까. 여하튼 가축 매매상은 이제 오지 않을 거예요, 그래서 안부인사도 전해 받는 거예요. 집유차 몰던 기사들도 이제 오지 않을 거예요. 무뚝뚝한 기사는 지난번 말했듯이 저세상으로 떠났어요. 어쩜 정신이 오락가락해서 기억을 못할지도 모르겠네요. 그리고 항상 실실 웃어대는 젊은 기사는 구역이 바뀌었다고 더는 오지 않을 거래요. 이것도 다 아버지 때문이에요. 젊은이가 떠나서가 아니라, 아버지 때문에 내가 젊은이 떠나는 꼴을 봐줘야 하니까요. 내가 아예 여기에 있지도 않았다면, 난 그 젊은이를 알지도 못했겠죠. 게다가 아다도 이젠 여기를 자주 오진 못할 것 같아요. 아다는 저만치 거리를 두고 우리 집 안을 들여다보는 것이 더 좋은 모양이더라고요. 이웃이라고 우리 집에 오는 사람은 이제 로날드밖에 없어요. 튠은 헹크하고 나 때문에……"

"헬머 아저씨!" 층계 밑에서 헹크가 부른다.

아비가 잠에서 깨어난다.

난 의자에서 일어나며 말한다. "식사 가져왔어요."

"내가 잠을 잤나?"

"일하러 안 갈 거예요?" 헹크가 외친다.

"곧 갈게!" 헹크를 향해 외치고는 아비에서 답한다. "네."

"자는 줄도 모르고 잤네. 왜 이리 고단한지." 아비가 몸을 일으켜 앉고는 접시를 보며 말한다. "어, 치즈네. 맛있겠군."

따지고 보면 애가 내 조카 비슷한 뻘은 되겠다, 하고 층계 문을 닫고 선 헹크를 보며 생각한다. 헹크가 작업복을 입고 있다. 가랑이는 찡기고, 소매는 짧고, 겨드랑이는 터졌다. 절반만 조카, 조카 비슷한 조카, 밖에서 들인 조카다.

39

"당나귀들 뒤쫓는 건 정말이지 난 못해요. 난 못하니까 혼자 알아서 하든지 어쩌든지 해요."

"저기 마당에 가 서봐."

"난 당나귀는 정말 싫다니까요."

“네가 저기 울타리 너머에 서 있으면 당나귀들이 금방 밖으로 나올 거야.”

“안 그러면요?”

“쟤네들이 뭘 어쩐다고 그래. 쟤네들은 내 당나귀들이야.”

“그래서요?”

“쟤넨 너희들 그 조막만 한 당나귀하곤 다르다고.”

“네?”

“너 당나귀한테 차였다며.”

“그걸 아저씨가 어떻게?”

“너희 엄마한테 들었어.”

“이런 제길.”

“툴툴거리긴.”

“엄마가 또 뭐랬어요?”

“뭘 뭐래, 그게 다지. 잘 들어, 이 말 종류들은 말이지 자고로 작으면 작을수록 성질이 돼먹지 못했어. 그 왜 세틀랜드 조랑말 있지, 걔들은 성질이 아주 고약해서 막 차대고 물어대고 한다니까. 하지만 쟤들은 아주 온순한 진짜 당나귀들이야. 튠하고 로날드는······”

“엄마가 대체 무슨 말을 더 한 거죠? 대체 난 여기 왜 이러고 있는 거예요?”

“글쎄.”

“아무 이유도 없다고요?”

“뭐?”

“내가 아무 이유도 없이 여기 있는 거냐고요.”

"아……니."

"그럼 이유가 뭐예요!?"

"그야 네가 집에 있으면 그냥 별일 없이 빈둥대기만 하니까."

"집? 무슨 집이요?"

"그야, 브라반트에 있는 집이지."

"이런 염병할."

"왜 이래? 말씨가 그게 뭐야?"

"기가 막혀 그래요! 뭐 집에 있으면 별일 없이 빈둥대기만 한다고요?"

"응."

"대체 난 여기 얼마나 더 이러고 있어야 하는 거죠?"

"있어야 하긴 뭘 있어야 하냐. 여기 있는 게 무슨 의무라도 된다고."

"그럼 나 떠나고 싶을 때 아무 때나 떠나면 되는 건가요?"

"당연하지."

3월인데, 해는 없다. 우린 당나귀 축사 안에 있고, 밖에선 부슬부슬 비가 내린다. 당나귀 방목장을 따라 세워진 울타리는 준비가 다 된 상태다.

"둘이 싸워?" 언제 왔는지 로날드가 옆에서 말을 건다. 졸 따르는 강아지 같다.

"싸우긴." 내가 말한다.

"의견 차가 있어서 그래." 헹크가 말한다.

"의견 차? 그게 뭔데?"

"아저씨 하는 말을 형이 옳지 않다고 반대했다는 말이야."

“또 난 헹크가 하는 말을 옳지 않다고 반대했고.”

“아, 그렇구나. 당나귀들 이제 밖으로 내보낼 거야?”

“응.”

“좋겠다. 나도 도와주면 안 돼?”

“안 되긴. 그런데 튠은 어디 있어?”

“집에.”

“여기 오기 싫대?”

“아니.” 로날드가 나와 헹크를 번갈아가며 쳐다보고는 믿어도 되겠다 싶은지 털어놓는다. “형은 아저씨랑 형 둘 다 바보 같대.”

“저기 마당으로 가 서 있을래?” 둑길 쪽을 가리키며 내가 말한다.

로날드가 쏜살같이 달려가서는—좋다고, 여느 때처럼 해낙낙한 얼굴로—착유실 문과 나란한 지점에서 멈춘다. 위치를 잡았다는 표시로 로날드가 손을 들어 보인다.

“나 정말 떠나고 싶을 때 떠나도 되는 거죠?”

“떠나겠다는 널 난 막지 않을 거야.”

헹크가 헛간으로 들어가더니 잠시 후 아비의 자전거를 타고 나온다. 커다란 곡선을 그리며 둑길 쪽으로 방향을 트니까, 로날드가 깜짝 놀라 헹크를 쳐다본다. “어디 가?” 로날드가 헹크를 보며 묻는 소리가 들린다. 난 천천히 집 쪽으로 발걸음을 뗀다.

어쩜 헹크가 무슨 얘기를 했는지도 모르겠다. 내 귀엔 들리지 않았다. 마침 뿔까마귀가 깍깍대기 시작했던 것이다. 뿔까마귀가 집 뒤편으로 슥 날아오르더니 헹크의 머리를 치고 날아간다. 공중에 떠 있으려고 날개를 열심히 퍼덕대더니 발톱으로 자전거와 함께 쓰러지는 헹크의 머리를 스친다. 잠시 쥐새끼를 포착한 거대한 황조롱이처럼 제자리를 맴돌다가 위로 날아오른다. 당나귀 방목장을 따라 길게 심어진 나무들을 지나 마르컨 쪽으로 날아간다.

"헹크 형 넘어졌어." 로날드가 말한다.

40

"헹크 형 넘어졌어." 로날드가 말했다. 나 같으면 '쓰러졌다'라고 했을 것이다. 내가 다가갔을 때, 헹크는 애써 일어서려 하고 있었다. 헹크가 손발로 간신히 땅을 짚고 있는데 이마 위로 흘러내리는 피가 보였다. 난 헹크에게 움직이지 말고 가만히 있으라고 당부했다. 로날드가 자전거를 똑바로 세우려다 너무 오래된 자전거라 튼튼하고 무겁기만 해서인지 손잡이를 놓쳐버렸다. 자전거가 쓰러지면서 안장이 헹크의 등판을 쳤다.

"그냥 내버려둬, 로날드." 내가 말했다.

"대체 이게 무슨 일이래요?" 헹크가 물었다.

"응급상자 가져올게."

착유실 문을 열고 밖으로 나오는데, 로날드가 헹크 곁에서 똑바로 선 채 두리번거리고 있었다. "형이 아무 말도 안 해. 형 울면 안 되는데."

내가 무릎을 꿇고 앉아 물을 적신 깨끗한 행주로 헹크의 피를 닦아내고 있으려니까, 어깨너머로 보고 있던 로날드가 큰 소리로 외쳤다.

"우와— 참 많이 찢어졌다!" 순간 난 내가 어떻게 처치해보겠다는 생각을 접어버렸다. 주치의 상담은 생략하고 바로 퓌르메런트에 있는 병원으로 차를 몰았다.* 응급실에는 이미 다른 사람들이 와 있었지만, 머리에 대고 있던 행주가 피로 잔뜩 물들어서인지 헹크가 우선이 됐다. 제일 큰 상처—부리에 찍힌 상처—는 소독을 한 후 꿰맸고, 생채기—뿔까마귀의 발톱자국—는 소독만 했다. 아들이 지난 몇 년 동안 파상풍 접종을 받은 적이 있느냐고 응급실 의사가 물었다. 헹크에게 물어보니까 자기는 주사 같은 거 맞은 기억이 없다고 해서 한 방 맞기로 했다. 의사는 헹크의 짧은 머리를 맘에 들어 했다. 그가 꿰맨 자리 위에 두꺼운 거즈를 올리고는 쭉쭉 늘어나는 망사 모자로 헹크의 머리를 덮어씌웠다. 그러곤 이런 경우는 처음이라면서 뿔까마귀라는 게 있는지도 몰랐다고 말했다. 또 헹크를 향해 싱긋 웃으며 이런 말도 했다. "참 신통하네. 아주 희귀한 일까지 치르면서 머리에 상처도 다 입고." 헹크는 웃을 수가 없었다.

차를 타고 집으로 돌아오는 내내 헹크는 좀 멍한 눈으로 옆에 말없이 앉아 있었다. "네가 내 아들이래." 이런 말을 해도 전혀 웃기지 않은지 헹크는 깊은 한숨만 내쉬었다. 헹크의 머리카락은 망사 모자에 모두 덮여 있었다. 만일 망사 모자가 없고 헹크가 그리 깊은 한숨을 내쉬지 않았더라면, 난 아마 손으로 헹크의 머리카락을 만졌을 것이다. 마당으로 들어가 아비의 자전거를 비켜 차를 몰아야지 하고 생각했는데, 벽에 세워진 아비의 자전거가 보였다. 로날드가 집으로 가기 전에 기

---

* 네덜란드 병원은 주치의가 허락하거나 응급상황인 경우에만 찾아갈 수 있다.

특한 일 하나를 한 모양이었다. 난 복도로 들어서면서 헹크의 팔꿈치를 붙잡고는 보란 듯이 거울 앞에 세웠다. 자신의 눈동자를 피하려는 헹크는 잠시 거울에 비친 제 얼굴에 침이라도 뱉을 것 같았다.

벌써 30분째 헹크가 거실 소파에 앉아 있다. 입도 열지 않고 텔레비전도 보지 않는다. 가끔 오른손으로 왼쪽 팔뚝을 쓰다듬는다. 커피도 싫다고 하고 식사도 하지 않겠단다. 뿔까마귀는 늘 앉던 물푸레나무 가지 위에서 종적을 감췄다.

물론 난 누구의 도움이 없이도 당나귀들을 밖으로 내보낼 수 있다. 방목장 울타리 문을 열고 축사로 가 그곳의 울타리 문을 연 다음 방목장으로 다시 걷는다. 그럼 당나귀들은 히힝 울고 펄떡펄떡 뛰어대며 내 뒤를 쫓아온다. 날 앞지르지는 않는다. 방목장 울타리 문에 다 와서 내가 비켜서주면, 당나귀들은 내 주위를 뱅글뱅글 돌기 시작한다. 좀 시간이 지나 차분해지면 그때부터 당나귀들은 새 울타리에 코를 대고 벌름대기 시작한다. 난 울타리 문을 닫고 밧줄을 묶은 다음 그물망을 따라 길 쪽으로 걸어간다. 나무 밑동에 자란 크로커스 꽃들이 막 봉우리를 터뜨리려 한다. 모퉁이를 돌아 일손의 집터를 향해 새로 세운 울타리를 따라 걷는다. 마지막 몇십 미터는 당나귀들도 함께 따라 걷는다. 부슬비에 젖어 번드르르한 당나귀들이 새 널빤지에 턱을 대고 따라온다. 흡족해 보인다.

도움닫기하여 고랑을 뛰어넘는다. 임야관리소는 일손의 집터에다 방문자센터를 짓고자 한다. 언젠가 이 바터란트에는 농부들이 모두 사라지는 날이 올 것이다. 아니, 어쩌면 단 한 명의 사람이 마지막 농부로 남게 될지도 모르겠다. 아마 그 농부는 하이랜드 산이나 갤러웨이 산소들을 지키는 일이며 잔디밭을 관리하는 일이며 빈 음료수 깡통들을 치우는 일이며 갈대를 자르는 일이며, 때깔 좋게 페인트칠한 배를 타든 타지 않든 방문자센터에서 정한 대로 방문객들을 안내하는 일을 하게 될 것이다. 우리나라 땅덩이는 벌써 임야관리소가 거의 다 소유하고 있다. 내 농지도 빌린 땅이다. 봄이 오면 난 오랫동안 바람이 불지 않는 방향으로 보스만 풍차를 돌려놓는다. 농지의 일부를 물에 잠기게 하려고 그러는 것이다. 그래야 댕기물떼새며 흑꼬리도요새며 쇠청다리도요새가 온다. 그 대가로 난 주 정부에서 보조금을 받는다. 그리고 난 그즈음에 맞춰 양들을 안으로 들여놓는다. 불만은 없다. 하지만 이 집터만큼은 아직 고분고분 내주고 싶지 않다.

6개월에 한 번씩 임야관리소에서 서신을 날려 보낸다. 아비에게 답을 구하는 서신이지만, 난 답장하지 않는다. 마지막으로 날아온 서신을 난 아비에게 보이지도 않았다. 서신은 책상 서랍 안 어딘가에 있다.

집이 서 있던 시멘트 바닥을 보면 예전의 구도가 눈에 들어온다. 흙이며 죽은 나뭇가지며 잎사귀들을 발로 훑어낸다. 여기는 거실이었고, 여기는 부엌 그리고 여긴 화장실, 또 여긴 복도가 있던 자리다. 지하실이 있던 자리는 돌멩이와 흙으로 덮어버려 보이지 않는다. 시멘트 금간 부위에서 지금도 잡초가 자란다. 내 머리에서 1미터 정도 떨어진 곳에는 지붕으로 난 창문 두 개가 딸린 커다란 다락방이 있었다. 난 이

곳이 아이들이 와서 왕왕 시끄럽게 떠들어대고 그 아이들에게 환경 관리에 일조하는 농부 하나가 이러쿵저러쿵 이야기를 늘어놓는 그런 곳이 되는 것이 싫다. 난 가끔 이곳에 와서 가만히 선 채로 벽이 다시 세워지는 것을 상상하고 싶다. 천장이 스르르 닫히고 지붕에 기와가 가지런히 놓이는 걸 상상하며, 창문이 열린 거실에 앉아 맥주 한 병을 손에 들고 중간으로 독한 쿨런의 향기를 맡고 있는 내 모습을 떠올리고 싶은 것이다.

한 손으로 젖은 머리칼을 쓸어 올리고는 물기 묻은 손으로 얼굴을 문지른다. 물은 좋다. 물은 모든 것(땟자국이며 늙은 살껍질이며 세월이며)을 모두 쓸어버린다. 물속에 있으면 체중이 느껴지지 않으면서 걱정도 사라지고 나이 먹는 것도 멈춰버린다. 헹크는 항상 열아홉에 머물 것이다. 내 앞에 놓인 소파 위에 헹크가 앉아 있다. 한 손어는 김빠진 맥주병이 들려 있고 입고 있는 셔츠는 윗단추가 몇 개 풀려 있으며 다른 한 손은 소파 팔걸이에 놓여 있다. 방금 전에 누가 죽기라도 한 것처럼 헹크가 내 입에 입을 맞춘다. 외로운 음악이 잔잔히 흐른다. 고개를 설레설레 저으며 난 장화 끝으로 잡초 한 줌을 뭉개버린다. 얍이다. 그건 얍이었어. 혹시 얍은 헹크를 대신해 그런 걸까? 모든 게 잘될 거라고 말해준 것도 헹크를 대신해 말해준 걸까?

헹크는 어디에 있는 걸까?

얍은 어디에 있는 걸까?

농가 쪽으로 길을 따라 걷는다. 머리에 상처를 입은 헹크에게로, 한 번 더 봄이 오는 걸 보고 싶다는 늙은 아비에게로 발을 옮긴다. 당나귀

들은 일손의 집터가 있는 모퉁이에 서서 이제 혼자 가라고 따라오지 않
는다. 나는 아비의 자전거를 바로 세워 올라타고는 아까 헹크가 간 길
을 반대로 짚어간다. 울타리를 새로 만들었다고 아직도 팔다리가 쑤신
다. 헛간 안이 어두침침하다. 착유실에 들어가기 전에 작업대 위에 달
린 형광등을 켠다. 못들이 박혀 있고 연필로 윤곽선이 그려진 나무판
자에 펜치를 건다. 노루발장도리를 윤곽이 그려진 제자리에 걸어놓으
며, 난 생각한다. 난 어디에 있는 걸까?

　"너 어디로 갈 생각이었어?"
　"그냥 어디로든 가고 싶었어요."
　"짐도 하나 안 챙기고?"
　"그게 다 무슨 소용이라고요?"
　"그렇다고 작업복 차림으로 그렇게 가?"
　"작업복이 무슨 상관이에요?"
　"머린 좀 어때?"
　"간지러워요."
　"그럼 좋은 거야."
　헹크가 자기 잔에 두번째 와인을 따른다. 난 손으로 잔을 가린다. 우
린 비프스테이크와 감자, 그리고 삶은 냉동 깍지콩을 먹고 있다. 밖은
아직 어두컴컴해지지 않았지만, 난 옆 창에 달린 커튼을 닫아버렸다.
　"짐승들 왜 그래요?"
　"그야 알 수 없는 일이지."
　"왜 하필 나죠?"

"글쎄."

"팔이 아주 뻐근해 죽겠어요."

"그래도 로날드가 아니었으니 망정이지, 그 약하디약한 머리가 그리 됐으면 정말로 큰일 날 뻔했어."

"지금 내 머리라 다행이란 말을 하는 거예요?"

"어떻게 생각하면 한편으론 그렇지."

"네, 아주 고맙네요."

나는 깨끗한 접시 위에다 세번째 비프스테이크를 놓고 자른다.

"그런데 아저씬 손이 참 크네요?"

접시 위에 감자 몇 개와 깍지콩을 조금 얹어 헹크에게 밀어주며 말한다. "위에 좀 갖다 줄래?"

"네."

헹크가 오랫동안 돌아오지 않는다. 설거지를 끝내고 개수대 밑에 딸린 장에서 손톱 씻는 솔을 꺼낸다. 어딘가에 아버지와 내 손을 깨끗이 관리하기 위해 어머니가 사둔 공업용 특수 액체 비누도 있을 터였다. 어머니가 세상을 하직한 이후로 사용되지 않은 그 비누는 저간치 깊숙한 곳에 밀려 있었다. 습기 찬 구석을 보니 낡아빠진 걸레 곁에 비누병이 놓여 있다. 손톱 마디에서 거의 피가 날 정도로 모래 섞인 비누를 빡빡 문질러 손을 씻는다.

다용도실에서 옷을 모두 벗어 빨래 바구니에 던진다. 욕실에 들어가 수도꼭지를 틀어놓고는 한참을 서 있는다. 수도꼭지에서 미지근한 물이 졸졸 흐르고 보일러가 거의 빌 때가 되자 쪼글쪼글해진 손으로 수도

꼭지를 잠근다. 몸을 말리고 허리에 수건을 두르고는 침실로 걸어간다. 도중에 벽난로 위에 걸린 거울 속으로 내 모습을 비춰보고, 물끄러미 지켜보는 어머니를 쳐다본다. 애초에는 깨끗한 옷으로 갈아입을 생각이었지만 막상 침대를 보니까 생각이 바뀐다.

구석에다 수건을 던지고는 덴마크 지도 앞으로 가 작게 중얼거린다. "베를뢰세, 파룸, 홀테, 비르케뢰드, 프레데릭스베르크." 그것이 부풀어 오르기 시작해 침대 안으로 기어들어간다. 헹크가 충계를 내려오는 발소리가 들린다. 계속 걷다가 내 방문 앞에서 잠시 멈추는 것 같다. 그리고 또 발소리가 나 들어보니 불을 끄는 모양이다. 다시 충계를 올라간다. 이제 집 안이 조용하다.

41

양들을 세려고 밖으로 나와 걷는다. 양들을 보면 항상 마음이 가라앉는다. 참 안된 동물들이다. 덴마크 지도를 사기 위해 세 마리 양을 팔아치운 일이 자꾸 머릿속에 떠오른다. 어떤 양을 파는지 제대로 보지도 않고 팔아 마음이 썩 개운치 않다. 팔려간 그 세 마리 양들 말고 전혀 다른 세 마리 양이 팔려갔을 수도 있었다. 스무 마리 양들이 비를 맞고 서 있으면 좀 안돼 보인다. 무더운 날씨에 털도 안 깎은 양들이 수북한 털을 달고 서 있으면 안쓰럽게 여겨지고, 제대로 서지도 못해 비틀대는 양을 보면 차마 눈 뜨고 봐줄 수가 없다. 가장 처참한 때는 양이 뒤로 나자빠져 일어서지 못할 때다. 속수무책으로 바둥대다 공기가 장에 차서 위벽을 눌러대면 양은 캑캑대다가 바람이라도 불라치면 안간힘을 다해 고개를 빳빳이 쳐들고는 천천히 몸 안으로 공기를 들이마신다. 내가 숫양을 치운 게 언제였는지 곰곰이 생각해본다. 양들을 안으로 들일 때가 된 것 같다. 세어보니 양이 열아홉 마리밖에 없다.

밖에 나와 양을 세는 것은 그저 할 일이 없어서가 아니라 집으로부터 피신하기 위함이다. 리트한테서 전화가 왔었다. 또 언제 한번 찾아와서, 그냥 구경도 좀 하고 '아낙네들이 하는 일'을 거들어주면 안 되겠냐고 물었다. 아비는 위에서 기침을 해대고 있었다. 난 헹크를 불러 수화기를 건네주고는 밖으로 나와버렸다.

한숨을 내쉬고 다시 숫자를 세어본다. 역시 열아홉이다. 제일 가까운 고랑으로 발을 옮긴다. 물살 없는 물 위에 햇빛이 반짝인다. 하지만 물살이 없어도 안심은 금물이다. 물에 빠진 양은 대번 다 포기하고 물만 삼켜대다가 꼼짝 않고 운명의 순간을 기다리기 때문이다. 텍설*산 양들은 스스로 제 배를 물로 채워 죽는다. 그들에겐 취약한 점이 하나 더 있는 셈이다. 혹시나 해서 고랑들을 횡으로 가로지른 길을 따라가본다. 열아홉 마리의 양들이 저만치 거리를 두면서도 내 뒤를 쫓고 있다. 세번째 고랑에 이르자 드디어 찾던 양이 눈에 들어온다. 지표면 대부분에 물이 고여 땅이 홍건하다. 이 고랑의 둔치 쪽은 깊이가 30센티미터를 넘지 못한다. 양털 밑으로 손을 찔러 넣고는 양을 끌어올리려

---

* Texel: 네덜란드 북부에 있는 섬.

고 힘을 쓴다. 양들의 다리는 가늘고 연약해서 진흙탕에 빠지고 나면 납으로 된 갈고리마냥 무겁고 둔하기만 하다. 양이 바둥거리다가 잠시 내 쪽으로 고개를 돌린다. 30센티미터 자 높이 둔치에 물살이 찰싹댄다. 다리를 좀더 벌리고 한 번 더 힘을 쓴다. 이내 양털 한 줌을 오른손에 쥐고 잔디 위로 나자빠진다. 양이 더 이상은 꼼짝 않고 운명의 순간만 기다릴 수 없겠는 모양인지, 진흙탕에서 버둥대며 캑캑거린다. 놀란 눈동자가 뒤로 획 돌아간다. 일순 사고 기능이 멈춘 난 장화도 벗지 않은 채 고랑으로 뛰어든다. 얕은 고랑이라도 양의 배 밑에 손을 넣으려고 무릎을 굽히고 허리를 숙이니 진흙탕 물이 입에까지 닿는다. 안간힘을 다해 양을 들어 올리려니까 장화가 진흙바닥 밑으로 차츰 빠져든다. 아주 조금이지만 양의 몸통이 위로 올라간다. 둔치 쪽으로 양의 옆구리를 밀어 올린다. 이제 됐구나 하고 생각하는 순간, 양이 단단한 땅에 가까워진 걸 알아채고는 마구 발길질을 해댄다. 내가 중심을 잃고 뒤로 나자빠지려니까, 양의 몸통이 내 몸 위로 굴러떨어진다.

시멘트에 파묻혀 꼼짝 못하듯 진흙탕 속에 파묻힌 장화가 꿈쩍도 하지 않는다. 무릎을 굽힌 채로 등짝을 깔고 나자빠졌다. 도저히 힘을 쓸 수가 없다. 딱 한 번 물에 젖어 무겁기만 한 양을 들춰 밀고는 한껏 공기를 들이마시고 나니까, 양의 몸통이 날 다시 아래로 짓누른다. 미친 듯이 뛰고 있는 양의 심장박동이 느껴진다. 아니, 내 심장박동인지도 모르겠다. 장화에서 발을 빼내려고 안간힘을 쓴다. 절대 무모한 짓은 하지 말자고, 숨이 죄어오자 다짐한다. 옆으로, 그렇다, 난 양의 몸통 옆으로 어떻게든 빠져나와야 한다. 이렇게 누워 있으면 늙지도 않고 나이도 먹지 않겠지 하는 생각 같은 건 집어치우자. 물에 빠진 짐승처럼 다 죽을 지경이 된 이 판에, 물에 빠져 다 죽어가는 또 다른 한 마리의 짐승 밑에 깔려 있는 이 판에. 제발 양의 몸통이 내 옆으로 굴러 떨어졌으면 하는 생각에 반대쪽, 왼쪽 어깨를 들썩여본다. 이상하게도, 순간 낸 눈에 얍이 보인다. 휙휙 팔을 저으며 앞질러 헤엄쳐 간다. 난 속수무책으로 뒤에 남아 팔다리를 바둥대고 있다. 쩍 벌어진 내 입속으로 에이설 호수 물이 꿀렁꿀렁 빨려 들어간다. 깨끗이 씻기려나? 하지만 이 물은 악취가 진동하는 구정물이 아닌가? 게다가 씻긴 뭘 씻는단 말인가? 머리카락이 해초처럼 이리저리 나풀거렸는데. 어쩔 수가 없다. 입을 벌려야만 한다. 헹크는 보이지 않고, 심카 차에 탄 나 모습이 보인다. 내 머리카락이 해초처럼 이리저리 나풀거린다. 반대편 창밖에서 리트가 나를 보고 있다. 놀란 얼굴도 두려운 얼굴도 아닌, 생긋 웃는 얼굴이다. 문 열어줄 생각은 전혀 하지 않는다. 난 입을 벌려야만 한다. 양이 내 몸을 짓누르고 있는 까닭에, 배 위에 손조차 끼워 넣을 수도 없는 실정이다. 그러니 고개를 쳐들어 양을 옆으로 쓰러뜨리는 것은 아무리 힘써봐야 되지도 않을 것이다.

42

헬머 씨에게,

헬머 씨가 나한테 거짓말을 했더군요. 아버님 얘기는 헹크한테 들었어요. 난 헹크가 제정신이 아닌 줄로 알았어요. "이상하다, 돌아가셨다고 했는데. 돌아가셔서 유골은 뿌렸다고 했는데." 내가 이렇게 말하니까, 헹크가 아니라면서 아버님은 위에 자리보전하고 누워 계신다고 하더군요. 기침 소리도 들리고, 자기가 음식도 자주 가져다 나른다는 말도 하더군요. 왜 날 속인 거죠? 난 헬머 씨가 그런 사람인 줄은 정말 몰랐어요. (헬머 씨 동생이자 나와 결혼을 약속한 적이 있는) 헹크 씨는 절대로 나에겐 거짓말 같은 건 하지 않았을 거예요. 난 항상 헬머 씨가 마음씨 곱고 거짓말 같은 건 할 줄 모르는 착한 사람인 줄로 알았는데, 이제 보니까 내가 잘못

안 것 같아요. 아버님이 집 안에 있는 줄도 모르고 그 집에 들어가 차를 마시고 돌아다니다니! 얼마 전까진 농가에 찾아가기를 참 잘했다고 생각했는데, 이제 보니 내가 잘못 생각했네요. 난 당신 아버지가 아주 지긋지긋한 사람이에요. 날 쫓아냈고, 내 인생을 망쳐놨으니까요. (혹 내가 그동안 빈하고 오순도순 잘만 살았을 거라고 생각한 건 아니죠? 내가 이 브라반트에서 맘 편안하게 잘 살았을 것 같아요?)

대체 왜 그런 거죠? 아버님 살아 계시다고 하면 내가 안 올까 봐서요? 그렇다면 헬머 씨는 제 생각밖에 못하는 이기적인 사람이에요. 난 단 하루도 헹크 씨를 그리워하지 않은 날이 없어요. 헹크 씬 어리긴 했지만 늠름한 사내대장부처럼 늘 날 위해주곤 했어요. 빈은 헹크 씨하곤 아주 딴판이었어요. 그 사람한텐 나보다도 돼지가 더 중요한 것 같았으니까요. 돼지가 먼저고 난 둘째였어요. 매일 밤 내 눈앞에 뭐가 아른거렸는지 아마 헬머 씨는 모를 거예요. 에이설 호수와 그때 그 자동차, 정말 잊으려야 잊을 수가 없었어요. 헬머 씬 헹크 씨보단 빈을 더 닮았어요. 헹크 씨가 그렇게 되고 나서 난 그 농가에 며칠 머물면서 마음의 안정을 찾을 수 있었어요. 어머님의 위안을 받으며 난 (헬머 씨와 나) 우리 사이에도 분명 연이 있을 거라고 생각했어요. 함께 미래를 꿈꿀 수 있는 정이 싹틀 수 있는 그런 연분이요.

편지 쓴 용건이 하나 더 있는데 그걸 말하죠. (당신 동생 말고 내 아들) 헹크를 이제 돌려보내줬으면 해요. 예전에는 헹크가 집에 있으면 좀 불안했는데, 헹크가 떠나버리고 나니까 불안감보다 쓸쓸함이 더 견디기 힘든 거라는 걸 알겠더군요. 이제부터라도 헹크와 대화하는 법이며 헹크를 이해하는 방법을 배울까 해요. 내 자식이니 의당 그리해야겠죠. 솔직히 난 헹크가 거기 더 머물러 있으면 안 된다고 생각해요. 날 속이고 거짓말하는 사람한테서 배울 게 없을 테니까요. 그건 그렇고, 그 까마귀 얘기는 또 뭔가요? 무슨 그런 위험한 짐승이 다 있는 거예요? 헹크가 그런 위험에 빠지도록 내버려두다니! 설마 병원 치료는 잘 받았겠죠? 당신, 참 무책임한 사람이에요.

헹크한테는 따로 편지를 쓸 거예요. 어미가 아들을 무척 보고 싶어 하니 빨리 돌아오라고 할 작정이에요.

이대로 더 이상 가만두면 안 될 것 같아요.

그럼 이만,

리트.

43

안개가 꼈다. 눈에 보이는 거라곤 앙상한 물푸레나무 가지뿐이다. 가지가 텅 비어 있다. 저만치 먼 곳도 텅 비어 있다. 아비의 침실은 항상 좀 눅눅한 것 같다. 내가 이 방에서 잘 때는 그런 적이 없었던 것 같다. 아직 3월밖에 되지 않았는데 왠지 느낌은 오뉴월이라도 된 것 같다. 아비도 나와 똑같이 느낀다.

"더 이상은 못 견디겠어."

"방금 전에도 똑같은 말을 하더니만."

"너무 오래 걸려."

"아직 봄도 오지 않았는데."

"알아. 그러니까 너무 오래 걸린다고 하지."

사진이니 자수 액자니 버섯 수채화로 꽉 찬 벽을 쳐다본다. 사람들은 죽고 난 후를 위해 사진을 찍는 걸까? "그래서요? 그래서 어쩌자고요?"

"음식을 끊어야겠어."

"네?"

"먹는 걸 그만 먹어야겠다고. 마시기만 하고 먹지는 않을까 봐."

"그럼……"

"왜, 뭐 켕기는 거라도 있어?"

"이제부터 음식을 가져다 나르지 않으면……"

"내가 죽으면 너한테 덤터기 씌울까 봐서? 내 참, 그리 걱정 되면 그냥 갖다 나르던가. 그럼 되는 거 아냐? 내가 안 먹고 그냥 내버려두면 그만인데 뭘." 침대에 누운 아비가 왠지 좀 들떠 보인다. 마치 농이라도 거는 듯하다. 무슨 꿍꿍이 속인지 통 모르겠다. 자식이 농지거리를 해대면 나도 못 할 것이 없지, 라고 생각하는지도 모르겠다.

지난 며칠간 난 헹크의 손목을 찬찬히 지켜보았다. 굵고 강해 보이는 손목이었다. 벌그스름한 터럭이 수북이 난 손목이었다. 헹크는 제 어미와 전화 통화를 끝내고 나서 나를 찾아다녔다. 한동안 둑에 있는 울타리에 서 있는데 헹크의 눈에는 나는 보이지 않고 일제히 한쪽으로 고개를 돌린 양들의 무리가 보였다. 그래서 좀 이상한 생각이 들었다고 나중에 헹크가 말했다. 지나고 나서 생각해보니 그때가 내가 마지막으로 머리를 수면 위로 간신히 쳐들었을 즈음 같았다. 익사 직전에 놓인 나를 구하기 위해 마침 헹크가 제때 울타리를 타고 넘어 내게로 달려왔다. 벌렁 드러누운 양과 양의 몸통 위로 축 늘어져 있는 한쪽 팔이 헹크의 눈에 보였다. 나처럼 도랑으로 들어간 헹크는 내 위에 깔려 있는 양을 거뜬히 치우고는 강한 손목으로 내 몸을 일으켜 세웠다. 그때 챙기지 않은 내 장화는 아직도 고랑에 처박혀 있다. 헹크가 나를 물가로 옮겨 눕혔다. 눈을 떴을 때, 내 눈에는 귀 하나와 손 하나, 그리고 흉터 하나가 보였다. 헹크의 입술이 내 입술 위로 올라오는가 보다, 라고 생각하고 있으려니까, 곧바로 엄청난 공기가 마구 폐 속으로 비집고 들어가는 듯이 느껴지면서 숨이 막히는 것 같았다. 안으로 들어온 공기는 빠져나갈 구멍이 없었는데, 이는 헹크가 내 콧구멍을 틀어막고 있었기 때문이었다. 내 입 밖으로 소리가 흘러나오자 헹크는 고개를 쳐들었다. 속이 울렁거려 금세—헹크의 튼튼한 손목 덕분에— 옆으로 돌아누우며 난 몸 안에 든 흙탕물을 한바탕 게워냈다. "잠깐 이대로 누워 있어요." 헹크의 말을 난 고분고분 따랐다. 내내 갑갑하던 차에 물 대신 공기가 몸속으로 들어와 난 하염없이 고마울 따름이었다. 잠시 후 비틀대는 양의 몸에서 물방울이 내 얼굴로 튀었다. 양도 헹크 덕분에 고랑에서 살아 나왔다.

지금 헹크는 침대에 누워 있다. 아프다고 한다. 아프리카 동물들 사이에 헹크의 손목이 놓여 있다. 그날 난 세 번 정도 속을 더 게워내야 했다.

"헹크는 좀 어때?" 아비가 묻는다.

"그럭저럭 괜찮아요." 아직도 입이 개운하지 않아 입속에 진흙이 들어 있는 느낌이다. 어금니 사이에 흙이 물리는 것도 같다. 진흙 맛 나는 주검이 어떤 것인지 알 것 같다. 물푸레나무를 물끄러미 바라본다.

"넌 날 왜 싫어하는지 아직 말해주지 않았어. 너한테 내가 뭘 잘못했는지도 이야기하지 않았어, 맞지?"

"네."

"왜 아다한테 내가 제정신이 아니라고 말했는지, 또 데려오라는 의사는 왜 데려오지 않은 것인지, 그것도 말해주지 않았어."

"네, 알아요."

"나도 다 알고 있어."

"무슨……"

"네가 날 여기로 이렇게 치운 건, 그저 첫 단추를 끼우기 위한 거였잖아. 사람들이 날 찾아오는 것도 막아놓고선……"

아무 대꾸도 하지 않은 채 난 바깥만 뚫어지게 쳐다본다.

"처음에 넌 음식도 거의 가져다주지 않았어. 그랬으면서 이제 내 스스로 음식을 끊겠다니까 토는 왜 달아? 날 그냥 이대로 가게 내버려둬."

천천히 아비에게로 고개를 돌린다. 아비가 이젠 더 이상 들떠 보이지 않는다. 여태껏 한 번도 해본 적이 없는 말을 아비가 하려는 모양이다.

"네가 날 제정신이 아니라고 말한 건, 내가 무슨 말을 누구에게 어떻게 하든 모두 사실이 아닌 것으로 들리게 하기 위해서겠지."

난 차마 입을 열지 못한다.

"그때 빵에다 치즈 올려서 가져온 날 있지, 해가 나고 화창했던 그날 말이야."

"그날 뭐요?"

"넌 그때 내가 자고 있는 줄로 알았지?"

네,라고 대답한다. 자고 있는 줄 알았냐니, 그럼 그때 아비는 잠이 든 게 아니었단 말이 된다.

"난 다 알아. 다 알고 있어." 다리쯤 놓여 있던 아비의 손이 이불 위를 쓸어내린다. 여성스러운 손짓이라 좀 낯설게 보인다. "아니, 어쩌면 다 내 추측일 뿐인지도 모르지. 하지만 다시는 그런 얘기 듣고 싶지 않아, 다시는."

안개가 차츰 옅어지고 있다. 희미한 안개가 살포시 내려앉았다. 길은 은빛으로 빛나고, 수로에는 거의 물살이 일지 않는다. 난 의자에서 일어나 문으로 걸어간다. 아비가 아는 것이, 추측하는 것이 대체 무엇일까? 이젠 더 이상 듣고 싶지 않은 얘기란다. 하지만 귀로 들리는 소리는 음식을 끊는 것보다 마음대로 되는 것이 아니다.

침대 옆에 무릎을 꿇고 앉아 이불에 이마를 파묻고 있는 내 모습이 그려진다. 아비의 쪼글쪼글한 손이 이불을 쓸어내리다 멈칫한다. 아비가 손을 들어 내 머리 위로 가져다 놓는다. 메마른 손이 내 머리카락을 스치고 지나간다. 아비도 따뜻하다. 문을 당겨 열고는 협탁에 놓인 접시를 쳐다본다. 치즈 올린 빵 두 조각과 사과 하나, 그리고 나이프가 보인다. 접시를 그대로 두고 복도로 나간다.

다들 침대에 누워 있는지라 나도 침대로 가 몸을 눕힌다. 정오가 조금 지났다. 그 어느 때보다도 난 여기에 어울리지 않는다는 생각이 든다. 여기에 있어야 할 사람은 바로 헹크인데 하는 생각이 드는 것이다. 헹크가 리트와 아이들을 데리고 여기서 살았어야 하는 것인데. 터울은 좀 지지만 리트는 분명 아다와 사이좋은 친구가 됐을 것이다. 또 아이들은 튠과 로날드와 함께 학교를 다녔을 것이다. 아니, 아이들이 아니라 손주들이겠다. 난 삼촌이 됐을 것이다. 헹크라면 집유차를 모는 젊은이가 떠난다고 할 때 떠나서 아쉽다고 하며 다른 데 가서도 잘 지내라고, 어쩜 어깨까지 토닥이며, 작별 인사를 해줬을 것이다. 거울 속을 들여다보면 내 모습이 눈에 보인다. 하지만 가끔은 내 모습 뒤로 헹크의 얼굴이 보일 때도 있다. 그럴 때면 헹크는 대개 이상한 눈빛으로 날 빤히 쳐다보곤 한다. 방금 전 아비의 방에 있을 때, 내가 혼자가 아니라 예전처럼 팀을 이뤄 헹크와 함께 있었다면 어떠했을까? 그래도 아비가 우리 둘을 보고 자기를 골탕 먹이려고 온 나쁜 자식들이라고 생각했을까? 그래도 우리가——아비를 골탕 먹이려고——아비의 눈을 감히 빤히 쳐다볼 수 있었을까? 헹크는 내 편을 들어줬을까, 아니면 조용하지만 분명하게 날 한심한 놈으로 치부해버렸을까?

난 벌써 오랫동안 모든 일을 반절밖에 안 되는 힘으로 하고 있다. 내 몸이 반절밖에 안 되는 몸이 된 지는 벌써 오래되었다. 이제 더는 어깨와 어깨가, 가슴과 가슴이, 결코 당연하다는 듯 자연스럽게 함께 마주닿을 수 없게 되었다. 조금 있으면 나는 우유를 짜러 갈 것이다. 내일 아침에도 난 다시 우유를 짜러 갈 것이다. 물론 이번 주가 끝날 때까지도, 또 그다음 주가 끝날 때까지도 우유를 짤 것이다. 하지만 그것으로는 충분하지 않다. 난 이제 더 이상 소 밑에 고개를 처박으며 묵묵히 살 수만은 없을 것 같다. 한심한 놈처럼.

헹크의 손이 가지런히 내려져 있다. 손등을 위로 하고 있어 손목은 보이지 않는다. 안개가 걷힌 날씨라 난 회전창을 조금 열어놓았다. 방 안에서 아직 병(病) 냄새는 나지만 헹크는 이미 요 며칠 전부터 아픈 사람이 아니다. 담배 연기 냄새도 난다. 헹크는 며칠째 침대에서 통 나올 생각을 하지 않았다. 침대 옆에 제 어미한테서 온 편지가 놓여 있다. 그 어미가 나에게 보낸 편지는 아래층 식탁 위에 놓여 있다.

헹크의 머리에 난 상처를 돌보기 위해 난 한 번 거즈를 새것으로 갈았고 그 위에 망사 모자를 씌워주었다. 두번째로 거즈를 갈려고 했을 때는 (헹크가 그새 누워 있고) 상처가 이미 아물어 딱지가 앉은 것이 보여 그냥 내버려두었다. 상처를 꿰맨 파랑색 실밥 올이 헹크의 머리카락보다도 길었다. "못된 짐승, 감히 내 머리를 노리다니." 헹크가 맥없는 목소리로 말했다.

지금 난 언제쯤 실밥을 뽑아내야 할까 생각 중이다. 내 손으로 직접 뽑아낼 수 있을까? 내가 해주고 싶다. 헹크의 머리를 한 손으로 내 가슴에 받친 다음 핀셋을 든 다른 한 손으로 실밥을 뽑아주고 싶다.

집유차가 마당으로 들어오는 소리가 들린다. 새로 집유차를 몰게 된 여자는 나이가 한 마흔다섯 살 정도 돼 보이고 박력이 넘쳐 보인다. 주고받은 말이 단 몇 마디밖에는 되지 않았지만 그 여자는 왠지 좀 쌀쌀맞고 무뚝뚝해서 예전에 집유차를 몰던 늙은이를 닮은 것 같다.

"동생 보고 싶어요?" 헹크가 묻는다.

“뭐?”

“헹크라는 아저씨 동생 보고 싶냐고요.”

난 아무 대꾸도 하지 않는다.

“난 누나들이 전혀 보고 싶지 않아요.”

“네 누나들은 아직 다 살아 있잖아.”

“물론 그렇긴 하지만. 그런데 아저씨 동생하고 우리 엄마, 정말 결혼할 뻔한 사이였어요?”

“응.”

“동생이 아저씨하고 정말 얼굴이 똑같았어요?”

“아버지 침실에 걸린 사진들 못 봤어?”

“보긴 봤지만……”

“우린 쌍둥이였어.”

“그럼 우리 엄만 왜 아저씨하고가 아니라 아저씨 동생하고 사랑하게 된 거죠?”

“그걸 낸들 어찌 알아.”

“혹시 그럼, 엄마가 처음 아저씨 동생 만날 때 아저씬 없었나요?”

“아니, 그때 둘이 만난 술집에 나도 있었어.”

“그럼 대체 이유가 뭐죠?”

“글쎄 난 모른다니까. 이봐 헹크, 인생이란 게 원래 다 그런 거야.”

“하지만 일이 달리 풀렸을 수도 있잖아요.”

“무슨……”

“한번 생각해봐요. 만약 엄마가……”

“그만해.”

"난 엄마가 아저씨랑 결혼하고 싶어 한다고 생각하는데."

"나도 그렇게 생각한 적이 있어."

"그럼 지금은 그렇게 생각 안 해요?"

"응."

"난 엄마가 아저씨랑 결혼하려고 날 이용했다고까지 생각했어요."

"그건 또 무슨 소리야?"

"날 이리로 보냈잖아요."

"넌 텔레비전을 너무 많이 본 것 같다."

"텔레비전에서는 다 배반당하는 걸로 끝이 나는데요, 무슨." 헹크가 히죽거린다.

난 헹크를 똑바로 쳐다보며 말한다. "너 이제 일어날 때도 되지 않았냐?"

"아니요. 좀더 누워 있어야겠어요."

"네 어미가 편지에다 뭐라고 썼어?"

"내가 필요하다고요. 또 아저씨는 거짓말쟁이니까 어서 집으로 돌아오라는 말도 썼어요."

집유차가 마당 밖으로 나간다. 밖이 다시 조용해졌다. 난 여전히 창 아래 비스듬한 벽 앞에 서 있는데, 회전창 곁이라 등으로 바람이 느껴진다. 의자에 놓인 헹크의 옷가지를 치우고는 그 위에 앉는다

"우리 엄만 잘 분노해요. 항상 그랬어요. 아빠한테도 누나들한테도 나한테도, 엄만 뭐가 어찌 됐든 아무한테나 다 분노했어요. 심지어는 돼지들한테까지도 화를 냈어요. 그런데 이제 아저씨한테도 화가 난 것 같아요."

“그래, 그런 것 같다.”

“엄마한텐 대체 왜 할아버지가 돌아가셨다고 했어요?”

“설명하자면 길어.”

“난 시간 많으니까 한번 설명해봐요.”

“시간이 많긴 뭐가 많아. 지금 양들을 안으로 들여놔야 하는데.”

“왜요?”

“양들이 조금 있으면 아양 깔 거야.”

“새끼 양 낳는다는 말이군요.”

“그래.”

“혼자는 못 해요?”

“응. 네가 좀 거들어줘야 해.”

“그럼 뜀박질도 해야 하나요?”

“그럴 수도 있고.”

“난 아픈 사람인데?”

“아픈 사람이었지.”

“나 무서워요.”

“젊은 놈이 뭐가 무섭다고 그리 투덜대?”

“난 여기 떠나고 싶지 않아요. 난 화난 엄마가 있는 브라반트로 돌아가고 싶지 않단 말이에요. 브라반트가 얼마나 끔찍하다고요. 거긴 가봐야 별로 할 것도 없고, 누나들이 있긴 하지만, 누나들이 다 무슨 소용이에요?”

“여기선 너 뭐 할 거 있어?”

“네.” 손목 두 개가 보인다. 헹크가 협탁에 놓인 담뱃갑을 집으며 말한다. "쌍둥이 형제가 있으면 참 신기할 거 같아요. 자기랑 똑같이 생긴 사람하고 항상 같이 있는 거잖아요." 헹크가 담배를 입에 문다.

난 의자에서 일어나 회전창을 좀더 연다.

"얼굴뿐 아니라 몸뚱아리도 똑같을 텐데."

"근데 넌 대체 뭐가 무서운 거야?"

"여름이요."

"뭐?"

"외롭고 길고 환한 여름이 난 무서워요." 이불이 아래로 좀 내려가자, 헹크의 가슴이 드러난다. 허옇고 젊은 가슴이다. 안에 두려운 심장이 박동치고 있다. 허연 연기가 헹크의 입에서 뿜어져 나온다. 연기가 창문 쪽이 아닌, 내 얼굴을 향해 정면으로 다가온다. "쌍둥이 형제가 있으면 여름이 무섭지는 않아. 항상 함께 있으니까."

물론 헹크는 나보다 두 배는 빨리 뛴다. 너무 빨리 뛰니까 양들이 사방으로 흩어진다. 난 흩몸이 아닌 동물들을 다루는 일이니 즘 차분하게 하라고 헹크를 타이른다. 우유를 짜고 양들 우리에 가보니 벌써 아양 두 마리가 어미 배 속에서 나와 걷고 있다. 우리 안은 칸막이를 쳐 공간을 둘로 나눴다. 한쪽은 대기실이고, 다른 한쪽은 분만실이다. 내가 아양 두 마리를 끌어안자, 어미 양이 발길질을 해댄다. 모정인 것이다. 난 어미 양과 아양들을 분만실로 옮겨놓는다. 헹크가 문간에서 지켜본다. 얼굴은 벌겋게 상기돼 있고, 어깨 위로는 엷은 수증기가 모락모락 피어오른다.

"자, 이제 가자."

우린 양들만 사라진 들판을 지나 보스만 풍차 쪽으로 걸어간다. 고랑 쪽으로 회색 기러기 두 마리가 보인다. 댕기물떼새도 두 마리 보이고, 허연 알락할미새도 두 마리 보이고, 외롭게 혼자 있는 흙꼬리도요새도 보인다. 쇠청다리도요새는 아직 오지 않은 모양이라고 거의 확신하고 있으려니까 두 마리가 저리로 날아간다. 해가 뉘엿뉘엿 거의 저물었다. 풍차 날개가 느릿느릿 돌아간다. 난 꼬리를 접어 풍차 날개를 쉬게 한 다음, 작업복 다리에 손을 문지른다. 이제 땅에 물이 차도 좋다.

"우린 여름이면 여길 자주 왔어."

"아저씨하고 헹크 아저씨요?"

"응."

"그럼 헹크랑 또다시 오게 된 건가? 여름은 아직 아니지만?"

"그래, 여름은 아직 아니지." 기러기들이 높이 날아가고 있다. 기러기들을 보면 항상 그러하듯이 한 마리가 높이 또 한 마리가 그 밑으로 층을 져 날아간다. "너희 엄마도 여기에 온 적 있어. 헹크가 죽고 나서 얼마 안 됐을 때 우리 어머니하고 같이 가끔 여길 왔었지."

이 말은 헹크의 관심을 끌지 못한다. "아저씬 동생하고 여기에 와서 뭘 했어요?"

"뭐 하긴, 그냥 이래저래 시간 보냈지."

그냥 이래저래 시간을 보냈다. 서기도 하고, 걷기도 하고, 앉기도 하면서. 우린 수로에 핀 노란 연꽃을 바라보았고, 느릿느릿—하염없이 줄곧 느릿느릿—흘러 떠가는 구름을 보았다. 고랑에 물이 차오르는 걸 보았다. 우린 눈을 감은 채 귀 기울여 삐걱삐걱 기름칠된 풍차의 중심축이 돌아가는 소리를 들었고, 쇠기둥 사이로 바람이 스쳐 지나가는 소리를 들었으며, 종다리의 지저귐을 들었고, 그러면 시간이 멈춰버렸다. 감겨진 우리의 눈꺼풀 뒤로는 온갖 것들이 무수히 지나갔다. 결코 어두컴컴하지 않았다. 오렌지색이었다. 계절이 여름이고 우리가 있는 곳이—미국과 거의 비슷한—다른 곳이라면, 다른 건 일체 존재하지 않았다. 우린 살아 있었고, 마른 엉겅퀴 냄새보다도 양들의 방울똥 냄새보다도 따뜻한 물 냄새보다도 우리의 냄새가 더 진했다. 맨살을 드러낸 무릎과 배에서 달콤한 냄새가, 어떨 땐 분필 냄새가 났다. 깔고 앉은 잔디가 우리 궁둥이를 간질였다. 우린 서로의 몸을 만지면서 제 몸을 만지는 것처럼 느꼈다. 다른 심장의 박동이 곧 내 심장의 박동이었던 우리, 더 가까워지려야 가까워질 수가 없던 우리. 물에 빠져 죽을 뻔하다 양의 몸과 내 몸이 거의 한 몸으로 녹아날 때처럼이랄까.

"헬머 아저씨?"

"응?"

"어떤 거예요, 쌍둥이 형제가 있다는 건?"

"쌍둥이 형제가 있다는 건 이 세상에서 제일로 아름다운 거야."

"지금 그럼 아저씬 반쪽이 된 느낌이에요?"

무슨 말을 하고 싶지만, 입이 떨어지지 않는다. 쓰러지지 않으려고 쇠기둥을 붙들어야 할 정도다. 난 항상 잊힌 존재다. 난 그저 형일 뿐이니, 부모인 아비와 어머니가 형인 나보다 중요했다. 또 리트는—아주 짧은 동안이라 할지라도—과부의 지위를 요구했다. 한테 지금 리트의 아들이 내 앞에서 반쪽이 된 느낌이냐고 묻고 있다. 헹크가 내 어깨를 붙들자, 난 어깨에 올라온 손을 흔들어 떨쳐낸다.

"왜 울어요?"

"모든 게 다 슬퍼."

헹크가 날 똑바로 쳐다본다.

난 그대로 내버려둔다.

우린 제대로 된 식사를 하지 않는다. 헹크가 와인을 한 병 땄고, 식탁 위에는 빵과 치즈, 버터와 요거트, 그리고 포테이토칩 한 봉지가 뜯긴 채 놓여 있다. "엄만 그 까마귀를 마치 아저씨가 나한테 날려 보냈다는 식이에요." 리트가 나에게 쓴 편지가 헹크 앞에 놓여 있다. "여기 좀 봐요, '우리 사이에도 분명 연이 있을 거라고 생각했어요'라고 씌어 있잖아요. 또 여기 '함께 미래를 꿈꿀 수 있는 정이 싹틀 수 있는 연분'이요. 그러게 내가 뭐랬어요, 엄만 아저씨하고 결혼할 마음이 있었다니까요. 그럼 아저씨가 내 아빠가 됐을 텐데."

"그럴 순 없지. 만약 내가 네 아빠였다면 넌 지금의 네가 아닐 테니까."

"네?"

"내 말 무슨 말인지 너도 잘 알잖아."

"아니요, 전혀 모르겠는데요. 달걀프라이 좀 만들까요?"

"아니 됐어. 근데 넌 왜 내 편지를 읽는 거지? 다른 사람의 편지를 읽는 건 아주 경우에 어긋나는 짓인데." 난 술이 취해서 이따금 옆 창으로 밖을 내다보고 있다. 아다가 망원경을 들고 서서 이 안에서 벌어지고 있는 일을 낱낱이 보고 있었으면 좋겠다. 알코올과 부실한 음식,

그리고 소란스러운 이 광경을 죄다 보았으면 싶다.

"난 네 삼촌이 될 수는 있었을 거야. 아니, 그것도 안 되겠구. 만약 헹크가 네 아빠였다면 넌 그때도 지금의 네가 아닐 테니까."

헹크가 멍한 눈으로 날 물끄러미 쳐다본다. "삼촌." 느릿느릿 입을 연다.

문득 핀셋이 어디 있나 생각해본다. 수건들이 들어 있는 장 안 어딘가에 응급상자가 있는 것 같다. "너 장에서 응급상자 좀 가져와봐. 불도 좀 켜고." 헹크가 일어나 시키는 대로 움직인다. 잘 보고 있어, 아다. 응급상자에서 핀셋을 찾아 꺼내며 속으로 말한다. 식탁에서 의자를 좀 돌려놓으며 헹크에게 앞으로 와 앉아보라고 말한다.

"뭐 하려고요?"

"너 실밥 뽑아주려고."

"실밥요? 그거 병원에 가서 해야 하지 않아요?"

"아니, 그 정돈 내가 해도 돼. 와서 무릎 꿇고 앉아봐."

헹크가 앞으로 와 무릎을 꿇고 앉자 나는 한 손으로 헹크의 머리를 가슴에 갖다 댄다.

"조심해야 돼요."

"물론이지." 실밥이 모두 네 개다. 두 개는 별로 당길 일도 없이 빠져버리는데, 세번째 실밥은 약간 좀 더디다.

"앗."

"됐어 이제." 네번째 실밥도 쉽게 금방 뽑힌다.

몸을 일으켜 세우기 전에, 헹크가 거의 흉터가 돼버린 상처를 손가락으로 더듬는다.

머리가 지끈지끈 쑤시지만 양 우리 안에 와 있다. 별일이 일어나지는 않는다. 아양 두 마리는 어미 양 곁에서 젖을 빨고, 다른 양들은 얌전히 누워 되새김질을 하고 있다. 별로 할 일도 없어 분만실 바닥에 궁둥이를 깔고 울타리에 기대 앉아 무슨 일이 벌어지든 다 잠깐 미룬다. 앉는 것은 서는 것보다 쉽다. 봄에 양들이 가득한 우리는 겨울에 소들이 가득한 우리하고 비슷하다. 이렇게 더는 생각하지 말아야 하는데, 하고 속으로 다짐한다. 이런 식으로는 더 이상 생각하고 싶지 않다. 헹크가 나를 고랑에서 구해준 이후로 뭔가가 변했다. 관.계. 숙취로 머리가 아픈 가운데 난 목숨을 구해준 사람에게 뭔가 보답을 해야 하는 것은 아닐까 하고 자문해본다. 아양 한 마리가 내게로 오니까 어미 양이 한쪽 앞다리를 동동 차댄다. 우리에 있는 양들은 바깥 농지에 있는 양들보다 덜 안돼 보인다. 양 우리를 나오며 불을 그대로 켜둔다.

다용도실에서 옷을 벗어 빨래 바구니에 던진다. 거실에서 텔레비전 소리가 흘러나온다. 난 욕실로 들어가 수도꼭지를 튼다. 우선 헹크의 샴푸로 머리를 감는다. 선반 위에 샴푸통을 되돌려놓으려니 문이 열린다. 헹크가 욕실로 들어와 등 뒤로 문을 닫는다.

"너 뭐 하는 거야?" 눈에서 거품을 닦아내며 내가 묻는다.

"샤워 좀 하려고요."

"나 샤워하는 거 안 보여?"

"보여요." 헹크가 티셔츠를 홀러덩 벗는다. "내 샴푸 썼어요?"

"응."

"써도 돼요."

"나가 당장."

"왜요?"

"내가 나가라고 하면 넌 그냥 나가면 되는 거야."

"내 참!"

"누가 여기 주인이지?"

오른손에 티셔츠를 든 채 내 앞에 헹크가 서 있다. 황당한 듯 쳐다본다. "지금 뭐 하는 거예요?"

"여기 주인이 누구야?" 내가 다시 묻는다. 거품 때문에 머리가 간지럽고, 머릿속에서는 윙윙 소리가 울린다. 난 내 아비가 된 셈이다. 창피하게 느껴지지도 않고 벗은 몸도 가릴 생각이 없다. 날 빤히 쳐다보고 있는 헹크를 보니 무슨 대꾸를 해야 할지 곰곰이 생각하는 눈치다. 하지만 헹크에게는 도와줄 사람이 없다. 내 뒤로 비스듬히 아무도 서 있지 않은 것이다.

"그야 아저씨가 주인이죠." 욕실을 나가기 전에 헹크가 매우 굼뜨게 티셔츠를 다시 껴입는다.

욕실을 나오니 사방에 불이 켜 있다. 부엌에서는 라디오 소리가 흘러나오고, 거실에 켜진 텔레비전에서는 음악방송이 나오고 있다. 어디로 갔는지 헹크는 보이지 않는다. 난 집 안을 돌아다니며 불도 끄고 라디오도 끄고 텔레비전도 끈다. 난로를 최대한 약하게 줄여놓고는 침실로 들어간다. 불을 켜고 덴마크 지도 앞으로 다가가 서서는 작게 소리 내 불러본다. "스카네르보르." 대개는 서너 개의 지명을 더 소리 내 읽어보지만 지금은 하나로 그친다. 거대한 침대로 들어가 몸을 눕히고는 눈을 감는다. 잠시 후 자전거에 달린 발전기 돌아가는 소리가 들린다. 다시 정적이 깔린다.

누군가 내 침대 안으로 기어들어오는 것을 느끼곤 잠에서 깨어난다. 뭔가가 이리저리 한드작대고 한숨 소리가 들린다. 옆에 놓인 베개가 버석거린다. 앤 불을 켜지 않았다. 난 그냥 잠자코 기다린다.

"이젠 내 방에서 자고 싶지 않아요. 거긴 너무 춥고 으스스해요."

나도 안다. 거긴 춥고 으스스하다. 또한 허하기도 하다.

자식이 꿈쩍도 않고 조용히 누워 있다. 숨소리조차 들리지 않는다.

"할아버지 아직 식사 못했는데." 잠시 후 말소리가 들린다.

난 목을 가다듬고 말한다. "이제부턴 아무것도 안 들겠다고 했어."

"할아버지 죽고 싶대요?"

"응."

"난 아닌데." 젊은것이 흡족한 듯 숨을 내쉬며 말한다. 그러곤 몸을 돌려 모로 눕는다. 어두워서 어느 쪽으로 몸을 돌렸는지는 알 수가 없다.

애초에 말을 잘못 꺼냈다. 난 묻는 말에 고분고분 대답해주었던 것이다. 이젠 때를 놓쳐 이 젊은것을 내 방에서 내보낼 수가 없게 되었다. 어쩌면 이것이 목숨을 구해준 이에 대한 보답인지도 모르겠다.

45

침대 가장자리에 걸터앉아 젊은것을 쳐다본다. 등을 깔고 똑바로 누운 것이 어제도 입었던 티셔츠를 입고 있다. 가슴이 오르락내리락, 숨을 내쉴 때마다 입에서 조금씩 입김이 새어 나온다. 마치 생전 다른 곳에선 자본 적이 없다는 듯 내 침대에 떡하니 누워 있다. 기분이 언짢아진다. 난 자리를 털고 일어나 작업바지를 챙겨 입는다. "너 뭐 안 할 거야?" 언성을 높여 묻는다. "어서 일어나, 헹크"라는 말은 차마 입에 올릴 수가 없다.

젊은것이 약간의 신음 소리를 내며 기분 좋게 뒹굴어 배를 깔고 눕더니 말한다. "지금은 그냥 이대로 있을래요. 조금 있다 일어날게요."

"지금 5시 반이야."

대답을 하기까지 좀 뜸을 들인다. "그 왜, 짐승들 있잖아요."

"짐승들이 뭐?"

"내 머리를 노리는 그 못된 짐승들 말이에요."

"그게 뭐?"

"가만두면 안 될 것 같아요."

"뭘 어쩔 건데?" 내 발은 벌써 거실로 들어갈 채비를 한다.

"아직은 잘 모르겠지만, 어쨌든 뭔가 하긴 해야 할 것 같아요."

"머리나 잘 보호하고 다녀."

"글쎄……"

"네 머리 노린 그 조막만 한 당나귀는 벌써 죽은 지가 한참은 됐을 텐데 뭘. 게다가 뿔까마귀도 이젠 자취를 감춰서 보이지 않잖아."

"알아요. 하지만 그렇다고 이대로 가만히 있긴 좀 그런 것 같아요."

"난 나가봐야겠다. 너 송아지들 돌볼래?"

"네. 이따가요." 풀죽은 목소리다.

우유 짜려고 나왔더니 3월 말이라 벌써 해가 떠 있다. 소 열 마리에게서 우유를 짜고 문으로 걸어간다. 어디선가 찌르레기가 울어대고 거름 더미에선 김이 오르고 가지를 쳐낸 버드나무는 내일이라도 잎눈을 터뜨릴 듯하다. 어수선한 송아지 축사만 제외하고 전부 고요해서 방목장에서 뛰고 있는 당나귀들의 발소리도 귀에 들어온다.

30년도 넘게 시라고는——신문에 실린 부고시(訃告詩)를 제외하고는——읽어본 적도 없는 내가 문득 시를 떠올린다. 난 7개월 동안 암스테르담에 다니면서 별로 많이 배우지는 못했지만, 적어도 시란 대개 '회고'의 성격이 강하다는 것만은 아직 잊지 않고 있다. 시란, (지금 내 눈엔 거름 더미가 아닌, 열성 현대문학 교수의 모습이 보인다. 어찌 이런 일이 다 있는 것인지. 그 교수의 헝클어진 곱슬머리와 마치 자신이 시인이라도 되는 것마냥 쓰고 다녔던 올빼미안경이 눈앞에 선하게 보인다.) '현실의 응축'이자, '핵심에 도달한 하나의 사건'이며, '차원 높은 승화'다. 시가 전하려는 바는 결코 언뜻 눈으로 보이는 그것이 아니다. 활기 넘치는 현대문학 교수가 열성적으로 말했다. 담배라도 피웠다면 난 외양간 벽에 등을 기댄 채 사색에 빠져——흡연은 사색과 연관된 행위일 것이다——조용히 멈춰 서 있는 보스만 풍차에 물끄러미 바라보았을 것이다. 외양간 안으로 되돌아가 착유기에 우유관과 진공관을 연결한 후 열한번째 소 밑에 유두컵을 꽂는다.

우유를 다 짜고는 양동이 두 개에 물을 채운다. 당나귀 방목장 울타리 뒤편에 있는 물통에다 양동이 물을 붓고는 당근 몇 개를 그 옆에 던진다. 당나귀들이 냉큼 울타리 쪽으로 달려오지 않고 쉬엄쉬엄 나란히 내게로 걸어온다. 이 당나귀들은 내 것이다. 내가 직접 장만한 진정한 내 당나귀들인 것이다. 그 밖에 여기에 있는 다른 모든 것들은, 소나 양 심지어 라켄벨더 닭들까지도, 물려받은 것이다. 타고 다니는 구형 오펠카데트 차도 그렇고, 매일같이 높이 쌓이는 거름 더미도 그렇고, 싹둑싹둑 가지가 잘린 버드나무도 그렇고, 이것들은 모두 내 것이 아니다. 난 그저 임차인으로서 다른 사람이 해야 하는 일들을 대신하고 있을 뿐이다.

해가 보이고 바람은 거의 불지 않는다. 봄이다. 일손의 집터에 서 있는 반쪽짜리 담벼락에서 뭔가 번쩍거린다. 달팽이가 지나간 흔적일까. 자꾸 머릿속으로 시가 떠오르는 것이 영 기분이 시원치 않다. 헹크 때문이다. 어제 헹크가 한 말 때문이다. 무뚝무뚝 당나귀들 입 속으로 당근이 사라진다. 당나귀들 귀 언저리에 손을 가져가 벅벅 긁어준다. 이 정도면 됐다고 당나귀들이 고개를 흔들어대니까, 그제야 별생각 없이 손을 놓는다. 많이 지체된 후에야 송아지들을 돌보러 간다. 헹크는 침대에서 나오지 않았다.

46

아비가 점점 핼쑥해진다. 일주일째 아무것도 먹지 않고 물하고 오렌지주스만 마셨는데, 최근엔 오렌지주스도 '너무 시다'며 잘 마시지 않았다. 소변 용기에도 아주 드물게 오줌이 지려 있을 뿐이었다. 지난 일주일 동안 아비를 변기 위에 앉힌 건 딱 한 번뿐이었다. 결국 아비는 원하는 것을 이루었다. 마지막으로 봄을 보게 된 것이다. 며칠째 계속 햇볕이 창창하고 날씨가 포근하더니 물푸레나무는 잎눈이 부풀어 올라 마치 해골처럼 보였다. 먹기를 중단해서인지 어쩐지 아비의 목소리도 차츰 줄아들었다. 이런 경우 얼마나 걸릴까? 워낙 강단 있는 몸이니까 어쩌면 먹지 않고도 몇 주는 버틸 수 있을지도 모르겠다. 난 요즘 평소보다 자주 아비의 방을 찾아가는데, 가끔 푹 꺼진 아비의 눈을 보면 마치 죽은 사람을 보는 것 같아 깜짝 놀라곤 한다. 아비는 자주 헹크를 찾았고 헹크와 이런저런 애기를 주고받았다. 어제 난 하도 궁금한 나머지 헹크의 뒤를 쫓아 몰래 복도에 서서 엿듣기까지 했다.

"판 본더런 할아버지, 목숨 줄 놓는 건 어떻게, 잘되고 있나요?" 헹크가 들뜬 목소리로 물었다.

"응, 물론." 아비가 들뜨긴 했지만 작은 목소리로 답했다.

그러고 나서 헹크가 사냥총을 집어든 모양인지 한참 동안 사냥총 애기가 오고 갔다. 헹크가 총으로 무엇을 잡았냐고 아비에게 물으니, 오래전에 산토끼와 꿩을 잡았단다. 어깨에 충격이 많이 가지 않느냐고 물으니, 어깨로 받는 충격은 그리 대단하지 않단다. 장전이 돼 있냐고 물으니, 물론 아니란다. 그럼 알은(아비가 '탄알'이라고 말하고는 좀더 목에 힘을 주어 '탄알이야!'라고 되풀이한다) 어디에 있냐고 물으니, 화장실 옆 복도에 있는 장롱에 있단다. 장전은 어떻게 하는 거냐고 물으니, 걸림쇠를 젖히면 탄창이 열리는데 그 안에 탄알 두 개를 넣고 닫으면 된단다. 탄알 두 개가 동시에 나가는 거냐고 물으니, 아니라면서 총은 두 발을 쏠 수 있고 탄피는 총 안에 그대로 남는단다. 그럼 어떻게 하냐니까, 발사를 하고 나서 탄피를 직접 탄창에서 빼내거나 털어내면 된단다. 쇠붙이가 나무에 부딪히는 소리를 들으니 총이 이제 제자리로 돌아가는 모양이다. 얼마간 아무 소리도 들리지 않는다.

"헬머한테는 잘해줘?"

"네."

"헬머도 너한테 잘해주고?"

"그럭저럭 잘해주는 편이에요."

아비가 아무 대꾸도 하지 않는다. 깊은, 아주 깊은 한숨을 내쉰다. 난 살금살금 층계를 내려갔다.

내게는 아비가 말을 많이 시키지 않는다. 아비가 궁금해하는 건 그저 아양이 몇 마리나 태어났는지, 왜 집에 들르는 사람이 없는지, 또 아다는 어디에 있는 것인지, 그리고 가축 매매상의 목소리는 왜 한 번도 들리지 않는 것인지 따위의 것이다. 튠과 로날드도 궁금해한다. 몸속의 영양분이 고갈되려니까 기억력에 타격을 주는지도 모르겠다.

난 리트에게 답장을 하지 않았다. 전화도 걸지 않았다. 헹크도 마찬가지다. "도무지 엄만 무슨 생각을 하고 있는지 모르겠어요. 그냥 가만히 있으면 엄만 아마 누나들을 찾아갈 거예요." 헹크는 이렇게 말했다.

구닥다리 물건들이 쌓여 있는 헹크의 방으로 행차한다. 주변에 놓인 물건들을 죄다 밀어내고는 붙박이장을 연다. 맨 아래 선반에 책 상자가 놓여 있다. '암스테르담 대학 네덜란드어문학과, 1966년 9월 ~1967년 4월' 또박또박 내가 적은 글씨들이 눈에 들어온다. 저걸 내가 언제 썼나 싶다. 차디찬 흙 속에 헹크를 묻고 나서 난 마음을 안추르며 학업과 관계된 것들을 모두 상자 안에 집어넣었다. 상자를 어머니 화장대에 올리고는 H. J. M. F. 로데빅이 저술한 문학사 책을 찾는다. 1권(시초~1880년경)은 옆에 내려놓고, 2권(1880년경~현재)을 손에 들고 헹크의 침대로 가 앉는다. 아비가 작게 코를 골고 있다. 이젠 코 고는 소리마저 시원치 않다. 뚜렷이 찾는 부분이 없기 때문에 무심코 책장을 넘겨본다. 호르터르, 레오폴트, 블룸, 네이호프, 아흐테르베르흐, 바런, 프로만.* 지금은 머릿속에 가물가물하기만 한 구절이 보여 참지 못하고 읽어본다. (세상이 물속에 잠기었네, 미적지근한 물속이라네. 핏속이라네. 난 아비가 없네. 갈 곳이 없네.**) 책장을 또 넘겨본다. 암스테르담에 다니던 그 몇 달 동안의 기간을 떠올려보려고 애를 쓰고 있는데, 물닭 우는 소리가 들린다. 마침내 531쪽, 찾은 시를 처음부터 끝까지 읽어본다.

---

* 네덜란드 시인들의 이름.
** 판 데르 흐라프트G. van der Graft의 시집 『물속*Onder water*』 중에서.

290

욕망 그리고 추구

왜 자꾸 뵈는 것일까?
——눈만 감으면
잠자리에 누우면, 사색에 빠지면——
너의 머리카락이, 너의 코가, 너의 가슴이.

가끔 보여 내가
거울 속에, 유리창에
방금 전엔 네가 보였어
나의 반쪽인 너.

젊고 고운 너이지만,
나는 너를 닮은 것 같아,
코, 가슴, 머리카락 모두 내 것이지만,
모두 너의 것하고 온전히 똑같아.

시인의 이름이 보이지만, 난 로데빅이 시인에 대해 쓴 글이나 시에 대한 평가를 읽지 않는다. 그건 나에게 중요하지 않다. 책을 덮고 1권을 다시 상자에 집어넣는다.

2권을 들고 층계를 내려가면서 난 덴마크를 떠올린다.

헹크가 소파에 앉아 텔레비전을 보고 있다. 아니, 앉아 있는 것이 아니라 느슨한 손으로 리모컨을 쥔 채 소파에 늘어져 있다. 단추도 채우지 않아 셔츠 앞자락이 풀어헤쳐져 있다. 농장을 넘겨받기라도 한 것 같다.

"양들은 벌써 보고 온 거야?"

"아니요."

"왜?"

"그냥 텔레비전만 보고 있었어요."

"지금 2시야."

"그래서요? 지금 전쟁이 터졌다고요. 봐요."

화면으로 시선을 돌린다. 건물들이 보이고 여기저기 심긴 야자수가 보인다. 어디서 뭐가 폭발한다. 텅 빈 거리가 나온다. 밑에 자막이 뜬다. 요즘 세상은 이런가? 텔레비전에서 전쟁도 실황 보도하나? 저런 젊은것들 소파에 늘어져서 보라고 중계해주는 건가? "전쟁이 터진다고 양들이 깔 걸 안 깔 것 같아?"

"옆으로 와서 좀 앉아봐요."

내가 가만히 서서 계속 지켜보고만 있으니까 헹크가 날 올려다본다. "어서 양들한테 가봐." 등을 돌려 부엌으로 온 나는 책상을 마주하고 앉는다. 531쪽을 펼치고는 공책과 펜을 찾아 시를 옮겨 적는다. 공책에서 시를 적은 종잇장을 찢어내고 있는데, 내가 지금 뭘 하고 있나 하는 생각이 든다. 일단 종잇장을 들고 일어섰더니 발을 어디로 떼야 할지 모르겠다. 앞창을 보고 옆 창을 보고 싱크대 위에 있는 설거지 그릇들을 보고 식탁에 놓인 신문을 보는데, 썩썩 전기 시계 소리가 귀로 들어온다. 시계 소리가 들리는 것을 보니 텔레비전이 꺼진 게다. 잘 옮겨 적은 시 한 수를 손에 들고 난 지금 어찌해야 할지 몰라 난감허하고 있다. 서둘러 복도를 지나 다용도실로 간다. 성큼성큼 층계를 오른다. 복도에서 숨을 고른다. 살며시 아비의 방문을 연다. 아비는 잠을 자고 있다. 베개 위에 올려진 머리통은 자그마해 보이는데, 귀하고 코는 매우 크게 보인다. 입이 좀 밑으로 처졌다. 왠지 아비가 바스락 마른 것 같다. 또 뭘 어째야 할지 모르겠다. 방을 한번 둘러보고는 침대르 다가간다. 그러곤 아비의 가슴 위에 잘 옮겨 적은 시를 올려놓는다. 오르락내리락 아비의 가슴이 차분차분 오르내린다.

밖에 뭔가 훌렁 지나간다. 훌렁 날아서 앉더니, 어느 일요읕 날 검정색 정장으로 잘 차려입은 농부가 큼직한 손에 낀 땟자국을 열심히 지우려고 헛고생을 하듯, 날갯죽지를 비비댄다. 돌아온 것이다. 난 혀를 튕겨 찬다. 차라리 돌아오지 않았다면 더 나았을 텐데.

47

“이제 난 아저씨 동생쯤 된 걸까요?” 요 며칠간 제 방에서 잠을 자더니 오늘 밤은 다른 날보다 추운지 헹크가 내 침대에 두번째로 기어들어왔다. 한동안 자다가 잠에서 깨어난 헹크가 자기가 이제 ‘내 동생 헹크쯤’ 된 거냐고 물었다. 난 한숨도 자지 못했다. 난 모로 누워 수평 블라인드 칸막이 사이로 들어오는 빛을 바라보았다. 귀를 기을였다. 금방 자전거 한 대가 지나가나 싶더니, 오리 몇 마리가 수로 위로 내려앉고, 물닭이 작게 우는 것 같다. 아비의 말소리도 들렸다. 잠꼬대를 하는 모양이다. 아비는 어쩜 나처럼 어둠 속에서 뿔까마귀가 뒤편의 매번 앉는 자리에 앉아 졸고 있을, 커튼의 어느 지점을 바라보고 있는지도 모르겠다. 안 그래도 속이 뒤숭숭해 편히 잠을 잘 수 없는데, 이젠 불안감까지 스멀스멀 치밀기 시작한다. 무슨 말인지 뻔히 알면서도, 난 대꾸하지 않는다.

"네? 나 이제 아저씨 동생쯤 된 거 맞아요?"

"무슨 소리야?" 은근슬쩍 피하며 내가 묻는다.

"아이 참. 내가 이제 아저씨 동생이나 같냐고요."

뭔가 잘못돼도 한참은 잘못된 것 같다. 대체 언제부터 일이 이 지경으로 치닫게 된 것일까? "아니." 내가 말한다.

잠시 침묵이 흐르는가 싶더니 헹크가 입을 뗀다. "난 할아버지가 참 대단하다고 생각해요."

신경이 쓰여 어깻죽지가 가렵다. 참말로 저밖에 모르는 젊은것들이다. 하고픈 말이 있다고 해서 모두 다 지껄여대는 젊은것들. 한밤중이라도 상관하지 않고 그냥 내뱉는다. 내가 우유를 짜러 가면 앤 한 8시나 돼서 이불 차고 일어나 송아지들을 돌볼 것이다. 물론 그것도 그때 가봐야 아는 것이지 지금으로선 장담할 수 없다.

"대단한 게 아니라 어리석은 건지도 모르지."

"왜요?"

"넌 이해할 수 없을걸."

"그래요?"

"잠이나 자." 달리 눕고 싶음에도 불구하고 계속 옆으로 누워 있다. 블라인드를 멍하니 쳐다보고 있으려니, 부엌문으로 빠끔 쳐다보는 아다의 얼굴이 눈앞에 그려진다. 짓궂은 표정을 하고 아다가 말한다. "큰 침대를 쓰면 아주 널찍해요, 좋아요." 그러곤 의미심장한 표정을 지으며 언청이 입으로 또 말한다. "베개가 두 개나 있네요. 두 개." 젊은것이 잠이 든 것 같아서 난 등을 깔고 눕고는 가려운 어깻죽지를 문질러댄다. 문 옆에 걸린 어두침침한 액자를 쳐다본다. 지금 내가 있는 곳을 떠올리며, 액자 속으로 들어가고 싶다는 생각을 한다.

"난 이제 아저씨 동생 헹크가 된 것 같아요." 헹크의 졸린 목소리를 듣고 난 생각한다.

일이 어찌 이 지경까지 된 것일까.

잠시 후, 젊은것이 잠이 들자 난 고랑과 그때 그 양을 떠올린다. 양들 중에 유독 시간을 끄는 양이 한 마리 있다. 어제는 아양 두 마리가 죽어버렸다. 혹시 물에 빠졌던 그때 그 양일까? 차근차근 기억을 되짚어본다. 그때 난 뭘 보고 무슨 생각을 하고 있었는지, 난 어떤 지경이었는지, 물에 빠져 생사를 오고 가던 그때 그 몇 분의 시간을 되짚어본다. 아니, 불과 몇 초의 시간이었는지도 모르겠다. 헹크는 자동차가 물에 빠지기도 전에 이미 의식을 잃은 상태였을까? 언뜻 보니 내 양손이 가슴 위에 포개져 있다. 관 속에 누운 것 같다. 오른쪽으로 돌아눕고 싶지만 그쪽엔 헹크가 있어 왼쪽으로 돌아눕는다. 밖이 아주 적막하다.

앤 어찌 그럴 수 있는 걸까? 어찌 목숨 줄 놓는 건 잘하고 있느냐는 말을 감자 요리에 소스 좀 더 얹어줄까 하고 묻는 말처럼 그렇게 아비에게 물을 수 있는 걸까? 또 아비는 어떤가? 어찌 감자 요리에 소스가 흘러내리는 것을 보고 흡족하다는 듯 "응, 물론이지" 하고 답할 수 있는 것일까?

48

목련이 피었다. 넝마에 리본을 단 듯하다. 커다란 목련꽃들은 하얗거나 빨갛지 않고 가장자리 끝만 하얀 분홍색 꽃이다. 일손의 집이 아직 건재했다면 목련 나뭇가지의 우듬지는 지붕에 달린 유리창만큼 뻗쳤을 것이다. 4월 초순이고 봄은 갔다. 해는 비치지만, 아직은 춥고 밤이면 영하로 떨어진다. 그럼에도 불구하고 목련이 피었다. 목련은 아무 상관이 없는지 서리가 내려도 끄떡없다. 아주 오래전, 어쩌면 일손이 살고 있던 때인지도 모르겠다. 밤새 내린 서리 때문에 꽃들이 모두 망가졌다. 서리가 내리고 이틀이 지나자 마치 불에 타버린 것처럼 꽃들이 모두 갈색으로 변했고, 평소 같으면 하나씩하나씩 가지에서 꽃잎이 떨어졌을 텐데 떨어지지 않았다. 날이 아주 화창해서 아비의 방에서 있으면 마르컨의 등대가 보인다. 북풍인지 북동풍인지 바람이 불고 있다. 덴마크 쪽에서 부는 바람이다.

"네 어미 죽고 나서 나한텐 너밖에 없었어." 계속 똑바로 누워 있으면 안 된다고 하니까 아비가 모로 누워 말한다. 시를 옮겨 적은 종잇장이 침대 옆 협탁 밑에 떨어져 있다. 아무것도 적히지 않은 뒷면이 반쯤 협탁 밖으로 나와 있다. "그런데 이젠 모두들 내 곁을 떠난 것 같아.

비록 말수가 없긴 하지만 난 가축 매매상하고도 얘기를 좀 나누고 싶었어."

"지금쯤 아마 뉴질랜드에 있으려나." 내가 혼잣말처럼 중얼거린다.

"인생이 왜 이리 진흙탕 같은지. 아다도 그렇지, 너랑 그깟 망원경으로 서로를 엿보았다고 벌써 몇 주째 발을 끊다니. 게다가 튠은 또 무슨 일이래? 그 순한 어린것이 대체 왜 그런데. 헬머 너, 대체 뭘 어떻게 했기에 그래?"

"나요?"

"그래, 너."

창밖을 바라보며 말한다. "물푸레나무에 봉우리가 앉았네요."

"아양은 지금 몇이나 나왔어?" 무슨 일이 있어도 아비는 아양의 숫자를 꼭 챙겨야겠는 모양이다.

"열넷이요."

"몇 배에서 나왔어?"

"열이요."

아비가 한숨을 내쉰다. "다들 너하고 헹크를 구분하지 못했어. 이발사, 학교 선생, 할머니, 할아버지 다들 너희들 둘을 구분하지 못했지. 나도 어떨 땐 언뜻 봐선 몰라볼 때가 있었어. 오직 너희 어미하고 얍만 항상 누가 누군지 단박에 알아볼 수 있었어. 누가 헹크고 누가 헬머다 하는 것을 얍은 항상 어김없이 구분해냈어. 무슨 재주로 얍은 너희를 그리 쉽게 알아볼 수 있었던 걸까? 내 눈에 보이지 않는 그 무엇이 얍에게는 보인 걸까? 난 얍을 한 번도 믿을 만한 사람이라고 생각해본 적이 없었어."

아비는 침대 한켠에 누워 있다. 오랫동안 깎지 않은 아비의 손톱이 갈고리 모양을 하고 침대 끝에 걸쳐져 있다. 시를 옮겨 적은 종잇장을 만지려는 듯 손가락이 움직인다. 이리도 말라비틀어진 아비한테서 이다지도 많은 말이 나올 수 있다는 것이 사뭇 놀랍게 느껴진다. 침대 밑에 나무 받침이 괴어 있는 까닭에 아비의 손끝은 절대 종잇장에 닿을 수 없을 것이다. 아비가 등을 깔고 누우려 하자, 몸 따라 움직이는 팔이 마른 가지 떨어지듯 이불 위에 떨어진다. 시근시근 작게 숨 고르는 소리가 들린다. "난 얍이 살던 집에서 무슨 일이 있었는지 잘 모르지만, 어쨌든 난 얍이 떠났을 때 다행이다 싶었어." 아비의 목소리가 거의 알아들을 수조차 없이 작게 들린다.

"뭐요?"

"입 맞췄다며. 사내들은 서로 입을 맞추는 게 아닌데."

여태껏 들리지 않던 괘종시계 소리가 귀로 들어온다. 소리가 불규칙하고 느릿느릿하다. 분동을 잡아당긴 지가 오래되었다. "얍은……" 차마 말끝을 맺지 못하고 놓아버린다. 의자에서 일어나 시계 뚜껑을 연다. 분동을 잡아당기고 나니 시계 소리가 예전 같다.

"넌 한 번도 뭐라 하지 않았어. 싫다고 네 의사를 말한 적이 없었지."

"아버지한테 무슨 다른 방도가 있었던 건 아니잖아요." 창가로 다가간 나는 저만치 서 있는 둑길에서부터 마르컨 등대가 보이는 곳까지 서서히 바라본다.

"그래, 그랬지."

난 목을 가다듬고 말한다. "다른 방도가 없긴 나도 마찬가지였어요."

이 말에 아비가 대꾸를 하지 않는다. 여전히 시그시근 숨을 고르고 있다.

"하지만 지금은 헹크가 있잖아." 차 한 대가 둑길을 천천히 달리고 있다. 유리창으로 햇빛이 모이니까 꼭 자동차에서 해가 비추는 듯하다. 태양집열판을 단 자동차 같다. "난 차라리 헹크가 없는 게 나은 것 같아요."

"아니, 그렇지 않을 수도 있어."

태양열 자동차가 곡선을 그리며 방향을 바꾸자 평범한 자동차로 모습이 바뀐다. 난 돌아선다.

아비의 눈꺼풀이 아래로 내려가지만 눈두덩은 여전히 움직거린다. "난……" 한참 말이 없다. "난 내 몸이 이제 모두 없어져버린 것 같아."

그럴 줄 알았다. 난 아비가 기어이 시를 읽었을 줄 알았다.

49

"이름이 어떻게 돼?"

"그레잇이요."

"난 헬머 판 본더런이라고 해."

여자의 유들유들한 눈이 날 빤히 쳐다본다. "알고 있어요."

"성은 뭐지?"

"성은 알아서 뭐 하게요? 난 그저 집유차나 끌고 다니는 기사일 뿐인데."

"밝히기 싫으면 관두고."

그레잇이 몸을 숙여 우유 탱크에서 호스를 돌려 뽑는다. 운동화를 신었는데, 탱크하고 호스에 남아 있던 우유가 밖으로 흘러나와도 발을 들지 않는다.

"친구분은 잘 지내고 있어요?"

"친구?"

"여기서 일하는 사람요."

"헹크 말인가?"

"이름이 뭔지는 잘 모르겠는데요."

"그 친구 안부를 왜 물어?"

"그냥요."

"거 참 이상하네."

"이상하긴 뭐가요." 일을 마친 여자가 운전석으로 걸어가더니 차에 올라탄다. 젊은 집유차 기사는 항상 문을 열고는 고양이처럼 사뿐 뛰어오르곤 했다. 그레잇은 발을 올린 채 문고리를 붙잡고는 숨을 들이키며 차에 올라탔다. 차 문을 두 번 잡아당기니까 그제야 문이 제대로 닫힌다. 이제 여자의 모습은 보이지 않지만, 자리가 제대로 잡힐 때까지 펑퍼짐한 궁둥이를 달싹대다가 기어변속 작대기에 손을 올리고 클러치니 액셀을 밟아댈 그녀의 모습이 머릿속에 그려진다. 난 한동안 잠잠해진 착유실에 서 있다가 탱크와 바닥을 물로 씻어낸다.

저기 누군가가 농지를 걷고 있다. 보스만 풍차 근처다. 둑에 세워진 울타리 곁에 서 있는데, 그자가 농가를 향해 걸어오고 있는 것이 보인다. 형체가 차츰 커 보였다가 차츰 작아 보이기도 한다. 로날드다.

"저쪽엔 물이 고여서 철버덕철버덕해." 로날드가 앞으로 다가와 말한다.

"아저씨가 일부러 그랬어."

비를 본 기억이 가물가물하고 어제저녁에는 텔레비전에서 가뭄 때문에 모래언덕의 숲과 히스가 자란 벌판에 화재가 발생한다고 들었는데, 풍차 부근은 흥건하기만 하다. 여긴 모래 언덕도 아니고 히스가 자라는 밭도 아닌, 토탄 지대다.

"왜 그랬어?"

"새들 오라고. 새들은 축축한 땅을 좋아하거든."

"아, 맞다." 로날드가 울타리 건너편에 서 있다.

"이리로 안 넘어올 거야?"

"아니, 넘어갈 거야." 로날드가 주변을 살핀다. "아저씨, 날씨 참 좋지?"

"그래, 날씨가 여름 같구나."

"맞아. 그런데 아직은 4월이야."

"엄마는 정원 일 잘하고 계시니?"

"정원 일? 그건 왜?"

"엄마가 정원을 곱게 꾸미고 있냐고."

"응, 아주 이뻐. 그런데 헹크 형 어딨어?"

"담배 사러 모니켄담 갔어."

"자전거 타고?"

"응."

"담배는 몸에 안 좋다던데."

"그래, 몸에 아주 해롭긴 하지. 하지만 맛있으니까 피우는 거겠지."

"왜 차로 안 갔어?"

"형은 아직 면허증이 없어."

"형 겁 많아?"

"아니, 그건 아니고 형은 아직 열여덟 살밖에 안 돼서 면허증이 없어."

"아저씬 몇 살인데?"

"아저씬 나이 많아."

"아저씨, 헹크 형 머리 어떻게 했어?" 로날드는 아직도 울타리 건너편에 서 있다.

"무슨 말이야?"

"실로 꿰맨 거 어떻게 했냐고."

"어, 아저씨가 실밥 뽑아줬어."

"의사 선생님이 아니고 아저씨가?"

"어, 그건 아주 쉬운 일이라 아저씨도 할 수 있는 일이야."

"그래……" 로날드가 얼굴을 좀 찡그리고는 울타리 맨 아래 칸에다 발 하나를 올린다.

난 로날드의 겨드랑이에 손을 끼우고는 로날드가 울타리 넘는 것을 거든다.

"그럼 난 이제 집에 갈게."

"그래."

"그래도 당나귀들한테는 잠깐 가보고 가야지." 로날드가 마당을 지나 당나귀들이 있는 방목장으로 걸어간다. 일손의 집터 쪽에 있던 당나귀들이 울타리에 서 있는 로날드를 보고는 그리로 몰려간다. 로날드가 울타리 칸막이 사이에 양손을 집어넣고는 당나귀들의 턱을 쓰다듬는다. 로날드가 다 쓰다듬고 나서도 당나귀들은 자리를 뜨지 않는다. 울타리 위에다 턱을 대고 문질러댄다. 로날드가 길을 향해 걸어가며 돌멩이를 차댄다. 단 한 번도 나를 돌아보지 않는다.

자전거를 타고 이쪽으로 오고 있는 헹크의 모습이 보일 때까지 변한 것은 거의 없다. 난 여전히 둑에 있는 울타리에 서 있고 당나구들도 저희들 울타리 곁에 서 있다. 헹크를 본 당나귀들이 고개를 저으며 히힝거리지만 헹크는 전혀 상관하지 않는다. 그저 자전거를 타고 나를 향해 올 뿐이다. 헹크가 자전거를 세우고는 내 머리를 향해 손을 뻗자, 난 뒤로 물러선다. 헹크가 예전에—그게 언제 적이던가?—이발소를 다녀와서 내가 짧게 깎은 제 머리에 손을 뻗치려 하자 뒤로 물러섰던 것과 똑같다.

헹크가 입김을 좀 불고는 아비의 낡은 자전거를 울타리에 기대 세우고 점퍼를 벗어 울타리에 걸쳐놓는다. 안주머니에서 담뱃갑을 꺼내들고는 말한다. "무지 덥네." 헹크는 담뱃갑 비닐을 벗기고 뚜껑을 젖혀 한 대 뽑아 문다. 바지 뒤춤에서 라이터를 꺼내 담배를 깊이 빨아들인다. 잘났다고 뽐내는 듯하다. 헹크가 무엇을 하든 저 잘났다고 뽐내는 듯이 보인다. "날이 왜 이리 더운 거죠, 여름도 아닌데?"

"그러게, 여름이 오려면 아직 한참은 남았는데 덥네."

식사를 마치고 헹크가 음식을 들고 위로 올라간다. 난 식탁을 치우고 설거지를 시작한다. 마른행주로 마지막 접시를 닦고 있으려니까 위에 음식을 나르러 갔던 헹크가 아래로 내려와서는 주제넘게 말한다. "아직 돌아가시진 않았더군요."

난 등을 돌려 헹크를 바라본다. 내 오른손에는 깨끗이 씻은 칼이 들려 있고 물기를 머금은 마른 행주는 내 어깨에 걸쳐 있다. "헹크 너, 입 함부로 놀리지 마."

"젠장."

난 서랍에 칼을 집어넣는다. 행주를 식탁 의자에 걸치고는 다용도실로 걸어간다.

"어디 가는 거예요?" 뒤에서 헹크가 소리쳐 묻는다.

난 대꾸하지 않는다. 외양간에는 소들이 얌전히 서서 되새김질을 하고 있다. 양이 있는 축사도 조용하다. 오후부터 양 한 마리가 산통을 시작했다. 난 소매를 걷어붙이고 손가락을 최대한 모아 배 속에 든 아양을 만져본다. 다리몽둥이, 머리, 몸체가 손에 닿는다. 세 마리가 들어 있다. 세 쌍둥이를 잉태한 첫번째 양이다. 열여덟번째 양이다. 잠시 후 아양 셋을 모두 꺼냈다. 한 마리가 죽은 채로 나왔다. 양이 죽은 채로 태어나면 항상 안타깝긴 하지만, 양이 세 쌍둥이를 잉태했다는 것은 적어도 한 마리는 인공 수유를 필요로 하는 반푼이로 태어날 거라는 걸 의미한다. 이제 두 마리가 남은 셈이다. 아직까지 반푼이 아양은 없었다. 로날드는 우유병과 젖꼭지를 들고 어서 설치고 싶은 마음에 불평을 늘어놓았다. 로날드네는 양을 기르지 않는다. 난 아양 두 마리를 분만실로 옮겨놓고는 어미 양도 울타리 문을 열어 다른 편으로 옮겨놓는다. 죽은 아양은 축사 밖으로 가져가 어제 죽은 아양들 곁에 내려놓는다. 내일 아침에 가축 폐처분 업체에 전화를 해야겠다. 열여덟 마리

어미 양에게서 스물아홉 마리의 아양이 태어났다. 그리 좋은 성과는
아니다.

집으로 들어서는 즉시 욕실로 들어간다. 보일러의 온수가 ㅈ의 바닥
이 날 즈음 수도꼭지를 잠근다. 몸을 말리고 수건을 허리에 두른다. 집
안이 조용하고 헹크가 텔레비전을 보고 있는 것도 아니다. 헹크는 옆
창을 등지고 식탁에 앉아 있다. 닫힌 커튼 앞에서 담배를 피우고 있다.
식탁 위에는 담배꽁초가 가득한 재떨이 외에 아무것도 놓여 있지 않다.
난 거실로 들어간다.
“어디 가요?”
“자러 가.”
“그래요? 그럼 나도 잠이나 자러 가야겠네요.” 헹크가 할 수 없다는
듯 말한다.
“넌 네 침대에 가서 자.”
“위에 있는 방으로 가라고요?”
“그래, 네 침대 거기 있잖아.”
“그래도 난……”
“뭐?” 내 침실 문을 앞에 두고 내가 묻는다.
“아, 아니에요, 아무것도.”

방문을 닫고 덴마크 지도 앞에 선다. “헬싱외르, 스텐스트루프, 에
스룸, 블리스트루프, 티스빌델레예.” 오늘 밤은 지명 다섯 개로 충분
하지 않아 몇 개 더 읽어본다. “삼쇠, 에뢰, 안홀트, 묀.” 커다란 침대

가 나를 맞을 준비를 한다. 이불을 젖히니 헹크의 체취가 물씬 풍긴다. 몸을 눕히고 머리 위에 달린 전등 스위치 끈을 잡아당기자 방이 어두워진다. 거실로 들어선 헹크가 내 방 앞으로 다가오는 소리가 들린다. 헹크는 닫힌 문 앞에서 숨을 쉬고 난 여기 침대 위에 누워 숨을 쉰다. 이제 헹크가 떠난다. 조금 있으니까 텔레비전이 켜진다. 담배 연기가 문 틈새로 들어온다. 포테이토칩 봉지가 뜯긴다. 한 한 시간쯤 지나니까 텔레비전이 꺼진다. 털벅털벅 층계를 오르는 소리가 들리고 문이 쾅 닫힌다. 헹크는 아비에 대한 생각도 나에 대한 생각도 하지 않는다. 젊은 헹크는 오직 제 자신에 대해서만 생각한다.

50

리트에게,

그래, 난 리트의 말처럼 거짓말이나 하는 못된 사람이야. 인정할게. 난 리트를 여기에 오게 하기 위해 아버지가 이미 세상을 떠났다는 거짓말을 했어. 아버지가 아직 살아 계시다고 하면 리트가 여기에 오지 않을 것 같았어. 난 리트가 이곳에 와줬으면 싶었어. 리트가 보고 싶었고 리트와 함께 헹크에 대해 이런저런 이야기를 주고받고 싶었어. 난 리트가 그동안 어떻게 지냈는지 궁금했어. 리트도──내 생각엔──마찬가지였을 것 같아. 여하튼 내가 거짓말을 한 건 바로 그래서였어. 하지만, 여기에 온 리트는 나에 대해선 아무것도 묻지 않더군. 오직 리트 자신의 얘기, 리트와 헹크 사이에 있었던 일들, 그런 얘기만 하더군. 마음이 아프더라. 예전에도 내 자신이 잊힌 존재가 될 거라는 생각에 난 마음이 아팠는데, 이번에도 마음이 또 아프더라.

리트가 나한테 헹크를 좀 부탁해도 좋겠냐고 했을 때, 난 왜 나한테 그런 부탁을 하는 거냐고 묻지 않았어. 누가 누구에게 부탁을 할 때는 다 그럴 만한 사정이 있을 테니까, 난 리트가 나름대로의 사정이 있었을 거라고 생각했어. 여하튼 난 리트가 나한테서 정말로 원하는 것이 무엇인지 잘 몰랐어. 그런데도 난 리트의 부탁을 받아들이기로 했지. 리트가 헹크를 나한테 보낸 것이 혹 그런 이유 때문은 아닌지 모르겠어. 내가 헹크에게 일종의 아버지가 될 수 있을지도 모른다는, 그런. 글쎄, 난 필요하다면 다른 건 다 돼줄 수 있을지 몰라도 헹크의 아버지는 돼줄 수가 없어. 아, 삼촌이 돼줄 수도 없겠다. 난 그저 아버지의 자식, 농부일 뿐이야. 내 자신에 대해선 더 왈가왈부하지 않겠어. 여하튼 내 생각에 이제 헹크가 여기를 '떠날 때'가 된 것 같아. 아니, 난 헹크가 이곳을 필히 떠나주길 바라. 브라반트로, 리트에게로, 아니면 스스로에게 도움이 될 수 있는 곳으로. 헹크가 이곳에 와 생활한 지가 벌써 두 달 반이 되었어. 내 생각에는 헹크가 그동안 많은 걸 배운 것 같은데…… 단지 가축들 돌보는 일이나 이런저런 농가일만 두고 하는 말이 아니야. 헹크는 아버지하고도 사이좋게 지내고 있는데, 리트는 듣기 싫을지도 모르겠지만 요 근래 들어서 아버지와 헹크는 자주 대화를 나누기도 해. 하여튼, 헹크는 이제 이곳을 떠날 때가 된 것 같아.

내 생각에는 헹크한테 별 문제가 없는 것 같아. 스스로 잘 헤쳐 나갈 수 있을 것 같은데—만일 무슨 일이 생긴다면 말이지. 시간이 흐르면 괜찮아질 거야. 리트는 헹크의 어미 되는 사람이니까, 헹크에 대한 일은 리트가 알아서 해야 할 일이라고 생각해. 내 생각엔 리트가 와서 헹크를 데리고 가는 것이 좋을 것 같아. 난 가축들 돌보느라 농가를 비울 수 없잖아. 혹시 딸들 중에 차 가진 사람 없나? 어떻게 헹크를 데려가야 할지 그런 시시콜콜한 얘기는 나중에 전화로 나누자고. 어쩌면——이건 거짓말이 아닌데——아버지가 그땐 정말로 세상에 안 계실지도 모르겠어. 아버지는 이제 사는 것도 지겨운지 얼마 전부터 식사를 하지 않고 계셔.

그럼 이만 줄이지.

헬머 판 본더런.

시간이 지날수록 덤덤해지는 일들이 있다. 헹크는 아직 침실에서 나오지 않았다. 난 오늘 아침 9시나 돼서야 부엌 식탁에 가 앉을 수 있었다. 현재 열아홉 마리 어미 양 배 속에서 서른 마리의 아양이 나왔다. 이제 한 마리만 더 분만을 하면 되는 셈이다. 나는 식사를 마치고 커피 메이커에 커피를 넣은 뒤 책상으로 가 리트에게 편지를 쓰고 맨 밑에 내 이름과 성을 넣어 정식으로 서명을 했다. 어쩌면 이런 내 서명이 리트에게 문제의 심각성을 제대로 이해하게 해줄 수 있을지도 모르겠다. 이미 편지는 봉투에 넣어 우표도 붙였다. 편지는 오늘 우체통에 집어넣을 것이다.

난 거실 소파에 앉아 있다. 벽난로 선반 위에서 어머니가 담배 피우는 내 모습을 지켜보고 있다. 왠지 도발적으로 보이기도 하고 도도해 보이기도 하며 경계하는 듯이 보이는 어머니의 시선에서 이젠 마땅치 않게 보는 느낌까지 엿보인다. 수평블라인드의 좁은 칸막이 사이로 들어온 햇볕이 거실 안을 아름답게 비쳐준다. 소파 옆에는 헹크가 어제 저녁 두고 간 담뱃갑이 놓여 있었다. 손에 담배를 든 우스꽝스러운 내 모습이 거울 속에 비친다. 필터가 달린 담배는 얇고 고상해 보이는데, 내 손은 크고 투박해 보인다. 제아무리 담배를 달리 들어봐도 연기가 내 왼쪽 눈을 찔러, 눈물이 난다. 거울로 향한 시선을 어머니의 사진으로 다시 돌린다. 불가능한 일이라는 것을 잘 아는데도, 사진은 그저 사진일 뿐 어머니는 이미 저세상 분이라는 것을 잘 아는데도, 이제 그 얼굴이 약간 조롱하는 듯한 얼굴로 비친다. 난 쾰런이 더 잘 어울리는 사람인지도 모르겠다.

아비는 잠을 자고 있다. 코를 골지는 않는다. 아비의 바짝 오그라든 가슴이 아주 조금씩 위아래로 들썩인다. 똑바로 잘 관찰해야단 가슴의 움직임이 눈에 들어온다. 아비를 씻겨줘야 할 때가 되었지만 난 섣불리 아비를 욕실 샤워기 밑에 앉힐 수가 없다. 난 아비가 어머니처럼 욕실에서 죽는 것이 싫다. 부모를 모두 욕실에서 죽게 할 순 없다. 어제 저녁 헹크가 가져다 나른 음식 접시가 손도 대지 않은 채로 협탁 위에 놓여 있다. 말라비틀어진 감자 몇 알, 쭈글쭈글해진 콩깍지 몇 개, 미트볼 한 개. 접시 옆에 놓인 물컵도 거의 손을 대지 않은 채로 놓여 있다. 아비가 움직인다.

"헹크?" 아비가 눈을 감은 채로 묻는다.

대체 어떤 헹크를 찾는 것일까? 아들 헹크 꿈을 꾸고 있는 걸까? "헹크가 아니라, 저예요." 내가 말한다.

"너 담배 피웠니?"

"네."

아비가 눈을 뜨고 나를 빤히 쳐다보더니 작게 내뱉는다. "넌 참 희한한 놈이야."

"네."

"내가 요즘 무슨 생각을 자주 하는지 알아?"

"아니요."

"하우제이에 갔던 일. 너도 기억하지?"

"네, 얼음이 80센티미터씩이나 얼었었죠."

"난 그때 에이설 호수 위로 꼭 가고 싶었는데, 자신이 없었어. 결국 방파제 곁에서 몇 시간 동안 가만히 서 있기만 했지."

"몇 시간은 무슨."

"느낌이 그랬단 소리야." 아비의 눈이 다시 감긴다. 아비의 팔이 죽은 송아지의 다리처럼 힘없이 늘어져 있다. "차마 자신이 없었어. 도무지 용기가 안 서더라." 아비가 조용히 내뱉는다.

난 아무런 대꾸도 하지 않은 채 가만히 듣고만 있다.

"너희들은 마치 한 아이처럼 꼭 부둥켜안고 뒷좌석 가운데에 앉아 있었어."

난 일어선다. 아비가 다시 잠든 모양이다. 40년 전 그때 그 추운 겨울을 꿈꾸는 모양이다.

"헬머?" 문가로 다가서니 아비가 부른다.

"네?"

"날 네 어미와 헹크가 있는 곳에 묻어다오. 그리고 신문에 부고문 내는 건 장례 치르고 나서 내."

"정말요? 아무도 없는 조촐한 장례식을 치르란 말인가요?"

"그래, 아무도 부르지 마."

"알았어요."

"그리고 나, 달걀 하나만 갖다줘."

"네?"

"잘 삶은 완숙으로다가 하나 갖다 줘."

"몇 주 동안 식사도 안 했는데, 달걀은 치명적일 거예요."

"웃고 싶지만 웃을 수도 없고. 여하튼 달걀이 먹고 싶으니까 하나 가져다줘."

"그럼 나중에 하나 갖다줄게요."

문을 닫고 복도를 지나간다.

내가 지금 잘하고 있는 걸까? 의아해진다.

아비가 죽으면 나만 남는다. 새 방 문고리를 잡으며 난 생각한다.

그래, 그렇게 하자. 문을 열며 난 생각한다.

51

북쪽으로 달린 회전창 때문에 방 안의 빛이 이상하다. 이 방에는 6월과 7월이면 저녁 늦은 시간이 되어서야 햇볕이 들어온다. 바깥세상이 어제보다 더 여름이 되었음을 헹크는 알지 못한다. 또한 오늘 오후 무엇을 해야 할지도 헹크는 알지 못한다. 헹크는 청색 글자와 숫자들이

들어간 이불을 귀 언저리까지 뒤집어쓰고 누워 있다.

"헹크?"

"못된 인간."

"뭐가 어째?"

"못된 인간이라고요."

"말버르장머리하곤."

"왜 내 말이 틀렸어요?"

"글쎄."

이불이 내려간다. 가슴이 드러나고 팔 하나가 협탁 쪽으로 다가간다. 책 사이에 끼어 있던 신문 쪼가리는 이제 책표지 위에 올라와 있다.

"담배는 아래층에 있어."

"제길." 헹크가 팔짱을 끼고는 침대 맞은편 벽을 멍하니 쳐다보며 묻는다. "여긴 왜 온 거예요?"

"오늘 아침에 네가 송아지들 안 돌봐서."

"그래서요?"

"내가 대신 했어."

"그게 어디 내 탓이에요?"

"여기 온 용건은 이게 다야. 다른 용건은 없어."

"그럼 이제 나가봐요."

"그래, 그럼." 난 등을 돌려 복도로 나온다. 담뱃갑을 잊고 왔기에 난 그냥 밑에서 기다리기만 하면 될 것이다.

12시가 좀 안 되어 헹크가 옷을 갈아입고 밑으로 내려온다. 즉시 거실로 가더니 담배를 꺼내 문다. 그리곤 부엌으로 들어와 커피머이커에 물을 채우고 필터 안에 커피를 넣고는 옆 창으로 다가선다. "무슨 날씨가 이렇죠?" 잠시 후 헹크가 말한다. 커피메이커에서 조르륵 물 떨어지는 소리가 들린다.

"화창하고 좋은데 왜?"

"벌써 여름이 온 것 같아요."

"그럼 뭐 해? 넌 아직 밖에도 나가보지 않았는데."

커피 물이 다 떨어질 때까지 옆 창가에 서 있던 헹크가 컵에 커피를 따르더니 식탁으로 와 앉는다. 나한테 커피 마실 거냐고 묻지는 않는다.

"아침 안 먹을 거야?"

"이따가요."

"너 오늘 오후에 무슨 계획 있어?"

헹크가 기가 막힌다는 시선으로 나를 쳐다본다. "계획요?"

"응."

"아니, 그런 거 없어요."

"브룩에 가면 성수기 상관없이 카누 빌려주는 곳이 한 군데 있는데, 거기 가서 내 이름 대고 카누 하나 빌려. 거기 지도도 있을 테니까 바터란트 동부라고 씌어진 지도 하나 빌려서 카누나 타."

"카누라." 헹크가 새 담배 하나를 뽑고는 앞창 밖으로 수로를 내다본다.

"날씨가 화창하니까 뭐라도 하면 좋을 거야."

"카누 빌리는 곳은 어떻게 가죠?"

"길 따라 끝까지 쭉 가다가 우회전해서 다시 쭉 가면 브룩이 나와.

좌측으로 일곱번째 있는 집이 카누 대여하는 집이야. 카누 타고 요 앞으로 지나가는 루트도 있으니까 그 루트를 따라 카누를 타든지.”

"혹시 날 쫓아내고 싶은 거예요?”

"그건 또 무슨 소리야? 넌 통 외출도 하지 않잖아. 기껏 모니켄담이나 왔다 갔다 하면서.”

"아저씨 정말 나쁜 사람이네요.”

"글쎄 그럴지도 모르겠네.”

헹크가 자전거에 올라타기 전에 10유로짜리 지폐 다섯 장을 꺼내 준다. 자전거 손잡이에 헹크의 점퍼가 담긴 비닐 가방이 걸려 있다. 자전거가 헛간을 획 꺾어져 나간다. 난 닭장으로 가서 달걀 네 개를 집어 든다. 달걀을 안으로 가지고 가 빈 달걀 상자에 집어넣고는 가스레인지 옆에 놓는다. 그러곤 작업복을 벗고 소파에 누워 눈을 감는다. 시간이 좀 흐르면 헹크가 이곳을 지날 것이다.

4월 16일, 젊은이 하나가 카누를 타고 이곳을 지나간다. 아직 성수기가 되지 않은 탓도 있고, 이곳 농가가 공식 카누 루트를 벗어난 곳에 있는 탓도 있고 해서, 흔한 일은 아니다. 계절에 어울리지 않게 날씨가 무척 따뜻한 탓인지 젊은이는 윗옷을 벗고 있다. 난 북쪽을 향한 집 옆에 몸을 숨긴 채로 서 있다. 젊은이는 혼자인 까닭에 말소리는 들리지 않는다. 우리 농가가 어떠니, 나무들이 어떠니, 또는 내 당나귀 두 마리가 어떠니 하는 말은 들리지 않는다. 뿔까마귀 한 마리가 구부정한 물푸레나무 가지 위에 앉아 있다. 날개를 열심히 쪼아대던 뿔까마귀가 카누가 지나가는 곳을 바라보기 위해 가끔 부리를 쳐든다. 노란 연꽃들 사이로 노가 첨벙첨벙 빠지지도 않는다. 4월에는 연꽃이 피지 않는다. 시끄럽게 울어대는 도요새는 없고, 검은머리물떼새들이 수로 저편에서 먹이를 찾아 이리저리 걷고 있다.

붉은 머리카락의 젊은이는 봄날 햇빛을 얕잡아본 탓에 어깨가 붉게 그을었다. 젊은이의 노가 가만히 앞에서 쉬고 있다. 노에서 방울방울 물방울이 떨어진다. 카누가 서서히 앞으로 움직인다. 난 아무것도 없는 북쪽으로 있는 농가 담장에 서 있는 까닭에 아무 일 없이 가만히 서 있다. 난 다른 곳으로 몸을 피하고 싶지 않다. 젊은이가 여기 이렇게 서 있는 내 모습을 보아주었으면 싶은 것이다.

그가 나를 본다. 카누 뱃머리가 수로 가장자리에 처박힌다. 청년이 나를 보다가 지붕에 달린 창문을 본다. 그러곤 뿔까마귀를 보고, 마당에 심긴 나무들을 보고, 심지어는——아주 잠깐이지만——무슨 일인가 싶어 길가에 새로 박은 울타리로 다가온 두 마리 당나귀들도 본다. 젊은이가 손을 들어 알은체하지 않아 나도 그리하지 않는다. 별 문제가 없다면, 청년의 눈에는 영구히 정지해버린 건물들과 사람들과 동물들과 나무들, 즉 누렇게 닳은 오래된 엽서에서나 볼 수 있는 전경이 보일 것이다. 잠시 손에 들어보았다 금방 다시 내려놓을 엽서다. 그 속에는 그의 흥미를 끌 만한 것이 전혀 없다.

젊은이가 노를 집어 들고는 가장자리에서 카누를 밀어낸다. 잠시 후 우회전을 하고 오페르바우데르바르트 수로로 접어든다. 청년은 지도를 미리 제대로 살폈을 것이다. 난 길로 나와 그의 뒷모습을 바라본다. 오페르바우데르바르트 수로를 따라가면 흐로터메이르 호수가 나온다. 또 그 호수를 지나면 아윗다메르 디 수로로 연결된 이름 모를 좁은 물길이 나온다. 이 수로의 방파제인 아윗담 뒤편에는 에이설 호수가 있다.

우유를 거의 다 짰을 즈음, 헹크가 헛간으로 들어선다. 열린 헛간 문 뒤에 헹크가 서 있다. 햇볕을 등지고 선 까닭에 내 눈에는 헹크의 실루엣만 보인다. 스무 마리 소들의 무게가, 다락에 쌓아놓은 건초 더미의 무게가, 사각형 버팀목의 무게가, (한 장도 빠짐없이 모두) 가지런히 놓인 기왓장의 무게가, 단아하게 가지가 쳐진 버드나무들의 무게가, 그 무게들이 느껴진다. 는적는적 힘겹게 몸을 일으킨다.

"내가 여기 더 있는 게 싫은 거죠?"

"응." 이렇게 말하고는 착유기를 땅에 내려놓는다.

"제길."

칼새는 언제나 올까? 벌써 온 건 아닐까? 문득 궁금해진다. 시간이 어찌 흐르는지 무감각해진 것 같다. 밖은 여름이다.

52

"이제 거의 끝난 것 같아." 아비가 말한다.

"네." 얼마 전 일을 생각하고 있던 나는 무심코 뱉어낸다.

창문이 활짝 열려 있다.

난 고쳐 묻는다. "네?"

"봄이 오나 했는데 여름이 와버렸어."

"달걀 드실 거예요?"

"이따가. 지금은 좀 찬찬히 보고만 싶어."

조그만 케이크 접시 위에 껍질 깐 달걀이 소금 약간과 함께 놓여 있다. 열린 창문 주변으로 모기들이 날고 있다. 난 침대 발치께에 앉아 있다. 아비는 달걀을 보겠다고 해놓고선 나를 쳐다본다. 시를 옮겨 적은 종잇장은 이제 협탁 밑에 떨어져 있지 않다. 어디로 간 걸까?

"너, 나 없어도 혼자서 잘 지낼 수 있겠어?"

"그럴 것 같은데요."

"그래, 이제 너도 다 큰 성인이니 잘할 수 있겠지."

"하지만 난 반쪽짜리 사람이잖아요."

마지팬 케이크가 앞에 놓이기라도 한 것처럼 아비는 이제 달걀을 쳐다본다. 모니켄담에 있는 제과점에서는 성(城)처럼 생겼다고 해서 마지팬 케이크를 '캐슬'이라고 부른다. 예전에 아비는 토요일이던 특별히 시내에 나가 마지팬 케이크를 네 개 사오곤 했다. 가끔은 다섯 개를 샀는지도 모르겠다. 어머니가 죽고 난 다음부터는 세 개를, 또 아주 가끔은 두 개를 사오곤 했다. 캐슬이라 불리는 케이크를 사실 난 그다지 좋아하지 않는데 이걸 아비에게 말한 적은 없다.

"난 아버지가 마지못해 택한 차선책에 불과하잖아요. 그게 난 제일로 견디기 힘들었어요. 내가 뭘 어떻게 해도 난 아버지 마음에 다 차지 않을 거라는 생각을 떨칠 수 없었으니까요."

"나도 나름대로는 한다고 했어."

"그럼 난 아닌 것 같아요?"

"아니, 그런 뜻은 아니야. 물론 너도 나름대로는 최선을 다했겠지."

아비가 아침때보다 더 생기 있어 보인다.

"헹크는 어디 있어?"

"글쎄요. 아마 어디 밖에 있겠죠."

난 아비에게 뭔가 묻고 싶은 것이 있다. 뭔가—다른 건 다 접어두고라도—허락 받을 것이 있는 것이다. "저어……" 이렇게 말을 꺼낸 나는 침대에서 일어나 바닥에 무릎을 꿇고 앉은 채 고개를 침대 밑으로 들이민다. 거기 시를 옮겨 적은 종잇장이 수북이 쌓인 먼지와 함께 놓여 있다. 난 몸을 일으키고는 다시 아비의 발치로 가 침대 위에 앉는다. 아비는 달걀을 멀거니 바라보고 있다. 약간 겁먹은 눈빛이다.

"아버지, 나 농장 다 팔고 정리해도 돼요?"

"그래, 다 너 알아서 해." 아비가 협탁에 놓인 달걀에 손을 뻗어 무릎 위로 가져간다. 달걀이 이불 위로 구른다. "목숨 줄 끊기면 다 끝인 게지. 죽으면 다 끝인 마당에 뭘 더 원하겠어." 아비가 달걀을 주워 접시 위에 올린다. "다 너 하고 싶은 대로 해."

일어선다. 아비가 달걀을 먹는 모습은 차마 볼 수가 없는 것이다.

몇 주째 아비는 뿔까마귀에 대해 아무런 언급도 하지 않았다. 잊은 모양이다.

헹크는 밖으로 나가지 않았다. 싱크대에 엉덩이를 붙인 채 헹크가 부엌에 서 있다. 오른손에 성급하게 찢어낸 편지 봉투가 들려 있고, 왼손에는 내가 리트에게 쓴 편지가 들려 있다. 그 편지는 오늘 우체통이 비워지기 전에 부쳤어야 하는 편지였다. 헹크가 벌써 달리 보인다. 변한 것이 없는데도 왠지 달라 보인다. 잠깐 낯선 곳에 갔다 돌아와봤더니 뭔가 달리 느껴지는 집처럼 다른 느낌이 든다. 늙은 집유차 기사의 장례식을 다녀왔을 때도, 호로터메이르에서 스케이트를 타고 돌아왔을 때도, 나루에 가서 리트를 데리고 왔을 때도, 농가는 달리 느껴졌다. 문득 지금 느낌이 나루에서 헹크를 데리고 집으로 돌아왔을 때의 느낌과 똑같다는 생각이 든다. 왜 그런 느낌이 드는 것인지는 아직도 잘 모르겠다. 불과 몇 시간이라고는 하지만 시곗바늘만 제외하고 모든 것이 정지된 집과는 달리 (그 시간만큼) 내가 늙었기 때문일까. 그런 생소한 느낌은 잠시 시간이 지나고 나면 메워진다.

난 헹크에게 남의 편지를 함부로 뜯어보는 것이 예의에 어긋난 행동이라고 타이르지 않을 생각이다. 이제 보니까 헹크의 이마와 코가 볕에 그을었다. 헹크가 뒤로 돌아서며 편지를 구겨버린다. 낯익은 제스처다. 40년쯤 전 아비와는 달리 헹크에게는 불이 있었다. 뒷주머니에서 라이터를 꺼내 든 헹크가 편지에 불을 붙인다. 불꽃이 거의 손가락에 닿으려 하자 헹크가 종이를 놓는다. 개수대 안에서 편지가 타고 있다.

"대체 이따위 편지는 왜 쓴 거죠? 이런 편지 따위, 엄마가 알아듣기나 할 거 같아요?"

"적어도 말미에 쓴 글은 알아들을 수 있을걸."

"다 소용없는 짓이에요. 태워버리길 잘했다고 생각하세요."

"왜 소용이 없는데?"

헹크가 나를 빤히 쳐다보더니 눈썹을 치켜뜬다. 그러곤 유유히 부엌을 나가버린다. 계단을 올라 아비의 방으로 들어가는 소리가 들린다. 아비가 달걀을 어떻게 먹나 지켜보려는 심사일까?

나는 주위를 둘러본다. 썩썩 소리 내는 전기 시계 시곗바늘이 8시 20

분을 가리키고 있다. 난 아비를 위해 달걀 하나를 삶았을 뿐, 아직 저녁을 먹지 않았다. 헹크가 저녁으로 뭘 먹었는지 나는 모른다. 아직 해가 저물지는 않은 것 같은데, 부엌에 불은 벌써 켜두어야 할 것 같다. 4월에 맞는 여름이다.

침실로 들기 전에 잠시 아비의 방을 들른다. 불은 켜지 않는다. 복도의 불빛이 방 안을 충분히 밝히는 까닭에, 비워진 작은 케이크 접시가 눈에 들어온다. 등을 깔고 똑바로 누운 아비가 시야에 잡히고, 콧구멍으로 바람이 드나드는 호흡 소리가 귓속으로 들린다. 커튼이 열려 있다. 발뒤꿈치를 들고 창가로 다가가 커튼을 닫는다.

53

총성이 울려도 소들은 거의 놀라지 않는다. 소는 참 묘한 동물이다. 별것 아닌 것에 깜짝 놀라 도망을 쳐대면서도 갑작스러운 소음에는 고개를 쳐들지도 돌아보지도 않는다. 아니, 동요가 전혀 없는 것은 아닌 것 같다. 머리를 처박고 우유를 짜고 있으려니까 내 위에 있던 소의 눈알이 저 뒤로 몰린다. 소가 눈알을 저만치 뒤로 까뒤집으면 흰자위가 잔뜩 드러나면서 겁먹은 표정이 된다. 그냥 고개를 돌려서 보면 쉬울 텐데도 소는 차마 그런 생각을 하지 못하는 모양이다. 아비 앞에서는 이런 말을 하면 안 되지만, 난 기어코 해야겠다. 소는 멍청하다. 양보다도 더 멍청하다. 여기 있는 동물 중에 똑똑한 동물이라곤 라켄벨더

닭하고 당나귀뿐이다. 두번째로 총소리가 들리자 첫번째 총소리보다
덜 놀랍게 들린다. 총을 쏜 사람이 한 번도 총기를 사용해본 적이 없는
사람이라면 첫번째 사격은 목표물을 빗나갔을 가능성이 크다. 우유 호
스를 떼어내고 소의 옆구리를 토닥여주고는 지저분한 바닥에 집유기를
내려놓는다. 총소리가 더는 들리지 않는다.

　다용도실과 복도 사이의 문을 열고 보니 현관문이 열린 게 눈에 들어
온다. 동쪽 하늘에 뜬 해가 복도를 비춰주고, 상자 안에 담긴 구릿빛
탄알이 빛에 반사되어 반짝인다. 복도가 매캐하다. 쇠 냄새가 난다. 부
엌문과 함께 다른 문들도 모두 열려 있다. 의자 위에는 헹크의 배낭이
놓여 있다. 나는 현관문 쪽으로 걸어간다. 깃털 하나가, 까만 깃털 하
나가 물푸레나무에서 빙글빙글 회전하며 소르르 떨어진다. 총소리가
들린 건 좀 전의 일이니까 이 깃털은 아마 나뭇가지 어딘가에 끼어 있
다 이제야 떨어지는 것일 게다. 뿔까마귀가 여전히 제자리에 앉아 있
다. 꼬리를 이쪽으로 하고 돌아앉은 것이, 화가 난 모양이다. 다리 쇠
난간에 아비의 자전거가 기대 서 있다. 물푸레나무 밑, 내 침실과 나란
한 지점에 헹크가 서 있다. 그 정도 거리면 쥐새끼라도 맞힐 수 있을
거리 같다. 헹크는 외투를 걸친 차림이다. 오늘은 어제 이맘때보다 쌀
쌀하다. 오늘은 여름이라고 하기엔 기온이 약간 낮은 편이다.

　헹크가 마치 내던지기라도 할 것처럼 사냥총을 휘두르다가 나를 보
자 오른손으로 사냥총을 땅에 세우고는 말한다. "나 떠날게요."

　"어디 갈 건데?"

　"기차역이요."

　"어떻게 갈 건데?"

“자전거 타고요.” 헹크가 다리를 가리킨다.

“그럼 자전거는 어떻게 되돌려줄 거지?”

“할아버진 이제 자전거 필요 없잖아요.”

“어디로 어떻게 가는지는 알아?”

“그냥 표지판 따라가면 되겠죠.” 헹크가 까마귀를 향해 말한다. 나하고는 눈을 맞추지 않는다.

“너 돈은 있어?”

“네, 돈은 아주 넉넉해요. 여기서 내가 어디 돈 쓸 일이 있었나요? 카누 빌리는 것도 몇 푼 안 하던데요 뭐.” 그리 말하는 것이 헹크에게 쉽지는 않다. 어느 순간 까마귀에게서 눈을 뗀 헹크가 등을 돌려 복도로 들어온다. 잠시 후 배낭을 들고 밖으로 나온다. 오른손에 여전히 사냥총이 들려 있다.

“총알이 계속 비껴갔나 보지?”

“네. 저 새는 도무지 아랑곳하지 않더라고요. 두번째로 쏘니까 그제야 휙 뒤돌아 앉더군요. 정말 별난 동물이에요.”

“근데 총은 왜 쏘려 한 거야?”

“그냥, 눈앞에 얼씬거리는 것이 싫어서요. 근데 정말 내가 저 새를 죽이려 했다고 생각하나 보죠?”

“너 아니면 그럴 사람이 누가 또 있어?”

“내가 정말 총으로 새나 쏴 죽일 사람으로 보여요?”

“넌 저 새한테 갚을 게 있잖아.”

헹크가 나에게 총을 건네주고는 똑바로 쳐다보더니 가소롭다는 듯이 웃는다. 그러곤 자전거를 향해 걸어간다.

헹크가 더는 아무 말도 하지 않을 것 같은 생각이 든다.

"난 어제 할아버지가 물푸레나무에 앉아 있는 저 새 좀 쏴 죽여달라고 부탁해서 그랬을 뿐이에요."

나는 헹크를 쫓아 다리 위로 오르며 말한다. "그래서, 넌 할아버지가 부탁한다고 그냥 그렇게 한 거야?"

"네. 할아버지는 거동을 못하시잖아요."

"부탁 받았다고 다 들어줘야 하는 건 아니지 않나?"

"난 할아버지가 좋은 분 같아요. 어쨌든 아저씨보다는 나은 분이세요."

"그래, 그건 맞는 말인지도 모르겠다."

"참, 할아버지가 일 끝내고 그 사냥총 도랑에 내다 버리랬어요."

"그럼 그 부탁은 안 들어줄 작정인가 보지?"

"그거야 아저씨가 갑자기 밖으로 나오는 바람에 못 들어준 거죠. 사실 그래서 좀 안타까워요."

"할아버지하고 작별인사는 나눴어?"

"물론이죠." 헹크가 자전거 핸들을 잡고 저만치 가며 말한다. "어쩜 언제 또 뵐 수 있을지도 모르겠네요."

"너 뭐 하며 살 건데?"

"글쎄요. 아직은 잘 모르겠어요." 안장 위로 다리를 걸치며 헹크가 말한다. "그동안 고마웠어요." 자전거가 멀어져간다.

올 때는 하나였던 흉터가 떠날 때는 둘이 됐다.

그가 '고맙다'고 한다. 비아냥거리는 투도 아니고, 화난 목소리도 아니다. 그냥 아무 감정 섞지 않은 목소리다. 한데 왜 고맙다고 하는 걸까? 난 뭐라 답해야 할지 몰라 그저 입 다물고 가만히 서 있다. 가속이 붙은 자전거가 벌써 아다와 빔의 농가 뒤로 사라진다. 목요일 이른 아침인 지금, 나보다 좀더 나이 들어 보이는 남자가 자전거를 타고 지나가다 총기를 들고 서 있는 나를 보고는 거의 수로에 빠질 뻔한다. 그가 중심을 잡고 자전거에 바로 앉아 똑바로 달릴 수 있을 때까지 난 가만히 서 있는다. 총기는 고랑에 버리지 않고 수로에 내다 던진다. 돌아가는 길에 잠시 다리 위에서 걸음을 멈춘다. 뿔까마귀가 돌아앉는다. 깃털을 쪼던 새가 요리조리 총총 발을 뗀다. "넌 원하는 게 뭐야?" 작게 내뱉지만 대답은 오지 않는다.

'아버지한테는 이제 자전거가 필요 없다.' 수개월 전 아비의 자전거를 바라보며 헹크에게 첫 임무로 무엇을 맡길까 궁리하던 차에 내가 한 말이다. "저기 저 자전거 말이야, 우리 아버지가 타던 자전거인데, 아버진 벌써 오래전부터 자전거를 탈 수 없게 됐어." 이 말은 '이제 자전거가 필요 없다'는 말과 같지 않다. 우선 우유 짜던 일을 마치고 나서 위로 올라가봐야 할 것이다. 항상 그놈의 소가 우선이다. 아비가 침대에 누워 죽어가든 말든 난 그저 바보처럼 묵묵히 소 밑으로 고개를 처박아 넣는다.

사람들은 매번 누군가가 죽으면 그 사람이 왜 죽었는지 궁금해하곤 한다. 물론 죽은 사람의 나이가 연로하면 연로할수록 궁금증은 덜해진다. 아비가 달걀 하나 때문에 죽었다는 사실을 난 누구에게 말할 수 있을까? 잠시 후 전화 걸게 될 주치의에게 말해야 하는 걸까? 아니면 장례업체 사람에게? 제대로 잘 알지도 못하는 사람들에게 그런 말을 해야 하나? 웃음이 삐져나온다. 뜬금없이 똑딱대는 괘종시계 소리가 하도 신경에 거슬려 유리문을 열고 양손으로 추를 잡아 세운다. 그러곤 창가로 다가가 의자에 앉는다. 꽃눈이 터진 물푸레나무 꽃망울이 바람 타고 이리저리 흔들린다. 아직 이른 시각이다. 괘종시계의 시곗바늘은 9시 30분에 정지돼 있다. 아직은 아비를 볼 수가 없다. 잠시 여기 의자에 가만히 앉아 물푸레나무 뒤로 둑을 멍하니 바라본다.

54

난 아비의 방에 걸린 헹크의 사진을 떼어다 거울 앞 벽난도 위에 올려놓았다. 헹크의 사진이 담긴 오래된 액자는 바닥에 세울 수도 벽에 걸 수도 있게 되어 있다. 반듯한 새 작업복을 입은 내 동생이 울퉁불퉁 뼈대가 드러나 보이는 소의 궁둥이 옆에 앉아 마치 세상에 소젖을 짜는 일보다 더 그럴싸한 일은 없다는 듯한 시선을 보내고 있다. 이제 우린 거실에 모두 모인 셈이다.

난 오늘 아침 모니켄담에 담배 사러 간다고 아비만 집에 혼자 두고 나왔다. 아비를 거실에 혼자 두고 나오는 것이 좀 꺼림칙해 난 복도로 나가는 문과 현관문을 걸어 잠갔다. 담배 가게에서 먼저 온 손님 두 사람을 기다리는 동안 내 마음은 초조했다. 내 순서가 되어 여자 점원이 뭘 줄까 하고 물었을 때, 난 그녀의 등 뒤로 보이는 진열대를 잘 살펴보고 나서 대답할 수도 있었다. "궐련 한 봉지 주시오." 다행히 내 뒤로 다른 손님은 들어오지 않았다. 어떤 궐련을 원하느냐고 점원이 물었을 때, 난 아직 결정하지 못한 상태였다. 여점원의 엉덩이 오른편으로 '판 넬러'라는 상표가 보이자 난 그제야 "판 넬러"라고 대답했다. 그랬더니 이번엔 독한 것을 원하는지 중간 정도 독한 것을 원하는지 하는 질문이 던져졌다. 순간 일손의 집에 갔을 때 테이블 위에 놓여 있던 거의 빈 궐련 봉지가 눈앞에 떠올라, 난 무덤덤하게 '중간으로 독한 것'으로 달라고 말했다. 그랬더니 이번엔 궐련 마는 종이는 어떤 걸로 할 거냐고 또 물었다. 종이는 물론 마스코트였다. 그때 궐련 봉지 옆에 놓여 있던 종이도 마스코트 종이였고, 일손이 궐련을 말 때마다 엄지손가락으로 펼치곤 하던 종이도 마스코트 종이였다. "어떤 걸로 하실지 정하셨어요?" 여점원이 물었다. 내가 '마스코트'로 달라니까, 그럼 모두 해서 4유로 8센트라고 점원이 말했다. 담뱃값이 얼마인지 모르고 산 나는 의외로 가격이 비싸 놀라지 않을 수 없었다.

책상 서랍에서 농장에 관한 아비의 서류들을 찾다가 문득 임야관리소에서 온 편지를 발견했다. 난 지금 당장은 아니지만 조만간 제대로 검토한 후 답장을 보낼 요량으로 그 편지를 다른 편지들 위에 올려놓았다. 로데빅의 문학사 책 2권은 여전히 책상 위에 놓여 있다. 이제 더 이상은 쓸모가 없을 것이기에 난 그 책을 들고 헹크의 방으로 가—여전히 어머니의 화장대 위에 놓여 있는—책들이 들어 있는 상자 안에 다시 집어넣은 후, 테이프로 상자를 봉합하여 장 안에 되돌려놓았다.

어제저녁에도 난 문을 모두 잠근 후 차를 타고 나루로 갔다. 나루에 도착했을 즈음 날이 저물고 있었다. 난 헹크가 자전거를 두고 강을 건넜을 것이라 생각했는데, 이는 강 건너편에 가면 자전거가 더 이상 필요 없을 것이기 때문이었다. 길 하나만 건너면 바로 역인데 자전거가 무슨 소용이겠는가? 난 아비의 자전거를 도로 가져오기 위해 나루로 간 것이었다. 헹크는 자전거에 자물쇠를 채우지 않았으리라. 다시 탈 일도 없는 자전거의 열쇠를 뭣 하러 가져가겠는가? 차를 타고 한 바퀴 돌고 있으려니 밖에 있는 자전거들이 한결같이 똑같아 보였다. 예상보다 자전거는 그리 많지 않았다. 자전거가 일렬로 세워진 곳을 따라 두 번이나 살펴봤는데, 아비의 자전거가 보이지 않았다. 설마 강 건너편으로 가져갔나? 아니야, 아마 누가 훔쳐갔을 거야. 나루에서 배 한 척이 떠나고 나서 난 잠시 에이 강에 서 있다. 강 건너편으로 노인들을 태운 유람선들이 보였다. 리트는 왜 나한테 전화하지 않았을까. 혹시 전화를 했는데 그때 내가 집에 없었던 건 아닐까? 난 지금도 집을 떠나 나와 있지 않은가. 문득 복도가 눈앞에 그려지면서 따르릉거리는 전화벨 소리가 들린다. 아무도 전화 받을 사람이 없는 집에 마냥 울려대기만 하는 전화벨 소리. 배가 이쪽으로 다가오는 것이 보이자 이제 돌아갈 때가 된 것 같다는 생각이 든다.

어젯밤에 마지막 아양이 태어났다. 스무 마리 어미 양 배 속에서 서른한 마리 새끼 양이 태어난 것이다.

드디어 그럴싸하게 보이는 퀼런이 말아졌다. 이럴 줄 알았으면 퀼런

마는 종이를 두 개를 사는 것이었는데 싶다. 손가락으로 궐련을 빙그르 돌린다. 냉장장치의 모터가 작동을 시작하자 아비의 몸이 흔들흔들 흔들린다. 모터가 작동하면 시신의 몸이 흔들린다는 말은 듣지 못했다. 난 달리 어디에 앉아야 할지 몰라 관 옆에 놓인 식탁 의자로 가 앉았다. 관 가장자리에 성냥갑이 놓여 있다. 궐련에 불을 붙인다. 넌 참 희한한 놈이야, 라는 말을 아비가 언제 했더라? 그저께? 그그저께? 시신이 안치된 관이 거실에 놓여 있으면 모든 게 달리 보인다. 이럴 땐 블라인드를 열어놓는 것이 맞는 것인지 문득 의아해진다. 헹크가 여기서 있었을 때, 그땐 분명 블라인드 틈새가 반쯤 열려 있었다. 어머니가 여기에 안치돼 있었을 적에는 커튼이 어떻게 되어 있었는지, 그건 전혀 기억나지 않는다. 그렇지만 블라인드를 닫아놓는 건 또 영 아닌 것 같다. 내일은 일요일이라 쉬는 날이고 내일모레도 쉬는 날이라 일요일이나 다름없다. 휴일이 이틀 동안 연이어지는 셈이다. 부활절. 살살 연기를 들이마신다. 어렵지 않다. 코로 숨을 내쉰다. 생전 처음으로 내 콧구멍에서 연기가 뿜어져 나온다.

다용도실 안으로 누가 들어온다. "너희들 조용히 해야 해." 다용도실과 복도 사이에 있는 문을 열며 아다가 말한다. 아다는 거실 안으로 들어오는데 아이들은 문가에 머문다.

"지금 뭐 하는 거예요?" 깜짝 놀란 목소리로 아다가 묻는다.

"뭐 하다니?"

"담배 태우고 있잖아요!"

손에 든 궐련을 물끄러미 쳐다보고는 소파 팔걸이에 놓인 재떨이에 대고 끈다. 의자에서 일어난다.

아다가 더는 아무 말도 하지 않고 다만 내게로 다가와 내 몸에 팔을 두른다. 아다의 머리카락에서 상큼한 향내가 나고, 그녀의 손가락이 내 어깨를 누른다. 튠과 로날드가 커다랗게 눈을 뜨고 날 쳐다본다. 난 아다의 어깨 너머로 아이들에게 윙크를 보낸다. 로날드는 좋아서 눈웃음을 짓고, 튠은 심각한 표정을 짓는다. 아다가 슬쩍 떨어져 나가며 내 입에 젖은 입을 갖다 댄다. 아다가 관 속을 들여다본다.

"커피 내려 올게요." 아다가 말한다. 예전처럼 아무렇지도 않게 아다가 나타났음에도 불구하고, 아다가 카펫을 가져온 날로부터, 또 헹크가 튠으로부터 이름이 생각나지 않는 어떤 여가수의 포스터를 받은 날로부터, 왠지 모든 것이 달라진 것 같다. 아다가 부엌으로 걸어가며 아이들을 향해 말한다. "너희들도 원하면 들어가서 봐."

튠과 로날드가 주뼛주뼛 천천히 관 쪽으로 다가온다. 튠은 발치께까지만 와서 관 속을 들여다보는 시늉을 하고, 로날드는 좀더 다가와서는 발뒤꿈치를 든 채 가장자리 너머로 관 속을 들여다보며 묻는다.

"안 무서워?"

"아니. 왜, 넌 무서워?"

"조금."

"장례식은 언제예요?" 아다가 부엌에서 크게 묻는다.

"화요일." 난 아다에게 크게 대답하곤 로날드에게 말한다. "아저씬 전혀 무섭지 않아."

"할아버지 죽어서 아저씨 울었어?"

"아니."

“내가 뭣 좀 도와줄 일 있어요?” 아다가 또 외친다.

“왜 안 울었어?” 로날드가 묻는다.

“글쎄, 눈물이 나오고 안 나오는 건 아저씨가 어떻게 할 수 있는 게 아니잖아.”

“할아버지 왜 죽었어?”

“할아버진 달걀 때문에 돌아가셨어.”

로날드 얼굴에서 웃음이 삐져 나온다. “에이, 무슨. 난 달걀을 아무리 먹어도 죽진 않는데!”

“그래. 그건 천만다행이다. 자, 이제 그럼 다들 부엌으로 가볼까? 너희들 케이크 줄까?”

“응!” 로날드가 크게 답한다.

“네.” 튠이 제법 점잖은 목소리로 답한다.

우리는 다 같이 부엌으로 향한다. 커피메이커에서 조르륵조르륵 물 내려오는 소리 때문에 전기 시계 소리는 들리지 않는다. 아다가 꺼내 놓은 머그잔 두 개가 식탁 위에 놓여 있다. 난 찬장으로 가 케이크를 꺼내 포장을 뜯는다.

“이렇게 찾아와줘서 정말 고마워, 아다.” 대답이랍시고 내가 말하니까 아다가 거의 흥분한 어조로 말한다.

“당연한 일인데요 뭘. 내일도 올 거예요. 그런데 부활절 연휴라 좀 안됐어요. 괜찮으면 우리 집에 와서 식사 같이해요. 그럼 내가 인력파견업체에 전화해서 우유 짤 사람 좀 보내달라고 할게요. 사실, 빔도 같이 오려고 했는데 우유 탱크 냉장장치가 고장 나는 바람에 점검하는 사람 기다리려고……”

"어, 아저씨 이제 눈물 나오나 보다." 로날드가 말한다.

난 아무 말도 하지 않는다. 의자 하나가 거실에 있기 때문에 아이들은 의자 하나에 함께 앉아 있다.

"헹크 형은 없나 봐?" 로날드가 묻는다.

"응, 떠났어."

"왜?"

"여기 충분히 머물러서 떠날 때가 됐으니까."

"브로벤트에 있는 엄마한테 갔어?"

"야 로날드, 너 좀 조용히 해." 튠이 케이크를 입에 잔뜩 물고는 말한다.

난 아다와 아이들이 다시 찾아줘서 진심으로 기쁘다.

아다와 튠과 로날드가 떠나자 집은 다시 조용해진다. 하지만 집 안에 감도는 정적이 왠지 예전과는 다르다. 더 나은 정적이다. 관 옆에 놓인 식탁 의자 위로 다시 가 앉고 싶지 않다. 다용도실과 헛간을 지나 농가 뒤편으로 가본다. 이제 얼마 안 있으면 소들을 밖으로 내보낼 시기가 된다. 양들이 있는 우리를 잠시 들여다보고는 닭장으로 걸음을 옮긴다. 당나귀 우리 앞에 손수레가 놓여 있다. 거름을 뿌릴 때가 되었지만 지금은 별로 마음이 동하지 않는다. 집 안으로 들어가 책상에서 망원경을 꺼내 든다. 옆 창으로 다가가 망원경을 눈에 댄다. 저기 5백 미터 앞에 아다가 서 있다. 아다가 나를 보자 즉시 손을 들어 흔들어 보인다. 다른 한 손도 움직인다. 이내 튠과 로날드가 시야에 들어온다. 아이들도 손을 흔들어 보인다. 나도 손을 흔들어 응답하고는 망원경을 내려놓는다. 잠시 가슴에 망원경을 올려놓고 창가에 서 있다. 내 이런 모습을 그들에게 잠시 보여주는 것이다. 아다는 얼마나 저리 서 있었을까? 나를 얼마나 기다린 것일까? 내가 창가에 나타나리라는 것을 그녀는 알고 있었을 것이다. 그녀가 창가에 나타나리라는 것을 나도 알고 있었던 것처럼. 안도하며 망원경을 식탁 위에 내려놓는다. 아다는 이제 편한 마음으로 이곳에 와 부산스레 일을 할 수 있게 된 것이다.

관 옆에 앉아 궐련 한 대를 더 피우고 나서 현관문을 열고 밖으로 나간다. 다리 위로 가서 난간 위에 걸터앉는다. 뿔까마귀가 옆으로 몇 발짝 옮겨 앉더니 이쪽으로 돌아앉는다. 날 쳐다보고 있다. 나도 되받아본다. 일꾼의 집터로 차 한 대가 지나가는 것이 옆으로 살짝 보인다. 차에서 남자 하나가 내린다. 흐린 회색 날이라 자전거를 타고 밖으로 나온 사람들은 보이지 않는다. 물닭 여럿이 수로에 모여 있다. 차에서 내린 남자가 목련나무로 다가간다. 나뭇가지 하나를 부여잡고는 흔들어댄다. 반쯤 남은 담장으로 다가간다. 상상 속에만 존재하는 계단과 위층을 남자가 한동안 멍하니 바라보고 있을 때, 난 다리 난간에서 내려와 그쪽으로 발걸음을 옮긴다. 새로 세운 울타리로 다가온 당나귀들이 나와 함께 나란히 일손의 집터로 걸어간다. 다가오는 기척이 들렸는지 남자가 뒤를 돌아본다. 얼굴 위로 세파가 지나간 흔적이 엿보인다.
"헬머."
"난 임야관리소에서 나온 사람인 줄 알았는데."
"나도 널 여기서 이렇게 만나게 될 줄 정말 생각 못했는걸."
"헹크는 죽었어."

332

"그래? 언제?"

"1967년 4월."

"그럼 꽤 됐네. 넌 농부가 됐나 봐?"

"응. 어머니도 돌아가셨고 아버지도 지금 거실에 놓인 관에 누워 계셔."

그가 눈을 가늘게 뜬다. 아무래도 한꺼번에 너무 많은 죽음을 알린 모양이다. 그가 돌아서며 말한다. "여긴 화재가 났었나 봐?"

"응. 암스테르담 사람들이 한동안 휴양처로 썼는데 그때 그만 불이 났어." 난 그의 등에 대고 말한다. 외투를 걸치지 않고 밖으로 나온 탓에 몸이 떨린다.

잠시 그대로 서 있다 그가 돌아선다. 내 어깨에 한 손을 얹는다. "아버지께 작별 인사나 하게 가보자." 그가 차로 다가간다. 꼿꼿이 걷는 모양새를 보니 예나 지금이나 여전한 것 같다. 난 뒤를 쫓아가 옆좌석에 앉는다. 후진을 해서 차를 돌린다. 천천히 차가 남서쪽으로 움직인다.

"차에서 왠지 개 냄새가 나는 것 같아." 개를 키워본 적은 없어도 개 냄새는 맡을 줄 아는 내가 말한다.

그가 나를 보며 싱긋 웃는다. "지금 네가 앉은 그 자리, 항상 내 개가 앉던 자리야." 내 쪽을 보다 당나귀가 보였는지 그가 묻는다. "당나귀 키워?"

난 고개만 끄덕인다.

그가 또 싱긋 웃으며 말한다. "그래, 넌 왠지 당나귀하고 어울리는 것 같다."

IV

55

　이곳에는 히스가 심긴 모래언덕이 있다. 오래전 한 돈 많은 영국인이 이곳 해안 마을에 왔었다고 한다. 그는 언덕에서 가장 높은 꼭대기에다 커다란 집을 짓게 하고, 연못과 오솔길 그리고 낮은 돌담으로 꾸며진 정원도 만들게 했다. 이곳에 왔을 무렵 그는 도처에 심긴 히스를 보고는 자신의 저택을 '히스 힐'이라고 이름 붙였다. 그러던 오래전 어느 날, 그는 바다에서 수영을 하다 익사했고, 그의 저택은 그리고 얼마 안 돼 거의 흔적을 찾아볼 수 없게 황폐해졌다. 정원이 있던 곳에는 지금 모래로 메워진 연못과 키 작은 나무들 몇 그루만 남아 있다. 이곳엔 머리털이 거무칙칙하고 기다란 귀가 아래로 축 늘어진, 종자를 알 수 없는 양들이 돌아다닌다. 산책을 하거나 수영을 하는 사람들을 낯설어하지 않는 이곳 양들은 내가 데리고 있던 양들보다 더 친밀한 것 같다.

모래언덕은 바다를 향한 쪽이 가파른 낭떠러지 모양을 하고 있는데 낭떠러지 밑에 작은 자갈 해안이 있다. 북해하고는 사뭇 다르다. 북해를 바라보고 있는 헐벗은 모래언덕에는 모래가 무너져 내리는 것을 방지하기 위해 물대잔디나 삐딱한 소나무가 심겨 있는데, 여기 모래언덕은 그렇지 않다. 이곳에는 잔디가 거의 물가에까지 자라나 있고, 물이 들어오는 곳에서 한 10미터쯤 떨어진 곳에는 너도밤나무와 참나무가 잘 버티고 서 있다. 바닷물은 에이설 호수보다 좀더 짭짤했다. 난 덴마크의 지도를 거의 다 꿰고 있고, 또한 셀란에 대해서도 잘 알고 있지만, 지금 있는 로겔레예라는 곳은 그저 생소하기만 하다. 덴마크 사람들이 자기 나라 지명을 발음하는 것을 들어보면 사실 어디를 말하는지 난 통 알아들을 수가 없다. 덴마크 언어는 뭔가 묘한 구석도 있고 엉성한 구석도 있는 것 같다. 난 덴마크 말을 전혀 알아들을 수 없지만, 그는 좀 알아들을 수 있다고 했다. 어떻게 덴마크 말을 알아들을 수 있느냐고 그에게 물으니, 그는 "난 프리슬란트 사람이잖아"라고 대답했다. 바닷가 옆에 주차장을 끼고 있는 '히스 힐 그릴'이라는 레스토랑 주인이 히스 힐 저택을 짓게 한 영국인에 대해 설명해주었다. 물론 난 하나도 알아듣지 못하고 그에게 전해 들었다. 그러니 히스 힐에 대한 이야기는 현실과 전혀 다를 수도 있다. 우린 소시지를 자주 먹는데 소시지는 덴마크 사람들이 매우 좋아하는 기호식품이다.

매일 그와 함께 수영을 한다. 물은 차지만 맑다. 해변으로 물이 잘 들어오게 하려고 우린 자갈을 멀리 집어 던지곤 하는데 시간이 좀 흐르고 나면 자갈이 다시 앞으로 쌓여 사흘에 한 번씩은 다시 저 멀리 집어

던져야 한다. 우리는 매번 같은 곳에서 수영을 한다. 히스 힐 옆으로 해안도로가 지나는데 그 길을 따라가다 보면 자갈 해변으로 들어가는 오솔길이 나온다. 해안도로에서 목재 울타리문을 열고 오솔길로 들어가면 해변쯤 당도해 또 울타리문이 나오고 그 문을 열면 자갈 해변이 나온다. 양들은 히스 힐에 머물면서 잔디와 어린 자작나무 잎사귀를 먹어치운다. 자갈 해변은 덴마크의 휴가철이 아직 시작하지 않은 까닭에 인적이 드물다. 날이 맑으면 우측 저편으로 스웨덴의 해안선이 보인다. "언제 저기도 한번 가자." 그가 말하자 난 고개만 끄덕여 보인다. 이곳에서 그리 멀지 않은 헬싱외르에 가면 배를 타고 헬싱보리*에 갈 수 있다. 가파른 벼랑 위로 뿔까마귀들이 날고 있다. 위로 부는 바람을 타고 자연스럽게 천공에 떠 있는 뿔까마귀들은 전혀 날갯짓을 하지 않는다. 뿔까마귀들은 주말에는 보이지 않는다. 대신 낙하산을 짊어진 사람들이 벼랑을 기점으로 비행을 시도한다. 어떤 사람들은 몇 킬로미터쯤 멀리까지 비행했다 히스 힐 정상으로 우회하여 착륙한다. 사람들의 비행 높이는 모래언덕의 고도에 따라 달라진다. 이곳은 아주 인적이 드문 곳인 까닭에 우린 아무것도 걸치지 않은 채 알몸으로 수영을 하는데, 설사 누군가가 해변에 나타난다 해도 우린 전혀 개의치 않는다. "그러기엔 우린 너무 늙었지"라고 그가 말하면 난 그저 고개만 끄덕여 보였다. 우린 수영장에서 물놀이하는 어린아이들처럼 차가운 물 때문에 바짝 쪼그라든 서로의 불알에 대해 농지거리를 주고받곤 한다. 그러면서도 그는 내게 "손가락을 모아"라거나 "발을 움직여"라 말

---

* 헬싱외르Helsingør는 덴마크에, 헬싱보리Helsingborg는 스웨덴에 있는 도시다.

하며 내 수영을 거든다. 수영이 끝나고 나면 우린 몸을 달구려고 별장 마당에서 한동안 각자의 나이대로 차등지게 유연성을 상실한 몸을 움직여 배드민턴을 친다. 배드민턴 라켓과 공은 스파 슈퍼에 갔을 때 그가 집었는데, 값은 내가 치렀다.

아비의 시신이 집 안에 안치되어 있던 나흘 동안 난 단 한 번도 아비의 육신에 손을 대지 않았다.

거실로 들어섰을 때, 그는 즉시 관 옆에 놓인 식탁 의자로 가 앉았다. 난 문가에 가만히 서 있었다. 소파 팔걸이에 놓인 재떨이가 보였는지 그가 궐련을 말았다. 궐련을 피우는 내내 그의 시선은 아비에게로 향해 있었다. 아비에게 향해 있던 시선이 벽난로 위에 놓인 사진들로 옮겨졌다. "아주머니는 나름대로 고운 분이셨어." 어머니의 우아한 자태가 담긴 사진을 보고 그가 말했다. "하지만 그걸 아는 사람은 그리 많지 않았던 것 같아." 연기가 거실에 나지막이 수평으로 걸쳤다. 내가 뚜껑 열린 관 옆에 앉아 궐련을 말아 피우면 연기가 결코 그렇게 낮게 걸리는 적이 없었다.

"너 혼자 살아?" 그가 물었다.

"응."

"여긴 예전하고 많이 달라진 것 같다."

"내가 다 바꿨어. 몇 달 전에."

"얼마 안 됐네?"

"응."

궐련을 몇 번 깊이 빨아들이고는 그가 벽난로 쪽을 향해 고개를 한

번 끄덕이며 말했다. "죽은 헹크 사진도 있네?" 궐련을 눌러 끈 그가 약간 굽힌 손등을 아비의 이마 위에 얹었다. 그러곤 의자에서 일어나더니 차가운 시신을 만진 손으로 내 손을 잡고 악수를 했다. "헬머 너, 이제 아버지마저 세상을 떠났구나."

그는 내 입에 입을 맞추지는 않았다. 상을 당한 상황임에도 그리하지 않았다.

단지, 내가 모르는 사실이라도 되는 것처럼, 어머니가 아름답다느니, 동생이 죽었다느니, 아비가 죽었다느니 그런 말만 했다. 내게는 이제 소 스무 마리, 송아지 몇 마리, 이름이 없는 당나귀 두 마리, 양 스무 마리, 새끼 양 서른한 마리, 라켄벨더 닭 몇 마리가 남은 셈이다.

"커피 냄새가 나는데?" 그는 이렇게 말하고 복도를 지나 부엌으로 들어갔다. 그는 문가에 있는 첫번째 의자에 바로 앉지 않고 테이블을 좀 지나 옆 창을 등진 자리에 앉았다. 그 자린 헹크가 앉던 자리였다. 서둘러 커피가 앞에 놓이기를 바란다는 듯이 그가 손가락으로 테이블을 두들겼다. 그는 아다와 내가 커피를 마신 머그잔과 뜯어진 케이크 봉지, 그리고 망원경을 이상하다는 듯이 쳐다봤다. 그러곤 우리 부엌 식탁에 앉는 것이 처음이라는 말을 했다. 그때까지 계속 거실로 들어가는 문가에 서 있던 나는 테이블을 두들겨대는 그의 손가락으로 시선을 보냈다가 아비의 이마 위로 시선을 보냈고, 이어 아비의 이마에서 나의 손으로 시선을 돌렸다.

난 그에게 곧장 커피를 따라주지 않고, 앞창으로 다가섰다. 뿔까마귀가 항상 앉는 자리에 앉아 나를 빤히 쳐다보고 있었다. 뿔까마귀가 고개를 약간 아래로 하니까 마치 죽지가 으쓱 위로 올라가는 것처럼 보였다. 새한테 어깨가 있나. 날갯죽지가 휘어진 부분을 어깨라 불러도 될 성싶다. 왠지 뿔까마귀가 요리조리 날렵하게 피해 다닐 수 있는 야생동물 같다. 저 뿔까마귀는 작년 가을부터 눈에 띄기 시작했다. 어쩜 난 오래도록 그 새를 제대로 눈여겨보지 않고 살다가 어느 순간 처음 본 새로 착각했는지도 모른다. 네 명이 식탁에 둘러앉아 식사라도 하는 흉내를 내려는 양 이리저리 의자를 바꿔 앉던 그때, 바로 그때였다. 뿔까마귀의 어깨가 좀더 위로 올라가나 보다 했더니 이내 푹 아래로 꺼지듯이 내려앉는다. 거의 땅에 닿을 듯 말 듯 한참을 내려앉더니 날개가 활짝 펼쳐진다. 유리창을 뚫고 안으로 날아들기라도 할 것 같아 난 한 발 뒤로 물러선다. 뿔까마귀가 휙 방향을 트는가 싶었는데 날갯죽지 한 끝으로 살짝 유리창을 스치고 지나간다. 그제야 뿔까마귀가 하늘을 제대로 날기 시작했다. 둑을 향해, 에이설 호수를 향해 새가 날아간다. 난 눈에 눈물이 고일 때까지 망연한 눈길로 새가 날아가는 모습을 지켜본다.

그가 킁킁 하고 목청을 가다듬자 난 뒤로 돌아선다. 아, 그가 커피를 기다리고 있었지. 그는 커피에 설탕만 넣고 크림은 넣지 않는다. 케이크도 빼놓을 수 없다.

죽으면 끝이다. 사라지면 그만이다. 난 이것 외에 더는 모르겠다. 몇몇 사람들이 아비의 장례식에 참석했다. 장례식이란 죽은 자를 위한 것이라기보다는 남아 있는 산 자들을 위한 것이다. 난 장례식이 조용히 치러지기를 바랐던 아비의 생각을 이기적인 것이라고 생각했다. 장례식에는 얍도 왔고, 아다와 아다의 아이들도 왔고(빔은 주검이 두렵기도 하고 주검과 어떻게든 연관되는 것이 싫어서 오지 않았다. 게다가 그는 장례식보다 더 중요하게 해야 하는 일이 있었다), 집유차를 몰던 젊은이도 왔다. "아니 자네가 어찌……?" 내가 이렇게 말하니까 젊은이 뒤에 서 있던 아다가 엄지와 새끼손가락을 세워 입과 귀에 가까이 대며 전화 거는 시늉을 했다. 그러곤 미안하다는 듯이 어깨를 들썩이며 고개를 살짝 옆으로 기울였다.

"서로서로 정 주고받으면서 무관심하지 않은 건 좋은 미덕이에요." 젊은이가 얍에게 말했다.

"그래, 옳은 말이야." 얍이 답했다.

그다지 마음이 쓰이는 건 아니었지만, 아무래도 슬슬 집유차 모는 젊은이가 장례식 가는 것을 취미로 삼는 모양이라는 의혹이 들기 시작했다. 참 괴상한 취미다. 파낸 무덤 자리에는 또 예전처럼 하드보드로 보이는 하얀 판때기가 땅바닥 시늉을 하며 깔려 있었다. 연설하는 사람이 없는 장례라 장례식은 금방 끝났다. 하늘에는 해가 떠 있었고 온도는 여느 4월 말과 다를 바 없었다. 무덤 자리에 흙을 퍼 넣었다. 한 줌 한 줌 조금씩이 아닌, 삽으로 퍽퍽 퍼 넣었다. 그렇게 하는 것이 장례식에 어울린다고 난 생각했다. 한 줌 한 줌 손으로 뿌리는 흙은 미처 관에 닿기도 전에 산산이 흩어지고 만다. 그렇게 하는 건 생을 마감하는 행사에 어울리지 않는다고 난 생각했다. 날 따라하는 사람은 로날드뿐이었다.

"새로 오는 집유차 기사는 어때요?" 나중에 부엌으로 와 앉아 있을 때, 갈초가 물었다. 식탁 위에는 아다가 준비한 커피와 내가 모니켄담에서 사온 성(城)처럼 생긴 케이크가 놓여 있었다. 모든 건 아비를 위해 준비한 것이었다. 남자들을 위해서 예네버르 술도 준비했다. 튠과 로날드는 탄산음료를 마셨다.

"새로 온 여자는 입이 좀 거친 것 같아." 내가 답했다.

"그래요." 젊은이가 여느 때처럼 싱글대며 말했다. "다른 사람들도 같은 얘기를 하던데." 항상 뭐가 좋아 싱글대는지 모르지만 젊은이의 표정이 내겐 더 이상 안쓰럽게 보이지 않았다.

"너희도 농부겠구나?" 얍이 튠과 로날드에게 물었다.

"우린 어린이에요." 튠이 얍의 말을 정정했다.

신문에 부고문이 실리고 나서 의외로 많은 엽서들이 길가에 세워진 초록색 우편함으로 들어오기 시작했다. 도착한 엽서는 수십 장쯤 됐다. 장례식을 치르고 나서 이틀째 되는 날 뉴질랜드에서 돌아온 가축 매매상이 엽서를 보냈다. 데리고 있는 양들을 제대로 돌보지 못해 시에서 양들을 수거해갔다던, 나처럼 나이 많은 판 발런에게서도 엽서가 도착했다. 아르노 코퍼의 부모, 그리고 혼자 된 늙은 집유차 기사의 부인도 엽서를 보냈다. 물론 나도 잘 모르는, 판 본더런이란 성씨를 가지지 않은 사돈의 팔촌쯤 되는 먼 친척들까지도 엽서 보내는 것을 잊지 않았다.

난 브라반트에 사는 리트와 헹크에게 따로 특별히 부고를 알리는 엽서를 보냈는데, 이는 그들이 우리 지역 신문을 읽지 못할 것이기 때문이다. 난 리트가—나를 위해—별로 다감하지 않은 엽서라도 보내주겠지 하고 생각했지만, 리트에게선 아무런 소식도 없었다. 반면 헹크에게선 다음과 같은 답장이 왔다. 내 그럴 줄 알았어요. 할아버지 좋은 분이셨는데 참 안됐어요. 할아버지 자전거는 내가 지금 타고 다녀요. 잠 글 수 없는 자전거를 누가 훔쳐 가는 것이 걱정돼서 그냥 가지고 왔어요. 덕 분에 가끔 할아버지 생각을 해요. 그럼 이만 줄이죠. 헹크. 헹크가 보낸 그림엽서를 보고 난 웃지 않을 수 없었다. 당나귀, 개, 고양이, 닭, 이런 동물들이 각각 한 마리씩 탑을 이루고 쌓여 있는 그림이 보였던 것이다. "멋지다. 그림 형제의 브레멘 음악대네요." 아다가 엽서를 보고 말했다. 난 엽서에서 특히 당나귀가 마음에 들었다. 그러고 보면 헹크가 엽서를 그냥 무턱대고 고르진 않은 모양이다.

2주 전 난 쉰여섯번째 생일을 맞았다. 독일에서였다. 그는 에이설 호수를 막은 거대한 대제방을 건너고 싶어 했지만, 난 그보다 새로 생긴 간척지를 지나고 싶었다. 하지만 오펠카데트가 덴마크 중간쯤 가다 고장 날 우려가 있었으므로 우린 그의 차로 대제방으로 향하기로 했다. 한 시간쯤 차로 달려 대제방에 있는 기념탑을 지날 때 그가 차를 길 가장자리에 세웠다. 우린 함께 바덴제이를 바라보며 중간쯤 독한 판 넬러 쿼른을 피웠다. 그러고 나서 우린 레이우아르던 북쪽 작은 마을에 있는 그의 집으로 향했다. 그는 내게 창고를 보여주며 자기가 그곳에서 지붕 용마루 장식재*를 만든다고, 굳이 광고를 하지 않았는데도 프리슬란트 지방 곳곳에서 그 장식재를 만들어달라며 찾아오는 사람들이 있다고 말했다. "내가 이런 술을 어떻게 사겠어?" 그가 예네버르 술을 잔 두 개에 따르며 말했다. "연금 타서 술값 조달한다고 생각진 않았겠

---

* 프리슬란트 지방의 명물인 삼각형 모양의 지붕 장식.

지?” 그는 나에게 자신이 기르던 개가 묻힌 곳도 보여주었다. 정원 모퉁이, 이미 꽃이 다 진 울퉁불퉁한 배나무 한 그루 밑에 쇳조각 두 개를 붙여 만든 십자가가 꽂혀 있었다. 삽질을 한 곳이 아직 볼록했다. 거실에 있는 커다란 책장에는 예전에 살던 집에서 본 것보다 두 배는 많은 책들이 꽂혀 있었다. 그가 내 잔에 다시 예네버르 술을 가득 따랐다. 운전을 해야 했기 때문에 그는 술을 자재했다. 나는 마음이 프리슬란트에 있지 않고 더 먼 북쪽에 있던 탓에 술을 단숨에 들이켰다.

국경 너머에 있는 니우에스한스를 조금 지나자, 배가 고팠던지 그가 차를 세우고는 “배 좀 채우고 가자, 당나귀 친구”라고 하여, 난 그러자고 했다.

700킬로미터가 조금 넘는 거리의 덴마크는 쉬지 않고 달리면 하루면 당도할 수 있다. 하지만 우린 쉬지 않고 달리지 않고 함부르크에 있는 휴게소 근처 호텔에서 하루를 묵었다. “더블룸으로 드릴까요?” 하고 카운터에서 퉁명하게 묻는 여자의 물음에 그가 “그럽시다” 하고 대답했다. 우린 커다란 침대 위에 몸을 눕혔다. 난 양손을 배 위에 얹은 채로 누웠다. 그가 어떤 자세로 침대에 누웠는지 난 모르겠다. 하여튼 다음 날 눈을 떴을 때는 내 생일이었다. 난 굳이 내 생일을 밝히지 않으려고 했지만 별 소용이 없었다. 그가 기억하고 있었던 것이다. 어떻게 오랜 세월이 지난 지금까지 그가 내 생일을 기억할 수 있었는지 난 궁금했다.

“너희 농가에서 일할 때 누구 생일이라고 초대받지 못한 게 한 13년쯤 될 거야. 그런 걸 어떻게 잊을 수 있겠어? 난 그저 묵묵히 일만 하고 있었는데, 너희들은 생일 날이면 고깔모를 쓰고 생일축하 노래를 부르며 신이 나 뛰어나와선 내게 생일이라고 떠벌리곤 했어."

난 전혀 기억이 나지 않았다. 그가 그렇다니, 그런가 보다 하고 생각하는 수밖에 없었다.

가끔 난 그가 나를 안 것이 내가 코흘리개일 때부터라는 사실을 잊곤한다. 게다가 그가 아비의 밑으로 들어와 일을 하기 시작한 것이 그가 젊은 청년이었을 때부터라는 것을 잊곤 한다. 아마 헹크와 나이가 비슷했을 것이다.

푸트가르덴에서 탄 배가 리드뷔에 도착했다. 바다를 건너는 데는 45분밖에 걸리지 않았다. 배 밖으로 차를 몰고 나온 즉시 내가 차를 길 가장자리에 세우려니까 그가 물었다.

"왜 그래, 당나귀 친구?"

이제 덴마크에 왔으니 덴마크의 땅을 직접 밟아보고 싶다고 내가 대답했다.

"덴마크는 넓어. 저 위로 한참 올라가도 덴마크야."

덴마크로 들어와 차를 몰고 있으려니 지명이 낯설지 않아 왠지 언제와본 것 같은 느낌이 들었다. 코펜하겐을 지나기 전, 먹을거리를 사려고 정유소에 들른 우린 그제야 덴마크에서는 유로화를 쓸 수 없다는 사실을 알게 되었다. 다행히 정유소 카운터에 있는 남자가 유로화를 받아주긴 했지만 별로 달가워하는 눈치는 아니었다. 코펜하겐을 지나("코펜하겐은 크고 복잡하기만 해. 그냥 지나가자고"라고 그가 제안했다)난 난생처음으로 현금지급기에 은행 카드를 집어넣고 암호를 누른 후크로네 지폐를 뽑아들었다. 그는 은행 카드를 깜박하고 안 가지고 왔는지 은행 카드가 없다고 했다. 따라서 돈을 지불하는 것은 내 몫이 되었다. 우리는 마땅히 가야 할 목적지가 없었기 때문에 그저 갈 수 있는 데까지 차를 몰기로 했다. 그리하여 도착한 곳이 제대로 발음도 할 수 없는 여기 이곳이었다.

굽이굽이 언덕이 솟은 이곳엔 물길이 없다. 게다가 유틀란트 반도에서나 키우는지 소도 별로 눈에 띄지 않았다. 유틀란트 반도는 아르노 코퍼가 살러 간 곳이다. 가끔 눈에 띄는 소가 있긴 한데 하나같이 모두 갈색이다. 갈색 소들이 보이면 그가 "육우네" 하고 말했고, 그럼 우린 이내 시선을 다른 곳으로 돌렸다. 여기저기 밀밭과 보리밭, 그리고 호밀밭이 보였다. 또 언덕 꼭대기를 가득 메운 노란 유채꽃이 보였고, 유채꽃밭 주변으로 하얗게 핀 야생 당근꽃이 보였다. 요 며칠 전에 보니까 철쭉과 보라색 라일락꽃과 빨간 튤립이 어느 집 마당에 피어 있었다. 여긴 모든 것이 한꺼번에 꽃을 피우는 듯하다.
날이 저물 때가 되면 올빼미가 처량하게 우는 소리가 들린다.

죽으면 끝이다. 사라지면 그만이다. 난 이것 외에 더는 모르겠다. 새로 온 가축 매매상이 무슨 소식을 들었는지 금방 찾아왔다. 그는 예전에도 보았던 트럭을 끌고 와서는, 지난번 가축 매매상한테서 싼값에 트럭을 넘겨받았다고 말했다. 새로 온 가축 매매상 젊은이는 차를 험하게 모는지 두 달 전까지만 해도 멀쩡하던 트럭이 여기저기 찌그러져 있었다. 게다가 낯도 전혀 가리지 않는지 처음부터 말이 많았다. 그에게 빠른 시일 내에 스무 마리의 소와 송아지 몇 마리, 그리고 스무 마리의 양과 새끼 양 여러 마리를 처분해줄 수 있느냐고 물으니, 그가 시원스레 대답했다.

"문제없습니다!"

"다 어디다 어떻게 처분해야 하는지 벌써 알고 있는 모양이네?"

"그건 아니고, 이제 슬슬 알아봐야죠."

"가능한 한 빨리 끝내주게. 한꺼번에."

"그 일은 그냥 저한테 맡겨주세요." 트럭 쪽으로 걸어가던 그가 뭔가 잊은 것이 있는지 되돌아와서는 물었다. "저어, 우유 할당도 처분해야 하지 않나요?"

"그건 자네가 신경 쓰지 않아도 돼."

"네, 알겠습니다."

이틀 후, 그가 다시 트럭을 끌고 나타났다. 눈 하나 깜짝 않는 굳은 표정으로 그가 가격을 말하고는 덧붙였다. "이 가격 수락하시면 한꺼번에 깨끗이 처분해드리죠. 어차피 가축들 다 팔릴 때까진 제가 가축들을 데리고 있어야 하니까. 축사가 그리 넓은 건 아니지만……"

"내가 생각을 바꾸지!"

"네?!"

"양들은 처분하지 않겠네."

머릿속으로 열심히 숫자놀음을 하고 있는 동안 그의 눈빛이 약간 달라졌다. 잠시 후 그가 좀더 낮은 가격을 부르고는 덧붙였다. "어쨌든 가축들 다 처분될 때까지 제가 다 책임지고 일해야 하잖아요. 만약……"

"좋아, 그럼."

"정말요?" 그가 놀란 음성으로 되물었다.

"응."

"어, 그러면…… 흥정 끝난 거네요."

"돈은 언제 되지?"

"조금만 시간을 주세요." 그가 약간 김빠진 목소리로 말했다. "금방 해드릴게요."

가축 매매상이 가축들을 수거해 간 날, 나는 아비의 침실에서 소일했다. 난 사진과 이름이 수놓인 자수액자, 그리고 버섯이 그려진 수채화 그림들을 감자 궤짝 안에 차곡차곡 쌓았다. 침구는 침대에서 걷어낸 다음 세탁기에 넣었다. 창문에 달린 커튼을 떼어냈고 유리창을 닦았다. 또 바닥에 깔린 카펫을 진공청소기로 훑어냈다. 진공청소기로 침대 밑을 청소하려고 할 때, 시를 적은 종이가 청소기 흡입구에 붙어 빨려 나왔다.

희한한 놈. 아비가 나를 두고 한 말이다. 아비의 입에서 나온 말이지만, 이 말이 그 순간만큼은, 친근하게 느껴졌다.

아비의 침대 위에 앉아, 글을 읽었다. 스스로에 대한 모멸감이 일었다. 제대로 거동도 못하는 다 늙은 아비에게 시를 건네다니. 시 적은 종이를 반으로 대충 구겨 뒷주머니에 찔러 넣었다. 그 시는 일주일 뒤 새로 세탁한 바지 뒷주머니에서 뭉개진 채로 다시 발견됐다. 축사 안으로 발을 들인 것은 어스름이 깔린 느지막한 저녁때쯤이었다. 축사는 여느 때보다도 텅 빈 느낌이 들게 했다. 소들만 없다뿐이지, 나머지는 ─짚, 쇠똥, 먼지, 온기─ 그대로였다. 송아지 축사도 마찬가지였다. 아니, 안에 들어오면서 쏜살같이 튀어 달아나는 도둑고양이를 보아서인지 거긴 더 텅 빈 것 같았다.

다음 날, 난 임야관리소에 보낼 편지를 썼다. 난 편지에다 임야관리소가 방문자센터를 짓기 위해 매입하고자 하는 땅을 전혀 팔 생각이 없다는 사실을 알렸다. 더불어 추후 내가 먼저 연락하기 전까지는 편지를 보내지 말아달라는 당부의 글을 적었다. 덴마크로 떠나는 순간까지 난 임야관리소로부터 아무런 답장을 받지 못했다. 내가 연락을 끊자고 한 것이 이유였는지도 모르겠다.

여행 짐을 꾸리기 위해 가방을 찾다가, 헛간에 있는 장에서 가죽으로 만든 육중한 트렁크 하나를 발견했다. 난 트렁크의 가죽을 부드럽게 하기 위해 가방을 기름에 담갔다. 난 소 밑으로 고개를 처박고 생활한 37년 동안 휴가를 떠난 적이 한 번도 없다. 어머니와 아비가 언제 이 트렁크를 사용했는지 궁금했다. 내가 알기로는 내 부모도 휴가를 떠난 적이 없었다.

난 카드 발급을 신청하려고 라보 은행에도 갔었다. 해외로 떠나는 사람에게는 은행 카드가 필수다. 카드를 발급받기까지는 약 2주의 시간이 걸렸다. 난 그 2주일 동안— 왠지는 잘 모르겠지만— 브엌을 손질했다. 페인트칠도 하고, 낡은 커튼을 떼어내고 블라인드를 달았으며, 책상 서랍을 정리했다. 게다가 새 부엌 가구를 들여놓을 작정으로 모니켄담까지 가려고도 했다. "모닥불 피웠어?" 당나귀 축사 뒤편으로 모닥불 연기가 모락모락 피어나는 것을 보고는 로날드가 물었다. "우리도 안 부른 채 모닥불을 피웠어?" 옆에 선 튠이 거들었다.

우린 지금 지붕 처마 밑에 깔린 타일 위에 엉덩이를 깔고 앉아 있다. 비도 얼마 전에 그쳤고 날씨도 그다지 쌀쌀하지 않다. 정원에서 수증기가 피어오르고, 별장 옆에 심긴 대나무 잎사귀가 바람에 흔들려 싹

싹 소리를 낸다. 우린 스파 슈퍼마켓에서 산 즉석 미트볼하고 빨간 사탕무 샐러드를 먹었고, 레드와인 한 병을 마셨다. 덴마크는 와인이 매우 비싸다.

"내일은 뭐 하지?" 내가 물었다.

"글쎄, 그냥 마음 가는 대로 하면 되지 않을까? 일단 자고 일어나서 커피 마신 다음, 마음 가는 대로 몸을 움직이자."

난 그에게 그의 삐딱한 코와, 그의 부모, 프리슬란트 그리고 그가 키우던 개에 대해 이런저런 질문을 했다. "당나귀 친구, 왜 이리 궁금한 게 많아?" 그는 결국 자기가 키우던 개에 대한 이야기 외에는 들려주지 않았다. 그의 개는 섣달그믐 토요일 저녁에 죽었단다. 친구 셋하고 카드 게임을 하고 나서 집으로 돌아왔더니, 개가 자기가 앉은 의자 곁으로 와 무릎을 베고 눕더란다. 그러곤 시간이 좀 지나자 개의 머리가 무척 무겁게 느껴지면서 개의 몸 안에 피가 돌지 않는 것이 손끝으로 느껴졌단다. "푹 고꾸라지더라고. 그 왜 그런 장난감 인형 알지? 발밑에 달린 단추를 누르면 푹 고꾸라지는 인형, 그런 인형 같았어."

"프리슬란트에 친구들도 있어?" 내가 물었다.

그는 내 물음에 한숨만 내쉴 뿐 대답은 하지 않았다.

마당 한가운데 심긴 촉촉이 젖은 앵두나무를 가리키며 그가 말한다. "적어도 이곳에 한 한 달은 머물러야겠는데?"

"난 상관없어. 맛있는 앵두도 맛보고 좋네." 난 안으로 들어가 커피 두 잔을 따랐다. 밖으로 나와 보니 먹구름이 모두 걷혀 있었다. 해가 비친다. 여긴 북쪽이라 해가 아주 늦게 진다. 정원 테이블 위에 커피잔을 내려놓고 그 옆에 다크 초콜릿 하나도 내려놓는다.

"개는 왜 새로 들이지 않았어?"

"더는 못 하겠더라."

"그래?"

"기르던 개가 죽으면 그때마다 느끼는 상심이 얼마나 큰지."

"그런가?"

"나하고 카드 게임하던 친구들 중 하나가 그즈음 상처를 했어. 그런데 하루는 그 친구가 우리 집에 찾아와서 예네버르 술을 마시면서 내내 신세타령을 하더군. 이대론 그냥 보낼 수 없다, 아니 편안히 보내줘야 한다, 뭐 이런 투정. 근데 난 그 친구 투정이 듣기 싫더라고. 사람이 죽고 사는 문제는 누구도 어쩔 수 없는 거잖아. 그 친구가 그러고 있으니까 내 개가 속사정을 눈치챘는지 평소와는 다르게 그 친구 곁으로 가 위로라도 한답시고 그 친구 무릎 위에 머리를 내려놓더군. 한데 그 친군 그러거나 말거나 개한테는 전혀 관심을 보이지 않는 거야. 분통 터질 일이지. 살날도 얼마 남지 않은 개가 자기 딴엔 주인 친구 위로한답시고 애써 관심을 표하는데 전혀 알아주지도 않으니." 그가 초콜릿을 한 조각 부러뜨려 입안에 넣고는 커피를 마신다. 그의 입이 벌어지진 않았지만 난 그의 입안에서 사르르 녹을 초콜릿을 쉽게 상상할 수 있었다. "친구가 다 뭐지? 가끔 카드 게임이나 같이할 수 있는 친구, 잘 손질된 집과 정원, 가끔 들어가 뚝딱대며 일할 수 있는 창고 작업실, 개, 술, 은행 구좌에 넣어둔 얼마 안 되는 여윳돈, 이런 게 다 뭘까?"

예전에 본 모서리 깨진 앞니는 이제 보이지 않았다. 혹시 의치?

“그건 그렇고 아버지 돌아가신 건 어떻게 알았어?”

“알긴, 내가 그걸 어떻게 알아?”

“그럼 다른 날도 아니고 그날 딱 맞춰 우리 농가에 찾아온 건 우연이었어?”

“응.”

“어떻게 그런 우연이 가능하지?”

“가능하지 않을 게 뭐 있어? 난 그날 그냥 발길 닿는 대로 간 것뿐이야. 원래는 프리슬란트 서부에 가서 과일나무 꽃구경을 하려고 했는데, 안개가 껴서 별로 눈요기할 게 없더라고. 그래 그냥 발길 닿는 대로 가다 보니 너희 농가가 나온 거야. 그럼 이제 내가 한번 물어볼까? 넌 어떻게 내가 온 걸 알고 그때 딱 맞춰서 집 밖으로 나와 있었어?”

우연, 우연이라는 생각이 든다.

“난 아마 널 그때 집 앞에서 만나지 않았다면 너희 농가를 들여다볼 생각도 하지 않았을 거야.” 그가 아까처럼 초콜릿을 입안에 집어넣는다. 멀리서 올빼미 우는 소리가 들린다. 처음으로 그 울음에 답하는 소리가 들린다. 아주 가까운 거리다.

“넌 여태 어떻게 지냈어?”

“글쎄, 어떻게 지냈지?”

우리 둘은 가만히 정원을 쳐다본다. 난 리트와 헹크를 떠올린다. 작은 헹크. 집유차를 모는 젊은이, (그도 겪어본 적이 있는) 가축 매매상, 아다. 그에게 무슨 말을 해야 할지, 무슨 말을 하고 싶은지 곰곰이 생각해본다. 그를 만나기 전에 겪은 일까지도 이야기할까? 그럼 뭐가 달라지나? 우린 내일 아침 ‘잠에서 깨면 커피를 마신 다음, 그때 마음 가

는 대로 몸을 움직일 것이다.'

"사실 난, 단 한 번도 뭐든 혼자 하는 걸 제대로 배운 적이 없는 것 같아."

아주 천천히 그가 내 쪽으로 고개를 돌린다. "커피나 어서 마셔, 당나귀 친구. 이제 카드 게임 할 때가 된 것 같지?" 그가 벌떡 일어서더니 안으로 들어간다.

그렇다, 이제 카드 게임을 할 때다. 중간 정도 독한 판 넬러 궐련을 하나 말아서 불을 붙인 후, 벌떡 일어나 유유히 정원 한 바퀴를 돈다. 궐련 봉지와 라이터는 바지 뒷주머니에 찔러 넣는다. 담배 피우는 것이 마음에 든다. 나하고 어울리는 것 같다. 그는 내가 담배 피우는 것에 대해 아무런 말도 하지 않았다. 어쩌면 내가 벌써 수십 년 동안 흡연을 해왔다고 생각하는지도 모르겠다. 테이블 위에 불이 켜져 있다. 어두워서는 아니고, 그저 불 밑에서 카드 게임을 하는 것이 익숙해서인지도 모르겠다. 손을 뻗으면 올빼미가 잡힐지도 모른다는 생각이 든다. 처량한 울음소리가 정말 너무도 가까이 들린다. 어쩜 칡부엉이나 금눈쇠올빼미일지도 모르겠다. 난 올빼미나 부엉이에 대해서는 별로 아는 것이 없다. 이곳엔 숲이 많아 그저 숲에 사는 올빼미일 거라고 추측하는 것이다. 저리 우는 올빼미가, 축축이 비에 젖어 쩔뚝대는 양보다도, 무더운 날씨에 수북한 털을 뒤집어 쓴 양보다도, 더 안된 것 같다. 가슴 어딘가 허한 공간이 느껴진다. 마치 방금 전 아무것도 먹지 않은 것처럼.

"올 거야?" 열린 문 앞에 서서 그가 묻지만, 재촉하는 듯한 음성은 아니다.

난 아무 대꾸도 하지 않은 채, 그저 한 손만 올려 보인다.

당나귀 친구, 그는 나를 그리 부른다. 처음으로 당나귀들과 헤어진 이 마당에. 튠과 로날드는 당나귀들을 잘 돌보겠노라고 내게 약조를 했다. 사탕무나 당근, 오래된 빵조각을 너무 주면 안 된다고 하니, 그러겠노라고 했다. 그리고 비가 그치지 않고 계속해서 내리면 안으로 들여놓는 것도 잊지 않겠다고 했다. 또 커다란 물그릇이 비지 않도록 항상 주의를 기울이겠다고도 했다. ("양동이에 물을 하나 가득 담으면 아주 무거운데!"라고 로날드가 말했다.) 아이들은 라켄벨더 닭들도 잘 돌볼 것이다. 닭들이 낳은 달걀로 아이들 엄마는 팬케이크나 쿠키를 만들 것이다. 튠은 하루에 한 번씩 양들의 방목지를 살필 것이다. 혹시나 나자빠진 양이 있으면 튠이 거뜬히 일으켜 세워줄 것이다. 어쩜 물에 빠진 양도 건져낼 수 있을지도 모르겠다. 영 안 되겠다 싶으면 아빠를 부르면 될 것이다. 아다는 가끔 '진공청소기로 집 안을 청소해주기로' 약속했다. 또 혹시라도 무슨 일이 생기나 '항상 주의를 기울일' 것이다. 내가 얼마나 집을 떠나 있을 예정인지 아다는 궁금해했다. 난 '잘 모르겠다'고 대답했다. 집 떠나기 얼마 전 아다가 빔 대신 물어볼 게 있다며 우유 할당을 어떻게 할 거냐고 물었다.

"빔한텐 이게 절호의 찬스야" 하고 내가 말하니 아다가 "우리한테 절호의 찬스라고요?"라고 반문했다.

난 좀더 생각해보고 대답해주겠노라고 한 후, 왜 빔이 직접 와서 우유 할당에 대해 의논하지 않는 거냐고 물었다.

아다는 잠시 뭔가 둘러댈 구실을 생각하는 양 날 빤히 쳐다보더니 이렇게 말했다. "그 사람은 주변머리가 없어 그래요."

잠시 후 아다가 양들은 왜 처분하지 않은 거냐고 물었다.

"글쎄, 그건 나도 잘 모르겠네."

당나귀 친구. 마음에 든다.

누가 나의 이름을, 헬머를, 부르면, 난 항상 그 앞에 빠진 '헹크와'를 떠올렸다. 매번. 아무리 오래전에 헹크가 죽었다고 해도, 우리의 이름은 항상 붙어 다녔다. 마치 페익 & 클로펜뷔르흐, 카니스&휘닌크, 또는 판 헨트 & 로스, 이렇게.

1월 어느 추운 날, 리트가 그랬다. 누구나 새로 태어날 수 있다고. 그땐 리트의 말이 고깝게 들렸는데, 이제 와 돌이켜 생각해보니 리트의 말이 옳은 것 같다. 당시 좀더 잘 생각해봤다면 단박에 알 수 있는 사실이다. 차에 치여 죽은 오리 한 마리가 그렇지 않은가. 아주 짧은 순간에 그 오리는 완전히 변모하지 않았던가. 산 오리에서 죽은 오리로.

없다. 축 늘어진 전신주에 일렬로 앉아 있는 제비는 보이지 않는다. 전봇대는 아직 서 있지만 전신주는 사라지고 없다. 이곳 일대에서는 요즘 주황색 작업복을 입은 사람들이 케이블을 나르고 땅을 파느라 분주한 것을 볼 수 있다. 만약 지금이 아니라 내년에 왔다면, 난 한때 이곳에 전봇대가 서 있었다는 사실조차 몰랐을 것이다.

56

여전히 올빼미를 찾고 있다. 흡연은 사색을 동반한다. 올빼미를 찾으러 다니는 동안, 난 이런저런 생각을 떠올린다. 난 그에게 온다 간다 아무 말도 하지 않고, 그저 손만 하나 들어 보였다. 그러한 제스처는 뭐든 의미할 수 있다. 얍은 등받이 없는 의자를 창 앞에 놓고 그 위에 앉아 있다. 이쪽을 등진 자세로 앉아 있다. 아주 여유롭게 궐련을 피우며 내가 들어오기를 기다리고 있다. 난 궐련을 잔디에 내던지곤 발로 비벼 끈다. 그러곤 그의 차를 지나 열린 철문 밖으로 나간다.

난 해를 향해 걷는다. 가끔 나무나 다른 별장들에 가려 해가 보이지 않는다. 이곳은 좁은 길과 오솔길이 여기저기 미로처럼 엇갈린다. 걷는 건 이번이 처음이다. 우린 어디를 가든 항상 얍이 모는 차로 다녔다. 아주 천천히. 나이 든 두 남자가 낯선 땅에서 휴가를 보내고 있으니, 어떤 나이 든 덴마크 남자는 우리가 지나가는 것을 보고는 이렇게 생각했는지도 모르겠다. '둘만 온 모양이네? 혹시 홀아비들인가?' 별장들마다 앞에 완벽히 손질된 잔디밭이 깔려 있다. 이곳저곳 덴마크 사람들이 가위니 잔디깎이니 삽을 들고 나와 정원을 열심히 손질하고 있다. 나라면 비가 온 날 잔디를 깎지는 않을 것 같은데, 여긴 덴마크니까 그러려니 생각한다. 덴마크 사람도 아닌 내가 어찌 알겠는가. "하이" 덴마크 사람들이 내가 지나가는 것을 보고 반갑게 인사한다. 송진 냄새도 나고 모닥불 타는 냄새도 난다. 난 집을 떠나 낯선 땅에 와 있다. 여태껏 지도 한 장으로만 알고 있었던 땅이다. 지도에는 냄새도 형태도 없다. 헬머라는 이름보다 당나귀 친구라는 호칭이 왠지 더 좋은 것 같다. 갈래갈래 길이 많다 보니 갈림길도 많이 나타난다. 트인 벌판에 아이슬란드 말 두 마리가 걷고 있다. 나를 보고는 말들이 울타리 쪽으로 다가온다. 전기 울타리가 쳐져 있다. 난 말들의 코언저리를 쓰다듬으려고 잠시 발길을 멈추지도 않는다. 해를 향해 곧바로 걸을 수 없는 것이 심기에 거슬린다. 갈림길이 나올 때마다 서쪽으로 가는 길이 어느 쪽인지 몰라 이리로 가야 할지 저리로 가야 할지 고민한다. 개를 데리고 산책 나온 여자가 "하이" 하고 친절하게 인사를 하기에, 마침 영어로 길을 묻는다. 어쨌든 방향은 맞는 모양이다. 그 여자를 보니 어머니가 생각난다.

'히스 힐 그릴' 레스토랑이 나오겠지 하고 생각했는데, 그렇지 않다. 포장한 지 얼마 안 되는 아스팔트 해안도로가 나와 살펴보니 마을과 히스 힐 중간쯤이다. 보도도 없고 자전거 길도 없다. 조금 걸어가니까 캠핑장이 나온다. 철이 이른 까닭에 텐트가 별로 없다. 잔디 위에 놓인 트램펄린 놀이기구도 아직 사람이 올라가 뜀뛰기한 흔적이 보이지 않는다. 차량 다섯 대가 앞에서 다가오고, 뒤에선 석 대가 쫓아온다. 하늘이 그새 주황색으로 물드는 걸 보곤, 발길을 재촉한다. 헹크가 떠오르면서 문득 '한심한 놈'이라는 단어에서 생각이 멈춘다. 18년이라는 세월 동안 이 단어 외에도 수많은 단어가 우리 둘 사이에 오고 갔음에도 불구하고 유독 그 단어에 생각이 멈춘다. 그릴 레스토랑의 문이 닫혀 있다. 조그만 주차장이 텅 비어 있고, 나무 테이블에 앉아 소시지(이곳에서는 소시지를 '푈세르'라고 한다)를 먹고 있는 사람도 없다. 오른쪽 길로 접어들어 나무 울타리 문을 열고 걷는다. 얼마 후 자갈 해변이 나온다.

쳐든 손가락 사이로 해를 바라본다. 잔잔한 바다의 수평선에서 엄지 손가락 반 토막 정도 떨어진 곳에 해가 걸려 있다. 오른편으로 모래언 덕 위에 있는 마을이 보인다. 마을 앞 해변에는 화려한 색상의 고기잡 이배가 몇 척 정박돼 있다. 그림엽서를 보는 듯하다. 왼편으로는 가파 른 벼랑—히스 힐보다도 높다—이 바닷물에서 곧장 위로 솟아 있다. 자갈 해안은 그 앞에서 끊긴다. 위로 향하는 나무 계단은 베란다가 있 는 검정색 별장으로 이어진다. 해변엔 아무도 없다. 뿔까마귀도 안 보 이고, 심지어 부산 떠는 회색 도요새도 안 보인다. 비행기도, 배도, 석 유 굴착 장치도 보이지 않는다. 바지를 벗고 오늘 아침에 얍과 함께 자 갈을 치운 지점으로 걸어간다. 주변에 소음을 내는 거라곤 오직 나뿐 이다. 등 뒤로 한참, 아주 한참을 가면, 에이설 호수가 나온다. 절대로 해가 지는 법이 없는 에이설 호수. 무릎까지 물에 잠기자, 난 팔짱을 끼고 왼쪽에 떠 있는 해 쪽으로 몸을 돌린다. 수평선에서 손톱만큼 떨 어진 곳에 해가 걸려 있다. 해의 아랫부분이 촛농처럼 물에 녹아내릴 즈음, 난 등을 돌려 벼랑을 오른다. 히스 힐 정상에 오르니, 마침 자갈 해변 위에 쓸쓸하게 놓인 내 바지가 눈에 들어온다. 자살한 사람의 바 지 같다.

생각보다 빠르다. 수평선 뒤로 해가 빨리 져서라기보다, 바닷물이 해라는 주황색 공을 울컥 집어삼키는 듯해 그렇다. 따뜻한 공기가 내 목을 스친다. 조금 시간이 흐른 뒤에야 난 내 목을 스치는 공기가 바람 하고는 좀 다르다는 걸 깨닫는다. 바람이라면 이렇게 일정하게 틈을 두고 후, 후, 불 수 없다. 서서히 고개를 돌린다. 한 20센티미터쯤 될까, 내 얼굴 앞에, 거무칙칙한 양의 머리가 다가와 있다. 귀가 아래로 축 늘어졌다. 양이 전혀 미동도 하지 않은 채 노란 눈으로 날 쳐다본다. 동공이 동그랗질 않고 사각으로 모가 진 것 같다. 양의 숨결이 내 목에 와 닿을 때마다, 풀 냄새가 코를 찌른다. 이 양은 연민을 느끼게 하지 않는다. 멋진 자태가 엿보인다. 한참 동안 노란색 눈을 마주 보고 있다가 난 고개를 오른쪽으로 되돌린다. 양이 여전히 그 자리에 가만히 서 있다. 군데군데 파랑, 주황, 노랑, 또 보라색을 띠기도 하는 바다 위 하늘을, 양이 나와 함께 바라보고 있다는 상상을 한다. 내 목을 스치는 따뜻한 입김에 맞춰 난 숨을 내쉰다.

이제 일어설 때가 됐다는 것도, 되짚어갈 좁은 길과 오솔길이 이제 소나무와 자작나무와 단풍나무들에 가려 어두워졌을 거라는 것도, 나는 알고 있다. 하지만 일어서지 않는다. 난 혼자다.

번역을 끝내고 나서 곰곰이 생각에 빠졌다. 묘하다는 느낌, 잔잔한 의문표들이 떠올랐다. 아름다운 여정을 마치고 난 듯 뿌듯함도 느껴지고, 무엇보다 매듭이 지어질 듯하면서도 이내 다 풀려버리는 듯한 허전함도 느껴졌다. 오픈 엔딩으로 마무리되는 말미가 강한 여운을 남겼다.

반평생 동안 쌍둥이 동생이 살았어야 하는 인생을 대신 산 헬머. 그의 삶이, 미지에 대한 동경이, 과거에 대한 향수가, 이 책에 고스란히 담겨 있다. 샴쌍둥이라도 되어 한 몸이 되고 싶었던 동생과 함께 보낸 나날들은 모두 그리운 과거가 되었다. 그저 물 흐르는 대로 살다 보니 자기 것이 아닌 동생의 인생을 산 헬머. 동생을 잃음과 동시에 그는 자신의 인생마저 빼앗겨버렸다. 반쪽짜리가 되었다고 느끼면서 수십 년을 자신에게 맞지 않는 인생을 살아왔다니, 가슴 미어지는 일이다. 그

362

렇지만 이 책은 슬픔을 호소하지 않는다. 그저 농부라는 맞지도 않는 옷을 입고 산 헬머라는 한 남자의 삶을, 그의 상념을, 그가 있는 네덜란드의 전원을 담담하고 차분하게 그려낼 뿐이다. 마지막으로 온전히 혼자가 되는 순간까지.

이런 생각을 해보았다. 누구나 자신에게 딱 맞는 인생을 살지는 않는다. 인생은 스스로 살아내야 하는 것이고, 그래서 외로운 여정일 뿐이다. 사람들은 모두 각자의 삶을 산다. 우리는 결국 혼자인 것이다. 하지만 온전히 혼자가 되기는 그리 쉽지 않다.

태어날 때부터 사람은 혼자가 아니다. 쌍둥이는 더더욱 그렇다. 그래서 헬머는 동생 헹크를 그리워했고, 어머니를 그리워했고, 힝크에게 여자친구가 생기고 나서부터는 농가에서 일하는 얍을 그리워했다. 얍마저 떠나버리고 아비와 단둘이 농가를 지키는 동안 그는 아비의 일손이 되었다. 그러다 아비가 병이 들어 몸져눕자 그는 스스로 농가의 주인장이 되었다. 아비를 위로 '치워버리고' 아래층 거실과 안방을 분주하게 새단장하는 책의 초반부는 사뭇 뭔가를 새롭게 시작해보려는 인간의 모습을 보여준다. 하지만 농가라는 자리는 헬머가 꿈꾸는 자리가 아닌지라 헬머의 마음속은 그다지 가다듬어지지 않는다.

그토록 원망하는 아비일지라도 그는 결국 죽음을 코앞에 둔 아비와 화해를 한다. 그러곤 아비의 시신이 거실에 안치된 가운데 얍과의 재회가 이루어지고 줄곧 공상 속에서만 그려보던 덴마크 땅을 그와 함께 밟는다. 하지만 얍과의 만남은 그리 기대했던 만남으로 그려지지는 않는다. 서먹하다. 이국에서 휴가를 보내는 두 남자의 평범한 일상이 그려진다. 그리고 혼자 바닷가로 산책을 나가 저무는 태양을 바라보는 헬머. 그가 하는 말. '나는 혼자다.'

헬머의 입장에서 그의 행동과 생각을 모두 짚어왔지만, 추후 헬머의 행로는 전혀 짐작이 되지 않는다. 그저 마지막 책장을 덮으며 살짝 아쉽다, 아름답다, 찌릿찌릿 감정이 조금씩 느껴질 뿐이다.

이 책을 번역하는 동안, 그곳에 가보고 싶다, 하는 생각을 가끔 해보았다. 암스테르담과 맞붙어 있으면서도 전원의 정취가 물씬 풍기는 그곳. 고랑을 따라 걸어도 보고, 책에 소개된 풍차에 가까이 다가가 날개도 요리조리 살펴보고, 풀 뜯는 소들과 양들의 모습도 지켜보고……난 잠시나마 네덜란드의 전원에 푹 빠질 수 있었다.

이 소설은 데뷔작임에도 불구하고 네덜란드 국내는 물론 해외 유명 잡지들에서도 각종 찬사를 받았다. 육지가 해수면보다 낮아 물이 많은 네덜란드의 초록색 전원이 한 남자의 인생과 어우러져 아름다운 문학 작품을 탄생시켰다는 것이 주로 그 요지이다. 독자들에게 네덜란드와 한 네덜란드 농부의 인생을 함께 감상할 것을 권하고 싶다.

2011년 4월 신석순